한국어
교육의
이론과 실제

❶

한국어 교육의 이론과 실제

최신개정 3판

서울대학교
한국어문학연구소·국어교육연구소·언어교육원 공편

아카넷

3판을 펴내며

2011년 서울대학교 평생교육원에서 〈온라인 한국어교원 양성과정〉의 운영을 시작하면서 그 과정의 교재 성격으로 『한국어 교육의 이론과 실제』를 두 권으로 내어놓은 지 어느덧 7년째에 접어들었다. 지난 6년간 서울대학교 평생교육원에서 이 교재로 한국어 교육을 공부한 학습자는 총 21기에 걸쳐 5천 명을 훌쩍 넘겼다. 다른 기관이나 대학의 양성과정에서도 이 책을 교재로 활용한다고 하니, 정확한 수는 알 수 없지만, 생각보다 훨씬 많은 사람이 이 책으로 공부하고 있는 셈이다.

서울대학교 평생교육원 〈온라인 한국어교원 양성과정〉의 가장 큰 장점은 서른 세 과목의 강의를 서울대학교 인문대학과 사범대학의 교수 그리고 언어교육원의 한국어교육과 실습 전공 교원들이 모두 담당한다는 것이다. 그래서 이 과정은 국내외를 불문하고 가장 전문성이 뛰어난 강사진으로 구성되었다는 자부심을 지니고 있다. 바로 그러한 강사진이 강의에서 사용한 강의안을 다듬어 내놓은 것이 이 책 『한국어 교육의 이론과 실제』라는 점에서 이 교재의 우수성 또한 특별히 다른 말로 자랑할 필요가 없지 않을까 싶다.

국내외에서 한국어를 배우는 사람의 수가 꾸준히 증가하고 있고 다양화하고 있다. 단순히 한류가 좋아 한국어를 배우는 사람이 늘어나던 시기를 지나 이제는 유학, 결혼, 취업 등등의 다양한 이유에서 한국어를 배우는 사람의 수가 늘어나는 것이다. 한국어 학습자의 수가 늘면 그에 비례하여 한국어교원의 수가 늘어야 한다. 이를 위해서는 명실상부한 자격을 갖춘 한국어교원을 양성하기 위한 초기 교육과 재교육 과정이 운영되어야 한다. 그리고 이러한 과정을 성공적으로 운영하기 위해서는 효율적이고 잘 짜인 교재가 뒷받침되어야 함은 말할 필요가 없다. 바로 이러한 맥락에서 지난 6년간 사용해온 『한국어 교육의 이론과 실제』의 초판을 다듬어 개정판을 내고, 이제 3판을 출간한다.

『한국어 교육의 이론과 실제』 3판은 단순히 초판과 개정판의 오류를 바로잡는 데 머무르지 않고 〈온라인 한국어교원 양성과정〉에서 있었던 '좀 더 적합한 강사진으로의 변화'를 반영하여 몇몇 필자가 변경되었다. 그 결과, 교재의 깊이가 더해지고 분량도 더 늘어나게 되었다. 엄청난 분량의 원고를 두 권에 보기 좋게 담아준 아카넷 출판사의 양정우 과장에게 감사의 마음을 표하며 7년째 이 교재에 힘을 실어주고 계시는 김정호 사장님께도 깊은 감사를 드린다.

2017년 1월 집필진 일동

개정판을 펴내며

2011년부터 서울대학교 평생교육원은 인문대학 국어국문학과, 언어학과, 사범대학 국어교육학과 그리고 언어교육원에 속한 한국어학과 한국문학, 언어학, 한국어 교육학 및 한국문화 전공 교수와 한국어 교육 실습 전공자를 통합하여 강의진을 구성하고 '서울대학교 온라인 한국어교원 양성과정'을 운영해 왔다. 그에 따라 2011년에 초판이 나온 교재『한국어교육의 이론과 실제 1, 2』는 이렇게 여러 교수진이 길게는 십여 년에 걸쳐 강의하고 집필했던 한국어 교육의 총결산이라는 의의를 담고 있었다.

그런데 약 3년간 이 교재를 활용하여 과정을 운영하면서 강의를 담당한 교수들은 조금씩 원고를 수정하고 보완할 필요성을 느끼게 되었다. 그 결과 각자 자신의 강의에서 수정할 부분을 표시하고 보완할 부분을 모아 두었다가 이번에 재판으로 담아내기에 이르렀다.

이 교재의 초판이 나온 후 서울대학교 평생교육원의 온라인 한국어교원 양성과정뿐 아니라 전국 그리고 세계 곳곳에서 한국어 교사가 되고자 하는 이들이 두루 이 교재를 사용하고 있음을 알게 되었다. 그래서 이 모든 분께 감사하는 마음으로 이번에는 한층 더 친절하게 기술하고 조금이라도 더 세밀한 내용을 담고자 노력하였다.

외국인이나 우리의 교포 자녀에게 한국어를 가르친다는 것은 단순한 언어 교사가 된다는 것만을 의미하는 것이 아닐 것이다. 그들이 한국을 이해하고 한국을 사랑하게 되어 다른 사람들에게도 한국 문화를 알리는 문화 전도사가 된다는 커다란 의의가 있는 만큼 이 책이 그 초석이 될 수 있기를 바란다.

이 수정본 원고의 집필에는 초판과 마찬가지로 서울대학교 평생교육원에서 온라인 한국어교원 양성과정의 강의에 참여한 31명 필자뿐 아니라 원고를 모으고 조율하려고 애쓴 서울대학교 평생교육원 박소영 선생, 서반석, 김수영, 유민애 조교 등이 모두 참여하였다고 할 수 있다. 이 방대한 책의 재판을 흔쾌히 허락해 주신 아카넷 출판사의 김정호 사장님을 비롯한 모든 분께 다시 한 번 깊이 감사드린다.

2014년 2월 집필진 일동

책을 펴내며

대한민국의 경제력이 성장하고 다문화 가정의 수가 급격히 증가하는 추세다. 또한 '케이 팝'으로 대표되는 한국 문화의 영향력이 커지면서 한국어를 배우고자 하는 사람의 수가 나날이 늘어나고 있다. 이에 발맞추어 이들에게 한국어를 가르치고자 하는 사람의 수 역시 부쩍 늘었다. 이들 중 '한국어교원' 자격을 갖추고자 하는 사람들은 정식으로 '한국어 교육' 전공 학과를 졸업하거나 각 대학 기관에서 특수과정으로 운영하는 〈한국어교원 양성과정〉을 이수한 후 "한국어교육능력검정시험"에 응시하는 방법을 선택하곤 한다. 현재 한국에는 이 과정을 운영하는 기관의 수가 많아서 희망하는 사람은 어렵지 않게 이 과정에 등록하고 120시간 이상의 한국어 교육 관련 분야를 공부해 3급 교사 자격시험에 응시할 자격을 부여 받는다.

각 대학의 인문대학이나 사범대학에서 한국어학이나 한국어 교육학을 전공할 경우, 대학별로 정규 전공 과목이 있고, 담당교수는 과목마다 한두 권의 전공 교재를 지정하여 수업을 운영하곤 한다. 그러나 대부분의 〈한국어교원 양성과정〉 기관에서는 교재 선정을 강사에게 일임하거나 이들에게서 강의안을 받아 자체적으로 제작한 임시 교재로 수업을 운영하고 있다. 따라서 모든 기관에서 표준화된 교육 내용으로 학습이 이루어진다고 장담하기는 어렵다. 더구나 이 과정을 통해 공부해야 하는 과목의 수가 너무 많아 과목별로 최소한 한 권씩 교재를 마련하는 것도 실질적으로 불가능한 일이다.

한편 서울대학교 국어교육과에서는 1997년부터 '서울대학교 한국어 교육 지도자 과정'을, 서울대학교 언어 교육원에서는 2005년부터 '한국어교사 양성과정'을 운영해오고 있다. 또한 2011년부터 서울대학교 평생교육원에서는 한국어문학연구소와 국어교육연구소 그리고 언어교육원 등 세 기관에 속한 언어학, 한국어학, 한국어 교육학 및 한국 문화의 전공 교수와 한국어 교육 실습 전공 교수를 통합하여 강의진을 구성하고 '온라인 한국어교원 양성과정'을 운영해 왔다. 이번에 출판하는 교재 『한국어 교육의 이론과 실제 1, 2』는 이 세 기관에서 강의를 담당해 온 서울대학교 교수진들이 그동안 길게는 십여 년에 걸쳐 강의하고 집필했던 한국어 교육의 총결산이라고 할 수 있다.

서울대학교의 〈한국어교원 양성과정〉 수강생만을 염두에 둔다면 굳이 출판사를 통한 출판을 계획하지 않아도 되었을 것이다. 그러나 한국어교원 양성과정을 운영하는 전국의 수많은 기관에서 적합한 교재를 찾지 못해 애태우고 있는 현실을 알기에 이들에게 조금이라도 도움이 되었으면 하는 마음에서 집필진들은 그동안의 강의안을 한 번 더 다듬어 세상에 내어놓기로 마음을 모았다.

이 책이 출판될 수 있기까지는 32명 필자들의 노력뿐 아니라 각기 다른 문체의 원고를 일일이 읽고 조율하려고 애쓴 김주상, 김수영, 유민애 조교와 평생교육원 김종범 팀장의 성실함이 기반이 되었다. 또 이 큰 책을 기획할 수 있도록 힘을 실어 준 아카넷 출판사의 김정호 사장님, 그리고 예쁜 모양새를 갖춰준 김일수 팀장의 도움 또한 잊을 수 없다. 모든 분들께 진심에서 우러나는 깊은 감사를 드린다.

2011년 12월 집필진 일동

차례

제1영역 **한국어학** | 013

한국어학 개론 | 015
송철의 · 서울대 국어국문학과

한국어 음운론 | 059
김성규 · 서울대 국어국문학과

한국어 음운 현상 | 089
김현 · 서울대 국어국문학과

한국어 문법론 | 105
장소원 · 서울대 국어국문학과

한국어 어휘론 | 191
김창섭 · 서울대 국어국문학과

한국어 의미론 | 247
전영철 · 서울대 국어국문학과

한국어사 | 273
황선엽 · 서울대 국어국문학과

한국어사 특론 | 285
이현희 · 서울대 국어국문학과

한국어 어문 규정 | 309
문숙영 · 서울대 국어국문학과

제2영역 일반언어학 및 응용언어학 | 341

언어학 개론 | 343
남승호 · 서울대 언어학과

사회언어학 | 383
정승철 · 서울대 국어국문학과

대조언어학 | 401
박진호 · 서울대 국어국문학과

외국어 습득론 | 447
이병민 · 서울대 영어교육과

제4영역 한국 문화 | 479

한국문학 개론 | 481
김종욱 · 서울대 국어국문학과

한국 현대문학의 이해 | 505
손유경 · 서울대 국어국문학과

한국 고전문학의 이해 | 529
이종묵 · 서울대 국어국문학과

한국 전통 문화 | 555
고정희 · 서울대 국어교육과

한국 대중문화와 텔레비전 드라마 | 583
양승국 · 서울대 국어국문학과

1 영역

한국어학

한국어학 개론

송철의
서울대학교 인문대학 국어국문학과

| 학습 목표 |

- 한국어학의 전반에 걸쳐서 기본적인 이론을 총괄한다.
- 한국어학의 하위 분야들을 개괄한다.
- 한국어의 역사를 살펴본다.
- 한국어 교육을 위한 언어학적 기초를 정립한다.

차례

1. 한국어와 한국어학
   - 1.1. 한국어란 무엇인가
   - 1.2. 한국어학의 대상
   - 1.3. 표준어와 방언
   - 1.4. 음성 언어와 문자 언어
   - 1.5. 한글과 한국어
   - 1.6. 한국어의 특질
   - 1.7. 한국어학의 하위 분야

2. 음성학
   - 2.1. 발음기관에 대한 이해
   - 2.2. 조음체와 조음점
   - 2.3. 자음과 모음의 분류
   - 2.4. 음절

3. 음운론
   - 3.1. 음소
   - 3.2. 운소
   - 3.3. 한국어의 음소체계
   - 3.4. 한국어 음소의 분포 제약
   - 3.5. 한국어의 음운 규칙

4. 문법론
   - 4.1. 형태소의 개념과 종류
   - 4.2. 단어의 특성과 구조
   - 4.3. 조어법
   - 4.4. 품사
   - 4.5. 굴절과 문법범주
   - 4.6. 문장의 성분과 구조
   - 4.7. 문장의 확대 : 내포와 접속
   - 4.8. 문장의 종류

5. 의미론
   - 5.1. 의미의 개념
   - 5.2. 어휘의미론
   - 5.3. 의미의 변화
   - 5.4. 통사의미론

6. 한국어의 역사
   - 6.1. 언어변화의 양상
   - 6.2. 한국어사의 시대구분
   - 6.3. 고대·중세·근대 한국어의 특성

7. 문자론
   - 7.1. 문자의 개념과 종류
   - 7.2. 한글의 창제와 반포
   - 7.3. 한글의 특성과 제자원리
   - 7.4. 한국어 표기법의 특징

8. 방언론
   - 8.1. 방언의 개념
   - 8.2. 지역방언과 사회방언

▶ 참고문헌

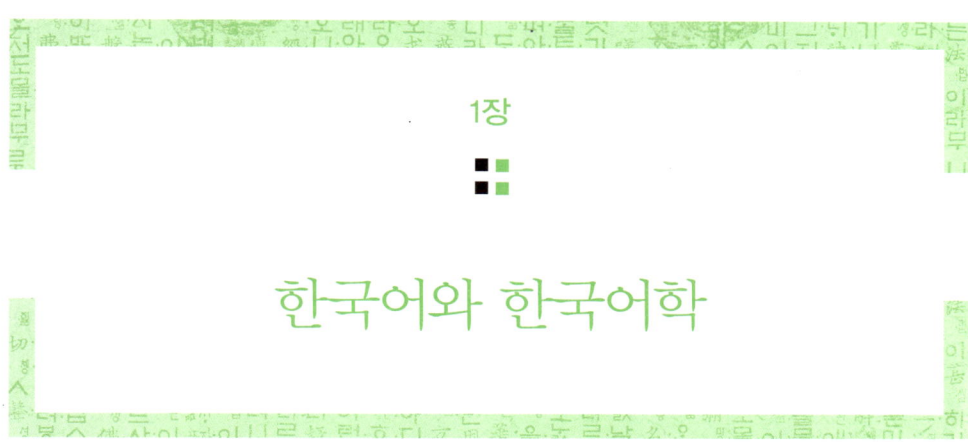

1장
한국어와 한국어학

한국어의 개념(범위) 및 한국어의 특질을 살펴서 한국어에 대한 이해의 수준을 높이고 한국어학의 개념을 정립한다. 한국어학의 하위 분야인 음운론, 문법론(형태론 및 통사론), 의미론, 한국어사, 문자론, 방언론 등의 내용을 개괄적으로 정리하며 각 분야 간의 관계 및 연구 방법론 등을 고찰하여, 한국어 교육을 위한 언어학적 기초를 정립한다.

한국어학 개론 강좌를 통해 익힌 기초적인 한국어학 지식은 각 하위 분야를 공부하는 데에도 도움이 될 것이며 한국어 어휘·문법의 교수법을 공부하는 데에도 도움이 될 것이다.

1.1. 한국어란 무엇인가

한국어는 한반도 전 지역에서 한국 사람들이 모어(母語, mother tongue)로 사용하는 언어이다. 한국은 단일 언어 사회이기 때문에 한국에서 태어난 한국 사람은 누구나 한국어를 모어(제1언어)로 배워서 일생 동안 한국어로 의사소통을 하며 살아간다.

한국어라고 하면 흔히 한국의 표준어만을 생각하기 쉬우나 표준어만이 한국어는 아니다. 한국의 각 지역에서 사용되는 방언들도 한국어이다. 따라서 한국어란 표준어를 포함하여 한국의 각 지역에서 사용되는 방언들의 총체라고 할 수 있다.

그뿐만 아니라 한국어에는 과거의 한국 사람들이 사용한 한국어도 포함된다. 언어도 시간이 지남에 따라 변하게 마련이어서 과거의 한국어와 현재의 한국어가 완전히 동일하지는 않은데, 과거의 한국어도 넓은 의미의 한국어에는 포함되는 것이다.

한국어는 한반도 전역이 그 본거지다. 남북한 합하여 7천만 명이 넘는 인구가 한국어를 모어로 사용하고 있다. 사용자 수로 볼 때 한국어는 세계 13위 정도의 언어이다. 그밖에 중국, 일본, 미국 등 여러 나라에 거주하는 700여 만 명의 동포들이 한국어를 사용하고 있다.

1.2. 한국어학의 대상

한국어학은 한국어를 대상으로 연구하는 학문 분야이다. 이때의 한국어는 넓은 의미의 한국어이다. 즉, 표준어뿐만 아니라 각 지역의 방언과 과거의 한국어까지를 포함하는 한국어이다. 따라서 한국어학의 대상은 표준어일 수도 있고 각 지역의 방언일 수도 있으며 과거의 한국어(고대 한국어, 중세 한국어, 근대 한국어)일 수도 있는 것이다.

1.3. 표준어와 방언

같은 언어에 속하는 말이라 하더라도 지역에 따라서 서로 다를 수가 있다. 이는 언어 변화가 모든 지역에서 동시에 똑같이 일어나는 것이 아니라 지역에 따라 다르게 일어나기 때문에 나타나는 현상이다. 이와 같이 같은 언어에 속하면서 지역에 따라 다른 말을 지역방언이라 한다. 말은 또 사회계층에 따라서 다를 수도 있다. 이렇게 사회계층에 따라 다른 말을 사회방언, 또는 계급방언이라 한다. 현재의 한국 사회는 계층이 뚜렷하게 나뉘어 있지 않기 때문에 사회방언이 분명하게 드러나지는 않는다. 그러나 사회방언이 전혀 없는 것은 아니다. 예컨대 '어서 옵쇼', '한 푼 줍쇼'와 같은 말들은 특정 계층의 사람들이 쓰는 말이므로 비록 단편적이기는 하지만 사회방언이라고 할 수 있다. 지역방언이건 사회방언이건 방언들은 서로 어휘나 문법에 있어서도 차이가 있고 발음에 있어서도 차이가 있다.

이렇게 지역마다, 또는 계층마다 말이 다르면 국민들 사이에 의사소통이 어렵게 되고, 그렇게 되면 국민 모두가 일체감을 갖기가 어렵게 된다. 말이 다르면 서로 이질감을 느끼게 되는 것이 일반적인 현상이기 때문이다. 그래서 이러한 문제를 해소하기 위해 모든 국민이 공통으로 사용할 수 있는 표준적인 언어, 즉 표준어를 정하게 된다. 표준어는 대체로 그 나라의 정치, 경제, 문화의 중심지가 되는 지역의 말을 근간으로 해서 제정된다. 한국의 경우에는 서울말을 근간으로 해서 표준어가 제정되었다.

그런데 여기서 한 가지 유의해야 할 것은 서울말이 곧 표준어는 아니라는 사실이다. 표준어가 서울말을 근간으로 해서 성립된 것이기는 하지만 서울말이 모두 그대로 표준어가 된 것은 아니기 때문이다. 서울 토박이들의 말을 들어보면 '그러믄, 했에요, 허세요, 궤'와 같은 예들이 나타나는데, 이런 예들은 표준어와는 다른 것들이다. 이들에 대응되는 표준어는 '그러면, 했어요, 하세요, 게'이다. 이와 같이 서울말 중에도 표준어가 아닌 것들이 있는 것이다. 서울말도 엄격히 말하자면 방언의 하나인 셈이다.

표준어는 모든 국민이 공통으로 사용하도록 제정된 것이므로 국민이면 누구나 다 표준어를 배우고 익혀야 한다. 따라서 지방에서 자란 사람들은 자기의 방언 이외에 별도로 표준어를 배워야 하는 것이다. 지방 사람들에게 있어 자기의 방언은 자연스럽게 습득되는 것이라고 한다면 표준어는 인위적으로 교육을 통해 습득되는 것이라고 할 수 있다.

표준어는 다음과 같은 세 가지 기능을 가진다고 한다. 첫째는 통일의 기능이다. 표준어는 모든 국민이 공통으로 사용하는 것이므로 표준어는 국민들로 하여금 일체감을 가지게 해 준다. 이것이 곧 통일의 기능이다. 둘째는 우월의 기능이다. 표준어는 교육에 의해서 습득되는 것이기 때문에 표준어를 잘 사용한다는 것은 교육을 많이 받았다는 징표가 된다. 이것이 바로 우월의 기능이다. 셋째는 준거의 기능이다. 표준어는 언어 규범이므로 일종의 법규와 같은 것이다. 따라서 표준어를 사용해야 할 자리에서 표준어를 사용하는 것은 마치 우리가 운전을 할 때 교통법규를 지키는 것과 같다. 표준어 사용은 준법정신을 길러 주는 것이기도 한 것이다. 이것이 바로 준거의 기능이다.

그런데 한국에서는 표준어의 중요성을 강조하다 보니 방언은 하찮은 존재, 쓸 데 없는 존재인 것처럼 인식하는 사람들이 있다. 그러나 사실은 결코 그렇지 않다. 방언은 그 지역을 대표하는 무형의 문화재인 셈이므로 표준어 못지않게 각 지방의 방언도 아주 소중한 존재인 것이다.

1.4. 음성 언어와 문자 언어

인간은 자기의 의사를 전달하기 위해서 말소리(음성)를 이용하기도 하고 문자를 이용하기도 한다. 여기서 음성으로 표현되는 언어를 음성 언어(spoken language)라 하고 문자로 표현되는 언어를 문자 언어(written language)라 한다. 음성 언어를 흔히 구어(口語)라고 하며 문자 언어를 흔히 문어(文語)라고 한다. 한국어에는 '말'과 '글'이라는 단어가 있는데 '말'은 일반적으로 음성 언어를 가리키고 '글'은 문자 언어를 가리킨다.

음성 언어는 크게 두 가지 제약을 받는다. 시간적 제약과 공간적 제약이 그것인데, 말소리는 말하는 순간 사라져 버리므로 시간적 제약을 받으며, 말소리는 또 전달될 수 있는 거리가 한정되어 있으므로 공간적인 제약을 받는다. 음성 언어의 이러한 제약(단점)을 보완하기 위해서 문자가 등장하게 되었다. 문자로 기록된 언어인 문자 언어는 그러한 제약을 상대적으로 덜 받는다. 그렇다고 문자 언어는 단점이 없느냐 하면 그렇지는 않다. 음성 언어와 문자 언어의 장·단점을 열거해 보면 다음과 같다.

▼ 음성 언어의 장단점
- 장점
  특별한 도구가 필요하지 않으므로 사용하기에 편리하다.
  정보를 빨리 전달할 수 있다.
  캄캄한 곳에서도 사용할 수 있다.
- 단점
  음성 언어는 시간적 제약과 공간적 제약을 받는다.
  시간적 제약 : 말소리는 말하는 순간 사라져 버린다.
  공간적 제약 : 말소리는 전달될 수 있는 거리가 한정되어 있다.
  시끄러운 장소에서는 아무런 기능도 할 수 없다.

▼ 문자 언어의 장단점
- 장점
  시간적, 공간적 제약을 상대적으로 덜 받는다.
  좀 더 정제되고 세련된 면이 있다.

언어의 역사적 연구는 문자 언어에 의존한다.
- 단점

필기도구가 필요하다.

캄캄한 곳에서는 사용할 수 없다.

기록하는 데 시간이 많이 걸린다.

1.5. 한글과 한국어

한글과 한국어를 같은 것으로 오해하는 경우가 많은데, 한글과 한국어는 동일한 개념이 아니다. 간단히 말하자면 한글은 문자의 명칭이고 한국어는 언어의 명칭이다.

> 한국어, 중국어, 일본어, 영어 ──────── 언어의 명칭
> 한글, 한자, 가나, 알파벳 ──────── 문자의 명칭

세종대왕은 한글(원래의 명칭은 '훈민정음')이라는 문자를 창제한 것이지 한국어라는 언어를 창제한 것이 아니다. 그런데 한글을 한국어와 동일한 개념으로 잘못 이해하여, 세종대왕이 문자가 아니라 한국어라는 언어를 창제한 것으로 오해하는 경우가 있다. 그리하여 세종대왕이 한글을 창제하기 전에는 한국 민족이 자신의 언어도 없던 민족인 것처럼 오해하는 경우가 있는 것이다. 세종대왕이 한글을 창제하기 이전부터 한국 사람들은 한국어를 사용해 왔다는 사실을 잊어서는 안 될 것이다.

한글과 한국어를 혼동하는 사람들은 문자인 한글의 특성을 언어인 한국어의 특성인 것처럼 오해하기도 한다. '우리나라 말은 매우 과학적이고 체계적'이라고 하는 경우가 그런 경우이다. 한글이라는 문자에 대하여 과학적이고 체계적이라고 하는 것은 맞는 말이지만, 한국어라는 언어에 대하여 과학적이고 체계적이라고 하는 것은 잘못된 것이다. 언어에는 과학적이고 체계적인 언어가 따로 있는 것이 아니기 때문이다.

한글과 한국어를 혼동하면 이처럼 엉뚱한 오해를 할 수 있으므로 한글과 한국어를 혼동하지 않도록 유의하여야 한다.

1.6. 한국어의 특질

이 지구상에는 수천 개가 넘는 언어가 존재한다고 하는데, 이 언어들은 많은 공통점이 있으면서 또 한편으로는 각자의 특수성(또는 독자성)도 있다. 전자를 언어의 보편성이라 하고 후자를 개별 언어의 특수성(또는 특질)이라고 한다.

▼ 언어의 보편성
1. 형식(음성 형식)과 의미라는 두 가지 측면이 있다.
2. 말소리에 자음과 모음이 있다.
3. 음운, 음절, 단어, 문장 등의 언어 단위가 있다.
4. 명사, 동사 등의 문법적 범주가 있다.
5. 긍정문과 부정문, 평서문과 의문문, 명령문 등의 구분이 있다.

▼ 한국어의 특수성
1. 파열음(폐쇄음)에 평음, 경음, 격음(유기음)의 세 계열이 있다.
   달 : 딸 : 탈 / 불 : 뿔 : 풀
   ㄷ : ㄸ : ㅌ / ㅂ : ㅃ : ㅍ
2. 어두나 음절말 위치에서 오직 하나의 자음만 발음될 수 있다.
   값[갑], 늙다[늑따]
   cf. spring / 까치, 빠르다
3. 교착어이다.
   언어유형론 : 굴절어, 교착어(첨가어), 고립어

교착어: 문법형태소의 발달, 1형태소 = 1기능
　　　　하시었겠습니다: 하 – 시, 었, 겠, 습니, 다

❹ SOV형 언어이다.
　S = subject (주어)
　O = object (목적어)
　V = verb(동사, 서술어)

❺ 어순이 비교적 자유롭다.
　조사와 어미가 발달해 있어서 어순이 바뀌더라도 의미가 달라지지 않는다.
　철수가 영이를 때렸다./영이를 철수가 때렸다.
　cf. John hit Marry/ Marry hit John

❻ 의문문에서 어순이 바뀌지 않는다.
　이것이 책이다. / 이것이 책이냐?
　cf. This is a book / Is this a book?

❼ 근간 성분(주어, 목적어)이 잘 생략되는 언어이다.
　철수: 어제 뭐 했어?
　영수: 영화구경 했어.
　철수: 누구랑 했어.
　영수: 영남이랑 했지.
　철수: 어제 그 영화관에서 용준이를 만났니?
　영수: 아니. 못 만났는데.

❽ 경어법이 발달되어 있다.
　주체 경어법: －(으)시－
　상대 경어법(청자경어법)
　이리 오너라 / 이리 오게 / 이리 와 / 이리 오오 / 이리 오세요 / 이리 오십시오

❾ 색채어가 발달되어 있다.(색채 형용사)
　불그스름하다 – 붉다 – 벌겋다 – 뻘겋다 – 시뻘겋다
　발그스름하다 － × 　－발갛다 – 빨갛다 – 새빨갛다

❿ 친족 명칭이 친족 아닌 다른 사람에게도 흔히 쓰인다.
　할아버지 / 할머니, 형 / 오빠, 누나 / 언니

한국어를 연구할 때에는 이러한 언어의 보편성과 한국어의 특수성(특질)을 늘 염두에 두어야 한다.

1.7. 한국어학의 하위 분야

한국어학은 한국어를 연구 대상으로 하는 언어학이다. 언어학이 세계 여러 언어의 보편적인 현상을 관찰의 대상으로 하는 분야라면, 한국어학은 한국어라는 특정 언어를 관찰의 대상으로 하는 개별 언어학이다. 따라서 한국어학은 언어학의 울타리를 벗어나지 않는다. 전체적으로 언어학의 방법론 위에서 한국어학이 이루어진다.

언어학의 하위 분야는 우선 언어의 단위(linguistic unit) 중 어떤 단위를 연구 대상으로 하느냐에 따라 나뉜다. 언어의 단위에는 문장, 단어, 형태소, 음절, 음운 등이 있는데, 문장을 대상으로 하는 분야를 통사론, 형태소와 단어를 대상으로 하는 분야를 형태론, 음운을 대상으로 하는 분야를 음운론이라 한다.(음절도 음운론의 대상이다.) 앞에서 말한 언어의 단위는 언어의 형식과 관련된 것이다. 언어에는 형식의 측면만 있는 것이 아니라 의미의 측면도 있다. 따라서 의미를 다루는 분야도 있어야 한다. 의미를 전적으로 다루는 분야를 의미론이라 한다. 이상의 네 분야, 즉 통사론, 형태론, 음운론, 의미론을 '언어학의 4대 핵심 분야'라 한다.

위에서 말한 바와 같이 한국어학은 언어학의 울타리를 벗어나지 않으므로 한국어학의 4대 핵심 분야는 한국어 음운론, 한국어 형태론, 한국어 통사론, 한국어 의미론이 된다.

경우에 따라서는 형태론과 통사론을 묶어서 문법론이라 하기도 한다.(과거에는 언어학의 핵심 분야를 음운론, 문법론, 어휘론으로 나누기도 했다.) 위의 각 분야가 다루는 내용을 간략히 설명하면 다음과 같다.

1) 음운론(Phonology)

언어의 단위 중 음운과 음절을 대상으로 하는 분야로서 말소리의 기능과 체계, 음운 현상(음운 규칙) 등을 연구하는 분야. 음운의 개념, 음운 분석 방법, 음운 목록, 자음체계, 모음 체계 등도 다룬다. 한국어의 발음은 한국어의 음운 규칙에 따라서 하는 것이므로 한국어의 발음을 이해하려면 한국어의 음운 규칙을 숙지하여야 한다.

- 음운: 의미를 구별하는 최소의 단위
- 음절: 발음 가능한 최소의 단위

2) 형태론(Morphology)

언어의 단위 중 형태소와 단어를 대상으로 하는 분야로서 단어의 어형변화(굴절 형태론)와 단어의 내적 구조 및 단어의 형성 방법(조어법)을 연구하는 분야.

- 형태소: 의미를 가지는 최소의 단위 (어휘적 의미, 문법적 의미)

가. 굴절 형태론 – 단어의 어형 변화

- 곡용과 활용
- 곡용: 체언 어간에 격어미(조사)가 결합하여 어형변화

  예) 눈: 눈이, 눈을, 눈에, 눈과, 눈의 ……

- 활용: 용언 어간에 어미가 결합하여 어형변화

  예) 먹-: 먹고, 먹지, 먹게, 먹으니, 먹으면, 먹어, 먹어라, 먹었다 ……

나. 단어 형성(조어법)

- 파생법: 접두 파생법(접두사), 접미 파생법(접미사)

  예) 맨발, 맨손, 맨입 / 짓밟다, 짓누르다, 짓빨다

      길이, 깊이, 높이, 넓이 / 걸레질, 비질, 칼질, 손질, 다리미질

      미팅, 소개팅, 등산팅, 수영팅, 고고팅

- 합성법: 두 단어의 결합

  예) 돌다리, 손목, 바닷가, 봄바람

      파묻다, 뛰어나다, 얽매다, 타고나다

3) 통사론(Syntax)

언어의 단위 중 문장을 대상으로 하는 분야로서 단어들이 결합하여 문장을 구성하는 방법(규칙)을 연구하는 분야.

- 단문 / 복문 / 내포문 / 병렬문, 의문문, 사동문, 피동문 ……

4) 의미론(Semantics)

형태소, 단어, 문장 등 문법단위들의 의미를 연구하는 분야. 의미론 중 단어의 의미를 다루는 분야를 어휘 의미론, 문장의 의미를 다루는 분야를 통사 의미론이라 한다.

그 밖의 하위 분야로서는 계통론, 한국어사, 음성학, 어휘론, 방언론, 문자론, 한국어학사 등이 있다.

2장

음성학

말에 쓰이는 소리를 음성(말소리)이라고 한다. 한 언어의 구조와 특성을 이해하려면 그 말에 쓰이는 음성의 특성을 알아야 한다. 그러한 음성의 특성을 연구하는 분야가 음성학(音聲學, phonetics)이다. 음성학에서는 음성을 자연과학적인 관점에서 그것이 어떤 발음기관에서 만들어지며, 그 음파의 특성은 어떠한가 등을 관찰하고 연구한다.

2.1. 발음기관에 대한 이해

음성을 산출해 내는 데 쓰이는 신체의 각 부분을 발음기관(發音器官, speech organ)이라고 한다. 발음기관은 크게 호흡기관, 발성 기관, 조음 기관의 세 부분으로 나뉜다. 그리고 공기가 흘러나오는 통로가 두 군데인데, 입 쪽의 통로를 구강(口腔)이라 하고 코 쪽의 통로를 비강(鼻腔)이라 한다.

2.2. 조음체와 조음점

조음(調音)이란 성문을 통과한 공기를 입 안 어디에서 막든가 장애를 일으키면서 조정하여 소리를 내는 과정을 말한다. 조음체란 그러한 일을 할 때 능동적으로 움직이는 부분을 뜻하며, 조음점이란 스스로 움직이지 못하고 수동적으로 조음체의 상대역만 하는 부위를 뜻한다. 발음기관 가운데 입 안 아래쪽에 있는 아랫입술, 혀 등을 조음체(調音體, articular)라고 하고 그 조음체들이 가 닿는 입천장, 윗니, 윗잇몸, 윗입술 등을 조음점(調音點, point of articulation)이라고 한다.

2.3. 자음과 모음의 분류

말소리는 자음(子音, consonant)과 모음(母音, vowel)으로 나눌 수 있는데, 이들은 분명한 조음적 차이가 있다. 자음은 기류(氣流)가 구강과 비강 모두에서 장애를 받거나 둘 중 하나에서 장애를 받으면서 발음되는 소리이고, 모음은 기류가 구강과 비강 모두에서 아무런 장애를 받지 않거나 적어도 둘 중 하나에서는 아무런 장애도 받지 않으면서 발음되는 소리이다.

2.3.1. 자음의 분류

무엇이든 분류를 하려면 분류의 기준이 있어야 한다. 자음의 분류 기준은 조음 위치와 조음 방식이다. 한국어의 자음을 조음 위치에 따라 분류하면 양순음, 치조음, 경구개음, 연구개음, 후음 등으로 나뉘고 조음 방식에 따라 분류하면 파열음(폐쇄음), 마찰음, 파찰음, 비음, 유음 등으로 나뉜다. 그 밖에 한국어의 자음에서 빼놓을 수 없는 두 가지는 유기음(有氣音, 거센소리, aspirated)과 경음(硬音, 된소리, tense)이다. 유기음과 경음이 모두 있는 언어는 매우 드물기 때문에 유기음과 경음이 모두 있다는 것은 한국어의 한 특징이라고도 할 수 있다. 외국 사람들이 한국어를 배울 때 제일 어려워하는 것 중의 하나가 평음과 유기음과 경음을 구별하는 것이다. '달:딸:탈'을 발음해 보라고 하거나 '불:뿔:풀'을 발음해 보라고 하면 한국어 초보자들은 발음상으로 이들을 잘 구별하지 못한다. 한국어의 자음은 19개인데, 이들을 조음 위치와 조음 방식에 따라 분류하면 다음과 같다.

한국어의 자음 : 19개

▼ 조음 위치에 따른 분류
- 양순음: ㅁ ㅂ ㅃ ㅍ
- 치조음: ㄴ ㄷ ㄸ ㅌ ㄹ
  　　　　ㅅ ㅆ
- 경구개음: ㅈ ㅉ ㅊ
- 연구개음: ㅇ ㄱ ㄲ ㅋ
- 후음: ㅎ

▼ 조음 방식에 따른 분류
- 파열음: ㅂ ㅃ ㅍ, ㄷ ㄸ ㅌ, ㄱ ㄲ ㅋ
- 파찰음: ㅈ ㅉ ㅊ
- 마찰음: ㅅ ㅆ ㅎ
- 비음: ㅁ ㄴ ㅇ
- 유음: ㄹ

▼ 그 밖의 분류
- 평음(예사소리): ㅂ ㄷ ㄱ ㅈ ㅅ ㅎ
- 경음(된소리): ㅃ ㄸ ㄲ ㅉ ㅆ
- 격음(유기음, 거센소리): ㅍ ㅌ ㅋ ㅊ

2.3.2. 모음의 분류

모음을 분류하는 기준은 자음의 경우와 다르다. 모음의 음가를 달라지게 하는 중요한 발음 기관은 혀와 입술이다. 따라서 모음을 분류하는 기준으로는 혀의 높이, 혀의 앞뒤 위치, 입술의 모양, 이 세 가지를 들 수 있다. 한국어의 단모음(單母音)은 10개(혹은 8개)인데, 이들을 앞의 세 기준에 따라 분류하면 다음과 같다.

한국어의 모음 : 10개(8개)

▲ 혀의 높이에 따른 분류
- 고모음: ㅣ (ㅟ) ㅡ ㅜ
- 중모음: ㅔ (ㅚ) ㅓ ㅗ
- 저모음: ㅐ ㅏ

▲ 혀의 위치에 따른 분류
- 전설모음: ㅣ ㅔ ㅐ (ㅟ) (ㅚ)
- 중설모음: ㅡ ㅓ ㅏ
- 후설모음: ㅜ ㅗ

▲ 입술 모양에 따른 분류
- 원순모음: ㅜ ㅗ (ㅟ) (ㅚ)
- 평순모음: ㅣ ㅔ ㅐ ㅡ ㅓ ㅏ

단모음 중에서 'ㅟ'와 'ㅚ'는 이중모음으로 발음해도 되기 때문에 이들을 이중모음으로 발음하는 사람은 단모음을 8개만 가지고 있는 셈이 된다. 'ㅟ'와 'ㅚ'를 각각 독일어의 'ü'와 'ö'처럼 발음하면 단모음으로 발음하는 것이고 'wi'와 'we'처럼 발음하면 이중모음으로 발음하는 것이다. 한국 사람 대부분은 'ㅟ'와 'ㅚ'를 이중모음으로 발음한다.

▲ 반모음과 이중모음

반모음(半母音, semi-vowel)이란 모음을 발음할 때보다 혀를 입천장에 더 가깝게 하여 내는 소리를 말한다. 모음 가운데서 혀의 위치가 가장 높은 [ㅣ, ㅜ]보다도 조금 더 위쪽에서 발음되는 [j]와 [w]가 대표적인 반모음이다. 반모음은 단독으로는 발음되지 못하고, 다른 모음과 결합하여 발음되는 특성이 있다. 그래서 반모음과 단모음(單母音)이 결합된 음을 이중모음(二重母音, diphthong)이라고 한다.
- ㅑ ㅕ ㅛ ㅠ ㅘ ㅝ 등. 단모음(單母音) ↔ 이중모음(二重母音)

[참고] 모음에는 '짧은 모음'과 '긴 모음'이 있다. 짧은 모음을 '단모음(短母音)'이라 하고 긴 모음을 '장모음(長母音)'이라 한다. '눈[眼]'의 'ㅜ'는 단모음이고 '눈[雪]'의 'ㅜ'는 장모음이다. 단모음(短母音) ↔ 장모음(長母音) 단모음(單母音)과 단모음(短母音)은 동음이의어이다. 이들을 혼동하지 않도록 유의하여야 한다.

2.4. 음절

자음이나 모음과 같은 음성 단위보다 한 단계 더 큰 단위로서 음절(音節, syllable)이 있다. 음절이란 한마디로 소리의 낱덩이로서 '발음 가능한 최소의 단위'라고 할 수 있다. 우리가 발음을 할 때에는 음절 단위로 발음을 한다.

음운론은 음성학에서 밝힌 말소리의 특성을 이해한 바탕 위에서 음운의 기능과 체계, 음운 현상(음운규칙) 등을 연구하는 분야이다. 여기서 음운이란 원래 '음소'와 '운소'를 묶어서 이르는 말이다. 따라서 엄격히 말하자면 '음운'과 '음소'는 같은 개념이 아니다. 그런데 흔히 '음운'을 '음소'와 같은 개념으로 사용한다.

3.1. 음소

음소(音素, phoneme)란 의미를 분화시키는 최소의 단위를 말한다. 예를 들어 '물'과 '불' 두 단어에서 [울]이라는 조건이 같은데도 그 뜻이 다른 것은 [ㅁ]과 [ㅂ]의 소리의 차이 때문이다. 이와 같이 어떤 한 쌍의 대립적인 소리의 차이만으로 뜻이 달라지는 두 단어를 '최소 대립의 짝' 또는 '최소 대립어(最小對立語, minimal pair)'라고 한다. 그리고 이러한 두 단어의 의미 차이에 결정적인 역할을 한 두 소리를 각각 음소라고 한다. 따라서 [ㅁ]과 [ㅂ]은 각각 별개의 음소(/ㅁ/, /ㅂ/)가 된다.

[참고] 음성은 [ ] 속에 표시하고 음소는 / / 속에 표시한다.

3.2. 운소

말소리의 요소 중에는 독자적으로 독립하여 실현되지 못하고 모음에 얹혀서만 실현되는 요소들이 있다. 음장(音長, 소리의 길이)이나 악센트, 성조, 억양 같은 것들이 바로 그것이다. 이러한 요소들도 언어에 따라서는 말의 뜻을 달라지게 하는 기능이 있기 때문에 이런 요소들을 운소(韻素, prosodeme)라고 한다.

3.3. 한국어의 음소체계

3.3.1. 자음체계

현대 한국어의 자음체계를 제시해 보면 다음과 같다.

```
ㅂ    ㄷ    ㅈ    ㄱ
ㅍ    ㅌ    ㅊ    ㅋ
ㅃ    ㄸ    ㅉ    ㄲ
ㅅ    ㅎ
ㅆ
ㅁ    ㄴ         ㅇ
ㄹ
```

3.3.2. 모음체계

현대 한국어의 단모음 체계(單母音體系)를 보면, [ㅟ, ㅚ]를 모두 단모음으로 발음하는 경우 다음과 같은 4계열 3단계의 체계가 된다.

```
ㅣ    ㅟ    ㅡ    ㅜ
ㅔ    ㅚ    ㅓ    ㅗ
ㅐ    ㅏ
```

한국어에는 이상의 단모음 이외에 반모음(半母音) 음소가 두 개 더 있다. /w/와 /j/가 그것이다. 그리고 이들과 단모음이 결합하여 이루어진 이중모음들이 여러 개 있다.

ㅘ　ㅝ　ㅙ　ㅞ
ㅑ　ㅕ　ㅛ　ㅠ　ㅒ　ㅖ
ㅢ

3.4. 한국어 음소의 분포 제약

음소에 따라서는 나타날 수 있는 자리가 제약을 받는 경우가 있다. 모든 음소가 모든 위치에 나타날 수는 있는 것은 아니기 때문이다. 한국어에서도 음소들의 출현이 제약되는 예들이 있다. 그 내용은 다음과 같다.

첫째, 한국어에서는 단어의 첫머리[語頭]와 음절의 첫머리에 [ㅇ(ng)]이 나타나지 못한다. 이것은 '강'의 [ㅇ]처럼 끝소리에서만 나타난다.

둘째, [ㄹ]도 단어의 첫머리에 나타나지 못한다.(다만 외래어에서는 나타나기도 한다.)

셋째, 음절 초나 음절 말에 하나의 자음만 올 수 있다. 그래서 음절 말에 자음이 두 개 오게 되면 반드시 하나가 탈락된다.(없+다 → [업다] → [업따])

그리고 현대 한국어의 경우 음절말에서 발음될 수 있는 자음은 [ㄱ, ㄴ, ㄷ, ㄹ, ㅁ, ㅂ, ㅇ]의 7개뿐이다. 이러한 현상을 7종성 법칙(일곱 끝소리 되기)라고 한다. 그래서 이 7개 자음이 아닌 다른 자음이 음절말에 오게 되면 이 7개 중의 하나로 바뀐다.(높+고 → [놉고], 찾+다 → [찯다])

3.5. 한국어의 음운 규칙

3.5.1. 중화

일반적으로 잘 구별되던(대립하던) 음소들이 특정 환경에서 구별되지 않게 되는(대립을 상실하게 되는) 현상을 중화(中和, neutralization)라고 한다. 이러한 현상은 앞에서 말한 7종성법 때문에 나타나는 현상이다. 이 현상을 오늘날은 흔히 '평폐쇄음화'라 하기도 한다. '웃고 → [욷꼬]'에서처럼 'ㅅ'이 'ㄷ'으로 발음된다든지 '높고 → [놉꼬]'에서처럼 'ㅍ'이 'ㅂ'으로 발음되는 현상이 여기에 해당한다.

3.5.2. 동화

어떤 음이 다른 음의 영향을 받아서 그것과 같아지거나 비슷해지는 현상을 동화(同化)라고 한다. 한국어의 동화 현상에는 다음과 같은 것들이 있다.

- 자음동화: 자음동화란 자음끼리 서로 만났을 때 한 자음이 다른 자음에 동화되는 것을 말하는데 한국어의 자음동화에는 비음 동화와 유음 동화가 있다. 비음동화란 'ㄱ ㄷ ㅂ'이 비음 'ㄴ, ㅁ'과 만날 때 각각 'ㅇ ㄴ ㅁ'으로 바뀌는 것을 말하고 유음동화란 'ㄴ'이 'ㄹ'과 만날 때 'ㄹ'로 변하는 것을 말한다.
  - 죽는 → [중는], 잡느냐 → [잠느냐], 듣는 → [든는]
  - 앓는 → 알는 → [알른], 신라 → [실라]
- 구개음화(口蓋音化, palatalization): 구개음화란 구개음이 아닌 자음(ㄷ, ㅌ)이 뒤에 오는 모음 /ㅣ/나 반모음 /j/의 영향으로 구개음(ㅈ, ㅊ)으로 바뀌는 현상을 말한다.
  - 해돋이 → [해도지], 미닫이 → [미다지], 같이 → [가치]
- 움라우트(Umlaut): 'i'모음역행동화(逆行同化)라고도 하는데, 뒤에 오는 모음 /ㅣ/나 /j/의 영향으로 그 앞의 모음 'ㅏ ㅓ' 등이 'ㅐ, ㅔ'로 바뀌는 현상을 말한다.
  - 방언에서 아기 → [애기], 아비 → [애비], 어미 → [에미], 먹이다 → [멕이다]
  - 표준 발음에서는 대체로 이 움라우트 현상을 받아들이지 않는다.
- 모음조화(母音調和, vowel harmony): 앞뒤 음절에 같은 계열의 모음끼리 나타나는 현상을 말한다.(양성모음, 음성모음)

3.5.3. 탈락

특정한 환경에서 음소가 탈락하는 현상이다.

- 울 + 는 → [우는]   'ㄹ' 탈락
- 넓 + 다 → [널따]   'ㅂ' 탈락(자음군 단순화)
- 크 + 어 → [커]   모음(ㅡ) 탈락

3.5.4. 기타

두 개의 소리가 하나의 소리로 통합되는 현상을 축약(縮約, contraction)이라고 한다.

- 놓 + 고 → [노코] (ㅎ + ㄱ → ㅋ)

한 단어 안에 있는 두 소리나 두 음절이 서로 자리를 바꾸는 현상을 음운도치(音韻倒置)

라고 하는데, 이것은 그리 흔한 현상은 아니다.(예: 하야로비 〉 해오라기)

　이화(異化, dissimilation)란 서로 같거나 비슷한 소리에서 그 어느 하나를 다른 소리로 바꾸는 현상을 말한다.(예: 담임 → [단임] (그러나 이때 [단임]이 표준 발음은 아니다.))

4.1. 형태소의 개념과 종류

4.1.1. 형태소의 개념

문법단위 가운데 가장 작은 단위가 형태소(形態素, morpheme)이다. 문법단위는 반드시 의미를 가지는 언어 단위이므로, 형태소는 '의미를 가지는(有意的인) 최소의 단위(minimal meaningful unit)'라고 할 수 있다.

4.1.2. 이형태

형태소는 나타나는 환경에 따라 음상(音相, phonetic shape)이 달라지는 경우가 있다.

- 흙이[흘기], 흙으로[흘그로] -- [흙]
- 흙도[흑또], 흙보다[흑뽀다] -- [흑]
- 흙만[흥만], 흙먼지[흥먼지] -- [흥]

하나의 형태소가 음성적인 환경에 따라서 소리를 바꾸는 일을 교체(交替, alternation), 또는 변이(變異, variation)라고 한다. 그리고 형태소의 여러 모양을 각각 그 형태소의 이형태(異形態, allomorph)라고 한다. 이형태가 되기 위해서는 두 가지 조건이 필요한데, 하나는 의미의 동일성이고 다른 하나는 상보적 분포이다. 위에서 [흙], [흑], [흥]은 모두 '土'의 뜻을 가지므로 이형태가 된다. 또 [흙]은 모음 앞에서만, [흑]은 [ㄷ, ㅂ]과 같은 파열음 앞에서만,

[ㅁ]은 [ㅁ]과 같은 비음 앞에서만 각각 실현되는데, 이것은 이 이형태들이 상보적 분포를 보이기 때문이다.

4.1.3. 기본형
하나의 형태소에는 여러 이형태가 있는데, 그중에서 어느 것 하나를 대표로 삼을 수가 있다. 그 대표 이형태를 기본형(基本形, basic allomorph)이라고 한다. 여러 이형태 가운데서 기본형을 정하는 데에는 몇 가지 기준이 있다.

4.1.4. 형태소의 종류
형태소에도 몇 가지 종류가 있다. 의미를 기준으로 어휘형태소와 문법형태소로 나뉘기도 하고 자립성을 기준으로 자립형태소와 의존형태소로 나뉘기도 한다.

- 어휘형태소(lexical morpheme): 어휘적인 의미, 즉 실질적인 의미를 가지는 형태소.(예: 하늘, 땅, 먹-, 잡-, 좋-)
- 문법형태소(grammatical morpheme): 실질적인 의미는 없지만 문법적인 의미, 즉 문법적 기능이 있는 형태소. 조사와 어미, 파생접사가 여기에 해당한다.
- 자립형태소(free morpheme): 혼자서 독립해서 단어가 될 수 있는 형태소.(예: 손, 얼굴, 잘, 못)
- 의존형태소(bound morpheme): 다른 형태소와 결합해야만 문장에 쓰일 수 있고 단어 노릇을 할 수 있는 형태소.(예: 먹-, 읽-, 많-, -았-, -겠-, -다, -고)

4.2. 단어의 특성과 구조

4.2.1. 단어의 특성
일반적으로 단어를 '최소(最小)의 자립형식(自立形式)'이라고 규정하는데, 이것만으로는 부족하다. 더 객관적이고 합리적으로 규정할 수 있는 방법이 필요한데, 그것은 휴지와 분리성이다. 이러한 기준을 종합할 때 단어를 다음과 같이 정의할 수 있다.

> 단어는 그 내부에 휴지를 둘 수도 없고 다른 단어를 끼워 넣을 수도 없는 자립적인 문법단위이다.

4.2.2. 어기와 접사

두 개 이상의 형태소로 이루어진 단어를 분석할 때 먼저 하나의 단어를 어기와 접사로 나눌 수가 있는데, 어기(語基, base)는 단어의 중심부를 이루는 요소이고 접사(接辭)는 단어의 주변부를 이루는 요소이다. 접사는 그 기능에 따라 굴절접사와 파생접사로 나뉘는데 파생접사는 다시 나타나는 위치에 따라 접두사와 접미사로 나뉜다. 굴절접사는 흔히 어미(또는 활용어미)라고 부른다.

4.2.3 단어의 분류

단어를 그 내적 구조에 따라 분류하면 단일어와 복합어로 나눌 수 있다. 단일어(單一語, simple word)는 그 어간이 형태소 하나로 이루어진 단어를 말하며, 복합어(複合語, complex word)는 그 어간이 두 개 이상의 형태소로 이루어진 단어를 말한다. 복합어는 다시 합성어(合成語)와 파생어(派生語)로 나눌 수 있다.

```
단어 ┬ 단일어
     └ 복합어 ┬ 합성어(첩어 포함)
              └ 파생어
```

4.3. 조어법

두 개 이상의 형태소가 결합하여 새로운 단어(또는 어간)를 만드는 일을 조어(造語, word-formation)라고 한다. 그리고 이렇게 새로운 단어를 만드는 방식을 조어법(造語法)이라고 하며, 이 조어의 방식을 분석하고 체계화하는 분야를 조어론(造語論)이라고 한다.

조어법에는 크게 두 가지가 있다. 하나는 파생접사를 이용하는 파생법이고 다른 하나는 두 개 이상의 단어나 어간을 결합시키는 합성법이 그것이다.

❶ 파생법
- 접두 파생: 맨손 / 맨입, 맨밥 / 짓밟다, 짓누르다 / 새파랗다, 새까맣다
- 접미 파생: 높이, 길이, 깊이, 넓이, 베개, 지우개, 걸레질, 비질, 칼질, 다리미질, 주먹질, 손가락질 / 자랑스럽다, 바보스럽다 / 미팅, 소개팅, 등산팅, 수영팅, 고고팅

❷ 합성법
- 명사 합성: 돌다리, 손목, 바닷가, 콧물, 봄바람
- 동사 합성: 파묻다, 뛰어나다, 얽매다, 알아보다, 파고들다, 타고나다
- 형용사 합성: 쓰디쓰다, 크나크다
- 부사 합성: 곧잘, 좀더, 또다시, 길이길이, 오래오래

4.4. 품사

4.4.1. 품사 분류의 기준

품사(品詞, parts of speech)란 단어를 문법적 성질에 따라 나눈 갈래를 말한다. 한국어 문법에서 품사 분류의 기준으로 삼는 것은 일반적으로 형태, 기능, 의미 세 가지인데, 여기에서 문법적 성질에 속하는 것은 형태와 기능이다. 따라서 형태와 기능은 그 일차적 기준이 되고, 의미는 이차적 기준이 된다.

4.4.2. 한국어의 품사

명사, 대명사, 수사, 동사, 형용사, 관형사, 부사, 감탄사, (조사)

4.5. 굴절과 문법범주

어간에 여러 어미가 결합하는 현상, 즉 한 단어의 어미변화를 굴절(屈折, inflection)이라고 하는데, 여기에는 체언(명사, 대명사, 수사)의 굴절과 용언(동사, 형용사)의 굴절이 있다. 체언의 굴절은 곡용(曲用, declension)이라고 하고 용언의 굴절은 활용(活用, conjugation)이라고 하여 이 둘을 구별하기도 한다. 그리고 어미도 체언에 붙는 어미를 곡용어미(曲用語尾), 용언에 붙는 어미를 활용어미(活用語尾)라고 하여 이 둘을 구별하기도 한다.

곡용어미를 한국어학에서는 조사(助詞)라고 불러왔는데 조사를 어미로 인정할 것인가 단어로 인정할 것인가가 오랫동안 논란의 대상이 되어 왔다. 조사를 단어로 인정하게 되면 한국어에서는 곡용을 인정할 수 없게 된다.

4.5.1. 격과 조사

격(格, case)이란 문장에서 하나의 성분이 다른 성분에 대하여 갖는 관계를 나타내는 문법범주를 말한다. 한국어에서는 조사로 격이 실현된다. 주격(-이/가), 목적격(-을/를), 공동격(-와/과), 처격(-에), 속격(-의), 도구격(-로) 등이 있다. 체언에 조사가 결합하여 어형변화하는 것을 곡용이라 하고 체언에 조사가 결합된 형식을 곡용형이라 한다. '사람이, 사람을'은 명사 '사람'의 곡용형들이다.

4.5.2. 어미의 종류와 기능

용언의 굴절을 담당하는 활용어미는 분포와 기능에 따라, 즉 그 어미가 용언의 맨 끝에 분포하느냐 그렇지 않느냐, 또 그 어미로써 한 문장이 끝나느냐 그렇지 않느냐에 따라 다음과 같이 분류한다.

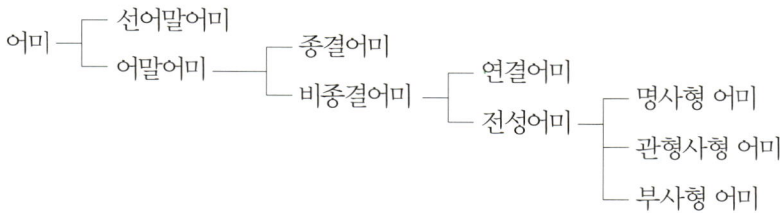

용언 어간에 어미가 결합하여 어형변화하는 것을 활용이라 하고 용언 어간에 어미가 결합된 형식을 활용형이라 한다. '먹고, 먹으니, 먹는다'는 동사 '먹-'의 활용형들이다.

4.6. 문장의 성분과 구조

문장이란 적어도 주어와 서술어를 갖추고 있으면서 다른 구성의 성분이 되지 않는 독자적인 언어형식을 말한다. 문장의 구성 성분 중에서 주어와 서술어는 필수적으로 요구되는 요소이다. 주어와 서술어 외에 문장의 구성 성분으로는 목적어, 관형어, 부사어, 독립어 등이 있다.

서술어는 문장의 중심이 되는 성분으로서 주어에 대한 서술의 기능을 가진다. 동사나 형용사, '명사+이다'가 서술어가 된다. 주어는 서술의 주체를 나타내는 성분이다. 체언, 즉 명사나 대명사, 수사 등이 주어로 기능한다. 목적어는 서술어가 타동사일 때 그 동작의 대상을 나타내는 성분이다. 목적어로 기능하는 것도 명사나 대명사, 수사 등이다. 관형어는 주어나 목적어가 체언일 때, 그것을 수식하는 성분이다. 관형사, 용언의 관형사형이 관형어로 기능한다. 부사어는 대체로 서술어를 수식하는 성분이다. 부사나 용언의 부사형 등이 부사어로 기능한다. 독립어는 문장 중의 어느 성분과도 직접적인 관련을 가지지 않는 성분이다. 감탄사 같은 것이 독립어로 기능하는 대표적인 것이다.

이상에서 말한 문장 성분들을 실제의 예를 가지고 보여 주면 다음과 같다.

<u>물이</u> <u>흐른다.</u>   <u>하늘이</u> <u>맑다.</u>   <u>이것이</u> <u>책이다.</u>
주어   서술어   주어   서술어   주어   서술어

<u>영이가</u> <u>책을</u> <u>샀다.</u>
주어   목적어 서술어

<u>영이가</u> <u>어려운</u> <u>책을</u> <u>빨리</u> <u>읽었다.</u>
주어   관형어   목적어 부사어 서술어

<u>아아,</u> <u>가을이</u> <u>왔구나!</u>
독립어   주어   서술어

위에서 볼 수 있는 바와 같이 문장은 문장 성분들로 구성되는데, 문장에는 주어와 술어가 하나씩만 있는 단순한 문장, 즉 단문(單文, simple sentence)이 있는가 하면, 이들 단문이 둘 이상 결합되어 복잡한 구조를 가지는 문장, 즉 복문(複文, complex sentence)도 있다.

- 단문: 날씨가 맑다. 영이가 책을 읽는다.
- 복문: 영이가 사과를 먹으니까 순이도 사과를 먹었다.

4.7. 문장의 확대: 내포와 접속

앞에서 말한 바와 같이 단문이 둘 이상 결합된 복잡한 구조의 문장을 복문이라 하는데, 복문을 만드는 방법에는 두 가지가 있다. 내포(內包, embedding)와 접속(接續, conjunction)이 그것이다. 이 내포와 접속의 방법에 의하여 문장이 확대 된다.

내포란 한 문장이 다른 문장의 한 성분으로 포함되는 현상을 말한다. 그리고 어떤 문장이 다른 문장의 한 성분으로 안겨 있는 것을 내포문(內包文, embedded sentence)이라고 한다. 한국어에서 명사절, 관형사절, 부사절을 포함하고 있는 문장이 이에 해당한다.

- 예: 우리는 철수가 오기를 기다렸다.
  영이는 철수가 어제 준 책을 읽었다.

접속이란 둘 또는 그 이상의 문장이 대등적 또는 종속적으로 연결되어 보다 큰 문장이 되는 현상을 말한다. 접속은 연결되는 문장 간의 접속 관계에 따라 대등접속과 종속접속으로 나뉜다. 대등접속이란 두 문장이 대등한 자격으로 나란히 접속되는 것을 말하고, 종속접속이란 한 문장이 다른 문장의 원인이나 이유가 되어 종속적으로 접속되는 것을 말한다.

- 예: 영이는 사과를 먹고 순이는 바나나를 먹었다.(대등접속)
  날씨가 추워서 영이는 밖에 나가지 않았다.(종속접속)

4.8. 문장의 종류

문장의 종류에는 평서문, 의문문, 명령문, 청유문, 감탄문, 약속문 등이 있다. 이러한 문장의 종류는 대체로 어미에 의해서 결정된다.

- 평서문: 영이가 밥을 먹는다.
- 의문문: 영이가 밥을 먹니?
- 명령문: 밥을 먹어라.
- 청유문: 같이 밥을 먹자.
- 감탄문: 영이가 밥을 먹는구나.
- 약속문: 저녁에는 밥을 먹으마.

5장

의미론

5.1. 의미의 개념

전통적인 의미론에서는 그 연구를 단어의 의미에 한정하였다. 그리하여 이 단어 중심의 전통적인 의미론을 보통 어휘의미론(語彙意味論, lexical semantics)이라고 한다. 우리가 사물에 이름을 붙일 때 그 이름 하나하나가 단어라는 것을 생각하면, 의미론이 먼저 단어 의미에 집중되었던 일은 자연스러운 현상이라고 할 수 있다. 의미는 어휘적 의미(語彙的 意味, lexical meaning)와 문법적 의미(文法的 意味, grammatical meaning)로 나뉜다. 단어의 의미를 파악하는 길의 하나는 그 단어와 의미적으로 관련 있는 다른 단어와 비교하여 그들 간의 의미 관계를 살펴보는 일이다.

　문장 차원의 의미를 다루는 분야는 의미론 중에서도 통사의미론(統辭意味論, syntactic semantics)이라 한다.

5.2. 어휘의미론

5.2.1. 동음이의어와 다의어

동음이의어(同音異義語, homonym)란 여러 단어 가운데서 소리(형태)가 같으면서 의미가 다른 단어들을 말하는데, 이것을 줄여서 동음어(同音語)라고 한다. 그리고 이들의 의미 관계를 동음 관계(同音關係, homonymy)라고 한다. 동음이의어는 고유어에만 있는 것이 아니라, 한자어에도 존재한다. 동음이의어는 어느 언어에서든지 나타난다.(예: 배[腹]와 배[船], 방화(放火)와 방화(防火))

다의어(多義語, polysemant)란, 분명히 다르긴 하지만 관련이 있는 두 개 이상의 의미를 가지고 있는 단어를 말한다. 그리고 이들의 의미 관계를 다의관계(多義關係, polysemy)라고 한다.(예: 가다)

5.2.2. 동의어와 반의어

동의어(同義語, 同意語, synonym)란 형태가 다른 별개의 단어들이 동일한 의미를 가지고 있는 것을 말한다. 그리고 이들의 의미 관계를 동의 관계(同義關係, synonymy)라고 한다. (예: 키와 신장(身長))

반의어(反義語, antonymy)란 두 단어의 의미가 반대되는 것을 말하는데, 이것을 흔히 반대말, 반대어라고도 한다. 그리고 두 단어의 의미 관계를 반의 관계(反義關係, antonymy)라고 한다. (예: 낮/밤)

5.2.3. 상위어와 하위어

단어들의 의미 관계는 그 크기가 달라서 수평으로만 비교할 수 없고 수직으로 비교해야 하는 경우가 있다. '곤충'과 '나비', '과일'과 '사과'의 관계가 그 한 예다. 이처럼 한 단어의 의미 영역이 다른 단어의 의미 영역의 한 부분을 차지하는 단어를 하위어(下位語, subordinate)라고 한다. 그리고 그런 하위어를 여러 개 포함하는, 즉 의미 영역이 더 넓은 단어를 상위어(上位語, superordinate)라고 한다. 이들의 의미 관계는 하의 관계(下義關係, hyponymy)라고 한다.

5.3. 의미의 변화

의미의 확대와 축소

단어는 그 의미 영역을 넓히는 쪽으로 변화하기도 하고 좁히는 쪽으로 변화하기도 한다. '세수'는 그 의미 영역을 넓힌, 즉 의미가 확대된 예이다.

- 세수(洗手): [손만 씻는 행위] → [얼굴 씻는 행위]

이와는 달리 의미가 축소된 경우도 많다. 중세국어의 '놈'과 '계집'은 평칭(平稱)으로 쓰였는데, 오늘날에는 그 의미가 비칭(卑稱)으로 한정되어 쓰인다.

5.4. 통사의미론

통사의미론이란 앞에서 언급한 바와 같이 문장 차원의 의미를 다루는 분야인데, 특히 한 문장의 전제(前提, presupposition)와 함의(含意, entailment) 등의 문제를 다룬다. 예컨대 '내 동생은 흰 옷을 좋아한다.'라는 문장이 있다면, 이 문장은 '나는 동생이 있다.'를 전제한다고 한다. 이런 전제 없이는 '내 동생은 흰 옷을 좋아한다.'라는 문장이 성립할 수 없기 때문이다. '현수가 영호를 때렸다.'라는 문장은 '영호가 맞았다.'를 함의한다고 한다. 이와 같이 문장의 전제 문제나 함의 문제 등을 다루는 분야가 통사의미론이다.

6장
한국어의 역사

6.1. 언어변화의 양상

세월이 흐르면 모든 것은 변하게 마련이다. 언어도 여기에서 예외는 아니다. 그렇지만 대개는 언어가 변한다는 사실을 잘 인식하지 못한다. 언어의 변화는 대체로 급격하게 일어나는 것이 아니라 점진적으로 서서히 일어나기 때문이다.

언어는 이처럼 시간이 지남에 따라 변화를 겪기 때문에 모든 언어는 스스로의 역사를 가진다. 한국 민족과 함께 해 온 한국어도 먼 과거에서 현재까지 변화를 거듭해 왔으며 그렇기 때문에 한국어도 나름대로의 역사를 가지고 있는 것이다. 한국어가 겪어온 이러한 변화의 역사를 한국어사(韓國語史)라 한다.

그런데 많은 사람들이 언어의 변화를 단어의 변화라고 인식하는 경향이 있다. 옛날에 쓰이던 몇몇 단어들이 변하거나 사라지고 새로운 단어가 나타나는 현상을 언어변화라고 생각하는 경향이 있는 것이다. 물론 단어들의 변화도 언어변화의 일부이기는 하다. 그러나 단어들의 변화가 언어변화의 전부는 아니다. 언어는 단어의 단순한 집합체가 아니라 음운체계, 문법체계, 어휘체계, 의미체계가 유기적으로 결합된 것이기 때문에 변화는 그 전부문(全部門)에 걸쳐서 일어나는 것이지 어느 특정 부문에서만 일어나는 것은 아니다. 예컨대 'ㆍ, ㅿ, ㅸ'가 소멸하였다든지 이중모음(二重母音)이었던 'ㅐ[aj], ㅔ[əj]'가 단모음(單母音) 'ㅐ[ɛ], ㅔ[e]'로 바뀌었다든지 하는 것은 음운체계와 관련된 변화요, 속격의 기능을 가졌던 'ㅅ'(사이시옷)이 속격의 기능을 상실하였다든지, 15세기에는 없던 주격 조사 '가'가 새로 등장하였다든지 하는 것은 문법체계와 관련된 변화이며, '산(山), 강(江)'에 해당하는 한국어 고유어 '뫼, ㄱ룸'이 사라졌다든지, 다른 민족과의 접촉 과정에서 한국어에 많은 외래어들이 유입되었다든지 하는 것은 어휘체계와 관련된 변화이다. '어리석다(愚)'의 의미를 가졌던 '어리다'가 오늘날에는 '나이가 아주 적다(幼)'의 의미를 가지게 된 것은 의미 변화의 하나이다. 이처럼 언어의 변화는 어느 한 층위에서만 일어나는 것이 아니라 모든 층위에 걸쳐 두루 일어나는 것이다.

6.2. 한국어사의 시대구분

한국어사의 시대구분은 한국어가 겪은 변화를 기준으로 이루어진다. 앞에서 언어의 변화는 대체로 서서히 일어난다고 하였으나 경우에 따라서는 다른 시기에 비하여 상대적으로 급격한 변화가 일어나는 시기가 있다. 바로 이 시기가 시대구분의 기준이 된다.

위에서 말한 여러 층위의 언어변화들을 고려하여 한국어의 역사를 구분하면 대체로 다음과 같다.

```
고대 한국어 ─────────── 10세기 초까지(신라시대)
중세 한국어
    전기 중세 한국어 ─────── 10세기 초~14세기 말
    후기 중세 한국어 ─────── 15세기 초~16세기 말
근대 한국어 ─────────── 17세기 초~19세기 말
현대 한국어 ─────────── 20세기 초~현재
```

고대 한국어는 고구려, 백제, 신라 등 고대국가가 성립된 시기부터 통일신라가 멸망할 때까지 약 1000년 동안의 한국어를 가리킨다. 이 기간에 신라는 가야를 병합하고 백제, 고구려를 멸망시키면서 한반도의 정치적 통일을 이룩하였다. 신라의 이러한 정치적 통일은 한반도 내의 언어적 통일(국어의 단일화)을 가져오게 한 중대한 사건이었을 것으로 여겨지고 있다. 신라가 삼국을 통일함으로써 한반도의 언어가 신라의 중심지였던 경주의 언어를 중심으로 점차 단일화되어 갔을 것으로 추정되기 때문이다.

중세 한국어는 고려가 건국된 10세기 초부터 시작된다. 고려의 건국을 중세 한국어의 출발점으로 보는 이유는 고려가 건국되면서 정치·문화의 중심지가 한반도의 동남부에 위치해 있던 경주로부터 한반도의 중심에 위치한 개성(개경)으로 바뀌면서 이에 따라 언어의 중심지도 경주에서 개성으로 바뀌었기 때문이다. 언어의 중심지가 동남부(경주)에서 중앙 지대(개성)로 옮겨진 것은 한국어의 역사에 중대한 영향을 미쳤을 것으로 추정한 것이다.

중세 한국어 기간 중에 고려가 멸망하고 조선이 건국되면서 한국어의 중심지가 개성에서 서울로 옮겨지는 사건이 있었으나 이 사건은 한국어사에서 큰 의미를 가지지 못한다. 개성 방언과 서울 방언은 같은 중부 방언권으로 묶이므로 그 양자 사이의 언어 차이는 그리 크지 않았을 것으로 여겨지기 때문이다.

중세 한국어는 14세기 경을 기준으로 하여 전기 중세 한국어와 후기 중세 한국어로 양분된다. 중세 한국어를 이와 같이 양분하는 이유는 14세기 경에 한국어의 모음체계에 현저한 변화가 일어난 것으로 믿어지기 때문이다.

근대 한국어는 임진왜란 직후인 17세기 초부터 19세기 말까지의 한국어를 가리킨다. 중세 한국어가 근대 한국어로 넘어가는 16세기와 17세기의 교체기에 모음조화가 문란해지고 성조가 사라졌으며, 문법에도 크고 작은 변화들이 나타났다. 그 결과 17세기에 오면 한국어가 새로운 모습을 띠게 되었다. 17세기를 근대 한국어의 시작으로 보는 것은 이런 이유 때문이다.

현대 한국어는 20세기 초부터 현재까지의 한국어를 가리키는데, 이 시기에 와서야 한글에 의한 한국어의 표기가 일반화되었다고 할 수 있다. 국가의 법령으로 공문서에도 한글을 쓰도록 하는 조치가 내려졌기 때문이다.

6.3. 고대·중세·근대 한국어의 특성

6.3.1. 고대 한국어

고대 한국어는 신라어로 대표된다. 고구려와 백제의 언어가 함께 쓰이고 있었으나 이들의 자료는 거의 남지 않아 그 모습을 거의 알 길이 없다. 따라서 고대 한국어라면 그나마 자료를 남긴 신라어를 가지고 추정할 수밖에 없다. 신라어를 보여 주는 자료로는 이두(吏讀)와 향찰(鄕札)로 기록된 자료가 가장 비중이 크다. 특히 향가(鄕歌) 26수가 중요한 자료이다. 이

두와 향찰은 모두 한자를 빌어 신라어를 표기하려 한 표기법이다.

6.3.2. 중세 한국어

중세 한국어를 현대 한국어와 비교하였을 때 가장 두드러진 특징은 음운 현상에서 나타난다. 중세 한국어의 자음 중에서 가장 큰 관심을 끌었던 것은 순경음(脣輕音) 'ㅸ'과 반치음 'ㅿ', 그리고 'ㆍ'(아래 아)였다. 이들은 모두 현대 한국어로 오는 과정에서 소멸하였다. 'ㅐ, ㅔ' 등도 현대 한국어에서와는 달리 이중모음이었다는 점에서 흥미를 끌었다. 즉 'ㅐ, ㅔ'가 현대 한국어에서는 단모음(單母音) 'ㅐ[ɛ], ㅔ[e]'이지만 중세 한국어에서는 이중모음(二重母音) 'ㅐ[aj], ㅔ[əj]'이었던 것이다. 여기서 우리는 동일한 문자라 하더라도 그 음가는 시대에 따라 달라질 수 있다는 것을 알 수 있다. 이것 역시 언어 변화의 한 측면인 것이다. 중세 한국어가 현대 한국어와 크게 다른 점 또 하나는 중세 한국어가 성조(聲調, tone)를 가졌다는 점이다.

중세 한국어의 문법은 전체적인 틀에서 볼 때 현대 한국어와 비슷하였으나 매우 오래 전에 있었던 언어 현상이었기 때문에 지금과는 다른 경우도 적지 않게 볼 수 있다. 중세 한국어의 어말어미 중 가장 특징적인 것은 의문문 어미일 것이다. 중세 한국어에서는 형태상으로 두 가지 의문문이 있었는데, 하나는 가부(可否)의 판정을 요구하는 의문문이고 다른 하나는 의문사에 대한 설명을 요구하는 의문문이 그것이다. 전자의 경우에는 의문문 어미로 '-가'와 '-녀', 후자의 경우에는 '-고'와 '-뇨'가 쓰였다. '-가'와 '-녀'가 쓰인 경우를 판정의문, '-고'와 '-뇨'가 쓰인 경우를 설명의문이라고 한다.

언어의 변화는 음운이나 문법에서보다 어휘(語彙)에서 더 빠른 속도로 진행된다. 따라서 중세 한국어에는 현대 한국어에 없는 어휘가 많았으리라고 짐작된다. 중세 한국어에는 현재보다 고유어가 상당히 많았는데, 한자어가 들어와 이 고유어들 중 상당수가 사라지게 되었다. '온'은 '빅(百)'으로, '하다가'는 '만일(萬一)'로, 'ᄀᆞᄅᆞᆷ'은 '강(江)'으로, '뫼'는 '산(山)'으로 각각 대체되었다.

6.3.3. 근대 한국어

근대 한국어에서 겪은 음운변화 중 가장 큰 것은 'ㆍ'의 소실이며, 'ㆍ'의 소실로 'ㅐ, ㅔ'와 같은 이중모음이 단모음(單母音)으로 바뀌었다.(ㅐ[aj] 〉 ㅐ[ɛ], ㅔ[əj] 〉ㅔ[e]) 또 근대 한국어에서 일어난 음운변화 중 두드러진 것으로는 'ㅁ, ㅂ, ㅍ, ㅃ' 등의 양순음(兩脣音) 아래에서 'ㅡ'가 원순모음 'ㅜ'로 바뀐 점과(믈〉물, 블〉불), 'ㄷ' 구개음화 현상이 나타났다는 점을 들 수 있다(디다

(落)〉지다, 티다〉치다, 둏다(好)〉좋다, 텬디(天地)〉천지). 근대 한국어에 이르러 나타난 문법 현상 가운데 두드러진 것으로는 과거 시제 선어말어미 (앗/엇-〉 -았/었-)이 등장하였다는 것과 존칭의 호격 '-하'(님금하)가 없어지고 주격 조사의 한 형태로 '-가'가 출현했다는 점이다.

　이미 고대 한국어에서부터 다른 언어와 접촉하면서 차용어를 받아들여 온 한국어는 근대 한국어 단계의 중기에는 특히 중국어에서 차용어를 많이 받아들였고, 후기에는 일본어에서 한자어 차용어를 많이 받아들이게 되었다.

- 가. 중국어 차용어: 비단(匹段), 무명(木棉), 다홍(大紅)
- 나. 일본어 차용어: 신문(新聞), 전기(電氣), 철학(哲學)

7장

문자론

7.1. 문자의 개념과 종류

문자(writing)란 사람들 사이의 의사소통을 위한 시각적 기호의 체계이다. 입으로 내는 말소리(음성기호)는 입 밖으로 나가는 순간 사라지며 멀리까지 전달되지도 못한다. 이러한 말소리의 단점을 극복하기 위해서 인류는 일찍부터 말소리를 대체할 수 있는 수단을 강구해 왔다. 그 결과로서 나타난 것이 문자이다. 문자로 종이에 기록해 놓으면 그것은 쉽게 사라지지도 않고 또 멀리까지 전달될 수도 있다. 그리고 문자로 기록된 것은 시각을 통해서 전달되므로 문자는 시각 기호가 되는 것이다.

한편 귀로 들은 말은 시간이 지나면 잊어 버리기 쉽다. 기억의 한계가 있기 때문이다. 그러나 문자로 기록된 것은 기억의 한계와는 상관없이 오래 보존될 수가 있다. 따라서 문자는 기억의 보조 수단이 되기도 한다.

문자의 종류는 하나의 글자가 언어의 단위 중 어떤 단위를 대표하느냐에 따라 단어문자, 음절문자, 음소문자(자모문자)로 나뉜다. 단어문자는 글자 한 자가 하나의 단어를 대표하는 문자인데, 한자(漢字)가 대표적이다. 음절문자는 한 글자가 의미와는 상관없이 한 음절을 대표하는 문자인데 일본의 가나[假名]가 대표적이다. 음소문자는 글자 한 자가 음소를 대표하는 문자인데, 한글과 알파벳이 대표적이다. 음소문자를 자모문자라고 한다. 그리고 단어문자의 경우에는 문자의 주된 기능이 의미를 나타내는 것이므로 표의문자(表意文字)라 하고 음절문자와 음소문자는 문자의 주된 기능이 음, 즉 소리를 나타내는 것이므로 표음문자(表音文字)라 한다.
- 단어문자: 國[kuk] – nation
- 음절문자: カ[ka] ト[to]
- 음소문자: ㄱ[k] ㄷ[t] ㅏ[a] ㅗ[o]

7.2. 한글의 창제와 반포

한글은 1443년(세종 25년) 12월(음력)에 세종대왕이 창제하셨다. 세종이 한글 창제를 언제부터 시작했는지는 알 수 없다. 아마도 오랜 시간이 걸렸을 것이다. 한글의 원래 이름은 '훈민정음(訓民正音)'이었다. '백성을 가르치는 바른 소리'라는 뜻이다.

  문자가 만들어졌다고 해서 곧바로 언어를 표기할 수 있는 것은 아니다. 그 문자를 가지고 언어를 표기하는 방식을 연구하여야 한다. 한글이 창제된 후에 이 한글로 한국어를 어떻게 표기할 것인가는 집현전의 학자들이 연구하였다. 그 결과 1446년 9월(음력)에 『훈민정음』이라는 책을 완성하였다. 이 책 속에는 한글 창제의 목적, 한글 낱자의 음가, 한글의 제자 원리, 한글로 한국어를 표기하는 방법, 실제 표기의 예 등이 들어 있다. 이 책이 완성된 때를 한글이 반포된 때로 간주한다. 한글날은 바로 한글이 반포된 날을 기념하는 날이다.

[참고] '훈민정음'은 세종대왕이 새로 만든 문자의 이름이기도 하고, 그 문자와 그 문자에 의한 표기법을 설명한 책의 이름이기도 하다. 그래서 책을 지칭할 때는 '해례본 훈민정음'이라고 하기도 한다.

7.3. 한글의 특성과 제자 원리

7.3.1. 한글의 특성

한글은 모음 글자와 자음 글자가 따로 분리되어 있는 전형적인 자모문자이다. 즉, 문자 발달사(文字發達史)에서 볼 때 그 최종 단계인 이상적인 문자 체계이다. 음절문자나 자모문자(字母文字)의 경우 그 앞 단계의 문자를 바탕으로 하여 그것을 변모 발전시키는 것이 일반적인 현상인데, 한글은 그와는 달리 새롭게 창제됐다는 특징이 있으며 글자를 만든 시기와 만든 사람, 제자(制字)의 원리가 분명하게 알려져 있는 거의 유일한 문자라는 특징도 있다.

우리는 흔히 한글이 매우 훌륭한 문자라고 말하는데, 한글이 왜 훌륭한 문자인가? 그 이유는 한글이 다음과 같은 세 가지 특성이 있기 때문이다.

❶ 독창적이다: 다른 어떤 문자를 모방하지 않고 초성은 발음기관을 상형하여 만들고 중성은 하늘(天), 땅(地), 사람(人)을 상형하여 만들었기 때문에 매우 독창적인 문자가 되었다. 특히 말소리를 발음할 때의 발음기관의 모양을 본뜬다는 발상은 세계 문자의 역사상 가장 독창적이면서도 합리적인 발상이라 하지 않을 수 없다.

❷ 과학적이다: 당시 한국어의 말소리를 정확히 파악하여 문자를 창제했다는 점에서, 즉 과학적인 언어(말소리) 연구의 결과로서 한글을 만들었기 때문에 한글은 과학적이라고 할 수 있는 것이다.

❸ 체계적이다(조직적이다): 기본자만 상형에 의해서 만들고 나머지 글자들은 가획이나 합성에 의해서 만들었기 때문에 체계적이고 조직적이다. 다음에서 볼 수 있는 바와 같이 한글 'ㄴ ㄷ ㅌ'은 자형(字形)상의 공통성이 있는데, 거기에 대응되는 알파벳 'N D T'나 'n d t'는 자형상의 공통성이나 유사성이 전혀 없다.

　　ㄴ　－　ㄷ　－　ㅌ
　　N　－　D　－　T
　　n　－　d　－　t

7.3.2. 한글의 제자 원리

현재 우리가 사용하고 있는 한글은 24자이지만 한글이 처음 창제될 때에는 28자이었다. 초성자(자음자)가 17자요, 중성자(모음자)가 11자이었다.

▲ 자음자의 제자원리 – 상형(象形)과 가획(加劃)

기본자 5자(ㄱ ㄴ ㅁ ㅅ ㅇ)는 발음기관을 상형하였고 나머지 글자들은 가획의 방법으로 만들었다.

● 기본자:　　ㄱ ㄴ ㅁ ㅅ ㅇ　　　　ㄱ → ㅋ
　1차 가획자:　ㅋ ㄷ ㅂ ㅈ ㆆ　　　　ㄴ → ㄷ → ㅌ
　2차 가획자:　　ㅌ ㅍ ㅊ ㅎ　　　　ㅁ → ㅂ → ㅍ
　　　　　　　　　　　　　　　　　　ㅅ → ㅈ → ㅊ
　　（이체자: ㆁ ㅿ ㄹ）　　　　　　ㅇ → ㆆ → ㅎ

▲ 모음자의 제자 원리 – 상형(象形)과 합성(合成)

기본자 3자(ㆍ ㅡ ㅣ)는 하늘(天), 땅(地), 사람(人)을 상형하였고, 나머지 글자들은 이 세 글자를 합성하여 만들었다.

- 기본자: ㆍ ㅡ ㅣ
  - 1차합성자(초출자): ㅏ ㅗ ㅓ ㅜ
  - 2차합성자(재출자): ㅑ ㅛ ㅕ ㅠ

[참고] 훈민정음 28자 중 현재 사용하지 않는 4글자: ㆍ 아래아, ㅿ 반치음, ㆆ 여린히읗, ㆁ 옛이응

7.4. 한국어 표기법의 특징

한국어 표기법의 가장 큰 특징은 음소문자를 가지고 음절 단위로 모아쓰기를 한다는 점이다. 예컨대 '火'를 뜻하는 한국어 단어를 'ㅂㅜㄹ'과 같이 풀어쓰지 않고 '불'과 같이 한 음절로 모아쓰는 것이다. 알파벳으로 영어 단어를 표기하는 방식과 한글로 한국어를 표기하는 방식을 비교해 보면 한국어 표기법의 특징을 금방 이해할 수 있다('불' – 'fire'). 음소문자로 언어를 표기할 때는 풀어쓰기를 하는 것이 일반적이기 때문에 한국어 표기법의 모아쓰기 방식은 아주 특이한 예에 속한다. 모아쓰기를 할 때 어떻게 모아쓸 것인가는 저 앞에서 말한 『해례본 훈민정음』에 자세하게 설명되어 있다. 모아쓰기를 하면 의미를 파악하기에 편리하기 때문에 풀어쓰기 하는 것보다 독서의 능률을 높일 수 있다는 장점이 있다. 그 대신 표기법이 복잡해진다는 단점이 있다.

[참고] 한글 자모(24자)의 명칭– (명칭에서 예외는 세 글자)

ㄱ	ㄴ	ㄷ	ㄹ	ㅁ	ㅂ	ㅅ	ㅇ	ㅈ	ㅊ	ㅋ	ㅌ	ㅍ	ㅎ
기역	니은	디귿	리을	미음	비읍	시옷	이응	지읒	치읓	키읔	티읕	피읖	히읗

ㅏ	ㅑ	ㅓ	ㅕ	ㅗ	ㅛ	ㅜ	ㅠ	ㅡ	ㅣ
아	야	어	여	오	요	우	유	으	이

8장

방언론

8.1. 방언의 개념

방언론이란 개별 방언이나 방언과 방언 간의 비교 및 개별 방언에 대한 총체적인 연구를 하는 학문이다. 방언(方言, dialect)이라는 용어의 한 용법은 표준어와 대립되는 개념으로서의 용법이다. 즉 비표준어라는 개념으로서의 용법이다. 이러한 개념으로서의 방언은 '사투리'라는 용어로 바꾸어 쓰이는 수가 많다.

 그러나 언어학 내지 방언론에서 '방언'이라고 할 때는, 표준어보다 못하다든가 세련되지 못하고 규칙에 엄격하지 않다든가와 같은 나쁜 평가의 의미를 갖지 않는다. 방언론에서 볼 때 방언은 한 언어를 형성하는 하위 단위로서의 언어 체계 전반을 말한다. 한국어를 예로 들자면, 각 지역의 방언은 한국어라는 한 언어를 이루는 하위 체계라고 할 수 있다. 이렇게 보면, 한국어는 한국에서 쓰이는 각 방언의 집합이며 각 지역의 방언은 상위 단위인 한국어의 변종(變種)들이라고 할 수 있다. 방언을 흔히 하찮은 존재로 보는 경향이 있으나 방언은 해당 지역의 문화를 대표한다는 점에서 매우 소중한 존재이다. 방언도 표준어 못지 않게 중요한 무형의 문화유산이라는 점을 잊어서는 안 된다.

8.2. 지역방언과 사회방언

한 언어 안에서 방언의 분화는 크게 두 가지 원인에 따라 발생하는 것으로 보인다. 그 하나는 지역이 다름으로써 방언이 발생하는 경우이며, 다른 하나는 사회적인 요인들로 방언이 갈리는 경우다. 전자를 지역방언(地域方言), 후자를 사회방언(社會方言)이라 한다.

8.2.1. 지역방언

지역의 다름으로 발생하는 방언을 지역방언(地域方言, regional dialect)이라고 한다. 두 지역 사이에 큰 강이나 큰 숲, 늪 등의 지리적 장애가 있을 때 방언의 분화를 일으킨다. 또 이러한 뚜렷한 장애물이 없더라도 행정구역이 다르다든가 시장권, 학군(學群) 등이 다르다는 것도 서로 왕래를 소원하게 함으로써 방언의 분화를 일으킬 수 있다. 흔히 '제주도 방언', '경상도 방언', '전라도 방언' 등으로 부르는 방언들이 이 지역방언의 전형적인 예이지만, '중부 방언', '영동 방언', '강릉 방언'과 같은 이름의 방언도 지역방언의 예다.

이러한 지역방언이 발생하는 것은 지역에 따라 언어 변화가 달리 나타나기 때문이다. 원래는 같은 언어였더라도 서로 다른 변화를 겪게 되면 언어차이가 생기게 되는 것이다. 예컨대 구개음화라는 음운현상은 한반도의 남쪽 지방에서 발생하여 북쪽으로 퍼져나간 현상인데 황해도까지만 퍼져나가고 평안도 지방까지는 퍼져나가지 않았다. 그래서 남쪽 지방에서 '정거장'이라고 발음하는 것을 평안도에서는 '덩거당'이라고 발음하는 것이다. 또 서울말에서는 15세기에 '덥고, 더버서, 더브니'라고 발음하던 것이 '덥고, 더워서, 더우니'로 변했는데 경상도 방언에서는 그러한 변화가 일어나지 않아 '덥고, 더버서, 더브니'로 발음하고 있다. 이처럼 어떤 지방에서 일어난 언어 변화가 다른 지방에서는 안 일어나기도 하기 때문에 그런 현상이 쌓이다 보면 지역에 따른 언어 분화가 일어나게 되는 것이다.

8.2.2. 사회방언

방언은 지역이 달라짐에 따라서만 형성되는 것은 아니다. 동일한 지역 안에서도 몇 개 방언이 있을 수 있는 것이다. 한 지역의 언어가 다시 분화를 일으키는 것은 대개 사회계층의 차이, 세대의 차이, 성별의 차이 등의 사회적 요인에 기인한다. 이처럼 사회적인 요인에 따라 형성되는 방언을 사회방언(社會方言, social dialect)이라고 한다. 사회방언은 계급방언(階級方言, class dialect), 또는 계층 방언(階層方言)이라고도 한다. 현재의 한국은 사회방언이 뚜렷하지 않은 사회이다. 지난 100여 년간에 걸쳐 계급 질서가 무너졌기 때문이다.

참고문헌

김진우(1985), 『언어-그 이론과 응용』, 탑출판사.
남기심·고영근(1985), 『표준 국어문법론』, 탑출판사.
이기문(1998), 『國語史槪說』(新訂版), 태학사.
이익섭(1986), 『국어학개설』, 학연사.
이익섭·이상억·채완(1997), 『한국의 언어』, 신구문화사.
이익섭·장소원(2002), 『국어학개설』, 한국방송통신대학교출판부.
허웅(1983), 『국어학』, 샘문화사.

한국어 음운론

김성규
서울대학교 인문대학 국어국문학과

| 학습 목표 |

- 음성 언어와 문자 언어를 구별할 수 있다.
- 음성학과 음운론의 차이를 이해할 수 있다.
- 말소리가 만들어지는 과정을 기술할 수 있다.
- 말소리를 만드는 기관의 기능을 설명할 수 있다.
- 모음을 분류하는 기준을 설명할 수 있다.
- 혀의 높이와 앞뒤 위치, 입술의 모양에 따라 모음을 분류할 수 있다.
- 자음과 모음을 분류하는 기준을 설명할 수 있다.
- 조음 위치와 조음 방식에 따라 자음을 분류할 수 있다.

▶▶▶ 차례

1. 말소리의 약속
   1.1. 언어의 약속
   1.2. 음성 언어와 문자 언어
2. 말소리의 이해
   2.1. 음성학과 음운론
   2.2. 음성학의 하위 분야
   2.3. 말소리의 생성 과정
   2.4. 발성 기관
   2.5. 조음 기관
3. 모음
   3.1. 모음과 자음의 차이
   3.2. 모음 분류의 기준
   3.3. 단모음과 이중모음
   3.4. 모음의 분류
   3.5. 모음의 변동 현상
4. 자음
   4.1. 자음의 분류 기준
   4.2. 조음 위치
   4.3. 조음 방식
   4.4. 후두 긴장과 기식의 유무
   4.5. 자음의 변동 현상

▶ 참고문헌

1장

말소리의 약속

1.1. 언어의 약속

언어란 무엇일까? 언어는 의사소통을 위한 도구이며, 사회적인 약속을 토대로 형성된다. 언어가 사회적인 약속을 토대로 형성된다고 할 때, '사회적인 약속'이라는 말은 무슨 의미로 사용된 것일까? 다음의 예문을 보면서 생각해 보기로 하자.

> 수업 시간에 선생님께서 '연필'을 달라고 하셨다. '연필'을 드렸더니 그게 아니라고 하시면서 '공책'을 집으셨다. 그리고는 앞으로 이 수업 시간에는 '공책'을 '연필'로, '연필'은 '공책'으로 부르자고 하셨다. 선생님께서 다시 '연필'을 달라고 하셨다. 나는 얼른 '공책'을 드렸다. (2000학년도 대학수학능력시험 '언어영역' 문제 중에서)

예문에서 보듯이 처음에는 의사소통에 문제가 있었으나, 선생님과 학생 사이의 약속이 새로이 이루어진 후에는 의사소통도 잘 이루어졌다. 이러한 예는 두 사람 사이에 일어난 1회적인 약속이기 때문에 다른 사람에게는 통하기 어렵다. 그러나 그러한 약속이 많은 사람들 사이에서 이루어진다면 그것은 사회적인 약속이라고 할 수 있을 것이다. 이처럼 우리는 어떤 언어 사회에서 태어나 그 사회에서 살면서 그 사회에서 가지고 있는 언어의 약속을 배우고 익히는 것이다.

음운론은 말소리를 관찰한 후 그것을 체계적으로 기술하고, 그렇게 기술된 현상들의 원인을 설명하는 학문 분야이다. 사람들은 일반적으로 말소리를 이용하여 의사소통을 한다. 사람들은 숨을 들이마신 후 그 공기를 입 밖으로 내보내면서 말소리를 만들어내는 것이다. 이렇게 만들어진 말소리를 이용해서 다른 사람에게 자신의 뜻을 전달하고, 다른 사람이 만들어낸 말소리를 해석하여 상대방이 전달하고자 하는 뜻을 이해하는 과정을 의사소통 과정이라고 한다.

그런데 이러한 의사소통 과정은 거의 무의식적으로 일어난다. 말을 하는 사람과 말을 듣는 사람이 말소리의 사용 방법에 대한 약속을 해당 언어 사회에서 살면서 자신도 모르게 자신의 머릿속에 내재화시켰기 때문이다. 그렇지만 자신의 모어(母語)가 아닌 말을 할 경우에는 이러한 약속에 익숙하지 않기 때문에 틀린 발음을 하지 않기 위하여 부단한 노력을 하게 된다.

말소리는 언어를 구성하는 중요한 요소이므로 말소리의 사용 역시 사회적인 약속을 토대로 이루어진다. 그렇다면 한 언어에서 말소리를 사용하기 위한 약속에는 어떤 것들이 있을까? 말소리와 관련된 약속에는 자음과 모음 등 개별 말소리를 만들어내는 방법에 대한 약속, 말소리의 길이나 높낮이, 세기, 쉼 등과 같은 운소에 대한 약속, 홀로 발음 될 수 있는 말소리의 단위인 음절에 대한 약속, 말소리끼리 만날 때 일어나는 말소리의 변동에 대한 약속 등이 있다. 한국어 화자라면 이러한 약속들에 익숙하겠지만 한국어를 모어가 아닌 제2 또는 제3의 언어로서 배우는 사람들은 이러한 약속들에 익숙하지 않을 것이다. 그러므로 이러한 학습자들에게 한국어의 발음을 가르치기 위해서는 한국어의 말소리와 관련된 약속들을 체계적으로 이해하고 있어야 한다.

이제 각각의 약속이 어떤 것인지 예를 통해 확인해 보기로 하자. 영어를 배워본 사람이라면 누구나 처음에는 영어의 'p'와 'b'를 명확하게 구별하여 발음하기가 어려웠던 기억이 있을 것이다. 특히 'big'의 첫 자음인 'b'를 정확하게 발음하기 어려울 것이다. 그 이유는 한국어에서는 단어를 시작할 때 이러한 발음을 사용하지 않는다는 약속이 있기 때문이다. 반대로 영어 화자는 한국어의 '창'과 '장'의 발음 구분을 어려워한다. 모음의 경우도 일본어 화자가 한국어의 '우'를 발음할 때는 '우'와도 비슷하지만 '으'와도 비슷하다고 생각할 것이다. 이러한 각각의 발음 차이는 개별 말소리에 대한 약속이 언어 사회마다 다르기 때문에 일어난다.

다음으로 말소리의 길이에 대한 약속에 대해 생각해 보기로 하자. 표준 발음을 따르면 한국어에는 음장의 구분이 명확하게 존재한다. 그러나 현재 이러한 구분을 명확하게 할 수 있는 사람은 많지 않다. 초등학교 때 국어교과서에서 '말, 발, 눈' 등의 발음이 길 때와 짧을 때의 뜻이 달라진다는 것을 배우기는 했지만, 실생활에서 그대로 발음하기란 여간 어려운 일이 아니다. 그렇지만 이것 역시 표준 발음에서 규정하고 있는 말소리의 약속이다.

음절이란 일상 언어에서 홀로 발음될 수 있는 최소의 발음 단위라고 할 수 있다. 문자 메시지 등에서 자주 사용되는 'ㅋ'는 실생활의 언어에서는 홀로 발음되지 않고 '크'와 같이 모음이 따라와야 발음된다. 이 경우 '크'는 하나의 음절이지만 'ㅋ'는 음절을 이루지 못한 것이다. 이러한 음절과 관련된 약속은 몇 가지가 있다. 그중 하나만 예로 들어 음절에 대한 약속이 무엇인지 확인해 보자. 두 개의 음절로 이루어진 영어의 'Christmas'를 영어의 발음대로 음절을 구성하면 'ㅋ릿맛'이 될 것이다. 그렇지만 한국어에서는 단어의 시작 부분에서 두 개의 자음이 연속으로 발음될 수 없고, 음절 말인 종성에 'ㅅ'가 [s]로 발음될 수 없다. 그러다 보니 모음 '으'를 넣어서 '크리스마스[크리쓰마쓰]'와 같은 다섯 개의 음절로 재구성할 수밖에 없다.

두 개의 발음 단위가 만났을 때 각각의 소리는 원래대로 실현되기도 하지만 변화가 일어나기도 한다. 두 개의 말소리 단위가 만날 때 두 소리 중 하나가 변하는 음운의 변동(또는 음운 대치)이 가장 많이 일어나는데, '밭+이 → [바치], 집+과 → [집꽈], 실+내 → [실래], 먹+는다 → [멍는다]' 등에 보이는 말소리의 변화가 이러한 음운 대치에 해당한다. 그리고 '알+는 → [아는], 쓰+어 → [써], 좋+은 → [조은], 값+도 → [갑또]'에서는 음운 탈락(또는 삭제)가 확인된다. '집안+일 → [지반닐], 좀+약 → [좀냑]'에서는 음운의 첨가(또는 삽입)가 확인되고, '좋+고 → [조코], 보+아 → [봐], 가리+어 → [가려]'와 같은 예에서는 음운의 축약이 확인된다.

이상과 같은 말소리의 약속은 언어 사회에 따라 달라지는데, 그러한 약속을 배우는 것이 바로 해당 언어의 발음을 배우는 것이다. 그렇다면 외국인에게 발음을 가르치는 일 역시 이러한 약속을 토대로 한국어의 발음을 가르치는 것이라고 바꾸어 말할 수 있다.[1]

---

1) 이 단원은 한국어에 있는 말소리의 사회적 약속 가운데 자음과 모음 자체의 분류에 초점을 맞추어져 있다. 이러한 분류에 익숙해지기만 한다면 그것을 토대로 다양한 음운 현상에 대한 이해도 쉽게 이루어질 수 있을 것이다.

1.2. 음성 언어와 문자 언어

인간은 의사소통을 위해 언어를 사용한다. 의사소통에는 자신의 생각이나 감정 따위를 말이나 글로 전달하는 언어적 의사소통과 몸짓이나 동작, 표정, 자세, 행동 등으로 전달하는 비언어적 의사소통이 있다. 여기서 우리가 다루는 내용은 언어적 의사소통의 영역에 한정된다. 언어적 의사소통은 전달하는 매체에 따라 음성 언어와 문자 언어로 나뉜다. 음성 언어에 의한 의사소통은 입으로 소리를 내어 만들어진 기류를 귀로 듣는 과정이며, 문자 언어에 의한 의사소통은 손으로 글씨를 쓰고 그것을 눈으로 지각하는 과정이다. 예를 들어 '일상 대화, 아나운서의 뉴스 보도, 시 낭송' 등은 음성 언어에 해당하지만, '편지, 영화 대본, 신문기사, 뉴스 보도문, 대화의 기록' 등은 문자 언어에 해당한다.

 역사적으로 볼 때 문자 언어는 음성 언어의 내용을 전달하는 보조 수단으로 발달하였다. 그러나 현재에는 음성 언어와 문자 언어가 서로 관련을 맺으면서 독자적인 의사소통 영역을 가지게 되었다. 예를 들어 '산에 가'라는 문자 언어의 표기만으로는 그 발음을 어떻게 실현시킬지 예상할 수 없다. 질문이 될 수도 있고, 명령이 될 수도 있고, 비꼬는 상황이 될 수도 있고……. 각 상황에 따라 음성 언어가 달라질 텐데, 우리가 생각할 수 있는 모든 상황을 그대로 문자 언어로 적을 수는 없다. 반대로 요즘 젊은 층에서 문자 언어로 사용하는 '아햏햏'라는 표현을 생각해 보자. 이 경우는 음성 언어의 발음을 예측하기 어렵다. '아햏햏'는 처음부터 문자 언어 층위의 표현으로 만들어졌기 때문이다.

 말소리의 이해를 위해서는 음성 언어와 문자 언어의 구별이 선행되어야 한다. '잡고'의 '고'는 음성 언어에서는 '꼬'로 발음되는데, 문자 언어에서는 '고'로 표기된다. 또 문자 언어의 '아'와 '강'에 모두 문자 'ㅇ'이 있는데, 음성 언어에서는 전자의 경우 아무 소리 값이 없지만, 후자의 경우는 자음의 역할을 한다. 음운론은 이러한 문자 언어와 음성 언어 가운데 음성 언어를 논의의 대상으로 한다. 그런데 음운론을 설명하는 교재는 문자 언어로 이루어져 있다. 그래서 음운론에서는 특별한 기호를 고안하여 음성 언어를 표시하고 있다. 예를 들어 '없다'를 /업따/나 [업따]로 표기하는 경우는 '/ /'나 '[ ]' 속에 있는 언어 형식이 음성 언어임을 나타낸다.

2장

말소리의 이해

2.1. 음성학과 음운론

언어학에서 말소리를 체계적으로 설명하는 하위 분야로는 음성학과 음운론이 있다. 음성학은 말소리 자체에 물리적으로 접근하여 기술하고 분석하는 분야로 물리적인 말소리의 생성과 음향, 인지에 초점이 맞추어져 있다. 음성학에서는 말소리를 만들기 위해서 움직이는 기관에 대해 관찰하고, 그러한 기관의 움직임에 따라 말소리를 분류한다. 그리고 각 기관의 움직임을 통해서 만들어진 음파를 측정하고, 음파가 귀로 들어와 뇌로 전달되는 과정을 추적한다. 이러한 이유로 음성학에서는 인간이 말을 할 때 이용하는 소리를 물리적으로 분석하고 설명한다고 하는 것이다. 반면에 음운론에서는 말소리의 물리적 실체를 직접 다루지 않고, 언어 사용자의 머릿속에 있는 말소리에 대한 지식을 체계적으로 기술하고 설명한다.

2.2. 음성학의 하위 분야

한국어에서 모음 '으'와 '우'는 분명히 다른 소리이다. 그리고 '어'와 '아'도 다른 소리이다. 옛말에 "'아' 다르고 '어' 다르다."라는 말이 있는데, 이러한 속담은 한국어 화자에게만 통용될 수 있다. 언어에 따라 두 소리의 차이를 달리 받아들이기 때문이다. 그렇다면 한국어에서 '아'

소리와 '어' 소리에는 어떤 차이가 있을까? 어찌 보면 매우 명확한 사실이므로 이러한 질문 자체가 의미가 없을지 모른다. 그렇지만 이 두 소리가 어떤 면에서 다른지에 대해서는 생각해 본 적이 없는 경우가 많을 것이다.

이제 '아'와 '어' 소리가 구체적으로 어떻게 다른지 생각해 보기로 하자. 실제로 '아' 발음과 '어' 발음을 해 보기로 하자. 그리고 입의 모양이 어떻게 변하는지 관찰해 보자. 거울을 보면서 두 발음을 해 보면 '아'라는 소리를 만들 때 입을 움직이는 방법과 '어'라는 소리를 만들 때 입을 움직이는 방법이 다름을 알 수 있다. 여기서 특이한 점은 '아'와 '어'가 우리의 귀에서 서로 다른 소리로 들린다는 사실이다. 이 소리들이 달리 들리는 이유는 무엇일까? 물론 발음을 하는 방법이 다르기 때문이다. 그런데 우리는 어떤 말소리들을 들을 때, 입을 보지 않고도 그 소리의 차이를 분별한다. 입을 떠난 소리는 허공을 통해 귀로 들어오는데, 귀로 들어오기 전에 허공에 떠 있던 소리 자체가 다르기 때문에 이들이 다른 소리로 인식된다.

위에서 서술한 내용은 말소리에 대한 이해의 [그림 1]에서 보듯이 세 가지 과정을 포함한다. 우선 말소리가 만들어지는 과정에 대한 이해가 있어야 할 것이다. 그리고 허공에 떠 있는 그 소리 자체인 음파에 대한 이해가 있어야 한다. 그 다음으로는 귀를 통해 들어온 음파를 인지하는 과정에 대한 이해가 있어야 한다. 이들 가운데 말소리를 만드는 과정을 연구하는 분야는 조음음성학이라고 하고, 말소리 자체에 있는 음향의 물리적 특성을 연구하는 분야는 음향음성학이라고 하며, 말소리를 인지하는 과정을 연구하는 분야는 청취음성학이라고 한다. 이러한 세 분야가 모여서 음성학이라는 상위 학문을 이룬다.

한국어의 말소리를 제대로 이해하기 위해서는 조음음성학, 음향음성학, 청취음성학 세 분야의 지식이 모두 필요할 것이다. 그러나 이 분야들 중 일반인들이 가장 쉽게 접근할 수 있

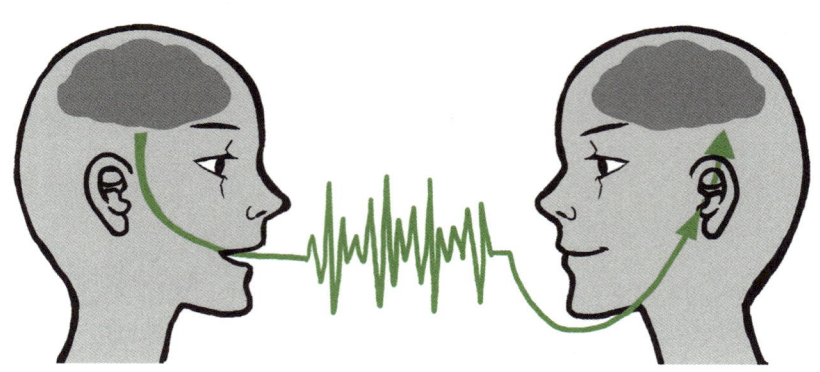

[그림 1] 의사소통 과정

는 분야는 조음음성학이다. 모든 사람에게 말소리를 만들어내는 조음 기관이 있고, 그러한 조음 기관의 움직임을 자신이 직접 관찰하거나 느낄 수 있기 때문에, 말소리에 대한 설명은 대개 조음음성학적인 관찰을 출발점으로 삼게 된다. 이 교재에서 조음음성학적인 관점에 토대를 두고 말소리에 대한 설명을 진행하는 이유도 바로 여기에 있다.

2.3. 말소리의 생성 과정

말소리를 내기 전에 우리는 먼저 공기를 들이마신다. 그리고 그 공기를 폐에 모아 놓았다가 내보내면서 말소리를 만들어낸다. 폐에서 나온 공기인 기류는 목의 기도를 지나 인두를 지난 후 구강이나 비강을 거치면서 여러 가지 말소리로 변한다. 이렇게 공기가 말소리로 변하는 과정은 피리를 생각하면 쉽게 이해할 수 있다. 피리를 불면 공기가 피리 속으로 흐르면서 소리가 만들어진다. 또 피리의 구멍들을 어떻게 막는가에 따라 음이 달라지는데, 기류가 조음 기관을 통과할 때 각 조음 기관이 어떻게 움직이는가에 따라 말소리도 달라진다. 조음기관의 움직임에 따라 음의 높낮이와 함께 말소리의 질도 달라져 우리가 인식할 수 있는 여러 가지 말소리가 만들어진다.

2.4. 발성 기관

폐에서 나온 기류를 소리로 만들어 주는 데 관여하는 기관을 발성 기관이라고 하는데, 여기서는 중요한 발성 기관의 역할 몇 가지에 대해 간략하게 서술하기로 한다.

[그림 2]를 보면 '비강, 구강, 기도, 인두, 후두 내의 성문, 식도, 폐' 등 발성과 관련된 기관을 확인할 수 있다. 이들 기관의 역할에 대해 하나씩 살펴보기로 하자. 성인 남자의 목을 보면 툭 튀어나온 부분이 있다. 이 부분을 '후두'라고 하는데, 폐에서 나온 기류는 후두 안에 있는 성대 사이의 성문을 통과한다. 여기서 '성대'는 근육의 뭉치이고, '성문'은 그 사이에 있는 통로라고 생각하면 된다. 성문은 숨을 쉬면서 열리거나 닫히는 호흡 작용을 하고 동시에 기도로 이물질이 들어가지 못하도록 하는 역할도 하며, 성대는 기류를 말소리로 바꾸는 발성 기관의 역할을 수행한다.

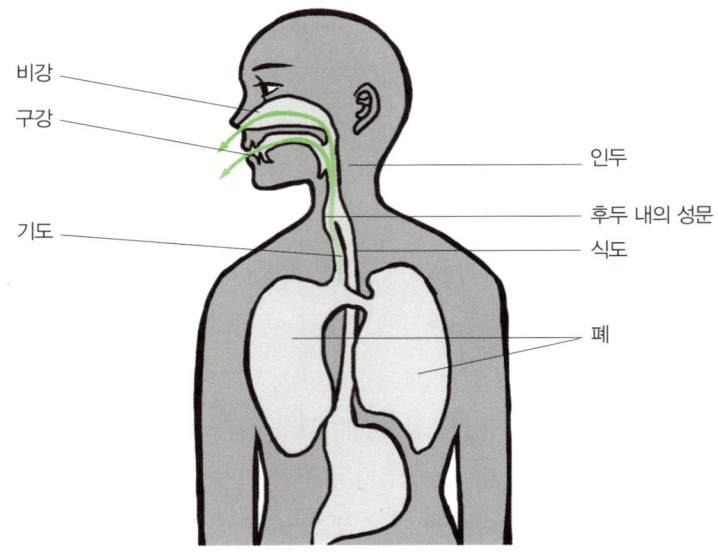

[그림 2] 발성 기관

    폐에서 나온 기류는 기도를 통과하면서 성대의 떨림에 의해 소리로 바뀐다. 이러한 과정을 이해하기 위해서 목에 손을 대고 말소리를 내 보기로 하자. 우선 '아' 하고 길게 발음을 해 본 후, 'ㅅ('스'에서 '으'를 발음하지 않은 상태)' 하고 길게 발음을 해보면, 목의 떨림이 다르다는 것을 쉽게 알 수 있다. '아'의 경우에는 목에서 떨림이 느껴지지만, 'ㅅ'의 경우에는 그러한 떨림이 느껴지지 않는다. 여기서 목의 떨림, 즉 성대의 진동이 있는 소리를 유성음이라고 하고 그러한 진동이 없는 소리를 무성음이라고 한다. 기류가 성대를 통과할 때 성문을 좁히고 성대를 빠른 속도로 떨어 주면 유성음이 만들어지고, 성문을 연 채로 기류를 내보내면 무성음이 만들어지는 것이다.

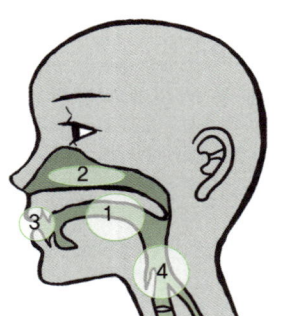

1. 구강 2. 비강 3. 순강 4. 인두강

[그림 3] 공명강

    기류는 발성 기관인 후두에서 기타의 줄을 튕기는 듯한 성대의 움직임에 의해 소리로 바뀐 후, 공명통 역할을 하는 인두강, 구강, 비강, 순강 등의 공명강을 지나면서 다른 사람들에게 전달되기 쉬운 소리로 강화된다. [그림 3]을 보면 네 가지 공명강이 있는데, 기류가 비강을 지나면 'ㄴ, ㅁ, ㅇ[ŋ]'과 같은 비강음(또는 비음)이 되고, 기류가 비강을 통과하지 않고 구강만을 통과하는 경우에는 구강음이 된다. 그리고 '우'를 발음할 때 두 입술이 앞으로 튀어나오는데, 이때 두 입술 사이에 만들어지는 공간을 공명강의 관점에서 '순강'이라고 한다. 인두강은 인간이 직립을 하면서 만들어지는데, 이 부분에 의해 사람의 목소리가 사람답게 된다고 할 수 있다.

2.5. 조음 기관

후두에서 만들어진 말소리는 인두강과 비강이나 구강 등을 거쳐 음파가 된다. 성인 남성의 경우 후두에서 입술까지 기류가 흐르는 거리는 대개 17cm라고 하는데, 이 17cm 안에서 후두에서 만들어진 단순한 소리가 자음과 모음 등 여러 가지 말소리로 변한다. 우리는 말소리들에 있는 각각의 특색을 만들어내기 위하여 여러 가지 기관을 이용하는데, 이러한 기관을 조음 기관이라고 한다. 이 조음 기관들 가운데 한국어의 발음을 형성하는 데 관여하는 중요한 부분으로는 두 입술, 치조(잇몸, 치경), 경구개(센입천장, 입천장 앞쪽의 단단한 부분), 연구개(여린입천장, 입천장 뒤쪽의 물렁물렁한 부분), 혀, 목젖(목젖이 붙어 있는 근육 부분) 등이 있다. 또 'ㅎ'과 같은 소리의 특색을 만들 때는 후두가 관여하므로 후두 역시 조음 기관에 속한다. 그리고 말소리를 만들어낼 때 혀의 어떤 부분이 관여하는가에 따라 소릿값이 달라지기 때문에, 말소리에 대해 설명할 때는 혀를 몇 부분(혀의 끝, 혀의 몸통, 혀의 뿌리 등)으로 나누어 관찰한다.

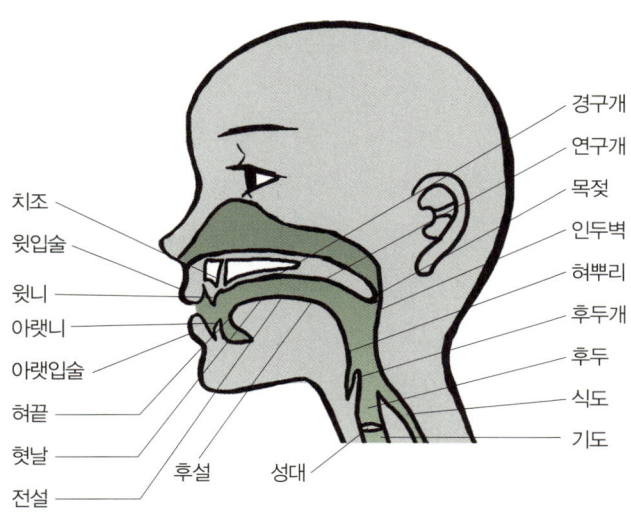

[그림 4] 조음 기관

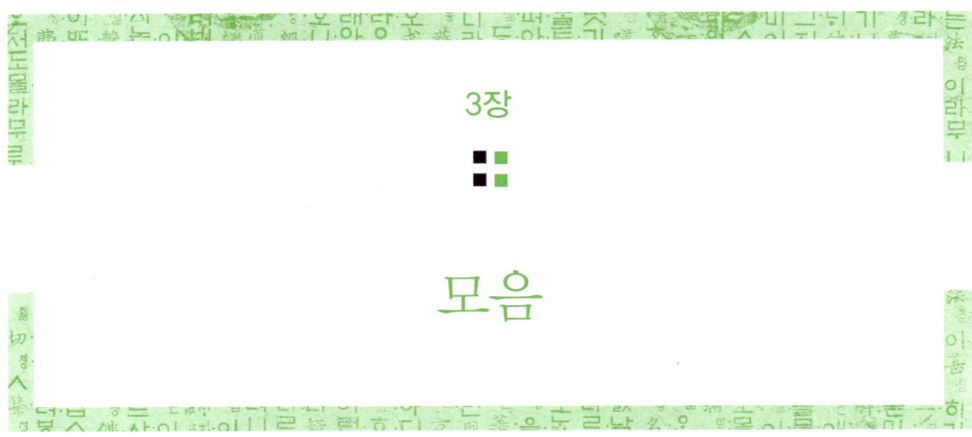

3장

모음

3.1. 모음과 자음의 차이

한국어의 자음들을 분류하기 전에 우선 자음과 모음의 분류 기준부터 생각해 보자. 한국어에서 무엇이 자음이고 무엇이 모음인지 묻는 자체는 의미가 없을 정도로 단순한 질문이다. '한글'을 보면 자음과 모음의 글자 모양이 확연히 다르기 때문에 'ㄱ, ㄴ, ㄷ, ㄹ, ㅁ, ㅂ……'이 자음이고, 'ㅏ, ㅑ, ㅓ, ㅕ, ㅗ……'가 모음이라는 사실은 눈으로 쉽게 알 수 있다. 그런데 자음과 모음이 소리 면에서 어떻게 다른지 질문을 받는다면, 그러한 질문에 대한 대답은 그리 쉽지는 않을 것이다.

'아, 어, 오, 우'를 길게 발음하고, 'ㅂ, ㄷ, ㄱ('브, 드, 그'에서 모음 '으'를 뺀 소리)'를 발음해 보면서 어떤 차이가 있는지 느껴 보자. '아, 어, 오, 우' 등을 발음할 때는 기류가 입 밖으로 나오면서 입을 벌린 정도가 달라진다든가 입술이 나온다든가 아니면 혀의 근육이 앞뒤로 왔다 갔다 하는 변화가 느껴진다. 반면에 'ㅂ, ㄷ, ㄱ' 등을 발음할 때는 입술이 서로 닿는다든지 혀가 입천장에 닿는다든지 하는 움직임이 느껴진다. 바로 이 차이가 모음과 자음의 차이에 해당한다. 모음을 발음할 때는 기류가 조음 기관에서 어떤 방해도 받지 않고 입 밖으로 그대로 나가지만, 자음을 발음할 때는 모음의 경우와는 달리 입술이나 혀가 닿았다 열리는 동작이 일어나듯이 조음 기관의 동작에 의해 기류의 흐름이 방해를 받는다. 예를 들어 [그림 5]의 경우는 기류가 구강으로 흐르는데, 입술에서 그 기류가 입 밖으로 쉽게 나갈 수 없도록 막고 있는 것으로 보아 자음을 발음하려는 것임을 알 수 있다. 모음과 자음을 분류하는 기준이 바로 이것이다. 자음은 조음 기관 어디에서 기류의 방해가 일어나는 말소리이고, 모음은 그러한 방해가 일어나지 않는 말소리이다.

그리고 자음도 아니고 모음도 아닌, 다시 말하면 자음일 수도 있고 모음일 수도 있는 소리도 존재한다. '와, 워' 등을 발음할 때 앞에서 발음되는 'w'와 같은 소리와, '야, 여'를 발음할 때 앞에서 발음되는 'j'와 같은 소리가 여기에 해당한다.[2] 이러한 소리들은 '활음'이나 '반자음, 반모음'이라는 술어로 불린다.

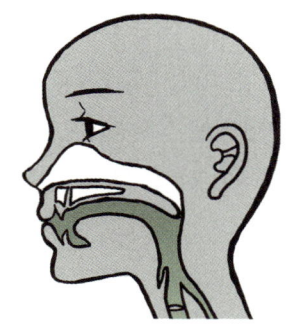

[그림 5] 자음의 기류 방해(입술)

3.2. 모음 분류의 기준

모음은 말소리가 만들어질 때 기류의 흐름에 방해가 일어나지 않는 소리이다. 이처럼 조음 기관에서 기류의 흐름에 방해를 받지 않는 소리에 대해서 '조음 위치'라는 분류 기준은 성립하지 않는다. 그렇다면 모음에 대해서 자음과 다른 분류 기준을 세워야 할 것이다. 우선 모음의 분류 기준에 대해 개략적으로 살펴보기로 하자. 일단 거울을 보면서 '이'와 '애'를 발음해 보자. '이'를 발음할 때보다 '애'를 발음할 때 입이 더 벌어진다는 사실을 확인할 수 있을 것이다. 이렇게 입의 벌어진 정도는 모음의 음가를 결정하는 데 중요한 역할을 한다. 다음으로 '에'와 '어'를 발음해 보자. '어'를 발음하면 '에'보다 혀의 근육이 뒤로 더 쏠리는 듯하다고 느낄 것이다. 이제 혀의 높낮이와 움직임에 주의하며 '이, 아'와 '이, 우'를 차례로 발음해 보자. '이'와 '아'를 발음하면, '아'를 발음할 때의 혀가 '이'를 발음할 때보다 더뒤쪽 아래로 쏠린다. 그리고 '이'와 '우'를 발음해 보면, '우'는 '이'보다 혀의 뒷부분이 뒤쪽 위로 쏠려 있음을 느낄 수 있을 것이다. 그리고 '이'나 '우'를 발음할 때보다 '아'를 발음할 때 입이 더 벌어진다는 사실도 확인할 수 있을 것이다.

이러한 관찰은 모음 분류의 기준 가운데 '입이 벌어진 상태'와 '혀 근육의 쏠림'이라는 두 가지 기준을 확인시켜 준다. 입이 적게 벌어진 상태에서 만들어지는 모음은 입이 많이 닫혔

---

2) 연구자에 따라서는 활음 'j'를 'y'로 표기하기도 한다.

으므로 폐모음이라고 하고, 입이 많이 벌어지는 상태에서 만들어지는 모음은 개모음이라고 한다. 그런데 입이 크게 벌어지면 턱이 자연스럽게 아래로 내려가며, 그와 함께 혀도 자연히 입천장에서 멀어진다. 이러한 혀의 오르내림을 중심으로 기술할 경우에는 폐모음을 고모음이라고 하고 개모음은 저모음이라고 부르기도 한다. 그리고 혀의 근육이 뒤로 쏠리는 모음을 후설모음이라고 하고 혀의 근육이 앞쪽으로 쏠리는 모음은 전설모음이라고 한다.

다음으로 거울을 보며 '으'와 '우'를 발음해 보자. 가장 쉽게 관찰되는 움직임은 입술 모양의 변화이다. '우'를 발음하면 '으'를 발음할 때보다 입술이 둥글게 모이며 앞으로 더 나온다. 그래서 '우'와 같은 모음을 원순모음이라고 하고, 입술이 둥글게 모이지 않는 '으'와 같은 모음은 평순모음이라고 한다.

이상에서 살폈듯이 모음은 세 가지 방법에 의해 분류되는데, 그 분류의 기준을 열거하면 다음과 같다. 여기서 혀의 높이라고 하는 것은 모음을 발음할 때 혀의 최고점의 위치를 지칭하는데 입에서 힘을 뺀 자연스러운 상태에서 혀의 가장 높은 부분을 혀의 최고점으로 본다.

- 혀의 높이
- 혀의 앞뒤 위치
- 입술의 모양

3.3. 단모음과 이중모음

한국어에는 모음이 몇 개 있는가 하는 질문을 받으면, 어떤 사람은 '이, 에, 애, 위, 외, 으, 어, 아, 우, 오' 열 개 모음을 들기도 하고, 어떤 사람은 이 모음들에 '야, 여, 요, 유, 얘, 예, 와, 워, 왜, 웨, 의'를 합하여 스물한 개를 들기도 한다. 표준어에서는 모음을 스물 한 개로 잡는데, 이 가운데 '이, 에, 애, 위, 외, 으, 어, 아, 우, 오' 열 개는 단모음으로 분류되고, '야, 여, 요, 유, 얘, 예, 와, 워, 왜, 웨, 의'는 이중모음으로 분류된다. 이때 단모음이라고 하는 것은 모음을 발음할 때 그 발음의 시작부터 끝까지 입의 모양이 변하지 않는 모음이고, 이중모음이라고 하는 것은 모음을 발음할 때 그 발음을 시작해서 끝내는 사이에 입의 모양에 변화가 일어나는 모음이다. 이러한 사실을 확인하기 위해 거울을 보면서 단모음 '아'와 이중모음 '야'나 '와'를 비교해 보자. '아'를 발음하면 입의 모양에 변화가 없는데, '야'나 '와'를 발음하면 발음의 시작과 끝의 입의 모양이 달라진다.

표준 모음에서는 단모음을 열 개로 규정하기는 하지만 '외, 위'에 대해서는 이중모음으로 발음하는 것도 허용한다. 본인이 실제로 '외, 위'를 단모음으로 발음하는지는 거울을 보면서 발음해 보면 확인할 수 있는데, 요즘 대개의 한국어 화자는 이들을 이중모음으로 발음한다.

이중모음이라고 하면 모음이 둘이라고 해석할 수 있다. '야, 얘, 여, 예, 요, 유, 와, 왜, 워, 웨, 의' 등을 발음하면 각 이중모음이 '이+아, 이+얘, 이+어, 이+에, 이+오, 이+우, 오+아, 오+얘, 우+어, 우+에, 으+이'와 같은 결합인 듯이 느껴지기 때문이다. 그런데 실제로 이중모음에서 먼저 발음되는 요소들은 단모음 '이'와 '오', '우'와 동일하지는 않다. 예를 들어 '와'와 '워'는 '오'와 '아', '우'와 '어'의 결합인 것 같지만 실제로 각 모음의 시작 부분은 '오'와 '우'로 확실하게 발음되지 않고, 이들의 공통적인 특질만으로 발음되는데 이러한 음을 활음이라고 한다. 한국어의 활음에는 'j'와 'w'가 있어서, '야', '와', '워' 등은 각각 'j+아', 'w+아', 'w+어'로 분석된다.

앞에서도 살펴보았지만 활음은 모음도 아니고 자음도 아니며 모음적인 요소도 있고 자음적인 요소도 있어서 반모음이나 반자음이라고 불리기도 한다. 활음은 모음과 유사하게 발음되면서 자신과 유사한 발음의 모음을 발음할 때보다 혀가 더 높이 올라간다. 그러나 자음처럼 기류의 흐름을 완전히 막지는 않는다. 이러한 차이는 '오, 우'와 '와, 워'의 시작 부분을 비교하거나 '이'와 '야'의 시작 부분을 비교하면 확인할 수 있다.

3.4. 모음의 분류

'위, 외'를 단모음으로 발음하기 어렵기는 하지만 표준어규정에 따라 단모음 '이, 에, 애, 위, 외, 으, 어, 아, 우, 오'를 분류해 보자. 다음의 (1), (2), (3)은 3.2.에서 제시한 모음 분류의 기준을 상세화한 내용이다.

(1) 혀의 높이에 의한 분류
- 고모음: 혀의 표면이 마찰을 일으키지 않을 정도로 입천장에 접근한 상태에서 발음되는 모음. 입이 닫히므로 폐모음이라고도 한다.

- 중모음: 혀의 높이가 고모음을 발음할 때보다는 낮고 저모음을 발음할 때보다는 높은 상태에서 발음되는 모음.
- 저모음: 혀가 구개에서 가장 멀어진 상태에서 발음되는 모음. 입이 열리므로 개모음이라고도 한다.

(2) 혀의 앞뒤 위치에 의한 분류
- 전설모음: 혀의 앞부분이 경구개에 접근한 상태에서 발음되는 모음
- 후설모음: 혀의 가운데가 입천장의 중앙부에 접근하거나 혀의 뒷부분이 연구개에 접근한 상태에서 발음되는 모음.

(3) 입술 모양에 의한 분류
- 원순모음: 입술을 둥글게 오므린 상태에서 발음하는 모음.
- 평순모음: 입술을 평평하게 편 상태에서 발음하는 모음.

우선 '이, 에, 애, 이, 에, 애, 이, 에, 애' 하는 식으로 차례로 발음해 보자. '이, 에, 애'를 차례대로 발음하면 입이 점점 벌어짐을 알 수 있을 것이다. '으, 어, 아'를 차례로 발음을 할 때도 이와 동일하게 입이 벌어진 정도의 차이로 발음이 달라진다는 사실을 확인할 수 있다. 그래서 '이, 으'를 폐모음, '에, 어'를 중모음, '애, 아'를 개모음이라고 한다. 그리고 '우'와 '오'를 연속으로 발음하면 '우'를 발음할 때보다 '오'를 발음할 때 턱이 더 내려간다. 여기서 '우'는 고모음이고 '오'는 '어'를 발음할 때와 유사한 정도로 입이 벌어지므로 중모음에 해당한다. 단모음 '위'와 '외'도 각각 고모음과 중모음에 해당하기 때문에 '우'와 '오' 정도로 입이 벌어진다. 혀의 최고점의 위치를 기준으로 할 때는 폐모음, 중모음, 개모음을 각각 고모음, 중모음, 저모음이라고 부르기도 한다.

다음으로 '이, 으, 이, 으, 이, 으', '에, 어, 에, 어, 에, 어', '애, 아, 애, 아, 애, 아' 하는 식으로 번갈아 발음해 보자. 이들의 발음을 통해 '이, 에, 애'는 혀의 근육이 앞쪽으로 쏠리고 '으, 어, 아'는 그보다 뒤쪽으로 쏠리는 게 느껴질 것이다. 이 경우 '이, 에, 애'를 전설모음이라고 하고 '으, 어, 아'를 후설모음이라고 한다. 그 다음으로 '우'와 '오'도 발음해 보자. 이 모음들이 후설모음에 속한다는 사실이 확인될 것이다. 한편 단모음 '위'와 '외'는 각각 '우'와 '오'를 발음하는 상태에서 혀만 전설로 내밀어 발음하는 모음이라고 생각하면 된다.

다음으로 '으', '우'의 쌍을 연속으로 발음하면서 해당 모음이 평순모음인지 원순모음인지 확인해 보자. 거울을 보면 입술의 움직임이 관찰될 것이다. '으'를 발음할 때보다 '우'를 발음할 때 입술이 둥글게 되는데, 이때 입술이 둥글게 되기만 하는 것이 아니라 앞으로 쭉 나오기도 한다. '어'와 '오'를 발음할 때도 이와 동일한 현상이 발견된다. 그리고 '이'나 '에'를 발음하면서 혀와 입을 벌린 정도에는 변화를 주지 않고 입술만 둥글게 내밀면 단모음 '위'와 '외'가 만들어진다.

이상의 모음의 분류 결과를 표로 보이면 다음과 같다.

	전설모음		후설모음	
	평순모음	원순모음	평순모음	원순모음
고모음	이	위	으	우
중모음	에	외	어	오
저모음	애		아	

[표 1] 모음 분류

3.5. 모음의 변동 현상

위 3.4.의 [표 1]을 알고 있으면 한국어의 모음의 변동 역시 쉽게 이해할 수 있다. 예를 들어 '아기 → 애기, 어미 → 에미, 고기 → 괴기, 죽이다 → 쥐이다'와 같은 변화에서는 각각 '아, 어, 오, 우'의 후설모음이 '애, 에, 외, 위'라는 전설모음으로 변했음을 확인할 수 있는데, 이때 원순성이라든지 입을 벌린 정도에는 변화가 없다. 단지 뒤에 오는 전설모음 '이'의 영향으로 이 모음들이 전설모음으로 변한 것이다. 이러한 경우 '전설모음화'라고 이름을 붙이면 된다.

표준 발음으로 인정되지는 않지만 '하고, 나도, 베개, 네가'가 각각 '하구, 나두, 비개, 니가'라고 발음된다면 중모음인 '오, 에'가 각각 고모음인 '우, 이'로 변한 것이므로 '고모음화'라고 이름 붙일 수 있다. 이 경우에는 원순성에 변화가 없이 전설모음은 그대로 전설모음으로 실현되었고('베→비, 네→니'에 보이는 '에→이') 후설모음은 그대로 후설모음으로 실현되었으므로('고→구, 도→두'에 보이는 '오→우') 다른 기준에 대해서는 논의를 할 필요가 없이 '고모음화'라고만 하면 되는 것이다. 그리고 '바쁘다, 슬프다'를 일상 발화에서 '바뿌다, 슬푸다'처럼 발음하는 경우가 많은데, 이때는 평순모음 '으'가 원순모음 '우'로 발음되었으므로 '원순모음화'

라고 이름 붙이면 된다. 또 일상 발화에서 '했어요'는 '해써여'로 발음되기 쉬운데, 이때 마지막 모음의 변화(요 → 여)에 이름을 붙인다면 '평순모음화'라고 하면 될 것이다. '요'와 '여'는 모두 이중모음이므로 변하지 않는 활음 'j'를 제외한다면 중모음인 후설 원순모음 '오'가 중모음인 후설 평순모음 '어'로 변하였다고 할 수 있기 때문이다.

4.1. 자음의 분류 기준

자음은 기류의 흐름이 조음 기관에 의해 방해를 받는 소리이다. 기류의 흐름은 조음 기관의 여러 곳에서 방해를 받을 수 있는데, 방해를 받는 위치와 방해를 받는 방식에 따라 말소리의 값도 달라진다. 혀가 입천장의 연구개에 가서 닿았다 떨어질 때는 문자 'ㄱ, ㅋ, ㄲ' 등으로 표기되는 소리가 나지만, 윗니의 바로 뒤인 치조(잇몸)에 가서 닿았다 떨어질 때는 문자 'ㄷ, ㅌ, ㄸ' 등으로 표기되는 소리가 난다. 자음의 경우 기류를 방해하는 위치에 따라 소리가 달라진다는 말은 조음되는 위치에 따라 소리가 달라진다는 말로 바꾸어 표현할 수 있기 때문에 자음의 분류 기준으로 '조음 위치'가 설정되는 것이다.

　조음 위치, 즉 기류의 흐름이 방해받는 위치가 같다고 하여 동일한 자음으로 실현되지는 않는다. 여기서 잠시 공기가 꽉 찬 풍선에서 공기를 밖으로 빼내는 방법에 대해 생각해 보자. 풍선의 공기를 빼는 방법에는 몇 가지가 있을 수 있다. 우선 풍선을 바늘로 찔러서 터뜨리며 공기를 한 번에 바깥으로 내보낼 수도 있다. 그리고 풍선의 주둥이 부분을 잡은 채 공기를 조금씩 밖으로 내보낼 수도 있다. 이 두 경우 풍선에서 나는 소리는 분명히 다르다. 앞의 경우는 '뻥'과 유사하고, 뒤의 경우는 '스'와 유사하게 들린다. 그리고 경우에 따라서는 '츠'와 같이 들리기도 한다. 풍선 속에 갇혀 있던 공기가 바깥의 공간으로 빠져나가는 방식에 따라 소리가 달라지는 것이다.

풍선 속의 공기를 밖으로 내보내는 방법이 몇 가지가 있듯이, 기류를 입 밖으로 내보내는 방식도 몇 가지로 나뉜다. 입 안의 기류를 막고 있다가 풍선을 바늘로 찌르듯이 한 번에 입 밖으로 내보내면서 터뜨리면 'ㅂ'와 같은 소리가 되고, 입 안의 기류를 풍선의 주둥이를 잡은 상태에서 공기를 내보내듯이 서서히 지속적으로 내보내면 'ㅅ'와 같은 소리가 된다. 이처럼 기류를 입 밖으로 내보내며 소리로 바꾸어 주는 방식을 '조음 방식'이라고 한다. 자음의 경우 기류의 흐름을 방해하는 방식에 따라 몇 가지 유형으로 소리가 만들어지므로, 자음의 분류 기준으로 '조음 방식'이 설정되는 것이다.

그런데 자음을 발음할 때, 조음 위치와 조음 방식이 같다고 하여 항상 동일한 말소리가 만들어지지는 않는다. 'ㅂ'과 'ㅍ'으로 표기되는 소리들은 입술이 서로 닿은 상태로 기류를 입 안에 가두어 두었다가 입을 벌리며 기류를 한 번에 밖으로 방출한다는 점에서는 동일하다. 그런데 이 두 자음은 한국어 화자에게 분명히 다르게 들린다. 이 두 자음의 차이는 무엇일까? 이 차이를 확인하기 위해서는 휴지가 한 장 필요하다. 휴지 한 장을 바로 입 앞에 세워 들고, '바'와 '파'를 순차적으로 발음해 보자. '바'를 발음할 때보다 '파'를 발음할 때 휴지가 더 많이 움직인다는 사실을 확인할 수 있을 것이다. 이러한 현상이 일어나는 원인은 입안에서 나오는 기류의 세기가 다르기 때문이다. 'ㅍ'를 발음하면 'ㅂ'를 발음할 때보다 훨씬 많은 양의 기류가 빨리 방출되며 'ㅎ'와 같은 소리가 더해지는데, 이 힘이 입 앞에 있는 휴지가 흔들리는 정도를 다르게 하는 것이다. 이러한 차이를 기(또는 기식)의 유무에 따른 차이라고 하는데, 기식이 있고 없음은 한국어에서 자음의 음가를 결정할 때 중요한 역할을 하므로, '기식의 유무'도 자음 분류의 기준으로 설정된다.

이상에서 살핀 분류 기준 이외에 'ㄱ, ㄷ, ㅂ, ㅅ, ㅈ'와 'ㄲ, ㄸ, ㅃ, ㅆ, ㅉ'와 같은 자음을 구분해 주는 기준도 필요하다. 이러한 자음들의 차이를 확인하기 위해 '브'와 '쁘'를 발음해 보자. 입안의 모양은 전혀 변화가 없으나, 목에서 어딘지 차이가 남을 느낄 수 있을 것이다. 목 안쪽의 후두 근처가 긴장이 되면 'ㅃ'에 해당하는 말소리가 나고, 그렇지 않을 경우에는 'ㅂ'에 해당하는 말소리가 난다. 후두가 긴장할 때와 그렇지 않을 때의 자음의 음가에 차이가 나기 때문에, '후두의 긴장 유무'도 자음 분류의 기준으로 설정된다.

지금까지 조음 위치, 조음 방식, 기식의 유무, 후두 긴장의 유무를 통해 한국어의 자음이 분류됨을 보았다. 이 가운데 '기식의 유무'나 '후두 긴장의 유무'는 넓은 의미로는 조음 방식에 속한다.

4.2. 조음 위치

한국어에는 자음이 몇 개나 있을까? 모두 열아홉 개가 있으며 그 목록은 다음과 같다.

ㄱ, ㄴ, ㄷ, ㄹ, ㅁ, ㅂ, ㅅ, ㅇ[ŋ], ㅈ, ㅊ, ㅋ, ㅌ, ㅍ, ㅎ, ㄲ, ㄸ, ㅃ, ㅆ, ㅉ

이제 이 목록에 보인 자음들을 조음 위치에 따라 분류해 보기로 한다. 우선 이 자음들 가운데 'ㅁ, ㅂ, ㅍ, ㅃ'를 발음해 보면, 입술이 닿았다가 떨어지는 것을 느낄 수 있다. 자음을 발음할 때 입술이 닿았다가 떨어진다는 것은 기류의 흐름이 입술 위치에서 방해를 받는다는 것인데, 이처럼 입술 위치에서 기류가 방해를 받는 말소리를 순음이라고 한다. 한국어의 순음은 두 입술이 닿았다가 떨어지므로 특별히 양순음이라고 부른다.[3] 그리고 이 양순음들은 기류가 흘러가는 공명강에 따라 둘로 나뉘는데, [그림 6]에서 보듯이 'ㅂ, ㅍ, ㅃ'의 경우는 기류가 구강으로 흐르며, 'ㅁ'는 기류가 비강으로 흐른다.

한국어의 자음에서 이 순음들을 제외하면 'ㄱ, ㄴ, ㄷ, ㄹ, ㅅ, ㅇ[ŋ], ㅈ, ㅊ, ㅋ, ㅌ, ㅎ, ㄲ, ㄸ, ㅆ, ㅉ'가 남는다. 이 가운데 'ㄴ, ㄷ, ㅌ, ㄸ'를 발음해 보면 혀의 앞부분이 윗니의 뒤쪽에 있는

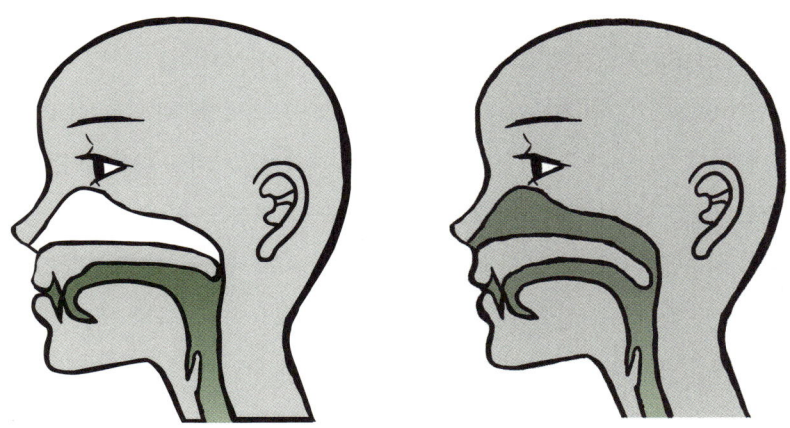

[그림 6] 양순음 – 구강음 'ㅂ, ㅍ, ㅃ'과 비강음 'ㅁ'

---

3) 순음에는 한국어의 양순음과는 다른 순치음이 있다. 영어의 'f'나 'v'가 그러한 예인데, 이들을 발음할 때는 윗니와 아래 입술이 닿는 과정이 있다. 한국어 화자가 영어를 배울 때 이 발음에서 어려움을 겪는 이유는 이렇게 이와 입술을 이용한 조음 방식이 한국어에 없기 때문이다.

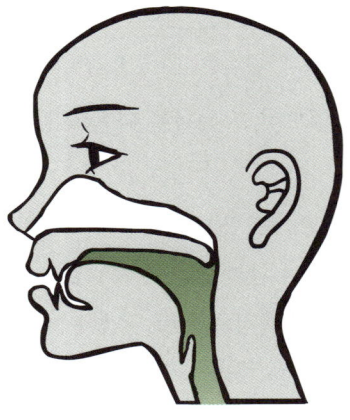
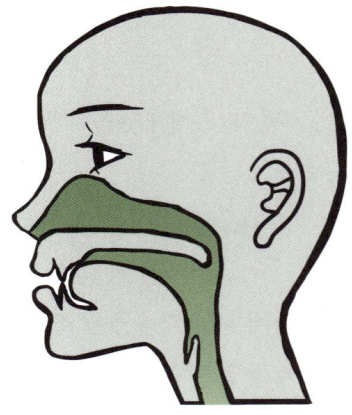

[그림 7] 치조음 – 구강음 'ㄷ, ㅌ, ㄸ'   [그림 8] 치조음 – 비강음 'ㄴ'

잇몸인 치조에 가서 닿았다가 떨어진다. 이처럼 치조에서 조음이 이루어지는 소리를 치조음(또는 치경음)이라고 한다. 단 'ㄴ'를 발음할 때는 'ㄷ, ㅌ, ㄸ'를 발음할 때 닫히는 비강 쪽의 통로가 열린다는 차이가 있다.

치조의 위치에서 기류의 흐름이 방해되는 자음에는 'ㄴ, ㄷ, ㅌ, ㄸ' 이외에 'ㅅ, ㅆ'도 있다. 'ㄴ, ㄷ, ㅌ, ㄸ'와 [그림 9]의 'ㅅ, ㅆ'를 비교해 보면 'ㄴ, ㄷ, ㅌ, ㄸ'는 [그림 7]과 [그림 8]에서 보듯이 구강에서 기류를 완전히 막았다가 방출하는 반면 'ㅅ, ㅆ'는 혀의 앞부분을 윗잇몸인 치조에 접근시킨 상태에서 기류를 계속 내보낸다는 점에서 차이가 있다.

이 자음들 이외에 'ㄹ'도 치조음에 속한다. 그런데 '하루'의 'ㄹ'와 '별'의 'ㄹ'의 발음 차이에서 확인할 수 있듯이, 'ㄹ'은 단어에서 실현되는 위치에 따라 두 가지로 발음된다.[4] '하루'의 'ㄹ'은 혀끝으로 치조를 한 번 가볍게 튕기면서 발음하므로 탄설음이라고 하고[그림 10], '별'의 'ㄹ'은 혀끝을 치조에 붙인 상태에서 혀 옆으로 기류를 내보내므로 설측음이라고 한다[그림 11]. 이 가운데 탄설음으로 실현되는 것은 '노래'에서처럼 'ㄹ'가 모음과 모음 사이에서 실현되거나, '차렷'에서처럼 'ㄹ'가 모음과 '야, 여, 요, 유' 등의 사이에서 실현될 경우, '라면'과 같이 'ㄹ'가 어두에 올 때인데, 이 위치를 초성의 위치라고 한다.

한편 '출현'과 같은 단어를 또박또박 천천히 발음하면 'ㄹ'가 설측음으로 실현되면서 'ㅎ'의 소리가 똑똑하게 들리지만, 이를 일상적인 속도나 빠른 속도로 발음하면 'ㅎ' 소리가 거의

----
4) 여기서는 '단어'라고 하였지만 실제로는 'ㄹ'이 '음절'의 초성 자리에 있는가(하루), 종성 자리에 있는가(별)에 따라 달라진다고 기술해야 정확하다.

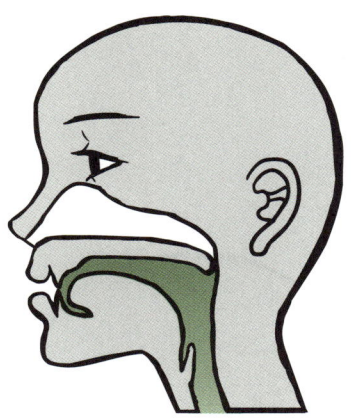

[그림 9] 치조음 'ㅅ, ㅆ'

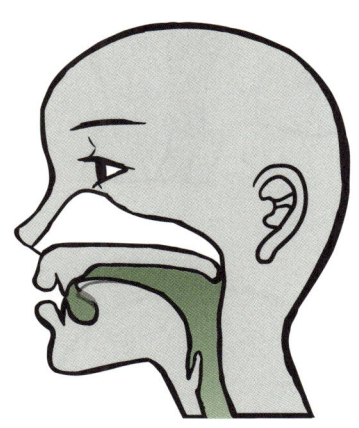

[그림 10] 치조음 - 'ㄹ' 탄설음

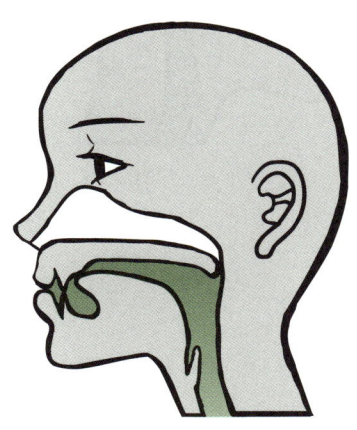

[그림 11] 치조음 'ㄹ' 설측음

들리지 않으면서 'ㄹ'가 탄설음으로 실현되기도 한다.

이제 남은 자음의 목록은 'ㄱ, ㅇ[ŋ], ㅈ, ㅊ, ㅋ, ㅎ, ㄲ, ㅉ'인데, 이 중 'ㅈ, ㅊ, ㅉ'의 조음 위치를 확인하기로 한다. 이 자음들의 발음을 확인하기 위해 혀와 입천장이 닿는 위치를 치조보다 조금 뒤로 이동해 보자. 그 위치가 경구개인데, 혀의 앞부분이 이 위치에 닿았다가 떨어지면서 발음되는 자음이 'ㅈ, ㅊ, ㅉ'이다. 그래서 이들을 경구개음이라고 한다.[5]

다음으로 'ㄱ, ㅇ[ŋ], ㅋ, ㅎ, ㄲ' 중 'ㄱ, ㅇ[ŋ], ㅋ, ㄲ'의 조음 위치를 확인하기로 한다. 입천

---

5) 한국어학에서는 발음의 변화 현상을 이야기하면서 '구개음화'라는 용어를 사용하는 일이 있다. 이때 구개음화는 '굳이'나 '밭이'처럼 'ㄷ, ㅌ'가 모음 'ㅣ'나 활음 'j'를 포함한 'ㅑ, ㅕ, ㅛ, ㅠ' 등의 앞에서 'ㅈ, ㅊ' 등으로 변하는 현상을 이르는데, 정확히는 '경구개음화'라고 해야 하나 편의상 '구개음화'라고 하는 것이다.

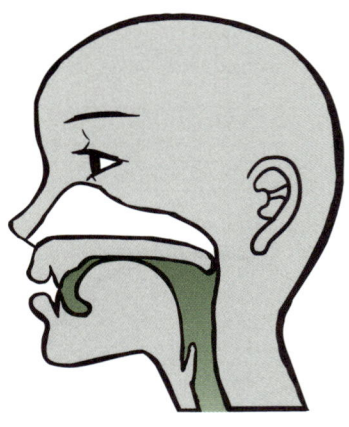

[그림 12] 경구개음 'ㅈ, ㅊ, ㅉ'

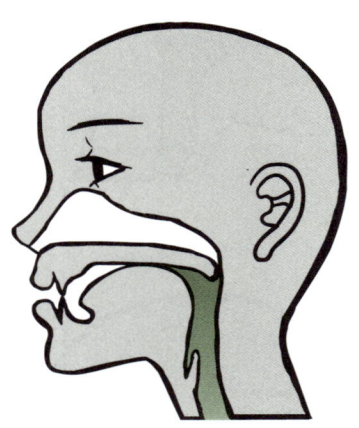

[그림 13] 연구개음 – 구강음 'ㄱ, ㅋ, ㄲ'

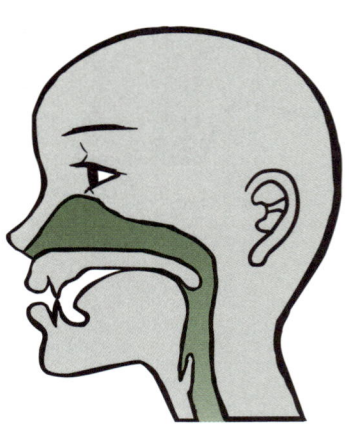

[그림 14] 연구개음 – 비강음 'ㅇ'

장에서 경구개보다 더 안쪽에 있는 부위를 연구개라고 하는데, 'ㄱ, ㄲ, ㅋ'를 발음해 보면 혀의 뒷부분이 바로 이 연구개에 가서 닿는다[그림 13]. 이 자음들은 기류의 흐름이 연구개의 위치에서 방해를 받으므로 연구개음이라고 한다. '강'을 발음할 때, 받침의 'ㅇ[ŋ]'도 이 위치에서 기류의 방해가 일어난다. 다만 'ㅇ[ŋ]'은 혀의 뒷부분이 연구개에 닿은 상태에서 기류가 구강이 아닌 비강으로 흘러 나간다[그림 14].

끝으로 'ㅎ'은 목구멍 안쪽에 있는 후두의 성문에서 기류의 방해가 일어나 만들어지는 자음이므로 후음 또는 성문음이라고 부른다.

4.3. 조음 방식

자음의 조음 위치가 동일하여도 조음 방식에 따라 자음의 음가는 달라진다. 예를 들어 치조음 중에서 'ㄴ, ㄷ, ㅌ, ㄸ'는 기류를 완전히 막았다가 방출하는 반면 'ㅅ, ㅆ'는 혀를 치조에 접근시킨 상태에서 기류를 계속 내보내기 때문에 그 음가에 차이가 생기는 것이다. 한국어자음 분류에 유용한 조음 방식은 다음과 같다.

- 기류의 흐름을 완전히 막았다가 일시에 터뜨려서 소리를 내는 조음 방식
- 기류의 통로를 좁혀서 마찰을 일으켜 소리를 내는 조음 방식
- 기류의 흐름을 막았다가 마찰을 일으키며 기류를 내보내서 소리를 내는 조음 방식

이들 외에 비강으로 기류를 내보내면서 소리를 내는 방식과 혀의 양 옆으로 기류를 계속 흐르게 하며 소리를 내는 방식도 조음 방식에 속한다.

한국어의 자음 중 'ㅂ, ㅃ, ㅍ, ㄷ, ㄸ, ㅌ, ㄱ, ㄲ, ㅋ'는 기류를 조음 기관의 어떤 위치에서 완전히 막았다가 일시에 터뜨리면서 내는 소리이다. 이 자음들은 풍선에 공기를 불어넣은 상태에서 바늘 등으로 찔러 일시에 공기를 방출할 때 소리가 나는 것과 같은 이치로 발음되는데, 그 조음 과정은 다음 세 단계를 거친다.

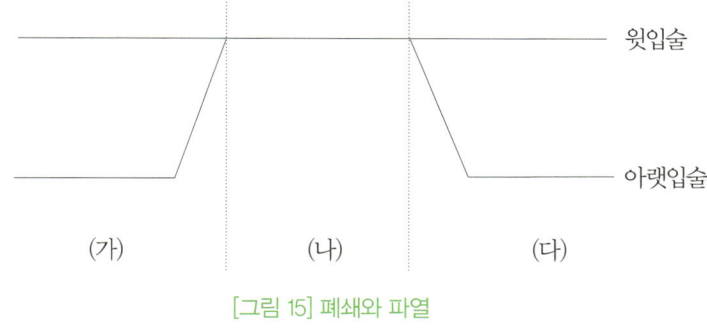

[그림 15] 폐쇄와 파열

▲ **조음 기관의 폐쇄 단계**

조음 위치에서 조음 기관이 떨어져서 기류의 통로가 열려 있다가 막히는 단계로, 이 과정에 초점을 맞출 때는 이 자음들을 폐쇄음이라고 부른다. [그림 15]의 (가)가 이 단계에 해당한다.

▸ 폐쇄 지속의 단계

조음 위치에서 폐쇄가 일어나 잠시 동안 폐쇄 상태가 지속되며 기류의 압력이 높아지는 단계로, 이 과정에 초점을 맞출 때는 이 자음들을 정지음이라고 부른다. [그림 15]의 (나)가 이 단계에 해당한다.

▸ 기류의 순간적 방출 단계

폐쇄의 지속이 어느 정도 유지된 후에 입안에 갇혀 있던 기류가 순간적으로 방출되면서 파열음을 내는 단계로, 이 과정에 초점을 맞출 때는 이 자음들을 파열음이라고 부른다. [그림 15]의 (다)가 이 단계에 해당한다.

[그림 15]에서 보듯이 기류의 흐름을 완전히 막았다가 일시에 터뜨려서 나는 소리는 폐쇄, 폐쇄의 지속, 파열의 세 단계를 거치는데, [그림 16]은 기류가 입안에 그대로 있는 상태이므로 세 단계 중 조음 기관이 폐쇄된 상태로 지속되는 모습을 보여준다.

다음으로는 'ㅅ, ㅆ, ㅎ'의 조음 방식에 대해 알아보기로 한다. 이 자음들은 기류가 조음기관의 어느 지점을 지날 때, 그 통로를 아주 좁혀서 조음 기관과 기류의 마찰로 소리가 나기 때문에 마찰음이라고 부른다. 피리에서 입을 대고 부는 부분은 매우 좁고 얇아서 공기가 흐르면서 마찰에 의해 소리가 만들어진다. 한국어의 자음 가운데 마찰음도 이러한 방법을 이용하여 조음하는데, 이 마찰음들은 폐쇄음과는 달리 'ㅅㅡ, ㅆㅡ, ㅎㅡ'와 같이 그 소리를 지속해서 낼 수 있다는 특징이 있다. 한국어의 마찰음 'ㅅ, ㅆ, ㅎ' 중 'ㅅ, ㅆ'는 마찰이 치조에서 일어나지만 'ㅎ'는 후두에서 마찰이 일어난다는 차이가 있다('ㅅ, ㅆ'에 대해서는 [그림 9] 참조).

자음 'ㅈ, ㅊ, ㅉ'는 경구개와 전설(혀의 앞부분)이 서로 닿아 기류의 흐름이 막혔다가 파열과 마찰이 거의 동시에 일어나면서 조음된다. 이 자음들이 발음되는 방식은 공기가 꽉 찬 풍선의 주둥이를 손으로 잡고 있다가 놓자마자 나는 소리와 유사하다. 이 자음들의 조음 과정에는 파열과 마찰이 모두 있기 때문에, '파열'의 '파'와 '마찰'의 '찰'을 따와 '파찰음'이라는 용어로 이 자음들의 부류를 부른다([그림 12] 참조).

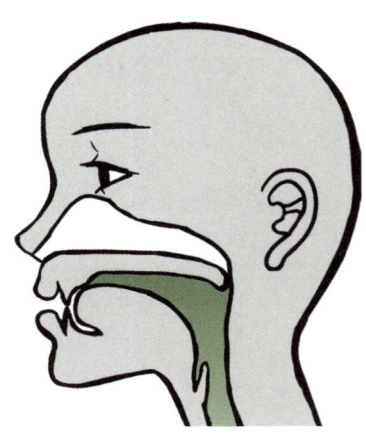

[그림 16] 폐쇄음 'ㄷ, ㅌ, ㄸ'

다음으로 기류가 비강으로 흐르는 비음에 대해 살펴보겠다. 기도를 타고 나오는 기류가 흘러 나갈 수 있는 통로에는 구강과 비강 두 가지가 있다. 지금까지 살펴본 자음들 'ㄱ, ㄷ, ㅂ, ㅅ, ㅈ, ㅊ, ㅋ, ㅌ, ㅍ, ㅎ, ㄲ, ㄸ, ㅃ, ㅆ, ㅉ'는 모두 기류가 구강으로 흘러 나가서 구강음이라고 한다. 이러한 구강음을 발음할 때는 목젖과 인두벽 사이가 닫힌 상태여서 기류가 비강으로 흐르지 않고 구강으로 흐르는 데 반해서, 'ㄴ, ㅁ, ㅇ[ŋ]'과 같은 자음을 발음할 때는 이 통로가 열려 비강으로 기류가 흐른다. 이 자음들은 기류가 비강으로 흐르기 때문에 '비음(또는 비강음)'이라고 부른다. 그런데 이 비음들은 기류가 비강으로 흐를 때 입안에서 기류의 방해가 일어난다. 예를 들어 'ㅁ'와 'ㅂ'를 발음하면서 구강을 관찰해 보면 서로 차이가 없다. 그러나 'ㅁ'를 발음할 때는 비강의 통로가 열리고 'ㅂ'를 발음할 때는 비강의 통로가 닫힌다([그림 6] 참조).

코를 잡은 상태에서 '암'이라는 발음을 해 보자. 평소 발음할 때의 '암'과는 달리, 발음이 계속되지 못하고 '압'처럼 끊어질 것이다. 이것은 'ㅁ'와 'ㅂ'의 구강의 모습이 같기 때문에 일어나는 현상인데, '암'의 일상적인 발음에서는 비강으로 기류가 흘러나가지만 코를 잡은 상태에서 '암'이라는 발음을 해 보자. 평소 발음할 때의 '암'과는 달리, 발음이 계속되지 못하고 '압'처럼 끊어질 것이다. 이것은 'ㅁ'와 'ㅂ'의 구강의 모습이 같기 때문에 일어나는 현상인데, '암'의 일상적인 발음에서는 비강으로 기류가 흘러나가지만 코를 잡았을 때는 그 통로가 막혀서 해당 구강음인 '압'과 같이 발음되는 것이다. 그리고 '안'이나 '앙'을 발음하면서 코를 막을 때도 이와 동일하게 각각 '앋, 악'처럼 들린다('앋'과 '안'의 발음에 대해서는 [그림 7]과 [그림 8], '악'과 '앙'에 대해서는 [그림 13] [그림 14] 참조). 이러한 현상은 'ㄴ, ㅁ, ㅇ[ŋ]'의 조음 위치가 각각 'ㄷ, ㅂ, ㄱ'와 동일하기 때문에 일어나는 것이다.

끝으로 'ㄹ'의 발음 방식에 대해 알아보자. 앞에서도 잠시 살펴보았지만 '알'을 발음해 보면 혀끝이 치조에 닿은 상태에서 기류가 혀의 양 옆으로 계속 흘러 나간다. 음절 말의 'ㄹ'을 발음할 때 이처럼 혀의 옆으로 기류가 흐르기 때문에 '설측음'이라고 부르는 것이다. 그러나 '다리'를 발음할 때 실현되는 초성의 'ㄹ'는 혀끝이 치조를 한 번 살짝 치는 소리이다. 이 경우는 혀가 치조를 치기 때문에 '탄설음'이라고 부를 수 있는 것이다. 그런데 'ㄹ'는 기류가 물 흐르듯이 잘 흐르며 발음되기 때문에 유음이라고도 부른다. 유음은 한국어의 자음 중 기류의 흐름이 방해를 가장 적게 받는 소리이다([그림 10]과 [그림 11] 참조).

4.4. 후두 긴장과 기식의 유무

조음 위치와 이상에서 살핀 조음 방식에 따른 분류 이외에 아직 분류되지 않은 자음들이 있다. 조음 위치와 기류의 방출 방식은 동일하지만 분명히 소리가 다른 'ㅂ, ㅃ, ㅍ'를 구별할 수 있는 분류 기준이 필요한 것이다.

    이러한 차이를 확인하기 위해 우선 '바빠', '다따', '사싸', '자짜', '가까'를 차례로 발음해 보자. 어떤 차이가 느껴지는가? '바다사자가'를 발음할 때보다 '빠따싸짜까'를 발음할 때 후두가 약간 긴장하는 것이 느껴질 것이다. 이처럼 'ㅂ, ㄷ, ㅅ, ㅈ, ㄱ'와 동일한 조음 위치와 조음 방식으로 발음하면서 후두를 더 긴장시켜 성문을 강하게 폐쇄하여 발음하는 자음을 '경음'이라고 한다.

    다음으로 입 앞에 휴지를 세워 들고 '바파', '다타', '자차', '가카' 하는 식으로 번갈아서 발음해 보자. '바다자가'를 발음할 때와는 달리 '파타차카'를 발음할 때 휴지가 꺾일 것이다. 이는 '바다자가'를 발음할 때보다 '파타차가'를 발음할 때 입에서 바람이 더 많이 나오기 때문이다. 이 경우 'ㅍ, ㅌ, ㅊ, ㅋ'를 '격음(거센소리)'이라고 하는데, 'ㅂ, ㄷ, ㅈ, ㄱ'를 발음할 때보다 격음을 발음할 때 후두의 성문 아래에서 공기를 더 많이 압축했다가 내보내기 때문에 이러한 차이가 생겨난다. 이렇게 성문 아래에서 압축되었다가 한 번에 나오는 기류를 기식이라고 한다. '좁히다'를 발음할 때 '좁'의 'ㅂ'와 '히'의 'ㅎ'가 합쳐져 'ㅍ'로 실현되는데, 이는 격음의 기식이 'ㅎ'와 동일한 성질을 가지고 있기 때문이다. 이러한 이유로 격음을 '유기음(기식이 있는 소리)'이라고 부르기도 한다.

    한편 'ㅂ, ㄹ, ㅅ, ㅈ, ㄱ'는 후두의 긴장도 없고 압축했다가 내보내는 기식의 양도 적기 때문에 평음이라고 부른다.

4.5. 자음의 변동 현상

지금까지 논의한 자음 분류 전체를 포괄하여 분류표를 만들면 다음과 같다. [표 2]에는 조음 위치나 조음 방식에 따른 분류에 나오지 않은 장애음과 공명음의 분류가 있는데 기류가 비강, 구강, 인두강 안에서 자유롭게 흐르는 자음을 공명음이라고 하고 그 이외의 자음은 장애음이라고 한다. 기류가 입 밖으로 빠져나가는 일은 구강과 비강인데 어느 한 부분이 막혀 있어도 다른 쪽이 열려 있으면 기류는 자유롭게 빠져나간다. 이때 만들어지는 말소리를 공명음이라고 한다. 그리고 후음의 경우는 평음과 경음, 격음과 같은 하위 구분이 의미가 없기 때문에 마찰음 아래에 추가적인 하위 구분을 하지 않았다.

		양순음	치조음	경구개음	연구개음	후음	
폐쇄음	평음	ㅂ	ㄷ		ㄱ		장애음
	경음	ㅃ	ㄸ		ㄲ		
	격음	ㅍ	ㅌ		ㅋ		
마찰음	평음		ㅅ			ㅎ	
	경음		ㅆ				
파찰음	평음			ㅈ			
	경음			ㅉ			
	격음			ㅊ			
유음			ㄹ				공명음
비음		ㅁ	ㄴ		ㅇ		

[표 2] 자음 분류

이러한 자음 분류의 표를 이해한다면 다양한 한국어의 자음의 변동을 쉽게 이해할 수 있다. 예를 들어 '앞[압], 부엌[부억], 밭[받], 밖[박]'의 경우는 위 표의 격음(유기음) 'ㅍ, ㅋ, ㅌ'가 각각 'ㅂ, ㄱ, ㄷ'로 변하였고, 경음 'ㄲ'가 'ㄱ'로 변하였으므로 '평음화'를 겪는다고 할 수 있다. 그런데 이러한 변동의 결과로 발음되는 평음은 '폐쇄음'에 속하므로 '평폐쇄음화'라고 이름 붙일 수 있다. 다음으로 '잡+고 → [잡꼬], 묻+다 → [묻따], 집+보다[집뽀다], 할 수 → [할쑤], 잡+지 → [잡찌]'에 보이는 음운현상은 평음 'ㄱ, ㄷ, ㅂ, ㅅ, ㅈ'가 각각 경음 'ㄲ, ㄸ, ㅃ, ㅆ, ㅉ'로 변하였으므로 '경음화'라고 할 수 있을 것이다. 그리고 '밥+만 → [밤만], 묻+는 → [문는], 먹+는 → [멍는]'에서 비음이 아닌 자음들이 비음이 되었으므로 '비음화'라고 이름 붙일 수 있다. 한편 '침략 → [침냑]'은 'ㄹ'가 치조음이면서 비음인 'ㄴ'로 변하였으므로 '치조비음화'라고 부르는데 단순히 '비음화'라고 하면 '밥+만 → [밤만]'에 보이는 비음화와 차별화가 되지 않기 때문에 조음위치까지 밝혀서 '치조비음화'라고 하는 것이다. '밭+이 → [바치]'와 같은 변화는 'ㅌ'가 경구개음이 되었지만 일반적으로 '구개음화'라고 부르고 있다.

비표준어이지만 일상대화체에서 빨리 발음할 때 나타나는 '기분+만 → [기붐만], 믿+고 → [믹꼬], 감+꼬 → [강꼬]'에 대해서는 조음위치동화라고 분류하고 있다. '기분만[기붐만]'

은 '기분'의 /ㄴ/가 뒤에 오는 '만'의 /ㅁ/의 영향으로 [ㅁ]로 바뀐 경우는 치조음이 양순음 앞에서 양순음으로 변한 것이고, '믿고[믹꼬]'의 어간말 /ㄷ/가 뒤에 오는 어미의 /ㄱ/의 영향으로 [ㄱ]로 바뀐 것은 치조음이 연구개음 앞에서 연구개음으로 변한 것이며, '감고[강꼬]'의 경우는 어간말의 /ㅁ/가 어미의 /ㄱ/ 앞에서 [ㅇ]으로 변하였는데 이것은 양순음이 연구개음 앞에서 연구개음으로 변한 것이다. 이들 세 가지 현상은 모두 조음 위치만 변하였기 때문에 묶어서 조음위치동화라고 이름 붙일 수 있는 것이다.

이러한 각 현상의 명칭은 매우 복잡하고 어렵게 느껴질 수도 있다. 그러나 모음 분류를 토대로 모음의 변동 현상에 접근하였듯이 자음 분류 방식을 익히고 그 방법에 따라 자음이 분류되는 과정을 이해한다면 자음 변동 현상 역시 학습자 스스로 이해할 수 있는 틀을 갖춘 것이다.

참고문헌

강창석(1984), 「국어의 음절구조와 음운현상」, 《국어학》 13, 국어학회.
곽충구(2003), 「현대국어의 모음체계와 그 변화의 방향」, 《국어학》 43, 국어학회.
권인한(2000), 「표준발음」, 《새국어생활》 10-3, 국립국어연구원.
김성규, 정승철(2013), 『개정판 소리와 발음』, 한국방송통신대학교출판부.
배주채(1996), 『국어음운론 개설』, 신구문화사.
송철의(1993), 「자음의 발음」, 《새국어생활》 3-1, 국립국어연구원.
신지영(2000), 『말소리의 이해』, 한국문화사.
이상억(1993), 「쉽게 쓴 국어 음성학」, 《새국어생활》 3-1, 국립국어연구원.
이승재(1993), 「모음의 발음」, 《새국어생활》 3-1, 국립국어연구원.
이진호(2005), 『국어음운론 강의』, 삼경문화사.
이호영(1997), 『국어운율론』, 한국연구원.
최명옥(2004), 『국어음운론』, 태학사.

한국어 음운 현상

김현
서울대학교 인문대학 국어국문학과

| 학습 목표 |

- 한국어의 음운 현상들을 유형에 따라 나눌 수 있다.
- 음운 현상의 입력과 출력, 조건을 설명할 수 있다.
- 음운 현상과 음운론적 제약의 관계를 설명할 수 있다.

▶▶▶ 차례

1. 음운 현상의 유형
2. 대치
　2.1. 평폐쇄음화
　2.2. 비음화
　2.3. 치조비음화
　2.4. 유음화
　2.5. 경음화
　2.6. 활음화
　2.7. 조음 위치 동화
3. 탈락
　3.1. 자음군 단순화
　3.2. 'ㅎ' 탈락
　3.3. '어/아' 탈락
　3.4. '으' 탈락
4. 첨가
5. 축약
　5.1. 'ㅎ' 축약
　5.2. 모음 축약

▶ 참고문헌

1장

음운 현상의 유형

음운 현상은 소리의 변화 양상에 따라 대치, 탈락, 첨가, 축약, 도치로 나눌 수 있다. 대치는 어느 한 소리가 다른 소리로 바뀌는 현상을, 탈락은 원래 있던 소리가 사라지는 현상을, 첨가는 없던 소리가 생겨나는 현상을, 축약은 둘 이상의 소리가 합쳐져 새로운 하나의 소리가 되는 현상을, 도치는 두 소리의 순서가 바뀌는 현상을 가리킨다. '먹-'에 '-는'이 결합할 때 [멍는]과 같이 'ㄱ'이 'ㅇ'으로 바뀌는 현상, '삶:-'에 '-는'이 결합할 때 [삼:는]과 같이 'ㄹ'이 사라지는 현상, '한-'에 '여름'이 결합하여 [한녀름]과 같이 'ㄴ'이 생겨나는 현상, '놓-'에 '-고'가 결합할 때에 [노코]와 같이 'ㅎ'과 'ㄱ'이 합쳐져 'ㅋ'이 되는 현상, '빗복'이 '빗곱'이 될 때에 '복'의 'ㅂ'과 'ㄱ'이 서로 자리를 맞바꾸는 현상이 각각 대치, 탈락, 첨가, 축약, 도치의 예가 될 것이다. 도치는 그 예가 매우 드물기에 더 이상의 설명은 생략한다.

2장

대치

2.1. 평폐쇄음화

우리말의 음절 말에서 종성으로 발음될 수 있는 자음은 'ㅂ, ㄷ, ㄱ, ㅁ, ㄴ, ㅇ, ㄹ'의 일곱뿐이다. 이 밖의 자음들은 모두 장애음인데, 그것들이 음절말에 놓이게 될 때에는 같은 장애음인 'ㅂ, ㄷ, ㄱ'으로 바뀌어 발음된다. 이 현상을 (음절 말)평폐쇄음화라고 한다.

평폐쇄음화는 경음이나 격음이 평음으로 바뀌는 현상과 마찰음과 파찰음이 폐쇄음으로 바뀌는 현상으로 나누어 볼 수 있다. 우리말의 초성은 입을 벌려 발음하는 모음이 뒤따르기 때문에 개방의 과정을 겪지만, 종성은 구강이 폐쇄된 상태에서 발음을 마치기 때문에 그러한 과정을 겪지 못한다. 원래 경음과 격음은 개방될 때에 후두의 특별한 작용을 통하여 발음되는데, 음절 말에서는 개방의 과정이 없으므로 그러한 작용 없이 평음으로 발음된다. 한편 마찰음과 파찰음은 각각 개방된 상태에서 발음되거나 폐쇄 뒤 개방이 이어지면서 발음되는 소리이기 때문에, 우리말에서 종성으로 발음될 수가 없다. 따라서 가까운 조음 위치에서 발음되는 폐쇄음으로 바뀌게 된다. 평폐쇄음화란 이처럼 경음과 격음이 평음으로 바뀌는 현상과 마찰음과 파찰음이 폐쇄음으로 바뀌는 현상을 함께 일컫는다.

❶ ㄱ. 앞→압, 부엌→부억, 밭-도→받또, 낚-더라→낙떠라
　　 cf. 앞-에→아페, 낚-아라→나까라

ㄴ. 옷→온, 꽃→꼳, 낮-과→낟꽈, 있-지→읻찌
　　　　cf. 옷-을→오슬, 낮-에→나제
　　ㄷ. 낳-는→낟는→난는
　　ㄹ. 젖+어미→저더미, 겉+옷→거돋

❶(ㄱ)은 경음이나 격음이 종성으로 쓰여야 할 상황에서 평음으로 바뀌는 현상의 예이며, ❶(ㄴ)은 마찰음인 'ㅅ, ㅆ'과 파찰음인 'ㅈ, ㅊ'이 모두 평음이자 같은(또는 가까운) 폐쇄음인 'ㄷ'으로 바뀌는 현상의 예이다. ❶(ㄷ)은 'ㅎ'의 경우로서, 음절 말에서 직접 'ㄷ'으로 실현되는 것을 확인할 수는 없지만, 'ㄷ'으로 평폐쇄음화한 뒤 다른 음으로 다시 바뀌는 것으로 볼 수 있다. ❶(ㄹ)은 'ㅏ, ㅓ, ㅗ, ㅜ, ㅟ' 등으로 시작하는 실질형태소와 결합할 때인데, 잠재적인 음절 경계로 인하여 평폐쇄음화가 일어난 후 'ㄷ'이 다음 음절의 초성이 되는 예들이다.

2.2. 비음화

두 자음이 각각 앞 음절의 종성과 뒤 음절의 초성으로서 만날 때 뒤의 자음이 비음일 경우 그 앞에 발음될 수 있는 자음은 공명음, 즉 유음과 비음 'ㅁ, ㄴ, ㅇ'뿐이다. 따라서 이 밖의 자음들은 같은 조음 위치의 비음 'ㅁ, ㄴ, ㅇ'으로 바뀌어 발음되는데, 이를 비음화라고 한다. 비음화는 앞서 살핀 평폐쇄음화가 일어난 다음에 일어나기 때문에 'ㅍ, ㅅ, ㄲ' 등이 각각 'ㅂ, ㄷ, ㄱ'으로 바뀐 후에 이 세 자음이 다시 'ㅁ, ㄴ, ㅇ'으로 변한다고 할 수 있다.

　　❷ ㄱ. 법-만→범만, 믿-는→민는, 국-만→궁만
　　　　ㄴ. 잎-만─(평폐쇄음화)→입만→임만, 옷-만─(평폐쇄음화)→옫만→온만
　　　　　　낳-는─(평폐쇄음화)→낟는→난는, 꺾-는─(평폐쇄음화)→꺽는→껑는

비음화는 비음이 아닌 자음이 비음과 만나서 같은 부류인 비음으로 바뀐다는 점에서 동화라고 한다. 예를 들어 '국만'의 경우 음운 현상의 결과가 [궁만]인데, 'ㄱ'이 뒤의 자음과 완전히 똑같아지는 것이 아니라 연구개음이라는 점은 유지하면서 뒤의 자음인 비음 'ㅁ'과 같은 부류인 연구개 비음 'ㅇ'으로 바뀌었다. 조음 위치는 그대로인 채 조음 방법만이 동화되는 것이다.

2.3. 치조비음화

우리말의 'ㄹ'은 매우 특이하게도 자신과 같은 'ㄹ' 뒤에서만 발음될 수 있을 뿐, 다른 자음 뒤에서는 발음되지 못한다. 다른 자음 뒤에 'ㄹ'이 놓이게 될 경우 이 'ㄹ'은 'ㄴ'으로 바뀌는데, 이러한 현상을 치조비음화라고 한다. 고유어에는 'ㄹ'로 시작하는 단어가 없기 때문에 자음과 'ㄹ'이 연쇄를 이룰 수가 없다. 따라서 이 현상은 한자어나 외래어 따위에서나 찾아볼 수 있다.

❸ 음운+론 → 음운논, 심+란 → 심난
독+립 → 독닙 — (비음화) → 동닙, 십 리 → 십니 — (비음화) → 심니

2.4. 유음화

유음화는 유음인 'ㄹ'의 앞이나 뒤에 놓인 'ㄴ'이 'ㄹ'로 바뀌는 현상이다.

❹ ㄱ. 별+님 → 별림, 앓-는 — (자음군단순화) → 알는 → 알른, 골+네트 → 골레트
ㄴ. 권+력 → 궐력, 난+로 → 날로

❹(ㄱ)과 같이 'ㄹ'이 'ㄴ'의 앞에 있는 경우, 앞의 음이 뒤의 음을 동화시킨다는 동화의 방향을 고려하여 순행적 유음화라고 부른다. 순행적 유음화는 현재 매우 생산적인 현상으로서 '물건을 넣다[물거늘러타]'와 같이 구 사이에서도 일어난다. 한편 '따님(딸+님)'이나 '소나무(솔+나무)' 등에서는 'ㄹ'과 'ㄴ'이 만나서 'ㄹ'이 탈락하기도 하였는데, 이 현상은 현재에는 그리 생산적이지 않다. '불'과 '나방'이 결합되었을 때 'ㄹ'이 탈락하여 [부나방]이라고 하기도 하고, 유음화가 일어나서 [불라방]이라고도 하는데, '부나방' 과 '불나방' 모두 표준어로 인정되어 있기는 하나, 흔히 후자가 더 자연스러운 발음으로 여겨지고 있다.

순행적 유음화와는 반대로 'ㄹ'이 'ㄴ'의 뒤에 있는 ❹(ㄴ)과 같은 경우에는 뒤의 음이 앞의 음을 동화시키는 역행적 유음화가 일어난다. 그러나 이 역행적 유음화는 대체로 오래전에 만들어져 하나로 굳어진 것으로 인식되는 단어들에서 일어난다. '공권력[공꿘녁]', '무슨

라면[무슨나면]'이나 외래어 '다운로드[다운노드]' 등에서는 치조비음화가 일어난다.

2.5. 경음화

국어의 평장애음인 'ㅂ, ㄷ, ㄱ, ㅅ, ㅈ'이 특정한 위치에서 경음인 'ㅃ, ㄸ, ㄲ, ㅆ, ㅉ'으로 바뀌는 현상을 경음화라고 한다. 규칙적으로 예측할 수 있는 경음화에는 네 가지 정도가 있는데, 그 첫 번째가 ❺(ㄱ)과 같이 평폐쇄음 뒤에서 일어나는 경음화이다. 이 경음화는 어떠한 문법적인 조건에서도 일어나는 순수하게 음운론적인 현상이다.

❺ ㄱ. 먹-더라 → 먹떠라, 앞+사람 —(평폐쇄음화)→ 압사람 → 압싸람
　 ㄴ. 신:-더라 → 신:떠라, 감:-지 → 감:찌
　　　 cf. 안경도[안:경도] 샀고 신도[신도] 샀다, 감과[감:과] 사과를 놓았다
　 ㄷ. 만날 사람 → 만날싸람, 먹을 것 → 머글껃
　　　 cf. 만난 사람[사람], 먹는 것[걷]
　 ㄹ. 발동[발똥], 발성[발썽], 발전[발쩐]

반면 ❺(ㄴ)은 동사나 형용사 어간의 말음 'ㄴ, ㅁ' 뒤에서 일어나는 경음화인데, 아래의 '안경'처럼 한 단어 내부에서나 '신도'와 '감과'와 같이 명사에 조사가 결합할 때에는 일어나지 않는다는 점이 특징이다. ❺(ㄷ)은 용언 어간에 붙어 뒤의 명사를 꾸미게 하는 관형사형 어미들 중에서 '-을' 뒤에서만 일어나는 경음화이다. '만난 사람', '먹은 것' 등에서는 경음화가 일어나지 않는다. ❺(ㄹ)은 한자어에서 'ㄹ' 뒤의 'ㄷ, ㅅ, ㅈ'이 경음화하는 경우이다. '발견'이나 '발부'와 같이 'ㄷ, ㅅ, ㅈ' 이외의 자음은 경음으로 발음되지 않는다.

2.6. 활음화

두 음절이 만나는 경계에서 이루어지는 모음과 모음의 연쇄는 언어 보편적으로 기피의 대상으로 여겨진다. 우리말에서 'ㅣ'와 'ㅗ/ㅜ'로 끝나는 용언 어간에 'ㅓ/ㅏ'로 시작하는 어미가 결

합하여 ❻(ㄱ, ㄴ)과 같이 활용형 '기어서', '보아도' 등이 만들어지면 앞의 모음이 활음 'j'나 'w'로 바뀌어 모음 연쇄를 피하기도 한다. 이렇게 모음이 활음으로 바뀌는 현상을 활음화라고 한다.

❻ ㄱ. 기-어서 → 겨:서~기어서
　ㄱ'. 지-어서 → 저서, 찌-어야 → 쩌야
　ㄴ. 보-아도 → 봐:도~보아도, 꾸-어야 → 꿔:야~꾸어야
　ㄴ'. 오-아도 → 와도, 배우-어야 → 배워야

❻(ㄱ, ㄴ)의 활음화는 수의적으로 적용되는 규칙이며 음절 수 감소에 따른 보상적 장모음화가 동반되는 데에 반해, ❻(ㄱ', ㄴ')의 활음화는 필수적으로 적용되며 보상적 장모음화도 동반되지 않는다. ❻(ㄱ')은 'ㅣ' 앞의 자음이 'ㅈ, ㅊ, ㅉ'과 같이 경구개음인 경우에 해당하는데, 'ㅣ'에서 활음화된 'j'는 바로 탈락하여 표면에는 실현되지 않는다(*tʃiəsə→ *tʃjəsə → tʃəsə). ❻(ㄴ')은 'ㅗ/ㅜ' 앞에 자음이 없는 경우로서 필수적으로 적용되며 보상적 장모음화도 동반되지 않는다.

2.7. 조음 위치 동화

두 개의 자음이 연결되었을 때, 두 자음의 조음 방법은 그대로 유지되면서 조음 위치만이 같아지는 현상이 있다. 이 현상은 세계의 많은 언어에서 찾아볼 수 있는 것이지만 모든 언어가 같은 방식으로 변화를 겪는 것은 아니다. 우리말의 경우 두 자음 중 앞 자음의 조음 위치가 바뀌는데, 치조음과 양순음이 연구개음 앞에서 연구개음으로 바뀌고 ❼(ㄱ), 치조음이 양순음 앞에서 양순음으로 바뀐다 ❼(ㄴ).

❼ ㄱ. 꽃-까지―(평폐쇄음화) → 꼳까지 → 꼭까지, 안 가 → 앙가
　　잡-거나―(경음화) → 잡꺼나 → 작꺼나, 감:-고―(경음화) → 감:꼬 → 강:꼬
　ㄴ. 곧+바로―(경음화) → 곧빠로 → 곱빠로, 기분-만 → 기분만 → 기붐만

조음 위치 동화는 수의적인 규칙이며(꼳까지~꼭까지), 연쇄를 이룬 두 장애음이 동일한 조음 위치에서 발음될 때에는 간혹 앞의 자음이 탈락하기도 한다(꼭까지~꼬까지). 조음 위치 동화는 현재 표준 발음으로 인정되지는 않지만, 일상적으로 흔하게 일어나는 현상일 뿐만 아니라 역사적으로 볼 때 '싱겁다(〈슴겁다)', '영계[〈연계(軟鷄)]' 등의 단어들이 만들어지는 데에 역할을 하였다.

3장

탈락

3.1. 자음군 단순화

'값'이나 '읽다' 등의 단어를 보면 받침에 둘 이상의 자음이 있지만, 이 두 자음이 실제로 발음되는 것은 '값이 비싸다'나 '읽어 보다'와 같이 뒤에 '—이'나 '—어' 등의 모음으로 시작하는 형식형태소가 올 때뿐이다. 자음군 뒤에 아무런 음이 발음되지 않거나 자음이 연결되어 두 자음이 음절 말에서 발음되어야 할 처지에 놓였을 때 하나의 자음이 탈락하여 '값[갑]', '읽다[익따]'와 같이 발음되는 현상을 자음군 단순화라 한다. 이는 음절 말에서 하나의 자음밖에 발음될 수 없다고 하는 우리말의 음절 구조상의 제약에 의해 일어나는 현상이다.

❽ ㄱ. 값 → 갑, 닭 → 닥
　ㄴ. 닭+장 → 닥장 ― (경음화) → 닥짱, 읽–다 → 익는다 ― (비음화) → 잉는다
❽´ 값+없다 → 갑업다 ― (경음화) → 가법따

❽(ㄱ)은 자음군 뒤에 아무런 음도 발음되지 않음으로써, ❽(ㄴ)은 자음이 발음됨으로써 자음군이 음절 말에 놓여 단순화하는 예이다. ❽´은 자음군 'ㅄ' 뒤에 모음인 '이'가 왔지만 자음군 단순화가 일어난 경우인데, 이처럼 뒤에 모음이 오더라도 그것이 형식형태소가 아닌 경우에는 마치 그 앞에서 발음을 끝맺는 듯이 자음군 단순화가 일어난다.

한편 흥미로운 점은 두 자음 중 어떤 자음이 탈락하느냐 하는 점이다. 우리말의 자음군은 양순음과 연구개음의 포함 여부와 공명음의 포함 여부에 따라 다음과 같이 분류된다.

공명음 \ 양순음/연구개음	불포함		포함	
불포함	1	×	2	ㄳ ㅄ
포함	3	ㄵ ㄶ ㄻ ㄽ ㅀ	4	ㄺ ㄼ ㄿ ㄾ

1부류에 속하는 자음군은 존재하지 않는다. 2부류와 3부류에 속하는 자음군들은 모두 뒤의 자음이 탈락한다. 2부류에서는 'ㅅ'이 탈락하여 'ㄱ'과 'ㅂ'이 남고(예. 넋[넉], 없다[업:따]), 3부류에서는 앞 자음인 'ㄴ'과 'ㄹ'이 남는다(예. 앉고[안:꼬], 않는대[안는다], 곬[골], 핥지[할찌], 앓니[알리]). 4부류는 복잡하다. 'ㄼ'과 'ㄿ'은 늘 앞의 'ㄹ'이 탈락하고(예. 삶는다[삼:는다], 읊지[읍찌]), 'ㄼ'은 이와 반대로 'ㄹ'이 남지만(예. 넓고[널꼬]) '밟다'는 예외적으로 그 반대이다(예. 밟고[밥:꼬]). 가장 복잡한 것은 'ㄺ'인데, 이 자음군을 지닌 단어가 명사인 경우에는 언제나 'ㄹ'이 탈락하며(예. 닭도[닥또], 흙과[흑꽈]), 동사나 형용사인 경우도 대체로 'ㄹ'이 탈락하지만(예. 읽다[익따]), 뒤따르는 자음이 'ㄱ'일 때에는 'ㄱ'이 탈락한다(예. 읽거나[일꺼나]). 그러나 이는 어디까지나 표준 발음이 그러하다는 것이며, 'ㄺ, ㄼ, ㄿ' 자음군은 탈락하는 자음이 방언이나 개인에 따라 차이나는 일이 많다.

3.2. 'ㅎ' 탈락

'ㅎ'이 공명음과 모음 사이에서 탈락하는 현상을 'ㅎ' 탈락이라고 한다. 공명음에 속하는 음들에는 모음과 비음인 'ㅁ, ㄴ, ㅇ', 유음 'ㄹ'이 있다. 이들 뒤에 'ㅂ, ㄷ, ㄱ, ㅈ'이 놓일 경우 이들은 유성음으로 소리나는데, 'ㅎ'도 이들과 비슷하게 유성음화하지만 그 소리의 청각적인 효과가 매우 미미하여 결국 탈락에 이르게 된다.

❾ ㄱ. 좋–은 → 조은, 않–아 → 아나, 싫–으면 → 시르면
ㄴ. 공부–하다 → 공부아다, 실+현 → 시련

❾(ㄱ)은 언제나 'ㅎ'이 탈락하여 탈락한 발음이 표준 발음으로 인정되는 데에 반해, ❾(ㄴ)은 또박또박 발음할 경우 'ㅎ'이 탈락하지 않는데, 'ㅎ'이 탈락한 발음은 표준 발음으로 인정되지 않는다.

3.3. '어/아' 탈락

모음과 모음이 연결될 때에는 앞서 설명한 활음화가 일어나기도 하지만 둘 중의 어느 한 모음이 탈락하기도 한다. 그 한 예로서 어미 초의 'ㅓ/ㅏ'가 'ㅓ/ㅏ' 또는 'ㅔ/ㅐ'로 끝나는 용언 어간 뒤에서 탈락하는 현상을 '어/아' 탈락이라고 한다.

❿ ㄱ. 서-어라 → 서라, 차-아서 → 차서
ㄴ. 꿰:-어야 → 꿰어야 → 꿰:야, 새-어도 → 새어도 → 새:도

❿(ㄱ)은 필수적인 현상으로서 보상적 장모음화가 일어나지 않지만 ❿(ㄴ)은 수의적인 현상이며 보상적 장모음화가 일어난다. 한편 'ㅎ' 탈락이 적용된 '넣다'나 '낳다'의 활용형인 '너어라', '나아서'의 경우에도 '어/아' 탈락이 수의적으로 일어나며 보상적 장모음화가 동반된다.

3.4. '으' 탈락

연쇄를 이룬 두 모음 중에서 어느 한 쪽이 'ㅡ'라면 늘 이 'ㅡ'가 탈락하는데, 이러한 현상을 '으' 탈락이라고 한다.

'으' 탈락은 크게 세 가지 현상으로 나뉜다. 첫째는 'ㅓ/ㅏ'로 시작하는 어미 앞에서 용언 어간의 '으'가 탈락하는 현상⓫(ㄱ)이며, 둘째는 모음이나 'ㄹ'로 끝나는 용언 어간 뒤에서 어미의 '으'가 탈락하는 현상⓫(ㄴ)이다. 셋째의 '으' 탈락은 조사에서 일어나는 현상인데, ⓫(ㄷ)처럼 모음이나 'ㄹ' 뒤에서 '-으로'의 'ㅡ'가 탈락하는 현상은 용언의 활용⓫(ㄴ)과 비슷하지만, ⓫(ㄷ')에서 보듯 '-은, -을'의 'ㅡ'는 모음 뒤에서만 탈락할 뿐, 'ㄹ' 뒤에서는 탈락하지 않는다.

⓫ ㄱ. 크-어서→커서, 담그-아도→담가도
　ㄴ. 배우-으니→배우니, 알-으면→알면
　ㄷ. 의자-으로→의자로, 칼-으로→칼로
　ㄷ′. 나-은→난, 철수-을→철술
　　　cf. 칼-을→칼을

이 밖에 '마음'을 '맘:'이라고 한다든가 '놓으니까'를 '노:니까'라고 하는 것도 'ㅡ'가 탈락하는 것이지만, ⓫과는 달리 '으'가 수의적으로 탈락하면서 보상적 장모음화를 동반하는 현상이다.

4장

첨가

우리말에서 두 음 사이에 어떤 음이 첨가되는 대표적인 예가 'ㄴ' 첨가이다. 'ㅣ'나 활음 'j'로 시작하는 실질형태소 앞에 자음이 있을 때 'ㄴ'이 첨가된다. 경우에 따라서는 'ㄴ'을 첨가하지 않은 채 발음하는 일이 있으나 그것은 대부분 표준 발음이 아니다.

⑫ ㄱ. 솜:+이불 → 솜:니불, 물+약 → 물냑─(유음화)→ 물략
　　cf. 솜이[소:미] 가볍다.
　ㄴ. 맨-입 → 맨닙, 짓-이기다─(평폐쇄음화)→ 짇이기다 → 짇니기다─(비음화)→ 진니기다
　ㄷ. 그런 여자 → 그런녀자, 할 일 → 할닐─(유음화)→ 할릴

⑫(ㄱ)은 합성어에서 일어나는 'ㄴ' 첨가의 예이다. '솜이 가볍다'에서 보듯이 뒤따르는 '이'가 실질형태소가 아닐 때에는 'ㄴ'이 첨가되지 않는다. ⑫(ㄴ)은 파생어의 예이고, ⑫(ㄷ)은 단어와 단어 사이의 예이다.
　표준 발음법에는 '야금야금', '금융' 등의 단어는 'ㄴ'이 첨가된 [야금냐금], [금늉]으로도, 'ㄴ'이 첨가되지 않은 [야그먀금], [그뮹]으로도 발음될 수 있다고 하였고, '송별연', '등용문' 등의 단어는 아예 'ㄴ'이 첨가되지 않은 [송:벼련], [등용문]만이 표준 발음이라고 규정되어 있다.

5장

축약

5.1. 'ㅎ' 축약

'ㅎ'은 단어의 첫머리가 아닌 한 그대로 발음되는 일이 매우 드물다. '오한', '은행'과 같은 단어에서 주의를 기울여, 오히려 현실적이지 않게 발음할 때에나 간혹 들을 수 있는 정도이다. 'ㅎ'은 'ㄴ'이나 'ㅅ' 앞에서 'ㄷ'으로 바뀌어 'ㄴ'으로 실현되는가 하면, 공명음과 모음 사이에서 탈락되는 것을 앞서 살펴 보았다. 여기서 다루고자 하는 현상은 'ㅎ'이 'ㅂ, ㄷ, ㄱ, ㅈ'과 같은 평장애음과 연쇄를 이루게 될 때, 두 자음이 축약되어 하나의 자음인 격음 'ㅍ, ㅌ, ㅋ, ㅊ'으로 실현되는 현상이다.

⑬ ㄱ. 놓-고 → 노코, 앓-더라 → 알터라
　ㄴ. 공책-하고 → 공채카고, 법+학 → 버팍, 꽃+향기 ―(평폐쇄음화)→ 꼳향기 →
　　꼬턍기

⑬ (ㄱ)은 'ㅎ'이 평장애음의 앞에 있는 경우이고, ⑬ (ㄴ)은 'ㅎ'이 뒤에 있는 경우이다. 후자는 방언에 따라 'ㅎ'이 축약하지 않고 탈락하여 [공채가고], [버박]으로 발음되기도 한다.

5.2. 모음 축약

우리말의 일부 방언에는 'ㅟ'가 'ㅗ'로, 'ㅕ'가 'ㅔ'로 바뀌는 현상이 있는데, 이는 표준 발음으로 인정되지 않는다. 'ㅟ'는 활음 'w'와 모음 'ㅓ'가 결합되어 있는 이중모음인데, 이 두 음이 합쳐져서 제3의 음운인 모음 'ㅗ'가 되는 것이다⑭ (ㄱ). ⑭ (ㄴ)는 'ㅕ'가 'ㅔ'로 바뀐 경우인데, 역시 활음 'j'와 모음 'ㅓ'가 합쳐져 'ㅔ'로 축약된 것이다.

⑭ ㄱ. 두-어 → 두어―(활음화) → 둬ː → 도ː
　 ㄴ. 메느리(며느리), 겡상도(경상도)

'어'는 국어의 모음체계에서 평순후설중모음인데, 여기에 활음 'w'의 원순적 속성이 합하여지되 나머지 후설중모음의 속성은 그대로 유지하여 원순후설중모음인 'ㅗ'가 된다. 한편 'ㅓ'에 활음 'j'의 전설적 속성이 합하여지되 나머지 평순중모음의 속성은 그대로 유지하여 평순전설중모음인 'ㅔ'가 되는 것이다.

참고문헌

김성규·정승철(2005), 『소리와 발음』, 한국방송통신대학교출판부.
배주채(2003), 『한국어의 발음』, 삼경문화사.
李秉根·崔明玉(1997), 『國語音韻論』, 한국방송통신대학교출판부.
李秉根(1977), 『音韻現象에 있어서의 制約』, 塔出版社.
이진호(2005), 『국어 음운론 강의』, 삼경문화사.
최명옥(2004), 『국어음운론』, 태학사.

한국어 문법론

장소원
서울대학교 인문대학 국어국문학과

| 학습 목표 |

- 한국어가 지닌 문법적 특성들을 개괄적으로 검토한다.
- 한국어의 문법사항들을 범주별로 이해한다.
- 한국어 교육에 필요한 문법사항들을 집중적으로 익힌다.

▶▶▶ 차례

1. 한국어의 문법적 특성
   1.1. 형태적 특성
   1.2. 통사적 특성
2. 형태소와 단어
   2.1. 형태소
      2.1.1. 형태소의 정의와 종류
      2.1.2. 이형태와 기본형
   2.2. 단어
      2.2.1. 단어의 구성 요소
      2.2.2. 단일어, 복합어, 한자어
3. 품사
   3.1. 품사의 분류
   3.2. 체언
      3.2.1. 명사
      3.2.2. 대명사
      3.2.3. 수사
   3.3. 용언
      3.3.1. 동사
      3.3.2. 형용사
   3.4. 수식언
      3.4.1. 관형사
      3.4.2. 부사
   3.5. 독립언
   3.6. 관계언
4. 조사
   4.1. 격조사
   4.2. 보조사
   4.3. 접속조사
5. 어미와 문장 성분
   5.1. 어미
      5.1.1. 종결어미
      5.1.2. 비종결어미

   5.2. 문장 성분
      5.2.1. 주성분
      5.2.2. 부속성분
      5.2.3. 독립성분
6. 대우법과 시제
   6.1. 대우법
      6.1.1. 주체높임법
      6.1.2. 상대높임법
      6.1.3. 객체높임법
   6.2. 시제
      6.2.1. 현재 시제
      6.2.2. 과거 시제
      6.2.3. 미래 시제
      6.2.4. 절대 시제와 상대 시제
      6.2.5. 관형사절의 시제
7. 피동과 사동
   7.1. 피동법
      7.1.1. 피동문과 피동 접사
      7.1.2. 특이한 피동 구성
   7.2. 사동법
      7.2.1. 사동문의 구성과 조건
      7.2.2. 자동사와 형용사의 사동
      7.2.3. 단형 사동과 장형 사동
8. 부정법
   8.1. 부정문과 긍정문
   8.2. 부정문과 부정 극어
   8.3. 단형 부정문과 장형 부정문
   8.4. '안' 부정과 '못' 부정
   8.5. 부정 명령

▶ 참고문헌

1장

한국어의 문법적 특성

한국어의 문법을 이해하기 위해서는 한국어에 어떠한 문법 현상들이 나타나는지 알아야 하고, 이 현상들을 이해하기 위해서는 무엇보다 한국어가 지닌 문법적 특성들을 개괄적으로 살펴볼 필요가 있다. 일반적으로 문법을 형태론과 통사론으로 나누고 있으므로 문법적 현상 역시 형태적 특성과 통사적 특성으로 나누어 살펴볼 수 있다. 통사 현상과 형태 현상은 명확히 경계가 지어지지 않기 때문에 이들을 구분하는 일은 매우 미묘한 문제이다. 예를 들어 어미와 같은 것은 어떻게 보느냐에 따라 형태적 현상으로도 다룰 수 있고 통사적 현상으로도 다룰 수 있기 때문이다. 그래도 대체적으로 단어 형성이나 품사, 조사나 어미와 관련된 현상들은 형태적 현상으로 간주되고, 문장의 구성, 성분, 어순 그리고 개별 구성의 기능 및 문법 요소와 관련되는 현상들은 통사적 현상으로 간주된다. 이제 한국어의 형태적 현상들이 보이는 특성과 통사적 현상들이 보이는 특성을 차례로 살펴보기로 하자.

1.1. 형태적 특성

한국어의 형태적 특성에는 적극적인 가치를 지니는 것들이 있는가 하면, 외국어와 구별되기는 하지만 그다지 적극적이지 않은 것들이 있다. 그 가운데 적극적인 가치를 가지는 특성을 들어보면 다음과 같다.

❶ 가. 어미와 조사가 발달된 언어이다.
　　나. 문법 형태는 대체로 한 형태가 하나의 기능을 가진다.
　　다. 유정 명사와 무정 명사의 구분이 문법에서 중요한 경우가 있다.
　　라. 분류사(단위성 의존명사 또는 단위 명사)가 발달해 있다.

❶(가)에는 두 가지 현상이 포괄되어 있으므로 다음과 같은 두 가지 현상으로 나누어 보기로 한다.

❷ 가. 이/가, 께서, 의, 에게, 께, 을/를, 로/으로, 에, 에서, 아/야/이여/여/이시여
　　　　은/는, 도, 만, 부터, 조차, 까지 등.
　　나. 잡-으시었었겠다, 잡아, 잡으시고, 잡으니, 잡으면, 잡고 등.

❷(가)는 조사의 예를 몇 가지 보인 것이며, ❷(나)는 '잡-'이라는 동사의 어간에 연결되는 몇 가지 어미의 예를 보인 것이다. 이 두 가지 예만을 보아도 한국어에는 많은 수의 조사와 어미가 있다는 사실을 금방 알 수 있다. ❷(가, 나)의 두 가지 현상을 모두 가진 언어로서의 한국어를 특징짓는 이름이 언어의 형태론적 분류 가운데 '교착어(膠着語, agglutinative language, '첨가어'라고도 한다)'라는 것이다.
　❶(나)는 한국어의 엄격한 특징일 수 없다. ❶(나)에 '대체로'라는 말이 쓰인 것은 이 때문이다. 다음 예를 보기로 하자.

❸ 가. 형의 책은 다 낡았다.
　　나. 어디서 사랑의 노래가 들려온다.

❹ 가. 동생이 우리 집으로 왔다.
　　나. 나는 몸살로 학교에 가기가 어렵다.
　　다. 형이 나무로 책상을 만들었다.
　　라. 예전에는 붓으로 글을 썼다.
　　마. 그는 한국 대표로 회의에 참석하였다.

❸ (가, 나)의 '의'는 ❶ (나)의 전형적인 예이다. ❸ (가)에서는 소유 관계에 '의'가 쓰이고, ❸ (나)에서는 대상-행동의 관계에 '의'가 쓰이고 있다는 것은 크게 문제가 되지 않는다.

그러나 이 같은 전형성이 ❹에서는 유지되기 어렵다. ❹(가)의 '으로'는 도달점, ❹(나)의 '로'는 원인, ❹(다)의 '로'는 재료, ❹(라)의 '으로'는 도구, ❺(마)의 '으로'는 자격을 나타내는 구성에 쓰이고 있다. 이들을 모두 다른 기능으로 볼 수도 있고, 도구나 재료 등은 단지 쓰임의 차이만을 가지는 것으로 볼 수 있으며, 또 도구와 재료와 원인을 동일한 기능의 다른 쓰임으로 볼 가능성도 있다. 이렇게 본다면, 한국어의 문법 형태가 엄격하게 하나의 기능만을 가진다는 주장은 그대로 유지될 수 없는 것이 된다. 그러나 언어의 비교라는 것은 상대적인 것이므로, 이를 다음 영어의 예와 비교해 보기로 한다. 영어의 "John goes to school."이라는 문장에서 '-es'가 주어가 3인칭, 단수일 때 쓰이면서 동시에 시제는 현재, 서법은 직설법일 때 쓰인다는 사실과 비교하면, 한국어의 '으로'는 의미나 기능의 측면에서 어떤 형태가 두 가지 이상의 기능을 가지는 일은 있어도 문법 범주 자체가 이질적인 기능을 두 가지 이상 가지는 일은 없다는 것을 알 수가 있다. 따라서 ❶ (나)를 좀더 정밀하게 표현하면 다음과 같다.

❶′ 나. 한국어의 문법 형태는 문법 범주를 달리하여 둘 이상의 이질적인 기능을 가지는 일은 없다.

❶(다)는 다음과 같은 현상에서 그 전형적인 특성을 보인다.

❺ 가. 영희가 나무에/*나무에게 물을 주었다.
　나. 동생이 형에게/*형에 선물을 주었다.

❻ 가. 잎에서/*잎에게서 젖과 같은 액체가 나온다.
　나. 돈은 그 사람에게서/*그 사람에서 나온다.

❺(가)의 '나무', ❻(가)의 '잎'은 무정 명사(inanimate noun)이며, ❺(나)의 '형', ❻(나)의 '(그) 사람'은 유정 명사(animate noun)이다. 이 문장들을 보면, 도달점을 나타내는 명사에는 유정물의 경우 '에게'가 쓰이고, 무정물의 경우 '에'가 쓰인다는 것을 알 수 있다. 반대로 출발

점을 나타내는 명사에는 유정물의 경우 '에게서'가 쓰이고, 무정물의 경우 '에서'가 쓰인다. 유무정의 대립이 한국어 문법 전반에 걸쳐 중요한 범주적 기능을 수행한다고 하기는 어렵지만 그래도 매우 특징적인 현상의 하나로 지적될 만하다.

❶ (라)는 '마리(소 한 마리), 접(오이 한 접(=100개)), 손(고등어 한 손(=2마리)), 쾌(북어 한 쾌(20마리)), 축(오징어 한 축(20마리))' 등과 같은 단어 부류가 매우 다양하게 발달되어 있음을 말한 것이다.

한국어를 영어와 같은 인도유럽언어들과 비교해보면 다음과 같은 결여적 특성들이 드러나는데 이를 통해 한국어의 형태적 특성을 더 잘 파악할 수 있다.

❼ 가. 한국어는 대명사가 발달하지 않은 언어이며, 대명사의 쓰임이 극히 제약되는 언어이다.
나. 한국어에는 관계대명사가 없다.
다. 한국어에는 관사가 없다.
라. 한국어에는 접속사가 없다.
마. 한국어에는 가주어(假主語)와 같은 허형식(虛形式, expletive)이나 존재문의 잉여사(剩餘詞, pleonastics)와 같은 요소가 없다.
바. 한국어에는 인도유럽언어적 의미에 있어서 일치(一致, agreement 또는 concord) 현상이 없다.
사. 한국어에서는 복수 대상에 반드시 복수 표지가 연결되어야 하는 것은 아니다.
아. 한국어는 동사와 형용사의 활용이 매우 유사한 특징을 가진다.

❼ (가)에 대하여 매우 의아하게 생각하는 사람도 있을지 모른다. 1인칭에 '나, 저, 우리, 저희' 등이 있고, 2인칭에 '너, 너희, 당신, 그대, 자네, 어르신(네)' 등이 있고, 3인칭에 '그, 그들'이 있고, 이 밖에 사물 대명사, 장소 대명사, 방향 대명사 등이 있고 또 재귀 대명사, 의문 대명사, 부정 대명사라는 것도 없지는 않기 때문이다. 심지어 어떤 것은 인도유럽언어보다 더 정밀한 체계를 보이기까지 한다. 그러나 인도유럽언어들과 비교할 때, 한국어에는 없는 대명사가 있고, 일상생활에서는 대명사 대신에 명사를 대명사적으로 쓰는 일이 훨씬 더 많다. 대명사 쓰임과 관련되는 몇 가지 현상은 다음과 같다.

❽ 가. 한국어의 지시 대명사 '이것, 저것, 그것'은 관형사에 의존 명사 '것'이 결합한 형식이다. 지시 대명사로서의 '이, 그, 저'의 쓰임은 극히 제약된다.

나. 한국어에는 3인칭 여성 대명사가 없다. 이에는 현재 '그녀, 그네, 그미' 등이 실험적으로 쓰이고 있으나, 아직 불안정한 상태이다.

다. 2인칭 대명사 '당신'은 명사에서 온 것일 뿐 아니라, 부부 사이에서 쓰이는 것이 일반적이며, 높임말이기는 하나 윗사람에게는 쓸 수 없다.

라. 대명사를 쓰기 어려운 상황에서는 '고객님', '선생님' 같이 듣는 사람이나 언급되는 사람의 신분, 직위를 나타내는 명사를 써서 가리키는 것이 일반적이며 또 원칙이다.

❼ (나)는 관계대명사도 대명사에 포함되는 것이라면, ❽ (가)에 포함된다고 할 수 있다. 그러나 한국어 문법에 '관계대명사'와 같은 범주는 존재하지 않는다. 그런데 관계대명사가 없다고 해도 관계 구성마저 없는 것은 아니다.

❾ 가. 이것이 <u>네가 어제 잃어버린</u> 책이다.

나. This is the book <u>which you have lost yesterday</u>.

❾ (가)의 밑줄 친 부분은 ❾ (나)의 밑줄 친 부분과 그 성격이 같거나 유사하지만 ❾ (가)에는 ❾ (나)의 which와 같은 관계대명사가 나타나지 않는다는 점이 다르다.

❼ (다)는 혹시 '소년'에 대하여 '한 소년' '어떤 소년' 또는 '그 소년'과 같은 표현에 의하여 인도유럽언어의 관사에 해당하는 표현을 대신할 수는 있어도, 한국어에는 그와 같은 관사에 해당하는 품사가 없음을 말한 것이다. 관사가 없으므로, 성이나 수에 따른 변화, 인칭이나 격에 따른 변화와 같은 것이 있을 리 없다.

❼ (라)는 한국어에는 영어의 and나 but, or와 같은 품사가 없음을 말한 것이다. 한국어에도 '그리고, 그러나, 혹은, 또는' 등과 같은 어휘 항목이 있으나, 이들은 부사의 한 종류로 취급된다. 접속사의 결여를 보충하는 다른 방법으로 한국어가 가진 것은 연결 어미들이다.

❼ (마)는 영어의 'It is John that came yesterday.'와 같은 예에 나타나는 'it' 또는 'There is a man in the garden.'과 같은 예에 나타나는 'there'와 같은 순수히 문법적인 요소가 한국어에는 없다는 뜻이다.

❼ (바)는 "John goes to school."과 같은 영어의 문장에서 동사에 –es를 쓰지 않으면 어김없이 비문법적인 것이 되는 경우와 비교할 때 한국어에는 해당 명사의 성이나 수에 따라 수식어나 서술어의 성과 수를 일치시킬 필요가 없음을 말한 것이다.

❼ (사)는 한국어의 경우 복수 표시가 필수가 아님을 언급한 것이다. 한국어에도 물론 복수를 나타내는 접미사가 있으나, 그것이 영어나 다른 인도유럽언어에서와 같이 복수 대상에 대하여 필수적으로 쓰여야 하는 것은 아니다. 영어에서는 반드시 복수형이 쓰여야 하는 '(복수) 수사 + 명사'와 같은 구성에서 한국어는 원리적으로 "*그는 두 책들을 샀다."가 불가능한 것처럼 복수형이 쓰여서는 안 되는 극단적인 현상까지 보인다.

❼ (아)는 한국어에서는 동사와 형용사가 다 같이 용언에 속함을 말한 것이다. 동사는 용언이나, 형용사는 절대로 용언이 아닌 인도유럽언어와는 대조된다. 동사를 동작 동사, 형용사를 상태 동사와 같이 구분하기도 하는 것은 이 같은 특성을 중시한 것이다.

1.2. 통사적 특성

한국어의 문장들이 보여주는 특징적인 통사 현상으로는 다음과 같은 것들이 있다.

❿ 가. 평서의 타동사문을 중심으로 하는 언어 유형 가운데 '주어 (S)—목적어(O)—동사(V)'의 어순을 가지는 SOV형 언어이다. 즉 한국어는 동사–말 언어에 속한다.
　나. 수식 구성에서 수식어는 반드시 피수식어의 앞에 온다.
　다. 핵–끝머리 언어에 속한다.
　라. 문장 성분의 순서를 비교적 자유롭게 바꿀 수 있는, 자유 어순 또는 부분적 자유 어순으로 표현된다.
　마. 주어나 목적어가 쉽게 생략될 수 있다.
　바. 담화–중심적 언어이다.
　사. 통사적 이동이 드물거나 없다.
　아. 대우법이 정밀하게 발달했다.

❿ (가)의 유형론은 그린버그(J. H. Greenberg, 1963)의 언어 보편성 논의에서 유래한다. 그는 명사 주어와 목적어를 가지는 평서문에서 동사가 놓이는 상대적인 위치에 따라 세계 언어를 SOV, SVO, VSO의 세 가지 유형으로 나누었다. S, O, V로 조합 가능한 언어의 유형은 논리적으로 6가지이나, 실제로 나타나는 것은 위의 세 가지 유형이며, VOS, OSV, OVS와 같은 유형은 매우 드물거나 나타나지 않는다.

SOV 형에 속하는 언어에는 한국어 외에도 터어키어, 몽고어, 퉁구스어, 일본어가 있고, 드라비다어, 힌두어, 미얀마어, 타밀어, 바스트어, 나바호어(Navajo) 등과 같은 언어도 있다.

❿ (나)와 관련하여 한국어에 일반적으로 나타나는 수식 구성을 보이면 다음과 같다.

⓫ 가. 철수의 형(또는 '철수 형')
　　나. 그를 만나는 것은 아주 어렵다.
　　다. 학생들이 새 책으로 공부하는 기대에 부풀었다.
　　라. [[[[어제 내가 만난] 사람]이] 칭찬을 한] 학생]

⓫ (가)는 '의'가 쓰인 경우 속격 구성이며, '의'가 쓰이지 않는 '철수 형'은 관형 구성이다. 어느 구성이든 앞에 오는 것이 수식 성분이며, 뒤에 오는 것이 피수식 성분이다. ⓫ (나)의 밑줄 친 부분은 부사가 형용사를 수식하는 구성이다. 물론 부사가 다른 부사를 수식할 수도 있고, 부사가 관형사를 수식할 수도 있으며, 동사를 수식할 수도 있다. 어느 예에 있어서나 수식 요소가 피수식 요소에 선행한다. ⓫ (다)의 밑줄 친 부분은 관형 구성으로 관형사가 명사를 수식하고 있다.

⓫ (라)는 흔히 관계 구성이라 하는 것으로 '어제 내가 만난'이 '사람'을 수식하고, 다시 '어제 내가 만난 사람이 칭찬을 한'이 '학생'을 수식하는 구성이다. 관계 구성 속에 다시 관계 구성이 있게 되는 경우, 그 괄호 표시는 자꾸만 왼쪽에 쌓이게 된다. 이를 나무그림으로 표시하게 되면, 왼쪽으로 자꾸 가지를 치게 된다. 이를 좌분지(左分枝) 언어라는 이름으로 부른다. 영어의 경우는 한국어와 반대로 우분지(右分枝, right branching) 언어가 된다.

한국어는 핵-끝머리 언어이기 때문에, 수식 구성에서 수식어가 피수식어 앞에 오게 되며, 어미를 제외한 논항 구조에서 동사가 끝에 오게 된다. 핵-끝머리 특성은 조사 구성이나 어미 구성에 대해서도 확대된다. 조사가 명사(더 정확하게는 명사구) 뒤에 연결되는 것, 어미가 용언(더 정확하게는 문장) 뒤에 연결되는 것도 이러한 특성에 포함되는 것으로 이해한다.

❿ (라)는 동사나 형용사와 같은 용언을 중심으로 하는 논항 구조를 기본 어순(基本 語順, basic word-order)이라고 할 경우, 각 성분이 비교적 자유롭게 다른 위치에 나타날 수 있음을 말한 것이다. 이 때 서술어의 위치는 문말 위치에 고정된다. 몇 가지 예를 보기로 한다.

⓬ 가. 철수가 영희에게 잊지 못할 선물을 주었다.
　　나. 영희에게 철수가 잊지 못할 선물을 주었다.
　　다. 잊지 못할 선물을 철수가 영희에게 주었다.
　　라. 잊지 못할 선물을 영희에게 철수가 주었다.

⓬ (가)는 '주다'-구성의 기본 어순을 보인다고 할 수 있다. 의미역으로 말한다면, 행동주가 주어로 제일 먼저 오고, 도달점이 여격어로 그 다음에 오고, 대상이 목적어로 그 다음에 오고, 동사가 제일 나중에 온다. SOV의 구조에 여격어가 더 설정되었으나 크게 보아 SOV의 기본 유형에 합치된다. 이 순서는 ⓬(나, 다, 라)와 같이 바뀔 수 있다. 이를 '어순 재배치(scrambling) 또는 '뒤섞기'라고 한다. 어순 재배치가 아무런 목적 없이 행해지는 것이 아니어서 그 효과가 정밀히 분석되어야 하는 것이나, 이를 어순이 비교적 고정적인 언어, 가령 영어의 수여(受與) 동사 구문과 비교하면, 그 특성의 일면이 이해될 수 있다.

❿ (마)는 ❿ (바)와 밀접히 관련된 현상으로 여기서 함께 보기로 한다. 한국어는 실제 발화에서 근간 성분의 생략이 빈번한 언어이기도 하지만, 문법적으로도 주어나 주제와 관련하여 관련 상황이 전제되는 일이 있다. 다음 예를 보기로 하자.

⓭ 가. 어디 가니?
　　나. 학교에 가.

⓮ 가. (식당에서 주문을 할 때) 나는 비빔밥이다.
　　나. 그는 지금 병이다.

⓯ 가. 코끼리는 코가 길다.
　　나. 나는 음악이 좋다.

⑬ (가)에 다른 상황이 없을 때, '가는' 주체는 듣는 이, 즉 청자이다. 그러나 담화 장면 속에 누군가 어디에 가고 있는 상황이 있을 때, '가는' 주체는 그 사람이 될 수 있다. 발화 장면 속에 직접 주어진 대상은 문제가 되는 것이 바로 그 대상이라는 사실이 확실할 경우 그 성분은 생략될 수 있다. 이러한 특성을 가진 언어를 '담화 중심적 언어'라고 할 수 있다. ⑬ (나)의 주체도 '나'이거나 상황 속에 주어진 인물일 수 있다.

⑭ (가)도 식당에서 주문을 하는 상황이 아니라면, 아주 이상한 문장이다. 그러나 주문을 하는 상황 속에 있거나 그러한 상황을 전제로 할 때, 우리는 그것이 무엇을 뜻하는지 알 수 있다. ⑬ (나)도 '이다' 구성의 논리를 정확하게 해석하여 'A=B'라고 할 때, 영어 구성으로는 온전한 의미를 가질 수 없다. 그러나 우리는 그것을 '그가 지금 병을 앓고 있다'는 의미로 해석하는 데 아무런 불편이 없다.

⑮ (가)는 흔히 이중 주어문이라는 이름으로 불리는 문장 유형이다. 이 구성의 성격에 대해서는 매우 논의가 분분하지만, 하나의 견해는 문두의 '은/는' 성분을 주제(主題, topic)로 해석하는 것이다. 한국어를 '주제 부각형 언어'라고 할 때 기초가 되는 현상의 하나이기도 하다.

⑩ (사)는 영어의 의문사(구)–이동과 비교함으로써 한국어의 특징을 밝힐 수 있다. 한국어의 의문사는 영어와 같은 이동을 보이는 일이 없기 때문이다.

⑩ (아)는 한국어에 '–으시'와 관련되는 현상, 청자를 높이는 다양한 결합 형식 및 '계시다, 여쭙다, 뵙다, 드리다, 모시다, 께서, 께' 등과 같은 어휘적인 요소들이 있음을 말한 것이다.

2장

형태소와 단어

2.1. 형태소

대부분의 인간 언어는 작은 단위가 서로 결합하여 큰 단위를 이루고, 그것들이 모여 다시 더 큰 단위를 이룬다. 언어를 구성하고 있는 여러 단위 중에서 의미와 관련이 있는 것을 문법 단위(grammatical unit)라고 하는데, 이는 좁은 의미의 문법, 즉 형태론과 통사론을 구성하는 단위이다. 형태소(morpheme), 단어(word), 어절, 구(phrase) 문장(sentence) 등이 문법 단위이며, 여기에 이야기(text)를 추가하기도 한다.

2.1.1. 형태소의 정의와 종류

형태소는 흔히 '최소의 유의적 단위(minimal meaningful unit)'라고 정의된다. 한 언어 속에서 의미를 가지는 단위로서 가장 작은 단위라는 뜻이다. 그런데 형태소에서 '의미를 가진다'고 할 때의 '의미'란 보통 사람들이 생각하는 것보다 좀 넓은 뜻의 의미를 가리킨다.

❶ 가. 하늘, 나, 하나, 어느, 매우
    나. 이, 를, 았, 다(내가 하늘을 보았다.)

❶ (가)의 단어들이 의미를 지녔다는 것은 누구나 알지만 ❶ (나)에도 의미가 있다는 것은

언뜻 보아 납득하기 어렵다. 그러나 형태소에 의미가 있다는 것은 이런 ❶(나)와 같은 요소들도 다 의미를 지녔다는 것으로, 이들 요소들은 각각 하나의 형태소로서 각각 하나씩의 고유한 의미를 갖는다. '주격을 표현한다'거나 '과거를 나타낸다'는 것이 그러한 의미인데 이러한 의미를 '문법적 의미'라 하여 ❶(가)가 갖는 '어휘적 의미'와 구분한다.

형태소는 보통 단어보다 작은 단위이므로 그 수가 무척 많다. 이 많은 형태소를 일정한 기준으로 나누는 분류 방식에는 몇 가지가 있다. 그 중 가장 대표적인 것은 문장에서 단독으로 쓰일 수 있느냐 없느냐, 즉 자립성 유무라는 기준에 의해 자립형태소(free morpheme)와 의존형태소(bound morpheme)로 나누는 분류 방식이다. 자립형태소는 다른 형태소와 결합하지 않고도 문장의 한 성분이 되고, 또 혼자서도 한 문장을 이룰 수 있는 형태소를 말한다.

❷ 가. 가방, 하늘, 사과, 나, 너, 우리, 하나, 둘, 셋
   나. 매우, 잘, 왜, 무슨, 어느
   다. 네, 아야, 여보세요

❷(가)의 명사, 대명사, 수사는 일반적으로 조사와 결합되는 것이 보통이기는 하지만 조사의 도움 없이도 문장 속에서 독자적인 성분의 기능을 충분히 할 수 있다. 또 ❷(나)와 같은 관형사나 부사는 단독으로 수식어의 역할을 담당한다. 예외적으로 부사에 보조사가 붙기도 하지만 그것은 부사의 일반적인 용법은 아니다. ❷(다)와 같은 감탄사에는 다른 형태소가 통합되는 일이 거의 없다. 따라서 ❷의 예들은 모두 자립형태소이다.
한편 의존형태소란 반드시 다른 형태소와 결합하여서만 문장의 성분으로 쓰일 수 있는 형태소를 말한다.

❸ 가. 가-, 먹-, 있-, 살-, 죽-, 희-, 검-, 예쁘-
   나. 가-다, 가-고, 가-서, 먹-다, 먹-고, 먹-어, 있-다, 있-고, 있-어서

❸(가)의 예들은 어간만으로는 문장 속에 나타날 수 없고 ❸(나)와 같이 어미가 결합한 형태로만 사용될 수 있다. 의존형태소는 형태소의 앞이나 뒤에 하이픈을 두어 그 쪽으로 반

드시 다른 형태소가 결합하여야 함을 표시하는 것이 일반적이다.

한편 자립성의 정도가 불분명한 형태소도 있다.

❹ 가. 것, 수, 줄, 바, 데, 때문
　　나. 이/가, 을/를, 에, 은/는, 도

❹(가)와 같은 이른바 의존명사(또는 형식명사)들은 일반 명사와는 달리 단독으로 문장을 이루거나 문장 속에서 단독 성분이 되지 못한다. 그 앞에 이 명사를 꾸며주는 관형어가 반드시 필요하다. ❹(나)의 조사들도 항상 체언이나 그 외의 다른 요소의 뒤에 붙여 쓴다는 점에서는 의존형식의 일면이 있으나 학교문법에서는 조사를 하나의 단어로 인정하여 품사의 자격을 주고 있다.

다음으로 자립성 유무 외에 의미의 측면을 기준으로 형태소를 분류할 수 있는데 바로 실질형태소(full morpheme)와 형식형태소(empty morpheme)로의 분류가 그것이다.

❺ 가. 밥, 하늘, 먹-, 푸르-, 아직, 무슨
　　나. 이/가, 을/를, 만, 도, -니, -지, -ㄴ데

❺(가)는 실질적인 의미를 가지고 있는 것이어서 실질 형태소에 속하며 ❺(나)와 같은 조사나 어미 등은 문법적인 의미만 지닐 뿐, 사전적인 의미는 지니지 못하므로 형식형태소라 한다.

끝으로 유일형태소(unique morpheme)가 있다. 형태소는 보통 여러 다른 형태소와 결합할 수 있다. 가령 '먹고'의 '먹-'은 '먹고' 이외에도 '먹지', '먹으면', '먹어서'와 같이 여러 어미와 결합이 가능하고, 어미 '-고' 역시 '자고, 놀고, 울고, 빠르고, 희고' 등에서처럼 여러 어간들과 결합한다. 또 이보다는 제약되어 있지만 '높이'의 '-이'도 '넓이, 길이, 먹이' 등에서 보듯이 몇 가지 다른 형태소들과 결합한다. 그런데 형태소 중에는 매우 드물게 단 하나의 형태소와만 결합하는 것들이 있다. '오솔길'의 '오솔-'이 그 한 예이다. '오솔-'은 오직 '오솔길'에서만 그 존재가 확인되는 특이한 형태소로, 단독으로 쓰이지 않을뿐더러 '길' 이외의 다른 형태소

와는 결합하지도 않는다. 이러한 형태소를 유일형태소 혹은 특이형태소라 하여 일반 형태소와 구별하는데 그 수가 그리 많지 않다. '착하다, 아름답다'에서 '착–, 아름–', '느닷없이'에서의 '느닷–'같은 예가 대표적이다. 유일형태소는 분포의 특수성 때문에 모두 의존형태소에 속한다.

2.1.2. 이형태와 기본형

형태소는 앞이나 뒤에 어떤 요소가 결합하느냐에 따라 모양이 바뀌기도 한다. 이렇게 형태소가 놓이는 자리, 즉 환경에 따라 음상(phonemic shape)을 달리할 때 각각의 모습을 별개로 보지 않고 하나의 형태소가 잠시 모습을 달리한 것으로 보아 이형태(allomorph)라고 부른다. 또 형태소가 환경에 따라 음상을 달리하는 일을 교체(alternation) 또는 변이(variation)라 하는데 교체에 의해 어떤 형태소가 음상을 달리한 것이 몇 개 있으면 '하나의 형태소에 둘이나 셋 이상의 이형태들이 있다'고 한다.

'있다'의 어간 '있–'이 '있고, 있는다, 있어라'에서는 [읻–]과 [인–], [있–]으로 각각 발음되는 것이 그 한 예이다. '있–'의 경우에는 실제 발음으로는 환경에 따라 차이가 나도 맞춤법, 즉 표기에는 반영하지 않고 하나로 고정시켜 적지만, '묻고, 물어라'의 경우에는 표기에까지 음상의 변화를 반영한다. 이때 '묻–'과 '물–'은 별개의 형태소가 아니라 한 형태소의 이형태 관계에 있다. '울음'의 '–음'은 '기쁨, 슬픔, 배움, 잠' 등에서는 '–ㅁ'으로 실현되는데 이 역시 환경에 따라 음상이 달라진 예이며, 또 그것이 표기에까지 반영된 예이다. 이형태들은 한 형태소에 속하므로 의미가 같을 것이 전제된다. '값이, 값도, 값만'의 세 '값'의 실제 발음은 [값], [갑], [감]으로 각각 다르지만 그 의미가 다르지는 않다.

    이형태를 결정하는 데에는 몇 가지 기준이 있다. 첫째 요건은 의미의 동일성이며, 동시에 이형태들은 서로 상보적 분포(complementary distribution)를 지닐 것이 요구된다. 상보적 분포란 어떤 요소들이 나타나는 환경이 겹치지 않고 배타적이면서 서로가 합쳐서 보완하여야 전체를 빈자리 없이 메운다는 뜻이다. '에게'와 '한테'는 의미가 같지만 상보적 분포라는 요건을 지니지 못했기에 동일 형태소의 이형태 관계에 놓일 수 없다. 주격 조사 '이'와 '가'는 같은 형태소의 이형태들이라고 생각하기에는 음상이 너무 다르지만, '눈이 아프다'와 '코가 아프다'에서의 '이'와 '가'의 의미는 완전히 같으며, 또 '이'는 받침(자음) 아래에만, '가'는 모음 아래에만 분포되어 이들의 분포가 상보적이기 때문에 이들은 한 형태소이다. 즉 의미의 동일성과 상보적인 분포가 이형태 확립의 요건인 것이다.

'기본형'(basic allomorph)은 어떤 형태소가 여러 이형태들로 교체될 때 그 중 하나를 골라 나머지 이형태들의 대표로 삼은 것으로 정확히는 '기본 이형태'이다. 여러 이형태 중 어느 것을 기본형으로 잡느냐 하는 데는 몇 가지 기준이 있다. 그 중 가장 대표적인 것은, 기본형으로부터 나머지 이형태가 음운적, 또는 간혹 형태적 환경에 따라 변이된 것이라고 순리적으로 설명되는 방향으로 기본형을 정한다는 것이다. '잎'은 '잎에서, 잎으로'에서처럼 모음 앞에서는 '잎'으로 실현되지만 '잎과'에서는 '입', '잎만'에서는 '임'으로 실현되는데, 여기서 '잎'을 기본형으로 삼으면, 자음 앞에서 받침 'ㅍ'이 'ㅂ'으로 중화되고, 또 자음 중에서도 'ㅁ'같은 비음 앞에서는 이 'ㅂ'이 다시 자음동화를 일으켜 'ㅁ'으로 변이를 보인다고 쉽게 설명할 수 있다.

기본형을 정하는 두 번째 방법은 임의로 어느 하나를 기본형으로 삼는 방식이다. 이 방식은 이형태들의 관계가 앞에서 보인 예들처럼 어느 한쪽에서 다른 한쪽으로 바뀌었다고 설명하기가 간명하고 쉽지 않을 경우에 사용된다. 주격 조사 '이'와 '가', 또는 대격 조사 '을'과 '를'의 경우가 이에 해당한다. 이 경우 통계적으로 어느 한쪽이 월등히 우세하면 그쪽을 기본형으로 삼는 방안이 있을 수 있다. 그러나 한국어의 명사 중 자음(받침)으로 끝난 명사와 모음으로 끝난 명사의 수가 큰 차이가 없기 때문에 이들 조사의 경우 통계적인 방법은 별 도움이 되지 않는다.

그밖에 역사적인 사실이 고려될 수도 있다. 주격 조사의 경우 '이'가 역사적으로 앞서는 형태이며 '가'는 근대 한국어에 와서 새로 나타난 형태이다. 이 점에서 '가'보다는 '이'를 기본형으로 삼는 것이 더 타당하다. '이'를 기본형으로 삼는다면 이것이 자음 아래에 쓰이는 형태이므로 '을'과 '를' 중에서는 '을'을 기본형으로 잡는 것이 일관성이 있을 것이다. 그러나 현대문법의 기술에서 역사적인 사실은 참조는 하지만 큰 구속력은 갖지 않는 것이 일반적이다. 기술에 편리하면 역사적인 사실에 반대되는 방향으로도 규칙을 세우려는 것이 기술언어학의 입장이기 때문이다.

형태소를 표시할 때 '이/가' '을/를'처럼 사선을 이용하여 교체되는 이형태를 다 표시하는 수가 있다. 이것은 어느 한 쪽을 기본형으로 삼아도 좋은 경우에 흔히 쓰는 방식으로서, '앞'과 같은 경우를 '앞/압/암'처럼 표시하지는 않는다.

2.2. 단어

단어를 정의하기 위해 언어학자들은 저마다 '의미'와 같은 모호한 기준 대신에 '객관적인 기준'을 찾아내려고 노력하였다. 그 결과 얻어진 단어에 대한 정의는 다음과 같다.

❻ 단어는 '최소의 자립 형식(minimum free form)'이다.

이러한 단어의 정의가 지닌 문제점을 보완하는 방법으로 등장한 것이 휴지(休止, pause)와 분리성(isolability)이라는 기준이다. 이 기준은 만일 어떤 단위가 단어라면 그 단어 앞뒤에는 휴지를 둘 수도 있고 다른 단어도 둘 수 있는 한편, 그 단어 내부에는 휴지를 둘 수 없으며 또 다른 단어를 끼워 넣을 수 없다는 것이다. 이러한 기준의 도움을 받아 얻어지는 단어의 정의는 다음과 같다.

❼ 단어는 그 내부에 휴지를 둘 수도 없고 다른 단어를 끼어 넣을 수도 없는 의미 단위로서, 그 앞뒤에는 휴지도 둘 수 있고 다른 단어도 둘 수 있다.

대개 단어는 둘 이상의 형태소가 모여서 이루어지는 것이 일반적이다. 그리고 형태소가 단어보다 더 큰 단위일 수는 없다. 이와 같은 형태소와 단어와의 크기 관계를 수식 기호로 표시하면 '형태소 ≦ 단어'와 같다.

2.2.1. 단어의 구성요소

형태소는 단어를 형성할 때 어떠한 역할을 하느냐에 따라 어근(語根, root)과 접사(接辭, affix)로 나뉜다. 어근은 단어를 구성할 때 그 중심부(또는 핵, nuclei)를 이루는 실질적 의미를 지닌 형태소이고, 접사는 단어 전체의 의미의 중심부가 되지 못하고 문법적인 기능을 주로 담당하는 단어의 구성 요소이다. 기능면에 있어서 접두사는 의미를 보태는 역할밖에 하지 못하는 데 반해, 접미사 가운데는 그 외에도 문법적인 범주를 바꾸어 주는, 보다 적극적인 기능을 하는 것도 있다는 차이가 있다.

한편, 어근과 어간을 혼동해서는 안 된다. 어근은 조어법에 관련한 개념이고, 어간은 활용과 관련하여 사용되는 개념이다. 그래서 어근에 대립되는 개념은 접사인데 반해, 어간에 대립되는 개념은 어미가 된다. 용언의 경우 단일어는 그 어간 부분이 하나의 형태소로 이루어진 경우를 뜻한다. 이 내용을 간략히 도식화하면 다음과 같다.

❽ 휘 둘 리 다
　접사　어근　접사
　└──────┘
　　어간　　　　어미
　(조어법의 대상)

2.2.2. 단일어, 복합어, 한자어

단어는 우선 형태소 하나로 이루어졌느냐, 두 개나 그 이상으로 이루어졌느냐에 따라 단일어(simple word)와 복합어(complex word)로 나눌 수 있다. 단일어는 형태소 하나로 이루어져 있기 때문에 구조가 매우 간단하다. 형태소가 그대로 단어가 되는 모든 자립 형태소는 말할 것도 없고, 어미 하나를 붙이기만 하면 곧 단어가 되는 모든 용언의 단일 어간도 그 구조가 복잡할 것이 하나도 없다. 따라서 조어법에서 단일어에 대하여는 따로 설명할 것이 별로 없다.

　다만 한자어는 주의할 부분이 있다. 흔히 한자는 한 글자가 한 단어를 대표한다고 믿고 있다. 그러나 '人心, 學校, 國家' 등의 '人'이나 '心' 등의 각 한자는 형태소들이긴 하여도 단어는 아니다. 서류 등에서 성별이나 가족 관계를 밝히는 난에 '男'이니 '女', '父'니 '子'로 적어 넣기는 하지만 그것은 특수한 용법이고, 이들이 한국어에서 한 단어 노릇을 하는 것은 아니다. 만일 한국어에서 모든 한자들이 단어의 자격을 가진다면 그들이 모두 단일어가 될 것이나, 한국어에서 한자 하나가 그대로 단일어가 되는 예는 한정되어 있다. 다음의 ❾ 가 그러한 예의 일부이다.

❾ 가. 門, 窓, 金, 銀, 山, 江, 兄, 病, 毒, 市, 班, 色, 質, 魂
　나. 惑, 卽, 但
　다. 純, 約, 近, 總, 新, 眞
　라. 分, 名, 棟, 貫, 里

이러한 예들을 제외하면 '人, 家, 友, 校, 木, 石, 社, 物, 國, 深, 學' 등 대부분의 한자는

단어로서의 자격은 갖지 못하고 다만 형태소일 뿐이다. 그리고 이 형태소들은 홀로 쓰이는 일이 없으므로 의존 형태소이다. 그러니까 한자는 원래 중국에서는 단어 노릇을 하던 것이었을지라도 한국어에 와서는 형태소의 자격은 지녀도 단어의 자격은 잃어버린 것이 많다는 것이다.

한 가지 더 주의할 사항은, 한 글자 한 글자의 한자들이 모두 적어도 형태소 자격을 가지는 것도 아니라는 점이다. 다시 말해 2음절 이상으로 이루어진 한자어 가운데는 합성어가 아니라 단일어인 예들이 있다는 것이다. 이 중 어떤 것은 원래 중국어에서부터 그러하고(예: 葡萄, 石榴, 珊瑚), 한자 하나로서는 형태소 자격을 가지기 어렵다고 분석되는 것들이 있다.

⑩ 가. 矛盾, 總角
　　나. 佛蘭西, 印度, 獨逸

이 중 '矛盾'은 중국어에서는 한 자 한 자가 독립적으로 쓰일지 모르나 한국어에서는 그렇지 못하다. 따라서 한국어에서의 '矛盾'은 더 이상 쪼갤 수 없는 최소의 의미 단위이며, 따라서 두 자 전체가 모여 한 형태소를 이룬다. ⑩(나)의 '佛蘭西, 印度, 獨逸' 등은 외래 고유 명사를 표음한 것으로서, 역시 그 전체를 한 형태소로 보아야 한다.

복합어는 그 구성 요소의 한 쪽이 접사인가 아닌가에 따라 합성어(compound word, 또는 단순히 compound)와 파생어(derived word)로 나눈다. 합성어는 두 구성 요소가 모두 어기로 이루어져 접사가 섞여 있지 않은 복합어이며, 파생어는 구성 요소의 한 쪽은 어기이며, 다른 한 쪽은 접사인 복합어를 가리킨다.

파생어(派生語)는 먼저 접두사에 의한 파생어와 접미사에 의한 파생어로 나누어 볼 수 있다. 한국어에는 후자가 전자보다 훨씬 수가 많고 그 종류도 다양하다. 한국어의 접두사는 접미사만큼 수효가 많지 않고 하는 일도 비교적 단조롭다. 명사 앞에 결합하여 파생 명사를 만드는 접두사가 그 중 많고, 동사나 형용사 앞에 결합하여 파생 명사를 만드는 접두사가 몇 가지 있다. 이들 중 어떤 것은 명사와 동사에 동시에 결합하는 수도 있다. 명사 앞에 결합하는 접두사는 관형사적 성격을 가지며, 용언 앞에 오는 접두사는 부사적인 성격을 가진다. 접두사가 결합한 파생어의 예는 다음과 같다.

⑪ 가. 개-나리, 군-소리, 날-생선, 돌-배, 맨-손, 선-무당, 숫-총각, 알-부자, 풋-사랑, 홑-이불
  나. 되-짚다, 드-높다, 들-볶다, 빗-나가다, 설-익다, 샛-노랗다, 시-퍼렇다, 엇-비기다, 짓-밟다, 치-받다, 휘-두르다
  다. 갓-스물/갓-나다, 덧-신/덧-칠하다, 헛-소문/헛-되다

한국어에는 접미사에 의한 파생어가 접두사에 의한 파생보다 훨씬 수도 많고 종류도 다양한데, 먼저 파생 명사를 만드는 대표적 접미사의 예를 들어 보이면 다음과 같다.

⑫ 가. 사상-가, 과학-자, 미장-이, 장사-꾼, 잠-꾸러기, 선생-님, 먹-보, 주정-뱅이, 모양-새, 솜-씨, 송-아지(←소아지), 값-어치, 낚시-질, 눈-치, 너-희, 시민-들
  나. 덮-개, 돌보-기, 놀-이, 춤, 마감/무덤, 마개

접미사에 의한 파생 동사로 가장 대표적인 것은 피동사(passive verb)와 사동사(causative verb)이다. 접미사에 의해 파생되는 형용사는 수가 그리 많지 않다. 형용사 파생 접미사는 명사나 동사에 붙어 형용사를 만들기도 하고, 형용사에서 다시 새로운 형용사를 만들기도 한다. 그리고 간혹 다른 어근에 결합하여 파생 형용사를 만들어 내기도 한다.

⑬ 가. -답-: 정-답다, -롭-: 향기-롭다, -스럽-: 사랑-스럽다, -지-: 값-지다, -하-: 깨끗-하다
  나. -압/업-: 미덥다(믿-업다), -ㅂ-: 그립다(그리-ㅂ다)

부사 파생 접미사는 다른 품사 파생 접미사보다 수적으로 적지만, '-이' 같은 경우는 매우 생산적이어서 파생 부사의 수는 상당히 많다.

⑭ 가. -이 : 같-이, -히 : 속-히, 공-히
  나. -오/우 : 도로, 너무, 비로소, 마주
  다. -껏 : 마음-껏, -로 : 진실-로, 참-으로, -내 : 마침-내, 끝-내
  라. -사리 : 쉽-사리, -히 : 조용-히

합성어는 둘 이상의 실질 형태소로 이루어진 단어이다. 두 구성 요소의 결합으로 이루어지기 때문에 그 의미도 두 구성 요소 각각의 의미가 결합된 어떤 합성성을 가질 것이 예상된다. 그러나 전형적인 합성어는 어떤 새로운 개념을 나타내기 위한 것이므로 구에서처럼 구성 요소 각각의 의미가 그대로 유지되지는 않는다.

⑮ 가. 길바닥, 벌집, 새해, 날짐승, 부슬비, 늦더위
　　나. 큰아버지, 두꺼비집, 나무집, 꽃게, 강산(江山), 돌아가다
　　다. 큰 차, 누님 집

⑯ 붓꽃, 분꽃, 제비꽃, 눈꽃

⑮ (가)의 경우는 구성 요소의 의미만으로 합성어의 의미가 도출되는 예들이다. 길바닥은 길의 바닥이고, 벌집은 벌이 사는 집이며, 새해는 새로 온 해라는 식으로 의미가 풀이된다. 그러나 대개 합성어들은 ⑮ (나)처럼 구성 요소들의 의미의 단순한 합 이상의 의미를 갖는다. 그래서 표면적으로 같은 구성으로 되어 있는 합성어라 하더라도 두 요소가 결합하여 어떤 의미를 나타낼지 예측하기 어렵다. ⑯ 이 그러한 예들이다.

합성어가 만들어질 때에는 개별 구성 요소들 사이에서 음운의 첨가나 탈락 등이 일어나기도 한다.

⑰ 가. 뱃노래/냇가, 나뭇잎/솜이불, 좁쌀/햅쌀, 소나무/마소

합성어는 실질 형태소들의 배열 방식이 우리말의 일반적인 단어 배열법과 같은가 아닌가에 따라 통사적 합성어(syntactic compound)와 비통사적 합성어(asyntactic compound)로 나누어진다. 통사적 합성어는 두 어근이 모두 단어일 때에만 가능한데, 두 단어의 배열 방식이 일반 구와 같은 합성어이다.

⑱ 가. 작은형, 새해, 책상, 해시계, 본받다, 돌아가다
　　나. 작은 형, 새 묘목, 책 표지, 해 위치, 책 사다, 읽어 나가다

비통사적 합성어는 단어가 아닌 어근이 섞여 있거나 용언의 어간끼리 결합한 합성어, 또는 사이시옷이 개재한 합성어 등으로서 구에서는 전혀 볼 수 없는 구성 방식으로 이루어진 합성어들이다.

⑲ 반짝반짝/척척박사/부모/돌보다/콧물

위의 예들은 모두 비통사적 합성어의 예인데, 이들 비통사적 합성어는 일반 통사 규칙에는 어긋나고, 그리하여 구에서는 볼 수 없는 결합 방식이어서 두 구성 요소가 일단 결합하기만 하면 합성어가 되지 않을 수 없다. 그만큼 더 굳게 뭉치는 합성어라 할 수 있다. 한국어 합성어 중에는 한자어를 뺀다면 통사적 합성어가 비통사적 합성어보다 훨씬 생산적이다.

한국어의 합성어 중에는 '명사+명사'의 방식이 가장 생산적이다. 그런데 합성어 중에는 '반짝반짝'이나 '곳곳'처럼 한 어근이 반복하여 이루어진 합성어가 있다. 이처럼 어근의 반복에 의하여 이루어진 합성어를 반복 합성어(reduplicative compound)라 한다. 반복 합성어는 한 어근이 완전히 그대로 반복될 수도 있지만, 어근의 음상이 얼마간 바뀐 채 반복될 수도 있고, 두 어근 사이에 연결사를 개재시킬 수도 있다. 먼저 한 어근이 그대로 반복되는 예를 보면 다음과 같다.

⑳ 곳곳, 代代(합성명사)/굽이굽이(부사의 반복)/둥글둥글(어간의 반복)/깡충깡충(어근의 반복)

앞뒤의 구성 요소가 완전히 일치하지 않고 얼마간 음상을 달리하는 반복 합성어들은 모두 의성어, 의태어 등의 음성 상징어이다.(예: 허둥지둥, 허겁지겁, 울긋불긋, 엄벙덤벙, 얼룩덜룩, 얼기설기, 어슷비슷, 싱글벙글, 싱숭생숭)

한국어의 어휘에서 한자어가 차지하는 비중은 매우 클 뿐 아니라 새로운 개념을 나타내는 말을 새로 만들어 쓸 때에 조어력이 풍부한 한자를 많이 이용한다. 한자어는 비일음절(非一音節) 단일어를 제외하면 대개 한 음절이 하나의 형태소가 되지만 그것이 하나의 단어가 되는 예는 드물다. 이는 다시 말해 2음절 이상의 한자어는 형태소를 둘 이상 포함한 복합어인 것이 대부분이다.

㉑ 가. 人-心, 父-母, 夫-婦, 愛-人, 田-畓, 校-訓, 學-力, 國-語
　　나. 山-河, 江-山, 友-情, 校-旗, 法-學, 齒-藥

㉒ 가. 假-建物, 高-所得, 未-出刊
　　나. 遊興-街, 人文-系, 適性-別, 主觀-式

㉑은 합성어이고, ㉒는 파생어이다. ㉑(가)는 그 구성 요소가 둘 다 어근으로 되어 있고, ㉑(나)에서는 하나는 어근이고 하나는 단어의 자격을 가지는 것이다. ㉒의 경우 그 직접구성성분의 하나는 접사이고 하나는 어근(단어)인 파생어인데, ㉒(가)는 접두사가, ㉒(나)는 접미사가 쓰이고 있다.

한자어는 약어를 만드는 힘이 강하다.(大韓民國→韓國, 韓國銀行→韓銀) 이처럼 긴 단어를 잘라서 약어형으로 만들어 쓰는 것을 절단 현상이라고도 한다. 이러한 한자어의 절단 현상이 고유어에도 많이 전이되어 '불뚝(불고기 뚝배기), 비냉(비빔냉면)' 등 음식 명칭에 많이 나타나고 있다. 한자어 파생어 중 접두사나 접미사로 쓰이는 한자로는 다음과 같은 것이 있다.

㉓ 가. 假(假建物), 高(高所得), 內(內呼吸), 大(大都市), 沒(沒常識), 無(無所有), 未(未完成), 副(副作用), 純(純穀酒), 再(再調査), 前(前妻),
　　나. 家(思想家), 街(文化街), 界(政治界), 系(理工系), 工(技能工), 課(總務課), 別(國家別), 式(西洋式), 的(否定的), 學(言語學)

이들 중 몇몇 접사는 고유어 어근에도 다양하게 결합하여 많은 새로운 단어들을 만들어 낸다.(예: 별소리, 본바탕, 생쌀, 순거짓말, 초가을, 한글식).

3장

품사

품사(品詞 parts of speech)란 단어를 문법적 성질의 공통성에 따라 분류한 한 갈래 한 갈래를 가리키는 말로, 수십만에 이르는 단어를 문법을 잘 기술하고 설명할 목적으로 문법적 성질이 공통되는 몇 종류로 나누는 일을 품사 분류라 한다.

3.1. 품사의 분류

한국어 문법에서 품사 분류의 기준으로 들고 있는 것은 '형태', '기능', '의미'의 세 가지이다. 품사 분류에서 문제 삼는 '형태'는 문장 속에서 단어들이 나타나는 모습을 말한다. 단어는 문장 속에 나타날 때 형태가 변하는 부류와 변하지 않는 부류로 나눌 수 있다. 그러므로 단어의 품사를 분류할 때는 먼저 그 단어가 문장 속에서 형태가 변하는지 변하지 않는지에 따라 분류한다. 형태가 변하는 단어는 그 변하는 방식이 같은지 다른지에 따라 다시 분류해야 한다. 형태를 기준으로 단어를 분류하면 다음과 같다.

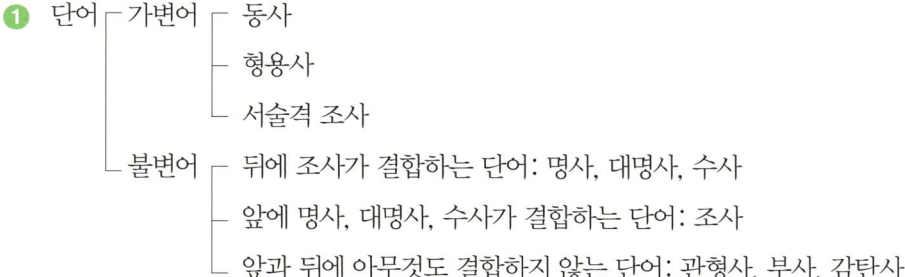

단어의 품사를 분류할 때는 '형태' 외에 통사적인 성질인 '기능'도 고려해야 한다. 이때의 '기능'은 어떤 단어가 한 문장 안에서 하는 일을 말한다. 현재 한국어 학교 문법의 9품사 체계는 기능을 고려하면 몇 개의 하위 범주로 나뉜다.

❷ ─ 체언: 명사, 대명사, 수사
   ├ 관계언: 조사
   ├ 용언: 동사, 형용사
   ├ 수식언: 관형사, 부사
   └ 독립언: 감탄사

품사 분류를 할 때에는 문법적 성질인 형태와 기능을 우선적으로 고려하지만, 의미(meaning)를 고려하기도 한다. 품사 분류의 기준이 되는 '의미'는 특정 단어가 지니고 있는 개별적인 어휘 의미가 아니라, 일정한 단어 부류의 범주적 의미이다.

❸ 가. 먹이, 덮개
   나. 먹다, 덮다

만일 품사가 개별적인 어휘 의미를 문제 삼는다면 ❸(가)의 '먹이'와 ❸(나)의 '먹다'가 같은 부류로, ❸(가)의 '덮개'와 ❸(나)의 '덮다'가 같은 부류로 묶일 것이다. '먹이'와 '먹다'는 '먹-'이라는 공통 요소를 가지고 있고 그 의미도 공통적으로 '食'을 가리키며, '덮개'와 '덮다'는 '덮-'이라는 공통 요소를 가지고 있고 그 의미도 공통적으로 '蓋'를 가리키기 때문이다. 그러나 이러한 의미는 어휘적 의미로서 품사를 분류하는 데는 별로 기여하지 못한다. 품사는 개별적인 어휘 의미가 아니라 범주적 의미를 문제 삼기 때문에 ❸(가)의 '먹이'와 '덮개'가 같은 품사로 묶이고 ❸(나)의 '먹다'와 '덮다'가 같은 품사로 묶인다. '먹이'와 '덮개'는 '사물의 이름'이라는 공통 의미를 지니고 있고, '먹다'와 '덮다'는 '사물의 움직임'이라는 공통 의미를 지니고 있다. 문법적 성질이 같아서 같은 품사로 분류되는 단어들은 대체로 의미 면에서도 공통점을 가지기 때문에 이러한 의미상의 특징을 품사 분류의 기준으로 삼는 것이다. 일반적으로 품사 분류에서 설정하는 범주적 의미는 다음과 같다.

❹ 가. 명사: 사람이나 사물의 이름을 나타냄
　나. 대명사: 사람이나 사물의 이름을 대신 나타냄
　다. 수사: 사람이나 사물의 수량이나 순서를 나타냄
　라. 동사: 사람이나 사물의 동작이나 작용을 나타냄
　마. 형용사: 사람이나 사물의 성질이나 상태를 나타냄
　바. 관형사: 체언 앞에 놓여 그 체언의 내용을 '어떠한'의 방식으로 제한함
　사. 부사: 용언이나 다른 말 앞에 놓여 그 뜻을 '어떻게'의 방식으로 제한함
　아. 감탄사: 화자의 감정을 나타내거나, 응답을 나타냄

세 가지 기준을 고루 참조하여 현재 학교 문법에서는 한국어의 품사를 다음과 같이 분류하고 있다.

3.2. 체언

명사, 대명사, 수사는 흔히 묶어서 체언이라 부르는 경우가 많다. 세 품사를 묶어서 기술할 필요가 있을 때 그 묶음을 가리키기 위하여 만들어낸 용어로, 명사, 대명사, 수사에 속하는 단어들이 문장에서 주어의 기능을 담당한다는 점에서 붙여진 명칭이다. 체언은 관형어의 수식을 받으며 뒤에 격조사를 결합시킬 수 있는 단어류이다. 체언은 조사가 결합되어 주어, 목적어, 보어, 서술어 등의 주성분이 되기도 하고 관형어, 부사어, 독립어로 쓰이기도 한다.

3.2.1. 명사

명사는 대체로 사물의 명칭을 나타내는 단어들이다. 세부적인 특징에 따라 명사는 다시 몇 가지 하위 부류로 나뉠 수 있다. 명사는 가리키는 대상의 범위에 따라 고유 명사와 보통 명사로 나뉜다. 명사는 자립성 여부에 따라서 자립 명사와 의존 명사로 구분되기도 한다.(예: 학생, 교실/것, 데, 바, 분, 줄, 수, 때문) 명사는 감정을 가진 생물을 가리키느냐 감정이 없는 사물을 가리키느냐에 따라 유정 명사와 무정 명사로 나누고, 유정 명사는 다시 인간 명사와 비인간 명사로 나누기도 한다.

3.2.2. 대명사

대명사는 명사를 대신하는 품사로 정의되므로 늘 명사와 관련되어 이해된다. 대명사의 다른 한 특성은 상황 지시(deixis)적인 것이다. 상황 지시적 기능은 화자를 중심으로 하여 그 상황이 달라짐에 따라 같은 대상의 명칭이 달라지거나 같은 명칭의 지시 내용이 달라지는 현상을 말한다. 대명사는 전반적으로 명사와 공통되는 점이 많지만 앞에서 살펴본 기능상의 특수성 때문에 독립된 품사로 처리하는 것이 일반적이다.

인칭 대명사는 사람을 가리키는 대명사를 말한다. 인칭 대명사는 1인칭 대명사, 2인칭 대명사, 3인칭 대명사로 나눈다. 지시 대명사는 사물이나 장소를 직접 가리키는 대명사를 말한다. 지시 대명사는 사물 대명사와 처소 대명사로 나뉜다. 3인칭 대명사 중에는 앞에 나온 체언, 즉 선행사를 도로 가리켜 이르는 것이 있다. 이를 재귀 대명사(reflexive pronoun)라고도 하고, 줄여서 재귀사(reflexive)라고도 한다. 재귀 대명사에는 '자기, 당신, 저' 등이 있는데 '자기'는 예사 재귀 대명사이고, '당신'은 높임의 재귀 대명사이며, '저'는 낮춤의 재귀 대명사이다. 재귀 대명사는 일반적으로 3인칭의 유정물 주어를 선행사로 한다.

한국어의 대명사는 이상에서 보았듯이 그 종류가 많은 편임에도 불구하고 그 쓰임은 활발하지 못하다. 앞 문장의 명사를 대명사로 받기보다는 대개 그 명사를 반복하여 쓰며, 존대해야 할 사람을 가리킬 대명사가 아예 없어 반복적으로 명사를 쓸 수밖에 없는 경우도 많다. 전체적으로 한국어는 대명사가 잘 발달되지 않은 언어, 또는 그 쓰임이 활발하지 않은 언어라고 할 수 있다.

3.2.3. 수사

수사는 사물의 수량이나 순서를 가리키는 단어들로 이루어진 품사다. 수량을 나타내는 수사를 양수사 또는 기본수사라고 하고, 순서를 나타내는 수사를 서수사라 한다. 다음의 ❻ (가)는 양수사의 목록이고, ❻ (나)는 서수사의 목록이다.

❻ 가. 하나, 둘, 셋, 열하나 : 일, 이, 삼, 백, 천, 만, 삼만 오천
　　나. 첫째, 둘째, 셋째 : 제일, 제이, 제삼

한국어의 수사에는 고유어 계열과 한자어 계열의 두 가지가 있다.

❼ 가. 하나, 둘, 셋 / 첫째, 둘째, 셋째
　　나. 일(一), 이(二), 삼(三) / 제일(第一), 제이(第二), 제삼(第三)

큰 수를 가리키는 수사 어휘는 어느 언어에나 한정되어 있는데, 한국어에서는 고유어 수사 가운데 가장 큰 수가 '아흔아홉'이다. 그보다 더 큰 수, 즉 '백(百)' 이상은 한자어와 고유어를 섞어서 센다. 일반적으로 한국어에서는 수 단위가 낮을 때에는 고유어 수사가 선호되고, 수 단위가 커질수록 한자어 수사가 선호된다는 것도 하나의 특징이다. 예를 들면 '학생 구 명'보다 '학생 아홉 명'이 자연스럽지만 '학생 팔백 예순 일곱 명'보다는 '학생 팔백육십칠 명'이 더 자연스럽다.

한국어의 수사는 고유어계열 어휘와 한자어 계열 어휘가 같이 섞여서 사용되는 경우가 많다. 예를 들어 시간을 이야기할 때, 시간은 '한 시, 두 시, 세 시……'하는 식으로 고유어계 수사를 사용하는 한편, 분은 '일 분, 이 분, 삼 분' 하는 식으로 한자어계 수사를 사용하기 때문에 한국어에 대한 직관을 갖지 못한 외국어 화자들은 일일이 암기해서 사용해야만 하므

로 이들에게 수사는 특별히 어려운 부분이다.

3.3. 용언

용언, 즉 동사와 형용사는 활용 어미를 취한다는 점에서 다른 품사와 구별된다. 이러한 형태상의 특징은 체언이나 수식언 등에서는 볼 수 없는 특징이다. 이러한 공통성 때문에 동사와 형용사를 용언으로 묶어 동사를 동작동사로, 형용사를 상태동사로 설명하는 경우가 많다. 그러나 동사와 형용사는 활용을 한다는 점에서는 동일하나 활용의 방식에서는 차이를 보인다. 동사는 활용 어미를 취하는 데 아무런 제약이 없지만 형용사는 동사에 비하여 제약이 있다. 동사는 청유형 어미와 명령형 어미를 취할 수 있지만 형용사는 취할 수 없다. 또한 동사는 현재형 종결 어미로 '-는다'나 '-ㄴ다'를 취하지만 형용사는 '-다'를 취하며, 동사는 현재형 관형사형 어미로 '-는'을 취하지만 형용사는 '-은'이나 '-ㄴ'을 취한다.

	기본형	청유형	명령형	종결형 현재	관형사형 현재
동사	읽다 뛰다	읽자 뛰자	읽어라 뛰어라	읽는다 뛴다	읽는 뛰는
형용사	작다 바쁘다	*작자 *바쁘자	*작아라 *바빠라	*작는다/작다 *바쁜다/바쁘다	*작는/작은 *바쁘는/바쁜

3.3.1. 동사

동사는 사물의 움직임이나 작용을 나타내는 품사를 말한다. 동사는 의미상으로 보면 동작을 나타내는 것과 작용을 나타내는 것으로 나눌 수도 있다. 동사는 일반적으로 목적어의 필요성 여부에 따라 타동사와 자동사로, 행동의 자발성 여부에 따라 능동사와 피동사로, 행동의 자작성 여부에 따라 주동사와 사동사로 분류할 수 있다. 의미나 기능에 따라 이동 동사, 대칭 동사 등을 따로 설정하기도 한다.

3.3.2. 형용사

형용사는 사물의 성질이나 상태를 나타내는 품사를 말한다. 한국어의 형용사는 문장 속에서 단독으로 서술어로 기능할 수 있다는 점에서 인도유럽언어의 동사와 유사하게 느껴질 정도로 그 활용 양상이 독특하다. 따라서 한국어를 배우는 외국인들이 어려움을 겪는 대표적인 품사이다. 형용사는 ❾와 같이 심리 형용사, 존재 형용사, 수량 형용사, 대칭 형용사 등으로 분류하기도 한다.

❾ 가. 좋다, 싫다, 무섭다, 두렵다
　　나. 있다, 없다
　　다. 많다, 적다
　　라. 같다, 다르다, 비슷하다, 흡사하다

3.4. 수식언

관형사와 부사는 다른 말을 꾸미는 일을 주된 기능으로 하므로 수식언이라고 한다. 관형사는 체언을 꾸미고 부사는 동사나 문장 또는 다른 부사를 꾸민다. 관형사와 부사는 용언처럼 어미 활용을 하지도 않고 체언처럼 격조사를 취하지도 않으므로 형태 변화의 측면에서는 동일한 특성을 보인다. 또한 기능 면에서도 관형사와 부사는 뒤에 오는 어떤 대상을 수식하는 기능을 하므로 동일한 특성을 보인다. 그러나 수식하는 대상이 다르다는 점에서 관형사와 부사는 구분될 수 있다. 관형사는 명사와 용언의 명사형을 수식하는 기능을 하지만 부사는 동사, 형용사, 다른 부사를 수식하는 기능을 한다.

3.4.1. 관형사

관형사는 체언 앞에서 그 체언의 뜻을 분명하게 제한하는 품사이다. 그러나 체언이라고 해서 모두 관형사의 수식을 받을 수 있는 것은 아니다. 명사 중에서도 고유 명사는 어느 하나를 특정적으로 가리키기 때문에 관형어의 수식에 많은 제약을 받는다. 여러 개 중에서 하나를 선택하는 의미를 나타내는 관형어의 수식은 대체로 허용되지 않는다.

❿ 가. *어느 한글이 표음문자입니까?
　　나. *이 경주가 저 경주보다 유서 깊은 도시이다.

다른 품사에 비해 관형사에 속하는 단어는 그 수가 적다. 그런데도 관형사가 독립된 품사의 대접을 받는 것은 형태 및 기능상의 특수성이 인정되기 때문이다. 관형사는 형태상으로 불변어이고 기능상으로는 수식언인 특징을 가지고 있으므로 독립된 품사로 설정된다.

관형사는 지시 관형사, 수 관형사, 성상 관형사로 나뉜다. 지시 관형사는 발화 현장에 있거나 이야기에 나타나는 대상을 가리키는 관형사를 말한다.

⑪ 이, 그, 저, 요, 조, 고, 이런, 그런, 저런, 무슨, 어느, 아무

수 관형사는 뒤에 오는 체언의 수나 순서를 나타내는 관형사를 말하는 것인데, 수량 관형사라고도 한다.

⑫ 가. 한, 두, 세, 첫째, 둘째, 셋째 …
　　나. 한두, 두세, 서너, 여러, 모든, 온갖 …

성상 관형사는 사물의 성질이나 상태를 실질적으로 제한하는 관형사를 말한다.

⑬ 새, 헌, 옛, 온, 참, 순, 갖은

둘 이상의 관형사가 하나의 체언을 수식할 때는 지시 관형사, 수 관형사, 성상 관형사의 순으로 온다.

⑭ 이 세 사람, 모든 새 집/ 이 세 옛 친구, 저 모든 헌 물건

3.4.2. 부사

부사는 주로 용언을 꾸며서 그 뜻을 더 세밀하고 분명하게 해 주는 품사를 말한다. 관형사는 수식의 대상이 체언으로 한정되어 있고 수식의 위치도 체언의 바로 앞만 가능한 것에 비해, 부사는 용언 이외에 다른 부사와 관형사, 체언 등을 수식하고 수식 위치가 좀 더 자유롭다는 특성이 있다.

부사는 크게 성분 부사와 문장 부사로 나뉜다. 성분 부사는 문장의 한 성분을 꾸미는 역

할을 하는데, 의미를 기준으로 하여 성상 부사, 지시 부사, 부정 부사, 의성 부사, 의태 부사로 나뉜다.

문장 부사는 주로 문장 전체를 수식하는 부사를 말하는데 문장 부사는 다시 양태 부사와 접속 부사로 나뉜다. 양태 부사는 말하는 이의 태도를 나타낸다.(예: 과연, 설마, 아마, 만일, 설사, 비록, 아무리, 제발, 아무쪼록, 부디…)

접속 부사는 성분과 성분, 문장과 문장을 이어주면서 뒤의 말을 수식하는 부사를 말한다. 따라서 접속 부사는 성분 접속 부사와 문장 접속 부사로 나눌 수 있다.(예: 및, 또는, 혹은, 그리고/그리고, 그러나, 그러면, 그러므로, 곧, 즉, 또한, 더욱이, 도리어)

3.5. 독립언

감탄사는 문장에서 독립어로만 쓰여 문장의 다른 성분과 직접적인 관계를 맺지 않으므로 독립언이라 부른다. 감탄사는 화자의 부름이나 느낌, 놀람이나 대답을 직접적으로 나타내는 품사를 말한다. 이런 점 때문에 감탄사를 '간투사(interjection)'라고 부르는 일도 있다.

감탄사는 하나만으로 문장을 이루기도 한다. 감탄사는 독립언인 만큼 위치가 비교적 자유로워서 문장의 처음이나 끝에 놓일 수도 있고 문장 중간에 끼어들 수도 있다. 감탄사도 관형사나 부사처럼 활용하지 않는다. 관형사, 부사, 감탄사를 묶어 불변어라 하는 것은 이런 이유 때문이다. 한편 감탄사는 일반적으로 일정한 어조가 결부되거나 얼굴 표정이나 손짓이 동반되기 때문에 구어체에 많이 쓰인다. 감탄사에는 감정을 표시하는 감탄사, 의지를 표시하는 감탄사, 입버릇이나 더듬거림을 나타내는 감탄사 등이 있다. 감정 감탄사는 화자의 놀람, 느낌, 기쁨, 성냄, 슬픔, 즐거움, 한숨 등의 감정을 나타내는 감탄사를 말하는 것인데, 상대방을 의식하지 않고 감정을 표출하는 것이다. 의지 감탄사는 발화 현장에서 상대방을 의식하며 자기의 생각을 표시하는 것이다.(예:아서라, 자, 여보세요, 얘, 이봐/예, 아무렴, 오냐, 응, 옳소, 글쎄) 또 감정 감탄사나 의지 감탄사 외에 특별한 의미 없이 나는 소리들이 있다.(예: 뭐, 그래, 말이지, 말이요, 말입니다/ 어, 에, 저, 거시기, 음, 에헴, 애햄 …)

감탄사 중에는 본래부터 감탄사로 쓰이도록 만들어진 단어도 있지만 다른 품사에서 전용되어 감탄사로 사용되는 것들도 있다.(예: 옳소, 어디, 만세, 웬걸)

3.6. 관계언

조사는 주로 체언과 결합하여 다른 말과의 문법적 관계를 나타내주므로 관계언이라고 부른다. 조사는 비록 단어로서의 독립성은 다른 품사에 비하여 약하지만 그 문법적 기능은 매우 중요하다. 용언의 어미는 어간이라는 의존 형태소에 붙지만, 조사는 자립 형태소인 체언에 붙고 다른 조사에 의하여 분리되기도 하므로 한 단어의 자격을 주어 독립된 품사로 설정한다.

조사는 일반적으로 체언 뒤에 연결되나, 부사나 연결 어미 뒤에 결합되기도 한다. 조사는 크게 격조사, 보조사, 접속 조사로 나뉜다. 먼저 격조사는 체언이 문장 속에서 일정한 자격을 가지도록 하는 기능을 담당하고, 보조사는 여러 격에 두루 사용되어 특수한 의미를 덧붙이는 기능을 담당하는 조사이며, 접속 조사는 둘 또는 그 이상의 단어를 같은 자격으로 이어주는 조사이다.

4장

조사

4.1. 격조사

한국어에서 격은 대체로 격조사에 의해 표현되나 간혹 격조사가 나타나지 않는 경우도 있다. 격조사의 종류는 주격 조사, 관형격(속격) 조사, 목적격(대격) 조사, 보격 조사, 부사격 조사, 호격 조사, 서술격 조사로 나뉜다.

4.1.1. 주격 조사와 보격 조사

어떤 명사가 그 문장의 주어임을 나타내 주는 조사를 주격 조사라고 하는데, '이/가'가 그 대표적인 예이다. 주어가 존칭 명사일 때에는 '이/가' 대신 일반적으로 '께서'가 쓰이며, 주어가 단체를 나타내는 명사일 때는 '에서'가 쓰이는 수도 있다.

한편 '이/가'는 흔히 '은/는'과 비교되기도 한다. 대체로 '은/는'이 이미 주어진 정보를 표현한다면 '이/가'는 새로운 정보를 나타낸다고 할 수 있다.

❶ 가. 누가 유학을 갔어요?
　나. 주희{가, *는} 유학을 갔대요.

❷ 옛날 옛적에 한 임금님{이, *은} 살았는데, 그 임금님 {?이, 은} 새 옷을 좋아했대요.

위의 ❶과 ❷의 예문에서 알 수 있듯이 청자가 아직 모르는 정보에는 주격 조사로 '이/가'를 사용하고, 이미 알고 있는 정보에는 '은/는'을 사용해야 한다.

그런데 '이/가'를 주격 조사라고 하지만, '이/가'가 결합된 명사나 명사구가 전부 주어는 아니라는 문제가 있다.

❸ 가. 지수가 <u>대학생이</u> 되었다.
　　나. 내 취미는 <u>음악감상이</u> 아니다.

❸에서 '대학생이'나 '음악감상이' 등이 바로 그러한데, 이들은 문장에서 서술어를 의미상으로, 그리고 통사적으로 보충해 주는 역할을 하므로 보어라 하고, 이때의 조사 '이/가'는 보격 조사라고 한다. 한국어 학교 문법에서는 '되다, 아니다' 두 서술어의 앞에서만 보어를 인정한다.

4.1.2. 목적격 조사

'을/를'처럼 명사로 하여금 목적어가 되게 하는 조사를 목적격 조사라고 한다. 어떤 경우에는 목적격 조사를 대격(accusative case) 조사라고 부르기도 한다. 목적격 조사는 타동사의 목적어 뒤에 결합되어 쓰이는 것이 일반적이다.

4.1.3. 관형격 조사

관형격 조사는 명사와 명사 사이에 나타나 두 명사를 더 큰 명사구로 묶어 주는 역할을 하는 조사를 말한다. 현대 한국어에서는 조사 '의'만이 관형격 조사에 해당한다. '의'가 결합된 성분이 뒷 부분을 수식하는 관형어의 기능을 한다고 하여 관형격 조사라 하지만 흔히 소유격 조사 혹은 속격 조사라고 부르기도 한다.

4.1.4. 부사격 조사

부사격 조사는 그것이 결합한 구성을 부사어로서 기능하도록 만들어 준다는 의미에서 붙은 이름이다. 전통적인 격 분류에서는 부사격이라는 것이 없지만 해당 조사들이 결합한 구성이 문장 내에서 공통적으로 부사어가 된다는 점을 고려하여 이를 포괄한 것이다. 종래에는 지금의 부사격에 해당하는 격들을 처소격(locative case), 여격(dative case), 방위격(directional case), 구격(또는 조격, instrumental case), 공동격(comitative case) 등으로 분류하여 불러 왔다. 따라서 부사격 조사에 속하는 조사들은 상당히 수도 많고 기능도 장소나, 지향점, 출발점 등을 나타내는 등 복잡하다.

❹ 가. 그는 늘 사무실에 있다.
　　나. 그는 부산에서 산다.

❺ 가. 수산시장에 가면 회를 먹을 수 있다.
　　나. 나무에 물을 주어라.
　　다. 그것을 누구에게 / 선생님께 맡겼니?
　　라. 그것은 재영이한테 물어보자.
　　마. 그건 네 동생더러 하라고 해라.

❻ 가. 제주도에서 온 소식
　　나. 그 선물을 누구한테서 받았니?

4.1.5. 호격 조사

호격(vocative) 조사는 무엇을 부를 때 그 부르는 대상을 가리켜 주는 격, 곧 호격을 나타내 주는 조사이다. 호격 조사인 '아/야'는 원칙적으로 사람 이름 다음에 쓰인다. 호격 조사는 또한 말을 듣는 사람이 말 하는 사람과 동등한 지위를 가진 사람이거나 그보다 지위가 낮은 사람일 경우에만 사용되는 것이 일반적이다. 그래서 자신보다 높은 지위의 인물을 부를 때에는 호격 조사를 생략해야 한다.

　　호격 조사에는 '아/야' 외에도 '여/이여', '이시여' 등이 더 있다. 이들은 '아/야'의 존대형으로서 '아/야'가 생략되었을 때보다도 더 상대를 높이는 기능을 갖는다. 그러나 지금은 일상 대화에서 쓰이는 일이 없고, 특수한 문맥이나 시적 표현 등에만 쓰인다.

4.1.6. 서술격 조사

서술격 조사 '-이다'는 형태 변화를 하는 유일한 가변어이다. 형태 변화를 한다는 점에서는 동사나 형용사와 같지만, 동사는 어미로 '-는다, -는구나'를 취하는 반면, 서술격 조사는 형용사와 마찬가지로 '-는다' 대신 '-다', '-는구나' 대신 '-구나'를 취한다.

7 가. 읽었다, 읽는다, 읽는구나, 읽어라
　　나. 높았다, *높는다, *높는구나, *높아라
　　다. 책이었다, *책이는다, *책이는구나, *책이어라

7(가)는 동사, **7**(나)는 형용사, **7**(다)는 서술격 조사이다. 형용사와 서술격 조사는 명령형 어미 '-어라'도 취하지 못하는 특성을 보인다. 따라서 가변어로 분류된 단어들도 형태가 변화하는 방식에 따라 다시 하위 분류된다.

　　아. 인용격 조사: 지수가 "알았어."라고 대답했다.

4.1.7. 격조사의 생략

한국어에서는 격이 격조사에 의해 표시된다고 했지만 격조사만이 격을 부여하는 존재라면 그렇게 중요한 기능을 하는 요소가 생략되는 일은 없어야 옳다. 그러나 한국어에서는 격조사가 생략되는 경우가 많고, 오히려 격조사가 나타나지 않을 때 더욱 자연스러운 문장이 되는 경우가 있다.

7 가. 이 책(이) 누구(의) 책이지?
　　나. 넌 고등학생(이고), 난 대학생이다.
　　다. 너(가) 숙제(를) 다 했니?

격조사의 생략 조건은 아직까지 그리 분명하게 밝혀져 있지 않다. 조사가 없는 쪽이 더 짧고 구어적인 특성을 띠고 있다고 하겠지만 구어체에서도 조사가 생략되면 어색한 문장들이 있다. 격조사 중에서 특히 생략이 잘 일어나는 것은 주격 조사와 목적격 조사이다. 이는 주격과 목적격이 어순만으로도 쉽게 파악될 수 있기 때문이다. 관형격 조사도 생략이 일어나는 경우가 있다. 그러나 다음과 같은 예들은 관형격 조사의 생략을 허용하지 않는다.

❽ 가. 너의 소원   나. 평화의 종소리
   다. 철수의 오해   라. 10년 만의 성공

4.2. 보조사

보조사는 격조사와 구분되는 특수한 성격의 조사이다. 우선 어느 일정한 격을 담당하지 않는다. 다시 말해 어느 한 가지 격에만 쓰이지 않는다고 할 수 있다. 보조사는 부사나 어미 뒤에도 결합되는 특성을 가진다. 명사 및 명사 상당의 구나 절 뒤에만 결합하는 격조사와는 이 점도 현격히 다른 점이다.

❾ 가. 아직도 답장을 안 썼니?
   나. 오늘은 구름이 보이지도 않는구나.
   다. 정희가 오늘은 예쁘게도 보이고 밉게도 보이는구나.

위의 ❾에서 보면 보조사는 격을 담당하는 조사가 아님이 분명하다. 격과 같은 문법적 기능보다 어떤 의미를 보태는 것이 보조사의 기능이라 할 수 있을 것이다. 위의 '도' 같으면 '다른 것도 그렇지만 이것 또한'이라는 의미를 담당하고 있는 것이다.

4.2.1. '는'

한국어의 보조사 중 그 의미를 규정하기가 가장 어려운 것이 '는'이다. 이를 한때는 절대격 조사니 독립격 조사니 하여 격조사로 부른 적도 있으며 어떤 이는 주제격 조사라고 하기도 했다. 그러나 이 조사가 격조사가 아니고 보조사임은 의심의 여지가 없다. 앞의 예문 (9)의 '도' 대신에 '는'을 바꾸어 넣어 보자. 거의 그대로 들어가 쓰일 수 있다. 이러한 사실은 이 조사가 격조사가 아님을 입증해 준다.

비교적 쉽게 잡히는 '는'의 의미의 하나는 '배제' 혹은 '대조'의 의미이다.

❿ 가. 나는 수학은 정말 어려워.
   나. 영희가 눈은 예쁘지.

4.2.2. '만'과 '도'

'만'은 대체로 '단독'이나 '오직' 정도의 의미를 나타낸다고 할 수 있다. 선택 가능한 여러 후보들이 있을 때 오직 하나만이 선택됨을 표시해 주는 것이다. 한편 '도'는 다음과 같은 기능도 있다.

⑪ 가. 원숭이도 나무에서 떨어질 때가 있다.
　　나. 아무도 그 문제는 못 푼다.

⑪에서는 '도'가 어떤 일이 극단적인 경우에 성립하므로 나머지 경우에는 당연히 성립함을 나타낸다. 그리고 '도'가 결합한 '아무도'는 부정문에만 쓰이고 긍정문에는 쓰이지 못하는 성격을 띠게 된다. 이렇게 긍정문과 부정문 중 어느 한 쪽에만 나타날 수 있는 성격을 '극성(極性, polarity)'라고 하는데, '도'는 부정의 극성을 띤 성분을 만드는 기능을 갖기도 하는 것이다.

4.2.3. '조차', '까지', '마저'

이들은 대개 앞서 살펴본 '도'와 비슷한 '또한, 역시' 정도의 의미를 나타낸다. 그래서 이들 조사가 서로 바뀌어 쓰이는 경우가 많다.

⑫ 너{도, 조차, 마저, 까지} 나를 못 믿는구나.

그러나 이들 조사 사이에는 미묘한 의미차가 발견된다. 우선 '조차'는 화자가 기대하지 못한 일에 쓰인다는 제약을 가진다. 그리고 화자가 해당 사태에 대하여 부정적으로 파악하고 있다는 느낌을 주는 문맥에 쓰이는 것이 자연스럽다. 또 '조차'는 명령문과 청유형에는 잘 쓰이지 않는다.

⑬ 가. *너조차 내일 일찍 오너라.
　　나. *여러분조차 함께 운동장으로 나갑시다.

'마저'는 '조차'와 매우 유사한 영역에서 비슷한 의미를 나타낸다. 그러나 '마저'는 '조차'

보다 '하나 남은 마지막'이라는 의미가 더 강하며, 기대되는 일에도 쓰이는 등의 차이를 보인다.

⑭ 가. 김 사장은 사업에 실패해서 결국 집마저 팔았다.
　　나. 올 가을에는 막내딸{마저, *조차} 시집을 보내야겠습니다.

마지막으로 '까지'는 '조차'와 또한 매우 비슷하지만 역시 기대되는 일에도 쓰인다는 점이 다르다. 대체로 '마저'는 그 결과가 화자에게 불리한 일에 쓰이는 데 반해 '까지'는 반드시 그러한 경우로만 제약되지 않는다는 차이가 있다.

⑮ 가. 이제는 그 사람 얼굴{까지, 마저, 조차} 생각나지 않는구나.
　　나. 이번 경기{까지, 마저} 지면 할 말이 없을 텐데.

⑯ 가. 아니, 그 깍쟁이가 선물{까지, ?마저, *조차} 사 왔네.
　　나. 아니, 그 깍쟁이가 선물{?까지, ?마저, 조차} 안 사 왔네.

'까지'는 '조차'와 비교하여 주어 이외의 자리에서 긍정문에 잘 쓰이는 특징도 주목할 만하다.

4.2.4. '나', '나마', '라도'

'나'는 다른 것들을 버리고 어느 하나를 선택하였을 때 쓰이되, 그 선택이 마음에 차지 않는 차선의 것일 때에 쓰인다. 즉 '~는 안 되니 ~나' 정도의 구성을 내재하고 있다고 할 수 있다.

⑰ 가. 할 일도 없는데 영화 구경이나 가자.
　　나. 영화가 재미도 없는데 빨리 끝나기나 했으면 좋겠다.
　　다. 우승은커녕 예선에서 떨어지지나 말아라.

⑰ (가)에서 '영화 구경'은 그것이 최선의 길이기 때문에 선택된 것이 아니고 차선책으로서 선택된 것이다. 나머지 문장들도 모두 불만스럽고 마음에 차지 않는 상황에 '나'가 쓰였다고

할 수 있다.

그러나 '나'는 이와는 정반대의 상황에도 쓰인다. 특히 희망을 나타내는 조건문, 명령문에서의 쓰임이 그러하다.

⑱ 가. 나도 1등이나 한번 해 봤으면.
　　나. 너희들은 다른 건 신경쓰지 말고 우승이나 해라.

한편 '나'가 '누구, 무엇, 어디, 언제' 등의 의문사와 결합하여 긍정문을 이루면 '~이든지' '모두'와 같은 의미를 가진다.

⑲ 가. 누구나 자기 잘못은 잘 못 본다.
　　나. 이 나무는 어디에서나 잘 자란다.
　　다. 저 애는 언제나 저렇게 떠드는구나.
　　라. 이것으로는 무엇이나 만들 수 있다.

'-(이)나'는 위와 같은 선택의 의미보다 과장이나 강조의 의미를 더 강하게 띠는 수도 있다. 이는 '나'가 수량사 다음이나 정도부사 다음에 쓰였을 때 그러하다.

⑳ 가. 사과를 샀는데 덤을 다섯 개나 주더라.
　　나. 우리가 헤어진 지가 벌써 8년이나 되었구나.

㉑ 가. 오늘은 무척이나 덥구나.
　　나. 오죽이나 못났으면 제 나이도 모를까.

'나마'는 '나'와 매우 비슷한 의미를 가지는 특수조사로서, 무엇보다 이들 조사에 의한 선택이 최상의 것이 아니라는 점에서 둘은 공통된다. '나'와 '나마' 사이에는 미묘하지만 분명한 의미차가 있다. '나'는 객관적인 상황으로 보아 만족할 만하지만 더 좋은 상태에 대한 욕심을 부리는 상황에서 쓰일 수 있는데, '나마'는 그러한 상황에는 쓰이기 어렵다.

㉒ 가. 나도 전교 1등{이나, *이나마} 한 번 해 보았으면.
　　나. 너는 공부{나, *나마} 열심히 하여라.

㉓ 가. 차 한 잔{이나마, *이나} 나누어 마시자.
　　나. 이 나이에 대표{나, *이나마} 맡아서 무얼 하겠니?

㉔ 가. 중고차나마 살 수 있으니 얼마나 다행이니?
　　나. 겨우 중고차나 타고 다니게 됐으니 한심스럽구나.

아래 ㉕에서 '나'가 쓰이면 '하찮은 선물', 또는 '오래된 집'이 화자의 자의에 의해 선택된 것이 되어 매우 어색하지만, '나마'를 쓰면 그보다 더 좋은 것을 선택하고 싶었지만 부득이 그러한 상황에 처하게 된 것이 되어, 화자는 더 좋은 것을 주고 싶었다는 표현으로서 오히려 사교적인 말로 받아들여진다.

㉕ 가. 하찮은 선물{이나마, *이나} 받아 주세요.
　　나. 오래된 집{이나마, *이나} 구할 수 있어서 다행이네요.

'라도'는 최선의 선택이 아니라는 점에서 '나, 나마'와 비슷한 의미를 표시하나, 차선책도 아닌 최후의 후보를 가리킨다는 점에서 차이를 보인다. 여기서 최선의 선택이란 객관적인 것이 아니라 화자의 주관적인 의도에 달린 것이다.

㉖ 가. 싼 물건이 다 팔렸으면 비싼 거라도 주세요.
　　나. 비싼 물건이 다 팔렸으면 싼 것이라도 주세요.

'라도'는 선택 가능성이 가장 적은 경우와 관련되므로 극단적인 경우를 상정하는 문장에 많이 쓰인다.

㉗ 가. 그렇게 어려운 문제는 천재라도 풀 수 없다.
　　나. 귀신이라도 본 것 같은 표정을 하고 있네.

한편 '언제라도, 누구라도, 어디라도, 무엇이라도' 등과 같이 부정 대명사에 '라도'가 결합하여 이루어진 성분들은 전칭양화의 기능을 하기도 한다.

㉘ 가. 언제라도 좋으니 한 번 만납시다.
　 나. 그런 질문을 받으면 누구라도 화가 나겠다.

4.2.5. '야'

'야'는 배제나 대조의 의미를 표시하는 '는'과 비슷한 기능을 하면서 '는'보다 더 강조해서 '물론, 당연히' 그렇다는 뜻을 더 풍기는 보조사이다. 그만큼 '는'보다는 화자의 주관적인 느낌이 더 들어가는 조사라 할 수 있다.

㉙ 가. 수철이가 힘이야 세지요. 공부를 못 해서 그렇지.
　 나. 많이야 주겠니? 주기야 주겠지만.

'야'는 뒤에 '말로'를 결합시켜 쓰이기도 한다. 이 때의 '야'도 '는'으로 대체되지 않는데, '야말로' 전체의 의미는 '는 정말' 정도의 뜻을 가진다. '야로 선택된 것을 보다 한정하고 강조하는 뜻을 '말로'가 추가한다고 할 수 있다.

4.3. 접속조사

격조사와 비슷한 기능을 하는 것처럼 보이는 접속조사는 둘 이상의 체언을 같은 자격으로 접속시켜 주는 기능을 한다. ㉚ (가-다)의 '-와', '-하고', '-에다'가 이에 해당한다.

㉚ 가. 개미와 베짱이가 살고 있다.
　 나. 실하고 바늘을 가져오너라.
　 다. 떡에(다) 과자에(다) 주스에(다) 잔뜩 먹었다.
　 라. 떡이며 사탕이며 장난감이며 온갖 것을 다 받았다.
　 마. 너랑 나랑 같이 가보자.

5장

어미와 문장 성분

5.1. 어미

용언의 굴절을 담당하는 활용어미는 분포와 기능에 따라, 즉 그 어미가 용언의 맨 끝에 분포하느냐 않느냐, 또 그 어미로써 한 문장이 끝나느냐 않느냐에 따라 다음과 같이 분류한다.

어미는 단어 안에서의 위치에 따라 우선 선어말어미와 어말어미로 나뉜다. 선어말어미는 어말어미 앞에 오는 어미를 말한다. 예를 들어, '가겠다', '가더라', '가시었다'에서 -겠-, -더-, -었-'과 -시-' 등이 이에 해당한다. 이 중에서 '-겠-, -더-, -었-'은 시제범주를 나타내는데, 특히 '-겠-'은 화자의 추측을 나타내는 기능을 하기도 한다. 그리고 '-시-'는 주체경어법을 나타낸다.

어말어미는 단어의 맨 끝에 오는 어미인데, 이것은 다시 종결어미와 비종결어미로 나뉜다.

종결어미는 한 문장이 끝남을 나타내는 어미로, '간다, 가니, 가라, 가자'에서 '-다, -라, -니, -자 등이 이에 해당한다. 종결어미는 동시에 두 가지 기능을 한다. 상대경어법을 실현하고 문장의 종류를 결정하는 일이 그것이다. 상대경어법은 말을 듣는 청자, 즉 상대방을 언어적으로 대우하는 체계인데, '간다'는 상대를 가장 낮추는 말로 해라체에 속하며, '가네'는 '간다'보다 대우하여 점잖게 하는 말로 하게체에 속하며, '가오'는 신경을 써서 대우해야 할 상대에게 쓰는 말로 하오체에 속하며, '갑니다'는 상대를 가장 높여서 대우하는 말로 합쇼체에 속한다. 종결어미는 문장의 종류도 결정하는데, 이에 따라 '간다'는 평서문, '가니'는 의문문, '가라'는 명령문, '가자'는 청유문을 각각 나타낸다.

비종결어미는 문장의 종결을 나타내지 않는 어말어미인데, 이것은 연결어미와 전성어미로 나뉜다. 연결어미란 선행문과 후행문을 접속시키는 일을 하는 어미를 말하는데, '-고, -으며, -으면, -자, -다가, -으나, -지만, -어도, -으니, -으니까, -고자, -으러' 등이 이에 속한다.

전성어미란 한 문장을 다른 문장에 안기게 하여 하나의 단어처럼 기능하도록 하는 어미를 말한다. 여기에는 '-음, -기'와 같은 명사형어미, '-는, -은, -을, -던'과 같은 관형사형어미, '-아, -고, -지, -게'와 같은 부사형어미가 있다.

한국어의 어미는 그 종류가 매우 많고 하는 일도 매우 다양하다. 어미라고 하면 혼자서는 단어도 되지 못하는, 겨우 단어의 일부밖에 되지 못하는 매우 미미한 존재라고 생각하기 쉽지만, 이들의 문법 기능은 매우 중요하다.

5.1.1. 종결어미

종결어미는 어말어미의 하나로 문장의 선조적 구성을 완성해주는 어미의 부류이다. 종결어미는 이와 같이 문장의 맨 뒤에 나타나서 평서문, 의문문, 명령문, 청유문 등과 같은 문장의 형식을 결정하며 동시에 합쇼체, 해라체와 같은 상대경어법 체계를 이행하는 두 가지의 중요 기능이 있다.

종결어미는 일반적으로 이것이 실현하는 문형의 유형에 따라 분류된다. 이에 따라 종결어미는 평서형 어미, 의문형 어미, 명령형 어미, 청유형 어미, 약속형 어미, 감탄형 어미 등으로 나누어 볼 수 있다. 각 종결어미를 문장 유형에 따라 나누어 제시하면 다음과 같다.

(1) 평서형 어미

❷ -다/-는다/ -아/ -지/ -네/ -오/ -어요/ -습(ㅂ)니다

평서형 어미가 사용된 문장들은 때로 다른 문형의 기능을 우회적으로 담당하기도 한다.

❸ 가. 제가 기다리겠습니다.(약속)
　나. 이제 출발하셔야 합니다.(명령)
　다. 안으로 들어오셔도 좋습니다.(허가)

(2) 의문형 어미

❹ -니, -냐(상태동사);-느냐(동작동사)/ -아/ -지/ -나, -은가/ -오/-아요/ -습니까

의문형 어미는 의문문을 이끈다. 서술문의 경우와 대조적으로 아래와 같이 어떤 정보를 청자에게 확인하려는 것이 의문문의 기본적 기능이다.

❺ 가. 너는 학교에 가니?
　나. 지금 누가 왔느냐?

❺(가)와 같이 '네, 아니오'의 대답을 요구하는 의문문을 판정 의문문, ❺(나)와 같이 의문사에 대한 정보를 요구하는 의문문을 설명 의문문이라고 한다.
때로는 다음의 ❻과 같이 의문문이지만 다른 문형의 기능을 대신하는 일도 있다.

❻ 가. 철수가 왜 안 오겠니?
　나. 이리로 오시겠어요?

(3) 명령형 어미

❼ -라, -아라/ -아/ -지/ -게/ -오/ -아요/ -ㅂ시오

한편 해라체의 명령형 어미에는 두 종류가 있다. 하나는 통상 청자에게 직접 명령할 때 쓰이는 '-아라'이고 하나는 다수의 불특정 청자나 또는 간접 인용절에 쓰이는 중립적인 명령형 어미 '-(으)라'이다.

❽ 가. 밥은 꼭꼭 씹어 먹어라.
　나. 청년들이여, 꿈을 크게 가지라.
　다. 선생님이 우리에게 공부를 열심히 하라고 했다.

명령형 어미로는 '-지'나 '-렴', '-려무나'를 더 들 수 있다.

(4) 청유형 어미

❾ -자/ -아/ -지/ -세/ -ㅂ시다/ -아요

청유형의 경우 존대의 상대존대의 등급 분화가 불확실하다. 명령의 합쇼체를 고려하면 청유형의 합쇼체는 '-ㅂ시다'가 되어야 할 것이나 실제로 어른 앞에서 그렇게 쓸 수는 없다. 합쇼체로는 주체존대의 '-시-'를 병용해서 '이리로 오시지요.'와 같이 사용한다고는 하나, '(우리가) 이제 출발하시지요.'와 같이 화자 자신에게 '-시-'를 사용한다는 것도 이상해서 실제적 대화에는 '우리가 해야되겠습니다.'와 같이 우회적 표현을 주로 사용하게 된다.

(5) 약속법 어미, 감탄형 어미

❿ 약속형 어미: '-마, -ㅁ세, -ㄹ게' 등
⓫ 감탄형 어미: '-구나', '-구료'(현재 시제의 동사는 '-는구나,' '-는구료')

이들 두 유형의 어미는 위의 4가지 문형 어미에 비해 상대경어법 체계를 완전히 갖추지 못하고 또한 '-고'로 이끌리는 간접 인용절의 내포문으로 수용되지 못하는 등 독립된 문형을 위한 어미 체계로서는 불완전하다고 할 수 있다.

특히 감탄형 어미는 어떤 사건이나 상태에 대한 화자의 감정적인 태도를 보이는 어미라는 점 외에는 평서문 어미와 본질적인 차이가 많지 않아 논자에 따라서는 이 어미들을 평서형 어미에 포함시키기도 한다.

(6) 반말체 종결어미 '-아', '-지'와 기타 종결어미

반말체의 '-아'와 '-지'는 다른 상대경어법 등급의 어미와는 달리 평서문, 의문문, 명령문, 청유문 등의 문형에 같은 형태가 두루 쓰인다. 이 어형 뒤에는 수행 억양이 나타나야 우리는 비로소 이것이 어떤 문형의 기능을 하고 있음을 알 수 있다.

한편 다음과 같은 예도 종결어미와 관련하여 검토되어야 할 것이다.

⑫ 가. 수미는 벌써 결혼했-다면서?
　　나. 지수가 승진을 했-다며?

⑬ 가. 여윳돈이 좀 있었으면 좋았-을걸.
　　나. 무슨 뜻인지 다 알아 들었-거든.

이들은 완전한 종결 기능을 보이는 것은 아닌 것으로 판단된다. 따라서 '-다면서, -다며, -을걸, -거든' 따위는 순수 종결어미가 아니라 이들은 원래 구문에서 관용화되어 서법적 기능과 종결의 기능을 동시에 보이는 준종결어미로 볼 수 있을 것이다. 한국어에서 이와 같은 준종결어미로는 이 외에 '-는걸, -는데' 등을 더 들 수 있다.

5.1.2. 비종결어미

(1) 연결어미

한국어에서는 접속에 의하여 문장과 문장이 이어질 때 다양한 연결어미가 사용된다. 문장을 종결시키지 못하고 앞의 문장을 뒤에 오는 문장에 연결시켜 주는 '-고, -면, -어서' 등의 어말어미를 학교 문법에서는 연결어미라고 하고 다른 한편에서는 접속어미라고 부르기도 한다. 한국어에서 연결어미는 접속에 의하여 복문을 형성하는 중요한 기능을 담당하고 있다.

(ㄱ) 대등 접속과 종속 접속

접속에서는 선행절이 후행절에 대등적으로 이어질 수도 있고, 종속적으로 이어질 수도 있다. 대등적으로 이어지는 것을 대등 접속(coordination), 종속적으로 이어지는 것을 종속 접속(subordination)이라고 한다. 대등 접속은 등위 접속이라고도 한다. 대등 접속이나 종속 접속은 연결어미에 의하여 이루어진다. 선행절에 대등적 연결어미가 연결되면 그 문장은 대등절이 되는 것이고, 선행절에 종속적 연결어미가 연결되면 그 문장은 종속절이 되는 것이다. 한국어에서는 대등적 연결어미보다 종속적 연결 어미의 수가 훨씬 더 많은데 그 대표적인 목록은 다음과 같다.

⑭ 가. 대등적 연결어미: -고, -며, -나, -거나, -든지, -지만 …
　　나. 종속적 연결어미: -ㄴ데, -어서, -니까, -므로, -기에, -느라고, -면, -거든, -어야, -게, -도록, -어도, -더라도, -ㄴ들, -고서, -자, -자마자, -다가 …

그런데 대등적 연결어미와 종속적 연결어미는 그 형태만으로 확연히 구분되는 것이 아니다. 같은 형태의 어미라도 앞뒤 문장의 관계에 따라 대등적 연결어미로 쓰일 수도 있고 종속적 연결어미로 쓰일 수도 있다.

⑮ 가. 산이 높고 물이 깊다.
　　나. 이어폰을 꽂고 음악을 들었다.

⑯ 가. 유진이는 내 친구<u>인데</u> 공부를 꽤 잘한다.
　　나. 형은 <u>큰데</u> 아우는 작다.

연결어미 '-고'는 대체로 ⑮(가)처럼 선행절을 후행절에 대등적으로 이어주는 데 사용되나, ⑮(나)처럼 종속적으로 이어주는 데 사용되기도 한다. 또한 연결어미 '-ㄴ데'는 대체로 ⑯(가)처럼 선행절을 후행절에 종속적으로 이어주는 데 사용되나, ⑯(나)처럼 대등적으로 이어주는 데 사용되기도 한다.

(ㄴ) 연결어미의 의미

대등적 연결어미는 나열, 대조, 선택의 의미 범주로 크게 나뉜다.

⑰ 가. 나열: -고, -며
　　나. 대조: -나, -지만, -는데, -다만
　　다. 선택: -거나, -든지, -든가

종속적 연결어미의 의미 범주는 매우 다양한데 일반적으로 배경, 원인, 조건, 결과, 양보, 선행 등으로 분류된다.

⑱ 가. 배경: -는데, -니
　　나. 원인: -어서, -니까, -므로, -기에, -느라고
　　다. 조건: -면, -거든, -어야
　　라. 결과: -게, -도록
　　마. 양보: -어도, -더라도, -ㄴ들
　　바. 선행: -고서, -어서, -자, -자마자, -다가

이밖에 목적, 의도, 동시 등의 의미 범주를 설정하기도 한다.

⑲ 가. 목적: -러
　　나. 의도: -려고, -고자

다. 동시: -면서

(2) 전성어미

문장은 때로는 전성(轉成)하여 다른 품사의 기능을 하기도 한다. 한국어에서 문장의 전성으로는 명사, 관형사의 기능을 하는 것이 대표적이며 이 때의 문장을 명사절, 관형절로 부른다. 명사절과 관형절은 명사문, 관형문으로도 불린다. 문장의 기능이 전성되어 다른 품사의 역할을 하도록 하는 어미가 바로 전성어미이다. 한국어의 전성어미에는 명사형 어미와 관형사형 어미가 있다. 다음에 각 유형의 전성어미와 이들의 기능에 대해 살펴보기로 하자.

(ㄱ) 명사형 어미

한국어의 명사형 어미에는 '-음'과 '-기'가 있다. 다음은 이 어미로써 문장이 명사의 기능을 하는 것을 보이는 예로 각각 주격, 대격, 부사격, 서술격 등의 자리에 문장이 오고 있다.

㉒ 가. [돈을 벌-기]**가** 힘든 것만은 아니다.
나. 김 과장은 [자기가 인맥이 넓-음]**을 자랑한**다.
다. 모든 일은 [자기가 하-기]**에** 달렸다.
라. 이런 정책을 추진하는 건 다 [국민을 위하-ㅁ]**이다.**

명사형 어미 '-(으)ㅁ'과 '-기'는 서술어나 기타 조건에 따라 어느 한 쪽으로 쓰임이 결정되는 경우가 많다.
명사형 어미 '-기'는 '때문, 전, 마련' 등의 명사를 수식하는 기능을 보이기도 한다.

㉑ 가. 눈이 오기 **때문**에 교통이 매우 혼잡하다.
나. 그 사람이 떠나기 **전**에 한 번 만나 보아라.
다. 힘들여 하는 일에는 대가가 있기 **마련**이다.

㉑' 가. 눈이 오는 **까닭**에 교통이 매우 혼잡하다.
나. 힘들여 하는 일에는 대가가 있는 **법**이다.
다. 그 사람이 떠난 **후**에 한 번 만나 보아라.

한국어의 관형절은 반드시 관형형 어미를 취하게 되어 있다. 그런데 ㉑와 같이 특정한 명사의 경우 관형어로 '-기'를 취하고 있다. 이런 일은 ㉑의 경우에 한정되는 것으로, ㉑'에서는 이들 명사와 같은 의미인 '까닭'이나 '법', 또 대조되는 '후'의 경우는 일반 관형절이 오고 있다. 특정 명사 앞에서만 '-기' 명사절이 관형어로 쓰이는 것도 '-기'의 관용적 용법의 하나로 볼 수 있다.

(ㄴ) 관형형 어미

한국어의 관형형 어미는 문장이 명사를 수식하는 기능을 갖도록 해 주는, 즉 관형문을 만드는 전성어미의 하나이다. 한국어의 관형형 어미에는 '-는', '-ㄴ', '-던', '-ㄹ' 이상 4가지가 있다. 관형형 어미는 시제와 서법의 기능을 동시에 보이고 있는데 동사의 경우는 아래의 예와 같이 '-는'은 현재, '-(으)ㄴ'은 과거, '-던'은 과거의 중단된 사건을 보이며 또한 이 세 어미는 모두 결정, 또는 확정된 사건을 보인다.

㉒ 가. 꽃이 아름답게 피는 공원(현재, 결정)
　　나. 꽃이 아름답게 핀 공원(과거, 결정)
　　다. 꽃이 아름답게 피던 공원(과거 중단, 결정)

이에 반해 '-ㄹ'은 미정 또는 추측의 사건을 보인다.

㉓ 가. 꽃이 아름답게 필 공원
　　나. 꽃이 아름답게 피었을 공원

5.2. 문장 성분

한국의 학교 문법에서 분류해 놓은 문장 성분의 종류를 보면 다음과 같다.

㉔ 가. 주성분 : 문장의 골격을 이루는 필수적인 성분으로, 주어, 서술어, 목적어, 보어와 같은 성분을 말한다.

나. 부속성분 : 주성분의 내용을 꾸며 주는 역할을 하는 성분으로, 문장 형성에 꼭 필요한 성분은 아닌 관형어와 부사어를 말한다.
다. 독립성분 : 주성분이나 부속 성분과 직접적인 관계가 없이 문장에서 따로 떨어진 성분으로, 독립어를 말한다.

한국어의 문장 성분을 이야기할 때 조사는 선행 요소와 함께 하나의 문장 성분을 이루며, 용언은 보조 용언과 함께 하나의 문장 성분이 된다.

5.2.1. 주성분

(1) 주어

주어는 체언이나 체언의 기능을 하는 말에 주격 조사가 붙어서 이루어지는 것이 일반적이다. 그러나 주격 조사 없이 보조사만 결합하여 주어가 되기도 하고, 어떤 조사도 없이 체언만으로 주어가 되는 수도 있다. 한편 같은 주격 조사라도 '께서'나 '에서'는 그 뒤에 보조사 '는, 도'의 결합을 허용한다.

주어는 문장의 첫머리에 놓이는 것이 정상이다. 그런데 한국어에는 격조사가 있기 때문에 다른 문장 성분뿐 아니라 주어도 정상적인 위치를 벗어나는 경우가 많다. 주어는 주성분이자 필수 성분이지만 생략될 수 있다. 주어의 생략이 이루어지는 대부분의 경우는 다음처럼 문맥상 앞의 문장에서 주어가 무엇인지 분명히 알 수 있을 때이다. 명령문에서도 보통 주어가 나타나지 않는데, 이는 명령문의 주어가 늘 2인칭일 수밖에 없기 때문이다. 때로는 주어를 상정하기 어려운 때도 있다.(불이야, 고생 끝에 낙이다.)

한국어의 주어가 가지는 특징 중 매우 중요한 것으로서, 이른바 '이중 주어', 곧 한 문장에 주어가 두 개 있는 것처럼 보이는 문장이나 '다중 주어', 즉 두 개 이상의 주어가 있는 것처럼 보이는 문장이 있다.

㉕ 가. 코끼리가 코가 길다.
나. 서울이 집이 마당이 좁다.
다. 냉장고가 값이 전자상가가 3만 원이 더 싸다.

(2) 서술어

　서술어는 주어에 대해서 그것이 '어찌한다, 어떠하다, 무엇이다' 등과 같이 설명하는 성분이다. 다시 말해 주어의 행위나 상태, 성질 등을 서술하는 것이다. 서술어는 동사, 형용사 등 용언과, 체언이나 체언 상당의 말에 서술격 조사 '이다'가 붙어서 된 말들로 이루어진다.
　서술어를 이루는 용언은 그 종류에 따라 주어만 필요로 하는 것이 있고, 주어와 목적어를 필요로 하는 것도 있으며, 주어나 목적어 외의 다른 성분을 더 요구하는 것도 있다.

㉖ 가. 해가 뜬다./비가 온다.
　　나. 소가 풀을 먹는다.
　　다. 영희가 공을 철수에게 던졌다.

　서술어가 몇 개의 성분을 요구하는가 하는 것은 각각 그 서술어를 이루는 동사나 형용사의 어휘적 특성에 기인한다. 일반적으로 용언은 어떤 말하고만 어울릴 수 있는 선택 자질을 가지고 있다.

㉗ 가. *나무가 웃는다.
　　나. *아이들이 모두 머리에 모자를 쓰고 손에는 장갑을 입었다.

(3) 목적어

　타동사는 어떤 대상을 필요로 하는 행위를 나타내는데, 목적어는 이러한 타동사에 의해 표현되는 행위의 대상을 나타내는 문장 성분이다. 목적어는 주로 체언 구실을 하는 말에 목적격 조사가 붙어서 이루어진다.
　목적어는 한 문장에 하나만 나타나는 것이 보통이지만 경우에 따라서는 앞서 살펴본 주어처럼 두 개 이상의 목적어가 한 문장에 나타나는 수가 있다.

㉘ 가. 활을 쏘아 과녁을 한가운데를 맞혔다.
　　나. 왜 가만히 있는 사람을 팔을 건드리세요?
　　다. 언니는 옷을 블라우스를 샀다.
　　라. 수퍼에서 사과를 두 상자를 배달시켰다.

(4) 보어

보어는 체언 혹은 그에 상당하는 구성에 조사 '이/가'가 붙어 이루어진다. 1985년 이후의 한국어 학교 문법에서는 동사 '되다'와 형용사 '아니다'의 앞에 오는 '체언+이/가'만을 보어로 인정하고 있다. 그것은 이때의 '이/가'가 서술절의 주어가 아닌 것이 분명하고, 수의적인 부사어도 아닌 한편 보어로서는 분명하게 규정할 수 있기 때문이다. 이때 보격 조사는 '이/가'로 한정되어 비교적 명백하기는 하나 주격 조사와 형태가 같은 것이 여전히 문제점으로 남는다. 그래서 학자에 따라서는 보격 조사인 '이/가'를 주격 조사와 동일하게 취급하기도 한다.

㉙ 가. 지효는 멋쟁이가 아니야.
　　나. 동생이 장학생이 되었다.

위와 같은 예들을 서술절을 가진 문장으로 보고, 그 속의 '우등생이, 대학생이'를 서술절의 주어로 보기도 하는 것이다. 그러나 위의 예들에서 서술절이 되어야 할 '우등생 아니야'나 '대학생이 되었다'는 문장으로서 완전하지 못하여 서술절이 되기 어렵다. 그것은 적어도 '아니다, 되다'가 각각 두 자리 서술어라는 사실을 보여 주는 증거라고 할 수 있다.

5.2.2. 부속 성분

(1) 관형어

관형어는 체언으로 된 주어, 목적어 등의 앞에 놓여 그것을 꾸며 주는 문장 성분이다. 이때 관형어는 중심이 되는 체언을 꾸며 주기 때문에 부속 성분이 되며, 빼어 버려도 문장 자체의 성립에는 지장이 없다. 그러나 주성분인 체언이 의존명사이면 관형어가 필수적으로 나타나야 한다. 관형어는 보통 관형사만으로 이루어지기도 하고, 체언이나 체언 상당의 구성에 조사 '의'가 붙어 이루어지기도 하며, 용언에 관형사형 어미가 붙어 이루어지기도 한다. 그런데 용언이나 서술격 조사의 관형사형이 관형어가 될 때에는 관형사형 어미 '-는, -(으)ㄴ, -(으)ㄹ, -던' 중의 어느 하나를 취함으로써 그 시간 표현을 자유롭게 할 수 있다.

(2) 부사어

부사어는 관형어와 같은 수의적 성분의 하나로, 보통 서술어 앞에 놓여 그 뜻을 한정해 주는 말이다. '오늘은 날씨가 아주 덥다'와 같은 문장에서 '아주'가 부사어인데, 이것을 빼어 버려도 문장의 성립에 지장을 받지 않는다. 모든 부사는 그대로 부사어가 되는데, 체언에 조사가 붙어 부사어가 되는 경우가 많다.

몇몇 의존명사는 그에 딸린 관형어와 함께 부사어의 노릇을 한다.(놀 만큼 놀았다. 네가 본 대로 다 말씀드려라. 옷이 찢어진 줄도 모르는 채 뛰어놀았다.) 이러한 예문에 보이는 '만큼, 대로, 채' 등은 관형어의 수식을 받아서 부사어로 기능을 한다. 그래서 이들 의존명사를 부사성 의존명사라고 한다.

한편 어미 '-게'가 결합한 용언의 활용형이 부사어가 되기도 한다.(예: 이상하게 오늘은 공부가 잘 된다. 불행하게 그 사람이 사고를 당했다.) 이때의 어미 '-게'는 연결어미로 사용된 것이 아니다. 형용사에 붙어서 문장 부사어를 이루는 어미로 보는 것이 타당하다.

용언에서 파생되어 나온 부사가 주어, 목적어 등을 수반하고 서술어의 기능을 띤 채 부사어(부사절)가 되는 일이 있다.(예: 그 사람이 소리도 없이 들어왔다.)

지금까지 본 부사어들은 모두 문장의 한 성분으로서 서술어의 뜻을 한정하는 것이므로 이런 성분 부사어는 서술어 앞에 놓여 서술어를 꾸미는 것이 일반적이지만 다른 부사나 관형어를 꾸미는 경우도 있으며, 특수한 경우 체언을 꾸미는 경우도 있다.(예: 더 높이 뛰어라. 아주 큰 집을 샀다. 바로 앞에 있다.)

부사어 중에는 문장 전체에 걸치는 문장 부사어도 있다. 문장 부사어는 문장 전체를 한정하는 기능을 한다.(과연 그의 말대로 일이 커지고 말았구나.) 문장 부사어는 문장 첫머리뿐 아니라 여러 위치에 놓일 수 있다.

5.2.3. 독립성분

독립어는 유일한 독립성분으로 문장 내의 어느 성분과도 직접적인 관련을 맺지 않는 성분이다. 독립어가 다른 문장 성분들과 어울려 하나의 문장을 이루는 것은 사실이지만 독립어 외의 다른 성분과 구조적인 상관관계를 맺지 않는 것이다. 감탄사, 체언에 호격 조사가 붙은 것, 접속 부사 등이 독립어에 해당한다.

㉚ 가. 아아, 조금만 더 일찍 그 소식을 들었더라면.
　나. 지수야, 이게 무슨 소리니?
　다. 악법도 법이다. 그러므로 우리는 법을 지켜야 한다.

6장

대우법과 시제

6.1. 대우법

대우법이란 학교 문법에서 높임법이라 하는 것으로 전통적으로는 경어법(敬語法)이란 이름으로 불려온 것이다. 존대법(尊待法)이란 술어도 널리 쓰이며, 대우법(待遇法)이란 술어도 일반화된 이름이다. 때로 존비법(尊卑法)이라 하기도 한다. 학교 문법에서 높임법은 다음과 같이 나뉜다.

❶ 가. 주체높임법
   나. 객체높임법
   다. 상대높임법

언어 활동에 등장하는 사람은 화자, 청자, 주체, 객체 넷이다. 경어법은 화자가 주체, 객체, 청자를 대접하는 문법 범주이기 때문에 그 대상이 누구인가에 따라 주체경어법, 객체경어법, 상대경어법으로 체계화된다.

6.1.1. 주체높임법

'주체'는 주어로 쓰인 인물로, 주어의 지시 대상이다. 주체높임법은 문장의 주어로 나타난 인물을 높이는 문법적 대우의 방법을 말한다. 주체 높임의 방법은 해당 서술어의 어간 바로 뒤에 '-시-'를 연결하면 된다.

❷ 가. 아이들이 책을 읽었다.
　　나. 선생님께서 책을 읽으셨다(=읽-으시-었-다).

❷ (가)와는 달리 ❷ (나)에서는 화자가 '-시-'를 사용하여 주어인 '선생님'을 높이고 있다. 또한 여기에서는 주격 조사 '-가' 대신 '-께서'를 사용하여 주체경어법을 실현하고 있다.
　주체경어법은 다음과 같이 어휘적 방법으로도 실현된다.

❸ 가. 할머니께서 진지를 잡수신다.
　　나. 할아버지께서 주무신다.

❸ (가,나)에서 '진지', '잡수시다', '주무시다' 등은 어휘적으로 주체를 높인 것인데, 이들 어휘는 '밥', '먹다', '자다'를 각각 대신한 것이다. 이 밖에도 '계시다'('있다'), '편찮으시다'('아프다'), '돌아가시다'('죽다') 등이 주체높임의 동사에 해당한다. 이들은 대체로 주어로 나타난 대상에 대해서만 쓰인다.

❹ 가. *김 선생님께서는 아기가 <u>주무신다</u>.
　　나. *김 선생님께서는 아기가 진지를 <u>잡수신다</u>.
　　다. *용무가 <u>계신</u> 분은 비서실을 경유해 주십시오.
　　라. *아버님 지팡이가 여기에 <u>계셨다</u>.

6.1.2. 상대높임법

상대높임법이란 화자가 문장 종결 형식에 의하여 그 상대가 되는 청자에 대한 대우를 나타내는 방법을 말한다. 이는 전통적으로 '공손법(恭遜法)'이라 불렸다. 상대높임법은, [높임]과 [높이지 않음]이라는 두 가지 대립만을 실현하는 주체경어법과 객체경어법과는 그 실현 모습이 달라서, 청자를 높이는 정도에 따라 여러 등급으로 나뉜다. 현대 국어에서 청자를 높이는 등급을 몇으로 나누느냐 하는 문제는 그리 간단치 않다. 세대에 따라서, 사회적 요인에 따라서 등급 의식이 흔들리고 있기 때문이다. 상대높임법은 다른 높임법과 달리 더 높이고 덜 높이고 하는 정도의 차이를 가진다. 이를 상대높임법의 등급 또는 화계(話階, speech level)라고 한다. 학교 문법에서의 등급은 〈하다〉의 명령형에서 이름을 따서 해라체, 해체(반말체), 하게체, 하오체, 해요체, 합쇼체의 여섯 등급으로 나눈다.

❺ 가. 아주높임 – 합쇼체
　나. 예사높임 – 하오체
　다. 예사낮춤 – 하게체
　라. 아주낮춤 – 해라체
　마. 두루높임 – 해요체
　바. 두루낮춤 – 해체

'합쇼, 하오, 해라'체는 공식적이며 의례적인 자리에서 쓰이거나 상대와의 사이가 먼 관계일 때 쓰인다고 하여 이를 '격식체'라 하고, '해요, 하게, 해'체는 가까운 사이에서 사적으로 쓰일 수 있는 말이라 하여 '비격식체'라 한다.

각 문장 유형별로 종결어미를 사용하여 상대경어법을 표시할 수 있는데 평서형 어미를 사용하여 표현된 평서문의 상대경어법을 보이면 다음과 같다.

❻ 가. 비가 온–다.(해라체)
　나. 비가 오–아.(반말체/해체)
　다. 비가 오–네.(하게체)
　라. 비가 오–오.(하오체)
　마. 비가 오–아요.(해요체)
　바. 비가 오–ㅂ니다.(합쇼체)
　사. 마음이 착해야 최고이–지.(비존대)

다만 '–지'의 상대경어법의 위치는 분명하지는 않다. 기원적인 측면을 고려하면 반말체로 분류해야 할 것이나 해라체, 하게체의 자리에서도 같이 쓰여 이를 비존대의 자리에 두루 쓰이는 어미로 보면 될 듯하다.

❻ (가)의 해라체는 청자를 가장 낮추는 상대경어법이다. 아랫사람이나 친구 사이에 쓰인다. 이것은 〈-아라/어라〉, 〈-다/는다〉, 〈-느냐〉, 〈-자〉 등의 어미로 실현된다. 해라체는 일반 독자를 대상으로 한 글에서 주로 쓰는데, 이것은 독자를 낮추는 등급이라기보다는, 등급을 초월한 중립적인 등급이라고 할 수 있다.

❻ (나)의 반말체(해체)는 해라체와 거의 같은 등급의 상대경어법인데, 〈-아/어〉, 〈-지〉, 〈-야/이야〉 등의 어미로 실현된다. 반말체는 해라체보다는 상대방에 대하여 덜 권위적이다. 또한 친밀도가 덜하여 그만큼 상대방을 더 어려워하는 말투다. 반말체는 구어체(口語體)에 적합하여, 일반 독자를 대상으로 하는 중립적인 등급으로는 쓰이지 않는다.

❻ (다)의 하게체는 아랫사람이나 친구에게 쓰는 상대경어법이다. 이것은 해라체나 반말체보다는 상대방을 어느 정도 높여 대접하는 경어법인데, 〈-세〉, 〈-나〉, 〈-네〉, 〈-게〉 등의 어미로 실현된다. 이것은 상대방이 나이가 좀 들어 함부로 대하기 어려운 사람에게 쓸 수 있는 등급이다. 아울러 이것은 화자가 어느 정도 나이가 들어야 쓸 수 있는데, 그만큼 권위가 풍겨지는 말투라고 할 수 있다.

❻ (라)는 하오체로 아랫사람이나 친구를 하게체보다 더 극진히 높이는 상대경어법이다. 이것은 〈-오〉, 〈-소〉, 〈-구료〉 등의 어미로 실현된다.

❻ (마)는 해요체로 상대방을 윗사람으로 높여 대접하는 상대경어법이다. 이것은 〈-아요/어요〉, 〈-군요〉 등의 어미로 실현된다. 해요체는 합쇼체와 함께 두루 쓰일 수 있는데, 합쇼체보다는 격식을 덜 차리고 덜 정중하게 상대방을 대접하는, 그만큼 친밀감을 더 느끼게 하는 경어법이다.

❻ (바)는 합쇼체로 상대방을 가장 높이는 상대경어법이다. 〈-십시오/으십시오〉, 〈-습니다/ㅂ니다〉, 〈-습니까/ㅂ니까〉 등의 어미로 실현된다. 이것은 연설이나 뉴스 보도 등에서 널리 쓰인다.

6.1.3. 객체높임법

객체높임법은 문장의 객체, 즉 목적어나 부사어에 해당하는 사람을 대접하는 문법 범주인데, 주체겸양법이라고도 한다. 객체 높임말은 주체 높임말의 대가 되는 말이다. 주체 높임말이 주체높임법의 '-(으)시-'와 달리 주로 주어의 지시 대상을 높이는 데 쓰이는 것과 같이 객체 높임말은 엄격하게 특정한 성분과 관련해서만 쓰인다.

❼ 가. 이것을 할아버님께 가져다 드려라.
　　나. 이것은 동생에게 주어라.

❼(가)를 보면 여격어의 지시 대상인 '할아버님'에게 하는 행동을 '드리다'로 나타내고 있다. 주체는 낮은 인물이고 여격 대상은 높은 인물이다. 이에 대해서 ❼(나)에는 '주다'가 쓰이고 있다. 그 주체는 '형'이고 그 여격 대상은 '동생'이다. '형'이 높고 '동생'이 낮다. 이러한 예에서 보면 '드리다'는 '주다'의 높임말이 된다고 할 수 있다.

객체높임법은 보격 조사 〈-께〉와 어휘적 방법으로 실현된다.

❽ 가. 나는 친구한테 책을 주었다.
　　나. 나는 선생님께 책을 드렸다.

❽(가)와는 달리 ❽(나)는 객어인 〈선생님〉을 보격 조사 〈-께〉와 〈드리다〉와 같은 객체높임의 동사로 높이고 있다. 그런데, 주체경어법이나 상대경어법과는 달리 객체경어법에는 이것을 실현하는 일정한 어미가 없다는 점이 특이하다.

이와 같이 객체경어법은 몇몇 특정 동사로 실현되는데, 그 예를 더 제시하면 ❾과 같다.

❾ (객어가 목적어일 경우) 모시다 ← 데리다, 뵙다 ← 보다
　　(객어가 부사어일 경우) 여쭙다 ← 묻다, 드리다/올리다/바치다 ← 주다,
　　　　　　　　　　　　　말씀드리다 ← 말하다

6.2. 시제

'시제(時制, tense)'는 어떤 상황이나 사건의 시간상의 위치에 대한 관념이 문법적인 범주로 나타난 것을 말한다. 시간 개념이 언제나 문법적인 범주로만 표현되는 것은 아니다. 그것은 '어휘적 복합 표현'으로도 나타날 수 있고(예, 30분 전에 비가 왔다. 지진이 30초 동안 계속되었다. 그 일이 터졌을 때 우리는 자고 있었다), '어휘 항목'으로도 나타날 수 있다(오늘, 내일, 그제, 그그제 등). 이들은 단지 '시간 표현'이란 이름으로 불리며, 시제라고는 하지 않는다. 시제는,

문법적인 성(性, gender)이나 수(數, number)와 같은 문법 범주의 자격을 가진 것만을 가리킨다. 전통적으로는 시제라고 하면, 단어 그 중에서도 동사(혹은 용언)의 형태 변화에 의하여 범주화된 시간 개념을 가리킨다.

6.2.1. 현재 시제

현재 시제(現在時制, present tense)는 기본적으로 사건시와 발화시가 일치하는 시간 관계를 나타내는 문법 범주를 말한다. 다음 예를 보기로 하자.

현재 시제는 동사 어간에 대해서는 대체로 '-ㄴ-'이나 '-는-'이 쓰이고, 형용사 어간에 대해서는 아무런 형태도 쓰이지 않는다. 현재 시제라는 것은 정의에 의하여 기본적으로 사건시와 발화시가 일치하는 시간 관계를 나타낸다. 그 밖의 현재 시제 형태소가 나타나는 경우는 다음과 같다.

⑩ 가. 해는 동쪽에서 뜬다.
　　나. 물은 섭씨 0도에서 언다.
　　다. 우리 아버지는 매일 산책을 하신다.

⑪ 가. 이순신 장군은 주먹을 불끈 쥔다.
　　나. 서동(薯童)은 공주가 있는 곳을 향해 집을 나선다.

6.2.2. 과거 시제

과거 시제(過去時制, past tense)는 기본적으로 사건시가 발화시 앞에 오는 시간 관계를 나타내는 문법 범주를 말한다. 과거 시제를 나타내는 전형적인 형태는 '-았/었/였-'이다. 이를 하나로 대표시킬 때에는 {-았-}과 같이 나타내기로 한다. 과거는 때로 완료의 의미를 띠는 일도 있으나, 언제나 그런 것이 아니다.

⑫ 가. 난 이제 죽었다. ('죽게 되었다'는 의미로)
　　나. 너는 그 돈 다 받았다. ('하나도 받을 수 없다'는 의미로)

⑫ (가, 나)는 미래의 일에 대하여 과거 시제 표지 '-았-'이 쓰이는 특수한 경우이다. 이를

완료로 해석하면, {-았-}이 미래 완료를 표현한다는 것이 된다. 그러나 사건의 전체성에 대한 확인의 의미로는 해석이 가능하다. 미래의 사건이지만, 그것을 이미 확인한 것처럼 표현하는 것이다.

⑬ 가. 영이는 집에 가다가 왔다.
　　나. 아영이는 집에 갔다가 왔다.

선어말어미 '-았었-'을 '대과거'나 '과거 완료'를 나타내는 것으로 보는 것이 일반적이다. 이들이 의미하는 것은 '-았었-'이 발화시를 기준으로 하여 그 이전의 설정되는 일정한 참조시(혹은 언급시, reference time)보다도 더 이전에 일어난 일을 기술하는 데 쓰인다는 것이다. 이를 별도의 시제로 독립시키는 일도 있으나, 여기서는 과거 시제의 하나로 보기로 한다.

⑭ 가. 그렇게 건강했었는데, 창수가 병이 들었다.
　　나. 범인이 붙잡혔다. 그런데 알고 보니 그는 피해자의 친구였었다고 한다.

⑭(가)의 선행절은 후행절의 시점 이전에 있었던 일을 나타낸다. 대과거란 의미에 합당하다. ⑭(나)에서도 후행문은 '범인'이 붙잡힌 시간을 기준으로 그 이전의 사실을 나타낸다. 대과거라고 보아 별다른 문제가 없다. 그러나 ⑭(가, 나)의 '-았었-'을 그냥 '-았-'으로만 표현해도 그 의미가 거의 바뀌지 않는다. 또 대과거를 '과거⑴ 이전의 과거⑵'라고 할 때 '과거⑴'의 시점(時點)이 분명히 드러나지 않을 때에도 '-았었-'이 쓰일 수 있다는 데서 문제는 복잡해진다. 그러나 '-았었-'과 '-았-'이 아무 때나 바뀌어 쓰일 수 있는 것은 아니다.

⑮ 가. 공원에는 꽃이 피었었다.
　　나. 공원에는 꽃이 피었다.
　　다. 공원에는 아까도 꽃이 피었었다.

⑯ 가. 아까는 거기가 깨끗했었다.
　　나. 아까는 거기가 깨끗했다.

⑮ (가)는 ⑮ (나)와 달리 지금 '꽃'이 피어 있는 것을 보면서 말할 수는 없다. 단순 과거와 대과거와 가장 큰 차이이다. ⑮ (가)는 '꽃'이 핀 상태에 대한 인식에 변화가 생겼을 때, 그것을 드러내는 의미를 가진다. 가장 쉽게 생각해 볼 수 있는 상황은 '꽃'이 피었다가 진 경우이다. 따라서 ⑮ (가)는 지금은 꽃이 피지 않았다는 것을 강하게 함축한다. '-았었-'의 기능을 '불연속'이나 '단속'으로 파악하는 일이 있는 것은 이 때문이다. 그러나 반드시 그런 것은 아니다. ⑮ (다)는 지금도 꽃이 피어 있는 것을 뜻할 수 있다. 단지 '아까도'가 지금과 대립되는 상황을 부각시킨다. ⑯ (가)도 일단 '깨끗한' 것으로 판단된 상태에 변화가 생겼음을 의미한다. 지금은 더러워졌다는 함축을 가지는 것은 이 때문이다. '아까도 깨끗했었다'고 하면 지금도 깨끗한 것이다.

한국어에는 흔히 '회상'을 나타낸다고 하는 '-더-'란 형태가 있다. '회상 시제'라는 것은 다른 언어에서는 그 유례를 찾기 어려운 것이다.

⑰ 가. 반장이 어제 너를 찾더라.
　나. 반장이 어제 나를 찾아왔더라.
　다. 반장이 내일 너를 찾겠더라.

⑰ (가)의 사건시는 '어제'이므로, 발화시를 기준으로 하면 과거이다. 그런데 ⑰ (가)에는 '-더-' 외에 달리 과거를 나타낼 만한 마땅한 형태가 없다. '-더-'가 과거 시제와 모종의 관련을 맺고 있다고 해야 한다. 그런데 ⑰ (나)에서는 과거 형태 '-었-'이 나타나고 있다. '-더-'를 단순히 과거 시제 표지라고 할 수 없게 된다. ⑰ (다)에서는 '-겠-' 뒤에 '-더-'가 쓰이고 있다. '-더-'를 과거 표지라고 하면 ⑰ (다)는 '미래 과거'가 된다. '-더-'는 평서문에서 주어가 1인칭일 때 이상을 보이고, 의문문에서는 주어가 2인칭일 때 이상을 보인다. 그러나 심리 형용사나, 느낌을 나타내는 서술어가 쓰이면 이상이 없어진다.

6.2.3. 미래 시제

미래 시제는 사건시가 발화시 뒤에 오는 시간 관계를 나타내는 문법 범주를 말한다. 이를 나타내는 형식으로는 선어말어미 '-겠-'과 '-리/으리-'와 같은 형태가 있고, '-ㄹ/을 것'과 같은 통사적 구성이 있다.

⑱ 가. 내일도 비가 오겠습니다.
　　나. 금방이라도 비가 쏟아지겠다.
　　다. 내일은 반드시 증거를 찾으리라.
　　라. 내일은 우리가 꼭 물증을 찾을 것이다.
　　마. 어디로 가시든 저희는 대장을 따르겠습니다.

⑱(가)에서 '비가 오는 것'은 내일이므로, 발화시보다 사건시가 뒤에 온다. ⑱(나)에서도 '비가 쏟아지는 것'은 발화시 이후의 일일 것이므로, 역시 발화시보다 사건시가 뒤에 오는 의미론적인 관계가 성립한다. ⑱(다)는 '-리/으리-'가 쓰인 예이다. '증거를 찾는 것'은 발화시 이후에 있을 일이다. ⑱(라)는 '-ㄹ/을 것'이 쓰인 것이다. '우리가 물증을 찾는 것'은 '내일' 일이다. 사건시가 발화시 이후에 있다. 미래 시제의 의미론적인 조건을 충족시킨다. ⑱(마)는 의지를 나타내는 것으로, 이 역시 미래 시제의 의미론적인 조건을 충족시키는 것으로 볼 수 있다.
　미래 시제 표지에서는 특별히 양태적인 의미가 두드러진다. 양태란 명제적 사건의 확실성, 가능성, 필연성 등과 같은 의미론적인 관련에 대한 화자의 태도를 말한다. 다음 예를 보기로 하자.

⑲ 가. 구름을 보니 지금 저 산 너머에는 비가 오겠다.
　　나. 그 사람들 어젯밤에 좀 추웠겠다.
　　다. 나도 그 정도 무게는 들겠다.

⑲(가)는 산너머의 지금의 기상 상태에 대한 추측을 나타내며, ⑲(나)도 '그 사람들'이 어젯밤 잘 때에 대한 추측을 나타낸다. ⑲(다)는 상태나 능력의 '-겠-'이라는 것으로, '내가 그 정도 무게를 드는 것'이 꼭 미래의 사건으로 나타나는 것은 아니다.
　다음은 '-겠-'이 나중에 일어남의 뜻을 가지지 않는 것으로 보이는 경우이다

⑳ 가. 처음 뵙겠습니다.
　　나. (이 서류 다시 해 와!) 네, 알겠습니다.
　　다. 너는 얼굴도 예쁘겠다, 돈도 많겠다, 공부도 잘하겠다, 뭐가 걱정이니?
　　라. 방에서 연기가 나지 않겠어요? 그래서 '불이야' 소리를 질렀죠.

㉠ (가)는 처음 인사를 하는 장면에서 하는 말이다. 사건시는 현재이다. 그런데도 '-겠-'이 쓰였다. 예외적인 경우라고 할 수 있으나, 굳이 설명을 붙이자면, 상대가 나를 인정하기까지의 과정은 다소 시간이 지난 뒤의 일이라는 것이다. 상대의 의사를 그만큼 존중하는 의미를 띤다. ㉠ (나)에서도 '알았습니다'와 비교하면 상대 존중의 태도가 드러난다. 앞으로도 조심하겠다는 의미이다. ㉠ (다)는 모두 '네'가 가진 것이다. ㉠ (라)는 당시의 사건을 기술한 것이다.

6.2.4. 절대 시제와 상대 시제

발화시를 기준시로 하는 시제를 '절대 시제(absolute tense)'라 하고, 발화시 외의 시제 주로 주절의 시제를 기준시로 하여 성립하는 시제를 '상대 시제(relative tense)라 한다. '-더-'를 상대 시제로 보지 않는 한, 절대 시제와 상대 시제의 구별은 서술어가 둘 이상 나타나는 예에서 문제된다. 즉 내포문을 가진 경우나 두 문장이 접속된 경우이다.

㉑ 가. 나는 앞으로는 한 번 읽은 책도 꼭 다시 읽겠다.
　　나. 그는 식사를 하는 것도 잊어버렸다.

㉑ (가)의 '읽은'은 절대 시제 과거 해석을 받을 수도 있고, 상대 시제 과거 해석을 받을 수도 있다(절대 시제로는 미래가 된다). ㉒ (나)에서는 '먹는'이 절대 시제 현재 해석을 받을 수 없다. 상대 시제 현재로만 해석이 가능하다.

6.2.5. 관형사절의 시제

관형사절의 시제는 시제 표시 형태도 비관형절의 경우와 다르고 관형사형 어미와 밀접히 관련된다는 점에서 또 다른 특이성을 보인다.

㉒ 가. 그 사람이 읽는 책을 나도 읽고 싶다.
　　나. 아영이가 입은 옷이 참 예쁘다.
　　다. 그건 아이들이나 좋아할 선물이다.

㉒는 주절이 모두 현재로 되어 있다. 이 때 ㉒ (가)에서 현재를 나타내는 것은 '-는'이고,

㉒ (나)에서 과거를 나타내는 것은 '-(으)ㄴ'이고, ㉒ (다)에서 미래를 나타내는 것은 '-(으)ㄹ'이다. 이들 관형사형 어미는 모두 동사에 연결되고 있다. 형용사의 경우에는 시제 관련 형식이 달라진다.

㉓ 가. 성적이 좋은 사람이 꼭 성공하는 건 아니다.
　　나. 그는 성적이 좋던 사람이다.
　　다. 그는 성적이 좋을 사람이다.

㉓ (가)에서 현재를 나타내는 것은 '-(으)ㄴ'이고, ㉓ (나)에서 과거를 나타내는 것은 '-던'이다. ㉓ (다)에서 미래를 나타내는 것은 동사와 같이 '-(으)ㄹ'이다.

7장

피동과 사동

7.1. 피동법

피동(被動, passive)이란 전통적으로 '태(態, voice)'의 하나로 알려진 문법 범주로, 종래에는 피동태(被動態, passive voice)란 이름으로도 불렸다. 영어를 비롯한 다른 외국어 문법에서는 '수동태'란 이름이 더 널리 쓰이지만 한국어 문법에서는 규범적인 명칭이 '피동'이므로, 한국어 문법에서는 '수동'보다는 '피동'이란 술어가 더 일반적으로 쓰인다.

피동태는 동사의 굴절 또는 일정한 문법적인 요소나 구성에 의하여 문장의 주어로 나타난 대상이 어떤 행동을 직접 하거나 일으키는 입장이 아니라, 문장의 다른 성분에 나타난 대상에 의하여 어떤 행동이나 작용을 받는 의미론적인 관계를 말한다. 이러한 의미를 나타내는 문장을 '피동문(passive sentence)'이라 부를 수 있다. 이에 대하여 주어로 나타난 대상이 행동을 일으키는 의미론적 관계를 표현하는 문장을 '능동문(能動文, active sentence)' 그 동작 참여의 의미론적인 관계를 '능동태(能動態, active voice)'라 부른다.

7.1.1. 피동문과 피동 접사

능동문을 이루는 동사를 '능동사'라 하고, 피동문을 이루는 동사를 '피동사'라고 한다. 피동사는 능동사에 '-이-, -히-, -리-, -기-'와 같은 피동 접사를 첨가함으로써 형성된다. 여기서 피동사는 피동사 어간을 말하고, 능동사는 피동사 파생의 어기가 되는 능동사 어간을 말한다. 이러한 관계를 다음과 같이 예시하기로 한다.

❶ 가. 파이- = 파 + 이-
　　나. 잡히- = 잡 + 히-
　　다. 갇히- = 가두 + 히-
　　라. 열리- = 열 + 리-
　　마. 눌리- = 누르 + 리-
　　바. 감기- = 감 + 기-

❶은 몇 가지 예만을 보인 것이다. ❶에서 대부분 능동사와 피동사의 관계는 직접적이다. 능동사의 어간에 피동 접사가 연결된 형태가 곧 바로 그대로 피동사의 어간이 된다. 그러나 ❶(다)나 ❶(마)의 경우는 그와 같이 직접적이라 할 수 없다. '갇히-'는 '가두-'의 피동사라 할 수 있는데, 피동사 어간이 축약되는 것이 특이하다. '가두이다'와 같은 피동사도 가능하다. 그러나 그 피동 접사는 '-이-'이지 '-히-'가 아니다. 기원적으로 '-히-'였다고 보아야 '갇히-'의 형태가 설명될 수 있다. ❶(마)의 '눌리-'는 '르' 불규칙 활용과 동일한 변화가 피동 파생에서도 나타난다.

'빨다-빨리다, 잡다-잡히다' 등과 같은 예의 '빨리다, 잡히다' 등은 피동사이기도 하지만 동음이의 형태로 사동사이기도 하다.

이제 능동-피동의 의미와 관련하여 다음 예를 보기로 하자.

❷ 가. 날씨가 풀렸다.
　　나. ??누가 날씨를 풀었다.(누구=하느님?)

❸ 가. 저절로 매듭이 풀렸다.
　　나. ??누가 저절로 매듭을 풀었다.

❹ 가. 산모가 몸을 풀었다.
　　나. *몸이 풀렸다.('아이를 낳았다'는 의미로)

한국어에서 전형적인 피동문은 '-이-, -히-,-리-, -기-'와 같은 피동 접사에 의하여 만들어지는 피동사에 의하여 형성되는 것이다. 이를 '어휘적 피동' 또는 '접미사적 피동' 혹은 '형태적 피동'이라 한다. 그러나 피동성(被動性)은 반드시 피동사에 의해서만 표현되는 것은 아니다.

❺ 가. 상사가 부하들을 <u>구박한다</u>.
　　나. 부하들이 상사에게 구박받는다/구박당한다.

❻ 가. 학생들이 선생님을 <u>존경을 한다</u>.
　　나. 선생님이 학생들에게 존경을 받는다.

❼ 가. 당번이 쓰레기를 버린다.
　　나. 쓰레기가 당번에게 버려진다.

❽ 가. 형이 동생을 학교에 가게 하였다.
　　나. 동생이 형에 의하여 학교에 가게 되었다.

위의 예들 중에서 학교 문법에서 피동 구성으로 다루어지는 것은 ❼(나)처럼 '-어지-'에 의한 피동이다(편의상 이를 '-어지다'와 같이 나타내기로 한다). '먹어지다'와 같이 '-어지다'를 붙여 쓰는 것이 정서법상의 원칙이나, 이 구성 자체는 보조 동사 구성의 하나인 것으로 여겨진다. 능동문의 목적어가 '이/가'를 가진 주어로 나타난다는 것이 다른 구성과 다른 특징이다. 피동 구성을 이러한 구성에까지 확대하는 것은, 한국어의 피동사가 극히 제약되는 데서 비롯된 결함을 메우기 위한 인위적인 처리라고 볼 수도 있다.

7.1.2. 특이한 피동 구성

한국어에는 자동사가 피동 접사를 가지는 일이 있다. '날다-날리다, 울다-울리다, 졸다-졸리다, (바람이) 불다-불리다, (열매가) 열다-(열매가) 열리다, (이슬이) 맺다-(이슬이) 맺히다, 튀다-튀기다'와 같은 예들이다.

피동 접사 뒤에는 다시 '-우-'와 같은 특이한 형태가 나타나는 일이 있다. '먹다-먹히다-

먹히우다, 잡다-잡히다-잡히우다, 자르다-잘리다-잘리우다, 덮다-덮히다-덮히우다, 팔다-팔리다-팔리우다' 등과 같은 예들이다. 이러한 예들에 대해서는 거의 관심을 두지 않는 경향이나, 분명히 이 형태는 고유한 기능을 가진 '-우-'이다.

피동문에 '을/를'을 가진 성분이 나타나는 일이 있다.

❾ 가. 노동자가 기계에 손가락을 잘렸다.
　　나. 부정 공무원들이 목을 잘렸다.
　　다. 철수가 이름을 불렸다.

이들은 주어의 자리에 나타나는 성분에 '을/를' 조사가 쓰이는 것으로, '피해 피동(被害被動, adversity passive)'의 성격을 가진다. 주어가 다른 대상에 의하여 불리한 행동이나 작용을 당하는 입장에 놓이게 되는 의미를 표현한다. 이러한 예의 '을/를' 성분을 목적어로 해석하려는 견해도 많으나, 이는 결코 목적어일 수 없는 것이다. 일반적으로 피동사는 그 능동문의 목적어를 주어로 선택하는 것이기 때문에, 능동문의 목적어가 그대로 피동문에 남게 되었다고는 할 수 없다. 우리에게 이것은 '을/를'-주제의 하나인 것으로 생각된다. 행동을 받는 입장을 강조하기 위한 것이다.

7.2. 사동법

사동(使動, causative)은 피동과 같이 전통적으로 '태(態, voice)'의 하나로 알려진 문법 범주이다. 사동태(使動態, causative voice)라는 명칭은 그러한 전통에서 생겨난 이름이다. '사역'이라는 술어를 쓰는 일도 있다. 사동이란 어떤 행동주, 즉 사동주(使動主, causer)가 다른 행동주, 즉 피사동주(被使動主, causee)로 하여금 어떤 일을 하게 하는 의미론적인 관계를 표현하는 문장을 말한다. 사동의 의미를 나타내는 문장을 '사동문(使動文, causative sentence)' 또는 '사역문'이라 한다. 여기서는 사동 또는 사동문이란 술어를 쓰기로 한다. 사동문에서 행동을 일으키는 주체를 '제1 행동주(1st agent)', 그 행동을 받아 다른 행동을 일으키는 주체를 '제2 행동주(2nd agent)'와 같이 부르기도 한다.

이에 대해서 어떤 행동주가 다른 행동주에게 행동을 시키지 않고 자신이 어떤 행동을 하는 의미 관련을 표현하는 것을 '주동(主動)'이라 하고, 그러한 의미 관련을 표현하는 문장을 '주동문'이라 한다. '주동'이나 '주동문'은 학교 문법적인 술어이나, 잘 쓰이지 않는다. 주동은 사동을 전제로 하여 그와 대립되는 문장 형식을 부르는 이름이다.

7.2.1. 사동문의 구성과 조건

사동문 설정에 있어서는 피사동 사건이 어떻게 상정되는가 하는 것이 사동문과 비사동문을 가르는 기준이 된다. 다음 예를 보기로 하자.

⑩ 가. 어머니가 할아버지께 선물을 보냈다.
　 나. 준수가 머리를 길렀다.

⑩ (가)에 쓰인 동사 '보내다'는 '가게 하다'란 의미로 해석될 수 있다. '보내다'를 '가게 하다'와 같은 분석하는 것을 어휘 해체(語彙解體, lexical decomposition)라고 한다. '죽이다'를 '죽게 하다'로 분석하는 것과 같다. '보내다'를 '가게 하다'와 같이 어휘 해체할 수 있다고 가정해 보기로 하자.

'가게 하다'가 사동의 의미를 가지고, '보내다'가 '가다'와 필연적인 관련을 가지는 것이라면, '보내다'를 '가다'의 사동으로 다루는 것이 가능할지 모른다. 그러나 '보내다'와 '가게 하다'는 그 의미의 양상이 아주 다르다. 적어도 어휘 해체를 통하여 얻어진 사동적 의미의 동사는 사동 구성을 이루는 것이 아니라고 보는 것이 온당하다.

⑪ 가. 반장이 학생들에게 집에 가라고 했다.
　 나. 학생들이 집에 갔다.
　 다. 집에 가라.

⑪ (가)는 내포된 명령을 가진 간접 화법의 문장이다. 상위문의 '하다'는 '말하다, 명령하다'와 같은 동사이다. 의미론적으로 다른 사람에게 어떤 행동을 시킨 것이기는 하나, 피사동 사건이 온전한 문장으로 성립되지 않는다. 피전달문은 ❷(다)와 같은 것이다. 그것은 명령 자체이다. ⑪ (가)에 ⑪ (나)와 같은 피사동 사건이 들어 있는 것은 아닌 것이다. 내포된 명령을 가지는 간접 화법 구성은 일반적으로 사동문으로 취급되지 않는다.

다시 다음 예를 보기로 하자.

12 가. 인부들이 끊어진 선로를 연결시켰다.
　　나. 끊어진 선로가 인부들에 의하여 연결되었다.

12 (가)는 사동문인가? '연결시키다'는 '연결하다'로도 쓰일 수 있고, 그 피사동 사건은 **12** (나)와 같이 피동 표현으로 상정된다. 여기서 **12** (나)와 같이 피사동 사건이 주동문의 목적어를 주어로 하는 피동 표현으로 상정되는 예까지 사동문에 포함시킨다면, 모든 타동사문 나아가서는 모든 동사문을 사동문이라고 하게 될 위험이 있으므로 이런 문장들은 사동문으로 간주하지 않는다.

13 가. 형이 동생을 교육시켰다.
　　나. 동생이 형에게 교육받았다.

위의 **13** (가)의 '교육시키다'는 '교육하다'로도 쓰일 수 있고, 그 피사동 사건은 **13** (나)와 같은 피동 표현으로 상정된다. 그러나 **13** (가)는 사동문에서 제외된다. 일반적으로는 접미사에 의한 사동과 '-게 하다'에 의해 만들어지는 사동문만을 사동의 개념에 포함시키어 다루고 있다.

7.2.2. 자동사와 형용사의 사동

사동문을 엄격하게 사람이 사람에게 어떤 행동을 하게 하는 경우로만 한정할 수도 있을 것이다. 이러한 기준에 의하면, 다음과 같은 예는 사동문에 포함되지 못하게 된다.

14 가. 식당 주인이 음식 값을 올렸다.
　　나. 남자가 얼굴을 붉혔다.
　　다. 철수가 얼음을 얼렸다.

14 의 각 예는 흔히 사동문으로 취급되는 것이다. 그런데 **14** (가)에서는 피사동주가 '음식의 값'이고, **14** (나)에서는 피사동주가 '얼굴'이고, **14** (다)에서는 '얼음'이 피사동주가 된다. 정의상 어떤 행동주가 다른 행동주에게 행동을 시키지 않고 자신이 어떤 행동을 하는 의미 관

련을 표현하는 것을 '주동(主動)'이라 하였으므로, 사동의 정의를 엄격하게 적용한다면, 이들은 사동문에 포함될 수 없다. ⓕ 의 각 예는 행동주가 다른 대상에게 무엇인가를 시키는 의미를 가지는 것은 아니다. 형용사나 자동사에 사동 접사가 연결될 때는 대체로 이와 같은 의미 관련을 띠게 된다.

ⓖ 가. 어머니가 아이에게 젖을 먹였다.
　　나. 어머니가 아이에게 옷을 입혔다.

ⓗ 가. 그 영화가 나를 웃겼다.
　　나. 형이 동생을 책상 앞에 앉혔다.

사동문 설정에 있어 그 정의적 속성을 충실하게 적용할 때, 정격의 사동문에 포함될 수 있는 것은 ⓖ (가, 나)와 같은 예, 즉 사동주가 피사동주의 행동을 일으키는 경우에 한정된다. ⓗ 의 예들에서 피사동주는 '에게' 성분으로 나타날 수 없으므로 사동주가 행동에 참여하는 범위가 넓어진다. 그러나 구체적으로 ⓖ (나)와 ⓗ (나)에서 사동주의 행동 참여의 범위를 따지기는 어려운 일이다. 사동 행위를 엄격하게 사람이 사람에게 어떤 행동을 시키는 것으로 한정한다고 하면, '영화'는 사람이 아니기 때문에 ⓗ (가)도 사동에 포함되지 못하기 때문이다. 그러나 학교 문법과 한국어 사동의 논의에서는 형용사 파생 타동사를 사동 구성을 이루는 것으로 보고 있다.

7.2.3. 단형 사동과 장형 사동

사동사(使動詞, causative verb)는 주동사에 '-이-, -히-, -리-, -기-, -(이)우-, -구-, -추-' 등과 같은 사동 접사가 붙어서 이루어진다. 비교적 대표적인 예들을 보이면 다음과 같다. 괄호 속에 보인 것은 형용사에서 파생된 예이다.

ⓘ 가. 기울다–기울이다, 끓다–끓이다, 녹다–녹이다, 놀다–놀리다, 늘다–늘이다, 들다–들이다, 먹다–먹이다, 붙다–붙이다, 삭다–삭이다 등.
　　나. 굽다–굽히다, 눕다–눕히다/누이다, 늙다–늙히다, 묵다–묵히다, 밟다–밟히다, (괴롭다–괴롭히다, 덥다–덥히다/데우다, 밝다–밝히다) 등.

다. 갈다–갈리다, 끓다–끓리다, 늘다–늘리다, 마르다–말리다 등.
라. 감다–감기다, 굶다–굶기다, 남다–남기다, 숨다–숨기다 등.
마. 깨다–깨우다, 끼다–끼우다, 내리다–내리우다, 피다–피우다 등.
바. 서다–세우다, 자다–재우다, 트다–틔우다, (크다–키우다) 등.
사. 돋다–돋구다, 달다–달구다 등.
아. 맞다–맞추다, 들다–들추다 (늦다–늦추다, 낮다–낮추다) 등.

전체적으로 ⑰에 나타난 예를 보면, '–이–, –히–, –리–, –기–'에 의하여 파생된 예가 많은 분포를 차지하고 있음을 알 수 있다. 반면 '–우–, –(l)우–, –구–, –추–'의 분포는 극히 한정된다.

'삭다–삭이다/삭히다, 썩다–썩이다/썩히다'는 각기 두 가지의 사동사를 가진 것이 눈에 띈다. 사전에 따라서는 '삭이다, 썩이다' 파생만을 인정하는 일이 있으나, 현대 한국어에서는 분명히 '삭히다, 썩히다'와 같은 파생이 쓰이고 있다. 그 쓰임도 다소 차이를 가지는 것으로 여겨진다. '눕다–눕히다/누이다, 늘다–늘이다/늘리다, 덥다–덥히다/데우다'에서 그 의미 차이는 좀 더 커진다. 한 가지 예를 든다면, '찌개'는 데워 먹는 것이 일반적이고, 방은 덥히는 것이 일반적이다.

사동 접사에 의한 사동 구성 외에도, '–게 하다, –게 만들다, –도록 하다, –도록 만들다'와 같은 구성에 의하여 사동적인 의미가 표현되는 경우도 있다. 이 사동 접사에 의한 사동사에 의하여 이루어지는 사동문을 '짧은 사동' 또는 '단형 사동(短形使動, short form causative)'이라 하고, '–게 하다' 등에 의하여 이루어지는 사동을 '긴 사동' 또는 '장형 사동(長形使動, long form causative)'이라 한다.

사동사에 의한 사동을 '어휘적 사동(lexical causative)' 또는 '접미사적 사동(suffixal causative)'이라 하기도 하고, '–게 하다'에 의한 사동을 '우설적 사동(迂說的使動, periphrastic causative)'이라 하기도 한다. ⑱(가)는 사동사에 의한 단형 사동의 예이며, ⑱(나)는 장형 사동의 예이다.

⑱ 가. 어머니가 아이에게 옷을 입히었다.
나. 어머니가 아이에게 옷을 입게 하였다/만들었다.

단형 사동과 장형 사동은 어떤 차이를 지니는 것일까? 첫째, 명사적인 문장 성분을 보면, 단형 사동에는 목적어 '을/를' 성분만이 나타날 수 있으나, 장형 사동에는 '이/가' 성분도 나타날 수 있다.

⑲ 가. 동생이 형을 살렸다.
　　나. 동생이 형이/형을 살게 하였다.

둘째, 동사 성분을 보면, 단형 사동에는 관련 동사가 하나만 나타나는 데 대하여 장형 사동에서는 관련 동사가 둘 나타난다.

⑳ 가. 아이가 어른을 웃긴다.
　　나. 아이가 어른을 웃게 하였다.

셋째, 단형 사동에는 관련 동사가 하나만 나타나므로 같은 선어말어미가 한번만 쓰일 수 있는 데 대하여 장형 사동에는 동사가 둘이므로 같은 선어말어미가 두 번 쓰일 수 있는 일이 있다.

㉑ 가. 어른이 아이를 웃기신다.
　　나. 어른이 아이를 웃게 하신다.
　　다. *어른이 아이를 웃으시게 하신다.
　　라. 아버님이 할아버님을 웃으시게 하신다.

넷째, 보조사의 측면에서 보면, 장형 사동에는 본동사와 보조 동사 사이에 보조사가 쓰일 수 있으나, 단형 사동에는 쓰일 수 없다.

㉒ 가. 형이 동생을 웃기신다.
　　나. 형이 동생을 웃게도/는/만/조차 하신다.

다섯째, 단형 사동에서는 사동 사건과 피사동 사건이 시간적으로 분리될 수 없으나 장형 사동에서는 이 두 사건이 시간적으로 분리되어 시간적인 차이를 가질 수 있다.

㉓ 가. 동생이 형을 살렸다.
　　나. *토요일에 동생이 일요일에 형을 살렸다.
　　다. 토요일에 동생이 일요일에 형을 살게 하였다.

여섯째, 방법이나 수단을 나타내는 부사적인 성분이 단형 사동에서는 사동주와만 관련되는 해석을 가지나, 장형 사동에서는 피사동주와 관련되는 해석을 가질 수도 있다.

㉔ 가. 동생이 손가락을 물어 형을 살렸다.
　　나. 동생이 손가락을 물어 형이 살게 하였다.

일곱째, 단형 사동과 장형 사동은 그 표현 의미에서 미묘한 차이를 가진다.

㉕ 가. 어머니가 아이에게 옷을 입혔다.
　　나. 어머니가 아이에게 옷을 입게 하였다.

㉖ 가. *화가는 만화의 주인공을 웃겼다.
　　나. 화가는 만화의 주인공을 웃게 하였다.

㉗ 가. 영희는 고민을 숨겼다.
　　나. *영희는 고민을 숨게 하였다.

단형 사동과 장형 사동은 구성상으로나 의미상으로나 동일한 것일 수 없다. 일반적으로 단형 사동은 '직접 사동(direct causation)'을 나타내는 것으로, 장형 사동은 '간접 사동(indirect causation)'을 나타내는 것으로 구별한다. 그러나 문제는 이보다 더 미묘하다. 단형 사동은 사동주가 피사동 사건에 대하여 심리적인 거리를 가지지 않는 경우에 쓰이고, 장형 사동은 심리적인 거리를 가지는 경우에 쓰인다.

8장

부정법

8.1. 부정문과 긍정문

문장은 그 표현 내용을 중심으로 어떤 사실을 긍정하는가 부정하는가에 따라 '긍정문(肯定文, affirmative sentences)'과 '부정문(否定文, negative sentences)'으로 나뉜다. 이렇게 보면, 긍정문과 부정문의 구분은 아주 자명한 듯이 보인다. '철수가 학교에 간다'와 같이 간다는 사실을 긍정하면 긍정문이며, '철수가 학교에 가지 않는다'와 같이 간다는 사실을 부정하면 부정문이 된다. 그러나 이러한 기준이 엄격히 지켜질 수 있는 것이 아니라는 데 부정 문제의 어려움이 있다.

화자가 의미하는 것은 분명히 부정이지만 그 형식은 부정문이 아닌 것도 있고, 부정을 나타내는 형태가 쓰인 것이라고 하더라도 그 의미는 부정이 아닌 것도 있다. 의미라는 것에 화자의 의도라는 것을 더 포함시킨다면 문제는 더욱 어려워진다.

의미론적인 기준은 문제를 어렵게 한다. 따라서 가능하면 형식적인 기준에 의존하여 문제의 범위를 정하는 것이 바람직하다. 여기서 우리가 중시하려는 것은 부정의 요소이다. 어떤 문장을 부정문으로 만드는 요소를 흔히 '부정소(否定素, negative element)'라 한다. 한국어의 부정소에는 부정 부사 '아니(안)'와 '못'이 있고, 다시 이들을 내포한 '아니다, 아니하다, 못하다, 말다'와 같은 요소가 있다.

❶ 가. 그는 우리 제안에 반대한다.
　　나. 동생이 형의 제의를 거절했다/거부했다/비판한다/비난한다.

❷ 가. 그것은 아주 비현실적(非現實的)이다.
　　나. 아이들이 아주 몰지각(沒知覺)하다.

❶(가, 나)는 '거절문'이라 할 수 있는 것으로 내용은 부정이나, 형식은 부정문이라고 할 수 없다. ❷에는 부정소나 부정 서술어가 안 쓰였기 때문이다. ❷(가, 나)에는 '비(非)-, 몰(沒)-'과 같은 '부정 접두사'가 쓰인 문장이다. 내용은 부정이나, 형식은 부정문이 아니다. 부정소나 부정 서술어가 쓰이지 않았기 때문이다.

❸ 가. 철수가 회의에 <u>안</u> 가지 <u>않았</u>다.
　　나. 철수가 그런 곳에 가겠습니까?

❸(가)는 '이중 부정(二重否定, double negation)'이다. 부정의 부정은 긍정이므로 내용은 긍정이다. 그러나 이를 형식상 긍정문이라고 하지는 않는다. ❸(나)는 '수사 의문(修辭疑問, rhetorical question)'이다. 화자가 의미하는 것은 부정이지만, 이를 부정문이라고 하지는 않는다. 부정문과 긍정문을 내용에 의존해서만 나눌 수 없음이 분명하다. 따라서, '긍정'과 '부정'은 내용에 따라 구분하고, '긍정문'과 '부정문'은 형식에 따라 구분하기로 한다.

8.2. 부정문과 부정 극어

단어들 가운데는 부정이나 긍정의 어느 한 쪽과만 어울리는 특별한 성질을 가진 단어들이 있다. 이러한 성질을 '극성(極性, polarity)'이라 한다. 부정과 어울리는 특성을 '부정 극성'이라 하고, 긍정과 어울리는 특성을 '긍정 극성'이라 한다. 이러한 극성을 가진 단어들을 '극어(極語, polarity item)'라 한다. '긍정 극어(肯定極語, affirmative polarity item)'는 긍정과만 어울리는 성질을 가진 단어를 말하며, '부정 극어(否定極語, negative polarity item=NPI)'는 부정과만 어울리는 단어를 말한다.

❹ 가. 드디어 그가 나타났다/??안 나타났다.
　　나. 그는 벌써 왔다/??안 왔다.

❺ 가. 그는 결코 정직하지 않다/*정직하다.
　　나. 나는 전혀 그런 말을 안 했다/*했다.
　　다. 아무도 그 일에 관심을 가지지 않는다/*가진다.
　　라. 그는 하나도 모른다/*안다.

❻ 가. 그는 아무 것도 모른다/*안다.
　　나. 그곳에는 아무도 없다/*있다.

❼ 가. *아무도 그것을 거절했다.
　　나. *이 제안은 결코 비현실적이다.

❻ (가, 나)는 '모르다, 없다'가 '아무 것도, 아무도'와 같은 부정 극성 성분을 허용한다. 이는 '모르다, 없다'가 부정 서술어와 유사한 성격을 가짐을 의미한다. 이들을 '부정어'라 부르기로 한다. 반면 ❼ (가, 나)는 부정 극성 성분을 허용하지 않는다. 따라서 ❼ (가, 나)는 부정문에 포함되지 않는다.

8.3. 단형 부정문과 장형 부정문

부정소가 서술어 앞에 나타나느냐 서술어 뒤에 나타나느냐에 따라 부정문은 '단형 부정문'과 '장형 부정문'으로 나뉜다. 부정소에 의한 부정은 '단형 부정' 또는 '짧은 부정'이 되고, 부정 서술어에 의한 부정은 '장형 부정' 또는 '긴 부정'이 된다(이후 편의상 '단형 부정문'을 '단형 부정'이라 하고, '장형 부정문'을 '장형 부정'이라 하기로 한다).

❽ 가. 철수가 오늘 학교에 안 갔다.
　　나. 철수가 오늘 학교에 가지 않았다.

❽ (가)는 '단형 부정'으로, 서술어 앞에 부정소가 직접 쓰이고 있다. ❽ (나)는 '장형 부정'으로 서술어가 '-지'로 되고 그 뒤에 다시 '아니하다'가 오고 있다. 장형, 단형이라 함은 이 두 문장의 길이를 기준으로 나눈 것이다.

그 동안 부정문에 관한 논의는 ❽ (가, 나)와 같은 두 유형의 부정이 의미 차이를 가지는가 안 가지는가, 그 기저가 같은가 다른가에 집중되어 왔다. 대부분의 부정법 논의는 이 둘을 같은 의미를 가진 것으로, 또 같은 기저에서 생성되는 것으로 보아 왔다.

그러나 형식적인 차이만을 두고 보더라도, ❽ (가)에는 서술어가 하나뿐이고, ❽ (나)에는 서술어가 둘이다. 따라서, 대우법 형태 '-(으)시-'가 쓰일 경우 단형에는 '-(으)시-'가 하나밖에 쓰일 수 없으나, ❽ (나)에는 '-(으)시-'가 둘이나 쓰일 수 있다.

8.4. '안' 부정과 '못' 부정

부정의 의미를 중심으로 볼 때, '안(아니)'와 '아니하다'를 무표적인 부정이라 한다면, '못'과 '못하다'는 유표적인 부정이다. '아니' 및 '아니하다'가 순수 부정이나 의도 부정의 의미를 띠는 데 대하여, '못' 및 '못하다'는 상황에 의하여 어떤 일이 이루어지지 않음을 나타내는 '상황 부정'의 의미를 띤다. 편의상 전자를 '안' 부정, 후자를 '못' 부정이라 부르기로 한다.

❾ 가. ??쌀이 없어 그 집은 밥을 안 먹는다.
　 나. ??쌀이 없어 그 집은 밥을 먹지 않는다.

❿ 가. 쌀이 없어 그 집은 밥을 못 먹는다.
　 나. 쌀이 없어 그 집은 밥을 먹지 못한다.

❾는 '안' 부정이 사용됐는데 어딘가 이상한 느낌을 준다. 객관적인 상황이 허락하지 않는 것이 '안' 부정의 의미론을 충족시키지 못하기 때문이다. 이에 대해서 ❿은 자연스럽다. 상황에 의한 부정의 의미가 충족되기 때문이다.

'아니'를 순수 부정으로 보고 의도 부정은 문맥에 따른 것으로 볼 가능성이 있긴 하지만, 이는 다음과 같은 예에 의하여 부정된다.

⑪ 가. *철수는 그 사실을 안 안다/알지 않는다.
　　나. *나는 그 사실을 안 깨달았다/깨닫지 않았다.
　　다. *그는 더위를 안 견디겠다/견디지 않겠다.

　만약 '아니'가 순수 부정을 나타내는 것이라면, ⑪ (가–다)와 같은 예들이 성립하지 못할 이유가 없다. '아니'가 완전한 순수 부정을 나타낸다기보다는 용언에 따라 의도 부정을 뜻하는 경우도 있는 것으로 보아야 한다.
　'못' 부정은 동사에 대하여는 장형과 단형이 모두 가능하나, 형용사에 대해서는 단형 부정이 성립하지 않는다. 편의상 '못하다'에 의한 부정을 '못' 부정의 장형이라 부르기로 한다.

⑫ 가. 철수가 요즘 못 쉰다.
　　나. 철수가 요즘 쉬지 못한다.

⑬ 가. 진수는 한자를 못 읽는다.
　　나. 진수는 한자를 읽지 못한다.

⑭ 가. *영희가 못 예쁘다.
　　나. 영희가 예쁘지 못하다.

　부정이 어떤 요소를 부정하고, 또 어떤 요소는 부정되지 못하고 하는 문제를 흔히 부정의 '범위(scope)' 또는 '작용역'이라 한다.

⑮ 가. 학생들이 다 가지 않았다.
　　나. 학생들이 다 안 갔다.

　⑮ (가)는 두 가지 의미로 해석된다. 하나는 '가지 않은 학생이 다인 경우'이고 다른 하나는 '간 학생이 다가 아닌 경우'이다. 앞의 해석은 '다'가 부정의 범위 바깥에 있는 해석이고(전칭 부정), 뒤의 해석은 '다'가 부정의 범위 안에 있는 해석이다(부분 부정).

8.5. 부정 명령

부정 명령이나 청유는 특이하게 '말다'를 이용한다. 그러나 '말다'가 반드시 명령에만 쓰이는 것은 아니다.

⑯ 가. 철수야, 제발 나를 떠나지 말아라.
　　나. 우리 이 자리에서 한 발자국도 움직이지 맙시다.
　　다. *철수야, 나를 떠나지 않아라/안 떠나라.

⑯ (가)는 부정 명령의 예를 보인 것이며, ⑯ (나)는 부정 청유의 예를 보인 것이다. ⑯ (다)는 구체적인 청자에 대한 명령에 '안'이나 '아니하다'가 쓰일 수 없음을 보인 것이다.
　그러나 특이한 의미를 가지는 경우는 명령이나 청유에도 '안'이나 '아니하다'가 쓰일 수 있다.

⑰ 가. 그 놈의 차가 움직이지 않아라/못해라. (저주의 경우)
　　나. 안 쓰자, 안 입자, 안 먹자. (다짐의 경우)

⑰에서와 같이 저주나 다짐을 뜻하는 경우, '안'이나 '아니하다' 명령이 쓰일 수 있다. 형식은 명령, 청유이나 그 실제 효력은 다른 것이다.

⑱ 가. 우리는 그가 떠나지 않기를/말기를 바란다.
　　나. 우리는 그가 떠나지 않았으면/말았으면 한다.

⑱은 '-지 말다'가 반드시 명령이나 청유에만 배타적으로 쓰이는 것은 아님을 보인다. 희망이나 바람을 나타내는 문맥에는 '아니하다'와 '말다'가 같이 쓰일 수 있다.

참고문헌

고영근·구본관(2008), 『우리말문법론』, 집문당.
남기심·고영근(1993/1985), 『표준 국어문법론』(개정판), 탑출판사.
임홍빈(1988), 『고등국어문법』, 교학사.
이익섭, 임홍빈(1983), 『국어문법론』, 학연사.
이익섭·채완(1999), 『국어문법론 강의』, 학연사.
장소원, 임홍빈, 안명철, 이은경(2001), 『바른 국어생활과 문법』, 한국방송통신대학교 출판부.
최현배(1957), 『우리말본』, 정음사.

한국어 어휘론

김창섭
서울대학교 인문대학 국어국문학과

| 학습 목표 |
- 어휘론의 전반을 개관한다.
- 한국어 어휘론의 주요 주제들에 대해 이론적으로 이해한다.

▶▶▶ 차례

1. 어휘론 개관
   1.1. '어형'과 '어휘소'
   1.2. '어휘론'의 정의와 '어휘'의 두 가지 뜻
   1.3. 어휘론의 주요 연구 분야
2. 단어 형성
   2.1. 단어 형성의 기본 개념들
   2.2. 합성어 형성
   2.3. 파생어 형성
   2.4. 생산성, 투명성, 어휘화
3. 한국어의 어종과 한자어
   3.1. 한국어의 어종
   3.2. 한자어
4. 관용 표현
   4.1. 관용 표현의 개념
   4.2. 연어
   4.3. 숙어
   4.4. 문법적 관용 표현
5. 사전
   5.1. '사전'의 개념
   5.2. 사전의 유형
   5.3. 사전의 구조
   5.4. 정의
6. 기타 어휘론의 몇 가지 개념
   6.1. 기초 어휘와 기본 어휘, 능동적 어휘와 수동적 어휘
   6.2. 말뭉치와 어휘 빈도
   6.3. 어휘소의 변종

▶ 참고문헌

1장

어휘론 개관

어휘론(語彙論. lexicology)은 단어와 숙어에 대해 연구하는 언어학의 한 분과로서 특별히 언어 교육이나 사전 편찬과 같은 응용 분야에서 더 중시되고 있는 분야이다.

1.1. '어형'과 '어휘소'

어휘론 연구의 단위는 일차적으로 '단어(單語. word)'이다. 그런데 단어에는 여러 가지 뜻이 있고, 단어를 세는 방법에도 여러 가지가 있다. 예를 들어 '나는 걷고, 걷고, 또 걸었다'라는 문장에는 다음과 같이 6개, 5개 혹은 4개의 '단어'가 있다고 할 수 있다.

- ❶ 나, 는, 걷고, 걷고, 또, 걸었다 : 6개 (어형을 토큰으로 세었음.)
- ❷ 나, 는, 걷고, 또, 걸었다 : 5개 (어형을 타입으로 세었음.)
- ❸ 나, 는, 걷다, 걷다, 또, 걷다 : 6개 (어휘소를 토큰으로 세었음.)
- ❹ 나, 는, 걷다, 또 : 4개 (어휘소를 타입으로 세었음.)

단어가 문장 속에서 취하는 모양들을 '어형(語形. word form)'이라고 한다. ❶과 ❷에서 '걷고'와 '걸었다'는 한 단어인 '걷…'이 취한 두 가지 어형이다. ❶과 ❷는 단어들의 어형을 센 것인데, 동일 어형이 반복해서 출현할 때 ❶은 출현할 때마다 하나로 [(즉 토큰(token)으로] 센 것이고, ❷는 그것들을 묶어서 하나로[즉 타입(type)으로] 센 것이다. ❸과 ❹는 한 단어에 여러 어형이 있으면 그것들로부터 추상된 하나의 대표를 정하여 나열한 것이다. 이때 그 추상적인 대표를 '어휘소(語彙素, lexeme)'라고 한다. 예를 들어 어형 '나'에서는 그 자체를 어휘소로 삼고, '걷고', '걸었다' 등에서는 '걷다'를 어휘소로 삼는다. ❸은 어휘소를 토큰으로 센 것이고, ❹는 어휘소를 타입으로 센 것이다.[1] 어휘를 구성하는 하나하나의 항목이 어휘소이므로 어휘소를 '어휘 항목(lexical item)'이라고도 부른다.

앞에서 어휘론 연구의 단위를 단어라고 하였는데, 이제 이 '단어'를 전문적인 용어로 표현한다면 '어휘소'라고 할 수 있다. 그런데 어휘론에서는 이 '어휘소'에 단어뿐 아니라 숙어(熟語, idiom)도 포함시킨다.[2] 사전에서 숙어도 풀이의 대상이 된다는 사실로부터도 이러한 사정을 알 수 있다.

숙어란 다음의 예에서처럼 둘 이상의 단어로 된 표현으로서 그 성분 단어의 합으로는 가질 수 없는 의미를 가지는 것이다.

❺ '눈이 높다' (바라는 수준이 높다는 뜻일 때)
❻ '파리를 날리다' (장사가 잘 안 된다는 뜻일 때)

물론 이 예들이 문자 그대로의 뜻을 가질 때에는 숙어라고 하지 않는다. 숙어는 둘 이상의 단어로 되어 있으면서도 피지시물을 가리키는 데 있어서 마치 하나의 단어와 같은 역할을 하므로 어휘소의 한 종류로 취급되는 것이다.

---

1) 토큰으로 세면 어형을 센 수효와 어휘소를 센 수효는 일치한다. 어휘소를 타입으로 센 개수를 '어휘소의 종수(種數)', 어휘소를 토큰으로 센 개수를 '어휘소의 총수(總數)'라고도 한다. 이러한 문맥에서는 '단어'라고 해도 그것이 '어휘소'를 뜻하게 되기 때문에 '단어의 종수', '단어의 총수'라는 말이 더 잘 쓰인다.
2) 형태론은 단어의 내부 구조를 다루는 분야이므로, 형태론에서 '어휘소'라고 할 때에는 여러 어형을 하나로 추상했다는 의미에서의 어휘소만을 가리킨다. (즉 숙어를 제외한다.)

1.2. '어휘론'의 정의와 '어휘'의 두 가지 뜻

'어휘'는 본래 영어 명사 'vocabulary'의 번역어인데, 한자 형태소 '어(語)'는 '단어', '휘(彙)'는 '모음'이라는 뜻이다. '한국어의 어휘', '소설『토지』의 어휘', '초등학교 교육용 어휘', '친족 명칭 어휘' 등의 '어휘'가 이 뜻으로 쓰인 것이다.

그런데 '어휘'란 단어 모음이기 때문에 어휘론은 단어 모음에 대한 연구이어야 하고, 단순히 단어를 개별적으로 연구한 것은 어휘론에 들지 못한다는 견해가 있다. 그러나 한 분과 학문이 어떤 '항목 모음'에 대한 집합적 연구만을 포함하고, 그 모음을 구성하는 '하나하나의 항목'에 대한 개별적 연구는 포함하지 않는다면 그 분과 학문은 완결성을 가지지 못할 것이다. 실제로 서양 학계에서의 '어휘론(lexicology)'도 'vocabulary론'을 포함하는 'lexeme론', 즉 '어휘소론'이다. 어휘소론이 어휘소에 대한 연구를 포함하면서 또 어휘소 모음에 대한 연구를 포함하는 것은 지극히 당연한 일이다. 본 장에서는 '어휘론'을 '어휘소에 대한 언어학적 연구'로 정의한다. 그리고 앞에서 어휘소에 단어와 숙어를 넣었으므로 어휘론은 간단히 말하면 단어와 숙어에 대한 연구가 되는 것이다.

한국어 어휘론에서 '어휘'는 두 가지 뜻으로 쓰이고 있다는 사실을 확인해 둘 필요가 있다. 하나는 위에서 말한 '단어 모음'이라는 뜻이고 다른 하나는 '모음'과 무관한 '단어'라는 뜻이다. 이 두 가지 뜻에서 '단어'는 여러 어형들로의 변화를 고려하지 않은 것이므로 결국 '어휘소'와 같은 내용이 된다. 첫 번째 뜻은 대개 '어휘가', '어휘를', '어휘의' 등에서처럼 독립적으로 쓰인 '어휘'에서 볼 수 있고, 두 번째 뜻은 '어휘 형태소', '어휘 의미론', '어휘적', '어휘사(語彙史)', '어휘론'의 '어휘'에서 볼 수 있다. 이렇게 된 것은 'vocabulary'도 '어휘'로 번역하고, '모음'이라는 뜻이 없는 'lexical'도 '어휘...', '어휘적'으로 번역하여 왔기 때문이다.[3]

1.3. 어휘론의 주요 연구 분야

어휘소로서의 단어에 대하여 그 의미에 대한 연구와 형식에 대한 연구를 수행할 수 있다. 단어의 의미에 대한 연구는 어휘 의미론(lexical semantics), 단어의 형식에 대한 연구는 단어 형

---

[3] 흔히 'lexical[어휘적]'은 'grammatical[문법적]'과 대립되는 의미로 사용되어 왔고, 'vocabulary[어휘]'는 'grammar[문법]'와 대립되는 의미로 사용되어 왔다.

성론 혹은 조어론(word formation)이라고 부른다. 어휘소의 또 하나의 큰 갈래는 숙어이다. 숙어의 상위 범주인 관용 표현에 대한 연구를 관용 표현론 또는 성구론(慣用 表現論/成句論, phraseology)이라고 부른다. 다시 이 각각의 분야들에 대해서 공시론과 통시론이 성립한다. 예를 들어 어떤 단어의 의미와 형식에 대한 통시론을 단어사(=어휘사) 연구라고 하고, 특히 그 기원에 집중된 연구를 어원론(etymology)이라고 한다.

한편, 단어의 차용(借用)에 대한 연구가 있다. 차용이라는 관점에서 어휘소는 고유어, 한자어, 외래어와 같은 어종(語種)으로 나뉘는데, 이들에 대해 위와 같은 여러 가지 각도에서의 연구가 가능하다. 한 시기의 차용어 또는 외래어에 대한 공시적 연구도 가능하며, 시기별로 다른 언어로부터의 차용이 이루어짐으로써 현대 한국어가 가지게 된 어종의 층들에 대한 통시적 연구도 가능하다. 또, 하나의 외래 어종, 예를 들어 한자어라는 어종에 대한 의미론, 조어론 등의 여러 가지 어휘론적 연구도 성립할 수 있다.

단어는 성별이나 사회 계층에 따라 규정되는 언어 사용자에 따라서도 달라질 수 있고, 언어 사용의 상황에 따라서도 달라질 수도 있다. 따라서 여성어, 유아어나 문어, 구어, 은어, 신어 등의 변이(變異)에 대한 어휘 차원의 연구를 수행할 수 있다.

언어의 여러 단위들에 대해 계량적 연구를 수행할 수 있는데, 계량적 연구 중에서는 단어(어휘소)에 대한 계량적 연구가 가장 활발하다고 할 수 있다. 특히 언어 교육이나 사전 편찬, 언어 정보 처리와 같은 어휘론의 응용 분야에서 어휘 빈도 조사 등의 어휘 계량이 행해질 수 있다.

이 외에 사전편찬학(辭典編纂學/辭典學, lexicography)을 어휘론에 포함시키는 경우가 많다. 관점을 달리해서 어휘론의 많은 부분이 사전편찬학의 내용이 된다고 할 수도 있다.

본 장에서는 이러한 연구 분야의 많은 주제들 중에서 단어 형성, 한자어, 관용 표현(숙어와 연어), 사전 등에 대해 다루고, 기타 어휘론의 몇 가지 개념에 대해서도 간단히 설명하기로 한다.[4]

---

4) 어휘 의미론은 어휘론과 의미론에서 모두 다루어지는데, 본서에서는 이 부문에 대한 설명을 의미론 쪽으로 미루기로 한다. 단어 형성론은 문법론에도 포함되지만, 본장에서 비교적 자세히 다루기로 한다.

2장

단어 형성

일반적으로 새 단어는 단어 이하의 요소가 재료가 되어 형태론적으로 만들어진다. 그러나 통사론적으로 만들어진 어떤 구성이 문장의 성분으로 쓰이다가 단어로 재분석되는 일도 있다.[5] 때로는 처음부터 단어로 사용하기 위해 의식적으로 통사론적 구성을 만들어 이것을 단어로 재분석하는 수도 있다.[6] 한국어는 새 단어를 만드는 형태론적 과정이 활발한 언어로 알려져 있다.

2.1. 단어 형성의 기본 개념들

2.1.1. 단어 형성의 재료

새 단어를 형성하는 재료로는 기존 단어와 접사(接辭, affix), 그리고 '단어적 어근'이[7] 있다. '단어적 어근'이란 단어는 아니지만 일반적인 단어와 마찬가지로 실질적 의미를 가지며 새 단

---

5) 문장 속의 성분이 새 단어로 재분석된 예는 다음과 같다.
   i) 층위의 재분석: 볼 일_명사구_ → 볼일_명사_, 있다가_부사절_ → 이따가_부사_, 정말로_부사구_ → 정말로_부사_
   ii) 품사의 재분석: (...에게)감사합니다/감사하는_동사_ → (...이) 감사합니다/감사한_형용사_
6) 일어 '다꾸앙'의 순화어와 한자어 '비등점(沸騰點)'의 다듬은 말로 제안된 '단무지', '끓는점'을 예로 들 수 있다.
7) 학교 문법에서 '어근'은 단어 분석의 결과로 얻는 것이지 단어 형성의 입력으로 주어지는 것이 아니다. 이 관점에서 '단어적 어근'은 적당치 못한 술어이다. 본 장에서는 알맞은 용어가 자리 잡을 때까지 이 용어를 임시로 사용하기로 한다.

어 형성에서 주요부 역할을 하는 형식을 말하는데, '깨끗하다', '복잡하다', '건들건들' 등의 '깨끗', '복잡', '건들' 들이 그것이다. 단어 형성의 재료(입력)가 될 단어와 단어적 어근을 새로 형성된 단어 즉 복합어에 상대시켜 부를 때에는 기어(基語)라고 하기로 한다. 그러면 입력 쪽에서 볼 때, 둘 이상의 기어가 입력되어 단어가 만들어지는 과정은 합성(合成, compounding)이고, 하나의 기어에서 새 단어가 만들어지는 과정은 파생(派生, derivation)이라고 말할 수 있다.

기존 단어가 아닌 잠재적인 단어(潛在語, potential word)도 단어 형성의 2차적인 재료가 될 수 있다. 예를 들어 '디딤돌'의 '디딤'은 명사로서 적격한 구조를 가지고 있지만 아직 독립된 명사로 쓰이고 있지는 않은데(*디딤이', *디딤을' 등), 본 장에서는 이 '디딤'도 명사(단, 잠재어로서의 명사)라고 인정한다. '디디다'는 명사 '디딤'의 기어이고 '디딤'과 '돌'은 '디딤돌'의 기어라고 할 수 있을 것이다.

2.1.2. 복합어의 구성 요소

새 단어, 즉 단어 형성 과정의 출력을 분석하는 차원에서는, 분석되어 나온 단어의 직접 구성 요소 가운데 의미의 중심부를 어근(語根, root)이라고 하고, 주변부는 접사(接辭, affix)라고 한다. 재료 차원에서 단어나 단어적 어근이었던 것은 출력의 구성 요소 차원에서 어근이 되고, 재료 차원에서 접사였던 것은 출력에서도 접사가 된다. '어근+어근'으로 분석되는 새 단어는 합성어(合成語, compound)라고 한다. '어근+접사'나 '내부에서 변화한 어근'으로 분석되는 새 단어는 파생어(派生語, derivative)라고 한다. 접사 가운데 어근의 앞에 오는 것은 접두사(接頭辭, prefix)라고 하고 뒤에 오는 것은 접미사(接尾辭, suffix)라고 한다. 어근의 내부 변화(internal change)에는 음운 교체와 어근 확대가 있다. 음운 교체는 자음 교체와 모음 교체로 나뉜다. 때로는 '어근+어근'이나 '어근+접사'가 단어가 못 되고 단어적 어근에 머무르는 수가 있다. 이러한 경우에는 새로 형성된 복합 형식을 합성 어근 혹은 파생 어근이라고 부르기로 한다.

이제 분석의 관점에서 본 단어 구성 요소와 조어 과정의 예를 살펴보자.

❶ 어근의 예: '먹이'의 '먹-', '푸르스름하-'의 '푸르스름-', '푸르스름-'(단어적 어근)의 '푸르-', '풋사과'의 '사과', '쌀밥'의 '쌀'과 '밥', '高貴하-'의 '高貴', '高貴'(단어적 어근)의 '高'와 '貴', '푸릇푸릇'(부사 또는 단어적 어근)의 '푸릇', '푸릇'(단어적 어근)의 '푸르-', '디딤돌'의 '디딤'과 '돌', '디딤'(잠재 명사)의 '디디-'. (흔히 '끓는점'의 '끓는'과 '점'도 어근으로 봄.)

❷ 접두사의 예: '풋사과'의 '풋-'

❸ 접미사의 예: '먹이'의 '-이', '푸르스름하-'와 '高貴하-'의 '-하-', '푸르스름-'의 '-스름-', '푸릇-'의 '-ㅅ-'.

❹ 자음 교체의 예: 빙 → 핑, 빙→뼹

❺ 모음 교체의 예: 빙→뱅[8]

❻ 어근 확대의 예: 탕→타당→타다당, 덜컹→덜커덩

❶과 ❸의 '푸르스름하-'의 분석에서 보듯이 한 단어에서 어근과 접사의 개념이 반복해서 적용될 수 있다.

2.1.3. 단어 형성의 분류

이제 단어 형성을 다음과 같이 분류하기로 한다.[9]

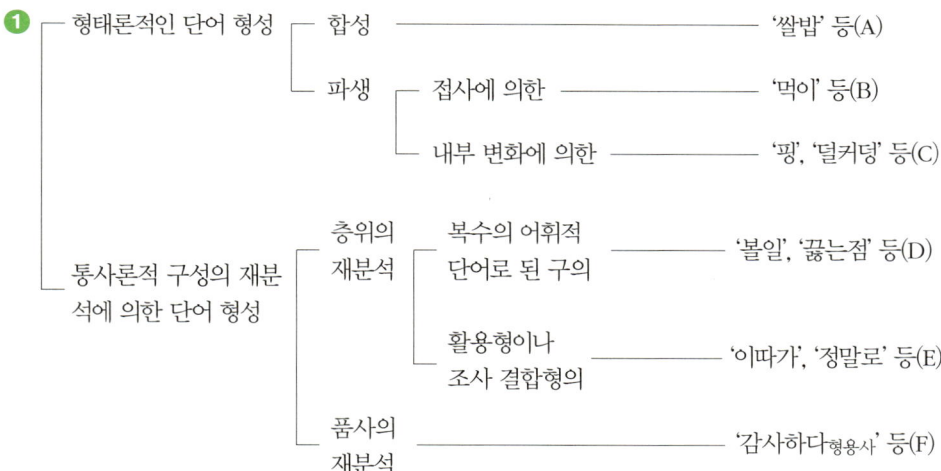

----

8) ❹, ❺의 예들은 모두 '한 바퀴 도는 모양'이나 '갑자기 정신이 아찔해지는 모양'을 뜻한다.

9) '크다'에는 형용사 '크다'와 동사 '크다'가 있는데, 이러한 경우 어느 한 쪽에서 다른 쪽이 접사에 의하지 않고 파생되었다든가 영(零)인 접사에 의해 파생되었다고 해석하는 수가 있다. 이러한 파생을 영변화(零變化) 파생 혹은 영파생(zero-derivation)이라고 한다. 그러나 학교 문법에서는 이러한 경우를 한 단어가 두 품사로 통용되는 것으로 보아 '품사의 통용'이라고 한다. 즉 두 가지 품사의 '크다'가 존재하는 것을 단어 형성에 의한 것으로 보지 않는 것이다. 본 장에서는 학교 문법의 견해를 따른다.

❶에서 A는 합성어이고, B와 C는 파생어이다. D, E, F는 구별 없이 재분석어라고 할 수 있을 것이나 통상적으로는 그중 D를 합성어로 처리하여 왔다. E에 대해서는 뚜렷한 통설이 없고, F는 통상적으로 단어 형성론의 밖에서 품사의 통용이라고 불러 왔다.

형성된 새 단어를 분석했을 때, 내부 구조가 복합적인 단어를 '복합어'(합성어와 파생어의 상위 개념)라고 하는데, 위의 A, B는 어근이나 접사들로 되어 있으므로 의당 복합어에 포함된다(A는 합성어, B는 파생어). C, D, E, F의 내부 분석은 A, B의 경우와는 차원이 달라지므로 문제가 되지만, 통상적으로는 C, D도 복합어로 처리해 왔다(C는 파생어, D는 합성어). 본서가 교과서임을 고려하여 본 장에서도 이러한 통례를 따르기로 한다.

그런데 실제에 있어서는 형태론적으로 형성된 단어와, 통사론적 구성의 재분석으로 된 단어의 구별이 불가능할 때가 많다. 예를 들어 '운동장 가'가 구이듯이 '연못 가'란 구도 있을 수 있다. 따라서 명사 '연못가'는 구 '연못 가'가 재분석된 것인지, 처음부터 형태론적으로 합성 명사로 형성된 것인지 확실하게 판정할 수 없다. 본 장에서는 일단 이러한 경우의 예들도 처음부터 형태론적으로 형성된 것으로 간주하기로 한다.

그런데 국어의 단어 형성론에서 '단어'라고 할 때 용언(동사, 형용사)의 경우에는 그 어간까지만을 가리키는 것으로 약속할 필요가 있다. 단어 형성론에서 말하는 단어는 어휘소 차원의 것인데, 어간에 어미가 바뀌어 결합한다고 해서 새 어휘소가 만들어지는 것은 아니기 때문이다. 기어의 품사를 표시할 때는 약호를 사용하기로 한다: N(명사), V(동사 어간), A(형용사 어간), Adv(부사). 단어적 어근은 R로 표시하기로 한다.

2.2. 합성어 형성

2.2.1. 합성 명사

'N1+N2'라는 합성 명사 형성 방식은 국어의 전체 단어 형성 가운데 가장 생산적이다. 여기에는 ❶처럼 두 명사가 대등 관계로 결합된 것과 ❷처럼 주종(主從) 관계로 결합된 것의 두 종류가 있다.

❶ 논밭, 손발, 물불, 앞뒤, 위아래, 총칼, 피땀

❷ a. (사이시옷 없음) 쌀밥, 칼국수, 돼지고기, 볶음밥, 증명사진, 신체검사
　b. (사이시옷 있음) 햇빛, 눈사람[-싸람], 불빛[-삗], 갈림길[-낄], 행정법[-뻡]10)

주종 구성의 합성 명사는 N1이 N2를 수식하는 구조의 것인데, 이것이 N1+N2 합성명사 예의 대부분을 차지한다. 대등 구성에는 사이시옷이 개재하지 않으며, 주종 구성에는 사이시옷이 개재하는 것과 개재하지 않는 것이 있다. (본 장에서는 서술의 편의를 위해서 글자로서의 사이시옷뿐 아니라 그 글자의 표기 대상인 형태소도 '사이시옷'이라고 부르기로 한다.)

사이시옷의 개재를 정확하게 예측하는 것은 불가능하다. 단, N1이 N2에 대해 다음 ❸의 관계에 있을 때에는 사이시옷이 개재하지 않는 경향이 아주 강하다고 말할 수 있다. 이러한 관계를 ㅅ불개재(不介在) 관계라고 부르기로 한다.

❸ 동격(구리쇠, 누이동생); 재료(쌀밥, 금반지); 모양(고추잠자리, 여우비); 수단·방법(불고기, 칼국수); 유정 소유자(有情 所有者)(돼지고기, 개미집)

동일한 N1, N2로 만들어진 합성 명사일지라도 N1-N2 관계에 따라 형태소로서의 사이시옷의 개재가 달라지기도 한다.

❹ ┌ 얼음집1 : 얼음을 파는 집(N1은 N2의 주제). (사이시옷 있음. [어름찝])
　└ 얼음집2 : 얼음으로 지은 집(N1은 N2의 재료). (사이시옷 없음. [어름집])

반면에 어떤 명사는 주종 구성 합성 명사의 N2로 쓰일 때 늘 그 앞에 사이시옷이 올 것을 요구하기도 한다. 이들을 ㅅ전치(前置) 명사라고도 하는데, 다음 ❺의 명사들이 그 예이다.

---

10) '불빛'은 [불삗]으로 발음되므로 이론적으로는 '붊빛'과 같이 사이시옷을 적는 것이 맞지만, 이런 식으로 하면 현행 겹받침들 외에 'ㄾ'이라는 겹받침이 추가로 필요하다. '눈사람'[눈싸람], '갈림길'[갈림낄], '등불'[등뿔]을 위해서는 'ㄵ', 'ㄻ', 'ㅄ' 받침도 필요해진다. 한글 맞춤법에서는 이러한 많은 겹받침의 사용을 피하기 위해 제1성분이 자음으로 끝나면 사이시옷을 적지 않도록 하고 있다. 이처럼 글자로서의 사이시옷이 적지 않는 경우에도 형태소로서의 사이시옷은 개재하고 있는 경우가 많다.

❺ 길(고갯길, 들길[-낄]), 국(고깃국, 된장국[-꾹]), 값(담뱃값, 땅값[-깝]), 가게(담뱃가게, 쌀가게[-까게]), 법(국제법[-뻡], 사용법[-뻡]), 병(귓병, 전염병[-뼝]), 죄(사기죄[11][-쬐], 살인죄[-쬐])

주종 구성의 N1+N2 형 합성 명사는 결과되는 의미를 예측하기 어려울 때가 많다는 의미론적 특징을 가진다.

❻ ┌ 목티 : 목까지 올라가 목을 가리는 티셔츠.
  └ 배꼽티 : 배꼽까지 못 내려가 배꼽을 드러내는 티셔츠.
  ┌ 쌀밥: 잡곡을 넣지 않고 쌀로만 지은 밥.
  └ 보리밥 : 쌀보다 보리가 더 많든 적든 상관없이 보리가 들어간 밥.

'N1+N2' 이외의 합성 명사 형성 유형으로 다음의 것들이 있다.

❼ R+N : 보슬비, 산들바람, 절름발, 가전제품(家電製品) (이상 사이시옷 없음)
         굴렁대[-때], 괘씸죄[-쬐], 특별법[-뻡] (이상 사이시옷 있음)
❽ V/A+-ㄴ/-ㄹ+N : 지난날, 볼일, 큰절, 단감, 작은아버지, 디딜방아, 건널목

❼의 제1성분은 단어적 어근들이다. ❽의 '-ㄴ', '-ㄹ'은 본래는 관형사형 어미로 쓰이는 것이다. ❽의 예들은 통사론적 구성으로서의 명사구가 명사로 재분석되어 만들어진 것일 가능성이 있다.

2.2.2. 합성 동사와 합성 형용사

다음 ❶~❹는 합성 동사의 유형들이고, ❺~❽은 합성 형용사의 유형들이다.

❶ V+-어+V : 돌아오-, 떠맡-, 건너뛰-, 파묻-, 두들겨맞-, 굽어보-, 스며들-
❷ V+V : 감싸-, 오르내리-, 오가-, 돌보-, 여닫-(열-+닫-), 굶주리-, 뛰놀-

---

11) '국제법'과 '사기죄'에 사이시옷을 적지 않는 데 유의할 것('국젯법×, '사깃죄'×). 한글 맞춤법에서는 앞뒤의 말이 모두 한자어인 합성어에서는 사이시옷을 적지 않는다. [단, 두 음절로 된 다음의 한자어에서는 사이시옷을 적는다. 곳간(庫間), 셋방(貰房), 숫자(數字), 찻간(車間), 툇간(退間), 횟수(回數)]

❸ N+V : 샘솟-, 앞서-, 뒤서-, 빛나-, 뿌리내리-, 힘들-, 밑돌-
❹ Adv+V : 그만두-, 바로잡-, 잘나-, 못나-, 잘하-, 못하-, 너무하-
❺ A1+-디+A1 : 다디달-, 쓰디쓰-, 짜디짜-, 붉디붉-, 가늘디가늘-, 차디차-
❻ A+A : 높푸르-, 검푸르-, 길둥글-, 맵짜-, 희뿌옇-
❼ N+A : 힘겹-, 색다르-, 맛있-, 낯부끄럽-, 손쉽-, 올바르-
❽ Adv+A : 똑같-, 똑바르-, 못하-

❶은 오늘날에도 활발하게 새로운 단어를 만들어내는 생산적인 단어 형성 방식이다. ❺의 예들은 일종의 반복 구성인데, 주로 미각, 시각, 촉각 표현에서 정도가 높음을 나타낸다. 용언 어간끼리의 합성인 ❷와 ❻유형의 합성어들은 대개 과거에 만들어졌던 것이 살아남은 것이다. 나머지 ❸, ❹, ❼, ❽의 것들은 합성 과정이 아니라 통사론적 구성의 재분석에 의해 만들어졌을 가능성이 있다. ❸의 합성 동사 '힘들-'과 ❹의 합성 동사 '못하-', '너무하-'는 형용사로도 쓰인다.

2.2.3. 합성 부사

❶ Adv의 반복 : 고루고루, 서로서로, 따로따로, 불쑥불쑥, 꼭꼭, 영영
❷ R의 반복 : 싱글싱글, 뱅글뱅글, 비틀비틀, 배틀배틀
❸ N의 반복 : 구석구석, 군데군데, 마디마디, 차례차례, 토막토막
❹ R1+R2 : 싱글뱅글, 알뜰살뜰, 비틀배틀
❺ Adv1+Adv2 : 또다시, 죄다, 잘못, 이리저리

❶~❸은 반복 합성어 또는 첩어(疊語)라고도 불리는 것이다. ❹도 반복 합성어 혹은 유음(類音) 반복 합성어라고 부르는 수가 있다.[12] ❸은 명사의 반복인데도 부사가 되었다는 점에서 특이하다.[13] ❸의 기어는 두 음절짜리이다. 한 음절로 된 명사는 이 유형의 부사를

----
[12] 어떤 단어 형성에 하나의 기어(基語)가 입력되어 그것의 반복으로 새 단어가 만들어졌다면 새 단어는 기어가 하나라는 점에서 파생어라고 할 수도 있고, 어근을 둘로 셀 수 있다는 점에서 합성어라고 할 수도 있다. 또 반복을 합성, 파생과 별도의 과정으로 처리할 수도 있다. 여기에서는 일단 관례를 따라 반복어를 합성어로 처리하였다.
[13] 명사 용법도 있다. '구석구석을 잘 쓸어라', '무를 동강낸 토막토막에 소금을 버무려서' 등의 '구석구석', '토막토막'은 명사이다.

만들지 못하고 반복된 뒤에 접미사 '-이'를 붙여 파생어를 만든다(예: 쌍쌍+-이, 겹겹+-이). ❺의 예들은 '또 다시 비가 내리기 시작했다', '죄 다 푸성귀뿐이다', '잘 못 달린다', '이리 저리 왔다 갔다 하며'와 같은 예 속의 부사구 '또 다시', '죄 다', '잘 못', '이리 저리'의 재분석에 의한 단어 형성일 가능성이 높다.

2.3. 파생어 형성

2.3.1. 접두 파생

국어의 접두사는 일반적으로 품사의 변화를 일으키지 않는다. 기어가 명사이면 새 단어도 명사가 되고, 기어가 동사이면 새 단어도 동사가 된다.

[1] 접두사+명사

- ❶ 군-('쓸데없이 더해진') : 군말, 군살, 군소리, 군손님, 군식구, 군침
- ❷ 맏-('맏이인') : 맏형, 맏누이, 맏아들, 맏딸, 맏며느리, 맏손자, 맏조카
- ❸ 맨-('기대되는 것이 더해지지 않고 그것뿐인') : 맨몸, 맨발, 맨손, 맨주먹, 맨바닥, 맨밥, 맨땅[14]
- ❹ 시(媤)-('시집의') : 시누이, 시동생, 시부모, 시아버지, 시어머니
- ❺ 생(生)-('익지 않은', '억지스러운', '혹독한') : 생쌀, 생맥주, 생트집, 생지옥
- ❻ 대(大)-('큰') : 대규모, 대도시, 대평원, 대성공, 대실패, 대발견
- ❼ 무(無)-('...이 없음') : 무가치, 무관심, 무의미, 무의식, 무자격, 무비자(無visa)

❶~❸의 접두사는 고유어이고, ❹~❼의 접두사는 한자어이다.[15] 한자 접두사는 기본적으로 한자어를 기어로 취하지만, '시-'와 '생-'처럼 고유어와 잘 어울리는 것도 있다. '무-'

---

14) 관형사 '맨'과 부사 '맨'도 있음에 주의해야 한다. '맨 먼저', '맨 앞'의 '맨'은 관형사이고('가장'이라는 뜻), '맨 남자만 있다'의 '맨'은 부사이다('오직'이라는 뜻). 관형사 '맨'은 장모음을 가지고 있다([맨ː]).
15) 한자어에서는 어떤 어두 요소가 접두사인가 아닌가에 대해 논란이 많다. 본 장에서는 일단 『표준국어대사전』을 따르기로 한다.

는 명사적 성격이 약한 파생어를 만드는 경우가 많다. 예를 들어 '무의미(無意味)'는 주어나 목적어로는 잘 쓰이지 못하는 명사가 된다(*무의미가, ?무의미를, 무의미 형태소, 무의미하-). 한자어 접두사 중에는 이러한 성격을 가지는 것들이 많다.[16]

(2) 접두사+동사, 접두사+형용사

다음에서 ❶-❹의 기어는 동사이고, ❺-❻의 기어는 형용사이다.

❶ 짓-('함부로', '흠씬'): 짓누르-, 짓뭉개-, 짓밟-, 짓이기-, 짓찧-
❷ 치-('위로'): 치닫-, 치달리-, 치뜨-, 치밀-, 치받-, 치솟-, 치올리-
❸ 처-('마구'): 처넣-, 처담-, 처마시-, 처먹-, 처바르-, 처박-
❹ 되-('다시', '도로'): 되돌아가-, 되찾-, 되팔-, 되살리-, 되새기-
❺ 새-/시-/샛-/싯-('매우 짙고 선명하게'): 새까맣-/시꺼멓-, 새빨갛-/시뻘겋-, 새파랗-/시퍼렇-, 새하얗-/시허옇-, 샛노랗-/싯누렇-, 샛말갛-/싯멀겋-
❻ 드-('아주'): 드넓-, 드높-, 드맑-, 드세-

❶~❸의 '짓-', '치-', '처-'는 강세의 의미를 더해 줄 때가 많다. ❸의 '처-'는 그에 더해 비하(卑下)의 의미도 더해 준다. ❺~❻의 '새-/...'와 '드-'는 정도의 높음을 나타난다. ❺의 '새-/...'는 '-앟-/-엏-'을 가지는 색채 형용사를 어기로 취한다.[17] '새-'와 '샛-'은 양성 모음을 가진 어근의 앞에 나타나고, '시-'와 '싯-'은 음성모음을 가진 어근의 앞에 나타난다. 또, '새-'와 '시-'는 경음이나 격음 그리고 'ㅎ'을 두음으로 하는 어근의 앞에 나타나고, '샛-'과 '싯-'은 그 외의 음을 두음으로 하는 어근의 앞에 나타난다. 따라서 이들은 음운론적인 조건에 의해 교체하는 이형태들이라고 할 수 있다.

---

16) 한자 접두사는 수가 많다. 몇 가지 예를 더 보이기로 한다.
　　王-: 왕모래, 왕고집(王固執)　　　洋-: 양딸기, 양변기(洋便器)
　　親-: 친아버지, 친형(親兄)　　　　反-: 반비례(反比例), 반정부(反政府)
　　對-: 대국민(對國民), 대정부(對政府)　名-: 명가수(名歌手), 명문장(名文章)
17) 여기에는 '시푸르뎅뎅하다', '시푸르죽죽하다'와 같은 예외가 있다.

(3) 접두사+명사/동사

다음의 접두사들은 명사와 동사를 다 어근으로 취하는 것들이다.

- ❶ 덧-('거듭 어찌한', '겹쳐진') : 덧거름, 덧니, 덧문, 덧버선, 덧신, 덧저고리
    ('거듭', '겹쳐서') : 덧깔-, 덧나-, 덧바르-, 덧붙이-, 덧씌우-, 덧입-
- ❷ 헛-('보람이 없는', '이유가 없는') : 헛걸음, 헛고생, 헛수고, 헛웃음, 헛일
    ('보람이 없이', '잘못') : 헛나가-, 헛늙-, 헛돌-, 헛들-, 헛디디-, 헛배우-, 헛보-, 헛살-, 헛짚-, 헛찾-
- ❸ 맞-('마주 대한', '엇비슷한') : 맞교대, 맞바람, 맞벌이, 맞상대, 맞선, 맞절
    ('마주 대하여', '엇비슷하게') : 맞겨루-, 맞바꾸-, 맞보-, 맞서-, 맞싸우-

2.3.2. 접미 파생

접미사에는 기어와 품사가 다른 파생어를 만드는 것과 그렇지 않은 것이 있다.

(1) 명사 파생

접미사 '-음', '-기',[18] '-이1', '-개'는 용언 어간을 어근으로 취한다.

- ❶ 음, -기, -이1, -개
    a. [N+V]ᵥ를 어근으로 취함
    -음: 사람됨, 마음가짐, 몸놀림, 발뺌, 발돋움, 탈바꿈, 보쌈
    -기: 글짓기, 줄넘기, 줄타기, 짝짓기, 소매치기, 양치기, 겉보기, 앞차기
    -이1: 해돋이, 고기잡이, 젖먹이, 손잡이, 책꽂이, 달맞이, 턱걸이
    -개: 똥싸개, 오줌싸개, 코흘리개, 병따개, 이쑤시개

---

18) '-음'과 '-기'에는 명사형 어미와 파생 접미사의 두 가지가 있다는 사실에 주의해야 한다.
    i) 잠을 푹 잠으로써 피로를 풀 수 있다. (앞의 '잠': 파생 명사, 뒤의 '잠': 동사의 명사형.)
    ii) 내기에 지는 사람이 밥을 내기로 하였다. (앞의 '내기': 파생 명사, 뒤의 '내기': 동사의 명사형.)

  b. [Adv+V]$_V$를 어근으로 취함
   -기: 가로쓰기, 거저먹기, 높이뛰기, 멀리뛰기
   -이1: 마구잡이, 싹쓸이
  c. V를 어근으로 취함
   -음: 걸음, 꿈, 느낌, 얼음, 웃음, 잠, 짐, 튀김
   -기: 나누기, 내기, 달리기, 던지기, 보기, 돋보기
   -이1: 구이, 놀이, 더듬이, 먹이, 벌이, 여닫이, 떠돌이
   -개: 가리개, 덮개, 베개, 지우개, 날개
  d. A를 어근으로 취함
   -음: 게으름, 기쁨, 노여움, 두려움, 반가움, 슬픔[19]
   -기: 굵기, 밝기, 빠르기, 세기, 크기
   -이1: 길이, 깊이, 높이, 넓이[20]

 (a), (b)의 '[N+V]$_V$'와 '[Adv+V]$_V$'의 예들 '사람되-', … '싹쓸-'은 모두 가능하지만 실제로 독립해서 존재하지는 않는 잠재어들이다. 잠재어도 형식상 단어의 일종이므로 (a), (b)는 (c)에 통합될 수 있다. 일반적으로 '-음', '-기', '-이1'의 단어 형성에서 '[N+A]$_A$'나 '[Adv+A]$_A$' 형식의 잠재어는 기어가 될 수 없다. 이들 접미사들은 행위나 현상, 행위의 결과물, 행위자, 행위의 도구, 행위나 현상의 때, 상태 등 다양한 의미의 명사를 만든다. '-이1'은 어근이 자음으로 끝나야 한다는 제약을 가지며, '-개'는 기어가 타동사이어야 한다는 제약을 가진다.[21]

 다음의 '-이2'와 '-이3'은 명사나 단어적 어근을 어근으로 취하여 사람과 동물을 포함한 사물을 지시하는 명사를 만든다.

❷ -이2
  a. N을 어근으로 취함……애꾸눈이, 절름발이, 사팔눈이

---

19) 구어에서는 '쓸쓸하-'와 같은 'X하-' 형 형용사들의 '-음' 파생명사화가 어렵지만, 문어에서는 잘 이루어진다(예: '쓸쓸함', '용감함' 등)
20) 이들은 척도 명사이다. '길이', '깊이', '높이'의 '-이'는 본래는 '-이'가 아니고 '- /-의'였던 것이('노픠', '기릐', '기픠') 지금은 '-이1'로 합류되었다. (한편 부사로서의 '길이', '깊이', '높이'도 있는데 이들의 접미사는 본래부터 '-이'였다.)
21) 단 '날개'는 예외적으로 자동사 기어가 어근으로 취해진 것이다.

b. R을 어근으로 취함……똘똘이, 뚱뚱이, 멍청이, 홀쭉이
　　　　특히 의성어인 R을 어근으로 취함……개구리, 멍멍이, 뻐꾸기, 부엉이
❸ -이3
　　　인명(人名)인 N을 어근으로 취함……영숙이, 미선이, 영철이, 기쁨이

❷, ❸의 파생어에 호격 조사 '아'가 결합하면 접미사 '-이2', '-이3'이 절단(切斷)된다('애꾸눈아', '똘똘아', '개굴아', '영숙아' 등). '-이3'의 '영숙이' 등은 비격식어(非格式語)이어서 격식을 차린 이름으로는 사용되기 어렵다.[22] 앞의 ❶에서 본 '-이1'과 마찬가지로 '-이2', '-이3'도 자음 뒤에만 결합한다.

기타 다음과 같이 기어가 명사인 접미 파생들이 있다.

❹ -질: ①가위질, 다리미질, 톱질, 바느질;[23] 곁눈질, 손가락질; ②강도질, 도둑질, 계집질, 서방질; ③구역질; ④싸움질
❺ -쟁이: 거짓말쟁이, 겁쟁이, 게으름쟁이, 고집쟁이, 양복쟁이, 월급쟁이
❻ -새: 모양새, 차림새, 생김새, 짜임새, 쓰임새, 차림새, 앉음새

❹의 '-질'은 ①'...를 사용하는 행위', ②'...가 하는 행위' 또는 '...를 대상으로 하는 행위'(여기에 비하의 의미가 덧붙음), ③'...가 일으킨 작용'을 나타낸다. ④에서는 지시적 의미의 변화 없이 비하의 의미를 덧붙이기만 한다. ❺의 '-쟁이'는 '....를 잘하는 사람'이나 '...가 특징인 사람'을 뜻한다.[24] ❻의 '-새'는 명사(잠재 명사 포함)를 어근으로 취하는데, '...의 상태나 모양'을 뜻한다.

한자어 접미사에는 생산적인 것이 많다. 다음은 『표준국어대사전』에서 접미사로 인정한 것들이다.[25]

----
22) 예를 들어 신문 기사에서라면 '김영숙을 만나서'라고 하지 '김영숙이를 만나서'라고 하지 않는다.
23) '바느질'은 '바늘+-질'의 구조인데, 특이하게 어근 '바늘'의 'ㄹ'이 탈락했다.
24) '-쟁이'는 '-장이'에서 분화된 것이다. 1988년부터 '...의 일을 하는 기술자'라는 의미로는 '-장이'로 적고(예: 칠(柒)장이), '...을 잘 하는 사람' 혹은 '...이 특징인 사람'이라는 의미로는 '-쟁이'로 적는다.
25) ❼-❿에 더해『표준국어대사전』에서 접미사로 인정한 한자어 접미사의 예를 더 보이기로 한다.
　　-家: 소설가(小說家), 정치가(政治家)　　-國: 공업국(工業國), 후진국(後進國)
　　-所: 연구소(硏究所), 탁아소(託兒所)　　-視: 영웅시(英雄視), 당연시(當然視)
　　-人: 한국인(韓國人), 국제인(國際人)　　-品: 고급품(高級品), 학용품(學用品)

❼ -적(的): 개인적, 논리적, 사교적, 아시아적, 수적(數的), 양적(量的), 합리적(合理的); 사적(史的), 인적(人的)
❽ -성(性): 경제성, 논리성, 인간성, 공격성, 의존성, 알칼리성, 사귐성, 붙임성, 가능성, 합리성
❾ -화(化): 인간화, 도시화, 산업화, 합리화, 비인간화
❿ -어(語): 한국어, 현대어, 표준어, 여성어, 국제어, 토착어, 현존어(現存語)

위의 접미사들은 일반적으로 명사를 어근으로 취한다. 그 명사 중에는 '국제적, 국제성, 국제화, 국제어'의 '국제'처럼 명사성이 약한 것도 있고(참고: *국제가 어떠하다, *국제를 어찌하다, *국제의 관계, 국제 관계), '붙임성'의 '붙임'처럼 잠재어인 것도 있다. 특별히 '-적'은 '인적(人的)', '사적(史的)' 처럼 단어 자격이 없는 한자 형태소를 어근으로 취하기도 하지만 이는 예외적인 경우이다. '-적'은 어근이 2음절일 때에는 [적]으로 발음되나 1음절일 때에는 [쩍]으로 발음된다(예: 數的[수쩍], 量的[양쩍]). '-적' 파생명사들은 그대로 관형어가 되거나 '이'나 '으로'를 붙여 보어가 되거나 '으로'를 붙여 부사어가 되거나 '이다'를 붙여 서술어가 될 뿐이고 그 외의 용법이 없다(예: 개인적 신념, 개인적이 아니다, 개인적으로 되다, 개인적으로 행동하다, 개인적이다; *개인적이 좋다, *개인적을, *개인적과, *개인적에서). ❽의 예들에서 '-성'은 [씽]으로 발음된다.[26]

(2) 동사 파생

먼저 용언 어간을 어근으로 하는 접미사를 보기로 한다. 아래의 ❶은 사동사의 형성을 보인 것이고, ❷는 피동사의 형성을 보인 것이다. '먹이-'와 '먹히-'처럼 예외도 있지만 많은 경우에 동일 동사의 사동사와 피동사가 형태가 같다.

---

26) 본 장에서는 한자 2자로 된 2자어에 1자의 접두사나 접미사가 결합하여 된 3자어류 한자어만을 다루었다. '인적(人的)', '사적(史的)' 등은 2자로 되어 있지만, 그 '-的(的)'이 본래의 '-的'이 아니라, '인간적(人間的)'의 '-的(的)'과 동일한 형태소라고 보았다.(본래의 '적(的)'은 '표적(標的)', '목적(目的)', '적확(的確)' 등의 것임.) 그래서 '人的' 등은 2자로 되었음에도 3자어류로 취급하였다. 그러나 '인성(人性)', '개성(個性)', '남성(男性)' 등의 2자어는 본래의 한자 형태소 '성(性)'으로 해석할 수 있는 것이어서 3자어류에 넣지 않았다. 2자어의 '性'은 [성]으로 발음되고, 3자어의 '性'은 [씽]으로 발음된다. ('物性[물썽]'의 '性'은 'ㄹ 뒤의 ㅅ은 경음화한다'는 한자어 음운론에 따라 그 두음이 경음화한 것이지 3자어의 '性'이기 때문에 경음화한 것이 아니다.)

❶ -이1-, -히1-, -리1-, -기1- : ①먹이-, (사진을) 보이-, 입히-, 알리-, (빨래를) 말리-, 웃기-²⁷⁾, ②높이-, 굳히-, 괴롭히-, 밝히-

❷ -이2-, -히2-, -리2-, -기2- : 먹히-, (사진이) 보이-, 덮이-, 막히-, 식히-, 잡히-, (소리가) 들리-, 밀리-, 쫓기-, 찢기-

❶에서 ①은 동사의 사동사들이고 ②는 형용사의 사동사들이다.²⁸⁾
다음의 접미사들은 동작성을 띠는 의성·의태어인 단어적 어근을 어근으로 취하여 반복 동작을 뜻하는 파생 동사를 만든다.

❸ -거리- : ①글썽거리-, 긁적거리-, 꿈틀거리-, 끄덕거리-, 비틀거리-, 빌빌거리-, 속삭거리-, 움직거리-, 출렁거리-, ②덜컹거리-, 중얼거리-, 콜록거리-

❹ -대- : ①꿈지럭대-, 꿈틀대-, 속삭대-, 출렁대-, ②중얼대-, 끙끙대-

❺ -이3- : ①글썽이-, 긁적이-, 끄덕이-, 움직이-, 출렁이-, 속삭이-

위의 ①들의 어근은 의태성(擬態性)을 가지고 있고 ②들의 어근은 의성성(擬聲性)을 가지고 있다('덜컹'처럼 의성성과 의태성을 다 가지고 있는 것도 있다). '-이3-'의 경우는 의태성을 가진 단어적 어근만을 어근으로 취한다. 이 어근들은 다시 반복되면 부사의 자격을 가지게 되는데, 아래의 ❻에서 보듯이 여기에도 '-거리-'와 '-대-' 그리고 '-하-'가 결합할 수 있다. 그러나 '-이3-'은 반복 어기에 결합하지 못한다. 반복 어기를 취한 '-거리-'와 '-대-'의 파생어는 보통 사전에 등재되지 않으나 일상어로 곧잘 쓰인다.²⁹⁾ '-이3-'은 'ㄱ'이나 'ㅇ'으로 끝나는 어근에만 결합한다.³⁰⁾ 아래에 '속삭-'의 파생어 형성 예를 보이기로 한다.

---

27) '웃기다'는 동사이고, '우습다'는 형용사이다. 최근에 '웃기다'를 형용사로 잘못 쓰는 경우들이 있다.
28) 사동사에는 위에 든 것 외에도 접미사 '우', '구', '추', 'ㅣ우'에 의한 것도 있다: 돋우-, 달구-, 맞추-, 낮추-, 재우-, 세우-, 띄우-, 키우-.
29) '빌빌'과 '끙끙'은 다시 반복되지 않는다: *빌빌빌빌거리-, *끙끙끙끙거리-.
30) '지껄이다', '망설이다'는 예외이다. 그리고 '지껄거리다', '망설거리다'가 존재하므로 '지꺼리다', '망서리다'로 적을 수 없다.

❻

속삭거리-	속삭대-	속삭이-	*속삭하-	속삭: 단어적 어근, 동작성
속삭속삭거리-	속삭속삭대-	*속삭속삭이-	속삭속삭하-	속삭속삭: 부사, 동작성

동사 파생 접미사로서 가장 생산적인 것은 '-하-'이다.

❼ -하-
    a. 동사적 의미의 N 혹은 R을 어근으로 취함······사랑하-, 자랑하-, 공부하-, 성장하-, 스타트하-, 슛하-; 반하-, 합(合)하-, 상(傷)하-
    b. 동작성 의태·의성 Adv를 어근으로 취함······기웃기웃하-, 꿈틀꿈틀하-, 글썽글썽하-, 긁적긁적하-, 바스락바스락하-, 덜컹덜컹하-, 삐걱삐걱하-
    c. Adv를 어근으로 취함······잘못하-, 더하-, 덜하-, 너무하-, 아니하-

외국어의 동사는 한국어에 차용될 때 반드시 접미사 '-하-'를 붙인 파생어로 들어와야 한다.

(3) 형용사 파생

❶ -스럽- : ①어른스럽-, 짐스럽-, 촌스럽-, 걱정스럽-, 평화스럽- ②미안스럽-, 죄송스럽-, 뻔뻔스럽-, 믿음직스럽-, 먹음직스럽-, 갑작스럽-
❷ -롭-   : ①명예롭-, 슬기롭-, 지혜롭-, 평화롭-, 해롭-, 향기롭-, 자유롭- ②가소롭-, 다채롭-, 단조롭-, 순조롭-, 한가롭-, 이롭-

위에서 ①들은 명사를 어근으로 한 예들이고 ②들은 단어적 어근을 어근으로 한 파생어들이다. '-스럽-'은 어근의 의미에 가깝다는 뜻이고, '-롭-'은 어근의 속성이 풍부하다는 뜻이다. '-롭-'은 모음으로 끝나는 어근에만 결합한다.

❸ -하-
    a. 형용사적 의미의 N 혹은 R을 어근으로 취함: 행복하-, 건강하-; 간단하-, 편하-,

　　　　 깨끗하-, 높직하-, 비슷하-, 푸르스름하-, 먹음직하-, 핸섬(handsome)하-
　　 b. 상태성 의태 Adv 또는 R을 어근으로 취함: 높직높직하-, 울긋불긋하-, 비슷비슷
　　　　 하-; 새콤달콤하-, 야리야리-
❹ -다랗- : 가느다랗-, 기다랗-, 굵다랗-, 높다랗-, 널따랗-, 커다랗-

외국어의 형용사는 한국어에 차용될 때 반드시 접미사 '-하-'를 붙인 파생어로 들어와야 한다. '-다랗-'은 공간적인 양을 나타내는 형용사를 어근으로 삼는다.

(4) 부사 파생

❶ -이4(A를 어근으로 취함) : 가벼이, 같이, 높이, 달리, 많이, 갑작스레(←갑작스러이), 평화로이, 남부끄러이, 배불리
❷ -히/-이(상태성의 R을 어근으로 취함) : 건강히, 솔직히, 시원히, 자연히, 가만히, 넉넉히; 깨끗이, 뚜렷이, 깊숙이, 멀찍이
❸ -이5 (Adv를 어근으로 취함) : 곰곰이, 더욱이, 일찍이
❹ -이6 (N 반복형을 어근으로 취함) : 겹겹이, 나날이, 낱낱이, 번(番)번이, 집집이, 켜켜이, 쌍(雙)쌍이, 틈틈이

❷의 파생어들을 동일 어근의 '건강하-', '솔직하-' 등에 '-이4'가 결합한 것으로 해석할 여지도 있다. ❹의 기어 '겹', '날' 등은 모두 1음절 명사이다. (앞의 2.2.3에서 본 바와 같이 2음절 명사의 반복은 접미사 '-이'에 의하지 않고 그대로 부사가 된다.)

2.3.3. 내부 변화에 의한 파생

접사의 부착에 의하지 않고서도 기어(基語)가 음운 교체나 어근 확대 같은 형식의 변화를 입어서 새 단어로 파생될 수 있다.

(1) 음운 교체

다음의 ❶은 자음 교체에 의한 파생의 예이고 ❷는 모음 교체에 의한 파생의 예이다.

❶ a. 감감하다/캄캄하다/깜깜하다　　　　가맣다/*카맣다/까맣다
　　b. (배가)댕댕하다/탱탱하다/땡땡하다　　달랑달랑/?탈랑탈랑/딸랑딸랑
　　c. 빙글빙글/핑글핑글/삥글삥글　　　　방긋/*팡긋/빵긋
　　d. 생생하다/쌩쌩하다
　　e. 잘랑거리다/찰랑거리다/짤랑거리다　(눈물이)질금/*칠큼/찔끔

❷ a. 아장아장/어정어정　　　　　　　　캄캄하다/컴컴하다(*캄다/*컴다)
　　　달착지근하다/들척지근하다(달다/*들다)　쌉쌀하다/씁쓸하다(*싸다/쓰다)
　　b. 오물오물/우물우물　　　　　　　　고소하다/구수하다
　　c. 기름하다/갸름하다(길다/*갈다)　　시큼하다/새큼하다(시다/*새다)

　❶에서는 평음:격음:경음 간의 교체를 볼 수 있는데, 일반적으로 평음 → 격음, 평음 → 경음의 파생 방향이 인정될 수 있으며, 이 방향대로 어감이 더 강해진다. ❷에서는 아:어, 아:으, 오:우, 이:야, 이:애 간의 교체를 볼 수 있는데, 실제의 적용에서 어느 쪽이 기어이고 어느 쪽이 파생어인지 확정하기 어려운 경우도 있다. 이러한 교체에 의해 품사 변화를 비롯한 문법적 변화는 일어나지 않고 주로 어감 강화 차원의 의미 변화가 일어난다. 대개 자음 교체에 비해 모음 교체에서의 의미 변화가 더 실질적이다.[31]

(2) 어근 확대

❶ 빙글 → 빙그르르　　데굴 → 데구르르　　번질 → 번지르르
❷ 쾅 → 쾌광, 꽝→꽈광　탁 → 타닥, 딱→따닥　펑 → 퍼벙, 뻥 → 뻐벙
❸ 달강 → 달카당　　　　홀랑 → 홀라당　　　찰박 → 찰바닥
　 덜컹 → 덜커덩　　　　훌렁 → 훌러덩　　　철벅 → 철버덕

---

31) 오늘날 다음의 단어 쌍들에서 모음 교체를 인식하기는 어렵다. 그러나 이들 역시 과거에 모음 교체에 의해 파생 혹은 분화한 것들이다.
　i) 아:어――맛 : 멋, 살(歲) : 설, 갗(皮) : 겉(表), 마리(首) : 머리(首), 남다(餘) : 넘다(越)
　ii) 아:으(우)――갂다 : 긁다, 낡다 : 늙다, 밝다 : 붉다
　iii) 오:우――곱다(曲) : 굽다(屈), 졸다(물이) : 줄다

❶에서는 기어의 끝 자음 'ㄹ'에 모음 'ㅡ'를 더하고 다시 그 '르'를 반복했는데, 경우에 따라 '르'가 더 반복될 수도 있다('데구르르르'). ❷에서는 기어의 첫 자음(격음, 경음)과 대립하는 평음과 기어의 모음으로 만들어지는 음절을 기어의 모음 뒤에 삽입하였는데, 그 삽입이 여러 번 반복될 수도 있다('콰과과과광'). ❸에서는 기어의 끝 자음 앞에 음절 '다/더'를 모음조화에 따라 추가하였다. 이러한 어근 확대로 품사 변화 등의 문법적 변화가 발생하지는 않으나, 기어의 단순한 동작이 어떤 변화가 있는 동작으로 바뀌는 의미 변화가 발생한다.

2.4. 생산성, 투명성, 어휘화

어떤 단어 형성 과정이 많은 새 단어를 만들어내면 그 과정 또는 그 과정의 접사를 '생산성'이 높다 혹은 '생산적이다'라고 한다. 예를 들면 '명사+명사'의 합성명사 형성은 대단히 생산성이 높다. 동사, 형용사를 만드는 '-하-'도 대단히 생산성이 높은 접미사이다. 접두사 '헛-'도 사전에 등재되지 않은 많은 새 말을 만들 수 있으므로(예: '사서삼경을 읽었어도 헛읽은 거야') 아주 생산적인 접두사이다. 반대로 '들깨', '들기름'의 '들-'은 두 단어를 만들었을 뿐이니 생산성이 낮은(비생산적인) 접두사이다.

한편 어떤 단어가 그 구성 요소들로 분명하게 분석되며, 그 의미가 분석된 구성 요소들로부터 분명하게 해석될 수 있을 때, 그 단어를 투명(透明, transparent)하다고 하고 그렇지 않으면 불투명하다고 한다. '복동이', '영숙이' 등 인명에 붙는 접미사 '-이'로 만들어진 파생어는 완전히 투명하다고 하겠다. 생산적인 과정으로 만들어진 복합어는 투명한 경향이 강하다.

생산성과 투명성은 수많은 중간 단계를 허용한다. 예컨대 '-스럽-'은 '-롭-'보다 더 생산적이며, '어른스럽-'은 '외롭-'보다 더 투명하다고 할 수 있다.

어떤 단어의 내부 구조가 불투명해지는 현상을 어휘화(語彙化, lexicalization)라고 한다.[32] 즉, 어휘화란 현재의 음운 규칙이나 형태 규칙, 의미 규칙으로 설명될 수 없는 변화를 말한다. 각 경우의 예를 들어 보기로 한다. '칼질', '솔질'에서 보듯이 '-질'은 어근의 말음 ㄹ을 탈락시키지 않는데 '바느질'에서는 '바늘'의 ㄹ이 탈락되어 있다. 이것은 현재의 음운 규칙으로

---

32) 내부 구조가 불투명해지면 궁극적으로는 단순어(단일어)가 되므로 어휘화를 단순어화(단일어화)라고 이해할 수 있다.

설명될 수 없으므로 '바느질'은 음운론적으로 어휘화한 파생어라고 한다. 생선 이름 '갈치'는 '칼(刀)'이 '갏'이었던 시절에 만들어진 것이다. 그러나 오늘날 '갈치'의 '갈'을 '칼'의 이형태로 인식할 수 없으므로 '갈치'는 형태론적으로 어휘화한 단어이다. '너무'는 본래 동사 어간 '넘-'을 어근으로 하여 만들어진 것이다. 그러나 오늘날 '너무'에서 '넘다'의 의미가 쉽게 인식되지 않으므로 '너무'는 의미론적으로 어휘화한 단어이다.

3장

한국어의 어종과 한자어

단어를 이전의 소속 언어에 따라 분류한 것을 어종(語種)이라고 한다. 한국어의 어종(語種)은 보통 고유어, 한자어, 외래어로 나눈다. 이중 한자어는 한국어 어휘의 과반수를 차지하며, 차용어로서 여러 가지 독특한 성격을 가지고 있어서 한국어 어휘론에서 중요한 연구 대상이 된다.

3.1. 한국어의 어종

3.1.1. 어종의 분류

한국어의 어종은 흔히 다음과 같이 분류한다.

'차용어'와 '외래어'는 본래 동일한 개념의 술어이다. 그러나 위 분류에서 '외래어'는 개화기

❶ ┌ 고유어
  └ 차용어 ┌ 한자어
          └ 외래어

이후에 외국어로부터 국어에 들어온 단어 중에서 한자어가 아닌 것만을 가리킨다.

결국 한국어는 크게 고유어, 한자어, 외래어로 나뉠 수 있다. 참고로 『표준국어대사전』에는 주표제어가 약 44만 개 실려 있는데, 이들의 어종별 개수는 다음과 같다.

❷ 33)

	고유어	한자어	외래어	혼종어	합계(전체)
개수	111,156	252,278	24,019	53,141	440,594
백분율	25.23	57.26	5.45	12.06	100

3.1.2. 귀화어

엄격히 말하면 차용어이지만, 화자의 언어 의식에서는 거의 고유어화한 것들이 있는데, 이들을 '귀화어(歸化語)'라고 한다. 이들은 그때그때 분류의 목적에 따라서 고유어로 간주될 수 있다.

❶ 중국어 내지 한자어에서 온 귀화어

    붓[筆(필)]   먹[墨(묵)]   자[尺(척)]
    요[褥(욕)]34)   김치[沈菜(침채)]   보배[寶貝(보패)]
    무명[木棉(목면)]   다홍[大紅(대홍)]   사냥[山行(산행)]
    수수[蜀黍(촉서)]   배추[白菜(백채)]   시금치[赤根菜(적근채)]
    성냥[石硫黃(석유황)]   숭늉[熟冷(숙랭)]   배웅[陪行(배행)]
    방죽[防築(방축)]   영계[軟鷄(연계)]   자주[紫的(자적)]
    채신[處身(처신)]   흐지부지[諱之秘之(휘지비지)]

❷ 고려 시대에 몽고어에서 온 귀화어

- '가라말'(검은 말)의 '가라'
- '보라매'(새끼 때 잡아 길들여 사냥에 쓰는 매)의 '보라'
- '철릭'(무관의 옷)
- '수라'(임금에게 올리는 밥)

---

33) 이운영(2002)에 의함. 혼종어 내에서의 명세는 다음과 같다. ('혼종어'에 대해서는 3.1.3에서 설명함.)

	고+한	고+외	고+한+외	한+외	혼종어 합계
개수	36,618	1,323	720	14,480	53,141
백분율	68.91	2.49	1.35	27.25	100

34) '붓', '먹', '자', '요'는 고대에 중국으로부터 차용된 것이다.

❸ 개화기 이후 일본어에서 온 귀화어
- 가방(かばん. 본래는 중국어 夾板(ka-pan))
- 담배(たばこ. 본래는 포르투갈어 tabaco)
- 고무(ゴム. 본래는 네덜란드어 gom)
- 조끼(チョッキ. 본래는 포르투갈어 jaque 또는 네덜란드어 jak) 〔셔츠 위에 덧입는 소매 없는 옷. 배자(褙子)와 비슷함.〕
- 냄비(〈남비)(なべ(鍋))
- 구두(くつ(靴))

3.1.3. 혼종어

다음과 같이 다른 어종의 요소들이 합해져서 형성된 복합어를 혼종어(混種語)라고 한다.

❶ 간장(-醬), 걸상(-床), 달력(-曆), 밉상(-相), 밥상(-床), 밤중(-中), 붙임성(-性), 식칼(食-), 단풍나무(丹楓-), 목발(木-), 칫솔(齒-ㅅ솔), 왕방울(王-), 친누나(親-), 순하다(順-), 평화롭다(平和-), 활동하다(活動-)

❷ 딸기주스(-juice), 찐빵(-パン(포르투갈어 pão)), 식빵(食パン), 생크림(生cream), 제빵제과(製パン製菓), 버스길(bus-), 버스비(bus費), 알칼리성(alkali性), 컴맹(com(puter)盲), 풀로(full-), 슛하다(shoot-)

❶은 고유어와 한자어 간 혼종어들이고, ❷는 그 외의 혼종어들이다. '빵'은 본래 포르투갈어로서 일본어화하고 다시 한국어에 들어온 것이다. '제빵제과'에서 '빵'이 한자어 형태소처럼 행동하고 있는 것은 흥미롭다. '풀로'는 영어 형용사 'full'이 조사 '로'와 결합하여 부사로 쓰이는 특이한 구성의 것으로서 표준어로 인정되지는 않는다.

이제 한국어의 어종들 가운데 한자어에 대해 자세히 알아보기로 한다.

3.2. 한자어

3.2.1. '한문', '한자', '한자어'의 구별

많은 사람들이 '한문'과 '한자'와 '한자어'라는 단어를 혼동하여 사용한다. 그러나 이들은 각각 언어 차원, 문자 차원, 어휘 차원에 존재하므로 그야말로 '차원이 다른' 것들이다. 이 세 단어를 분명하게 구별하여 사용하지 않으면, 한국어의 한자어 교육에 혼란을 부르게 된다.

한문(漢文)은 중국 고대 문어에서 유래하여 동양 삼국과 베트남에서 사용되어 온 문어로서, 현재의 중국어와는 구별되어야 한다. 표기는 이 네 나라에서 공통된다고 할 수 있으나,[35] 읽기는 각국의 한자음으로 달리 읽는다. 독자적인 문법(한문 문법)과 어휘부(字典)를 갖추고 있다. 한문의 단어는 대개 한 형태소로 된 단순어이다. 또 그 한문의 형태소들은 한 음절로 되어 있으며 한자 1자로 적힌다.[36] 한문에 대한 이해에서 중요한 것은 한국인이 지은 한문이라 할지라도 그것이 한국어에 포함되는 것이 아니라는 사실이다. 따라서 한문 교육도 한국어 교육의 일부가 될 수 없다.

한자(漢字)는 본래 중국어와 한문을 적는 글자이다. 나아가 한자는 한국어와 일본어의 한자어도 적을 수 있다. 한자 가운데는 아주 소수이지만 한국인이 만든 것도 있고[예: 媤(시집 시), 畓(논 답), 垈(집터 대) 등], 일본인이 만든 것도 있다. 한문에서 단어는 일반적으로 1형태소로 이루어져 있는데, 그것을 한자 1자로 적으므로 한문의 한자는 표의문자일 뿐만 아니라 표어문자(表語文字)라는 성격도 가진다. 이와 달리 한국어에서는 한자 형태소가 홀로 단어가 되는 경우는 드물고 대개 둘 이상이 모여서 단어를 이루므로 한국어에서의 한자는 일반적으로 표의문자이면서 동시에 형태소 표기 문자가 된다. 한자는 언어 차원이 아니라 문자 차원에 존재하는 것이므로, 한자와 한문을 혼동하는 것은 문자와 언어를 혼동하는 것이다. 한국어의 한자어는 한자로 적힐 수 있으므로 한자 교육은 한국어 교육에 포함될 수 있다. 하나의 한자는 글자의 모양[자형([字形)], 글자의 음[자음(字音)], 글자의 뜻[자의(字意)]으로 이루어진다. 한자를 뜻으로 읽는 것은 석독[釋讀, =훈독(訓讀)]한다고 하고 음으로 읽는

---

[35] 그러나 현재 동양 삼국의 한자 자체(字體)에는 서로 다른 약자의 채용으로 인한 차이가 있다.

[36] 중국어는 고대로 올라갈수록 1형태소어(形態素語)의 경향이 강하고, 현대로 내려올수록 다형태소어(多形態素語)가 늘어난다. 그러나 한문은 기본적으로 고대 중국어의 문어이기 때문에 1음절 1형태소로 된 단어가 일반형이라고 할 수 있다. (한 형태소가 한 음절로 되어 있다는 일반론에도 '산호(珊瑚)', '석류(石榴)', '포도(葡萄)'와 같은 극소수의 예외가 있다. 이들은 두 음절로 된 형태소들이다.)

것은 음독(音讀)한다고 한다. 예를 들어 '大田'을 '한밭'이라고 읽는 것은 석독이고, '대전'이라고 읽는 것은 음독이다. 한국에는 과거에 석독과 음독을 병행한 시기가 있었지만, 지금은 음독만을 하고 있다.

한자어(漢字語)는 음독할 것을 전제로 하여 한자로 적힐 수 있는 단어라고 하겠다. 한국 한자어는 한국어의 일부이다. 주의할 것은 이들은 한자로 적혀 있든 한글로 적혀 있든 똑같이 한자어라는 사실이다. 한자어는 구나 문장 차원에서 존재할 수 없으며 단어 이하의 차원에서만 존재할 수 있다. 따라서 한국 한자어 형성에 쓰이지 않는 한자나 한자의 뜻(字意)은 한국어 교육의 대상에 포함되지 않는다. 예를 들어 교육부가 교육용 기초한자로 지정한 1800자 중의 하나인 '噫'(탄식할 희)는 한국 한자어 표기에 쓰이는 한자가 아니므로[37] 국어 교육에 등장되어서는 안 된다. 또, '人(인)'은 한국 한자어에서는 '사람'의 뜻으로 쓰이고 '남'의 뜻으로 쓰이지 않으므로 국어 교육에서는 '사람 인'으로 충분하고, '남 인'으로 교육될 필요가 없다.

국어 교육의 일환으로 한자어 교육을 할 때에 반드시 한자의 자형(字形) 교육이 포함되어야 하는 것은 아니다. 현실적으로 오늘날 한국에서 한자어는 거의 한글로만 적고 있다. 따라서 한자어 교육에서 한글로 적은 자음(字音)만 제시하면서 한자의 자의(字意)를 교육하는 방안이 모색될 필요가 있다.

3.2.2. 한국 한자어의 계보

한국어 한자어는 다음의 ❶~❺와 같이 다섯 계보로 분류된다. 크게는 ❶~❸의 중국어에서 온 것, ❹의 한국 자체에서 생긴 것, ❺의 일본어에서 온 것의 세 가지로 나뉜다.[38]

❶ 중국 고전에서 온 한자어
가감(加減), 가구(家口), 가구(家具), 가련(可憐), 가령(假令), 가로(街路), 가면(假面), 가무(歌舞), 가문(家門), 가부(可否), 가사(歌詞), 가사(家事), 가산(家産), 가업(家業), 가요(歌

---

[37] 국어사전에는 '희라 [噫라]'와 같은 단어가 등재되고 "[감탄사] '아아 슬프도다'라는 뜻으로, 매우 애통할 때 하는 말"이라고 풀이되어 있다. 이를 인정한다면 '噫'도 한국 한자어를 표기하는 글자가 된다.

[38] 박영섭(朴英燮)(1995)의 제1부의 부록에 한자어가 다섯 가지 계보로 분류되어 총 4,851개 실려 있다. (본 장의 자료는 이에 크게 의존하였음.) 이를 대상으로 하여 각 계보별 백분율을 내면 다음과 같다.
  ❶ 중국 고전에서 온 한자어: 41%   ❷ 중국의 구어체 글에서 온 한자어: 7%
  ❸ 한역 불교 경전에서 온 한자어: 9%   ❹ 한국 자체에서 생긴 한자어(고유명사 제외): 17%
  ❺ 근대 이후 일본어에서 온 한자어: 27%

謠), 가장(家長), 가정(家庭), 가정(家政), 가족(家族), 가증(可憎), 가차(假借), 가치(價値), 가혹(苛酷)

❷ 중국어의 구어체 글(백화문)에서 온 한자어

가격(價格), 각국(各國), 감면(減免), 감방(監房), 다소(多少), 도시(都是), 십분(十分), 용이(容易), 종전(從前), 합당(合當)

❸ 한역(漢譯) 불교 경전에서에서 온 한자어

   a. 산스크리트어가 음역(音譯)된 것: 가람(伽藍. 승가람마. sangharama), 건달바(乾達婆. gandharva), 불타(佛陀. Budha), 열반(涅槃. nirbana), 찰나(刹那. ksana)

   b. 산스크리트어가 의역(意譯)된 것: 결과(結果), 공덕(功德), 광명(光明), 대중(大衆), 명색(名色), 비유(譬喻), 생사(生死), 세계(世界), 자비(慈悲), 파계(破戒)

❹ 한국 자체에서 생긴 한자어

   a. (인명, 지명 등의 고유명사들) 철수(哲洙, 喆秀), 영희(英姬, 榮熙), 대전(大田), 부산(釜山), 광주(光州), 평양(平壤)

   b. 가야금(伽倻琴), 감기(感氣), 거간(居間), 고생(苦生), 도령(道令), 동기(同氣), 백일장(白日場), 병정(兵丁), 복덕방(福德房), 식구(食口), 신열(身熱), 채독(菜毒), 사돈(查頓), 한심(寒心), 전답(田畓), 시댁(媤宅)

   c. (이두문의 한자어가 일상화한 것) 사연(辭緣), 절차(節次), 행차(行次), 두락(斗落), 발명(發明), 방송(放送)

❺ 근대 이후 일본어에서 온 한자어

   a. 서양어를 번역한 신문명어: 각료(閣僚), 각막(角膜), 간접(間接), 간호부(看護婦), 감사원(監査院), 강습소(講習所), 객관(客觀), 건강(健康), 건전(健全), 경기(競技), 고고학(考古學), 관념(觀念), 귀금속(貴金屬), 귀납(歸納), 귀납적(歸納的), 기차(汽車), 미술(美術), 범주(範疇), 선천(先天), 신경(神經), 양요리(洋料理), 연역(演繹), 원소(元素), 절대(絕對), 주관(主觀), 철학(哲學), 토론(討論), 현상(現象)

   b. 한자로 표기된 일본어의 고유어와 혼종어: 입장(立場, tachiba), 견습(見習, minarai), 입구(入口, iriguchi), 조립(組立, kumitate), 품절(品切, sinagire), 할인(割引, waribiki)[39]

---

39) 해방 이후 ❺(b) 부류의 어휘를 배척하고 대신 순화어(다듬은 말)를 사용하도록 유도하여 상당한 성공을 거두었다. 그러므로 여기에 보인 ❺(b)의 예들은 '순화'에 실패한 것들이라고 할 수 있다. 참고로 이들의 순화어는 다음과 같다. 입장 → 처지(處地), 견습 → 수습(修習), 입구 → 들목/들어오는 곳/어귀, 조립 → 짜기/맞추기, 품절 → 동남, 할인 → 덜이.

일반적인 인명, 지명 등의 고유명사를 제외했을 때, 위의 다섯 계보 가운데에서 양적으로 가장 규모가 큰 것은 ❶과 ❺이다. ❶의 중국 고전에서 온 한자어는 그 반이 조금 넘는 수가 일반어이고 나머지를 정치, 경제, 문화, 절기(節氣), 천문(天文), 군사, 제도, 관직 등의 어휘가 차지한다. ❺의 근대 이후 일본어에서 온 한자어는 ❺(a)의 신문명어(新文明語)와 ❺(b)의 한자로 표기된 일본 고유어 및 혼종어로 나뉘는데, 양적으로 ❺(a)가 대부분을 차지한다. 일본어에서 ❺(a)는 음독하고 ❺(b)는 훈독하거나 훈독을 포함하여 읽는다. ❺(a)는 대개 일본에서 근대 서양 문물의 어휘를 한자어로 번역한 것인데 이것을 다시 우리가 받아들인 것들이다. ❶의 어휘들에서는 일반어가 반 이상을 차지하는 데 비해 ❺의 어휘들에서는 그 대부분을 전문어 내지 학술어로서의 신문명어가 차지한다. 전체적으로 한국 한자어는 위 ❶~❹부류의 전통 한자어와 일본에서 들어온 ❺부류의 새로운 한자어로 나뉜다.

전통 한자어와 새로운 한자어라는 두 부류 사이에 형식이 같으면서 의미가 다른 것이 있을 때 새로운 한자어로부터 전통 한자어로의 의미 차용이 일어난 경우가 있다. 예를 들어 ❹(c)의 '발명'은 '죄가 없다고 변명함'의 뜻인데, 여기에 ❺(a)의 '발명'의 뜻인 '전에 없던 것을 새로 생각해 내거나 만들어 냄'이 차용되어 더해졌고, 오늘날에는 오히려 이 새로운 뜻이 주로 쓰인다.[40]

또, 전통적인 한자어는 2음절어(=2字語)가 절대 다수가 되고 3음절어(=3字語)는 드문 데 비해, 신문명어에는 3자 이상으로 된 단어가 대단히 많다고 하는 차이가 있다. 3음절어는 2음절어의 앞이나 뒤에 접두사적이거나 접미사적인 1자 형태소가 덧붙어 만들어진다. 위의 ❺에서도 '-부(婦)', '-원(院)', '-소(所)', '-학(學)', '귀(貴)-', '-적(的)', '양(洋)-' 등의 접사적인 1자 형태소의 예를 볼 수 있다.

---

40) 예를 더 들어 보기로 한다.

어휘	❹(c)에서의 뜻	❺(a)에서의 뜻	의미 차용의 결과
'방송(放送)'	죄수를 석방함	뉴스, 음악 등을 널리 전파로 보냄	주로 ❺(a)의 뜻으로 쓰임
'경제(經濟)'	'경세제민(經世濟民. 세상을 다스리고 백성을 구제함)'의 준말	재화의 생산에서 소비에 이르는 일체 활동	주로 ❺(a)의 뜻으로 쓰임
'생산(生産)'	아기를 낳음	물자를 만들어 냄	주로 ❺(a)의 뜻으로 쓰임

3.2.3. 한국 한자어의 특수성

한국의 한자어는 고유어나 외래어와는 다르게 다음과 같은 특수한 성격을 가지고 있다.

(1) 음운론적 특징

❶ 한자어는 한국 한자음을 가지고 있으며 음운론적으로 국어 체계에 거의 완전하게 동화되었다.

❷ 고유어의 가능한 음절 가운데 일부만이 한자어 음절로 사용된다. 예를 들어 '갸', '걀' '겨', '너', '녁', '넌', '퍼', '프' 등 수많은 고유어 음절이 한자어에는 쓰이지 않는다.[41] 한국어 화자는 비한자어 음절이 쓰인 단어는 고유나 외래어임을 쉽게 알게 된다. 예를 들어 한자 학습을 하지 않은 한국인이라도 '달걀'이 한자어일 수 없음을 쉽게 아는 것이다.

❸ 한자어가 고유하게 가지는 음운 규칙이 있다. 예를 들어 한 단어 내에서 'ㄹ' 뒤의 'ㄷ', 'ㅅ', 'ㅈ'을 경음화하는 규칙은 한자어의 것이다. 예: 한자어 인명 '길동[길똥]', '길수[길쑤]', '길중[길쭝]'. (고유어: 형용사 '길다'의 활용형들 '길다[길다]', '길지[길지]')

(2) 형태론적 특징

❶ 한국 한자어에서는 한 형태소가 한 음절로 되어 있다.

❷ 많은 한자 형태소가 조어력이 강하다. 그것은 대부분의 한자 형태소는 의존 방향이 정해지지 않은 의존 형태소이어서,[42] 두 형태소가 합해질 수 있으면 합해진 결과는 더 이상의 근거 없이도 (구가 아니라) 단어 혹은 단어적 어근으로 인정되기 때문이다.

❸ 2음절어(2字語)의 구성 원리는 기본적으로 한문 문법의 통사론이다.[43] 따라서 그 어순은 고유어 어순과 다른 경우가 많다. (예. 독서(讀書, 읽다+책): 책을 읽다)

---

41) 한국어에서 발음이 가능한 음절의 수는 2,592개라고 하는데, 그 중의 550여 개가 한자어 음절로도 쓰인다. 2,000개 이상의 음절이 비한자어 음절임을 알 수 있다.
42) 고유어 용언 어간은 뒤쪽으로 의존하고 선어말어미는 양쪽으로 의존하며 어말 어미와 조사는 앞쪽으로 의존한다. 그러나 일반적인 한자 형태소는 의존 방향이 정해져 있지 않다. 예를 들어 '國'은 '國民(국민)'에서는 뒤로 의존하였고, '小國(소국)'에서는 앞으로 의존하였다.
43) 그러나 ❺(b)의 일본어에서 온 한자어의 경우에는 그렇지 않은 것이 많다(예. 가출(家出):집나감).

❹ 현대 한국어에서 1음절로 된 한자어는 고유명사와 단위명사, 전문용어의 경우에만 새로 생길 수 있다. 고유명사가 아닌 경우에는 기본적으로 2음절어가 형성된다. 2음절어의 앞이나 뒤에 접두사적인 1음절 형태소 혹은 접미사적인 1음절 형태소를 더하여 3음절어가 형성된다. 4음절어는 2음절어의 합성으로 이루어지거나 3음절어에 다시 접두사적 혹은 접미사적 1음절 형태소가 더해짐으로써 형성된다.[44]

❺ 일반적으로 한문에서는 구(句) 혹은 문장 자격을 가지는 것도 다음의 예와 같이 국어 안에서는 단어나 단어적 어근의 자격을 가지게 된다.
- '夜深(야심)': 한문에서는 '밤이 깊다'는 뜻의 문장. 국어에서는 '밤이 깊음'의 뜻을 가지는 단어적 어근(접미사 '-하-'와 결합).
- '高山(고산)': 한문에서는 '높은 산'이라는 뜻의 구. 국어에서는 같은 의미의 단어(명사).
- '錦衣還鄕(금의환향)': 한문에서는 '비단옷을 입고(=출세하여) 귀향하다'라는 뜻의 문장. 국어에서는 '출세하여 귀향함'이라는 뜻의 단어(명사). 이 명사가 접미사 '-하-'와 결합하면 '금의환향하다'라는 동사가 됨.

❻ 한자어의 구나 단어는 축약어를 잘 이룬다. (예. 한국은행 → 한은, 고등학교 → 고교, 공업고교 → 공고, 입학 시험 → 입시, 대학 입학 → 대입)

❼ 3음절 이상으로 된 한문의 숙어(성구) 중에는 한국어에서는 인용구(引用句)로 '인용'될 뿐인 것들이 많다.[45]

[3] 표기 관련 특징

❶ 한국 한자어는 한글로도 한자로도 적을 수 있으며, 오늘날에는 대개 한글로 적고 있다. 한자어를 한글로 적는다고 해서 한자어라는 본질에 변화가 생기는 것은 아니다.

❷ 한자어를 한자로 적을 때 오늘날의 읽는 방법에는 음독만이 있다. 한자를 훈독(=석독)하지 않는다.

---

44) 2.3.1.1의 ❹-❼과 2.3.2의 ❼-❿의 예를 참고할 것. 2자어에 둘 이상의 접사가 결합해서 된 4자어의 예로는 '한국인화([[韓國]+-人]+-化])'와 같은 예를 들 수 있다.

45) 예: "그건 '조족지혈(鳥足之血)'일 뿐이야", "그래서 '사필귀정(事必歸正)'이라고 하잖아". 성어 중에는 '계란유골(鷄卵有骨)', '고려공사삼일(高麗公事三日)', '금강산도 식후경(金剛山도 食後景)'처럼 한국에서 만들어진 것도 있다. 한문 성어들 중에는 불완전한 채로 명사 자격이 인정될 만한 것도 있지만(예. "?조족지혈을 가지고 다투었어.") 일반적으로는 인용구로만 쓰인다.

❸ 한자어는 한글로 적을 때 형태소별로 그 원음을 적는다(단, 두음법칙의 적용으로 변경음을 적는 경우도 있다). 따라서 모든 한자어 형태소는 1음절로 되어 있기 때문에 한자로 표기하든 한글로 표기하든 한 글자로 적는다. 그 결과 한자어는 표기에 의해 그것이 한자어임을 드러내게 되는 경우가 많이 있다. 예를 들어 [어굴]로 발음하는데도 '억울'로 표기하는 어떤 말 조각은 한자어일 가능성이 높음을 스스로 드러내게 된다(즉 '抑鬱'). [동닙]이라고 발음하는데도 '독립'이라는 표기형을 가지는 단어도 마찬가지이다(즉 '獨立'). 반면에 어떤 단어를 '동닙'이라고 표기했다면 그것은 한자어일 수 없다.(한자어에 원음이 '닙'이라는 음절은 없기 때문이다.)

(4) 의미론적, 어휘론적 특징

❶ 고유어와 한자어는 어휘 체계 안에서 역할 분담이 되어 있는 경우가 많다. 고유어는 포괄적인 의미를 가지고 일상적인 장면에서 잘 쓰이는 데 비해 한자어는 상대적으로 더 분화적이거나 전문적인 의미를 가지고 형식적이거나 전문적인 장면에서 잘 쓰인다. 그 결과 다음의 '값'의 경우처럼 고유어 하나에 한자어 여럿이 대응하는 경우가 생기는데, 이 현상을 '고유어와 한자어의 1 대 다(多) 대응'이라고 부르기도 한다.
 • 값: 가치(價値); 대금(代金), 대가(代價); 금액(金額), 가격(價格), 액수(額數), 물가(物價), 시가(市價), 시가(時價), 시세(時勢); 비용(費用); 수치(數値), 답(答)[46]

❷ 한자어가 한글로 적혔을 때에 같은 한자 형태소를 가진 단어들 사이의 관계[유연성(有緣性)]를 포착하는 능력은 화자의 한자 지식에 따라 크게 차이가 난다.

❸ 개화기 이후 일본어로부터 많은 신문명어를 받아들이게 되었다. 그 결과 한국 한자어는 중국 한자어보다 일본 한자어와 더 많은 공통점을 가지게 되었다.[47]

❹ 한자어가 국어에 사용될 때에, 타입으로서 차지하는 비중은 고유어보다 높으나 토큰으로서 차지하는 비율은 고유어보다 낮다.[48]

---

46) 김광해(1989)의 설명과 예임.
47) 한국어에 한자어가 대량으로 유입됨으로써 한국어에 생긴 변화는 다음과 같다.
 i) 한국어 어휘는 한자어가 차지하는 비중만큼의 국제적 성격을 가지게 되었다 (한국어, 중국어, 일본어, 베트남어 어휘 간에 국제성이 생김).
 ii) 어휘가 풍부해져 세밀한 구별이 가능하게 되었다. (위의 '값'의 경우를 참고.)
 iii) 국어 어휘에 난해어(難解語)가 많이 생겼다.

----
48) 이것은 조남호(2002, 2011)에 의한 것이다. 또 이 연구에 의하면 이 연구에서 사용한 코퍼스에서 상위 빈도 100위까지에 고유어 81개, 한자어 15개, 혼종어(고유어+한자어) 4개가 포함되어 있다. 참고로 그중 20위까지를 명세하면 다음과 같다.

1 것(의존명사)　　2 하다(동사)　　　3 있다(보조용언)　　4 있다(형용사)　　　5 되다(동사)
6 수(의존명사)　　 7 하다(보조용언)　 8 나(대명사)　　　　9 그(관형사)　　　　10 없다(형용사)
11 않다(보조용언) 12 사람(명사)　　　13 우리(대명사)　　 14 이(관형사)　　　　15 그(대명사)
16 아니다(형용사) 17 보다(동사)　　　18 등(等. 의존명사) 19 때(명사)　　　　　20 거(의존명사)

4장

관용 표현

표현들 가운데에는 그 내부 구성이나 의미, 사용 상황 등을 규칙보다는 관습에 의한 것으로 설명해야 할 것들이 있다. '코를 풀다'에서 '코'와 '풀다'가 결합한 것, '파리를 날리다'가 '장사가 잘 안된다'는 의미도 가지는 것, '여보세요'를 전화 대화 시작 상황에서 사용하는 것 들이 그것이다. 이들을 관습적 사용에 의해 성립된 표현이라는 뜻으로 관용 표현(慣用 表現)이라고 한다.[49] 외국어 교육자나 사전 편찬자가 관용 표현에 대한 인식을 날카롭게 하지 못한다면, 많은 표현에 뜻밖의 관습성이 개재되어 있다는 것을 놓치기 쉬울 것이다.

4.1. 관용 표현의 개념

A. 자유 표현과 관용 표현

어떤 의미를 전달하기 위해 복수의 단어가 결합된 구성이 있을 때, 그 구성은 일반적으로 그 언어의 문법과 의미론에 의해 온전하게 설명된다. 예를 들어 실제로 파리를 위협하여 날아가게 하였다면, 그때의 '파리를 날리다'는 문법과 의미론으로 설명되는 당연한 결합 또는 본래의 결합이다. 이러한 결합을 '자유 결합'이라고 부르는데, 그 구성의 요소들이 그 언어의 문

---

49) 본 장의 설명은 관용 표현 전반에 대해서는 박진호(2003)에, 연어에 대해서는 임홍빈(2003)에 의지한 바 크다.

법과 의미론 내에서 자유롭게 결합했다는 뜻이다. 자유 결합으로 이루어진 표현을 '자유 표현'이라고 한다.

　이와 달리 결합이 고정(固定)된 구성도 있는데, 그 고정의 이유를 단순히 예로부터 그렇게 사용되어 왔기 때문이라고 관습에 돌릴 수밖에 없는 경우도 있다. 이러한 관습에 의한 결합을 '고정 결합'이라고 하고, 고정 결합으로 이루어진 표현을 '관용 표현(慣用 表現, conventional expression)'이라고 부른다. 위에서 본 '코를 풀다'와 '손님이 별로 없다'는 뜻의 '파리를 날리다'는 각각 관용 표현의 중요한 두 부류에 속한다.

　먼저 '코를 풀다' 류의 예들은 두 단어 A와 B의 결합으로 분석되는데, 이들에서는 주어진 A에 대해 B가 선택되는 이유가 관습으로 돌려진다. '코를 풀다'는 코를 대상으로 하는 행위이므로 그 구성에 '코'가 주어진 것은 당연하다. 문제는 그 안의 어떤 것을 내보낸다는 뜻으로 하필이면 '풀다'가 선택되었느냐 하는 것이다. '풀다'의 본래 의미는 '비우다'나 '내보내다'가 아니므로, 우리는 그것이 이 자리에 쓰이도록 선택된 것은 일종의 관습에 의한 것이라고 할 수밖에 없다. 이렇게 표현 A+B의 A는 당연하게 주어지고 A가 B를 선택하는 이유가 관습에 돌려지는 결합을 '연어 결합'이라고 부른다. 연어 결합으로 이루어진 A+B는 '연어 구성' 또는 '연어(連語, collocation)'라고 부른다.[50]

　다음으로, '파리를 날리다' 류의 예들은 그 구성 전체와 그것의 의미가 관습적으로 결합된 것이다. '파리를 날리다'가 하필이면 왜 '손님이 별로 없다'를 뜻하는지 문법과 의미론으로는 설명할 수 없다. '파리를 날리다'가 '손님이 별로 없다'를 의미하는 것은 한국어의 관습이라고 말할 수밖에 없다. 그것을 비유 표현(그중에서도 환유 표현)이라고[51] 설명하는 것은 완전한 설명이 아니다. '손님이 별로 없다'를 뜻하기 위해 다른 많은 가능한 비유 표현, 예컨대 '고양이를 쓰다듬다'가 쓰이지 않고 '파리를 날리다'가 쓰이는 이유는 여전히 설명되지 않기 때문이다. 이렇게 어떤 구성이 구성 전체 차원에서 어떤 비본래적인 의미를 나타낼 때, 그 결합을 '숙어 결합'이라고 부른다. 숙어 결합으로 이루어진 구성은 '숙어 구성' 또는 '숙어(熟語, idiom)'라고 한다.

　위의 설명에서 전제해야 할 것이 하나 있다. 그것은 연어 결합에서는 일반적으로, 그리고 숙어 결합에서는 흔히 그 구성을 성립시키는 데 어휘적인 단어만이 유효하다는 것이다. 그래서 '코를 풀다', '코도 풀다', '코 풀다'는 동일한 하나의 연어이고, '파리를 날리다', '파리만 날

---

50) 이와 달리 자유 구성까지 포함하여 문장에 나타나는 모든 A+B 구성을 연어로 부르는 경우도 있다.
51) 가게에 손님이 없으니 점원은 파리나 날리고 있게 된다. 따라서 '파리를 날리다'로 '가게에 별로 손님이 없다'를 의미하는 것은 비유 중에서도 환유에 속한다. (결과로 원인을 가리키는 환유이다.)

리다', '파리 날리다'도 동일한 하나의 숙어이다.[52] 또, 연어에서는 구성 요소 A와 B가 반드시 인접해 있어야 하는 것도 아니다. '코를 세게 풀면'에서 '세게'의 개재가 '코를 풀다'의 연어성을 해치지 않는다. 숙어에서도 내부에 다른 요소가 끼어들어도 원래의 숙어성이 유지되는 경우가 흔하다. '파리를 날리다'의 경우, '파리만 이렇게 날리고 있어요'라고 하여도 본래의 숙어성이 손상되지 않는 것이다.

B. 화용론적 관용 표현

어떤 표현은 관습적으로 특정한 언어 사용 장면과 결부되어서 사용된다. 이러한 표현을 화용론적 관용 표현이라고 부르는 수가 있다. 앞에서 든 전화 대화에서의 '여보세요'가 그 예이다. 통화의 개시를 위해 상대방을 부를 때 '실례합니다'라고도 할 수 있는데 한국어에서는 일반적으로 '여보세요'가 쓰인다. 또 전화 받는 사람이 '-해'할 사람임이 뻔히 알려진 상황에서도 '여봐'가 불가능하고, 전화 받는 사람이 '-합쇼'할 사람임이 알려진 상황에서도 '여보십시오'가 어색하다. 이렇게 전화 대화의 처음에 '여보세요'를 쓰는 것도 관습이 그렇게 되어 있기 때문이라고밖에 할 수 없다. 일반적인 관용 표현이 복수의 단어로 구성되는 데 비해, 화용론적 관용 표현은 복수의 단어로도 한 단어로도 구성될 수 있다.[53]

이제 이상의 4.1의 요약과 보충을 겸해 다음의 ❶과 ❷를 제시하기로 한다.

범주	예	그 이유가 '관습'으로 돌려지는 부분	관습의 성격
자유 표현	'파리를 날리다'	없음	(해당 없음)
연어	'코를 풀다'	주어진 A는 왜 B를 선택하는가	통사론적
숙어	'파리를 날리다'	주어진 구성은 왜 그 구성 본래의 의미가 아닌 다른 의미를 나타내는가?	의미론적
화용론적 관용 표현	'여보세요'	그 상황에는 왜 그 표현이 선택되는가?	화용론적

---

52) 조사는 어휘적인 단어가 아니라 문법적인 단어이다.
53) 화용론적 관용 표현의 예를 더 들어보면 다음과 같다: '처음 뵙겠습니다', '어서 오십시오'; '잘 가', '안녕히/살펴 가세요'; '새해 복 많이 받으세요'; '축 결혼', '축 화혼'; '꼼짝 마라!', '손 들어!', '사람 살려!', '살았다!'; '개 조심'(대문에), '초보 운전'(차 뒤 유리창에), '주차 금지', '금연'; '하나, 둘, 셋' (준비 시간의 종료를 알릴 때).

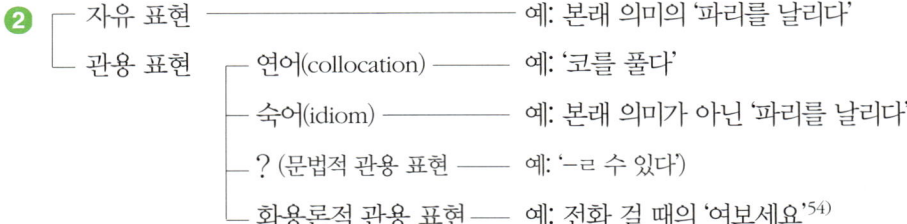

이제 이 장의 나머지 부분에서는 연어와 숙어에 대해 더 알아보고, 그 외에 위 ❷의 '?'를 한 자리에 들어갈 후보로 거론할 수 있는 '문법적 관용 표현'에 대해서도 간단히 언급하기로 한다.

4.2. 연어

앞에서 주어진 단어 A에 대해 관습적으로 단어 B가 선택되어 만들어진 구성 A+B가 연어라고 말했다. 연어 구성에서 선택자(A)는 연어 핵(核, base), 피선택자(B)는 연어 변(邊, collocate)이라고 한다. 연어에는 두 종류가 있다. 첫 번째 종류는 변 B의 의미가 자신의 본래의 의미와 달라져 있거나 모호한 것들이다. 이 경우에는 'B의 의미가 어떻기 때문에 A가 B를 선택했다'라고 말할 수 없다. A가 B를 선택한 것은 관습에 의한 것이라고 할 수밖에 없다. 앞에서 본 '코를 풀다'가 그 예이다.

  연어의 두 번째 종류는 변 B가 본래의 의미대로 사용된 것들이다. 이 경우에는 A가 B를 선택하는 것이 B의 의미 때문이라고 할 수 있지만, 동시에 A와 B의 결합이 고유성을 가진다는 것도 인정된다. 예를 들어 '옷을 입다', '모자를 쓰다', '신을 신다', '장갑을 끼다' 등은 '신체에 부착하다'라는 동일한 의미 영역에 있으면서 '옷:입다=모자:쓰다=신:신다=장갑:끼다'의 비례식을 성립시킨다. 이 비례식은 '신체에_부착하다(옷)=입다', '신체에_부착하다(모자)=

---

54) 관용 표현 분야의 문헌들에서는 본 장의 용어 체계 외에 다음과 같은 용어 체계도 볼 수 있다.

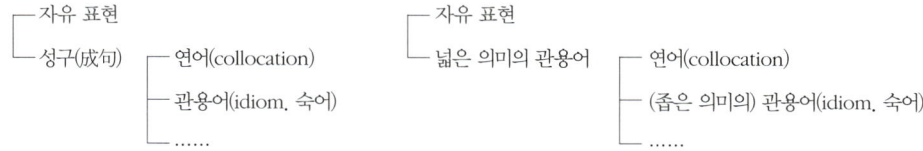

쓰다', '신체에_부착하다(신)=신다' 등과 같이 함수 관계처럼 나타낼 수 있다. 이때에 B들은 원래 각자의 의미대로 쓰이면서도 A의 종속 변수가 된다.

이제 이 두 종류의 연어의 예를 더 보이기로 한다. 먼저 다음의 ❶~❼은 첫 번째 종류인 '코를 풀다' 류이다. 밑줄을 그은 부분이 연어 변이다. 괄호 속에는 그 변의 원래 의미를 보였다.

❶ 코를 <u>풀다</u> (본래의 '풀다': 무엇을 묶고 있는 X를 묶기 이전 상태로 돌리다. ¶끈을 풀다 무엇에 묶여 있는 Y를 묶이기 이전 상태로 돌리다. ¶묶인 손을 풀다.)

❷ 비가 <u>오다</u> (본래의 '오다': 화자 쪽으로 이동하다.)

❸ 흥분의 <u>도가니</u> (본래의 '도가니': 쇳물을 담는 그릇.)

❹ <u>불후</u>의 명작 (본래의 '불후(不朽)': 썩지 아니함.)

❺ <u>새빨간</u> 거짓말 (본래의 '새빨갛다': 매우 빨갛다.)

❻ 종아리를 <u>걷다</u> (본래의 '걷다': 늘어져 있거나 깔려 있는 X를 말아올리거나 개거나 하다.)

❼ 피로 <u>회복</u> (본래의 '회복(回復)': 상실한 X를 되찾음. ¶건강 회복)

❶~❺는 밑줄 친 핵 A가 변 B를 취하되 비유적 의미로서의 B를 취한 것으로 해석할 수 있다.[55] ❻과 ❼은 그와 다르다. '걷다'는 본래 '늘어져 있거나 깔려 있는 X를 말아올리거나 개거나 하다'라는 뜻인데, ❻에서의 '걷다'는 'Y가 드러나도록 Y를 덮고 있는 것을 걷다'를 의미한다. 또 '회복'의 본래 의미는 '상실한 X를 되찾음'인데, ❼에서의 '회복'은 'Y를 해소하여 이전의 상태를 회복함'을 뜻한다. 이 두 경우에 X는 본래의 '걷다'나 '회복'이 필수적으로 가져야 하는 보충 성분인데, ❻, ❼에서는 그 필수적 보충 성분 X를 생략해 버리고 대신 X와 대립하고 있던 Y를 보충 성분으로 취하였다. 원래 용법의 관점에서 보면 ❻, ❼은 일종의 반대 사태를 말하고 있는 것이다.[56]

다음의 ❽도 '코를 풀다' 류에 속한다고 생각된다. ❽은 변 B의 의미가 모호하여 B의 의미 때문에 B가 선택되었다고 말하기 어려운 경우이다. 역시 변에는 밑줄을 쳐서 표시하고,

---

55) ❸의 '흥분의 도가니' 형에는 '전쟁의 소용돌이', '절망의 구렁텅이', '침체의 늪' 등이 추가될 수 있고, ❹의 '불후의 명작' 형에는 '불굴의 의지'가 추가될 수 있고, ❺의 '새빨간 거짓말' 형에는 '가벼운 농담', '무거운 침묵'이 추가될 수 있다.

56) '걷다'는 '바지를 걷다'가 전형적인 쓰임이고, '회복'은 '건강의 회복'이 전형적인 쓰임이다. 여기 ❻과 ❼에서는 '바지를 걷어서 종아리를 드러내다'의 의미로 '종아리를 걷다'라고 하고, '피로를 해소하여 활력을 회복함'의 의미로 '피로 회복'이라고 '반대로' 말하고 있다.

괄호 속에는 변의 본래 의미를 보이기로 한다.

❽ 고집/억지/행패/심술을 부리다 (본래의 '부리다': 일에서 X를 조종하다? ¶소를 부리다; 지거나 싣고 있던 X를 큰 동작으로 내려놓다? ¶짐을 부리다)

고집/소란/게으름을 피우다 (본래의 피우다: X를 일으키거나 생기게 하다? ¶불을 피우다)

떼/억지/악을 쓰다 (본래의 쓰다: X를 사용하다? ¶꾀를 쓰다; 상체에 X(모자, 안경, 먼지 등)를 부착시키다? ¶먼지를 쓰다)

소란/얌전/능청/건방을 떨다 (본래의 떨다: X를 작은 폭으로 빠르게 흔들다? ¶손을 떨다; 무엇에 붙어 있는 X를 빠르게 흔들리게 해서 분리시키다? ¶먼지를 떨다)

❽에서는 '부리다', '쓰다', '떨다'의 원래 의미가 무엇인지 불명확해져서 사실상 핵과 결합한 연어 전체로서의 의미만이 말해질 수 있다.[57]

다음의 ❾~⓬는 연어의 두 번째 종류, 즉 '옷을 입다' 류에 속하는 예들이다. 역시 변에 밑줄을 그어 보이기로 한다. 괄호 속에는 연어 구성을 함수 관계처럼 표시해 보기로 한다.

❾ 눈을 감다　　　　　〔폐쇄하다(눈)=감다〕
　입을 다물다　　　　　〔폐쇄하다(입)=다물다〕
　문을 닫다　　　　　　〔폐쇄하다(문)=닫다〕
　책을 덮다　　　　　　〔폐쇄하다(책)=덮다〕
❿ 밥을 짓다　　　　　　〔만들다(밥)=짓다〕
　죽을 쑤다　　　　　　〔만들다(죽)=쑤다〕
　술을 빚다　　　　　　〔만들다(술)=빚다〕
⓫ 훨훨 날다　　　　　　〔큰_동작으로_거침없이(날다)=훨훨〕
　성큼성큼 걷다　　　　〔큰_동작으로_거침없이(걷다)=성큼성큼〕
　껑충껑충 뛰다　　　　〔큰_동작으로_거침없이(뛰다)=껑충껑충〕
⓬ 요리/경전 강습　　　〔가르침(요리)=강습〕
　운전/피아노 교습　　〔가르침(운전)=교습〕

---

57) '고집을 부리다/피우다', '소란을 피우다/떨다', '억지를 부리다/쓰다'처럼 한 핵이 두 변을 선택하는 경우도 있다. 한 핵이 한 가지 변만을 선택하든, 두 가지 변을 선택하든 그들은 모두 관습적으로 결합하였다고 할 수 있다.

❾-❿에서 연어 변은 연어 핵의 일종의 함수로 주어지는 것을 볼 수 있다.

연어 구성은 통사론적 행동이 자유롭지 못한 경우들이 있다. 몇 개의 예로써 어떤 연어 구성이 '관형어+명사' 구조와 서술 구조로 존재할 수 있는가를 보기로 한다.

⓭ ('관형어+명사' 구조로만 존재함.)
　　┌ *거짓말이 새빨갛다
　　└　새빨간 거짓말
⓮ (서술 구조로만 존재함.)
　　┌　고려에 넣다
　　└ *넣은 고려
⓯ ('관형어+명사' 구조와 서술 구조로 다 존재함.)
　　┌　상처를 입다
　　└　입은 상처

4.3. 숙어

숙어는 구성 전체 차원에서 관습적으로 합성적 의미가 아닌 어떤 비본래적인 의미를 나타낸다. 따라서 숙어를 그 내부가 불투명한 표현이라고 할 수 있다. 숙어의 내부가 불투명하게 된 경로에는 두 가지가 있다.

하나는 '파리를 날리다'처럼 구성 전체가 비유에 의한 의미 전이를 겪고 이 전이된 의미로 사용되는 것이 관습이 된 경우로서 다음의 ❶이 이에 해당한다.

❶ 그림의 떡, 개밥의 도토리, 뜨거운 감자[58] (이상 명사구); 파리를 날리다, 바가지를 쓰다, 미역국을 먹다, 비행기를 태우다, 오리발을 내밀다, 눈을 붙이다, 손을 들다, 입을 씻다, 발을 빼다, 바닥을 치다, 하늘을 찌르다, 주름을 잡다, 바람을 피우다, 뒤를 보다, 한 술 더 뜨다, 피가 끓다, 속이 타다, 코빼기도 안 보이다, 발등에 불이 떨어지다

---
[58] '뜨거운 감자'(누구도 떠맡지 않으려고 하는 곤란한 문제)는 영어 'hot potato'의 번역 차용어이다.

(이상 동사구 또는 문장), 눈이 높다, 손이 크다, 귀가 얇다, 엉덩이가 무겁다, 입이 무겁다, 집도 절도 없다 (이상 형용사구 또는 문장), 목이 빠지게, 눈이 빠지게, 쉴 새 없이, 아닌 밤중에, 눈 깜짝할 사이에 (이상 부사구)

❶에는 명사구, 동사구, 형용사구, 부사구, 문장이 다 있다. 다양한 범주의 숙어가 있는 것이다. 또 두 단어(어휘적 단어)로 된 숙어도 있고, 더 많은 단어로 된 숙어도 있다. 이중에는 의미 전이를 겪기 전의 단계에서 연어 신분이었던 것들도 있다. '주름을 잡다', '바람을 피우다', '(한/두/…/몇) 술을 뜨다' 들이 그렇다.

다음의 ❷는 숙어의 내부가 불투명하게 되는 두 번째 경로를 보여 준다. 이 경우의 예들은 연어처럼 선택자인 핵 A와 피선택자인 변 B로 구성되어 있는데, A의 의미가 무엇인지 불투명하고, 그에 따라 B의 의미도 불확실하게 된 것들이다. 핵의 의미가 불투명하면 A+B 전체 구성이 불투명해질 수밖에 없다.

❷ 시치미를 떼다, 치를 떨다,[59] 경을 치다, 동이 나다, 가위에 눌리다, 용을 쓰다, 어이가 없다, 어처구니가 없다, 안간힘을 쓰다, 물구나무를 서다, 갈피를 잡다

숙어가 연어 구성에 한 성분으로 참여하는 구성도 있다. 아래 ❸에서 '눈이 빠지게' 등 각 괄호 속에 있는 것들은 숙어인데, 이것들이 '기다리다' 등의 동사를 수식하고 있다. 이들에서 괄호 밖의 동사는 연어 핵, 괄호 안의 숙어는 연어 변으로 해석된다.

❸ [눈이 빠지게] 기다리다
   [목이 빠지게] 기다리다
   [배꼽이 빠지게] 웃다
   [상다리가 부러지게] 차리다
   [문턱이 닳도록] 드나들다

---

59) '시치미를 떼다'에서 '시치미'는 본래 매의 꽁지에 다는 주인 식별표이다. 따라서 그런 사실을 아는 소수의 사람들에게는 '시치미를 떼다'가 위 ❶에 속하는 숙어가 된다. '치를 떨다'의 '치'가 '이(齒)'라는 것을 아는 사람에게는 이것도 역시 ❶에 속하는 숙어가 된다.

앞에서 본 연어 구성처럼 숙어 구성도 통사론적 행동이 자유롭지 못한 경우가 많다.

④ (부정문으로만 존재함.)
- *맥을 춘다
- 맥을 못 춘다

⑤ ('관형어+명사' 구조로만 존재함.)
- *감자가 뜨겁다
- 뜨거운 감자

⑥ (서술 구조로만 존재함.)
- 파리를 날리다
- *날리는 파리

⑦ ('관형어+명사' 구조와 서술 구조로 다 존재함.)
- 입이 무겁다
- 무거운 입

다음 ⑧에서는 'X를 풀다' 형의 자유 구성, 연어 구성, 숙어 구성에서 통사론적 행동의 자유로움을 비교해 보기로 한다.

⑧

	서술 구조	'관형어+명사' 구조	피동 구조
자유 구성	밧줄을 풀다	푼 밧줄	밧줄이 풀리다
연어 구성	코를 풀다	?푼 코	*코가 풀리다
	(경직된) 몸을 풀다	*푼 몸	몸이 풀리다
숙어 구성	몸을 풀다 ('아기를 낳다')	*푼 몸	*몸이 풀리다

이것은 'X를 풀다'의 한 경우일 뿐이지만, 다른 경우에도 숙어 구성이 연어 구성보다 통사론적으로 자유롭지 못한('굳은') 예를 더 많이 보일 것이라고 짐작된다.

4.4. 문법적 관용 표현

앞에서 본 연어와 숙어는 둘 또는 그 이상의 어휘적 단어끼리의 결합에 대한 관습성을 바탕으로 성립한 것이라는 점에서 어휘적 관용 표현이라고 하겠다. 그런데 구성들 중에는 문법적 요소(조사나 어미)와 어휘적 요소의 결합에 관습성이 있는 것들이 있다.

❶ a. ...-어야 하다 (이 책을 읽어야 한다, *이 책을 읽어야 꼭 한다)
   b. ...-을 수 있다 (이 책을 읽을 수 있다, *이 책을 읽을 수가 별로 없다)
   c. ...-나 보다 ([추측], 밖에 비가 오나 봅니다, *밖에 비가 오나 봅니까?)
❷ a. 하나+의 (하나의 예/특혜, *둘의 예/특혜, *셋의 예/특혜 ...)
   b. 오-+-도 가-+-도 못하다, 듣-+-도 보-+-도 못하다 (*가도 오도 못하다, ?보도 듣도 못하다, ?가도 서도 못하다, *잡도 놓도 못하다, *앉도 서도 못하다)

❶(a)는 '-어야' 뒤에 일반 동사가 올 때와는 의미와 통사론적 행동이 다르다. 예를 들면 ❶(a)에서는 '하다' 앞에 부사가 올 수 없다. ❶(b)에서는 '-을'이 '-은', '-는' 등의 다른 관형형 어미와 교체될 수 없고, '...-을 수'는 주어로만 쓰이며, 그 주어는 '있다', '없다'로만 서술되고, '있다', '없다'의 앞에 부사가 올 수 없다. ❶(c)의 '...-나 보다'의 문장은 설명문(평서문)으로만 쓰인다. ❷(a)에서는 가짓수를 말할 때는 '하나의'만 되고 *둘의'부터는 안 된다. ❷(b)에서는 '...-도 ...-도 못하다'의 틀에는 '오다'와 '가다'의 쌍, '듣다'와 '보다'의 쌍만이 그 순서로만 허용된다. 이러한 모든 제약들은 관습으로서 존재한다. 한편 ❶(a, b, c)에서는 동사 어간까지의 문장이 들어갈 자리가 비어 있고('...'로 표시된 자리), ❷(a, b)에는 빈 자리가 없다. ❶(a, b, c)의 '-어야 하다' 등의 결합체는 그 동사 어간까지의 문장을 작용 영역으로 하는 어떤 문법적 요소와 같은 기능을 하고 있고, ❷(a, b)의 '하나의' 등의 결합체는 마치 하나의 어휘소와 같은 기능을 하고 있다. 위의 예들 중의 어떤 것은 문법적 연어라고 부르고, 또 어떤 것은 문법적 관용 표현이라고 부른다. 이들과, 더 있을 수 있는 또 다른 유형들을 어떻게 분류하고 자리매김하여야 하는가는 아직 분명치 않다. 일단 이들을 포괄적으로 문법적 관용 표현이라고 부르기로 한다.

5장

사전

사전 편찬의 이론과 실제에 대한 연구를 사전 편찬학 또는 사전학(lexicograpy)이라고 한다.[60] 사전의 역사, 사전의 구조 분석, 사전의 유형 분류, 사전에 수록되는 정보의 유형 등에 대한 연구가 사전학이 다루는 주요 내용이다.

5.1. '사전'의 개념

사전(辭典, dictionary, lexicon)이란 일정한 범위의 단어(숙어가 포함될 수 있음)를 모아 일정한 순서로 배열하고, 그에 대한 발음, 의미, 용법, 어원 등의 언어적 풀이를 베푼 책이다. 사전의 예로는 국어 사전, 영한(英韓) 사전, 유의어 사전, 속담 사전 등을 들 수 있다.

사전의 중요한 성격으로는 다음을 들 수 있다.

❶ 사전은 표제어에 대한 여러 가지 정보를 서술한 사전 조항(條項, article)의 연쇄이다. 다음에 『표준 국어 대사전』에서 조항 2개를 가져와 보인다(부분적으로 수정을 했음.)

---

[60] 이 장(章)은 홍재성·전성기·김현권(1989)의 '5.4. 사전학'에 의한 바가 크며, 그 외에 이병근(2000), 이상섭(1989), 배주채(2009), 홍종선 등(2009)도 참고하였다.

표제항	표제어에 대한 언어적 정보들
닭백숙	(−白熟)[닥빽쑥](닭백숙만[닥빽쑹만]) 명 닭을 재료로 하여 만든 백숙. 닭을 끓는 물에 잠깐 넣었다가 건져 내서 내장을 빼고 맹물에 통째로 푹 삶아 만든다. 재료가 되는 닭으로는 흔히 영계를 쓴다. =수증계.
데리다	통 〈...을〉(('데리고', '데리러', '데려'의 꼴로 쓰여)) 아랫사람이나 동물 따위를 자기 몸 가까이 있게 하다. ¶개를 데리고 산책하다.

각 조항은 표제항과 그에 대한 각종 언어 정보(품사, 뜻, 용례 등)의 항들로 이루어진다. 각각의 조항은 그 자체로서 독립적인 단위가 되고, 이 단위들이 수천 개에서 수십만 개 연속되면서 사전 전체를 구성한다.

❷ 독자가 사전으로 해결하려고 하는 의문은 부분적이고 단편적이므로 독자는 무수히 많은 표제어를 건너뛰며 찾고자 하는 표제어를 검색하고, 그 표제어를 찾은 다음에도 그에 대한 여러 정보들을 건너뛰며 필요한 정보를 검색한다.

❸ 사전 텍스트의 언어는 언어에 대해 말하는 언어라는 점에서 메타언어적이다.

❹ 사전은 규범적인 텍스트이다. 사전은 표기, 발음, 문형, 의미 등에 대한 규범이나 표준을 제시한다.

❺ 사전은 편찬자의 여러 가지 선택의 결과이다. 다음은 편찬자가 수행하는 선택의 일부 예이다.

- 표제어의 선택: 표준어로 한정할 것인가 방언도 포함할 것인가, 고유명사를 포함할 것인가 등.
- 제공할 정보 종류의 선택: 어원을 제시할 것인가 등.
- 정의를 분류하고 배열하는 방식의 선택: 개별의미의 배열을 중요도 순으로 할 것인가 역사적 혹은 논리적 발생 순으로 할 것인가 등.
- 정의 내용의 선택: 언어적 정보에 그칠 것인가 백과 사전적 지식을 포함할 것인가,[61] 백과사전적 지식을 포함한다면 어느 선까지 포함할 것인가 등.

---

61) 위 ①의 표의 '닭백숙'의 정의에서 '닭을 재료로 하여 만든 백숙'은 언어적 정보이고, '닭을 끓는 물에…삶아 만든다', 재료가 되는 닭은…영계를 쓴다'의 두 문장은 백과사전적 정보이다.

5.2. 사전의 유형

본 장에서 말하는 '사전'은 언어 사전(辭典, dictionary, 또는 lexicon)이다. 이것은 앞에서 말한 바와 같이 언어 요소로서의 어휘소(=어휘 항목. 단어와 숙어)들에 대한 언어적 정보를 기술한 것이다. 이 '사전(辭典)'과 구별해야 할 것으로서 '사전(事典. 또는 百科事典. cyclopedia. 또는 encyclopedia)'이 있다. '사전(事典)'이란 사물(事物)이나 사항(事項)에 대한 인간의 지식을 항목 별로 정리한 것으로서, 민속 사전(民俗 事典)이나 인명 사전(人名 事典) 같은 것을 예로 들 수 있다.[62]

언어 사전은 그 규모, 내용, 구성 원칙, 독자층 등을 기준으로 하여 다음과 같이 여러 유형으로 나뉠 수 있다.

❶ 확장형(擴張型) 사전: 일반어 외에도 전문 용어, 방언, 속어, 신어 등을 가능한 한 많이 표제어로 채택함으로써 한 언어의 모든 어휘를 기술하고자 한 사전. 규모로는 대사전이 됨.
- 선별형(選別型) 사전: 중요도에 따라 표제어를 제한적으로 선정하거나 정보도 제한적으로 제시하는 사전. 순수한 표준어 단어에 한하여 표제어로 삼거나, 기본적인 일상어만을 수록한다. 또, 다양한 독자층의 다양한 요구에 따른 특수 사전들도 선별형 사전에 든다. 규모로는 중사전이나 소사전이 된다.[특수 사전: 특정한 종류의 어휘소만을 표제어로 선정하거나, 특정한 종류의 언어 정보만 제시하는 사전. 동의어 사전, 속어 사전, 외래어 사전, 한자어 사전, 기본 구문 사전, 발음 사전, 맞춤법 사전, 숙어 사전, 연어 사전, 속담 사전, 분류 사전(시소러스. thesaurus), 역순 사전 등이 이에 속한다.]

❷ 단일어 사전(monolingual dictionary): 표제어의 언어와 그것을 설명한 언어가 동일한 사전.
- 두 언어 사전(bilingual dictionary): 표제어의 언어와 그것을 설명한 언어가 다른 사

---

[62] 그런데 실제로는 '사전(辭典)'의 한 특수한 종류로서 '사전(事典)'이 있다고 말할 수 있다. 위의 '人名 事典'도 '人名 辭典'이라고 쓰는 일이 흔하며, 영어로도 흔히 'biographical dictionary'라고 한다. 즉 용어의 풀이를 주로 할 때에는 '事典'을 '辭典'이라고 쓰는 일이 허용되는 것이다. (그러나 본래의 언어 사전으로서의 '辭典'을 '事典'으로 쓰는 일은 없다.)

전. 이중 언어 사전, 양어(兩語) 사전이라고도 한다. 똑같은 영한(英韓)사전이라도 한국인용은 번역용 사전으로 편찬하고, 미국인용은 작문용 사전으로 편찬하여 큰 차이가 생긴다. 두 언어 사전 중에는 설명을 표제어와 동일한 언어로 한 번 베풀고, 그 설명의 전체나 일부를 다른 언어로 반복하는 사전도 있다. 중국인 한국어 학습자를 위한 한한중(韓韓中) 사전 같은 것이 그 예이다.

- 다언어(多言語) 사전: 표제어를 설명한 언어가 표제어와 다른 둘 이상의 언어인 사전.
- 번역 사전: 두 언어 사전 가운데 표제어의 언어를 학습 대상으로 하는 독자를 위한 사전. 예를 들면 한국인용으로 만든 영한 사전은 번역 사전이다.
- 작문 사전: 두 언어 사전 가운데 풀이의 언어를 학습 대상으로 하는 독자를 위한 사전. 예를 들면 한국인용으로 만든 한영 사전은 작문 사전이다.

❸ 참조 사전: 학습 사전이 아닌 일반 사전. 대부분의 전통 사전. 단순히 표기, 발음, 의미 등의 언어 정보를 단편적, 부분적으로 참조하기 위한 사전이다.
- 학습 사전: 체계적인 언어 학습, 특히 외국어 학습에 사용하도록 만든 사전.

❹ 종이 사전: 종이에 인쇄된 사전. 대부분의 전통 사전.
- 전자 사전(electronic dictionary): 전산 처리된 사전. 이는 두 종류로 나눌 수 있다. (1)단순히 종이 사전의 내용을 컴퓨터로 쉽게 활용할 수 있도록 전산 처리한 사전. 위의 종이 사전처럼 인간이 읽도록 만든 인간 가독형(可讀型) 사전이다. (2)자연 언어의 전산 처리를 위해 인공 지능을 운용할 수 있도록 만든 기계 가독형 사전(machine readable dictionary).

5.3. 사전의 구조

사전을 하나의 텍스트로 볼 때, 모든 사전은 거시구조와 미시구조의 이중 구조를 띠고 있다.

❶ 거시구조(巨視構造, macrostructure): 조직화된 표제어의 총체. 5.1의 표에서 '닭백숙', '데리다'와 같은 표제어들로 이루어진다. 표제어의 선정과 배열, 부표제어의 처리, 동음이의어 처리 등의 문제가 포함된다.

❷ 미시구조(微視構造, microstructure): 사전 조항(article)의 내부 구조. 하나의 표제어와 그에 대한 여러 가지 정보의 항들로 이루어진다.〔정보의 예: 표기 정보, 원어 정보, 발음 정보, 품사 정보, 문형 정보, 문법 정보, 정의, 용례, 관련 어휘(동의어, 반의어, 센말, 큰말 등), 어원 정보, 부표제어(파생어, 합성어), 숙어, 속담 등〕

사전 편찬자는 거시구조 차원에서는 표제어를 선정하고 표제어의 배열 방법을 정한다. 표제어는 일반적으로 가나다순으로 배열되지만 역순 사전에서는 동일한 음절로 끝나는 표제어들이 한 곳에 모이도록 혹은 같은 형태소로 끝나는 단어들이 한 자리에 모이도록 배열되며, 분류 사전에서는 분류된 주제별로 배열된다. 미시구조 차원에서는 제공할 정보의 종류를 정하고, 표제어의 의미와 문법을 분석해서 개별의미를 설정하고 개별의미들의 배열 순서를 정한다. 이러한 작업들의 목표는 정확한 정보 제공과 함께 독자들의 검색과 독해가 가장 쉽고 빠르게 이루어지도록 하는 데 두어져야 한다.[63]

5.4. 정의

사전이 표제어에 대해 제시하는 가장 중요한 정보는 표제어의 의미인데, 단일 언어 사전에서 이것은 흔히 정의(定義)의 형태로 제시된다. 원칙적으로는 정의는 모든 문맥에서 표제어를 대치할 수 있어야 한다. 이러한 대치 원칙을 지키기 위해서는 의미뿐만 아니라 기능도 최대한 일치시켜서 표제어가 명사이면 정의 문장도 명사로, 표제어가 동사이면 정의 문장도 동사로, 표제어가 부사이면 정의 문장도 부사어로 끝나야 한다. 그러나 조사, 어미, 감탄사와 같은 경우에는 이 대치 원칙이 지켜질 수 없다. 부사 가운데도 이 원칙을 지키기 어려운 것들이 많다.

---

63) 한국어 교사는 학생들에게 사전의 종류에 대한 설명 외에도 예컨대 다음과 같은 사전 사용법을 교육해야 할 것이다.
  (1) (거시구조 관련 사항) 무엇을 표제어로 하는가, 가나다순. 어절에서 표제어를 분석해 내는 방법 (예. 나+ㄴ 학교+부터 가슴+이 두근두근거렸어(두근두근거리+었+어).
    계속하여 '두근두근거리다'는 사전에 수록되지 않으므로 대신 '두근두근'이나 '두근거리다'를 찾아야 한다는 것을 가르쳐 주어야 한다. 비슷한 경우로 많은 '...-적(的)' 파생명사들은 표제화되어 있지 않으니 '-적'을 떼고 찾아야 할 때가 있다는 것도 가르쳐 주어야 한다(예: 한국어적(韓國語的), 명사적(名詞的)). 어떤 어형 '...라서'에 대해서는 '...르다'를 찾아야 한다는 것도 가르쳐야 할 것이다('행실이 발라서'의 '발라서' 같은 경우 '바르다'를 찾아야 함).
  (2) (미시구조 관련 사항) 한국어 사전들이 제공한 정보의 종류에 무엇이 있는가. 사전에서 흔히 사용하는 문법 용어들(대표적으로 품사 명칭). 한국어 사전에서 참고어 분류에 쓰는 '여린말', '거센말', '작은말', '큰말' 등의 뜻. 연어는 흔히 개별의미의 풀이에 반영된다는 사실 등.

다음은 정의의 유형이다.

❶ 동의어를 사용한 정의
　예) 바른쪽 명 오른쪽.
❷ 반의어를 사용한 정의
　예) 그르다 형 옳지 않다.
❸ 형태·의미론적인 정의
　예) 풋사과 명 덜 익은 사과.
　　　짓누르다 동 함부로 누르다.
　　　어른스럽다 형 (아이가) 어른 같은 데가 있다.
❹ 논리적 정의
　예) 과도(果刀) 명 과일을 깎는 칼.
　　　걸터앉다 동 어떤 물체에 엉덩이를 올려놓고 다리를 내려뜨려서 앉다.[64]

두 언어 사전에서의 정의는 표제어와 동일한 의미를 가지는 풀이 언어의 단어를 대응시킴으로써 이루어진다. 두 언어 사전의 정의를 단일어 사전에서와 같은 형태로 구성하면 번잡하기만 할 뿐 별로 쓸모가 없는 사전이 되고 만다. 그러나 풀이 언어에 대응어가 없는 경우에는 단일어 사전의 정의와 비슷한 방식을 취하게 된다. 예를 들어 아직 외래어로 인정되지 않은 '카버롤스'는 영한 사전에서 다음과 같이 정의될 수 있다.

coverall [kʌvərɔ́ːl] n. 〈보통 복수형(coveralls)으로 쓰임〉 커버롤스 ((벨트가 달린 내리닫이 작업복)).

위에서는 겹괄호 속의 백과사전적 정보가 대응어로 제시된 풀이 '커버롤스'를 보충하고 있다.

---

64) 논리적 정의는 '피정의항(被定義項) = 종차(種差) + 유개념어(類槪念語)'가 되게 하는 정의이다.

피정의항	종차	유개념어
과도	과일을 깎는	칼
걸터앉다	엉덩이를 올려놓고 등을 기대지 않은 채 다리를 내려뜨려서	앉다

❸의 형태·의미론적 정의의 '풋사과', '짓누르다'의 정의도 논리적 정의의 형태를 띠고 있다.

기타 어휘론의 몇 가지 개념

6.1. 기초 어휘와 기본 어휘, 능동적 어휘와 수동적 어휘

A. 기초 어휘와 기본 어휘

한 언어에서 그 근간이 되고 일상의 언어 생활에 필수적인 어휘를 최소한으로 선정하여(보통 천 개 내지 2천 개) 계통적으로 분류한 것을 기초 어휘라고 한다. 이러한 어휘는 출현 빈도가 높고, 어느 한 분야에 치우지지 않고 여러 분야에서 사용되며, 세대를 이어 유지된다는 특성을 보인다. 이와 구별될 수 있는 개념으로 '기본 어휘'가 있다. 기본 어휘란 어휘 교육의 관점에서 어떤 특정한 영역의 전개를 위해 기본이 되는 어휘를 말한다. 따라서 특정한 목적, 특정한 분야를 위한 'ㅇㅇ 기본 어휘' 식의 표현이 가능하다. (예: '초등학교 교육용 기본 어휘', '중학교 수학 교육용 기본 어휘')

B. 능동적 어휘와 수동적 어휘

개인이 평소에 말하거나 글을 지을 때 사용이 가능한 어휘를 능동적 어휘(active vocabulary. = 사용 어휘)라고 하고, 알고 있지만 말하거나 글을 지을 때 사용하지는 않는 어휘는 수동적 어휘(passive vocabulary. = 이해 어휘)라고 한다. 일반적으로 성인의 능동적 어휘의 양은 수동적 어휘의 3분의 1정도가 된다고 추정되고 있다.

6.2. 말뭉치와 어휘 빈도

❶ 말뭉치(corpus)

어휘와 그 용례를 수집하기 위한 텍스트의 집합을 말뭉치라고 한다. 현재 구축된 말뭉치의 대부분은 글을 컴퓨터에 입력한 문어 말뭉치이다. 구어 말뭉치를 구축하는 데는 녹음과 전사의 과정이 더 들어가므로 구축하는 데에 문어 말뭉치보다 훨씬 많은 품이 들어간다. 말뭉치의 크기는 보통 그 말뭉치를 이루는 어절의 수로 표현한다. 현재 여러분이 읽고 있는 이 교과서의 한 면에는 평균 340개 어절이 있으므로, '1,000만 어절 말뭉치'라고 하면 이 교과서 기준(600면으로 간주함)으로 50권쯤 되는 분량이다.

❷ 어휘 빈도

주로 글로 쓰인 한정된 텍스트에서 특정 어휘소가 출현하는 횟수, 즉 토큰 수를 그 어휘소의 빈도(頻度) 혹은 빈도수(頻度數)라고 한다. 어휘 조사의 결과를 빈도순으로 정리하면 순위가 낮아질수록 빈도가 급격히 떨어지고, 빈도가 낮은 단어가 어휘 목록의 많은 수를 차지하게 된다. 말하자면 텍스트에는 소수의 고빈도어와 다수의 저빈도어가 사용되는 것이다.[65]

6.3. 어휘소의 변종

어휘의 전체 구성은 영역의 구별 없이 일반적으로 쓰이는 공통 어휘소와, 어떤 사용자 집단이나 사용의 영역에 국한하여 쓰이는 그 변종(變種, variants)들로 나누어 볼 수 있다. 사용

---

65) 다음은 여러 언어에서 각각 1,000위까지의 고빈도어와 5,000위까지의 단어들이 텍스트를 점유하는 비율을 보인 것이다(조남호 2011 참조).

	영어	중국어	일본어	한국어
상위 1,000개 단어	80.5%	76.5%	60.5%	57.7%
상위 5,000개 단어	93.5%	(통계 없음)	81.7%	80.9%

조남호(2002)의 150만 어절 한국어 코퍼스에는 58,437개 단어(어휘소)가 있는데 그 가운데 상위 5천 개 단어가 텍스트의 약 81%를 차지하고 나머지 53,437개 단어가 텍스트의 19%를 차지한다. 빈도가 1인 단어(즉 1회 출현어)는 20,231개로, 전체 단어 58,437개의 34.6%가 된다.

자에 따라 언어 체계 차원에서 정해지는 것을 방언(方言, dialect)이라고 하는데, 이에는 지역의 차이에 따라 변이한 지역 방언과 사회 집단의 차이에 따라 변이한 사회 방언이 포함된다. 서울 방언, 전라도 방언, 경상도 방언 등은 지역 방언의 예들이고, 여성어, 아동어 등은 사회 방언의 예들이다. 방언들은 각각의 방언 어휘를 가진다.

언어가 사용되는 상황은 화자-청자 관계(예: 상하 관계), 주제의 분야(예: 법률 분야, 스포츠 분야), 전달 매체(예: 신문, 인터넷, 구두(口頭), 형식성, 언어 사용의 목적(예: 정보 전달, 문학적 감흥) 등의 여러 가지 자질들로 정해질 수 있다. 따라서 한 언어 공동체 안에서도 이러한 상황에 따라 언어 사용의 영역(register)이 여러 가지로 구분될 수 있다.

방언이나 사용 영역 등에 따라 특별하게 정해지는 어휘소의 변종 중 몇 가지를 언급해 두기로 한다. '소년', '소녀', '그녀'와 같은 말은 문어 중에서도 주로 문학 작품에 국한해서 쓰이는 특별한 문어이고,[66] 조사 '에게', '와/과'는 문어, '한테', '하고', '랑'은 구어이다. 존칭어의 예로는 '부인(夫人)',[67] '사모님', '아버님', '어머님', '아드님', '따님', '댁', '말씀', '진지', '잡수시다', '주무시다', '몸소', '친히'를 들 수 있고, 겸칭어로는 '저', '저희', '아들놈', '집사람', '말씀' 등을 들 수 있다. '말씀'은 존칭과 겸칭을 겸한다(예. '선생님의 말씀', '제 말씀'). 속어는 점잖지 못한 말, 즉 저속한 말이다. 은어는 특정 집단의 사람들이 그 집단 밖의 사람들이 알아듣지 못하도록 자기 집단 내에서 사용하는 말이다. 완곡어(婉曲語, euphemism)란 부정적 연상이나 수치감을 일으킬 우려가 있는 단어(대개 금기어(禁忌語))를 대신하는 단어이다. 과거에는 공포심을 일으킬 단어들도 완곡어로 대치되는 경우가 있었다. '호랑이'를 대신하는 '산신령', '천연두'를 대신하는 '마마'나 '손님'이 그러한 예이다. 현대의 예로는 부정적 연상을 피하기 위해 '변소' 대신 쓰이는 '화장실', 성적 연상으로 수치감을 일으키는 표현을 에둘러 표현하는 '가슴' 등을 들 수 있다.

---

[66] '소년', '소녀', '그녀'는 신문 기사에서도 잘 쓰이지 않는다.
[67] '부인(夫人)'은 남의 부인(婦人)에 대한 존칭어이다. 윗사람의 가족에 대한 존칭으로 형식적 문맥에서는 '夫人'에 대해 '영부인(令夫人)', '아드님에 대해 '영식(令息)', '따님'에 대해 '영애(令愛)'가 쓰이기도 한다. '사모님'은 스승의 부인이나 남의 부인, 윗사람의 부인에 대한 존칭어인데, '영부인(令夫人)'이나 '부인(夫人)'보다 덜 형식적이다.

참고문헌

김광해(1989), 『고유어와 한자어의 대응 현상』, 탑출판사.
김광해(1993), 『국어 어휘론 개설』, 집문당.
朴英燮(1995), 『國語漢字語彙論』, 박이정출판사.
김창섭(1996), 『국어의 단어형성과 단어구조 연구』, 태학사.
노명희(1998), 「한자어」, 서태룡 등 공저, 『문법 연구와 자료』, 태학사.
민현식(1997), 「외래어의 차용과 변용」, 『國語史 硏究』, 國語史研究會, 태학사.
박진호(2003), 「관용표현의 통사론과 의미론」, 《國語學》 41, 국어학회.
배주채(2009), 「외국인을 위한 한국어 사전 개관」, 『한국사전학』 14, 한국사전학회.
宋敏(1999), 「신생 한자어의 성립 배경」, 《새국어생활》 9-2, 국립국어연구원.
송철의(1992), 『國語의 派生語形成 硏究』, 태학사.
심재기(2000), 『國語 語彙論 新講』, 태학사.
심재기 등 6인 공저(2011), 『국어 어휘론 개설』, 도서출판 지식과 교양.
李基文(1972), 『國語史 槪說』(개정판), 민중서관.
이병근(2000), 『한국어 사전의 역사와 방향』, 태학사
이상섭(1989), 「현대 사전편찬학의 이론과 실제」, 《人文科學》 제61집, 연세대학교 인문과학연구소.
이운영(2002), 『《표준국어대사전》 연구 분석』, 국립국어연구원 보고서.
조남호(2002), 「국어 어휘의 분야별 분포 양상」, 《冠嶽語文研究》 27, 서울대학교 국문과.
조남호(2011), 「어휘의 계량과 기본어휘」, 심재기 등 6인 공저, 『국어 어휘론 개설』, 도서출판 지식과 교양.
채완(1986), 『國語 語順의 硏究』, 탑출판사.
홍재성·전성기·김현권(1989), 『불어학 개론』, 한국방송통신대학교출판부.
홍종선 등 7인 공저(2009), 『국어 사전학 개론』, 제이앤씨.
Geeraerts(1994), Lexicology, in Asher & Simpson ed., *The Encyclopeadia of language and linguistics*, Pergamon Press.

한국어 의미론

전영철
서울대학교 인문대학 국어국문학과

| 학습 목표 |
- 한국어의 의미 현상들을 단어, 문장, 맥락의 수준으로 차례대로 살펴본다.

▶ ▶ ▶ 차례

1. 언어의 의미
   1.1. 의미의 의미
   1.2. 의미론과 화용론
2. 단어의 의미
   2.1. 낱말밭
   2.2. 성분 분석
   2.3. 어휘 관계
3. 문장의 의미
   3.1. 합성성의 원리
   3.2. 문장의 중의성
   3.3. 문장의 의미 관계 : 함의와 전제
   3.4. 의미역
4. 맥락의 의미
   4.1. 가리킴말
   4.2. 함축
   4.3. 화행

▶ 참고문헌

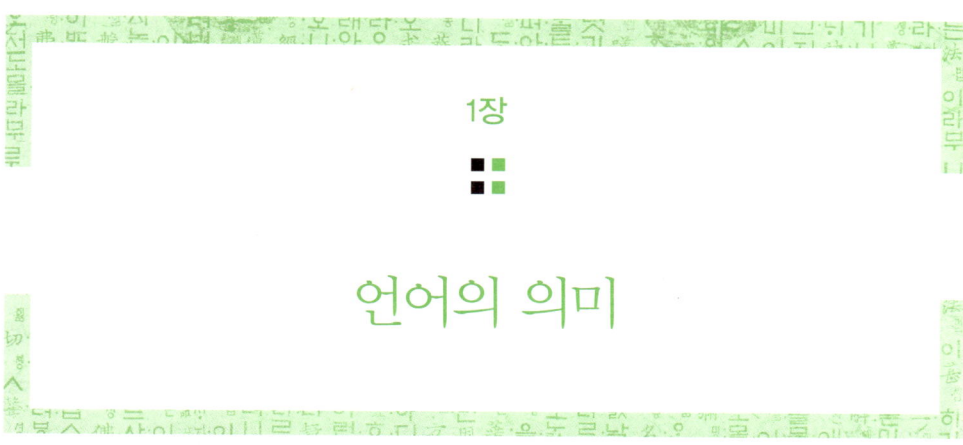

1장

언어의 의미

언어는 의사소통의 수단이다. 언어를 통하여 내가 본 것, 내가 생각하는 것 등을 다른 사람에게 전달한다. 이때 언어라 함은 입말과 글말을 모두 가리키는데, 형식과 의미가 결합된 구성체이다. 음성이나 문자와 결합된 의미가 전달됨으로써 의사소통이 이루어진다. 이러한 의미의 본질이 무엇인지를 비롯하여 인간 언어의 몇 가지 중요한 특징을 알아보고자 한다.

1.1. 의미의 의미

어린아이가 '전화기'라는 단어를 처음 듣고 무슨 의미인지 몰라 엄마에게 '전화기가 뭐야?'라고 물었다고 생각해 보자. 엄마가 이에 대한 대답으로 보통 두 가지 중에 하나를 할 것이다. 가장 손쉽게 할 수 있는 방법은 주위를 돌아보고 전화기를 찾아서 아이에게 그것을 보여 주며 '이게 전화기야.'라고 답하는 것이다. 만약 주위에 전화기가 없는 경우라면 '전화기란 뭐냐 하면, 멀리 떨어져 있는 사람들이 말을 주고 받으려고 쓰는 거야.'라는 정도로 답할 것이다.

언어의 의미란 무엇인가라는 질문에 대해 크게 위의 두 가지 방식으로 그 해답을 추구한다. 전자의 방식은 의미를 지시라고 보는 입장이며 후자는 의미를 의의라고 보는 입장이다. 오그던-리처즈(Ogden-Richards)의 의미 삼각형을 통해 이 두 방식의 차이를 확인할 수 있다.

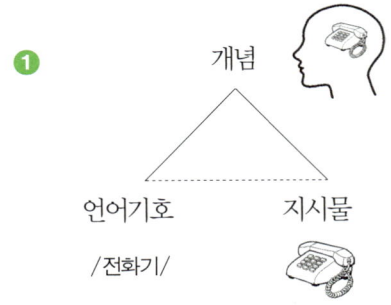

전자의 입장은 언어기호의 의미는 그것이 실제로 지시하는 대응물/지시물이라는 것이다. 이에 따르면 언어기호와 세계는 직접적인 관계를 맺는다. 이에 반해 후자의 입장은 언어기호의 의미는 사람들이 그것에 대해 머릿속에 가지고 있는 일종의 표상/개념이라는 것이다. 언어기호와 세계 사이에는 심적 표상/개념의 층위가 존재하여 언어기호는 세계와 간접적인 관계를 맺게 된다. 전자를 지시 의미론, 후자를 표상 의미론이라고 한다.

이 두 종류의 의미 이론은 각각 장점과 한계가 있다. 지시 의미론의 장점은 실세계의 구체적인 지시물을 이용하여 언어 표현의 의미를 명시적으로 나타낼 수 있다는 점이다. 가령 고유명사 '철수'의 의미는 철수라는 바로 실제 개체이고, 보통명사 '사람'의 의미는 세상 모든 사람의 집합이다. 그러나 실세계에 구체적인 지시물이 없는 추상명사('사랑', '미움')나 가상적인 언어 표현들('용', '불로초', '화성을 정복한 최초의 인간')에 대해서는 적절한 설명이 어렵다. 표상 의미론은 언어기호의 의미를 머릿속에 있는 이미지, 개념 등으로 파악하므로, 실세계에 구체적인 지시물이 없는 경우도 그 의미를 부여할 수 있는 장점이 있다. 그러나 이미지, 개념 등을 정의하기가 쉽지 않다는 한계가 있을 수밖에 없다.

1.2. 의미론과 화용론

지시와 의의 외에 고려해야 할 의미의 또 다른 측면으로 화용적 의미가 있다. 예를 들어 어떤 의견에 대해 '꽤 괜찮아 보입니다'라는 대답은 다음의 여러 가지 의미를 모두 가질 수 있다.

❷ 가. 글자 그대로의 의미
　나. 나는 그 의견이 아주 마음에 든다.
　다. 나는 그 의견이 대수롭지 않게 느껴진다.

❷(가)는 맥락이 아무런 영향을 주지 않은 상태의 문장 의미인 반면에 다른 경우들은 동일한 문장이 발화되는 맥락에 따라 결정된 의미이다. 즉, ❷(가)의 의미를 설명하기 위해서는 지시와 의의를 이용하면 되겠지만, ❷(나)~❷(다)의 의미를 얻기 위해서는 해당 문장이 발화되는 맥락을 고려해야만 한다. 이렇듯 어떤 언어 표현의 의미를 설명함에 있어서 맥락을 고려하느냐의 여부에 따라 의미론과 화용론으로 세분하기도 한다. 맥락을 고려하는 분야를 화용론이라고 하지만, 넓은 의미의 의미론은 화용론을 포괄하여 쓰인다.

2장

단어의 의미

언어 표현의 단위는 음성, 음소, 형태소, 단어, 구, 절이나 문장, 단락 등으로 확대된다. 의미가 관여되기 시작하는 단위는 음소이지만 이때는 의미의 동일 여부만 필요하므로 의미가 실제로 관여하는 최소 단위는 형태소라고 하겠다. 형태소가 하나 이상 모여서 단어를 이루는데, 의미론에서는 논의의 편의상 단어에 대한 의미 분석을 출발점으로 다룬다.

2.1. 낱말밭

한 단어의 의미가 무엇인가를 따질 때 다른 단어들과의 연관성을 따져야만 비로소 그 의미를 명확하게 밝힐 수 있을 때가 많다. 예를 들어 '금상'의 의미가 무엇인가를 알려면, '금상-은상-동상'과 같은 체계를 알아야 한다. 만약 상의 체계가 그렇지 않고 '대상-금상-은상-동상'이라면 '금상'의 의미는 달라진다. 이와 같이 어떤 단어와 의미상 관련이 있는 단어들을 모아 집합을 구성할 수 있는데, 이런 집합을 가리켜 낱말밭이라고 한다. '대상-금상-은상-동상'은 상의 낱말밭을 이룬다고 하겠다.

흔히 언급되는 낱말밭으로는 색채어 낱말밭, 친족어 낱말밭 등이 있다. 한국어에서는 하양, 검정, 빨강, 주황, 노랑, 초록, 파랑, 남, 보라 등이 모여서 색채의 낱말밭을 이루는데, 언어에 따라서는 단 두 단어로 구성되기도 하고, 많게는 열한 개 단어로 이루어지기도 한다.

따라서 색채어 낱말밭이 서로 다른 언어들 간에는 번역의 문제가 발생할 수도 있을 것인데, 이러한 차이는 언어적 상대성을 주장하는 근거로도 사용되었다.

한국어를 배우는 외국인들이 한국어의 친족 관계어를 배우는 데 무척 고생을 하는데, 이것은 한국어의 친족어 낱말밭이 꽤 복잡하게 이루어져 있기 때문이다. 간단한 예를 하나 살펴보자.

	한국어	헝가리어	영어	말레이어
elder brother	형	bátya	brother	sudarā
younger brother	남동생	öcs		
younger sister	여동생	hug	sister	
elder sister	누나	néne		

헝가리어는 형제자매에 대해 모두 특정한 단어가 사용되는 반면에 말레이어는 단 한 단어로 모두를 가리킬 수 있어서 큰 차이가 나는 낱말밭들을 보여 준다. 한국어는 헝가리어와 비슷한 형제자매의 낱말밭을 가지고 있다. 이와 같은 차이는 언어 구조상의 차이인데, 이런 차이가 개념적 차이를 반영하는 것인지에 대한 문제가 생겨나며 이에 대한 해답은 언어학뿐만 아니라 인류학, 사회학 등의 연구를 함께 필요로 한다.

2.2. 성분 분석

위에서 든 한국어 형제자매의 낱말밭을 다시 살펴보자. '형-남동생-여동생-누나'가 하나의 낱말밭을 형성하는데, 이 세 단어의 의미 관계를 다음과 같이 명확하게 파악할 수 있는 방법이 있다.

	형	남동생	여동생	누나
손위	+	−	−	+
남자	+	+	−	−

[손위]와 [남자]라는 두 의미 자질에 의해 네 단어가 다음과 같이 구별된다.

❺ 형 : [+손위] [+남자]
　남동생 : [−손위] [+남자]
　여동생 : [−손위] [−남자]
　누나 : [+손위] [−남자]

이렇게 의미 자질을 이용하여 단어를 더 쪼개어 분석하는 방법을 가리켜서 성분 분석이라고 한다. 이 방법은 관련 있는 여러 단어의 관련성을 경제적으로 설명할 수 있는 장점이 있다. 위의 예에서는 세 단어가 분명하게 구별될 뿐만 아니라 서로 간의 관계도 파악할 수 있다. 가령 '형'과 '누나'가 [+손위]에 의해 함께 묶일 수 있는 반면에 [남자] 자질로 서로 구별된다는 등의 여러 가지 관계를 위의 분석은 말해 준다. 그리고 성분 분석은 어떤 낱말밭에 대해 언어들 간에 나타나는 차이점을 명시적으로 포착하도록 해준다. 예를 들어, 형제자매의 낱말밭에 대해 한국어와 영어 간에 나타나는 차이점을 [손위]라는 의미 자질의 유무로 설명할 수 있다. 한국어에는 이 자질이 유효하지만 영어에는 이 자질이 실현되지 않는 차이가 있다.

❻ brother : [+남자]
　sister : [−남자]

2.3. 어휘 관계

단어들 사이에 성립하는 관련성들을 몇 가지로 유형화할 수 있다.

2.3.1. 동음(이의) 관계
하나의 형식에 둘 이상의 의미가 연결되는 어휘 관계인데, 이 의미들 사이에는 관련성이 없어서 전연 다른 단어들을 이룬다.

❼ 배, 다리, 은행, 쓰다, 그리다 등

2.3.2. 다의 관계

하나의 형식에 둘 이상의 의미가 연결된다는 점에서는 동음이의 관계와 같지만 관여하는 의미들 간에는 상당한 연관성이 있다는 점에서는 차이가 있다.

❽ 가. 그 여자는 손이 커서 큰 장갑을 사야 한다.
　　나. 그 여자는 손이 커서 돈을 헤프게 쓴다.
　　다. 그 여자는 손이 필요하다.
　　라. 그 일은 그 여자의 손이 미치지 못한다.
　　마. 그 여자가 이 옷을 손봐 주었다.
　　바. 그 여자와 손을 끊었다.

❽(가)의 '손'은 신체 기관의 의미를 가지는데, 이 의미를 중심으로 다른 여러 가지 의미로 확대되었다고 볼 수 있다. 다른 다의어의 예들은 다음과 같다.

❾ 길, 듣다, 죽다, 보다 등

동음 관계와 다의 관계의 이러한 차이점은 사전에서 다음과 같은 방식을 통해 구별된다.

❿ 가. 배1 ...　　나. 손 1 ...
　　　배2 ...　　　　2 ...
　　　배3 ...　　　　3 ...

2.3.3. 동의 관계

둘 이상의 형식이 하나의 의미에 연결되어 있는 관계이다.

⓫ 재능−재주, 발전−발달, 사과−사죄, 걸상−의자, 아우−동생 등

그러나 보통 동의어라고 하는 단어들 간에 의미의 차이가 전혀 없는 경우는 드물다. 가

령, '아빠'와 '아버지'의 경우 전혀 의미의 차이가 없다고 할 수 있는가? '아우'와 '동생'은 보통 동의어라고 하는데, '아우님'은 되지만 '아우분'은 어색하고, '동생님'은 안 되지만 '동생분'은 괜찮다.

2.3.4. 반의 관계

의미가 서로 대립하는 두 단어를 반의 관계에 있다고 한다. 그런데 보통 반의어들은 서로 아주 가까운 단어들이어서 단 한 가지 의미 자질이 다른 경우들이다. 가령, '할아버지'는 '할머니'의 반의어인데, 이 두 단어는 모든 의미 자질에서 동일하고 단지 [+남성]과 [−남성]의 면에서만 차이가 있을 뿐이다. 반의어는 단순 반의어, 정도 반의어, 방향 반의어 등으로 세분된다.

1) 단순 반의어

상보 반의어라고도 하며, 대립하는 두 개념이 상호 배타적인 관계를 맺는다.

⑫ 남성−여성, 미혼자−기혼자, 살다−죽다, 합격하다−불합격하다

한 단어의 부정은 나머지 단어의 긍정을 함의한다. 다음과 같은 모순의 원인이 된다.

⑬ ?강아지가 죽었는데 살았다.

2) 정도 반의어

한 단어의 긍정이 나머지 단어의 부정을 반드시 뜻하지는 않는다.

⑭ 길다−짧다, 무겁다−가볍다, 쉽다−어렵다, 덥다−춥다

정도 반의어들 사이에는 다른 단어들이 끼어들 수 있다.

⑮ 덥다−따뜻하다−시원하다−춥다

정도 반의어들은 상대성이 있어서, '짧은 사다리'가 '긴 연필'보다 더 길다. 한편, 정도 반의관계를 이루는 두 단어 중에 더 기본이 되는 것이 있어서, 가령 무게를 물어볼 때 '그 가방 얼마나 무거워요?'라고 하지 '그 가방 얼마나 가벼워요?'라고는 하지 않는다.

3) 방향 반의어

서로 역방향으로 향하는 이동을 가리키는 두 단어의 관계이다.

⓰ 가다–오다, 들어가다–나오다, 오르다–내리다, 전진하다–후퇴하다 등

관점의 차이에 의해 발생하는 관계도 포함한다.

⓱ 위–아래, 조상–후손, 팔다–사다 등

2.3.5. 하의 관계

포함관계를 말하는데, 어휘의 계층적 구조에 의해 잘 나타난다.

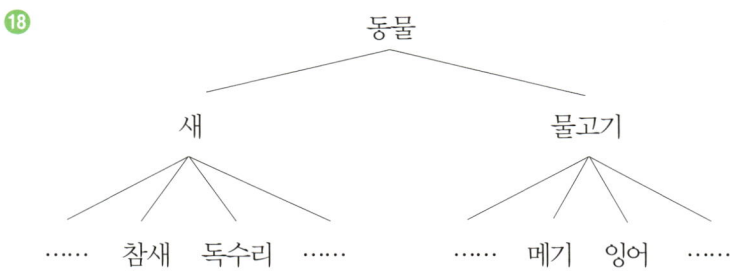

더 일반적인 단어를 상의어라고 하고 의미가 더 특수한 단어를 하의어라고 한다. '동물'은 '새'나 '물고기'의 상의어이고 '새'는 '참새'나 '독수리'의 상의어이므로 '동물'은 '참새'나 '독수리'의 상위어가 된다. 즉, 이들 사이에는 전이성(transitivity)이 성립한다.

하의 관계는 의미자질의 관찰을 통해서도 확인된다. 상의어와 하의어는 일정한 의미자질들을 공유하는 한편, 하의어는 상의어보다 많은 의미자질을 필요로 한다.

㉑ a. 동물: [+생물] [+동작성]
    b. 인간: [+생물] [+동작성] [+인간]
    c. 여자: [+생물] [+동작성] [+인간] [+여성]
    d. 어머니: [+생물] [+동작성] [+인간] [+여성] [+모성]

하의어가 상의어보다 더 특수하여 더 많은 정보를 가지고 있으므로 더 많은 의미자질을 요구한다.

3장

문장의 의미

3.1. 합성성의 원리

어떤 복합적인 언어 표현의 전체 의미를 알기 위하여 필요한 의미적 요소에 대해 생각해 보자. 예를 들어 다음과 같은 문장의 의미를 알기 위해서 무엇이 필요한지 생각해보자.

⑳ 엄마가 아이를 찾고 있다.

이 문장의 의미를 알기 위해서는 '엄마', '아이', '찾다' 등이 가지는 의미와 '엄마'가 주어 역할을 하고 '아이'가 목적어 역할을 하는 등의 의미를 모두 알아야 한다. 그런데 이 두 가지 의미는 기본 성격이 다르다. 전자는 단어 개별적인 반면에 후자는 단어들의 관계로부터 유래한다. 우리는 이 두 가지 의미를 어휘적 의미(lexical meaning)와 구조적 의미(structural meaning)로 구분할 수 있다. 전자는 개별 단어의 의미를 말하며, 후자는 단어들이 결합하는 방법에서 유래하는 의미를 말한다.

어떤 언어 표현의 의미를 포착하기 위해서는 이 두 종류의 의미가 모두 필요함을 합성성의 원리(the principle of compositionality)를 통해 명시적으로 포착할 수 있다. 즉 어떤 언어 표현의 의미는 그 구성 요소들의 의미와 그것들이 결합하는 방식에 의해 결정된다는 것이다. 이때 구성 요소의 최소 단위를 단어라고 본다면, 어떤 언어 표현의 의미는 구성 단어들의 의미와 그것들이 결합하는 방식에 의해 결정된다는 볼 수 있다. 다음의 두 문장은 동일한 단어들로 구성되었으나, 두 문장의 의미는 서로 다르다.

㉑ 가. 개가 고양이를 뒤쫓다.
　　 나. 고양이가 개를 뒤쫓다.

어휘적 의미는 같으나 구조적 의미가 달라서 전체 문장의 의미가 달라지는 것인데, 합성성의 원리가 이를 명시적으로 설명한다.

3.2. 문장의 중의성

언어는 형식과 의미의 결합체인데, 형식과 의미가 일대일로 항상 대응되지는 않는다. 하나의 형식이 여러 가지 의미로 사용되는 경우를 쉽게 접할 수 있는데, 인간이 표현하고자 하는 의미의 수가 무척 커서 각각의 의미에 서로 다른 형식을 부여하는 것이 매우 어렵기 때문에 이러한 방식을 택한다고 볼 수 있다.

㉒ 가. 배가 아프다.
　　 나. 배가 고장 났다.
　　 다. 배가 맛있다.

위의 세 '배'는 각각 사람의 배, 운송 수단의 배, 먹는 배를 가리킨다. 동일한 형식에 세 가지 의미가 대응되는 경우이지만, 문장 내의 다른 요소들(여기서는 서술어들)에 의해 세 가지 의미 중에서 어떤 의미로 사용되는지 쉽게 알 수 있다. 그러나 다른 경우에는 이렇게 쉽게 구별되지 않을 때도 있다.

㉓ 그의 말은 무척 느리다.

여기에서 '말'은 입으로 하는 말과 타는 말의 두 가지 의미로 사용될 수 있으나, 동일한 문장에서 이 두 가지 의미가 가능하여 문장 내의 다른 요소에 기대어서는 어떤 의미가 선택되는지를 결정할 수 없다. 이런 경우는 이 문장 전에 주고 받은 대화의 내용이나 상황에 의해 구별이 이루어진다.

이와 같이 하나의 언어 형식에 둘 이상의 의미가 연결되는 현상을 가리켜 중의성이라고 한다. 위의 예들은 중의성이 단어의 형식을 통해 나타나는 경우로 어휘적 중의성이라고 한다. 이 밖에도 중의성에는 구조적 중의성과 영역의 중의성이 있다. 다음의 예들은 각각 구조적 중의성과 영역의 중의성을 보여 준다.

㉔ 가. 내 친구의 그림은 환상적이다.
　　나. 모든 남학생이 한 여학생을 좋아한다.

㉔(가)는 내 친구가 그린 그림이 환상적이라는 의미로 쓰일 수도 있고 내 친구를 그린 그림이 환상적이라는 의미로 쓰일 수도 있다. '내 친구'가 주어로도 목적어로도 쓰일 수 있어서 통사 구조상의 차이에 의해 중의성이 발생한다. ㉔(나)는 모든 학생 각각에게는 이들이 좋아하는 여학생이 한 명 있다는 의미로 사용되기도 하고 모든 학생이 동일한 여학생을 공통적으로 좋아한다는 의미로 사용되기도 한다. 이 중의성은 양화사 '모든' 과 '한' 의 영역의 차이에서 발생한다. 첫 번째 의미는 '모든' 이 '한' 보다 큰 영역을 가지는 경우이고, 두 번째 의미는 그 반대의 경우이다.

3.3. 문장의 의미 관계: 함의와 전제

문장들 간에는 다음과 같은 의미 관계가 성립한다.

㉕ 동의 관계
　　가. 내 형은 총각이다.
　　나. 내 형은 결혼하지 않았다.

㉖ 모순 관계
　　가. 내 동생은 로마에서 막 돌아왔다.
　　나. 내 동생은 로마에 가 본 적이 없다.

㉗ 함의 관계
　　가. 무정부주의자가 왕을 암살했다.
　　나. 왕은 죽었다.

㉘ 전제 관계
　　가. 나는 너에게 동의한 걸 후회한다.
　　나. 나는 너에게 동의했다.

위의 동의 관계와 모순 관계는 앞에서 살펴본 어휘 관계 중 각각 동의 관계와 반의 관계에 해당한다. 한편, 함의 관계와 전제 관계는 중요한 공통점이 있다. ㉗(가)가 ㉗(나)를 함의하고, ㉘(가)가 ㉘(나)를 전제하는데, ㉗(가)와 ㉘(가)로부터 자동적으로 각각 ㉗(나)와 ㉘(나)를 얻을 수 있다. 즉, 문장 p가 문장 q를 함의하거나 전제하면, p로부터 자동적으로 q를 추론할 수 있다.

먼저 함의의 예를 좀 더 살펴보자.

㉙ 가. 민수는 그때 경찰을 보았어.
　　나. 민수는 그때 사람을 보았어.

㉚ 가. 내가 유리창을 깨뜨렸다.
　　나. 유리창이 깨졌다.

㉙(가)가 참이면 ㉙(나)가 항상 참이고, ㉚(가)가 참이면 ㉚(나)가 항상 참이다. 전자가 참인데 후자가 거짓이 되는 경우는 없다.

전제에서도 동일한 관계를 관찰할 수 있다.

㉛ 가. 내 동생은 흰 옷을 좋아한다.
　　나. 나는 동생이 있다.

㉜ 가. 민수는 영호가 중국에 가게 된 것을 알았다.
　　나. 영호는 중국에 가게 되었다.

㉛/㉜(가)는 ㉛/㉜(나)를 전제하는데, (가)를 발화하면 이로부터 (나)를 자동적으로 추론할 수 있다. 즉, (가)가 참이면 (나)도 반드시 참이다. 여기까지는 함의와 동일하다. 그런데 함의와는 달리, 전제는 이미 주어진 정보 혹은 당연한 정보로 여겨진다. 즉, (가)가 참이면 (나)가 참인지 아닌지는 논란의 대상이 아니다. 항상 (나)가 참이라고 가정한 채 (가)를 발화한다. 가령, ㉜(가)는 민수가 영호의 중국행을 알았는지 몰랐는지가 관심의 대상이지 영호의 중국행은 당연한 것으로 취급된다.

함의와 전제 사이의 이러한 차이는 부정을 통해 분명히 드러난다. 우선 함의의 경우에는 (가)가 부정되면 (나)의 참임이 보장되지 않는다. 즉 민수가 그때 경찰을 보지 못했으면 '민수가 그때 사람을 보았어'라는 문장은 참을 보장받지 못한다. 경찰 외의 다른 사람을 보았을 수도 있지만 아무도 보지 못하였을 수도 있다. 이와는 달리 전제의 경우에는 (가)가 부정되어도 (나)의 참임이 보장된다. 내 동생이 흰 옷을 좋아하지 않아도 '나는 동생이 있다'는 명제는 변함없이 참이다.

이와 같은 차이는 다음과 같이 포착할 수 있다.

㉝

전제		함의	
p	q	p	q
T → T		T → T	
F → T		F → T/F	

전제를 유발하는 요인은 다양하다.

㉞ 가. 한수는 동생이 시험에 합격했음을 <u>깨달았다</u>.
　　나. 한수는 담배를 <u>끊었다</u>.

다. 한수는 여전히 담배를 피운다.
라. 한수는 영수보다 더 멍청하다.
마. 나는 네가 이민을 가기 전에 담배를 피웠다.
바. 정말 칭찬 받을 사람은 한수이다.

3.4. 의미역

한 문장의 의미는 서술어의 의미와 그 서술어가 요구하는 논항의 의미를 기반으로 도출된다고 할 수 있다. 각 서술어는 특정한 의미 역할을 수행하는 참여자가 필요하다. 가령 '때리다'는 때리는 이과 맞는 이를 나타내는 표현이 문장 내에 존재해야 한다. 이러한 참여자들, 즉 논항들이 행하는 의미 역할을 유형화하여 서술어들 간에 존재하는 의미 관계와 일반화를 추구하려는 노력이 있다.

때리는 이, 맞는 이와 같은 의미 역할을 의미역(thematic roles)이라고 하는데, 중요한 몇 가지를 소개하면 다음과 같다.

㉟ 가. 행위자(Agent): 동사가 나타내는 의미 속에서 어떤 일을 행하거나 유발하며 주로 의도성을 가진다.
　　예) 영희가 철수를 때렸다더라.
　　예) 철수는 밥을 빨리 먹었어.

나. 경험자(Experiencer): 어떤 (심리적) 상태를 경험하는 개체를 가리킨다.
　　예) 그는 삶의 무게에 커다란 절망감을 느꼈다.
　　예) 철수는 영희의 말에 크게 기뻐했다.

다. 대상(Theme): 동사가 나타내는 사건에 영향을 받거나 상태나 위치의 변화를 겪게 되며 일반적으로 행위자와 대조된다.
　　예) 영희가 철수를 때렸다더라.
　　예) 철수는 밥을 빨리 먹었어.

라. 장소(Location): 동사의 행위가 일어나는 장소를 나타낸다.
　　예) 오랜만에 주은이는 아무 하는 일도 없이 집에 있었다.

마. 목표점(Goal): 행위가 지향하는 지점이나 방향을 나타낸다.
　　예) 사람들의 시선이 이때 모두 영주에게 향해 있었다.

바. 출발점(Source): 행위나 상태가 시작되는 기점을 나타낸다.
　　예) 그는 서둘러서 버스에서 내렸다.

4.1. 가리킴말

다음 문장들을 살펴보자.

> ㊱ 가. 기름은 물 위에 뜬다.
> 나. 비가 오고 있다.
> 다. 나는 대통령이다.

㊱(나)는 ㊱(가)보다, ㊱(다)는 ㊱(나)보다 더 맥락에 의존한다. ㊱(가)는 맥락에 의존하지 않고 누구나 그 의미를 파악할 수 있지만, ㊱(다)의 의미는 맥락에 크게 의존한다. '나'가 가리키는 발화자가 누구인지뿐만 아니라 발화 시점도 중요하다. 같은 발화자라도 대통령 임기 중에 ㊱(다)를 발화했는지 여부에 따라 진리치가 달라지기 때문이다.

㊱(다)의 '나'와 같이, 말하는 이의 시공간적 입장이 기준점이 되어 사물을 직접 가리키는 데 쓰이는 단어나 그러한 문법적 자질이 든 단어를 가리킴말(deixis)이라고 한다. 가리킴말은 가리키는 사물의 종류에 따라 장소 가리킴말(place deixis), 시간 가리킴말(time deixis), 사람 가리킴말(person deixis) 등으로 분류한다.

사람 가리킴말은 1인칭, 2인칭, 3인칭의 대명사를 말한다. 영어의 인칭 대명사는 대화자와 3인칭 사이의 사회적 관계를 나타내주지 못하나, 한국어의 '나', '너', '우리', '저', '당신', '그분', '그이'와 같은 표현들은 사회적 관계를 동시에 나타낸다. 이러한 경어 표현을 포함한 사회적 방위 결정에까지 가리킴의 개념이 적용되기도 한다.

한국어에는 '이', '그', '저'의 지시사 체계가 있는데, 가리킴말 전반과 관련하여 이 체계는 중요한 역할을 한다. 영어와 같이 'this', 'that'의 2원 체계의 언어에서는 말하는 이가 기준이 되어 말하는 이와 얼마나 가까우냐에 따라 둘 중 하나를 선택한다. 3원 체계를 가진 한국어에서는 말하는 이와 가까울 때 '이'를, 듣는 이와 가까울 때 '그'를, 말하는 이와 듣는 이에게서 모두 떨어져 있으면서 말하는 이의 눈에 보일 때 '저'를 사용한다.

4.2. 함축

대화할 때 말하는 이가 실제로 의도하는 바를 직접적으로 표현하지 않고 둘러서 표현하는 경우가 많다. 함축(implicature)이란 발화되는 것의 일부가 아니지만 화자가 그 발화를 통해 전달하고자 하는 의미적 요소를 가리킨다.

㊲ 가. 수연이는 약혼을 했고 수영이는 결혼을 했다.
　 나. 수연이는 약혼을 했으나 수영이는 결혼을 했다.

㊳ 오늘 꽤 쌀쌀한 날씨야.

㊲(가)와 ㊲(나)는 진리 조건이 같지만 ㊲(나)만이 대조나 의외성 등을 포함하는 명제를 함축한다는 차이가 있다. 사장이 방에 들어와서 비서에게 ㊳을 발화했다면 사장은 단지 오늘의 날씨를 알려주기 위해서라기보다는 '추우니 난방을 좀 하라'는 뜻을 간접적으로 전달하려고 그렇게 말했을 수 있다. 이 두 경우에 모두 함축이 발생하는데, 그 원인에는 차이가 있다. 전자는 연결어미 '-으나'의 고정적인 힘에 의해 함축이 발생하는 반면에 후자는 특정한 표현에 의존하지 않고 대화의 맥락에 의해 함축이 발생한다. 이 둘을 구분하여 각각 고정 함축(conventional implicature)과 대화 함축(conversational implicature)이라고 한다.

대화 함축은 담화의 보편적인 원리에 의해 발생하는 것이라고 보고, 이를 설명하기 위해

그라이스[Grice(1975)]는 협조의 원리와 대화의 격률을 제시했다.

㊴ 협조의 원리
자신의 대화상의 발화가 주고 받는 이야기의 목적과 방향에 따라 필요한 대로 제때에 대화에 이바지하게끔 하라.

㊵ 대화의 격률
- 질의 격률: 대화에서 당신이 기여하는 몫이 진실된 것이 되도록 하라.
    1. 거짓이라고 믿는 것을 말하지 말라.
    2. 충분한 증거가 없는 것을 말하지 말라.
- 양의 격률:
    1. 당신이 기여하는 몫을 필요한 만큼 충분히 제보적이 되도록 하라.
    2. 당신이 기여하는 몫을 필요 이상으로 제보적이 되지 않도록 하라.
- 관계의 격률: 적합한 발화를 하라.
- 태도의 격률: 명료하게 하라.
    1. 표현의 애매성을 피하라.
    2. 중의성을 피하라.
    3. 간결하게 하라.
    4. 순서대로 하라.

협조의 원리라는 대화의 대원칙 하에 네 종류의 격률이 작동하여 대화가 형성된다는 설명이다. 그런데 이러한 격률은 통사 규칙이나 음운 규칙 같은 일반적인 규칙과 달라서 반드시 지켜져야 한다기보다는 지키도록 권고된다고 보아야 한다.

함축은, 어떤 발화가 격률을 준수함으로써 실현되기도 하지만, 격률을 위배함으로써 종종 실현되기도 한다. 당연하게 지켜야 할 것으로 여겨지는 격률이 명백하게 위배됨으로써 무엇인가 다른 의미가 숨겨져 있음을 암시한다고 볼 수 있다. 구체적인 예들을 살펴보자.

❹¹ 질의 격률 위배

   A : 진수가 이번에는 합격할까?

   B : 걱정도 팔자네. 이번에는 잠도 거의 안 자고 일 년 내내 공부만 했어.

     +〉이번에는 꼭 합격할 거야.(p+〉q : p는 q를 함축한다.)

❹² 관계의 격률 준수

   A : 만 원만 빌려 줘?

   B : 지갑이 저 가방 속에 있어.

     +〉빌려 줄게.

❹³ 양의 격률 위배

   A : 어디 가니?

   B : 밖에 가.

     +〉알 필요 없다.

❹⁴ 태도의 격률 준수

   A : 문까지 가서 문고리를 시계 방향으로 끝까지 돌리고 천천히 몸 쪽으로 당겨라.

     +〉모든 단계에 주의하라.

4.3. 화행

문장은 명제를 표현하며 명제란 참과 거짓을 따질 수 있다는 견해에 따르면 모든 문장은 참과 거짓 중 하나에 해당한다. 그러나 실제 발화에 쓰이는 문장들 중에는 참과 거짓을 가리기 힘든 것들이 있다.

❹⁵ 가. 저 남녀는 부부다.

   나. 아저씨는 내게 내일 음악회에 데리고 길 것을 약속하셨다.

㊻ 가. 본인은 이 두 사람이 이 순간부터 부부가 됨을 선언합니다.
　　나. 나는 이번 제주도 여행에 너를 꼭 데려갈 것을 약속한다.
　　다. 자네 이 편지 좀 부쳐 주기를 바라네.

㊺ (가)~**㊺** (나)는 참과 거짓을 가릴 수 있는 반면에 **㊻** (가)~**㊻** (다)는 참과 거짓의 문제라기보다는 선언, 약속, 요청의 행위를 하고 있다고 볼 수 있다. 오스틴은 말하는 이가 발화를 통하여 어떤 행위를 한다는 사실에 주목하였다. 그는 언어를 통해 이루어지는 행위(언어 행위 또는 화행, speech act)에 관한 연구의 틀을 마련하였다.

오스틴은 언어 행위는 발화 행위(locutionary act), 발화 수반 행위(illocutionary act), 발화 효과 행위(perlocutionary act)의 세 가지 하위 행위로 구성된다고 파악했다. 발화 행위란 어떤 문장의 뜻과 지시를 결정하는 행위이다. 발화 수반 행위는 발화 행위에 뒤따라 발생하는 약속, 명령, 질문, 진술, 강요 등의 행위를 가리키는데, 언어 행위의 핵심에 해당한다. 발화 효과 행위는 발화로 인해 결과적으로 듣는 이를 설득하고 놀라게 하고 기쁘게 하는 등의 효과 행위를 가리킨다.

㊼ '조심해'의 화행
　　가. 발화 행위: 한국어의 어법에 맞는 문장을 발음 기관을 통해 적절히 발화함
　　나. 발화 수반행위: 발화행위와 함께 '경고'의 행위를 수행함
　　다. 발화 효과행위: 발화를 함으로써 청자가 상황을 이해하고 적절히 대처함

평서문, 의문문, 명령문은 각각 진술, 질문, 명령의 발화 수반 행위와 밀접하게 연관되어 있다. 이러한 문장 유형의 발화를 통해 이와 연관된 발화 수반 행위를 수행하는 경우와 그렇지 못한 경우를 구분하기도 한다. 전자의 경우를 직접 화행, 후자의 경우를 간접 화행이라고 한다.

㊽ 가. 밖이 추워요.
　　나. 나는 너에게 밖의 기온이 낮다고 진술한다.
　　다. 나는 너에게 문을 닫아 달라고 요청한다.

㊽(가)가 ㊽(나)의 의미로 사용되면 직접 화행이고, ㊽(다)의 의미이면 간접 화행이다.

직접 화행 대신에 간접 화행을 사용하게 되는 동기를 공손성(politeness) 원리에서 찾기도 한다. 명령, 요청 등의 화행을 위해 '길 비켜', '내일 일찍 나와' 등의 직접 화행보다는 '길 좀 비켜 주실 수 있으세요?', '내일 아무 일 없으세요?' 등의 간접 화행을 사용하는 원인이 상대방의 체면(face)을 지켜주려는 의도에 있다고 본다.

참고문헌

박영순(2004), 『한국어의미론』, 고려대학교출판부.
심재기·이기용·이정민(1984), 『의미론서설』, 집문당.
임지룡(1992), 『국어의미론』, 탑출판사.
Saeed, J.(1997), Semantics, Blackwell Publishers.
Yule, G.(1996), Pragmatics, Oxford University Press.

한국어사

황선엽
서울대학교 인문대학 국어국문학과

| 학습 목표 |

1장
- 한국어사 학습을 위한 기본 개념들을 익힌다.
- 한국어의 계통과 형성에 대해 알아본다.
- 한국어사의 시대 구분과 연구 방법을 학습한다.

2장
- 훈민정음 창제 이전의 차자표기에 대해 알아본다.
- 훈민정음의 특성에 대해 알아본다.

3장
- 시대에 따른 국어의 변천을 개략적으로 이해한다.
- 음운, 어휘, 문법, 의미 변화의 실제를 살펴본다.

차례

1. 한국어사의 개념과 연구 방법
   1.1. 한국어사의 개념
   1.2. 한어의 계통 및 형성
   1.3. 국어사의 시대 구분
   1.4. 국어사의 연구 방법
2. 차자표기와 훈민정음의 특성
   2.1. 차자표기
      2.1.1. 고유명사 표기
      2.1.2. 이두
      2.1.3. 향찰
      2.1.4 구결
   2.2 훈민정음
      2.2.1. 훈민정음의 창제
      2.2.2 훈민정음의 체계
         (1) 초성
         (2) 중성
         (3) 종성 및 기타
         (4) 표기법
3. 국어의 변화
   3.1. 음운의 변천
      3.1.1. 음운 체계의 변천
      3.1.2. 음운 현상의 변화
   3.2. 어휘의 변천
   3.3. 어휘 의미의 변천
   3.4. 문법의 변천

1장

한국어사의 개념과 연구 방법

1.1. 한국어사의 개념

한국어사는 말 그대로 한국어의 역사를 다루는 학문이다. 역사란 무엇인가? 우리는 흔히 우주의 역사, 지구의 역사와 같은 말을 사용하지만 이는 역사의 의미를 비유적으로 확장하여 광의의 개념으로 사용한 것이다. 좁은 의미, 엄격한 의미의 역사는 문자로 기록된 것만을 의미한다. 문자 기록이 남기 이전을 선사(先史)라 하여 역사 이전 시기로 규정하는 것에서 이 좁은 의미의 역사 개념을 잘 알 수 있다. 따라서 한국어사의 연구 대상도 국어가 문자로 기록되기 시작한 이후의 것에 국한된다.

언어는 시간의 흐름에 따라 음운, 형태, 문법, 어휘, 의미 등 언어의 모든 요소들이 변화한다. 한국어사는 한국어가 겪어온 이러한 각 요소의 역사적인 변화를 연구하는 학문이다. 다음의 예를 통해 언어 변화의 양상을 간략히 살펴보자.

나랏 말쓰미 中國에 달아 文字와로 서르 ᄉᆞᄆᆞᆺ디 아니홀씨 이런 젼ᄎᆞ로 어린 百姓이 니르고져 홇 배 이셔도(나라의 말이 中國과 달라 서로 통하지 아니하므로 이런 까닭으로 어리석은 百姓이 말하고자 하는 바가 있어도) 〈훈민정음언해〉

'말쓰미'에서는 현대 한국어에는 없는 모음 'ᆞ'가 사용되고 있어 음운의 변화를 확인할 수 있다. 형태적인 변화로는 '달아'가 '달라'가 되어 용언의 활용 양상이 변한 것이나 '배'(의존명사 '바'에 주격 조사 'ㅣ'가 통합한 것)가 '바가'로 된 것과 같이 주격 조사 '가'가 새로 나타난 것 등을 들 수 있다. 또한 '中國에 달아'가 '中國과 달라'로 바뀐 것에서는 통사적인 변화, '견츳'가 '까닭으로'으로 바뀐 것에서는 어휘적인 변화, '어린'이 '어리석은'으로 바뀐 것에서 의미의 변화를 확인할 수 있다. 한국어사에서는 이와 같은 언어의 변천을 각 요소별로, 시대별로 나누어 연구한다.

한국어사가 문자로 기록된 이후의 것만을 연구하는 것이라면 문자가 만들어지기 이전의 한국어, 나아가 한국어의 기원에 대해서는 연구할 수 없는가? 이에 관한 연구도 가능하지만 이는 한국어 계통론이라 하여 별도의 분야로 설정한다. 그러나 역사가 광의의 개념으로 쓰여 문자 기록이 존재하기 이전 즉 선사까지 포괄할 수 있듯이 한국어사에서도 한국어의 계통 문제를 포괄하여 다루는 일이 많다. 계통론은 문헌 자료가 없는 시기에 대해 연구하는 것으로 친족 관계에 있다고 생각되는 언어들을 상호 비교하는 방식으로 연구를 진행한다. 그래서 계통론을 역사비교언어학이라 부르기도 한다.

1.2. 한어의 계통 및 형성

한어의 계통에 관해서는 다양한 학설이 있으나 알타이어족설이 가장 유력하다. 알타이어족에는 몽골어군, 퉁구스어군, 터키어군 등이 있는데 한국어가 알타이어족에 속한다 할지라도 다른 어군들보다 보다 이른 시기에 분화되어 나온 것으로 추정된다.

한국어는 처음에는 부여, 옥저, 동예 등의 북방계 언어와 마한, 진한 변한의 남방계 언어로 분화되어 있다가 북방계 언어는 고구려어, 남방계 언어는 백제어와 신라어로 계승되었다.

1.3. 국어사의 시대 구분

- 고대 국어(삼국시대부터 통일신라의 멸망 A.D. 935까지)
- 전기 중세 국어(고려건국 10세기~14세기)
- 후기 중세 국어(15세기~16세기 말)

- 근대 국어 (17세기 초반~19세기 후반 갑오경장까지)
- 현대 국어 (20세기 초반~현재)

1.4. 국어사의 연구 방법

1. 문헌 자료의 연구
   - 차자표기 자료와 한글 문헌
2. 비교 방법
   - 알타이어와의 비교
3. 내적 재구
   - 나모의 15세기 어형과 나막신의 '나막'을 통한 '나독'의 재구
4. 방언의 연구
   - 방언은 언어 변화의 공간적 투영: 제주 방언의 'ㆍ', 함경 방언의 성조

학습정리

(1) 국어사는 국어가 겪어온 음운, 형태, 문법, 의미 등의 역사적인 변화를 문자 기록을 통해 연구하는 학문이다.
(2) 국어는 알타이족에 속하는 것으로 추정된다. 고대에는 고구려어로 대표되는 북방계 언어와 백제와 신라어로 대표되는 남방계 언어가 있었던 것으로 추정된다.
(3) 국어사의 시대는 고대, 전기 중세, 후기 중세, 근대, 현대로 구분된다.
(4) 국어사는 문헌 자료, 방언 등을 통해 연구할 수 있다.

2장

차자표기와 훈민정음의 특성

2.1. 차자표기

한국어사는 언어의 변화에 대한 연구이지만 문자 기록을 바탕으로 연구하므로 문자에 대한 이해가 필수적이므로 문자 체계에 대한 이해가 필요하다. 한자를 이용하여 우리말을 적는 방식인 차자표기는 고유명사 표기, 이두, 향찰, 구결로 나누어 살펴볼 수 있다.

2.1.1. 고유명사 표기
음독과 석독의 방식을 활용하여 인명, 지명, 관직명 등을 표기한 것이다.
   예) 大山縣本翰山縣 永同郡本吉同郡

2.1.2. 이두
한자를 사용하여 우리말 문장을 표기하는 방식으로 국어의 문장 구조에 따라 어순을 배열하고 조사나 어미를 표기한다.
   예) 蠶段(딴) 陽物是乎等用良(이온들쓰아) 水氣乙(을) 厭却 桑葉叱分(뿐) 喫破爲遣(ᄒ고) 飮水不冬(안둘)

2.1.3. 향찰

우리말을 실제에 가깝게 온전히 적기 위해 고안된 방식이다. 실질적 의미를 가진 부분은 석독 표기로, 문법적 요소는 음독 표기로 하는 것을 원칙으로 하여 향가를 적는 데 주로 쓰였다. 복잡하고 어려운 표기 방식이면서도 우리말을 완전히 적을 수 없어 후대에 계속 쓰인 이두, 구결과 달리 고려 전기까지 쓰이다가 사라졌다.

예) 夜入伊游行如可 / 밤–들–이–놀–니–다–가 / 밤 드리 노니다가

2.1.4. 구결

한문을 읽을 때 그 의미나 문법적 관계를 표시하기 위해서 삽입하는 요소를 말한다. 주로 한자의 약체자로 기입되었는데 한문을 우리말 어순대로 풀어 읽는 석독 구결과 한문 어순대로 읽는 음독 구결이 있었다. 한글 창제 이후에는 한글로 표기되도 하였다.

예) 復ᄼㄱ 有ヒナㅅ 五道ㄴ 一切衆生ㅣ.

2.2. 훈민정음

2.2.1. 훈민정음의 창제

훈민정음은 1443년(세종 25년) 12월 세종에 의해 직접 창제되었다. 이는 세종실록, 훈민정음 해례본의 어지와 정인지 서문을 통해 확인할 수 있다. 이후 1446년(세종 28년) 9월에는 훈민정음 해례본을 간행함으로써 훈민정음의 반포가 이루어졌다.

2.2.2. 훈민정음의 체계

(1) 초성

초성 글자는 모두 17자로 발음기관의 모양을 상형하여 만든 기본자(5개), 기본자에서 소리가 거세짐에 따라 획을 추가한 가획자(9개)와 소리가 거세진 것이 아니어서 모양을 변형시켜 만든 이체자(3자)가 있다.

조음 위치	기본자(상형 내용)	가획자	이체자
牙音(어금닛소리)	ㄱ (혀뿌리가 목구멍을 막는 모양)	ㅋ	ㆁ
舌音(혓소리)	ㄴ (혀가 입천장에 붙는 모양)	ㄷ ㅌ	ㄹ (반설음)
脣音(입술소리)	ㅁ (입 모양)	ㅂ ㅍ	
齒音(잇소리)	ㅅ (이 모양)	ㅈ ㅊ	ㅿ (반치음)
喉音(목구멍소리)	ㅇ (목구멍 모양)	ㆆ ㅎ	

(2) 중성

중성 글자는 모두 11자로, 기본자(3자)인 'ㆍ, ㅡ, ㅣ'는 각각 '天, 地, 人'을 상형하여 만들고 이들을 합하여 'ㅗ, ㅏ, ㅜ, ㅓ'의 초출자(4자)와 'ㅛ, ㅑ, ㅠ, ㅕ'의 재출자(4자)를 만들었다.

(3) 종성 및 기타

종성은 별도로 글자를 만들지 않고 초성 글자를 다시 쓰도록 하였다. 중국의 성운학에서와 같이 음절을 성모와 운모로 2분하지 않고 초성, 중성, 종성으로 3분하였으면서도 종성과 초성의 관련성을 파악한 것은 훈민정음의 중요한 특징이라 할 수 있다.

이외에 연서 규정을 두어 글자를 합쳐 새로운 음을 표기할 수 있는 길을 열어 두어 'ㅱ, ㅸ, ㆄ, ㅹ'과 같은 글자를 필요에 따라 만들어 쓸 수 있도록 하였다. 초성을 여러 글자를 쓸 때에는 병서하도록 하였으며 중성과 종성도 여러 글자를 쓸 때에는 마찬가지로 병서의 규정을 적용하였다.

(4) 표기법

15세기의 한글 표기법은 8종성 표기나 연철 등에서 볼 수 있듯이 소리나는 대로 적는 음소적 표기법이 일반적이었다.

예) 기프니, 깁고; 사ᄅᆞ미, 사ᄅᆞᄆᆞᆯ

방점을 사용하여 성조를 표기한 것도 매우 특징적인데 방점은 글자의 왼쪽에 찍으며 평성은 점을 찍지 않고 거성은 1점, 상성은 2점을 찍었다.

학습정리

(1) 차자표기에는 고유명사 표기, 이두, 향찰, 구결 등이 있다.
(2) 훈민정음은 1443년 세종에 의해 직접 창제되어 1446년에 반포되었다.
(3) 훈민정음은 창제 당시 초성 17자, 중성 11자로 모두 28자였다.
(4) 15세기의 표기법은 소리나는 대로 적는 음소적 표기법이 일반적이었다.

3장

국어의 변화

3.1. 음운의 변천

3.1.1. 음운 체계의 변천

후기 중세 한국어 이전의 음운 체계에 대해서 특기할 만한 것으로 다음과 같은 사실들을 들수 있다. 한자음에 경음 계열이 없는 것으로 볼 때 고대 한국어에서는 경음 계열의 자음이 없었던 것으로 추정된다. 현대어에는 喫, 氏, 雙이 있으나 이는 근대 이후에 나타난 것이다. 전기 중세 국어에서부터 경음이 발생한 것으로 보인다. 또한 고대 국어로 갈수록 모음조화가 강하게 지켜지는 경향이 나타나고 있으며 후기 중세 국어 이후 아래아의 소멸 등을 고려할 때 모음체계에도 큰 변화가 있었을 것으로 추정된다.

후기 중세 한국어 이후의 음운 체계의 변화에 대해서는 그 이전에 비해 자료가 많고 연구가 많이 이루어져 비교적 자세한 내용을 알 수가 있다.

우선 자음에 관해서는 살펴보자. 후기 중세 한국어에는 'ㅸ, ㅿ, ㆁ'등의 유성 마찰음이 존재하였으나 이들은 근대 한국어 이전에 모두 소멸하였다. 음절말에 올 수 있는 자음은 점차 축소되어 후기 중세 한국어에는 'ㄱ, ㄴ, ㄷ, ㄹ, ㅁ, ㅂ, ㅅ, ㆁ'의 8개가 올 수 있었고 근대국어 시기에는 'ㅅ'이 사라져 현대 국어와 같이 7개만 올 수 있게 되었다. 근대 국어로 오면서 'ㅄ, ㅴ' 등의 어두 자음군이 사라지고 경음으로 변화하였다.

모음의 변화는 다음과 같다. 'ㆍ'는 16세기경에 비어두음절에서 'ㅡ'로 변화하는 1단계 변화와 18세기에 어두음절에서 'ㅏ'로 변화하는 2단계를 변화를 거쳐 소멸하였다. 이중모음이었던 'ㅐ, ㅔ, ㅚ, ㅟ'가 단모음으로 변화하여 현대 한국어와 같은 10모음 체계가 이루어졌다. 후기 중세 말에 성조가 소실되었는데 상성은 장음으로 흔적을 남기게 되었다.

3.1.2. 음운 현상의 변화

후기 중세에서 근대로 오면서 나타난 음운 현상들은 구개음화, 원순모음화, 전설모음화 등이 있다. 'ㅣ, ㅑ, ㅕ, ㅛ, ㅠ' 앞에서의 'ㄴ' 탈락은 구개음화와 관련된 현상이다.

- 구개음화
  (예) 디다>지다, 뼈다>찌다, 티다>치다
  (예외) 잔디>잔디, 무듸다>무디다, 느틔나무>느티나무
- 'ㅣ, ㅑ, ㅕ, ㅛ, ㅠ' 앞에서의 'ㄴ' 탈락
  (예) 니>이, 님금>임금
- 원순모음화
  (예) 블>불, 믈>물
- 전설모음화
  (예) 아춤>아츰>아침, 즛>짓

3.2. 어휘의 변천

- 어휘의 소멸: 존재하던 어휘가 사라지는 변화
  (예) 슈룹(우산), 오래(문), 우틔(치마), 바드랍다(위태롭다) 등의 소멸
- 어휘의 생성: 어휘가 새로 만들어지는 변화
  (예) 자명종, 천리경, 어른스럽다
- 어휘의 차용: 외국어로부터 새로운 단어가 들어와 쓰이는 변화
  (예) 다홍(大紅), 무명(木綿), 배추(白菜), 수라, 보라
- 어휘의 형태 변화: 어휘의 모습 변화
  (예) 벋 → 벗, 뜯 → 뜻, 불휘 → 뿌리

3.3. 어휘 의미의 변천

- 의미의 확대
  (예) 할아버지: 祖父 → 남자 노인
- 의미의 축소
  (예) ᄉᆞ랑ᄒᆞ다: 생각하다/사랑하다 → 사랑하다
- 의미의 이동
  (예) 어엿브다: 불쌍하다 → 예쁘다, 어리다: 어리석다 → 어리다

3.4. 문법의 변천

후기 중세에서 근대로 오면서 나타난 문법의 변화로는 다음과 같은 사실들이 주목할 만하다.

- 존칭의 주격 조사 '께서', 비교격 조사 '보다가'의 출현
- 선어말어미 '-오-'의 소멸, 선어말어미 '-겟-'의 출현
- 객체높임에 쓰이던 '-습-'이 상대높임을 나타내는 종결어미의 일부가 되었다.
- 명사형 어미 '-기'의 쓰임이 확대되었다.

한국어사 특론

이현희
서울대학교 인문대학 국어국문학과

| 학습 목표 |

- 한국어사를 이해하기 위한 몇 가지 기본 개념을 학습한다.
- 옛 문헌 자료 해석을 통하여 중세어와 근대어의 문법을 이해한다.

▶▶▶ 차례

1. 들어가기
    1.1. 존재 값의 같고 다름
    1.2. 옛말 문법
    1.3. 옛 문자
2. 한국어사와 관련된 몇 가지 현상
    2.1. 종성의 표기
    2.2. 문법형태소·어휘형태소 및 문법화·어휘화
    2.3. 매개모음
    2.4. 어간 교체
    2.5. 'ᄒ야쎠'체 어미와 반말 어미의 형성
    2.6. 이완합성어와 긴밀합성어
3. 옛 문헌 자료 해석

▶ 참고문헌

1장

들어가기

1.1. 존재 값의 같고 다름

우리는 어떤 존재가 가지는 값이 시대의 흐름에 따라 전혀 달라지지 않기도 하고, 완전히 다른 존재로 변화하기도 하는 모습을 쉽게 목격할 수 있다. 우리는 늘 어떤 존재가 가지는 한 가지 값에만 익숙해지면 거기에 다른 값이 있었을 가능성을 놓치게 되는 경우가 많다. 이것은 일종의 '현대적 편견'이라고 할 수 있을 것이다.

한자어 '문법(文法)'이나 '문자(文字)', '어학(語學)' 등의 용어가 원래 중의적(重義的)이었다 하면 다들 놀랄 것이다. [문뻡]의 음상(音相)을 가지는 용어는 우리가 잘 아는 "grammar"의 의미를 가지지만 [문법]의 음상을 가지는 용어는 "글 쓰는 방법, 문체"의 의미를 가졌었다. [문짜]는 "graph, letter, script"의 의미를 가지지만 [문자]는 "단어 이상의 큰 형식, 즉 성어(成語), 문장, 텍스트, 문서" 등의 의미를 가지고 있으며, '어학'은 ①"언어 학습(language learning)", ②"언어학(linguistics)"의 중의성(重義性)을 가지고 있다.

이와 같이 용어뿐 아니라, 언어의 형식도 시대의 흐름에 따라 그 값을 달리 하는 일이 없지 않다. 'ㅈ', 'ㅐ', 'ㅔ', 'ㅟ' 등의 음소는 음가가 시대의 흐름에 따라 변화하였고, '얼굴', '도ᄅᆞ혀다, 니르혀다' 등의 단어는 의미가 달라지거나 내적 구성이 달라진 것이다. '슬픈 노래' 같은 관형구성은 현대어의 '나는 그 노래가 슬프다'와 같은 이중주어문에서는 도출될 수 없고 중세어의 '그 놀애 슬프다'와 같은 경험주(Experiencer)가 없는 문장을 바탕으로 하여야만 제대로 이해될 수 있다.

1.2. 옛말 문법

여기서 '문법'이라 함은 넓은 의미의 '문법'을 가리킨다. 넓은 의미의 문법은 소리·형태·통사·의미·표기 등의 모든 측면을 다 아울러 대상으로 하는 것이요, 좁은 의미의 '문법'은 형태와 통사의 측면만을 대상으로 하는 것이다. 이 넓은 의미의 '문법'은 『한글 맞춤법』 제1장 총칙 제1항 "한글 맞춤법은 표준어를 소리대로 적되, 어법에 맞도록 함을 원칙으로 한다."에서 언급된 '어법'이나 외솔 최현배의 '말본'과도 어느 면에서는 통하는 점이 있는 용어이다.

1930년대까지 학자들은 '문법(文法)'과 '어법(語法)'을 준별하고 '문전(文典)'과 '어전(語典)'을 준별하기도 하였다. 각각의 전자는 문어(文語)를 대상으로 하는 것이요, 각각의 후자는 구어(口語)를 대상으로 한다는 것이었다. 그리하여 '말본'이라는 고유어식 용어가 나오고 그에 대응하는 '글본'이 쓰이기도 하였다.

현대어가 아닌 옛말을 대상으로 할 때에는 당연히 문어를 대상으로 할 수밖에 없다. 또한 옛말을 대상으로 하여서는 개별적인 이해보다는 종합적인 이해를 꾀하는 것이 좋을 경우가 많다. 이런 점에서 우리는 이 〈한국어사 특론〉을 종합적으로 구성해 보기로 한 것이다.

1.3. 옛 문자

한국 문자와 관련하여서는 매우 흥미로운 사실들이 많이 있다. 여기서는 한두 가지 사실만 간략하게 언급하도록 한다.

한국 문자는 훈민정음·정음·언문·반절·국문·한글 등으로 다양하게 불려 왔다. 훈민정음과 정음은 이미 『훈민정음』의 해례본(1446년)에서 언급된 용어이며, 언문은 『세종실록』에도 나오는 것으로 보아 이미 세종 당대에 쓰인 용어라고 할 수 있다. 반절은 한자음 표시 방법의 반절법[1]과 한글의 음절합자법(音節合字法)이 유사하다 하여, 이미 16세기 초반기에 "세속

---

1) '東'이라는 한자의 음을 지시하기 위하여 '德紅切' 또는 '德紅反'식으로 두 개의 한자를 이용하여 '德'의 첫 음(聲母, 또는 字母)인 'd'와 '紅'의 첫 음을 뺀 부분(韻母) 'ong'을 합하여 'dong'이라는 음을 얻게 하는 방법을 가리킨다.

에서 반절이라고 부르는 27자[俗所謂反切二十七字]"라는 표현이 『훈몽자회』(1527년)의 범례 부록에 명시되어 있다. 1894년에 갑오개혁이 실시되면서 고종의 칙령 제1호 제14조로 「공문식(公文式)」이 공표되면서 모든 공문서는 국문을 본위로 하되 한문으로 번역하여 부기할 수 있으며 국한문을 혼용할 수도 있게 되었는데, 이는 한글이 나라의 문자임을 공식적으로 인정한 첫 사례라고 할 수 있다.[2] 한글은 최남선의 『조선상식문답』(1946년)에 그 연원에 대한 언급이 있으나 이미 그 전에 '한글모[朝鮮言文會, 배달말글몯음]'(1913년)와 같은 연구단체명에도 '한글'이 들어 있는 것으로 보아 주시경과 깊은 관련을 맺고 있음이 틀림없어 보인다.

우리 문자에는 'ㆍ', 'ㅿ', 'ㆆ', 'ㅸ' 등 쓰이지 않게 된 문자 외에도 훈민정음 창제 이후 새로이 고안되어 나왔으나 현대에는 쓰이지 않는 문자들이 많이 있다. 'ᅙ', '◇', 'ᆢ' 등이 그 대표적인 예들이다. 이러한 문자들에 대하여는 이미 개화기 때에 주시경, 이능화 등의 국문연구소 위원들이 그것들을 되살려 쓰는 일의 타당성 여부를 검토한 바 있었다.

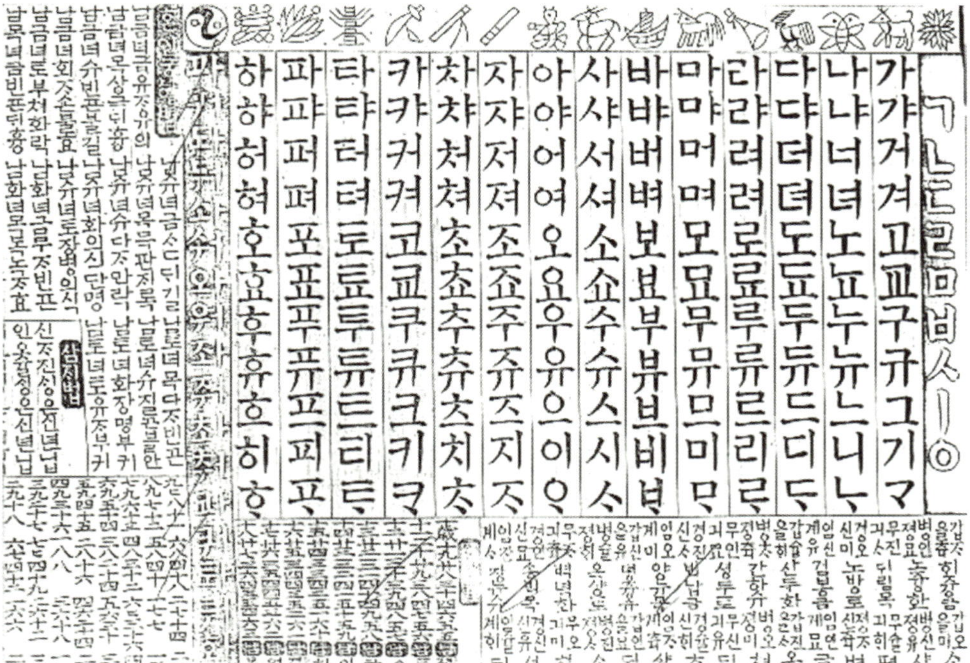

[사진 1] 반절표

---

2) 엄밀한 의미에서는 '국문'이라는 용어가 두 가지 의미로 사용됨에 유의해야 한다. 하나는 문자 이름으로서의 국문이요, 다른 하나는 그러한 문자로 씌어진 글을 가리키는 국문이다.

흔히 'ㆍ'를 '아래아'로, 'ㅣ'를 '딴이' 또는 '외이'라고 부른다. 이 문제도 개화기 때의 국문 논의를 살펴봄으로써 쉽게 이해할 수 있다. 개화기 때의 학자들은 이러한 국문 문제를 대개 반절표를 통해 인식하고 있었다. 그런데 그 당시에 국문에 관심을 가지던 사람들이 가장 이해하기 힘든 것으로 생각했던 것 가운데 하나가 이 'ㆍ'였다. '며ᄂᆞ리'로 적히던 단어가 혹은 [며느리]로, 혹은 [며나리]로 읽히던 현상을 그들은 아주 이상하게 생각하였다. 만약 '며ᄂᆞ리'의 음이 [며나리]라면 왜 세종 임금이 동일한 [ㅏ] 음을 가지는 문자로 'ㆍ'와 'ㅏ'의 두 가지를 만들었는지 의아하게 생각하였던 것이다. 이미 개화기 훨씬 이전에 'ㆍ'의 음가가 소멸되고 문자만이 남아 있었음을 그들은 전혀 이해할 수 없었기 때문이었다.

그리하여 그들은 반절표에서의 위치를 기준으로 'ㆍ'를 '아래아'로, 'ㅏ'를 '윗아'로 부르게 되었다. 예컨대, 반절표의 '가행'을 가져와 보면, '가갸거겨고교구규그기ᄀᆞ'[실제로는 세로쓰기로 된다] 순으로 되어 있는바, 'ㅏ'는 맨 위에 있고 'ㆍ'는 맨 아래에 있기 때문에 자연스럽게 각각 '윗아'와 '아래아'로 부르게 되었던 것이다. '딴이'라는 이름은 반절표의 받침줄과 관련이 있다. 그것은 'ㄱㄴㄷㄹㅁㅂㅅㅣㅇ'으로 되어 있다. 아마도 'ㆁ'에서 'ㅣ'와 'ㅇ'이 분리되었을 터인데 개화기 이전의 사람들은 '가'에 받침을 'ㄱ'으로 하면 '각'이 되고, 받침을 'ㄴ'으로 하면 '간'이 되듯이 '가'에 'ㅣ'를 하면 '개'가 된다고 파악하였다. 여기서 '아행'의 '이'('ᄋᆞ준이')와 달리 'ㅇ'의 도움 없이 따로 있는 'ㅣ'를 그들은 '딴이'[ᄯᆞᆫ이] 또는 '외이'라고 불렀던 것이다. '딴이'는 그 전에는 'ᄯᆞᆫ이'라고 적히던 것이었다. 이것은 "갖추어지지 않은 이"라는 의미를 가진다.

2장

한국어사와 관련된 몇 가지 현상

2.1. 종성의 표기

현대어에서는 주시경의 '본음(本音)의 이론'을 이어받은 조선어학회의 한글 맞춤법에 의한 표기를 올바른 것으로 인정하고 있다. 이것은 형태음소적 원리를 기반으로 하고 있다.

그런데 『훈민정음』 해례본(1446년)의 「종성해」에서는 "그러므로 ㆁㄴㅁㅇㄹㅿ의 여섯 자는 평성·상성·거성의 종성이 되고 그 나머지는 입성의 종성이 된다. 그러나 ㄱㆁㄷㄴㅂㅁㅅㄹ의 여덟 자만 써도 좋다.(所以ㆁㄴㅁㅇㄹㅿ六字爲平上去聲之終, 而餘皆爲入聲. 然ㄱㆁㄷㄴㅂㅁㅅㄹ八字可足用也.)"라 하여 이른바 8종성법을 언급하였고, 『훈몽자회』(1527년) 범례 뒷부분에 실려 있는 「諺文字母[俗所謂反切二十七字]」에서는 "초성과 종성에 두루 쓰는 여덟 글자(初聲終聲通用八字)"라 하여 'ㄱㄴㄷㄹㅁㅂㅅㆁ'의 8자만 종성에 쓸 수 있는 것으로 처리하였다. 이러한 기록들은 중세어 시기에도 음절말 위치에서 중화현상(中和現象)이 존재하여 자음으로는 'ㄱㄴㄷㄹㅁㅂㅅㆁ'의 여덟 가지 소리만 실현되는 것으로 이해되었다. 이 여덟 글자만 종성에 기록하는 표기법은 음소적 원리에 기반한 것이라 할 수 있다.

표기가 음성실현과 반드시 일대일로 대응되는 것은 아니지만, 대체로 당대의 현실에 들어맞는 것이라 보아 무방할 것이다.

그런데 예나 지금이나 한국한자음[東音]의 경우에는 음절말에서 실현되는 자음이 여섯 가지밖에 없었다. 'ㄱㄴㄹㅁㅂㆁ'이 그것이다. 『훈민정음』 「종성해」에서는 현실음에서 'ㄹ'로 실현

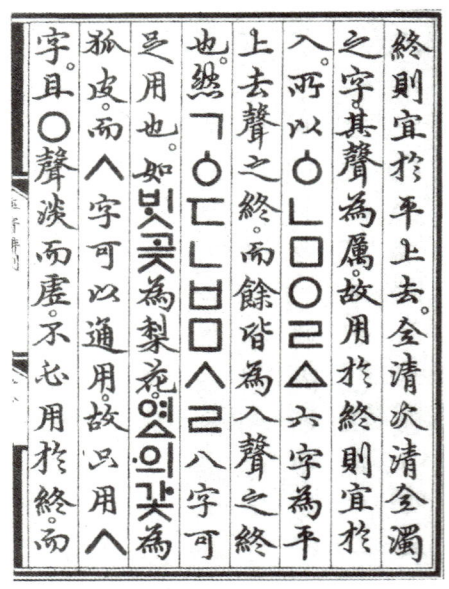 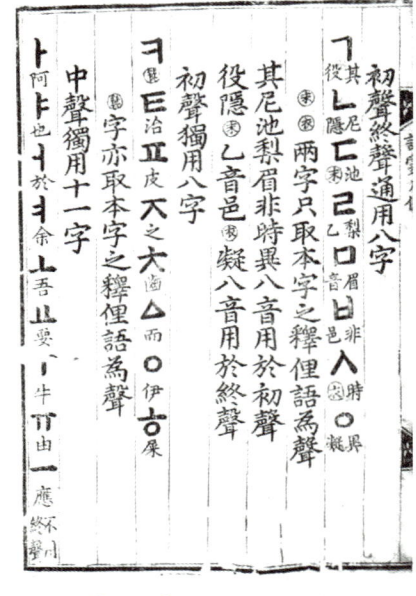

[사진 2] 「종성해」의 일부   [사진 3] 「언문자모」의 일부

되던 '彆'의 한자음 종성을 'ㄷ'으로 적도록 하였고, 『동국정운』(1447년)에서는 '以影補來'라 하여 종성을 'ㆆ'로 적도록 하였지만, 이는 입성임을 의식한 과도한 조처라 성종 대 이후에는 다시 현실음 'ㄹ' 표기로 전환되어 오늘날에 이르렀다.

현대어의 「외래어 표기법」에서 종성 표기를 'ㄱㄴㄹㅁㅂㅅㅇ'의 일곱 자음으로 제한한 일이라든지, 『표준어 규정』의 「표준 발음법」 제16항에서 한글자모 이름을 모음 앞에서 연음할 때 독특하게 규정해 둔 것은 종성의 음성실현이 표기와 어긋나는 실례(實例)들이라 할 것이다.

디귿이[디그시]   디귿을[디그슬]   디귿에[디그세]
지읒이[지으시]   지읒을[지으슬]   지읒에[지으세]
치읓이[치으시]   치읓을[치으슬]   치읓에[치으세]
키읔이[키으기]   키읔을[키으글]   키읔에[키으게]
티읕이[티으시]   티읕을[티으슬]   티읕에[티으세]
피읖이[피으비]   피읖을[피으블]   피읖에[피으베]
히읗이[히으시]   히읗을[히으슬]   히읗에[히으세]

한국어의 고유어나 한자어와는 또 다른 음성실현을 보인다는 점에서 흥미로운 것이다.

　현대어에서는 복자음(複子音)이 종성 위치에 실현될 때 자음군단순화(子音群單純化) 현상이 일어난다. 중세어에서는 '낛가, 낛곰' 등의 표기가 나타나는데 이것은 한국인이 중세어 이전의 어느 시기에선가는 어중(語中)의 세 자음도 연속해서 발음할 수 있었음을 암시한다. 그러다가 두 자음만을 발음할 수 있게 발음 습관이 변화하게 되었다. 중세어 이전에 먼저 무성자음(ㄱ, ㄷ, ㅂ, ㅅ 등)으로 시작하는 세 자음 가운데 어느 하나가 발음상 탈락하고, 중세어 이후에 유성자음(ㄴ, ㄹ, ㅁ, ㅇ 등)으로 시작하는 세 자음 가운데 어느 하나가 발음상 탈락하는 변화를 겪게 되었는데, 적어도 중세어에서는 어중의 자음군 $C_1C_2C_3$(엄밀히는, '$C_1C_2+C_3$') 가운데 대개는 C_2를 발음상 빼게 되고 간혹은 C_1을 빼게 되는 자음군단순화 과정을 겪게 되었다고 해석될 수 있다. 중세어에서는 'ㄱ, ㅂ, ㅅ' 등 무성자음으로 시작하는 자음군은 자음군단순화를 경험하여 표기상으로도 두 번째 자음을 빼게 되고, 'ㄴ, ㄹ, ㅁ' 등 유성자음으로 시작하는 자음군은 자음군단순화를 경험하지 않아서 '둛도'(鷄), '앉고'(坐), '옲디'(蟄)에서처럼 두 번째 자음을 중화(中和)시켜 표기하는 한이 있더라도 세 자음을 다 표기에 참여시켰다. 그런데 15세기 말 이후 자료에서부터 '옮고'(移)가 '옴고'로도 표기되거나 '흙도'(土)가 '흘도', '숣디'(白)가 '숩디'로도 표기되고, 15세기 중엽에서부터 '바룴믈'(海水), '섨달'(臘月), '이틄날'(翌日) 등이 '바룻믈', '섯달', '이틋날' 등으로 표기될 수 있었던 것은 유성자음으로 시작하는 경우에도 서서히 자음군단순화가 적용되기 시작한 것으로 이해할 수 있다.

2.2. 문법형태소·어휘형태소 및 문법화·어휘화

문법형태소(grammatical morpheme)는 문법적 의미를 가지는 형태소로서 문법적 기능을 담당한다. 한자문화권에서는 '虛辭' 또는 '虛詞'라고 불리기도 하고, 단지 '辭'라고만 표현되기도 하였다. 한국어에서는 조사와 어미, 접사 등이 여기에 포함된다. J. S. Gale(1893)의 『辭課指南 Korean Grammatical Forms』이 그 서명에 '辭'로써 'grammatical forms'에 대당시킨 것은 한자문화권에 대한 그의 소양을 잘 보이는 일례라고 할 것이다.

　어휘형태소(lexical morpheme)는 어휘적 의미를 가지고 있는 형태소이다. 한자문화권에서는 '實辭' 또는 '實詞'라고 불리기도 하고, 단지 '詞'라고만 표현되기도 하였다. 한국어에서는 명사·부사·동사어간 및 형용사어간 등의 주요범주가 여기에 포함된다.

이미 한국의 옛 사람들은 이 두 가지 형태소에 대한 인식이 있어 왔다. 예컨대,『삼국유사』 권3의「原宗興法 厭髑滅身」조에 들어 있는, '厭髑'에 대한 협주(夾註)에서는 "지금 ('厭髑'의) 윗 글자는 번역하여(새겨) 읽고 아랫글자는 번역하여(새겨) 읽지 않는다.(今譯上不譯下)"라 하였는데 '厭'은 새김으로 읽어 '異次' 혹은 '伊處'의 음으로 표기할 수 있으며, '髑'은 '助辭'로서 그 음이 유사한 '頓, 道, 都, 獨'으로도 적을 수 있으니, '厭髑'이라는 표기 외에 '厭覩' 등도 가능하다고 하였다. 이 '助辭'가 바로 문법형태소에 해당하는 것인바, 이것은 향가의 해독원리 가운데 하나인 훈주음종(訓主音從)의 원리와도 통한다. 어휘형태소는 새김으로 읽고 문법형태소는 소리로 읽는다는 것이다.

去 → 갈 [새김(訓, 釋)]   隱 → 숨을 [새김(訓, 釋)]   春 → 봄 [새김(訓, 釋)]
    ↘ 거 [소리(音)]   ↘ 은 [소리(音)]   ↘ 춘 [소리(音)]

이리하여 '去隱春'이라는 구절은 각 글자를 전자(轉字, transliteration)하면 '가은 봄'인데 한국어의 문법에 맞게 전사(轉寫, transcription)하면 '간 봄'이 되는 것이다.

우리는 한국어의 역사를 언급할 때, '경구개음화', '전설모음화', '원순모음화' 등을 언급한다. 이를 'X화'라고 일반화해 보자. 이 'X화'는 거칠게 표현하면 'X 아닌 것'이 'X'로 변화한(혹은, 변동한)[3] 현상을 의미한다. 대략적으로 표현하자면, '경구개음화'는 경구개음 아닌 자음이 어떤 조건이 주어졌을 때 경구개음으로 변화한(혹은, 변동한) 현상이요, '전설모음화'는 전설모음 아닌 것(즉, 후설모음)이 어떤 조건이 주어졌을 때 전설모음으로 변화한(혹은, 변동한) 현상이며, '원순모음화'는 원순모음 아닌 모음(즉, 평순모음)이 어떤 조건이 주어졌을 때 원순모음으로 변화한(혹은, 변동한) 현상을 말하는 것이다.

이제 우리는 문법형태소 및 어휘형태소와 관련된 변화를 살펴보기로 한다. 문법화와 어휘화가 그것이다.

문법화(grammaticalization, grammaticization)는 '문법형태화'나 '허사화' 등으로 달리 불리기도 한다. 한국어에서는 어휘형태소 자체나 어휘형태소와 문법형태소의 통합체가 문법형태소로 변화한 현상을 의미한다. '-아 잇-' 구성이 '-앳-', '-앗-'을 거쳐 '-았-'으로 정착된 현상이나 타동사 '븥-'의 활용형 '브터'가 문법화하여 출발점을 의미하는 문법형태소(즉, 조

---

3) 통시적으로 바뀌는 현상은 '변화'로, 공시적으로 바뀌는 현상은 '변동'이라 구분할 수도 있다.

사) '부터'로 정착된 현상 등을 그 예로 들 수 있을 것이다.

어휘화(lexicalization)는 어휘형태화나 실사화, 단일어화 등으로 달리 불리기도 한다. 한국어에서는 문법형태소 자체나 어휘형태소와 문법형태소의 통합체가 어휘형태소로 변화하는 현상을 의미한다.[4] 현대어에서 '새'(新)는 관형사의 용법만 가지지만, 중세어에서는 관형사의 용법 외에 부사, 명사의 용법도 더 가지고 있었다. 명사 '새'가 어기(語基)가 되어 '새룡/새ㄹ뷔-'라는 파생형용사를 형성할 수 있었고, '새로'라는 조격조사 통합형을 구성할 수 있었다. 명사 '새'의 용법이 사라지면서 현대어의 '새롭-'은 더 이상 분석할 수 없게 되었으며,[5] '새로'도 더 이상 분석할 수 없는 부사로 파악할 수밖에 없게 되었다. 중세어와 근대어 단계에 '내 대로, 네 대로, 제 대로' 등 대명사의 관형격조사 통합형이, 어휘화한 명사 '대로'(명사 '대' + 조사 '로'의 통합형이 어휘화함)를 수식하는 구성이 존재하였는데, 현대어에서는 '제대로'만 남고 다른 것들은 소멸해 버렸다. 명사 '대로'는 '하는 대로, 좋을 대로' 등의 관형구성에만 잔존하고 있기 때문에[6] 현대어의 '제대로'는 그 전체가 어휘화한 부사로 인식되기에 이르렀다.

2.3. 매개모음

'가고'와 '먹고'는 어간이 개음절(open syllable) 구조냐 폐음절(close syllable) 구조냐 하는 데에 따른 활용형의 차이를 보이지 않는다. 그러나 '가며'와 '먹으며'는 어간의 음절구조에 따른 차이를 보인다. '으'의 유무가 그것이다. 우리는 이 '으'를 매개모음이라 불러 왔다. 중세어에서는 매개모음이 모음조화에 의한 짝을 가지고 있어 '우/으'로 실현되었다.

그러면 이 매개모음은 어떤 환경에서 실현되는 것인가? 매개모음 '우/으'를 기본형태에서 취하는 문법형태소는 그 두음(頭音)이 유성자음(ㄴ, ㄹ, ㅁ, ㅇ)으로 시작한다는 제약을 가진다. 그 예외는 중세어의 선어말어미 '-ᄂ-'(및 그 변화형 '-느-'와 '-는-'), 그리고 그것이 포함된 구조체의 변화형 '-니(《 -ᄂ니), -나(《 -ᄂ가)' 등의 의문형어미, '-는구나(《 -ᄂ고나)' 등의 감탄형어미 등등을 들 수 있다. 그리고 존경법 선어말어미 '-시-'는 두음(頭音)이 무성자음으로

---
4) 어휘화의 개념을 어떤 존재가 사전(lexicon)에 등재되는 현상을 가리키는 것으로 파악하기도 하지만, 그것은 여기서의 기술과 무관하다.
5) 더 분석하게 되면 관형사 '새'가 접미사 '-롭-'과 통합하였다는 기묘한 기술을 하게 된다.
6) '법대로, 사람 수대로' 등에서처럼 명사나 명사구 뒤에 통합하는 '대로'는 조사로 문법화한 것이다.

시작함에도 불구하고 매개모음을 취한다는 예외성을 보인다.

이 매개모음은 특정한 환경 아래에서는 탈락한다. 매개모음 탈락규칙은 원칙적으로 그 앞에 오는 어간의 말음이 순수모음, 활음(glide), 유음 'ㄹ'일 때 적용된다. 그 규칙은

으/으 → Ø / {V, G, 라 + ___   ['V'는 모음, 'G'는 활음(滑音, glide)]

으로 형식화할 수 있다. 그런데 현대어에서와는 달리, 중세어에서는 매개모음이 '알-'(知) 등의 'ㄹ' 말음어간 뒤에서 탈락하지 않았다[현대어 '알며, 아시다'; 중세어 '알며, 아ᄅ시다'].

문법형태소인 조사와 어미를 합쳐서 하나의 문법형태소 '토(吐)'로 묶으려는 시도가 없지 않다. 그러나 아래에서 보다시피 이 문법형태소들에 대한 기술(記述)의 일원론(一元論)과 이원론(二元論) 가운데 일원론보다는 이원론이 더 나음을 알 수 있다. 매개모음을 취하는 조사와 어미 앞, 'ㄹ' 말음어간이 보이는 행동에서의 같고 다름을 살펴 그것을 판단해 볼 수 있다.

팔[臂] + 을   →   팔을
      (매개모음 탈락규칙의 공허한 적용)

팔[賣] + 을   →   팔 + ㄹ   →   팔
      (매개모음 탈락규칙 적용)   ('ㄹ' 탈락규칙[7] 적용)

팔[臂] + 은   →   팔은
      (매개모음 탈락규칙의 공허한 적용)

팔[賣] + 은   →   팔 + ㄴ   →   판
      (매개모음 탈락규칙 적용)   ('ㄹ' 탈락규칙 적용)

팔[臂] + 으로   →   팔 + 로   →   팔로
      (매개모음 탈락규칙 적용)   ('ㄹ' 탈락규칙의 공허한 적용)

---

7) 'ㄹ' 탈락규칙은 중세어에서는 설음 'ㄴ, ㄷ, ㅌ' 및 반설음 'ㄹ', 치음 'ㅅ, ㅈ, ㅊ' 및 반치음 'ㅿ' 뒤에서 'ㄹ'이 탈락하는 필수규칙이었지만, 현대어에서는 'ㄴ, ㄹ, ㅅ' 앞에서만 'ㄹ'이 탈락하여 그 규칙의 적용범위가 대폭적으로 줄어들었다.

팔[賣] + 으러　　　→　　　팔 + 러　　　→　　　팔러
　　　(매개모음 탈락규칙 적용)　　　　　('ㄹ' 탈락규칙의 공허한 적용)

어떤 경우에는 동일한 행동을 보이기도 하지만, 어떤 경우에는 서로 다른 행동을 보이기도 하기 때문에 결국 이원론이 일원론보다 낫다고 판정할 수 있는 것이다.

2.4. 어간 교체

현대어의 불규칙용언들은 두 개의 어간형이 어미의 종류에 따라 선택된다고 기술해 볼 수도 있다. 예컨대, '듣-'(聞)은 자음어미 앞에서 실현되는 어간형이고, '들-'은 매개모음을 포함한 모음어미 앞에서 실현되는 어간형이라고 기술할 수도 있는 것이다. 이러한 사고는 중세어의 이질적인 어간 교체형에도 적용해 볼 수 있다.

2.4.1. '잇-'과 '이시-'의 교체와 '니르-'와 '니를-'의 교체

'잇고, 잇디, 잇ᄂ다, 잇거시니'(有, 在) 등은 자음어미 앞에서 어간 '잇-'이, '이신, 이시니, 이시며, 이셔, 이슘' 등은 매개모음을 포함한 모음어미 앞에서 어간 '이시-'가 선택됨을 보인다. '잇-'과 '이시-'는 '듣-' ~ '들-'(聞)의 교체와 마찬가지로 상보적 분포를 보인다.

그러나 '니르고, 니르며'(至) 등은 자음어미 및 매개모음을 가지는 어미 앞에서 어간 '니르-'가, '니를오, 니를며' 등은 자음어미 및 매개모음을 가지는 어미 앞에서 어간 '니를-'이 선택됨을 보인다. 이 어간 '니르-'와 '니를-'은 상보적 분포를 보이지 않고 중복적 분포를 보이는 것이라 앞에 언급된 어간 교체와는 큰 차이를 보인다.

2.4.2. 'ᄒ-'의 교체

중세어의 'ᄒ-'는 선행하는 유성음 말음과 후행하는 'ㄱ, ㄷ' 등의 무성음 어미 사이에서 수의적으로(optionally) 'ᄒ-'으로 교체되는 양상을 보인다. '眞實ᄒ고'와 '眞實코', '파라ᄒ디'와 '파라티' 등의 교체가 그 예를 보인다.

중세어에서는 'ᄒ-'에 선행하는 무성음과 'ㄱ, ㄷ' 등의 무성음 어미 사이에서는 '가ᄂ 닷ᄒ고'가 '가ᄂ 닷고' 식으로 'ᄒ-' 전체가 없어지는 교체 양상을 보인다.

현대어의 『한글 맞춤법』 제40항에서 '간편하게', '연구하도록' 등의 준말로 '간편케'와 '연구토록' 등을 쓸 수 있게 한 것과 '거북하지', '깨끗하지 않다' 등의 준말로 '거북지', '깨끗지 않다' 등을 쓸 수 있게 한 것은 중세어에서의 교체 양상과 동일하게 처리한 태도를 보인 것이라 할 수 있다.

2.4.3. 특수한 어간 교체

중세어에서 특수한 어간 교체를 보이는 어사들은 동일한 음운론적 모습을 보이는 체언과 용언이 짝을 지어 같은 행동을 보인다(그러나 매개모음을 가지는 어미 앞에서는 차이가 있다). 모음 앞에서 특수한 교체를 보이는 어사들은 네 유형으로 묶인다. 이들은 그 어간형이 거의가 다 LL(평성평성)의 연속체라는 점에서도 공통성을 보인다[네 번째 유형은 LH(평성거성)의 연속체도 존재한다].

첫째는 '나모'(木)와 '시므-'(植) 유형이다. 이들은 모음 앞에서는 '남기'와 '심거' 식으로 나타나고 자음 앞에서는 '나모도'와 '시므고' 식으로 나타난다. 어간을 두 종류가 있는 것으로 생각하여 '나모(자음조사 앞의 어간형) ~ 낡(모음조사 앞의 어간형)'과 '시므-(자음어미 앞의 어간형) ~ 심-(모음어미 앞의 어간형)'의 쌍형어간을 가지는 것으로 기술할 수 있다. 그러나 매개모음을 가지는 문법형태소 앞에서는 '남ᄀᆞᆫ'과 '시믄'으로 차이를 보인다.

둘째는 '아ᅀᆞ'(弟)와 'ᄇᆞᅀᆞ-'(碎) 유형이다. 이들은 모음 앞에서는 '앗이'와 '봇아' 식으로 나타나고[8] 자음 앞에서는 '아ᅀᆞ도'와 'ᄇᆞᅀᆞ고' 식으로 나타난다. 이 둘째 유형도 '아ᅀᆞ(자음조사 앞의 어간형) ~ 앗ᄋ(모음조사 앞의 어간형)'과 'ᄇᆞᅀᆞ-(자음어미 앞의 어간형) ~ 봇ᄋ-(모음어미 앞의 어간형)'이라는 쌍형어간을 가지는 것으로 기술할 수 있다. 그러나 매개모음을 가지는 문법형태소 앞에서는 '앗ᄋᆞᆫ'과 'ᄇᆞᄉᆞᆫ'으로 차이를 보인다.

셋째는 'ᄂᆞᄅᆞ'(津)와 '오ᄅᆞ-'(上) 유형이다. 이들도 모음 앞에서는 'ᄂᆞᆯ이'와 '올아'가 되고, 자음 앞에서는 'ᄂᆞᄅᆞ도'와 '오ᄅᆞ고'가 된다. 이들은 'ᄂᆞᄅᆞ(자음조사 앞의 어간형) ~ ᄂᆞᆯᄋ(모음조사 앞의 어간형)'과 '오ᄅᆞ-(자음어미 앞의 어간형) ~ 올ᄋ-(모음어미 앞의 어간형)'이라는 쌍형어간을 가지는 것으로 기술할 수 있다. 그러나 매개모음을 가지는 문법형태소 앞에서는 'ᄂᆞᆯᄋᆞᆫ'과 '오ᄅᆞᆫ'으로 차이를 보인다.

넷째는 'ᄒᆞᄅᆞ'(一日)와 '누르-'(壓) 유형이다. 이들도 모음 앞에서는 '홀리'와 '눌러'가 되고, 자음 앞에서는 'ᄒᆞᄅᆞ도'와 '누르고'가 된다. 'ᄒᆞᄅᆞ(자음조사 앞의 어간형) ~ 홀리(모음조사의 어간형)'

---

8) '앗이', '봇아'로 표기되기도 한다.

과 '누르-(자음어미 앞의 어간형) ~ 눌ㄹ-(모음어미 앞의 어간형)'이라는 쌍형어간으로 기술할 수 있다. 그러나 매개모음을 가지는 문법형태소 앞에서는 '홀ㄹ'과 '누른'으로 차이를 보인다.

이들은 근대어 단계에 하나의 어간으로 변화하기도 하고, 세 번째 유형과 네 번째 유형이 합류하기도 하는 등 큰 변화를 겪었다.

2.5. 'ᄒᆞ야쎠'체 어미와 반말 어미의 형성

중세어의 공손법 등급은 'ᄒᆞ라'체, 'ᄒᆞ야쎠'체, 'ᄒᆞ쇼셔'체의 3등급 외에 반말을 더 추가하기도 한다. 여기서는 평서형어미에 대하여만 간단히 살펴보기로 한다. 먼저 'ᄒᆞ라'체 어형 몇과 'ᄒᆞ쇼셔'체 어형 몇을 예로 든다.

| ᄒᆞᄂᆞ다 | ᄒᆞ니라 | ᄒᆞ거다 | ᄒᆞ시다 | ('ᄒᆞ라'체) |
| ᄒᆞᄂᆞ이다 | ᄒᆞ니이다 | ᄒᆞ거이다 | ᄒᆞ시이다 | ('ᄒᆞ쇼셔'체) |

'ᄒᆞ쇼셔'체 어형은 'ᄒᆞ라'체 어형에 선어말어미 '-ᄋᆞ이-'가 더 통합한 것이다. 그런데 'ᄒᆞ쇼셔'체 어형은 '이'의 모음의 영향으로 바로 앞 음절에 수의적으로 'y' 개재현상이 일어날 수 있다. 'ᄒᆞᄂᆞ이다' ~ 'ᄒᆞᄂᆡ이다', 'ᄒᆞ거이다' ~ 'ᄒᆞ게이다' 등이 그 예를 보인다. 그러나 'ᄒᆞ니이다'와 'ᄒᆞ시이다'는 표면적으로 'y' 개재현상이 일어난 어형이 존재하지 않는다. '니'와 '시'에 'y'가 개재되어도 표면적으로는 '니'와 '시'로 실현될 수밖에 없기 때문이다.

'ᄒᆞ야쎠'체 어형과 반말 어형은 'y' 개재현상이 일어난 'ᄒᆞ쇼셔'체 어형을 바탕으로 하여 형성된다.

ᄒᆞᄂᆡ이다	ᄒᆞ니이다	ᄒᆞ게이다	ᄒᆞ시이다	('y' 개재현상이 일어난 'ᄒᆞ쇼셔'체)
ᄒᆞᄂᆡᆼ다	ᄒᆞ닝다	ᄒᆞ겡다	ᄒᆞ싱다	('ᄒᆞ야쎠'체)
ᄒᆞᄂᆡ	ᄒᆞ니	ᄒᆞ게	ᄒᆞ시	(반말)

'y' 개재현상이 일어난 'ᄒᆞ쇼셔'체에서 '이'의 모음이 절단됨으로써 'ᄒᆞ야쎠'체 어형이 형성되고, '이다'가 절단됨으로써 반말 어형이 형성된다. 여러분들은 다양한 'ᄒᆞ쇼셔'체 어형, 예컨대 'ᄒᆞ

리이다, ᄒ노이다, 호이다, ᄒ더시이다, ᄒᄉᆞᆸ시이다' 등등의 어형을 바탕으로 하여 'ᄒ야쎠' 체 어형과 반말 어형을 형성시켜 보기 바란다.

2.6. 이완합성어와 긴밀합성어

현대어에서 형태론적인 구성 '맛있다'([마딛따], [마싣따])와 '멋있다'([머딛따], [머싣따]), 그리고 '맛없다'([마덥따])와 '멋없다'([머덥따])의 차이는 무엇을 의미하는가? 물론 '맛이 {있다, 없다}'라는 통사론적인 구성도 존재한다.

$[[맛]_N \# [있-]_V]_V$, $[[멋]_N \# [있-]_V]_V$ ↔ $[[맛]_N + [있-]_V]_V$, $[[멋]_N + [있-]_V]_V$
             이완합성어   긴밀합성어

$[[맛]_N \# [없-]_V]_V$, $[[멋]_N \# [없-]_V]_V$ ↔   (존재하지 않음)

이와 같이 구성요소 사이에 단어경계(#)가 존재하는 이완합성어(loose compounds)와, 그 경계가 약화되어 형태소경계(+)가 존재하게 된 긴밀합성어(strict compounds)의 차이가 있기 때문에 언중(言衆)들 사이에 공시적으로도 발음의 차이를 보일 수 있는 것이다.

이러한 이완합성어와 긴밀합성어의 차이는 중세어에서도 목격된다. 쌍점(:) 앞의 것은 이완합성어이고, 쌍점(:) 뒤의 것은 긴밀합성어이다.

    a. 딜것 : 딜엇; 질긔군- : 질긔운-   (ㄱ 약화현상의 여부)
    b. 말믜삼- : 말믜삼-; 쁘설- : 쁘설-   (ㅅ의 ㅿ화)
    c. 모시뵈 : 모시외; 늘붗다 : 늘웇다   (ㅂ의 β화 및 w화)
    d. 날둘 : 나둘; 믈들다 : 므들다   (ㄹ 탈락현상의 여부)
    e. 한아비 : 하나비; 아ᄎᆞ아ᄃᆞᆯ : 아ᄎᆞ나ᄃᆞᆯ   (연철의 여부)
    f. 곫ᄒ다 : 골프다; 딕희다 : 디킈다   (유기음으로의 합음 여부)
    g. 수돍 : 수퉁; 암돍 : 암퉁   (ㅎ 말음체언의 ㅎ 실현의 차이)

한자어의 경우에도 긴밀합성어적인 성격을 띠는 것이 보이는바, 그것이 한자음의 변화를 의미하지 않음에 유의해야 한다.

미샹 (< 每常), 태우 (< 大夫), 셜웝 (< 說法), 불웝 (< 佛法), 필빅 (< 疋帛), 비왕 (< 誹謗)

3장

옛 문헌 자료 해석

여기서는 15세기 후반의 언어와 17세기 중엽의 언어를 대비하여 살필 수 있는 『두시언해』 초간본(1481년)과 중간본(1632년)에서 시 두 수를 선택하여 중세어와 근대어의 일면을 살펴보기로 한다. 괄호 안의 것은 중간본의 표기를 보인다.

江村
(『두시언해』 초간본·권 7, 3뒤~4앞)[9]

淸江一曲抱村流　　　　 ᄆᆞᆯᄀᆞᆫ ᄀᆞᄅᆞᇝ ᄒᆞᆫ 고비[1] ᄆᆞᅀᆞᆯᄒᆞᆯ(ᄆᆞᄋᆞᆯᄒᆞᆯ) 아나 흐르ᄂᆞ니
長夏江村事事幽　　　　 긴 녀르믌 江村애 일마다 幽深ᄒᆞ도다
　　　　　　　　　　　　(맑은 강의 한 굽이가 마을을 안고 흐르는데,
　　　　　　　　　　　　긴 여름의 강촌에 일마다 한가롭구나.)

自去自來堂上燕　　　　 절로[2] 가며 절로 오ᄂᆞ닌 집(집) 우흿 져비오
相親相近水中鷗　　　　 서르 親ᄒᆞ며 서르 갓갑ᄂᆞ닌[3] 믌 가온딧 ᄀᆞᆯ며기로다
　　　　　　　　　　　　(저절로 가며 저절로 오는 것은 집 위에 있는 제비요,

---

9) 이현희 외(1997: 36~39)의 이 부분은 필자가 담당하였던 것이다. 여기에 약간 수정하여 다시 옮겨 옴을 양해하기 바란다.

서로 친해지며 서로 가까워지는 것은 물 가운데의 갈매기로구나.)

老妻畵紙爲碁局　늘근 겨지븐⁴ 죠히를 그려 쟝긔파눌(쟝긔판늘) 밍글어눌(밍글어늘)⁵
稚子敲針作釣鉤　져믄 아드른 바느를 두드려 고기 낫글 낙술⁶ 밍ᄀᆞᄂᆞ다(밍ᄀᆞᄂᆞ다)
(늙은 아내는 종이에 그려 장기판을 만들지만,
어린 아들은 바늘을 두드려 고기 낚을 낚시를 만든다.)

多病所須唯藥物　한 病에 얻고져(엇고져) ᄒᆞ논 바는 오직 藥物이니
微軀此外更何求　져구맛⁷ 모미 이 밧긔⁸ 다시 므스글 求ᄒᆞ리오
(많은 병에 얻고자 하는 바는 오직 약물뿐이니,
조그만 몸이 이것 외에 다시 무엇을 구하겠는가?)

1 고빅: 형용사 '곱-'(曲)의 파생명사이다. 형용사의 파생명사는 접미사 '-익/의'에 의해 만들어진다. 형용사 '곱-'은 '굽-'(曲)과 모음교체에 의한 어사분화 관계에 있다.

2 절로: 기원적으로는 대명사 '저'에 조격조사 '-로'가 통합함으로써 형성된 것이지만 이 전체가 부사화한(즉, 어휘화한) 것으로 파악된다. 이 경우, 학자에 따라서는 흔히 '절로'에 통합된 '-로'를 접미사로 파악하기도 한다. 대명사 어간과 조사 '-로'가 통합할 때 'ㄹ'이 덧붙는 현상은 '날로', '널로', '눌로' 등에서도 볼 수 있다.

3 갓갑ᄂᆞ닌: 형용사 어간에 선어말어미 '-ᄂᆞ-'가 통합하여 있을 때 대개 그 형용사는 자동사로 전용(轉用)된 것으로 파악하는 경향이 있다. 그러나 '-ᄂᆞ-'가 통합되어 있을 때에만 그러한 것은 아니다. 중세어에서 형용사와 자동사의 겸용 용법이 있는 것으로 파악하는 것이 낫다. 여기서의 '親ᄒᆞ-'와 '갓갑-'은 둘 다 자동사적 용법을 보이는 것으로 파악해야 한다. 이 '갓갑ᄂᆞ닌'은 '갓갑 + ᄂᆞ(선어말어미) + ㄴ(관형사형 어미) + 이(의존명사) + ㄴ(조사)'의 구조를 가지는바, 중세어에서 의존명사 '이'는 항상 선행하는 관형사형 어미와 표기상 연철되는 특이성을 보이는 존재였다.

4 겨지븐: 중세어의 '겨집'은 일반적으로 "여자" 전체를 가리키는 데 사용된다. 그러나 특수하게는 "아내"를 뜻하는 데에도 사용된다. 여기서의 '겨집'은 "아내"의 의미를 가지는 것으로 파악된다.

5 밍글어눌: 일반적으로 '-거눌'은 [-타동사]에, '-아눌/어눌'은 [+타동사]에 통합된다. 그런데 여기서의 '밍글-'은 타동사인데도 '-거눌'이 통합하여 'ㄹ' 아래에서의 'ㄱ' 약화현상을 경험하였다.

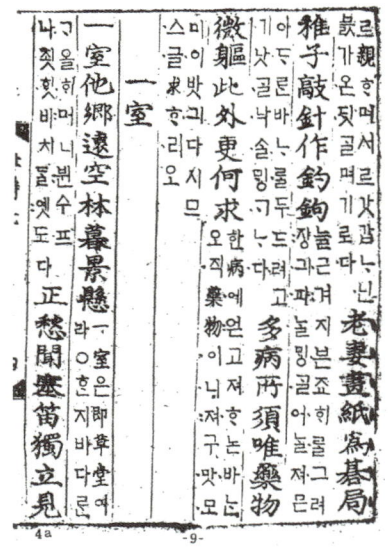

[사진 4] 『두시언해』 초간본 권7의 일부

예외적인 용법을 보였다고 할 것이다. 여기서의 연결어미 '-거늘'은 역접 내지 대조의 용법을 보인다. 용언 활용에서의 'ㄱ' 약화현상은 'ㄹ'과 'y' 뒤에서 이루어지고, 명사에 조사가 통합할 때의 'ㄱ' 약화현상은 'ㄹ'과 'y' 외에 순수모음 뒤에서도 이루어진다는 차이를 보였다.

6 낛글 낙술: 중세어에서 "釣"의 의미를 가지는 동사는 '났-'으로, 명사는 '낛'으로 나타나는 것이 일반적이다. 그런데 특이하게도 동사의 경우에는 '낛가', '낛곰' 등의 예에서처럼 '낛-'으로 나타나기도 한다. 학자에 따라서는 이 현상을 두고서, 기원적으로 동사건 명사건 간에 그 어간의 모습이 '낛'으로 고정되어 있다가 어느 시기엔가 동사의 경우는 음절말의 첫 자음이 탈락하고, 명사의 경우는 음절말의 마지막 자음이 탈락한 것으로 파악하여 동사 '낛-'이 그 기원적인 모습의 흔적을 보이는 것으로 이해하기도 한다(그러나 이 견해는 명사와 동사의 성조상 불일치가 문제시될 수 있다. 명사는 거성이고 동사는 평성이다).

7 져구맛: 명사 '져구마'에 관형격조사 '-ㅅ'이 통합한 어형이다. 이 명사와 'ㅎ-'가 통합하여 형성된 것이 형용사 '져구마ㅎ-'인바, 그 활용형은 '져구마흔', '져구만'으로 수의적인 교체를 겪게 된다. 명사 '져구마'는 형용사 '젹-'(小)의 파생명사 '져굼'('-옴/움'은 명사형 어미도 있지만, 파생접미사도 있음)과 명사 '마'("정도"의 의미를 가지는데 명사 '만'과 같은 의미를 가짐)가 통합된 어형이 *져굼마'일 터인데 여기에서 중음탈락(重音脫落) 현상에 의해 'ㅁ'이 하나 탈락해 버린 어형이 '져구마'인 것이다. '져구맛'은 16세기 국어 이후에는 거의 보이지 않는다. 그리하여 일부의 학

자들은 '겨구맛'의 관형격조사 'ㅅ'이 '겨구만'의 관형사형 어미 'ㄴ'으로 변화한 것으로 이해하는 사람도 없지 않았다. '죠고마'와 '죠고마ᄒᆞ-'는 앞에 언급된 '겨구마', '겨구마ᄒᆞ-'와 어휘적으로 관련이 있는 것들이다.

8 이 밧긔: '밧긔'에 통합되어 있는 조사 '-의'는 이른바 특이 처소격조사이다. 관형격조사와 모습이 같은 이 특이 처소격조사는 대개 시간·방위·방향·장소 등의 시간적·공간적 의미를 가지는 명사류와 잘 통합하여 나타난다.

春望
(『두시언해』 초간본 권 10, 6뒤-7앞)

國破山河在   나라히¹ 破亡ᄒᆞ니 뫼콰 ᄀᆞᄅᆞᆷ쓴 잇고
城春草木深   잣 앉 보ᄆᆡ² 플와 나모쓴 기펫도다
              [도성(장안)이 함락되니 산하만 (남아) 있고,
              성 안의 봄에(봄이 온 성에) 풀과 나무만 깊어져 있구나.]

感時花濺淚   時節을 感嘆ᄒᆞ니³ 고지 눈므를(눈믈롤) ᄲᅳ리게 코⁴
恨別鳥驚心   여희여슈믈 슬후니(슬호니)⁵ 새 ᄆᆞᅀᆞ믈(ᄆᆞᄋᆞ믈) 놀래ᄂᆞ다(놀래노다)⁶
              (시절을 느꺼워하니 꽃이 눈물을 뿌리게 하고,
              떠나 있음을 슬퍼하니 새가 마음을 놀라게 한다.)

烽火連三月   烽火ㅣ 석 ᄃᆞᄅᆞᆯ(ᄃᆞᆯᄅᆞᆯ) 니예시니(니어시니)⁷
家書抵萬金   지븻⁸ 音書ᄂᆞᆫ 萬金이 ᄉᆞ도다⁹
              (봉화가 석 달 동안 이어져 있으니,
              집에서 오는 편지는 만금의 값어치가 있구나.)

白頭搔更短   셴 머리를 글구니 ᄯᅩ 뎌르니¹⁰
渾欲不勝簪   다 빈혀를 이긔디 몯ᄒᆞᆯ 듯ᄒᆞ도다¹¹
              (셴 머리를 긁었는데 또 짧아지니,
              다 비녀를 이기지 못할 듯하구나.)

1 나라히: '나라ㅎ'은 이른바 ㅎ 말음명사이다. 이러한 ㅎ 말음은 '-ㅅ', '-마다' 등의 자음조사 앞이나 휴지(단어경계) 앞에서는 표기상 나타나지 않는다. '나랏', '나라마다', '國 나라 국' 등이 그러한 현상을 보이는 예들이다. 그러나 같은 자음조사라도 '-도', '-과' 앞에서는 ㅎ 말음이 후행하는 자음과 합음하여 나타난다는 점에 유의해야 한다. '나라토', '나라콰' 등이 그러한 예를 보인다.

2 플와: 중세어에서 'ㄱ'으로 시작하는 조사류들은 모음(이중모음의 부음 'y' 포함)과 'ㄹ' 뒤에서 약화되어 'ㅇ'([ɦ]의 음가를 가짐)으로 실현된다. 그러나 용언의 활용형에서는 이중모음의 부음 'y'와 'ㄹ' 뒤에서 'ㄱ'이 약화된다는, 규칙의 적용 범위에서 차이가 있었다. 'ᄒᆞᆯ옴', '매옴', '플와' 등이 체언 어간 뒤에서의 'ㄱ' 약화현상을 보이는 예들이고, '두외어늘', '플오'(그러나 '주고'이지 '주오'는 안 됨) 등이 용언 어간 뒤에서의 'ㄱ' 약화현상을 보이는 예들이다.

3 時節을 感嘆호니: '感嘆호니'에는 화자(또는 필자) 자신이 용언의 주어일 때 그 용언에 통합되는 선어말어미 '-오-'가 통합되어 있다. 이 화자와 일치를 보이는 선어말어미 '-오-'는 종결어미 '-다/라' 앞이나 '-ㄴ가' 등의 앞에서와 연결어미 '-니' 앞에서만 통합된다.

4 눉므를 쓰리게 코: '-게 ᄒᆞ-'는 현대어에서처럼 중세어에서도 매우 활발하게 쓰인 통사적 사동형식(장형 사동 형식)이다. 'ᄒᆞ고'가 '코'로 교체되어 있다. 대개 'Xᄒᆞ-' 구성에서 'ᄒᆞ-'의 교체가 일어나는데, 여기서는 '-게 ᄒᆞ-' 구성에서 'ᄒᆞ-'의 교체가 일어나 있다.

5 여희여슈믈 슬후니: '여희여슈믈'은 '여희-'에 '-어시-'가 통합한 다음 명사형 어미 '-움'이 통합한 어형이다. 중세어의 '슳-'은 "슬퍼하다(悲, 慘)"의 의미를 가지는 타동사인데, '슬ㅎ-["싫어하다(厭)"의 의미를 가짐]와 뚜렷하게 구별되는 용언이었다. 중세어에서는 어말어미 '-니'에 통합하는 용언의 주어가 화자(또는, 필자) 자신일 때 반드시 선어말어미 '-오/우-'가 통합한다. 초간본에서는 '-우-'가 통합하여 모음조화를 잘 지켰으나 중간본에서는 '-오-'가 통합하여 모음조화를 어기고 있다.

6 새 ᄆᆞᅀᆞᄆᆞᆯ 놀래ᄂᆞ다: '놀래-'는 '놀라-'의 사동사이다. "새가 내 마음을 놀래게 한다"의 의미를 가진다. 중간본의 '놀래노다'는 잘못된 표기를 보인다.

7 석 ᄃᆞᄅᆞᆯ 니셰시니: '석 ᄃᆞᄅᆞᆯ'은 시간 표현과 관련된 대격어로서 온전한 목적어라고 할 수 없는 존재인데(현대어에서도 마찬가지임), "석 달 동안(을)"의 의미를 가진다. '니셰시니'는 동사 '닛-'(連)에, '-어 이시-'의 통사론적 구성이 문법화를 겪은 '-에시-'가 통합하고 다시 어말어미 '-니'가 통합한 어형이다. 중세어에서는 '-에시-'보다 'ㅣ'가 탈락한 '-어시-'가 훨씬 더 많이 나타난다.

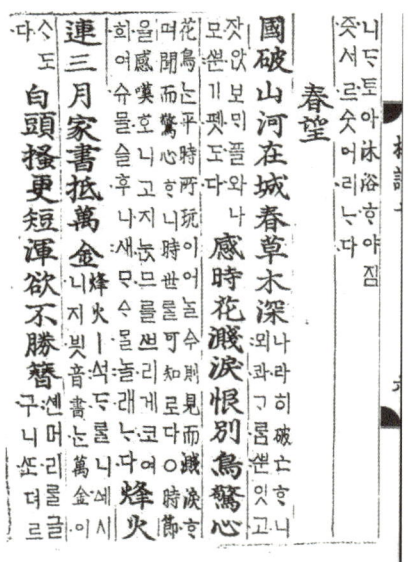

[사진 5] 『두시언해』 초간본 권10의 일부

8 지븻: 명사 '집'에 관형격조사가 통합한 어형은 '짒' 혹은 '짓'이며, 처소격조사가 통합한 어형은 '지븨'이다. 이 '지븻'은 '집'에 일종의 특이 처소격조사 '-의'와 관형격조사 '-ㅅ'이 함께 통합한 어형이다. '-앳/엣', '-잇/읫' 등의 복합조사는 직역을 할 때 "-에서의"나 "-에 있는" 정도로 하면 좋다. 이 복합조사에서 '-ㅅ'은 표기에서 수의적으로 빠져 버리기도 한다.

9 지븻 音書는 萬金이 ᄉ도다: 『두시언해』 초간본은 이미 각자병서(ㄲ, ㄸ, ㅃ, ㅆ, ㅉ, ㆅ)가 폐기되어 쓰이지 않던 성종 대에 간행된 문헌이다. 'ᄉ도다'(値)는 각자병서가 표기되던 문헌에서라면 'ᄊ도다'로 표기되어 나왔을 것이다. 이 형용사 'ᄊ-' 내지 'ᄉ-'는 이중주어문을 구성하는 용언으로서 "---의 가치를 지니다, ---정도의 가치가 있다"나 "비싸다"의 의미를 가진다. 현대어의 '비싸다'는 중세어의 "값이 비싸다"의 의미를 가지는 '빋ᄊ다'(← 비디 ᄊ다)에서 온 말인데, 'ᄊ다'에서 이어져 온 현대어의 '싸다'는 이 때문에 중세어에서와는 정반대의 의미를 가지는 용언으로 변화되었다.

10 뎌르니: 이곳의 '뎌르-'(短)는 자동사로서 "짧아지다"의 의미를 가진다.

11 다 빈혀를 이긔디 몯홀 ᄃᆞᆺᄒ도다: 渾欲不勝簪을 언해한 구절이다. '欲'은 대개 '-고져 ᄒ-' 구성으로 언해되지만, 무정체언이 주어로 나타날 때에는 '-ㄹ ᄃᆞᆺᄒ-' 구성으로 언해되기도 한다. 막 어떠한 사태가 일어날 것 같음을 표현하는 이른바 임박태(臨迫態)에 해당하는 것이다. 현대어에서는 '곧 비가 오려고 한다.' 같은 문장이 그러한 예가 될 것이다.

참고문헌

고영근(1987), 『표준 중세국어문법론』, 탑출판사.
이현희(1994), 『중세국어 구문연구』, 신구문화사.
이현희(곧 나옴), 『한국어문법사의 이해』, 태학사.
이현희·이호권·이종묵·강석중(1997), 『두시와 두시언해 7』, 신구문화사.
허 웅(1975), 『우리옛말본: 15세기 국어 형태론』, 샘문화사.
허 웅(1989), 『16세기 우리옛말본』, 샘문화사.

한국어 어문 규정*

문숙영
서울대학교 인문대학 국어국문학과

| 학습 목표 |

- 한글 맞춤법의 원리와 주요 조항을 이해한다.
- 표준 발음법의 주요 조항을 이해한다.
- 외래어 표기법의 원칙 및 주요 표기 세칙을 이해한다.
- 로마자 표기법의 원칙을 이해한다.

---

* 어문 규정 전문이 아니라 일부 주요 규정을 추려 제시한다. 특히 '표준어 규정' 부분은 제1부인 「표준어 사정 원칙」은 빼고 제2부인 「표준 발음법」만을 다루었다. 따라서 '표준어 사정 원칙' 및 본문에서 다루지 않는 조항은 어문 규정 전문에서 확인할 필요가 있다. 어문 규정 전문은 국립국어원 홈페이지에서 내려 받을 수 있다.

차례

1. 한글 맞춤법
   1.1. 총칙
   1.2. 자모
   1.3. 소리에 관한 것
   1.4. 형태에 관한 것
   1.5. 띄어쓰기
   1.6. 그 밖의 것

2. 표준 발음법
   2.1. 총칙
   2.2. 받침의 발음
   2.3. 소리의 동화

3. 외래어 표기법
   3.1. 표기의 기본 원칙
   3.2. 자음 표기
   3.3. 모음 표기
   3.4. 기타 표기 세칙

4. 한국어의 로마자 표기법
   4.1. 표기의 기본 원칙
   4.2. 표기 일람
   4.3. 표기상의 유의점

▶ 참고문헌

1장
한글 맞춤법

1.1. 총칙

> **제1항** 한글 맞춤법은 표준어를 소리대로 적되, 어법에 맞도록 함을 원칙으로 한다.

이 조항은 첫째, 표준어가 맞춤법 규정의 대상이며 둘째, 표준어로 인정된 말은 그 발음대로 적어야 하며 셋째, 실제 발음대로 적는다 하더라도 한국어 문법에 맞아야 한다는 뜻을 담았다.

표준어를 소리대로 적는다는 것은 발음 나는 대로 적는다는 뜻이다. 예컨대 '산, 바다, 가다' 등은 모두 소리 나는 대로 적은 형식이다. 한글은 표음문자이므로 소리대로 적는다는 것은 당연한 규정이다.

그런데 소리대로만 적을 수 없는 경우가 있다. 일례로 각각 [이피], [이플], [입또]로 발음되는 '잎이, 잎을, 잎도'의 경우가 그러하다. 이런 예들은 발음대로 적을 경우 뜻이 쉽게 파악되지 않는 문제가 생기는 것들이다. 이에 각 형태소의 원래 모양을 밝혀 적음으로써 독해의 능률을 높일 수 있도록 '어법에 맞도록 함'이라는 원칙을 둔 것이다. '잎'이라는 동일 개념이 '이피, 이플, 입또'처럼 여러 표기로 적히는 것보다 '잎이, 잎을, 잎도'처럼 '잎'이라는 동일 표기로 적히는 것이 훨씬 독해의 효율을 높인다.

> **제2항** 문장의 각 단어는 띄어 씀을 원칙으로 한다.

이것 역시 독해의 효율을 높이기 위한 조항이다. 단어를 띄어 쓰면 문장의 의미 해석이 한결 수월해지고 중의성이 많이 해소된다. 예컨대 "나물좀달라."는 띄어 쓰지 않으면 "나 물 좀 달라."와 "나물 좀 달라." 해석 사이에 중의성이 생기고 따라서 띄어 쓸 때보다 의미를 해석하는 데 더 많은 노력이 든다.

그런데 이 원칙에는 예외가 있다. '조사'가 그러하다. 한국어 문법에서 '조사'는 단어로 분류되지만 앞의 말에 붙여 쓰도록 하고 있다. 앞 말에 띄어 쓰는 것보다 붙여 쓰는 것이 읽기에 수월하기 때문이다.

> **제3항** 외래어는 '외래어 표기법'에 따라 적는다.

외래어 역시 외래어 표기법에 따라 적어야 한다는 규정이다. 외래어는 외국어에서 온 말이지만 지금은 국어처럼 쓰이는 말을 가리킨다. 동일 개념은 동일한 표기로 적는 것이 효율적이라는 생각에 표준어를 한글 맞춤법에 따라 적도록 한 것처럼, 외래어도 표기가 일관되지 않은 데서 오는 혼란을 줄이기 위해 이런 원칙을 두었다.

1.2. 자모

자모는 음절을 자음과 모음으로 분석하여 적을 수 있는 글자를 가리킨다. 아래 조항은 한글 자모의 순서와 수를 규정한 것이다. 역사적으로 한글 자모의 수와 순서에 변화가 있었기에, 이런 규정이 필요했다.

> **제4항** 한글 자모의 수는 스물넉 자로 하고, 그 순서와 이름은 다음과 같이 정한다.
> ㄱ(기역) ㄴ(니은) ㄷ(디귿) ㄹ(리을) ㅁ(미음)
> ㅂ(비읍) ㅅ(시옷) ㅇ(이응) ㅈ(지읒) ㅊ(치읓)
> ㅋ(키읔) ㅌ(티읕) ㅍ(피읖) ㅎ(히읗)

> ㅏ(아) ㅑ(야) ㅓ(어) ㅕ(여) ㅗ(오)
> ㅛ(요) ㅜ(우) ㅠ(유) ㅡ(으) ㅣ(이)
>
> [붙임 1] 위의 자모로써 적을 수 없는 소리는 두 개 이상의 자모를 어울러서 적되, 그 순서와 이름은 다음과 같이 정한다.
>
> ㄲ(쌍기역) ㄸ(쌍디귿) ㅃ(쌍비읍) ㅆ(쌍시옷) ㅉ(쌍지읒)
>
> ㅐ(애) ㅒ(얘) ㅔ(에) ㅖ(예) ㅘ(와) ㅙ(왜) ㅚ(외) ㅝ(워) ㅞ(웨) ㅟ(위) ㅢ(의)
>
> [붙임 2] 사전에 올릴 적의 자모 순서는 다음과 같이 정한다.
>
> 자음: ㄱㄲㄴㄷㄸㄹㅁㅂㅃㅅㅆㅇㅈㅉㅊㅋㅌㅍㅎ
>
> 모음: ㅏㅐㅑㅒㅓㅔㅕㅖㅗㅘㅙㅚㅛㅜㅝㅞㅟㅠㅡㅢㅣ

1.3. 소리에 관한 것

이 조항에는 된소리, 구개음화, 'ㄷ' 소리 받침, 모음 'ㅖ'와 'ㅢ', 두음법칙의 표기에 관한 규정을 담고 있고, 제5항부터 제13항까지 총 9개의 조항이 있다. 이 중 제7항의 과 제13항에 대한 소개와 설명은 생략한다.

다음의 제5항은 똑같이 된소리로 발음되는데 어떤 단어는 된소리 표기를 허용하고 어떤 단어는 된소리 표기를 허용하지 않는가 하는 문제와 관련된 조항이다.

> **제5항** 한 단어 안에서 뚜렷한 까닭 없이 나는 된소리는 다음 음절의 첫소리를 된소리로 적는다.
> 소쩍새, 오빠, 산뜻하다, 훨씬 cf. 깍두기, 법석

제5항은 된소리 표기 규정으로, 한 단어 안에서 '까닭 없이' 된소리가 날 때는 된소리로 적는다고 하고 있다. 일례로 '아비'나 '단잠'을 보면 '오빠'나 '산뜻하다'의 된소리 발음이 이유 없이 나는 것임을 알 수 있다. 이런 경우 된소리로 표기한다는 것이다. 그러나 '깍두기, 법석'은 [깍뚜기], [법썩]으로 발음되는데도 된소리 표기를 허용하지 않는다. 이는 'ㄱ, ㅂ' 받침 뒤에서는 늘 된소리로 발음되기 때문이다.

제6항은 구개음이 아닌 'ㄷ, ㅌ'이 구개음 'ㅈ, ㅊ'으로 발음되는 경우의 표기에 관한 조항이다.

> **제6항** 'ㄷ, ㅌ' 받침 뒤에 종속적 관계를 가진 '-이(-)'나 '-히-'가 올 적에는 그 'ㄷ,ㅌ'이 'ㅈ, ㅊ'으로 소리 나더라도 'ㄷ,ㅌ'으로 적는다.
> 예) 해돋이, 같이, 닫히다

제6항은 구개음화는 표기에 반영하지 않는다고 규정하고 있다. 종속적 관계를 가진 '-이(-)'나 '-히-'라는 것은 조사나 어미, 접사를 가리키므로, 결국 'ㄷ, ㅌ' 받침이란 단어나 어간의 받침을 의미한다. 따라서 [해도지]나 [가치]처럼 소리 나는 대로 적지 않고 '해돋이, 같이'처럼 적는다는 것은 원형을 보존하여 독해의 능률을 높이려는 취지라고 할 수 있다.

다음은 모음 'ㅖ'와 'ㅢ'가 각각 'ㅔ'와 'ㅣ'로 발음될 경우의 표기를 규정한 것이다.

> **제8항** '계, 례, 몌, 폐, 혜'의 'ㅖ'는 'ㅔ'로 소리 나는 경우가 있더라도 'ㅖ'로 적는다.
> 예) 사례(謝禮), 혜택(惠澤), 핑계, cf 게시판(揭示板), 휴게실(休憩室)
> **제9항** '의'나, 자음을 첫소리로 가지고 있는 음절의 'ㅢ'는 'ㅣ'로 소리나는 경우가 있더라도 'ㅢ'로 적는다.
> 예) 의의, 희망, 하늬바람

제8항은 '계, 례, 몌, 폐, 혜'의 발음이 어려워 대개 '게, 레, 메, 페'로 발음되지만, 표기의 역사성과 독해의 능률을 중시하여 'ㅖ'를 살려 적어야 함을 규정한 것이다. 다만 '게시판' 등의 '게'는 본래 음이 '게'이기도 하고 현실음도 '게'이므로 '게'로 적는다고 밝히고 있다. 제9항은 흔히 'ㅣ'로 발음되는 'ㅢ'의 표기를 규정한 것이다. '이의'와 '의의'가 엄연히 다르고 '띄어쓰기, 씌어'처럼 어원상 'ㅢ'의 표기가 필요한 경우 'ㅣ'로 발음되더라도 'ㅢ'를 밝혀 적도록 하고 있다.

다음은 두음법칙 관련 조항이다.

> **제10항** 한자음 '녀, 뇨, 뉴, 니'가 단어 첫머리에 올 적에는 두음 법칙에 따라 '여, 요, 유, 이'로 적는다.
> 예) 여자(女子), 남녀(男女), 신여성(新女性), 한국여자대학
> **제11항** 한자음 '랴, 려, 례, 료, 류, 리'가 단어의 첫머리에 올 적에는 두음법칙에 따라 '야, 여, 예, 요, 유, 이'로 적는다.

> 예) 양심(良心), 선량(善良) cf. 나열(羅列), 진열(陳列)
>
> 제12항 한자음 '라, 래, 로, 뢰, 루, 르'가 단어의 첫머리에 올 적에는 두음법칙에 따라 '나, 내, 노, 뇌, 누, 느'로 적는다.
>
> 예) 낙원(樂園), 극락(極樂), 중노동(重勞動)

두음법칙은 구개음 'ㄴ'과 유음 'ㄹ'이 단어 첫머리에 오지 못하고 'ㅇ'이나 'ㄴ'으로 바뀌는 제약이다. 단어 첫머리에 오는 한자음 '녀, 뇨, 뉴, 니'는 '여, 요, 유, 이'로 적고, 한자음 '랴, 려, 례, 료, 류, 리'는 '야, 여, 예, 요, 유, 이'로 적는다. 한자음 '라, 래, 로, 뢰, 루, 르'가 단어 첫머리에 올 때는 'ㄹ'을 'ㄴ'으로 바꿔 '나, 내, 노, 뇌, 누, 느'로 적는다. 이런 두음법칙은 발음 습관상의 기피 현상으로, '녀석' 등의 고유어나 '라면' 등의 외래어에는 해당되지 않는다.

'남녀'의 '녀'처럼 단어의 첫머리가 아닌 경우나 '년, 리, 냥'과 같이 의존명사의 경우에는 두음법칙이 적용되지 않는다. 또한 '신여성'처럼 접두사처럼 쓰이는 한자가 붙어서 된 말은 뒷말의 첫소리가 'ㄴ' 소리로 나더라도 두음법칙에 따라 적는다. '신-여성'으로 분석된다고 보는 것이다.

두음법칙이 적용될 환경은 아니지만 실제 발음 때문에 'ㄹ'이나 'ㄴ'이 'ㅇ'이나 'ㄴ'으로 표기되어야 하는 경우가 있다. '列, 率'은 모음이나 'ㄴ' 받침 뒤에서는 '열, 율'로 적고 그 외의 받침 뒤에서는 '률'로 적는다. '欄, 量'은 한자어 다음에서는 '란', '량'으로 적고, 고유어나 외래어 다음에는 '난'과 '양'으로 적는다. 외래어나 고유어 다음의 '量'의 환경을 단어의 첫머리로 보고 있는 것이다.

[연습] 다음 중에서 바른 표기를 찾아 표시해 보자.

가. {신년도/신연도} {고랭지/고냉지}

나. {공념불/공염불} {연리율/연이율} {중로동/중노동}

다. {성장율/성장률} {합격율/합격률} {백분율/백분률}

라. {구독자난/구독자란} {작업양/작업량} {구름양/구름량} {가십란/가십난}

1.4. 형태에 관한 것

우선 체언과 조사, 어간과 어미는 그 경계를 구별하여 적도록 하고 있다. '꽃이[꼬치]'처럼 체언의 말음과 조사의 두음, '먹으니[머그니]'처럼 어간의 말음과 어미의 두음이 서로 영향을 주는 경우가 있어, 이들 경계를 표기에 반영하지 않으면 어디까지가 체언이고 어간인지가 모호해지는 문제가 생길 수 있기에 이런 규정을 두었다.

> 제14항 체언은 조사와 구별하여 적는다.
>   예) 팔이, 팔을, 팔에, 팔도
> 제15항 용언의 어간과 어미는 구별하여 적는다.
>   예) 높고, 높아, 높지만

제16항은 모음조화에 따른 어미의 구별을 규정한 것이다.

> 제16항 어간의 끝음절 모음이 'ㅏ, ㅗ'일 때에는 어미를 '-아'로 적고, 그 밖의 모음일 적에는 '-어'로 적는다.
>   예) 개어, 겪어, 베어, 쉬어, 저어, 주어, 피어, 희어

이 조항에 따르면 어간의 끝음절 모음이 'ㅏ, ㅓ'인 경우를 제외하면 모두 음성모음의 어미를 취해야 한다. '찾아, 앉아' 등이 실제 생활에서 '찾어, 앉어' 등으로 발음되고 표기되는 일도 있는데, 이를 막기 위한 조항이다.

[연습] 다음 중에서 바른 표기를 찾고 그 이유를 설명해 보자.
　　　① 옆 사람에게 자꾸 말을 시키면 안 {되요/돼요}.
　　　② 그게 말이 {된다고/됀다고} 생각해?
　　　③ 다음 물음에 예, {아니오/아니요}로 답하시오.
　　　④ 다 먹은 접시는 저를 {주십시오/주십시요}

아래 제18항은 일반 용언의 활용 양상과 다른, 아홉 종류의 불규칙 용언을 적는 방식을

규정한 조항이다. 이런 불규칙 용언 중에서는 어간이 변하는 것도 있고, 어미가 독특하게 활용되는 것도 있어, 각각 그 특수한 변칙에 따라 변한 대로 표기하도록 하였다. 이런 불규칙 활용을 하는 용언 수는 규칙적으로 활용되는 용언 수에 비하면 그다지 많지 않다.

> **제18항** 다음과 같은 용언들은 어미가 바뀔 경우, 그 어간이나 어미가 원칙에 벗어나면 벗어나는 대로 적는다.
> 'ㄹ' 불규칙 예) 갈다: 가니, 간, 갑니다, 가시다, 가오
> 'ㅅ' 불규칙 예) 낫다: 나아, 나으니, 나았다
> 'ㅎ' 불규칙 예) 까맣다: 까마니, 까말, 까마면, 까맙니다, 까마오
> 'ㅜ' 불규칙, 'ㅡ' 탈락 예) 푸다: 퍼, 펐다 / 담그다: 담가, 담갔다
> 'ㄷ' 불규칙 예) 듣다: 들어, 들으니, 들었다
> 'ㅂ' 불규칙 예) 맵다: 매워, 매우니, 매웠다 cf. 돕다: 도와, 도와서
> '여' 불규칙 예) 하다: 하여, 하여서, 하여도, 하였다
> '러' 불규칙 예) 푸르다: 푸르러, 푸르렀다
> '르' 불규칙 예) 부르다: 불러, 불렀다

다음 제19항에서 26항까지는 모두 접미사가 붙어서 된 말을 적을 때 접미사를 구별할 것인가에 대한 규정이다. 어간이 지금도 통용되고 있고 그 의미가 크게 변하지 않았다면 원형을 밝혀 적을 것을 권장하고 있다. 원형을 밝혀 적음으로써 어간과의 유연성을 확보하고 이로써 독해의 능률을 높이기 위해서이다. 일례로 '높이, 높이다'는 '높다'에서 '믿음, 믿기다'는 '믿다'에서 파생되었음을 표기만으로도 알 수 있다.

> **제19항** 어간에 '-이'나 '-음/-ㅁ'이 붙어서 명사로 된 것과 '-이'나 '-히'가 붙어서 부사로 된 것은 그 어간의 원형을 밝히어 적는다.
> 예) 길이, 믿음, 굳이, 익히 cf. 무덤(묻+엄), 주검(죽+엄), 자주(잦+우)
> **제20항** 명사 뒤에 '-이'가 붙어서 된 말은 그 명사의 원형을 밝히어 적는다.
> 예) 낱낱이, 바둑이, 삼발이
> **제21항** 명사나 혹은 용언의 어간 뒤에 자음으로 시작된 접미사가 붙어서 된 말은 그 명사나 어간의 원형을 밝히어 적는다.

예) 값지다, 홑지다, 갉작갉작하다, 갉작거리다

제22항 용언의 어간에 다음과 같은 접미사들이 붙어서 이루어진 말들은 그 어간을 밝히어 적는다. '-기-, -리-, -이-, -히-, -구-, -우-, -추-, -으키-, -이키-, -애-''-치-, -뜨리-, -트리-'가 붙은 것
예) 옮기다, 굽히다, 놓치다

제23항 '-하다'나 '-거리다'가 붙는 어근에 '-이'가 붙어서 명사가 된 것은 그 원형을 밝히어 적는다.
예) 꿀꿀이, 오뚝이 cf. 뻐꾸기

제24항 '-거리다'가 붙을 수 있는 시늉말 어근에 '-이다'가 붙어서 된 용언은 그 어근을 밝히어 적는다.
예) 깜짝이다, 꾸벅이다

제25항 '-하다'가 붙는 어근에 '-히'나 '-이'가 붙어서 부사가 되거나, 부사에 '-이'가 붙어서 뜻을 더하는 경우에는 그 어근이나 부사의 원형을 밝히어 적는다.
예) 급히, 도저히, 곰곰이, 더욱이 cf. 갑자기, 반드시

제26항 '-하다'나 '-없다'가 붙어서 된 용언은 그 '-하다'나 '없다'를 밝히어 적는다.
예) 딱하다, 숱하다, 부질없다

다음 제27항에서 제31항까지는 합성어 및 접두사가 붙는 말의 표기와 관련된 조항이다.

제27항 둘 이상의 단어가 어울리거나 접두사가 붙어서 이루어진 말은 각각 그 원형을 밝히어 적는다.
예) 꺾꽂이, 꽃잎, 굶주리다, 맞먹다 cf. 며칠, 골병

제28항 끝소리가 'ㄹ'인 말과 딴 말이 어울릴 적에 'ㄹ' 소리가 나지 아니하는 것은 아니 나는 대로 적는다.
예) 다달이(달-달-이) 마소(말-소)

제29항 끝소리가 'ㄹ'인 말과 딴 말이 어울릴 적에 'ㄹ' 소리가 'ㄷ' 소리로 나는 것은 'ㄷ'으로 적는다.
예) 반짇고리(바느질~), 숟가락(술~)

제31항 두 말이 어울릴 적에 'ㅂ' 소리나 'ㅎ' 소리가 덧나는 것은 소리대로 적는다.

> 예) 멥쌀(메ㅂ쌀), 입때(이ㅂ때), 머리카락(머리ㅎ가락), 살코기(살ㅎ고기)

제27항은 두 개 이상의 단어나 접두사가 붙어 새로운 단어를 만들 경우, 본래 단어나 접두사의 원형을 밝혀 적을 것을 규정하고 있다. '며칠, 골병'처럼 어원이 분명하지 않은 것은 원형을 밝혀 적지 않는다.[1] 또한 '할아버지, 할아범'처럼 어원은 분명하지만 소리만 특이하게 변한 것은 변한 대로 적는다.

제28항은 합성어를 형성할 때 앞 단어의 'ㄹ' 받침이 발음되지 않는 경우, 'ㄹ'이 탈락된 표기를 쓰라는 규정이다. 'ㄹ' 받침은 조음 위치가 유사한 'ㄴ, ㄷ, ㅅ, ㅈ' 위에서 주로 탈락한다.

다음은 사이시옷의 표기 원칙과 관련된 조항이다.

> **제30항** 사이시옷은 다음과 같은 경우에 받치어 적는다.
> 1. [우리말+우리말], [우리말+한자어] 혹은 [한자어+우리말]로 된 합성어로서, 앞 말이 모음으로 끝난 경우
>   (1) 뒷말의 첫소리가 된소리로 나는 것 예) 고랫재, 귓밥, 귓병, 전셋집
>   (2) 뒷말의 첫소리 'ㄴ, ㅁ' 앞에서 'ㄴ' 소리가 덧나는 것
>   예) 아랫니, 텃마당, 잇몸, 제삿날, 훗날
>   (3) 뒷말의 첫소리 모음 앞에서 'ㄴㄴ'소리가 덧나는 것
>   예) 뒷일, 베갯잇, 예삿일, 훗일
> 2. [한자어+한자어] 중에서 다음 여섯 단어
>   곳간(庫間), 셋방(貰房), 숫자(數字), 찻간(車間), 툇간(退間), 횟수(回數)

두 개의 단어가 어울려서 하나의 단어가 될 때 발음의 변화가 수반되는 경우가 있다. 예컨대 '귀'와 '병'이 만나 이루어진 합성어는 [귀뼝]처럼 뒤의 초성이 된소리로 발음되는 변화를 겪고, '시내'와 '물'이 만나 만들어진 합성어는 [시낸물]과 같이 없던 'ㄴ' 발음이 첨가되는 변화를 겪는다. 사이시옷은 이처럼 두 단어의 합으로는 설명이 잘 되지 않는 발음상의 변화를 표기하기 위해 끼워 넣는 것으로 이해하면 좋다. 이때 발음의 변화란 뒤의 첫소리가 된소리

---
1) '며칠'이 '몇 일'에서 왔다면 [면닐]로 발음되어야 한다. 이는 '몇 월'이 [며춸]이 아니라 [며뒬]로 발음되는 데에서도 확인된다. 이 때문에 '몇일'이 아니라 '며칠'로 쓰도록 하고 있다.

가 아닌데도 된소리로 발음 나는 것, 뒤의 첫소리 'ㄴ, ㅁ' 앞에서 'ㄴ' 소리가 덧나는 것, 뒤의 첫소리 모음 앞에서 'ㄴ, ㄴ' 소리가 덧나는 것이 해당된다.

사실 사이시옷의 출현 환경을 이처럼 발음에 입각해 이해하는 것은 다분히 결과에 주목한 해석이기는 하다. 사이시옷은 '귀의 병'이나 '시내의 물'처럼 기원적으로는 속격 구성이 가능한 환경에서 속격 표지 자리에 나타나던 것으로 볼 수 있기 때문이다.[2] 그러나 맞춤법 제정 과정에서는 사이시옷의 문제가 주로 음운론적인 접근의 대상이 되어 왔으므로, 규정 설명에서도 주로 음운론적으로 설명하고 있다.

그런데 합성명사에 없던 발음이 생긴다고 해서 사이시옷을 늘 쓸 수 있는 것은 아니다. 사이시옷 현상은 두 단어 중에서 적어도 한 단어 이상이 우리말일 때 나타난다. 즉 한자어와 한자어의 결합일 때는 쓸 수 없다는 것이다. 한자어와 한자어의 결합인 '곳간, 셋방' 등 여섯 개의 단어에 사이시옷을 쓰는 것은 예외적인 것이다.

[연습] 다음 중에서 사이시옷이 들어갈 만한 환경을 찾고 그 이유를 살펴보자.
① 등교+길   ② 뒤+일   ③ 후(後)+일(日)
④ 치+과   ⑤ 머리+말   ⑥ 피자+집
⑦ 핑크+빛   ⑧ 개나리+길(주소명)

1.5. 띄어쓰기

> 문장의 각 단어는 띄어 씀을 원칙으로 한다.

단어는 최소의 자립 형식이다. 예를 들어 '잡다, 사과, 매우'는 자립적으로 쓸 수 있으므로

---

[2] 반면에 사이시옷이 개재되지 않는 합성명사는 기원적으로 속격구성이 불가능한 환경으로 볼 수 있다. 일례로 '고추잠자리, 고무신, 누이동생' 등은 사이시옷이 개재되지 않는 합성명사들인데, 모두 *고추의 잠자리, *고무의 신, *누이의 동생 등 속격 구성을 상정하기 어려운 것들이다. 김창섭(1996: 48~72)은 속격 구성이 가능한 경우로 '어젯밤, 아랫집, 촛불, 고깃배' 등처럼 첫 단어가 뒤의 단어의 '시간, 장소, 기원/소유주, 용도' 등을 나타낼 때를 들었고, 속격 구성이 불가능했던 경우로 두 단어 사이의 의미관계가 '형상, 재료, 동격' 등을 나타낼 때를 든 바 있다. 그러나 이는 대체적인 경향일 뿐, 개별 단어에 이르면 예외가 종종 발견되므로, 사이시옷 표기는 해당 단어가 나올 때마다 바른 표기를 확인할 필요가 있다.

'단어'이고 띄어 쓴다. 그러나 '잡았다'에서 '잡-' '-았-', '-다' 각각은 홀로 쓰일 수 없으므로 '단어'가 아니고, 앞 말에 붙여 쓴다. 단 '이, 가, 을, 를, 조차, 마저'와 같은 '조사'는 한국어 문법에서는 '단어'로 분류되지만 앞 말에 붙여 쓰도록 하고 있다.

두 단어가 연속되어 있는 경우 이것이 하나의 단어로 굳어진 합성어인지 구(句)로 남아 있는 것인지를 판단하는 문제가 있다. 합성어 판별의 첫 번째 방법은 두 단어의 합으로 설명할 수 없는 새로운 의미가 생겨났는지를 확인하는 것이다. 새로운 의미가 생겨났다면 새 단어로 간주되어 사전에 등재된다. 예를 들어 '허풍, 과장' 의미의 '큰소리'는 새로운 의미가 획득된 것이므로 한 단어로 간주되고 붙여 쓴다. 합성어 판별의 두 번째 기준은 두 단어 중간에 다른 말을 삽입하여 두 단어 사이에 긴밀성이 있는지를 검토하는 것이다. 하나의 단어로 굳어진 것이라면 다른 말이 삽입될 수 없다. 예컨대 '죽다' 의미의 '돌아가다'는 중간에 '돌아서 가다'처럼 '서'를 삽입할 수 없고 '우회하다' 의미의 '돌아 가다'는 '돌아서 가다'가 가능하므로, 전자는 하나의 동사로 처리되고 후자는 두 개의 동사로 처리된다. 그러나 이런 조건으로도 판별하기 어려운 예들이 많다. 따라서 확실하지 않을 때는 해당 표현이 사전에 등재되어 있을지를 추측해 보거나 실제로 사전에서 확인해 보는 것이 필요하다.

> **제41항** 조사는 그 앞말에 붙여 쓴다.

조사는 몇 개가 연이어 결합되었다고 하더라도 모두 붙여 쓴다. 예를 들어 '여기에서부터'의 경우 '에서'와 '부터'가 다 조사이므로 모두 앞말에 붙여 써야 한다. 문제는 무엇이 조사인지를 판별하는 데 있는데, '은, 는, 이, 가, 을, 를' 등이 조사라는 것을 모르는 사람은 별로 없지만, '밖에, 조차, 한테, 는커녕' 등이 조사라는 사실은 잘 모르는 경우가 많다. 따라서 특수조사 목록은 사전을 통해 그때그때 확인하는 것이 좋다.

[참고] 조사 목록 일부: 그려, 깨나, (으)ㄴ즉슨, (으)ㄴ커녕, 나마, 더러, 마저, 만큼, 말고, 밖에, 보고, 부터, 서부터, 야말로, 에게다, 에다가, 에서부터, 으로부터, 이시여, 이야말로, 조차, 치고, 하며, 한테

> **제42항** 의존 명사는 띄어 쓴다.

의존명사의 띄어쓰기는 의존명사를 골라낼 수만 있다면 그리 어려운 규정이 아니다. 의존명사의 판별은 첫째, 그 자리에 다른 명사가 대치될 수 있는지 확인하고 둘째, 뒤에 조사가 결합될 수 있는지 확인하며 셋째, 앞에 용언이 오거나 용언의 활용형 '-은, -을, -던, -는' 등이 오는지를 확인하는 방법이 있을 수 있다. 예컨대 "까마귀 노는 데 백로야 가지 마라."의 경우 "노는 데"는 "*놀았는데"가 안 되므로 의존명사 구성이다.

[참고] 주요 의존 명사 목록: 시, 중, 간, 내, 외, 것, 나름, 나위, 노릇, 놈, 등, 등등, 따름, 때문, 무렵, 바, 뻔, 뿐, 적, 줄, 즈음, 지, 터, 겸, 김, 대로, 듯이, 만, 만큼, 바람, 채, 체, 통

[연습] 다음 중에서 띄어쓰기가 바르게 된 것을 찾아 표시하시오.
① 나 없이 잘 {살고 있는지, 살고 있는 지} 모르겠다.
② 영화를 {본지, 본 지} 일 년이 지났다.
③ {거기에서부터, 거기에서 부터} 문제가 시작되었다.
④ {잤다기보다, 잤다기 보다} 그냥 잠깐 졸았어.

> 제43항 단위를 나타내는 명사는 띄어 쓴다.(예) 차 한 대, 소 한 마리
> 다만, 순서를 나타내는 경우나 숫자와 어울리어 쓰이는 경우에는 붙여 쓸 수 있다.
> 예) 두시 삼십분, 1446년 10월 9일
> 제44항 수를 적을 적에는 '만(萬)' 단위로 띄어 쓴다.
> 예) 십이억 삼천사백오십육만 칠천팔백구십팔, 12억 3456만 7898
> 제45항 두 말을 이어 주거나 열거할 적에 쓰이는 다음의 말들은 띄어 쓴다.
> 예) 국장 겸 과장, 청군 대 백군
> 제46항 단음절로 된 단어가 연이어 나타날 적에는 붙여 쓸 수 있다.
> 예) 그때 그곳, 한잎 두잎

한국어는 단위를 나타내는 명사가 상당히 다양한 편인데, 이런 단위 명사들은 모두 띄어 쓰는 것이 원칙이다. 또한 수를 적을 때는 '만(萬)' 단위로 띄어 쓰는 것도 잊어서는 안 된다.

제46항은 단음절로 된 단어가 연이어 나타날 때는 붙여 쓸 수도 있다고 규정하고 있다. 그러나 국어사전에는 단음절 연속이 한 단어로 등재되어 있는 것들이 상당수 존재한다. 예컨대 '이때, 그때, 이곳, 저곳' 등은 모두 한 단어로 등재되어 있는데, 이런 경우 이들은 붙여

쓸 수 있는 것이 아니라 반드시 붙여 써야 한다. 따라서 단음절 연속어의 경우 사전을 확인해 볼 필요가 있다.

> [연습] 다음 중에서 띄어쓰기 바른 것을 찾아 표시하시오.
> ① {제일과, 제 일과, 제일 과, 제 일 과}에 명시되어 있습니다.
> ② 모두 {300여명이, 300 여명이, 300여 명이} 신청해 주었습니다.
> ③ 서랍에는 볼펜, 종이, {수첩등, 수첩 등} 문구류가 있다.

> **제47항** 보조 용언은 띄어 씀을 원칙으로 하되, 경우에 따라 붙여 씀도 허용한다.
> 예) 꺼져 간다, 꺼져간다.

용언이 두 개 이어질 경우, 두 용언이 서술어의 의미를 같은 비중으로 나눠 맡는 경우가 있는가 하면, 어떤 한 용언이 핵심적인 의미를 맡고 다른 한 용언은 이에 부수적인 의미만을 더하는 경우가 있는데, 후자가 바로 본용언과 보조용언의 구성이다. 보조용언이 아닌 본용언 두 개가 이어질 때는 반드시 띄어 써야 한다.

그런데 '-어지다'와 '-어하다'는 보조용언이기는 하지만, 용언의 종류를 바꾼다는 점에서 접사처럼 취급되어 붙여 쓰는 것만 허용한다. '-히-, -이-, -이우-' 등이 '타동사→자동사' '자동사→타동사' 등으로 용언의 성격을 바꾸는 것처럼 '-어 지다'나 '-어 하다'도 용언의 성격을 바꾼다는 공통점을 가지므로[3] '-이-, -히-' 등과 유사한 것으로 처리하여 붙여 쓰는 것이다.

제48항부터 제50항까지는 고유 명사 및 전문 용어의 띄어쓰기에 대한 규정이다.

> **제48항** 성과 이름, 성과 호 등은 붙여 쓰고, 이에 덧붙는 호칭어, 관직명 등은 띄어 쓴다.
> 예) 김양수(金良洙), 채영신 씨, 최치원 선생

---

[3] 피동 접사 '-히-': 먹다(타동사)→먹히다(자동사); 사동접사 '-이우-': 자다(자동사)→재우다(타동사); '-어지다': 이루다(타동사)→이루어지다(자동사); '-어하다': 슬프다(형용사)→슬퍼하다(동사)

> 제49항 성명 이외의 고유 명사는 단어별로 띄어 씀을 원칙으로 하되, 단위별로 띄어 쓸 수 있다
>   예) 대한 중학교(원칙), 대한중학교(허용)
>
> 제50항 전문 용어는 단어별로 띄어 씀을 원칙으로 하되, 붙여 쓸 수 있다.
>   예) 만성 골수성 백혈병(원칙) 만성골수성백혈병(허용)

1.6. 그 밖의 것

> 제51항 부사의 끝음절이 분명히 '이'로만 나는 것은 '-이'로 적고, '히'로만 나거나 '이' 나 '히'로 나는 것은 '-히'로 적는다.
>   제52항~제57항 생략

부사화 접미사 '이'와 '히'를 구분해 적는 일은 쉽지 않다. 규정을 제정할 당시에는 발음 차이가 있었지만 지금은 '이'와 '히'의 발음을 넘나드는 일이 흔하기 때문이다. 이 때문에 보통 '하다'가 붙는 어간 뒤에서는 '히'가 결합되고 나머지 경우에는 '이'가 붙는 것으로 일반화하기도 한다. '이'가 결합되는 경우는 아래와 같다.

① ㄱ받침으로 끝나는 순 우리말 뒤: 깊숙이, 멀찍이
② ㅂ불규칙 용언 뒤: 가벼이, 쉬이
③ ㅅ받침 뒤: 버젓이, 지긋이
④ 첩어 명사 뒤: 일일이, 틈틈이
⑤ '-하다'가 붙지 않는 용언 어간 뒤: 같이, 굳이
⑥ 부사 뒤: 더욱이, 일찍이

[연습] 다음 중에서 바른 표기를 고르시오.
① {꼼꼼이/꼼꼼히} 읽어라.   ② 손을 {깨끗이/깨끗히} 씻어라.
③ {끔찍이/끔찍히} 아끼는 것이야.   ④ {꾸준이/꾸준히} 공부해야 해.

2장

표준 발음법

표준어 규정은 1부 「표준어 사정 원칙」과 2부 「표준 발음법」으로 나뉘어 있다. 표준어 사정 원칙은 다시 총칙, 발음 변화에 따른 표준어 규정, 어휘 선택의 변화에 따른 표준어 규정으로 나뉜다. 여기에서는 2부 「표준 발음법」만 살펴본다.[4]

2.1. 총칙

> 표준 발음법은 표준어의 실제 발음을 따르되, 국어의 전통성과 합리성을 고려하여 정함을 원칙으로 한다.

표준어 사정 원칙에서 "표준어는 교양 있는 사람들이 두루 쓰는 현대 서울말로 정함을 원칙으로 한다."라고 규정하고 있다. 이에 따라 표준 발음법은 교양 있는 사람들이 두루 쓰는 현대 서울말의 발음을 표준어의 실제 발음으로 여기고 이를 따르도록 원칙을 정한 것이다.

---

4) 「표준 발음법」에서도 제2장 '자음과 모음', 제3장 '소리의 길이', 제6장 '된소리되기', 제7장 '소리의 첨가' 부문은 생략한다.

그런데 현대 서울말에서도 실제 발음이 여러 형태인 경우가 있는데, 이럴 때에는 국어의 전통성과 합리성이 고려되어 표준발음이 정해진다. 일례로 소리의 장단을 서울의 청소년층은 구별하지 않지만 장년층은 구별하는데, 소리의 높이나 길이를 구별해 온 전통이 역사적으로 있었던 사실이 고려되어 장단 규정이 포함된 것이다. 합리성을 고려한다는 것은 실제 발음이 한국어의 일반적인 발음 원칙에 어긋날 경우 원칙에 따름을 가리킨다.

2.2. 받침의 발음

> 제8항 받침소리로는 'ㄱ, ㄴ, ㄷ, ㄹ, ㅁ, ㅂ, ㅇ'의 7개 자음만 발음한다.
> 제9항 받침 'ㄲ, ㅋ', 'ㅅ, ㅆ, ㅈ, ㅊ, ㅌ', 'ㅍ'은 어말 또는 자음 앞에서 각각 대표음 [ㄱ, ㄷ, ㅂ]으로 발음한다.
> 제10항 겹받침 'ㄳ', 'ㄵ', 'ㄼ, ㄽ, ㄾ', 'ㅄ'은 어말 또는 자음 앞에서 각각 [ㄱ, ㄴ, ㄹ, ㅂ]으로 발음한다.
> 제11항 겹받침 'ㄺ, ㄻ, ㄿ'은 어말 또는 자음 앞에서 각각 [ㄱ, ㅁ, ㅂ]으로 발음한다.

종성 위치에서 실현되는 자음으로는 'ㄱ, ㄴ, ㄷ, ㄹ, ㅁ, ㅂ, ㅇ'의 7개가 있음을 규정한 것이다. 겹받침의 발음은 아래와 같이 요약된다.

가. 'ㄲ, ㅋ'→[ㄱ], 'ㅅ, ㅆ, ㅈ, ㅊ, ㅌ'→[ㄷ], 'ㅍ'→[ㅂ]   대표음으로 발음
나. 'ㄳ'→[ㄱ], 'ㄵ'→[ㄴ], 'ㅄ'→[ㅂ]   둘째 발음이 탈락
다. 'ㄼ, ㄽ, ㄾ'→[ㄹ]   둘째 발음이 탈락, 'ㄹ'이 남음
라. 'ㄺ, ㄻ, ㄿ'→ 각각 [ㄱ, ㅁ, ㅂ]   첫째 발음 'ㄹ'이 탈락

가'. 닭다[닥따], 부엌[부억]; 있다[읻따], 빚다[빋따], 솥도[솓또]; 앞도[압또]
나'. 넋과[넉꽈], 앉다[안따], 없다[업:따]
다'. 여덟[여덜], 외곬[외골], 핥다[할따] cf. 밟다[밥따], 넓죽하다[넙쭈카다]
라'. 닭[닥], 삶[삼], 읊다[읍따] cf. 맑고[말꼬], 맑게[말께], 늙고[늘꼬], 늙지[늑찌]

겹받침 발음 규정은 자음 앞에서 겹받침 중 어느 자음을 취하는가와 관련된 조항이다. 현대 한국어에서는 세 개의 자음을 이어서 발음할 수 없으므로 이를 반영하여 규정을 정했다. 자음 앞에서의 겹받침의 발음은 세대에 따라 또는 방언에 따라 상당한 차이를 보이는 경향이 있으므로 표준발음을 확인할 필요가 있다.

제10항의 예외적인 예로 '밟다'와 '넓다'가 있다. '밟다'는 [ㄹ]이 아닌 [ㅂ]을 취하고, '넓죽하다[넙쭈카다]'처럼 파생어나 합성어에 포함된 '넓'은 [넙]으로 발음한다. [ㄹ]로 발음되는 경우에는 아예 '널찍하다, 짤막하다, 얄팍하다' 등과 같이 표기하도록 한글 맞춤법 제21항에서 규정하고 있다.

제11항의 규정 중에서 'ㄺ'은 용언의 경우에는 뒤에 오는 어미의 초성이 'ㄱ'일 경우 'ㄺ'에서 'ㄱ'을 탈락시킨다. 나머지 자음 앞에서는 [ㄹ]이 탈락된다. 10항에서와 마찬가지로 [ㄹ]로 발음되는 경우에는 아예 '말끔하다, 말쑥하다'와 같이 'ㄹ'만을 받침으로 적도록 한글 맞춤법 제21항에서 규정하고 있다.

다음은 받침 'ㅎ'의 발음에 관한 규정이다.

> **제12항** 받침 'ㅎ'의 발음은 다음과 같다.
> 1. 'ㅎ(ㄶ, ㅀ)' 뒤에 'ㄱ, ㄷ, ㅈ'이 결합되는 경우에는, 뒤 음절 첫소리와 합쳐서 [ㅋ, ㅌ, ㅊ]으로 발음한다.
> 2. 'ㅎ(ㄶ, ㅀ)' 뒤에 'ㅅ'이 결합되는 경우에는, 'ㅅ'을 [ㅆ]으로 발음한다.
>   예) 닿소[다쏘], 많소[만쏘], 싫소[실쏘]
> 3. 'ㅎ' 뒤에 'ㄴ'이 결합되는 경우에는, [ㄴ]으로 발음한다.
>   예) 놓는[논는], 쌓네[싼네]
> 4. 'ㅎ(ㄶ, ㅀ)' 뒤에 모음으로 시작된 어미나 접미사가 결합되는 경우에는, 'ㅎ'을 발음하지 않는다.
>   예) 낳은[나은], 놓아[노아], 쌓이다[싸이다], 많아[마:나]

다음 제13항과 제14항은 모음으로 시작되는 조사나 어미 앞에서의 연음 규정이다.

> **제13항** 홑받침이나 쌍받침이 모음으로 시작된 조사나 어미, 접미사와 결합되는 경우에는, 제 음가대로 뒤 음절 첫소리로 옮겨 발음한다.
> 예) 깎아[까까], 옷이[오시]
>
> **제14항** 겹받침이 모음으로 시작된 조사나 어미, 접미사와 결합되는 경우에는, 뒤엣것만을 뒤 음절 첫소리로 옮겨 발음한다. (이 경우, 'ㅅ'은 된소리로 발음함.)
> 예) 넋이[넉씨], 닭을[달글], 젊어[절머], 값을[갑쓸], 없어[업:써]

조사나 어미 앞의 받침이 홑받침일 때는 그 받침이 그대로 뒤의 음절 초성으로 발음된다. 그러나 겹받침일 때는 두 개의 받침 중 뒤의 것이 초성으로 옮겨간다. 물론 여기에도 예외는 있다. '앓아[아라], 끊어[끄너], 훑이다[훌치다]'가 그것이다.

다음 제15항은 자음(받침)으로 끝난 단어와 모음으로 시작되는 단어와의 결합에서 발음되는 받침의 소리에 대한 규정이다.

> **제15항** 받침 뒤에 모음 'ㅏ, ㅓ, ㅗ, ㅜ, ㅟ'들로 시작되는 실질 형태소가 연결되는 경우에는, 대표음으로 바꾸어서 뒤 음절 첫소리로 옮겨 발음한다.
> 예) 밭 아래[바다래], 헛웃음[허두슴] cf. 맛있다 [마딛따] [마싣따] 모두 허용

이 조항에 따르면, 예컨대 '밭 아래'는 '밭'을 일단 대표음인 [받]으로 발음한 뒤에 [아래]와 연음하여 [바다래]로 발음한다는 것이다. 이 규정에서 받침 뒤에 오는 모음으로 'ㅏ, ㅓ, ㅗ, ㅜ, ㅟ'로 한정한 이유는, 'ㅣ, ㅑ, ㅕ, ㅛ, ㅠ'와의 결합에서는 연음을 하지 않으면서 [ㄴ]이 드러나는 경우가 있기 때문이다. '꽃잎[꼰닙], 한여름[한녀름]'이 그 예이다. 그리고 'ㅐ, ㅔ, ㅚ' 등을 들지 않은 것은 표준어에 이런 예가 별로 없기 때문이다. '맛있다'에 [마싣따]도 허용한 것은 실제 발음을 고려한 결과이다.

다음은 한글 자모의 이름에 대한 발음 규정이다. 원칙적으로는 받침을 그대로 모음조사의 초성으로 연음해야 하나, 실제 발음을 존중하여 'ㄷ,ㅈ,ㅊ,ㅋ,ㅌ'은 [ㅅ]으로, 'ㅍ'은 [ㅂ]으로 발음한다고 규정하고 있다.

> 제16항 한글 자모의 이름은 그 받침소리를 연음하되, 'ㄷ, ㅈ, ㅊ, ㅋ, ㅌ, ㅍ, ㅎ'의 경우에는 특별히 다음과 같이 발음한다.
> 예) 디귿이[디그시], 지읒이[지으시], 치읓이[치으시], 티읕이[티으시], 피읖이[피으비], 히읗이[히으시]

2.3. 소리의 동화

> 제17항 받침 'ㄷ, ㅌ(ㄾ)'이 조사나 접미사의 모음 'ㅣ'와 결합되는 경우에는, [ㅈ, ㅊ]으로 바꾸어서 뒤 음절 첫소리로 옮겨 발음한다.
> 예) 곧이듣다[고지듣따], 미닫이[미다지], 밭이[바치], 벼훑이[벼훌치]

받침 'ㄷ, ㅌ(ㄾ)'이 조사나 접미사의 모음 'ㅣ'와 만나면 각각 [ㅈ, ㅊ]으로 바꾸어 발음하는 구개음화에 대한 규정이다. 'ㅣ' 외에 '히'가 결합할 때도 [ㅊ]으로 발음된다. 예컨대 '굳히다'가 [구치다]로 발음되는 것이다.

> 제18항 받침 'ㄱ(ㄲ, ㅋ, ㄳ, ㄺ), ㄷ(ㅅ, ㅆ, ㅈ, ㅊ, ㅌ, ㅎ), ㅂ(ㅍ, ㄼ, ㄿ, ㅄ)'은 'ㄴ, ㅁ' 앞에서 [ㅇ, ㄴ, ㅁ]으로 발음한다.
> 예) 먹는[멍는], 짓는[진ː는], 놓는[논는], 밟는[밤ː는]

이는 'ㄴ, ㅁ' 등의 비음 앞에서 받침의 소리 [ㄱ, ㄷ, ㅂ]이 각각 [ㅇ, ㄴ, ㅁ]으로 동화되어 발음됨을 규정한 것이다. 례로 '읊는'은 우선 'ㄹ'을 탈락시킨 [읍]이, 후행하는 'ㄴ'에 의해 [ㅁ]으로 역행 동화되어 [음는]으로 발음된다. 이런 변화는, 위와 같은 환경에서는 단어와 단어 사이에서도 일어난다. 예컨대 '국 마시다'는 [궁마시다]로 발음된다.

> 제19항 받침 'ㅁ, ㅇ' 뒤에 연결되는 'ㄹ'은 [ㄴ]으로 발음한다.
> 예) 침략[침냑], 대통령[대ː통녕]

> 제20항 'ㄴ'은 'ㄹ'의 앞이나 뒤에서 [ㄹ]로 발음한다.
> 예) 난로[날:로], 칼날[칼랄]
> 21항~22항 생략

제19항은 한자어에서 받침 'ㅁ, ㅇ' 뒤에 결합되는 'ㄹ'을 [ㄴ]으로 발음하는 규정이다. 본래 'ㄹ'을 첫소리로 가진 한자는 'ㄴ, ㄹ' 이외의 받침 뒤에서는 [ㄴ]으로 발음된다.

3장

외래어 표기법

[외래어 표기법의 목적]

외래어 표기법은 '다른 나라에서 들어온 말이지만 한국어처럼 쓰이는 말'을 한글로 적는 방식을 정해 놓은 규칙이다. 외래어는 다른 나라 말에서 온 것이므로 말소리가 한국어와 상당히 다르며, 사람에 따라 제각각 적을 가능성이 있다. 따라서 외래어를 적을 일관된 표기 원칙을 정해 놓지 않는다면, 같은 개념이 각기 달리 표기되는 혼란을 겪을 우려가 있다. 예컨대 'internet'을 '인터넷, 인터넫, 인터네트'로 적게 두는 것은, '꽃'을 '꼳, 꼿' 등으로 적게 두는 것과 같다.

[외래어 표기법의 대상]

외래어 표기법의 대상은 오래 전에 들어와 한국어로 정착한 외래어뿐만 아니라, 최근에 들어온 낯선 외국어들과 외국의 인명·지명도 포함된다. 한국어로 이미 정착한 외래어는 국어사전에 등재되는 것이 일반적이므로, 국어사전에서 그 표기를 확인할 수 있다. 그러나 비교적 최근에 들어온 외국의 인명·지명은 그때그때 심의가 이루어지므로, 그 결과를 필요할 때마다 확인할 필요가 있다.

[외래어와 외국어의 구별]

외국어 어휘가 외래어로 굳어졌는가를 판단하는 데는 '발음의 변화, 형태의 변화, 의미의 변화'와 같은 기준들이 고려의 대상이 된다. 발음의 변화는 한국어에는 없는 외국어 말소리가 한국어에서 가장 가까운 음으로 바뀌는 현상이다. 예를 들어 영어의 'f, v'가 한국어의 'ㅍ, ㅂ'으로 바뀌는 것이 이에 해당된다. 형태 변화는 한국어의 형태상의 특징에 맞도록 외국어의 형태가 바뀌는 것인데, 외국어의 형용사나 동사가 들어올 때 '하다'를 붙여 우리말처럼 활용하게 되는 것이다. 의미의 변화는 본래 의미와는 다른 의미로 우리말로 정착되는 경우를 의미한다. 일례로 'boots'는 온갖 종류의 '장화'를 뜻하는 것이었지만 한국어에서는 '여성들이 신는 목이 긴 구두'로만 쓰이는 예가 이에 해당된다.

그러나 외국어와 외래어를 구분하는 일은 생각보다 쉽지 않다. 대응될 만한 한국어가 존재하는데도 불구하고 외래어로 차용되는 경우가 있으며, 의미나 형태상의 변화가 없는 어휘인데도 외래어로 차용되는 경우가 종종 있다. 따라서 외래어인지 외국어인지를 판단하는 데는 공인된 사전의 도움을 받는 것이 가장 정확하고 손쉽다. 외래어는 한국어의 일부이므로 원칙적으로 국어사전에 등재되어야 한다.

3.1. 표기의 기본 원칙

> 제1항 외래어는 국어의 현용 24자모만으로 적는다.
> 제2항 외래어의 1음운은 원칙적으로 1기호로 적는다.
> 제3항 받침에는 'ㄱ, ㄴ, ㄹ, ㅁ, ㅂ, ㅅ, ㅇ'만을 쓴다.
> 제4항 파열음 표기에는 된소리를 쓰지 않는 것을 원칙으로 한다.
> 제5항 이미 굳어진 외래어는 관용을 존중하되, 그 범위와 용례는 따로 정한다.

외래어 표기법의 목적은 외래어를 통일된 방식으로 적기 위한 것이지, 외국어 발음을 정확하게 표기하기 위한 것이 아니다. 외국어 발음을 표기하기 위해 새로운 자모를 만든다면 얼마나 많은 문자가 필요해질지 알 수 없으며, 새로운 문자를 습득해야 하는 부담도 무시할 수 없다. 이런 이유로 외래어를 적기 위해 새로운 문자나 부호를 사용하는 것은 1933년에 공포된 「한글 마춤법 통일안」에서부터 엄격히 금지되어 왔다.

3.2. 자음 표기

❶ 외래어 표기에는 된소리를 사용하지 않는 것이 원칙이다.
　카페(까페 X), 파리(빠리 X), 버스(뻐스 X)
　센터(쎈터 X), 재즈(째즈 X), 모차르트(모짜르트 X),
　마오쩌뚱, 쑨원

한국어의 파열음은 '예사소리-된소리-거센소리' 세 가지로 구분되고 각각 'ㄱ-ㄲ-ㅋ' 'ㄷ-ㄸ-ㅌ' 'ㅂ-ㅃ-ㅍ'의 대립을 보이지만, 영어나 일어를 비롯한 대부분의 외국어에서는 'k-b, t-d, p-b'처럼 '무성음-유성음'의 대립만을 보인다. 이에 외래어 표기법에서는 무성음은 한국어의 '거센소리'에, 유성음은 한국어의 '예사소리'에 대응시키고 '된소리'는 쓰지 않도록 하고 있다. 파열음뿐만 아니라 마찰음(ㅅ, ㅆ)과 파찰음(ㅈ, ㅉ, ㅊ)을 표기할 때에도 된소리 글자는 쓰지 않는다. 다만 중국어 표기에는 'ㅆ'과 'ㅉ'을 사용한다. 또한 '빵, 껌, 히로뽕, 삐라' 같이 된소리로 굳어진 몇몇 낱말들에는 된소리 표기를 허용한다.

❷ 외래어의 받침 글자는 'ㄱ, ㄴ, ㄹ, ㅁ, ㅂ, ㅅ, ㅇ'만을 쓴다.
　커피숍(커피숖 X), 슈퍼마켓(슈퍼마켙 X), 라켓(라켙 X)

외래어에 'ㄷ, ㅈ, ㅊ, ㅋ, ㅌ, ㅍ, ㅎ' 등을 받침에 쓰지 않는 것은, 모음으로 시작하는 조사 앞에서도 이들 받침의 발음이 소리 나는 일이 없기 때문이다. 예를 들어 'coffeeshop이'는 [커피쇼비]로 발음되지 [커피쇼피]로 발음되지 않는다. 이는 '꽃이'가 제 음가대로 [꼬치]로 발음되는 것과 대조되는 점이다. 외래어의 받침으로 'ㄷ'이 아니라 'ㅅ'을 쓰는 이유도 'racket이, racket을'의 발음이 [라케디, 라케들]이 아니라 [라케시, 라케슬]이기 때문이다.

❸ [p], [t], [k] 소리는 [짧은 모음] 다음이면 받침으로 적고, [긴모음]이나 [이중모음], [두 개의 모음] 다음이면 다음 음절의 첫소리로 적고 'ㅡ'를 받쳐 적는다.
　internet[íntərnèt] 인터넷(인터네트 X), lipstick[lípstìk] 립스틱(리프스틱 X)
　flute[fluːt] 플루트(플룻 X), tape[teip] 테이프(테입 X)

다만 앞 모음이 짧은 모음이더라도, [p, t, k] 뒤에 비음([m, n])이나 유음([r, l])이 있는 경우에는 뒷말 초성으로 쓰고 ' ㅡ'를 받쳐 적는다. 예컨대 'mattress[mǽtris]'는 '맷리스'가 아니라 '매트리스'로 적는다.

❸ [b], [d], [g]는 자음 앞이나 어말에 올 경우 앞 음절의 받침으로 적지 않고 항상 '으'를 붙여 적는 것이 원칙이다.
    head[hed] 헤드(헷 X), gag[gæg] 개그(객 X)

단, '백', '웹' 등 이미 굳어진 말들은 예외를 인정하여 받침으로 적는다.

❺ [f]는 'ㅍ'로 적는다.
    파이팅(화이팅 X), 프라이팬(후라이팬 X) 파일(화일 X)

일본식 표기의 영향을 받아 [f]를 '후'나 '호'로 적는 경우가 종종 있으나 잘못된 것이다.

❻ [ʃ]는 자음 앞에서는 '슈', 어말에서는 '시', 모음 앞에서는 모음에 따라 '샤, 섀, 셔, 셰, 쇼, 슈, 시'로 적는다.
    shrimp[ʃrimp] 슈림프(쉬림프 X), English[iŋgliʃ] 잉글리시(잉글리쉬 X)
    shopping[ʃɔpiŋ] 쇼핑(소핑 X), Einstein 아인슈타인(아인쉬타인 X)

단, 영어가 아닌 다른 언어에서 온 말은 [ʃ]를 언제나 '슈'로 적는다

❼ [tʃ], [dʒ]는 모음 앞에서는 'ㅈ, ㅊ'으로 적고 어말이나 자음 앞에서는 '지, 치'로 적는다. [ts]와 [dz]는 자음 앞에서 '츠, 즈'로 적는다.
    switch[switʃ]스위치(스위츠 X, 스윗치 X), chart[tʃaːt] 차트(챠트 X)
    Pittsburgh[pitsbəːg] 피츠버그(피치버그 X)

[tʃ], [dʒ] 앞의 음절이 모음으로 끝날 때, 흔히 앞에 'ㅅ' 받침을 넣어 적는 경우가 있으나 이는 잘못된 것으로 주의할 필요가 있다.

❽ 모음 앞의 [l]과 비음 앞의 [l]은 'ㄹㄹ'로 적는다. [r]과 [l] 소리는 구분 없이 'ㄹ'로 적는다.
plaza 플라자(프라자 X), clinic 클리닉(크리닉 X), boiler 보일러(보이러 X)

3.3. 모음 표기

모음 표기는 발음에 의해 결정되므로 발음기호를 확인하는 것이 중요하다. 영어는 강세의 위치에 따라 모음의 발음이 달라지는 등, 철자와 소리와의 관계가 항상 일정하지 않으므로 철자에 이끌려 표기를 결정해서는 안 된다.

❶ [ə]와 [ʌ]는 모두 '어'로 적는다.
center[séntə] 센터(센타 X), terminal [təːrminəl] 터미널(터미날 X)
color[kʌlər] 컬러(칼라 X), honey[hʌni] 허니(하니 X)

❷ [ɔ]와 [o]는 '오'로 적는다.
concert[kɔnsərːt] 콘서트(컨서트 X), condition[kəndíʃən] 컨디션(콘디션 X)
concept[kɔ́nsept] 콘셉트(컨셉트 X), top 톱(탑 X), shop 숍(샵 X)

❸ [ai], [ei], [au]는 각각 '아이' '에이' '아우'로 적는다. [ou], [auə]는 각각 '오'와 '아워'로 적는다.
skate[skeit] 스케이트(스케트 X), boat[bout] 보트(보우트 X), tower[tauər] 타워(타우어 X)

소리 값이 다른 모음이 둘 이상 결합한 중모음은 각각의 단모음의 음가를 살려서 적는 것이 원칙이다. 그런데 [ou]는 '오'로, [auə]는 '아워'로 적는 것은, 이들을 '오우'나 '아우어'로 적을 경우에 원음에서 더 멀어지는 결과를 가져오기 때문이다.

❹ 'ㅈ, ㅊ' 다음의 이중 모음 표기는 허용하지 않는다.
chart[tʃaːt] 차트(챠트 X), 주니어(쥬니어 X), 텔레비전(텔레비젼 X)

외래어는 '쟈, 져, 죠, 쥬, 챠, 쳐, 쵸, 츄' 등과 같은 이중 모음 표기가 허용되지 않는다. 이는 'ㅈ, ㅊ' 뒤에서는 이중 모음과 단모음이 구분되지 않기 때문이다. 고유어의 표기에서 '가져' '다쳐' 등이 허용되는 것은, '가지어', '다치어'가 줄어서 된 형태라는 사실을 보이기 위한 것이지, 이들 발음이 '가저'나 '다처'와 구분되기 때문이 아니다.

3.4. 기타 표기 세칙

❶ 두 단어 이상이 모여 이루어진 복합어는 개별 단어의 표기를 살려 표기한다.
outlet 아웃렛(아울렛 X), highlight 하이라이트(하일라이트 X)

복합어를 형성할 때는 크고 작은 음운적 변화가 있기 마련인데, 외래어 표기에서는 이런 변화를 반영하지 않는다. 즉 단독으로 쓰일 때의 표기를 살려 적는 것이 원칙이다. 복합어에서 다른 표기를 쓰면 각각 단독으로 쓰일 때의 표기와 아주 달라지는 경우가 있어 혼동의 우려가 있기 때문이다. 예를 들어 'log in'이란 말은 '로그'와 '인'이 결합해서 만들어진 말이므로 '로그인'으로 적는다. 원어의 발음이 '*로긴'에 가깝게 들리더라도 그렇게 적지 않는다.

❷ 표기와 발음이 굳어진 외래어의 표기는 기존의 표기를 인정한다.

radio[réidiòu] 레이디오/라디오, genome[dʒíːnoum] 게놈/지놈
cut[kʌt] 컷/커트, type[taip] 타입/타이프

분야에 따라 발음을 달리해 온 관용을 존중하여 두 가지 표기를 모두 인정하는 경우도 있다. 위의 예에서 '커트'는 머리를 자르거나 탁구 등의 운동에서 공을 깎아 치는 것을 가리킬 때의 표기인 반면에, '컷'은 영화 따위의 장면이나 작은 삽화를 뜻할 때의 표기이다. '타입'은 어떤 형태나 유형을 뜻하는 말로 쓰이고, '타이프'는 '타이프라이터'의 줄임말로 타자기를 가리킨다.

4장

한국어의 로마자 표기법

4.1. 표기의 기본 원칙

제1항 국어의 로마자 표기는 국어의 표준 발음법에 따라 적는 것을 원칙으로 한다.
제2항 로마자 이외의 부호는 되도록 사용하지 않는다.

4.2. 표기 일람

단모음

ㅏ	ㅓ	ㅗ	ㅜ	ㅡ	ㅣ	ㅐ	ㅔ	ㅚ	ㅟ
a	eo	o	u	eu	i	ae	e	oe	wi

이중모음

ㅑ	ㅕ	ㅛ	ㅠ	ㅒ	ㅖ	ㅘ	ㅙ	ㅝ	ㅞ	ㅢ
ya	yeo	yo	yu	yae	ye	wa	wae	wo	we	ui

'ㅓ'에 대해서는 'e, u, eu' 등이 제안되어 왔으나, 'eo'로 적도록 하였다. 'a, e, i, o, u'를 각각 'ㅏ, ㅔ, ㅣ, ㅗ, ㅜ'로 고정시키는 국제적인 관례를 고려한 결과이다. 'ㅡ'를 'eu'로 적는다는 것도 기억해야 한다. 'ㅢ'는 'ㅡ'와 'ㅣ'의 합인 'eui'로 표기하면 3기호가 되어 번거로워지므로 'ui'로 단순화하였다.

자음

ㄱ	ㄲ	ㅋ	ㄷ	ㄸ	ㅌ	ㅂ	ㅃ	ㅍ	ㅈ	ㅉ	ㅊ	ㅅ	ㅆ	ㅎ	ㄴ	ㅁ	ㅇ	ㄹ
g,k	kk	g	d,t	tt	t	b,p	pp	p	j	jj	ch	s	ss	h	n	m	ng	r,l

'ㄱ, ㄷ, ㅂ'은 모음 앞에서는 'g, d, b'로, 자음 앞이나 어말에서는 'k, t, p'로 적는다. 예컨대 '구미'는 'ㄱ'이 모음 앞이므로 'Gumi'처럼 'g'로 '합덕'은 'ㄱ'이 어말에 위치하므로 'Hapdeok'처럼 'k'로 적는다.

또한 'ㄹ'은 모음 앞에서는 'r'로, 자음 앞이나 어말에서는 'l'로 적는다. 단, 'ㄹㄹ'은 'll'로 적는다. 그래서 '구리'는 'Guri' '임실'은 'Imsil'로 '울릉'은 'Ulleung'으로 적는다.

4.3. 표기상의 유의점

첫째 음운 변화가 일어날 때에는 변화의 결과를 반영하여 적는다. 된소리되기는 반영하지 않는다.

자음동화	백마[뱅마] Baengma, 종로[종노] Jongno
'ㄴ, ㄹ'이 덧나는 경우	학여울[항녀울] Hangnyeoul, 알약[알략] allyak
구개음화	해돋이[해도지] haedoji, 같이[가치] gachi
거센소리되기	좋고[조코] joko 놓다[노타] nota

단, 체언에서 'ㄱ, ㄷ, ㅂ' 뒤에 'ㅎ'이 따를 때에는 'ㅎ'을 밝혀 적는다.
(예) 집현전 Jiphyeonjeon

둘째, 발음상 혼동의 우려가 있을 때에는 음절 사이에 붙임표(-)를 쓸 수 있다. 예컨대 '중앙'은 'Jungang'이라고만 쓰면 '준강'으로 읽힐 수 있으므로 'Jung-ang'처럼 적는다.

셋째, 고유명사는 첫 글자를 대문자로 적는다.

넷째, 인명은 성과 이름의 순서로 띄어 쓴다. 이름은 붙여 쓰는 것을 원칙으로 하되 음절 사이에 붙임표(-)를 쓰는 것을 허용한다. 이름에서 일어나는 음운 변화는 표기에 반영하지 않는다.

다섯째, 인명, 회사명, 단체명 등은 그동안 써 온 표기를 쓸 수 있다.

참고문헌

이희승·안병희(1994), 『고친판 한글 맞춤법 강의』, 신구문화사.
이광호·한재영·장소원(1998), 『국어 정서법』, 한국방송대학교출판부.
김창섭(1996), 「국어의 단어형성과 단어구조 연구」, 《국어학총서》 21, 국어학회.
이병근(1988), "표준 발음법", 『표준어 규정 해설』, 국어연구소.
국립국어원(2005), 『바른 국어생활』, 국어문화학교 교재.

2 영역

일반언어학 및 응용언어학

언어학 개론

남승호
서울대학교 인문대학 언어학과

| 학습 목표 |

- 언어와 인간의 관계를 이해한다.
- 인간 언어의 본질적 특성을 이해한다.
- 언어학의 연구 대상인 언어에 대한 접근 방법들을 이해한다.
- 다양한 언어의 구조를 이해한다.
- 언어학의 하위 분야들을 이해한다.
- 인간의 언어 능력이 뇌에서 운용되는 양상을 이해한다.
- 언어 장애의 유형과 원인을 이해한다.
- 인간의 언어 습득 단계와 특징을 이해한다.

차례

1. 언어와 인간
    1.1. 보편 문법과 개별 문법
    1.2. 인간 언어의 형식과 의미
    1.3. 언어 기호의 자의성과 필연성
    1.4. 랑그와 파롤, 언어 능력과 언어 수행
    1.5. 언어 능력의 생득성과 언어 습득
2. 언어학의 대상과 방법
    2.1. 언어에 대한 두 가지 접근: 경험주의와 합리주의
    2.2. 언어: 생성하며 변화하는 유기체
    2.3. 규범 문법과 기술 문법
    2.4. 자연 언어와 인공 언어
    2.5. 청각 언어와 수화
    2.6. 언어학의 하위 분야
3. 언어와 뇌: 언어 장애 및 언어 습득
    3.1. 언어와 뇌
    3.2. 실어증의 유형
    3.3. 언어 습득

▶ 참고문헌

1장

언어와 인간

인간은 다른 동물에게는 없는 복잡하고 체계적인 의사소통 수단인 언어를 사용한다. 언어는 인간을 정의하는 필수적인 요소이며, 언어에 대한 탐구는 인간을 이해하는 데 빼놓을 수 없다. 반대로 언어를 이해하기 위해서는 인간에 대한 탐구가 필요하다. 언어에는 인간의 모든 생각과 지식과 삶이 담겨 있고, 인간의 사회와 문화, 역사가 담겨 있기 때문이다. 이렇게 보면 언어와 인간은 서로를 정의한다.

인간은 언어가 없으면 하루도 정상적으로 살 수 없다. 인간은 언어를 통해 자신의 생각을 구체화시키고, 다른 이들에게 그 생각을 표현하여 전달하며, 다른 사람의 생각을 이해할 수 있다. 언어가 없으면 사회와 문화, 역사, 교육이 성립하지 않는다. 언어 없이 사랑을 표현할 수 있을까? 언어 없이 아이들을 훈육할 수 있을까? 언어 없이 세대를 통해 문화가 전수될 수 있을까?

1.1. 보편 문법과 개별 문법

현재 지구상에는 얼마나 많은 언어가 사용되고 있을까? Summer Institute of Linguistics 라는 기관의 조사에 따르면, 현재 지구상에는 6,900여 개 언어가 사용되는데, 아시아 지역에 2,300여 개, 아프리카 지역에 2100여 개, 태평양 도서 지역에 1,250여 개, 미주 지역에 약

1,000개, 유럽에 230여 개가 사용된다고 한다. 파푸아뉴기니처럼 한 나라에서 수백 개 언어가 쓰이기도 하며, 한 언어가 여러 나라에서 쓰이기도 한다. 이 기관에서 2009년에 발간된 자료 〈Ethnologue: Languages of the World〉에 따르면 영어는 112개 국가에서 3억 2천 8백만 명 정도가 사용하고 있고, 한국어는 33개 국가에서 6천 6백만 명 이상이 사용하고 있다. 언어 사용자의 규모에서 영어는 중국어, 스페인어에 이어 3위에, 한국어는 17위에 올라 있다.

언어는 시간이 흐르면서 서로 다른 언어로 갈라지기도 하고, 서로 다른 언어가 상호 영향을 끼쳐 비슷한 특성을 갖게 되기도 한다. 지구상의 언어는 서로 얼마나 다르다고 할 수 있으며, 또 서로 얼마나 비슷하다고 할 수 있을까?

인간은 어느 지역에서, 어떤 부모에게서 태어나든지 그 지역의 언어나 부모의 언어를 습득할 수 있다. 누구나 어떤 언어든지 모어로 습득할 수 있는 능력이 있다는 사실은 모든 언어가 서로 동질적임을 시사한다. 모든 언어가 공유하는 동질적인 원리가 있다고 가정할 때, 이러한 동질적인 원리들을 가리켜 '보편 문법'(Universal Grammar)이라고 부른다. 만일 모든 언어가 공유하는 보편 문법이 있다면, 보편 문법에 대한 탐구는 모든 언어에 대한 탐구가 되고, 이는 모든 인간에 대한 탐구가 된다.

모든 언어가 공유하는 원리에는 여러 가지가 있다. 예를 들면, 한 음절은 반드시 모음을 하나 포함하며 이를 중심으로 앞뒤에 자음이 결합한다는 원리, 모든 언어에는 동사와 명사가 있다는 원리, 동사 가운데는 자동사와 타동사가 있다는 원리가 있다. 한국어와 영어에는 타동사가 있고 타동사는 목적어를 취한다는 것은 원리적 공통점이다. 그러나 한국어와 영어는 한 문장에 나타나는 타동사와 목적어의 순서가 다르다. 한국어는 목적어가 타동사에 앞서지만, 영어는 그 반대이다. 타동사와 목적어의 어순은 보편적 원리에 의해 결정되는 것이 아니고 개별 언어마다 달리 실현될 수 있는 특성이다.

그런데 흥미로운 것은 타동사와 목적어의 어순이 다른 표현들의 어순과 상관성이 있다는 것이다. 즉, 어떤 언어든지 타동사가 목적어에 앞서는 어순을 갖고 있으면, 일반적으로 그 언어의 관계절은 그것이 수식하는 명사에 후행하는 어순을 가진다. 영어는 바로 이런 어순을 따르는데, 한국어는 정반대의 어순을 따른다. 또 영어는 전치사를 쓰며, 한국어는 후치사(조사)를 쓴다. 따라서 보편 문법의 원리는 모든 언어가 공유하는 특성인데 비해, 어순과 관련된 특성은 개별 언어에 따라 다르면서도 일정한 유형적 제약을 따르는 것임을 알 수 있다.

보편 문법이 모든 언어가 공유하는 원리들을 가리킨다면, 개별 문법은 보편 문법에 각 언어의 고유한 문법적 특징을 더해 놓은 것이다. 즉, 보편 문법은 모든 '개별 문법'(individual grammar)의 골격을 제공하고, 이 골격에 각 언어의 특징에 따라 힘줄과 살을 덧붙여서 개별 문법을 구성한다.

현대 언어학은 인간 언어들 사이에 존재하는 이질성뿐만 아니라 그들이 공유하는 동질성을 밝히는 것을 목적으로 한다. 현재 지구상에 사용되는 6,900여 개 언어는 언뜻 보기에 서로 다른 점이 많아 보이나 실상 주요한 점에서는 동질성을 보인다. 지구상에 70억 명이 넘는 사람이 살고 이들은 각기 얼굴 모양과 신체적 특징 다르지만, 모든 사람은 아주 기본적이고 주요한 특질을 공유한다. 모든 사람이 기본적인 신체 구조를 공유하여 매우 동질적인 생물학적 특질을 갖는다. 또 사람이 모여 이루는 사회와 문화의 구조도 아주 동질적이다. 이와 같이 지구상의 언어들이 서로 다른 듯하나, 실은 아주 중요한 면에서는 동질적이다.

1.2. 인간 언어의 형식과 의미

모든 언어는 형식(form)과 의미(meaning)로 이루어진다. 어떤 단어든지 자음과 모음의 연쇄라는 음성 형식이 있으며, 이 음성 형식은 동시에 의미를 담고 있다. 예를 들어, 한국어 명사 '사랑'은 [saraŋ]이라는 음성 형식과 'love'라는 의미의 결합이다. 20세기 초 언어학자 소쉬르(F. de Saussure)는 언어기호의 음성 형식을 시니피앙(signifiant)이라고 불렀고 이에 결부된 의미를 시니피에(signifié)라고 불렀다.

언어의 형식은 단어 차원의 음성 형식뿐만 아니라 문장의 구조도 포함한다. 문장도 일정한 형식, 즉 구조가 있으며 그에 따라 의미가 해석된다. 예를 들면 영어에서 Mary John loves라고 하거나 Loves John Mary라고 하면 적절한 문장이 아니다. 대신 Mary loves John이라고 하거나 John loves Mary라고 하면 적절한 문장이 되고 상응하는 의미를 담을 수 있다. 따라서 문장 역시 형식과 의미의 결합이다.

1.3. 언어 기호의 자의성과 필연성

모든 기호가 형식과 의미의 결합이라는 사실은 언어 이외의 기호 체계에서도 확인된다. 예를 들면 신호등의 빨간 불은 '가지 마시오'라는 의미가 있으며, 야구장에서 흰색 유니폼은 '홈팀 선수임'을 의미한다. 표지판 가운데 ✕는 '금연'을 의미하고, 🅿은 '주차장'을 의미한다. 그런데 기호의 형식과 의미 사이의 관계는 서로 밀접한 상관성이 있는 경우도 있고, 그렇지 않은 경우도 있다. 위에서 ✕표지는 '금연'을 의미한다고 하였는데, 이 기호의 형식은 바로 그 뜻을 연상시킨다. 이와 같이, 기호들 가운데는 그 형식과 의미 사이에 필연성(naturalness)을 보이는 것들이 있다.

이와 달리 많은 기호는 그 형식과 의미 사이의 관계가 직접적이거나 필연적이지 않고 자의적이고 관습적이다. 기호의 이러한 성질을 자의성(arbitrariness)이라고 부른다. 예를 들면, 빨간 신호등이 '가지 마시오'라는 의미를 갖게 된 것은 그 형식과 의미 사이에 필연적인 관계가 있어서가 아니다. 다만 한 사회에서 빨간 신호등을 '가지 마시오'라는 의미로 약속하고 사용했기 때문이다. 이 약속은 시간이 흐르면서 관습화하고 사회적 규약으로 정착한다.

앞서 금연을 의미하는 기호를 보았는데, 이 기호 역시 자의적인 성격을 갖는다. 이 기호에는 연기 나는 담배 모양이 있고, 그 둘레에는 동그라미가 있고 그 안에 그어진 사선이 있다. 여기에서 사선이 그어진 동그라미는 단지 '금연' 기호뿐만 아니라 수없이 많은 기호에서 발견된다. 그것은 '금지한다'는 의미를 나타내는 기호 성분이다. 그런데 사선이 그어진 동그라미가 '금지한다'는 의미가 된 것은 둘 사이에 필연적인 관계가 있기 때문은 아니다.

그러면 언어 기호, 혹은 단어는 그 형식과 의미 사이의 관계가 필연적일까, 아니면 자의적일까? 예를 들어 영어 단어 house는 음성 형식이 [haws]인데, 이는 '집'이라는 의미와 아무런 필연적 관계도 없다. '집'이라는 의미를 한국어는 [ʥip], 일본어는 [ie], 중국어는 [faŋ], 러시아어는 [dom], 프랑스어는 [mezõ], 스와힐리어는 [nyumba]라는 음성 형식으로 표현한다. 같은 의미를 서로 다른 형식으로 표현하는 것을 보면 단어의 형식과 의미 사이의 관계는 자의적임에 틀림없다.

그러면 인간 언어에는 형식과 의미의 관계가 필연적인 것이 없을까? 의성어는 그 음성 형식과 의미가 필연적이거나 자연적이라고 할 수 없을까? 한국어는 총소리를 '빵'이나 '탕'이라고 한다. 영어는 [bæŋ], 일본어는 [paŋ], 중국어는 [hoŋ], 프랑스어는 [bã], 스와힐리어는

[pania]라고 한다. 총소리를 표현하는 단어들은 일면 유사한 점이 있는 것 같으나, 서로 조금씩 다르다. 따라서 그 형식과 의미의 관계가 완전히 필연적인 것은 아니다. 좀더 자의적인 관계를 보여 주는 예를 들어 보면, 한국어에서 '멍멍'이라고 표현하는 개 짖는 소리를 영어에서는 'bow wow'나 'ruff ruff'라고 하고, 일본어에서는 'wan wan', 'kyankyan', 중국어에서는 'wang wang', 러시아어에서는 'gav gav', 프랑스어에서는 'ouah ouah', 폴란드어와 핀란드어에서는 'hau hau'라고 말한다.

형식과 의미 사이의 자의성은 단어 차원에서만 확인되는 것이 아니다. 단어들이 모여 이루는 문장은 일정한 구조적 요건을 따라야 한다. 예를 들면 한국어에서는 주어와 목적어가 동사 앞에 나타나야 하는데, 영어에서는 목적어가 동사 뒤에 나타난다는 제약도 두 언어의 형식을 보여 준다. 그러나 어순이라는 형식상의 차이가 그 문장이 담은 의미와 필연적인 관계가 있는 것은 아니다. 예를 들면 "영희가 공을 찼다."는 문장에서 목적어가 동사보다 먼저 나온다고 하여 한국 사람은 이 사건을 인지할 때 영국 사람과 달리 목적어인 '공'을 먼저 지각한 후에 '차는 행위'를 지각했다고 할 수 없다. 또 다른 예를 들면 한국어와 달리 영어의 의문문에서는 의문사가 늘 문장의 앞에 위치하는데, 이러한 차이가 의미의 차이에 기인하거나 의미와 상관성이 있다고 볼 수 없다.

청각 장애인이 구사하는 수화(sign language)의 기호도 역시 자의적이어서 각 나라의 수화는 서로 다르다. 예를 들어 '아버지'를 가리켜 미국 수화에서는 오른손을 펴서 엄지를 이마에 대는 동작을 하고, 중국 수화에서는 주먹을 쥐고 엄지를 입술에 갖다 대는 동작을 한다. 음성 언어의 단어가 자음과 모음, 음절의 결합으로 이루어지듯이, 수화의 기호는 손의 모양, 손의 위치, 손의 이동 방향이라는 세 가지 요소로 이루어진다. 그런데 수기호들 사이의 차이는 자의적이어서 의미와 관계가 있다고 볼 수 없다. 예를 들면 미국 수화에서 '사과'는 오른손 주먹을 쥐고 검지의 윗마디를 볼에 대고 앞으로 돌리는 동작인데, '사탕'은 오른손 주먹을 쥐고 검지만 펴서 오른쪽 볼에 대고 같은 동작을 취한다. 그리고 '시기하다'라는 의미는 검지 대신 새끼 손가락을 펴서 같은 동작을 취하는 것으로 표현된다.

수화는 손을 사용할 뿐만 아니라 얼굴의 모양이나 움직임을 이용하기도 한다. 한국 수화에서 '선생님'과 '오다'를 의미하는 수기호를 표정 변화 없이 연속하여 사용하면 '선생님께서 오신다'는 의미가 되지만, 눈썹을 올리면서 얼굴을 앞으로 내미는 동작과 함께 사용하면 '선생님께서 오십니까?'라는 의미를 갖는다. 여기에서 '눈썹을 올리면서 얼굴을 내미는 형식'과 '질문'이라는 의미 사이에는 필연적인 관계가 없다.

1.4. 랑그와 파롤, 언어 능력과 언어 수행

소쉬르는 인간 언어를 두 가지 시각에서 정의함으로써 체계적인 언어 연구를 꾀하였다. 한 언어 공동체에서 통용되는 언어를 '사회적으로 관습화된 약속의 체계'라고 정의할 수 있다. 또 다른 한 편으로 언어를 '이 약속의 체계를 각 개인이 운용하여 사용하는 방식'이라고 정의할 수 있다. 소쉬르는 전자를 '랑그'(langue)라고 불렀고, 후자를 '파롤'(parole)이라고 불렀다. 랑그는 사회 구성원이 모두 공유하는 체계이므로 사회성과 체계성이 있으며, 파롤은 각 구성원이 부려 쓰는 방식이므로 개인성과 변이성을 갖는다.

랑그와 파롤의 차이는 20세기 후반 미국의 언어학자 촘스키(N. Chomsky, 1928~)가 제시한 '언어 능력(linguistic competence)'과 '언어 수행(linguistic performance)'의 개념과 유사하다. 촘스키는 인간이 언어를 습득하여 사용할 수 있는 능력은 생득적이며(innate), 이 능력은 심리적으로 실재하는 것이라고 가정한다. 그는 언어 지식, 혹은 언어 능력을 '인간 개개인에게 독립적으로 있는 것이며, 이는 예외 없는 규칙과 연역적 원리들로 구성된 체계'라고 주장하였다. 즉, 모든 인간에게 있는 규칙과 원리의 체계는 완전성을 갖는다고 하였는데, 실제 대화 상황에서 이 언어 능력을 운용할 때는 그 완전성이 얼마든지 허물어질 수 있으므로, 언어를 과학적으로 연구하기 위해서는 심리적으로 실재하는 언어 능력을 대상으로 해야 한다고 주장하였다.

촘스키는 인간의 실제 발화나 문헌에서 드러나는 비체계적이고 이질적인 '언어수행'을 외재적 언어라고 하였고, 이 외재적 언어수행만을 연구하면 체계적 완전성을 갖고 있는 내재적 언어 능력을 밝힐 수 없다고 하였다. 촘스키는 내재적 언어 능력의 핵심 원리들을 보편 문법이라고 하여, 이는 모든 언어가 공유하는 것이며 모든 사람의 언어 능력에 생득적인 것이라고 주장한다.

1.5. 언어 능력의 생득성과 언어 습득

모든 언어가 동일한 기본 원리에 의해 작동한다는 가정은 자연스럽게 다음과 같은 언어 습득에 관한 가설로 이어졌다. 즉, 모든 인간은 태어날 때부터 언어적 능력이 동등하며, 유사한 언어 습득 과정을 거친다는 가설이다. 인간이 타고나는 언어 능력을 '언어 습득 기제(language acquisition device)'라고 부른다. 언어 습득 기제를 타고난 인간은 어떤 사회에서 어떤 부모에게서 태어나더라도 해당 언어를 습득할 수 있다. 인간이 언어 습득 기제를 타고난다는 가설을 생득성 가설(innateness hypothesis)이라고 부른다.

언어 능력의 생득성 가설을 뒷받침하기 위해 아동의 언어 습득 과정을 주목한다. 아이들은 태어나서 3~4년 정도의 짧은 시간에 복잡하고 체계적인 언어 지식을 거의 완전히 습득한다는 것이다. 이와 같이 짧은 시간 내에 언어를 습득하기 위해서는 생득적인 언어 능력이 있다고 가정할 수밖에 없다는 주장이다. 즉, 연역적 원리 체계가 없다면 아동이 주위 환경에서 경험하는 불충분한 언어 자료를 기반으로 이상적인 언어 능력을 구축할 수 없을 것이라는 주장이다. 불충분한 자극(poverty of stimulus)을 기반으로 이상적이고 체계적인 지식을 습득하게 되는 문제를 '플라톤의 문제(Plato's Problem)'라고 부른다.

아동이 체계적인 언어 지식을 습득하는 과정에서 경험하는 언어 자료에는 불충분하거나 심지어 문법에 어긋난 것들도 포함된다. 물론 이러한 언어 습득 상의 근거는 생득성 가설의 결정적인 근거가 될 수 없다. 왜냐하면 언어 습득에 이용되는 인지 능력이 과연 언어 능력에 특화된 것인지 아니면 일반 인지 능력에 공통된 것인지 판별할 수 없기 때문이다.

선험적이고 생득적인 원리 체계를 기반으로 언어 습득이 이루어진다는 근거는 언어 습득의 과정에서 발견된다. 언어 습득 과정에 있는 아이와 아빠 사이의 대화를 보자.

아이: Want other one spoon, Daddy.
아빠: You mean, you want the other spoon.
아이: Yes, I want other one spoon, please, Daddy.
아빠: Can you say the other spoon?
아이: Other ... one ... spoon.
아빠: Say ... other.

아이 : Other.

아빠 : Spoon.

아이 : Spoon.

아빠 : Other ... spoon.

아이 : Other ... spoon. Now give me other one spoon.

위 대화는 언어 습득이 모방에 의해 경험적으로 이루어지지 않는다는 것을 말해 준다. 다음에 나오는 아이와 엄마의 대화에서도 언어 습득이 교육에 의해 이루어지지 않는다는 것을 알 수 있다.

아이 : No body don't like me.

엄마 : No, say No body likes me.

아이 : No body don't like me.

...... (똑같이 여덟 번 반복된 후)

엄마 : Now listen carefully, say Nobody likes me.

아이 : Oh, nobody don't likes me.

인간의 언어 능력은 마치 걸을 수 있는 능력을 습득하는 것처럼 무의식적으로 습득된다. 누가 가르쳐 주어야만 습득할 수 있는 것이 아니며, 아무도 언어 습득을 방해할 수 없다. 언어 습득에 관한 많은 연구가 보여 주는 것은, 아동의 언어 습득 과정은 연역적인 원리를 기초로 나름대로 단계마다 체계적인 문법 모델을 수립하고 변환해 가는 과정이라는 것이다. 다음은 영어의 의문문 습득 단계를 보여 주는 자료이다.

[1단계] 1.5세   What book name?
               Why you smiling?
               What soldier marching?

[2단계] 3.5세   What he can ride in?
               Which way they should go?
               Why kitty can't stand up?

[3단계] 5.0세   Where will you go?
Why can't kitty see?
Why don't you know?

　위에 제시된 각 습득 단계에서 아동은 나름대로 체계적인 의문문 형성 규칙이 있음을 알 수 있다. 즉, 아동은 언어 습득이 완성되고 나서야 체계적인 문법을 갖게 되는 것이 아니고, 언어 습득 단계마다 나름대로 체계적인 문법을 구축한다는 것이다. 이러한 현상은 아동이 언어 습득을 위한 연역적인 원리 체계를 타고난다는 주장을 뒷받침한다.

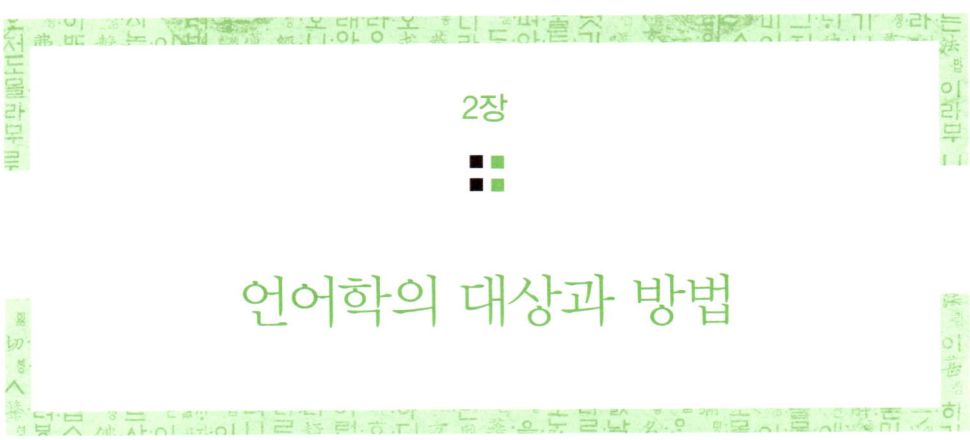

2장

언어학의 대상과 방법

2.1. 언어에 대한 두 가지 접근: 경험주의와 합리주의

언어는 인간의 마음을 들여다볼 수 있는 주요한 창구를 제공한다. 그래서 언어학을 인문학에 포함시키고 인간을 더 깊이 이해하기 위해 언어의 본질을 탐구한다. 언어학의 연구 대상인 '언어'가 무엇인가? '언어'를 정의하는 데는 크게 두 가지 접근법이 있다. 하나는 경험주의적 접근법이며 다른 하나는 합리주의적 접근법이다.

경험주의적 접근법은 언어를 경험할 수 있는 대상으로 한정한다. 듣고 볼 수 있는 대상으로서의 언어는 이미 부려 쓴 말을 가리킨다. 역사적인 문헌, 문학 작품, 전문 서적, 신문, 잡지 등 어떤 형태의 문서도 언어의 테두리에 속한다. 문서뿐만 아니라 녹음된 자료들 역시 경험할 수 있는 언어에 속한다. 이러한 자료를 연구 대상으로 삼는 것이 경험주의적 언어학이다. 종래 19세기까지 언어학의 주류는 경험주의적 전통이 주류를 이루며 문헌을 기반으로 한 역사비교언어학이 활발하게 연구되었다.

합리주의적 접근법은 인간 언어를 인간의 언어 능력과 동일시한다. 따라서 언어학은 언어 자료를 대상으로 하지 않고 인간의 마음에 내재하는 언어 능력 자체를 직접 탐구 대상으로 삼는다. 언어 능력이 어떻게 구성되어 있고, 어떻게 운용되어 문장을 만들어 내고 발화를 이해하게 하는지 연구한다. 언어는 언어 지식을 포함한 정신 활동을 포함하며, 이러한 심리적인 언어 능력을 관찰하는 통로로 직관(intuition)을 이용한다. 직관은 어떤 표현이 자연스러운지 혹은 부자연스러운지를 판단하며, 그 표현의 의미를 해석해 준다. 직관적 판단에 기초를 두어 우리 마음속에 있는 언어 지식과 그 운용의 원리를 밝혀내려는 방법이 합리주의적 접근법이다.

2.2. 언어 : 생성하며 변화하는 유기체

흔히 언어를 유기체에 비유한다. 유기체는 언제나 새로운 것을 생성하는가 하면, 언제나 시간의 흐름에 따라 변화한다. 언어학의 역사는 언어의 이 양면성을 끊임없이 관찰하고 연구해 왔다.

인간 언어는 생성하는 유기체로서 아주 제한적인 기제를 가지고 무한한 표현들을 만들어 낸다. 대부분의 언어에서 사용되는 자음과 모음의 수는 30개 내외이다. 한국어는 자음 19개와 기본모음 10개가 있으며, 영어는 자음 24개와 모음 11개가 있다. 기껏해야 30개 정도인 말소리를 가지고 인간은 무한 수의 단어와 문장을 만들어 어떤 생각이든 거의 제한 없이 표현한다. 하슈펠마트(Haspelmath 외, 2005)에 따르면 파푸아뉴기니에서 쓰이는 이마스(Yimas)어에는 기본모음이 두 개뿐이며, 이 책에서 조사한 언어 가운데 모음이 2~4개인 것들이 92개, 5~6개인 언어가 288개, 7~14개인 언어가 183개라고 기술한다.

자음과 모음의 수는 유한하고 이들로 이루어진 음절의 수도 유한하지만, 한 언어가 사용할 수 있는 단어의 수는 이론적으로 무한하다. 또 단어가 결합하여 만들어 낼 수 있는 문장의 수도 무한하다. 예를 들어 '아주'와 '춥다'라는 두 단어를 가지고 문장을 만든다면, '아주 춥다'라는 문장과 '아주 아주 춥다'라는 문장을 만들 수 있고, 또 계속 부사를 반복하여서 '아주 아주 아주 춥다'라는 새로운 문장을 만들 수 있다.

인간은 자신의 생각을 얼마든지 새로운 형식으로 표현할 수 있다. 이런 인간 언어의 특징을 창조성(creativity)이라고 하는데, 인간은 전에 말해 본 적이 없는 새로운 문장을 상황에 따라 얼마든지 만들어 사용할 수 있으며, 들어 본 적이 없는 새로운 문장을 이해할 수도 있다.

언어의 창조성을 보여 주는 전형적인 현상이 귀환성(recursiveness)이다. 귀환성은 문장의 구조에서 동질적인 성분이 반복적으로 내포되는 성질을 말한다. 예를 들면, 아래 ❶에서는 '묻다', '말하다', '생각하다'와 같은 동사들이 각각 작은 문장과 결합하는 구조를 이루기 때문에 큰 문장 안에 다시 작은 문장이 반복적으로 내포된다. 이렇게 큰 문장 안에 작은 문장이 내포된 구조가 귀환적 구조이다. ❷에서는 영어의 관계절이 거듭 반복되어 큰 관계절 안에 작은 관계절이 내포되는 구조를 볼 수 있다. ❸은 명사구 안에 작은 명사구들이 내포되는 귀환 구조를 보여 준다.

❶ 진이가 날씨가 아주 춥냐고 물었다.
근이는 진이가 날씨가 아주 춥냐고 물었다고 말했다.
연이는 근이가 진이가 날씨가 아주 춥냐고 물었다고 말했다고 생각했다.

❷ John read a book.
John read a book which Luke bought in a bookstore.
John read a book which Luke bought in a bookstore where Mark bought many novels.

❸ 동생의 책
친구 동생의 책
엄마 친구 동생의 책

물론 귀환 구조는 언어에만 나타나는 것이 아니다. 우리가 시간과 공간을 구조화할 때도 귀환 구조를 사용하므로, 디자인이나 건축, 음악에서도 귀환 구조를 이용하여 새로운 구조를 창조적으로 확장할 수 있다. 제한된 기제를 가지고 무한히 새로운 구조를 만들어 낼 수 있는 성질을 생성성(generativity)이라고 하며, 현대 언어학은 인간의 언어 능력을 생성문법(Generative Grammar)으로 기술하려고 한다. 따라서 언어의 다양한 귀환적 구조를 만들어 내는 규칙들은 생성문법의 핵심을 이룬다.

언어는 시간에 따라 변화한다. 560년 전 세종대왕 시대의 한국어는 현재의 한국어와 여러 면에서 다르다. 당시 사용되던 말소리 가운데 반치음이나 순경음은 현대 한국어에서 쓰이지 않으며, 성조 역시 서울말에서는 사라졌다. 많은 단어의 의미가 변하거나 사라졌으며, 새 단어들이 생겨나거나 다른 나라말에서 유입되기도 했다. 그런데 19세기 언어학자들의 업적 가운데 하나는 한 언어가 시간에 따라 변하여도 그 체계성을 잃어버리지는 않는다는 것을 밝힌 것이다. 주요한 언어 변화는 규칙적이어서, 언어가 여러 가지 변화를 겪으면서도 그 문법 전체는 또 다른 안정적 체계를 향해 변화한다는 것이다.

20세기 초 언어학자 소쉬르(F. de Saussure, 1957~1913)는 이러한 언어 변화의 체계성을 구조주의적 관점에서 수용하였다. 그는 언어를 동시대에서 바라본 모습과 역사적으로 바라본 모습을 구분하였다. 역사의 어떤 시점에서든 한 언어는 사회적으로 규범화된 체계를 이룬다고 하였는데, 이러한 동시대적 언어 상태를 '공시태'(synchronie)라고 하였다. 그런데 어떤 언어든 역사적으로 변화하지 않는 언어는 없어서, 한 언어의 역사적 변화 양상을 시간의 흐름에 따라 조망한 것을 '통시태'(diachronie)라고 불렀다.

그런데 언어의 이 두 얼굴은 서로 뗄래야 뗄 수 없는 것이어서, 한 언어의 공시태는 그 통시태의 도움을 받아서 더 잘 이해할 수 있으며, 거꾸로 한 언어의 통시태를 이해하기 위해서는 각 시대 공시태의 체계적 양상을 살펴야 한다. 예를 들면 한국어의 목적어를 표시하는 조사 '을/를'과 화제를 표시하는 조사 '은/는'은 각각 두 음성 형태가 유사하지만, 주어를 표시하는 조사 '이/가'는 두 음성 형태가 아주 다르다. 왜 그럴까? 이것을 이해하기 위해서는 한국어에서 본래 주어를 표시하는 조사로 '이'만 쓰이다가, 임진왜란 이후 근대국어 시대부터 '가'가 함께 쓰이기 시작했음을 역사적으로 이해할 필요가 있다. 영어에서 미래 시제를 나타내는 데에는 조동사 'will'이 사용된다. 그런데 가까운 미래를 나타내기 위해 'be going to'라는 형식을 사용한다. 이 형식에 들어 있는 동사 'go'는 원래 '가다'라는 의미가 있었으나, 그 진행형 'going'과 뒤따르는 'to'가 결합하여 한 형식으로 인식되기 시작하였고, 이후 마치 단일한 조동사처럼 쓰이게 되었다. 때문에 현대 영어의 대화체에서는 간단하게 '(be) gonna'로 축약하여 발음한다.

2.3. 규범 문법과 기술 문법

인간의 언어 능력을 탐구할 때, 흔히 '문법(grammar)'을 연구한다고 말한다. 여기서 '문법'이라는 말은 두 의미로 해석된다. 하나는 인간이 가진 언어 능력 자체를 가리키고, 다른 하나는 언어학자들이 언어 능력을 연구하여 기술한 이론적 결과물을 가리킨다. 앞으로 이 책은 한국어 문법의 여러 부분을 소개할 것이다. 한편으로는 언어의 형식적 측면에 대해 다룰 것이고, 다른 한편으로는 언어의 내용적 측면을 다룰 것이다. 언어의 형식적 측면에는 말소리의 특성, 단어의 형태적 특성, 문장의 구조적 특성 등이 포함된다. 언어의 내용적 측면에는 단어의 의미와 합성, 문장의 의미, 담화 맥락에서 얻는 의미와 함축 등이 포함된다.

우리는 모두 어릴 때부터 학교에서 '한국어 문법'을 배운다. 물론 학교에서 문법을 배우지 않는다고 해서 한국어를 못하는 것이 아니다. 그러면 학교에서 가르치는 문법은 무엇인가? '학교 문법'은 학생들에게 '이렇게 말하고 글을 써야 한다'는 규범을 가르친다. 그러므로 학교문법을 가리켜 '규범 문법(prescriptive grammar)'이라고 한다. 규범 문법은 그 시대의 사람들이 사용하는 언어의 실제와 얼마든지 다를 수 있다. 그러므로 '(언어 실제와 다를 수 있지만) 이렇게 말하고 글을 써야 한다'는 식의 문법이다.

현대 영어에서 부정문을 만들 때, 부정 표현을 한 번 사용하여 "I don't have anything."이라 하면 문법적이고, 부정 표현을 두 번 사용하여 "I don't have nothing"이라 하면 소위 '이중부정(double negative)'이 되어 비문법적이다. 그러나 역사적으로 보면 18세기 후반까지 영국에서는 이러한 이중부정문이 아주 활발하게 사용되었다. 그런데 1762년 영국에서 발행된 영어 문법서(Bishop Robert Lowth, A Short Introduction to English Grammar with Critical Notes)에서 "이중부정은 논리적으로 긍정을 의미한다"고 하여 이중 부정문을 쓰지 말라는 규칙이 제시되었다. 또 이 문법서는 당시에도 많이 쓰이던 "She is fatter than me." 대신 "She is fatter than I."라고 써야 한다는 규칙을 내놓았다. 이 문법서는 전통적인 라틴어 문법의 영향을 받아 쓰인 것으로서, 당시 영어의 현실을 그대로 반영하지 않고 규범을 제시하여 영어의 쓰임을 제한하려는 규범 문법의 표본을 보여 준다.

현대 인터넷에 의한 정보 전달 체계의 혁신은 인간의 언어에도 많은 변화를 일으키고 있다. 먼저 문자 언어에서 변화가 오고, 그것은 음성 언어의 변화로 이어진다. 흔히 인터넷 상의 언어는 단어의 음절 수를 줄이거나('선생님' → '샘', '즐거운' → '즐건'), 강조하는 듯한 느낌을 주는 형태를 새로 만들어 쓴다('불쌍하다' → '불쌍하닷'). 휴대전화의 문자 메시지에서도 똑같은 변화가 일어난다. 이 변화는 문자 언어뿐만 아니라 음성 언어에도 영향을 끼친다.

규범 문법은 보수적이어서 이러한 변화에 저항하는 힘이 있다. 학교에서 배우는 철자법과 발음법, 문법 규칙은 새로운 변화를 빨리 수용하지 못한다. 영어의 철자법에서 그 보수성을 쉽게 발견한다. 단어의 음성 형식은 여러 세기 전에 변하였지만 철자는 쉽게 변하지 않는다. 현대 한국어에는 모음조화 현상이 많이 허물어져서 문헌에서 '고달퍼지다'라고 쓰는 것을 쉽게 찾을 수 있고, 구어체에서도 이러한 음성 형태가 흔히 쓰인다. 한글 맞춤법에는 '하지 마라'라는 표현이 문법적이라고 규정되어 있지만, 실제로는 '하지 말아라'라고 적고 말하는 것이 자연스럽게 되었다. 또 구어체에서 '되어진다'라는 표현이 아주 많이 쓰이게 되었는데, 점점 그 용법이 확장되고 있으며 글에서도 이러한 표현을 쉽게 발견할 수 있다. 이러한 변화는 우리 마음속에 있는 문법의 변화를 보여 준다.

'우리가 실제로 어떻게 말하는가'를 기술하여 만든 문법은 우리 마음속에 있는 문법(언어 능력)을 그대로 기술하는 것이다. '우리가 이렇게 말해야 한다'는 문법이 규범 문법이라면, '우리가 이렇게 말한다'는 문법은 '기술 문법(descriptive grammar)'이다.

어느 시대에나 언어가 변화하는 것을 언어 체계가 흐트러져서 불완전해지는 것이라고 보는 시각이 있다. 기술 문법은 인간의 언어 능력을 있는 그대로 설명하는 문법이다. 이러한 문법 연구의 태도는 어떤 시대, 어떤 계층의 언어도 가치가 동등하며 나름대로 완전한 체계를 이룬다는 것을 가정한다. 언어는 유기체와 같이 변화하면서, 어떤 시기에나 완전한 체계를 지향하는 모습을 보인다.

2.4. 자연 언어와 인공 언어

모든 인간 언어는 오랜 역사를 가진다. 언제 어디서 시작되었는지 알 수 없다. 그러나 어느 세대에나 이전 세대의 언어를 물려받아 습득한다. 이런 이유로 인간 언어를 '자연 언어(natural language)'라고 부른다. 그런데 소위 '언어'들 가운데는 이런 자연 언어가 아닌 것들이 있다. 예를 들면 포트란(Fortran)이나 C++ 같은 컴퓨터 언어는 자연 언어가 아니고 특별한 목적을 위해 만들어 낸 '인공 언어(artificial language)'이다.

에스페란토(Esperanto)는 1870~1880년대 러시아의 자멘호프(L.L. Zamenhof)가 개발한 인공 언어로서, 한 특정 언어에 계통적 기원을 두지는 않으나 주로 유럽의 로만스계 언어의 어휘와 문법을 기초로 삼았다. 에스페란토는 모어가 아닌 제2언어로서 세계 공용어의 역할을 하도록 개발되었고, 이후 많은 사람이 세계 공용어로 사용하려는 노력을 기울였으며, 세계 여러 지역의 공식 기관에서 교육되기도 하였다. 신문, 방송, 문학, 관광, 정치, 교육 등의 분야에서 에스페란토가 사용되기도 하였고, 어떤 보고에 따르면 에스페란토 화자가 100만 명 이상 있으며, 모어로 습득하는 사람들도 소수 있다고 한다.

톨킨(J. R. R. Tolkien)의 소설을 영화화한 〈반지의 제왕〉에는 요정들과 난장이들이 쓰는 언어가 나온다. 톨킨은 고대 언어와 북구 언어에 정통한 학자였기 때문에 이 언어들의 특성을 조합하여 새로운 언어들을 만들었다. 요정의 언어(Elvish) 가운데 가장 많이 쓰이는 퀘냐(Quenya)는 어휘가 아주 풍부한데, 톨킨은 이 언어의 어휘집을 어린 시절부터 만들어 구축하였고 평생 이 언어를 발전시켰다. 톨킨이 만들어 〈반지의 제왕〉에서 사용한 요정과 난장이의 언어들은 모두 인공 언어이다. 이 언어들은 이후 누구도 자신의 모어로 습득하여 사용한 적이 없으며 한 사회에서 널리 이용된 적도 없다.

어떤 인공 언어는 자연 언어와 유사한 것도 있다. 역사적으로 특정한 지역에서 무역이나 정치 등 특수한 목적을 위해 아주 단순한 언어를 고안해서 쓰는 경우가 있다. 소위 피진(pidgin)이라 불리는 것인데, 17세기부터 19세기에 이르기까지 중국과 아프리카, 북중미 대륙의 카리브해 연안 지역에서 상업적 거래를 위한 소통의 도구로 다양한 피진이 생겨났다.

피진은 대개 한 언어에 기반을 두고 이와 접촉하는 둘 이상의 언어에서 소수의 단어와 문법 요소를 섞어서 사용한다. 예를 들면 현재 파푸아뉴기니의 공용어 가운데 하나인 톡피신(Tok Pisin)이라는 언어는, 영국을 비롯한 유럽 국가들이 이 지역에 대단위 농장을 개발하기 시작할 때 사용되기 시작하였다. 당시 남태평양 여러 섬 지역에서 모여든 노동자들이 간단한 의사소통을 위해 고안한 것이 발전하였다. 톡피신은 초기에는 영어에 기반을 두고 어휘와 문장구조가 아주 제한적인 불완전한 언어로 시작되었지만, 점차 그 사용 인구가 늘어나고 표현이 풍부해지고 체계화되었다.

피진을 한 사회의 보편적인 의사소통의 언어로 인정하고 어린아이들이 그들의 제1언어(모어)로 습득할 때, 피진이 크레올(creole)로 변했다고 말한다. 현재는 도시의 다중 언어 지역에서 톡피신을 모어로 습득하는 인구가 10만이 넘어서 더 이상 불완전한 피진으로 취급되지 않고 크레올 언어가 되었다. 또 서로 다른 언어를 사용하는 사람들이 톡피신을 쉽게 배우고 의사소통을 할 수 있어서, 톡피신이 공용어로서 역할을 하는 동시에 그 지역의 문화적 동질성을 유지하는 데 기여하고 있다.

2.5. 청각 언어와 수화

선천적인 청각 장애가 있는 아이들은 어떻게 언어를 습득할 수 있을까? 청각 장애아는 부모의 말을 듣지 못하므로 부모가 사용하는 음성 언어 대신 수화(sign language)를 습득한다. 수화는 과연 일반 음성 언어와 동등한 인간 언어라고 할 수 있을까? 부모가 비장애인이고 음성 언어를 사용하는 경우에 청각 장애아는 부모에게서 수화를 배우지 못하고 교육을 통해 수화를 습득한다. 부모가 청각 장애인이어서 수화를 사용하는 경우에는 부모의 수화를 보며 자연스럽게 수화를 습득한다. 이 경우 수화는 자신의 모어가 되며, 음성 언어와 동등한 의사소통의 수단이 된다.

수화가 음성 언어와 동등하다는 것은 청각 장애인이 수화를 모어로 습득할 뿐만 아니라, 수화의 문법 체계가 음성 언어와 아주 유사하며 수화의 습득 단계도 음성 언어의 습득 단계와 아주 유사하다는 것이다. 수화의 문법 체계를 보면 음성 언어와 같이 명사, 동사, 형용사, 대명사, 부사 등 문법범주를 확인할 수 있으며, 이들이 체계적으로 결합하여 문장을 이루는 것을 알 수 있다. 또 수식어와 피수식어의 결합 규칙도 발견되며, 미국 수화에서 의문사를 의문문의 맨 뒤에 놓는 것 같은 어순 규칙도 있다.

수화는 충분히 복잡하고 체계적이어서, 수화 사용자는 수화를 통해 자신의 의사를 표현하는 데 문제가 없다. 수화로 문학 작품을 만들어 내며 아무런 어려움 없이 농담을 한다. 수화도 시간의 흐름에 따라 변하고, 지방과 나라에 따라 방언적 차이와 언어적 차이를 보인다. 한국의 수화는 중국과 일본의 수화와 다르며, 미국이나 유럽의 수화와도 다르다. 최근의 연구에 따르면 음성 언어를 사용할 때 활성화하는 뇌의 부위와 수화를 사용할 때 활성화하는 뇌의 부위가 동일하며, 뇌의 같은 부위에 손상을 입은 청각 장애인은 음성 언어 사용자들이 겪는 언어 장애와 유사한 수화 상의 장애를 겪는다. 수화와 음성 언어의 이런 유사성에서 보건대, 청각 장애아가 수화를 습득할 때도 음성 언어를 습득할 때와 동일한 언어 습득 기제가 작동한다고 가정할 수 있다. 음성 언어와 수화는 표현 형식의 양태가 다를 뿐 그 형식의 구조와 거기에 담긴 의미 해석은 동질적인 원리를 따른다.

2.6. 언어학의 하위 분야

2.6.1 언어의 형식과 내용에 대한 연구

언어의 형식적 측면을 다루는 분야에는 음성학, 음운론, 형태론, 통사론 등이 포함된다. 그리고 그 의미적 측면을 다루는 분야에는 의미론과 화용론이 포함된다.

1) 음성학(Phonetics)

음성학은 그 언어에서 사용되는 소리들이 어떻게 발음되고 어떤 음향적 특성이 있는지, 그리고 그 음향적 특징을 어떻게 청각적으로 지각하는지를 연구한다. 모든 언어가 자음과 모음 같은 분절음을 이용하고, 강세, 억양, 성조와 같은 운율을 이용한다. 음성학은 자음과 모음은 어떤 음성학적 차이가 있는지, 자음과 모음은 각각 어떤 하위 부류들로 나뉘는지 연구한다.

예를 들면 대부분의 언어에서 사용되는 자음에는 양순음, 치조음, 구개음, 연구개음이 있는데, 영어에서는 한국어와 달리 [f, v]와 같은 순치음(labiodentals)과 [θ, ð] 같은 치간음(interdentals)을 사용한다. 성조 역시 언어에 따라 그 사용 양식이 다르다. 중국어, 베트남어, 태국어, 그리고 많은 아프리카 언어들이 성조를 사용하지만, 영어나 프랑스어는 성조를 사용하지 않는다. 한국어의 일부 방언에서는 성조가 사용된다. 국제음성학회(IPA)는 세계 모든 언어의 말소리를 가능하면 원음에 가깝도록 일관성 있게 적기 위해서 국제음성문자(International Phonetic Alphabet)를 제정하였다. 따라서 어떤 언어든지 국제음성문자로 기술된 것은 누구나 같은 방식으로 발음할 수 있다.

2) 음운론(Phonology)

음운론은 인간의 마음에 어떤 종류의 소리들[즉, 자음과 모음, 억양 등 소위 '음소(phoneme)'와 '운율(prosody)']이 저장되고 운용되는지, 그리고 이들이 어떻게 결합하여 단어나 구를 형성하는지 연구한다. 우리의 마음에 저장된 소리는 단어를 구별해 주는 역할을 수행한다. 예를 들어 한국어의 [ㅍ] 소리와 [ㅃ] 소리는 '팔다'와 '빨다'를 구분해 준다. 그러나 영어에서 이 두 소리는 단어를 구분하지 못한다. 영어 'park'의 첫 소리는 한국어의 [ㅍ] 소리로, 'spark'의 [s] 뒤에 오는 소리는 한국어의 [ㅃ] 소리에 가깝게 발음된다. 그런데 두 영어 단어에서 이 두 소리를 뒤바꾸어 발음해도 같은 단어로 인식한다. 한국어에서는 영어와 달리

두 유음 [r]과 [l]가 단어를 구별하지 않는다. 따라서 한국어 명사 '라디오'를 [radio]라고 발음하건 [ladio]라고 발음하건 한국 사람은 이 둘을 같은 단어로 인식한다.

음운론은 음소들이 단어로 결합하는 규칙을 규명하고, 마음속의 음소들이 실제로 발음될 때 어떤 음성으로 실현되는지 밝힌다. 예를 들면 한국어와 영어가 모두 [s]와 [l]이라는 말소리를 사용하지만, 영어에는 이 둘을 묶어 단어의 맨 처음에 연속하여 사용하는 규칙이 있고(slow, slide), 한국어에는 단어의 처음에 두 자음을 겹쳐 쓸 수 없다는 규칙이 있다. 또 한국어와 영어가 모두 [r] 소리와 [l] 소리를 사용하지만, 영어와 달리 한국어는 [r] 소리를 단어의 끝소리로 사용할 수 없다. 이는 한국 사람의 마음속에 [r] 소리와 [l] 소리가 다른 음소로 구별되지 않고, 다만 그 음소가 앞 뒤 소리에 따라 다른 음성으로 발음된다는 규칙이 있음을 보여 준다.

3) 형태론(morphology)

형태론은 '형태소(morpheme)'라는 단위를 기반으로 연구한다. 형태소는 의미를 담은 가장 작은 언어 단위인데, 형태론은 한 언어에서 사용되는 형태소의 유형과 이들이 결합하여 단어를 이루는 규칙들을 연구한다. 한 언어에서 사용되는 단어들 가운데는 둘 이상의 요소로 분석되어 각각 의미를 포착할 수 있는 단어들이 있는가 하면 그렇지 않은 단어들이 있다. 둘 이상으로 분석될 수 있는 경우는 영어의 'boy-friend', 'inter-nation-al', 한국어의 '한국-사람', '전-지구-적'과 같은 단어들이다. 이 가운데는 두 독립된 형태소가 결합하는 경우도 있고('boy' + 'friend', '한국' + '사람'), 하나의 독립된 형태소에 접두사나 접미사가 결합하는 경우도 있다('inter' + 'nation' + 'al', '전' + '지구' + '적'). 이 두 가지는 대표적인 단어 형성 방식인데, 전자와 같은 단어 형성을 '합성(compounding)'이라 하고, 후자의 단어 형성 방식을 '파생(derivation)'이라고 한다.

형태소들 가운데는 동사, 형용사, 명사에 첨가되어 시제나 성, 수, 격의 일치를 나타내는 것들이 있다. 영어의 3인칭 단수 현재를 나타내는 동사 어미 '-s', 과거 시제를 나타내는 '-ed', 복수를 나타내는 '-(e)s' 등이 각각 독립된 기능이 있는 형태소이다. 한국어에는 동사와 형용사에 부착되어 이러한 기능을 드러내는 어미들이 발달하였는데, 예를 들어 '하-시-었-겠-더-라'는 동사 어간 '하-'에 다섯 개 서로 다른 형태소가 결합한 것이다. 형태론은 다양한 기능의 형태소들이 어떤 유형으로 나뉘며, 이들이 어떤 순서로 어떻게 결합하고, 결합할 때마다 어떤 형태 변이를 보이는지 연구한다.

4) 통사론(Syntax)

통사론은 단어(word)라는 언어단위를 기반으로 연구한다. 통사론은 한 언어에 속한 단어들이 어떤 종류의 '품사(parts of speech)' 혹은 '통사 범주(syntactic categories)'로 분류되는지 연구하며, 이 통사 범주들이 결합하여 구나 문장을 만들어 가는 규칙을 연구한다. 명사, 동사, 형용사, 부사, 전치사, 관사 등의 통사 범주는 각각 단어들의 집합을 의미하며, 각 통사 범주는 일정한 통사적 특징을 공유한다. 예를 들어 명사는 주어와 목적어로 나타날 수 있으며 형용사의 수식을 받을 수 있다는 통사적 특징을 공유한다.

따라서 통사론은 단어들이 문장에서 분포하는 특성을 연구하는데, 이 특성은 크게 두 가지 관계에 의해 정의된다. 하나는 계열적 관계(paradigmatic relation)이며, 다른 하나는 통합적 관계(syntagmatic relation)이다. 계열적 관계란 문장의 같은 위치에 둘 이상의 단어들이 서로 대치되며 나타나는 관계이며, 통합적 관계는 단어들이 앞뒤에 연결되면서 문장을 만들어 가는 관계이다. 예를 들어 한국어 명사 '책', '소설', '보고서' 등은 "나는 재미있는 ___을 읽었다."라는 문장에서 같은 위치에 대치되며 나타나는 계열적 관계를 맺고 있으며, 또 앞선 형용사의 수식을 받아서 명사구를 이루고 이 명사구가 '읽다'의 목적어 역할을 하며 문장을 형성하는 통합적 관계를 공유한다.

5) 의미론(Semantics)

의미론은 단어의 의미를 연구하고, 이 의미들이 결합하여 문장의 의미를 만들어 가는 원리를 규명하려 한다. 의미론의 연구 대상은 보이거나 들리지 않는 의미의 세계인데, 의미 세계에는 언어가 담을 수 있는 모든 의미가 존재한다. 그리고 의미들은 특성에 따라 개체, 속성, 행위, 사건, 상태, 수량, 시간, 공간 등 다양한 부류로 나뉜다. 이 부류들을 의미 유형(semantic types)이라고 부른다. 단어의 의미 유형들이 모여 문장의 의미로 결합된다. 의미론은 어떤 의미 유형이 어떤 의미 유형과 결합할 수 있는지, 두 의미 유형이 결합하면 어떤 새로운 의미 유형이 도출되는지 설명한다.

의미는 보이지 않는 추상적 대상이어서 그 접근 방법이 다양하다. 의미는 언어 안에 갇혀 있다는 의미 전체론(meaning holism), 의미는 마음속에 있다는 의미 관념론(idea theory of meaning), 의미는 그 쓰임의 총체라는 의미 맥락주의(meaning contextualism), 의미는 외부 세계에 지시 대상으로 존재한다는 의미 지시 이론(referential theory of meaning) 등이 대두되었다. 이들은 의미의 합성성(compositionality) 문제, 의미성분의 해체(semantic decomposition) 문제, 의미 관계망(semantic relations) 문제, 다의성(polysemy)과 중의성(ambiguity) 문제 등을 설명하는 데 서로 다른 입장을 갖는다.

6) 화용론(Pragmatics)

화용론은 문장이 담화 맥락과 상호작용하는 원리를 연구한다. 맥락은 언어 표현의 의미와 쓰임을 결정하고, 동시에 언어 표현은 맥락을 변화시킨다. 화용론은 한 문장이 적절하게 해석되기 위해서 필요한 맥락 정보에는 어떤 것들이 있고, 문장의 관습적 의미와 화자가 의도하는 의미는 어떻게 다르며, 합리적인 의사소통을 위해 화자와 청자가 어떤 원리를 따라 대화하는지 연구한다.

그라이스(H. P. Grice)는 화자와 청자가 대화상에서 지켜야 하는 원리와 격률들을 제안하였다. 그라이스와 이후 많은 학자는 어떤 발화에 명시적으로 표현되지는 않았지만 그 안에 감추어진 함축된 의미를 해석해 내기 위하여 그라이스 식의 원리와 격률들이 필요하다는 것을 보여 준다.

인간은 수많은 행위를 말로 수행하며, 말이 아닌 다른 수단으로는 이 행위들을 수행할 수 없다. 약속, 명령, 불평, 주장, 탄원, 계약, 충고, 감사 등 언어로 수행되는 행위들을 화행(speech acts)이라고 하는데, 오스틴(J. Austin)과 설(J. Searle)은 다양한 화행을 유형화하고, 각 유형이 적절하게 수행되기 위해 지켜야 할 조건들을 연구하였다.

2.6.2. 언어의 역사와 유형에 관한 연구

1) 역사 비교언어학(Historical comparative linguistics)

일정한 시기를 정해 놓고 그 시기에 드러나는 언어의 모습을 가리켜 공시태(synchrony)라고 하고, 한 언어가 오랜 시간을 거쳐 변화하는 모습을 가리켜 통시태(diachrony)라고 한다. 언어의 통시태에는 언어의 변화 역사가 포함되며, 한 언어가 시간의 흐름에 따라 여러 갈래로 나뉘고 또 서로 영향을 끼치는 모습이 포함된다. 이에 관한 모든 연구를 통틀어 역사 비교언어학이라고 부른다.

세종대왕 시대의 한국어의 모습은 어떠했을까? 그리고 이후 현대 한국어에 이르기까지 어떤 변화를 겪어 왔을까? 이를 밝히기 위해서 각 시대의 언어 상태를 보여 주는 문헌들을 연구하고, 말소리와 단어가 어떻게 변화해 왔는지, 구문과 의미는 어떤 변화를 겪었는지 연구한다. 그런데 주목할 것은 한국어의 변화 역사를 밝히기 위해서는 한국어 방언들에 대한 연구와 비교가 꼭 필요하다는 것이다. 왜냐하면 옛 시대 한국어의 모습이 방언마다 서로 달리 유지되거나 변화하여 남아서, 이들을 비교하면 옛 모습을 더 정확히 추적할 수 있기 때문이다.

이러한 비교언어학적 방법론은 방언들의 비교 연구에 필요할 뿐만 아니라, 서로 다른 언어들을 비교하여 그들의 역사적 변화를 더 잘 밝히고 그들 사이의 계통 관계를 규명하는 데 꼭 필요하다. 언어학의 역사에서 19세기는 역사비교언어학이 꽃 피운 시대였다. 이 시기에는 유럽 언어들을 중심으로 그들의 변화와 계통 관계를 연구하였으며, 이 연구 방법론은 이후 전 세계의 많은 언어를 계통적으로 분류하고 변화를 규명하는 데에 이용되었다. 최근에는 어휘적 요소가 문법적 요소로 발달해 가는 과정과 그 원인에 대한 연구가 문법화(grammaticalization)라는 이름으로 활발하게 연구된다.

2) 언어 유형론(Linguistic typology)

언어 유형론은 세계의 언어들을 언어학적 특징에 따라 유형별로 분류한다. 전통적으로 교착어, 굴절어, 고립어 등으로 분류하는 언어 유형론이 널리 받아들여져 많은 언어가 분류되고 기술되었으나, 현대에는 이 유형론이 폐기되고 훨씬 다양한 언어학적 특징을 기반으로 하는 유형론이 발전하였다. 특히 문장의 주요 성분(주어, 목적어, 동사) 사이의 어순에 따른 유형론이 활발하게 연구되었고, 문장의 주요 문법범주들(품사 분류, 문장 유형, 부정, 시제와 상 등)과 형태론적 특성들(단어 형성 규칙, 피동 파생·사동 파생, 어휘화 패턴 등)에 기반한 유형론도 활발하게 연구된다.

유형론 연구를 위해서는 수많은 언어를 다루어야 하므로, 많은 노력을 지속적으로 기울여야 할 필요가 있다. 최근 2005년에 출간된 유형론 연구의 기초 자료(Haspelmath 외 공편, The World Atlas of Language Structures, Oxford University Press)는 총 2559개 언어를 142개에 이르는 주요한 언어학적 특징에 따라 분류하였다. 예를 들면 주어(S)와 목적어(O), 동사(V)의 어순에 따른 분류에서, SOV는 497개 언어, SVO는 435개 언어, VSO는 85개 언어, VOS는 26개 언어, OVS는 9개 언어, OSV는 4개 언어, 어순이 불분명한 것은 172개 언어가 있다. 한국어를 유형론적으로 연구하는 데에 앞으로 더 많은 노력이 필요하다. 이를 위해서는 한국어와 유형론적으로 유사한 알타이 언어들과 인근 언어들에 대한 연구가 이루어져야 하며, 다양한 언어학적 특징을 바탕으로 세계의 여러 언어를 포괄적으로 연구해야 한다.

2.6.3. 언어에 대한 학제적 접근

1) 사회언어학(Sociolinguistics)

언어는 사회성을 가지며 관습화된 규약이다. 그러므로 언어에는 사회와 문화가 담겨 있다. 사회의 기본적인 구조를 형성하는 세대, 성, 집단, 계층 요인들이 언어에 녹아 있다. 언어에 담긴 다양한 사회 구조적 특성에 관해 연구하는 분야를 사회언어학이라고 한다.

예를 들면 세대에 따른 언어 차이는 세대별 정체성을 형성하고, 성과 집단에 따라 언어 차이가 분명하게 드러난다. 언어에 따라서도 이러한 사회 문화적인 차이가 발견된다. 친족 명칭은 그 사회나 문화의 구조가 반영한다. 한국어에는 손위의 동기를 가리킬 때 '형'과 '오빠'를 구분하지만 영어에서는 모두 'brother'로 통한다. 그런데 한국어에서도 손아래의 동기는 성을 구분하지 않고 모두 '동생'이라고 한다. 한국어에서는 '이모'와 '고모'를 구분하지만, 영어에서는 모두 'aunt'로 가리킨다.

한국어 문법에는 체계적인 높임법(존대법과 겸양법)이 있어서 말하는 사람과 듣는 사람의 상대적인 관계를 표현할 뿐만 아니라 말하는 사람과 문장의 주어 사이의 관계를 표현한다. 상대방에 대한 겸양을 표현하는 '-습니다'가 쓰이는 정확한 조건을 규정하는 것은 쉽지 않다. 자기보다 나이가 많은 사람이라고 하여 무조건 겸양의 표현을 쓰는 것도 아니며, 사회적으로 높은 지위에 있는 사람에게 무조건 겸양의 표현을 쓰는 것도 아니다. 친족 관계에서 높은 항렬의 사람일 때 늘 사용하는 것도 아니다. 이런 높임말이 쓰이는 조건은 분명히 한국 사회와 문화를 반영하며 한국 사람이라면 이 조건을 자연스럽게 습득하여 적절히 사용할 수 있다.

2) 심리언어학(Psycholinguistics)

최근 30~40년 동안에는 인간의 언어 능력에 대한 심리학적 연구가 매우 활발하게 이루어졌다. 인간이 언어적 자극에 대해 어떤 반응을 하는지 실험을 통해 탐구하여 언어 능력의 심리적 실재를 확인한다. 언어 능력, 즉 문법은 규칙의 체계라고 하였는데, 과연 인간의 정신 활동에서 문법 규칙은 어떻게 운용되는지를 심리학적 실험을 통해 탐구하는 것이다. 이러한 심리학적 방법론으로 언어에 관해 연구하는 분야를 심리언어학이라고 부른다. 이런 심리학적 연구는 비장애인의 언어적 판단뿐만 아니라 언어 장애가 있는 사람들의 언어 반응도 다룬다. 또 언어적 자극과 비언어적 자극에 대한 사람의 판단 양상이 어떻게 다른지 청각적 언어 자극과 시각적 언어 자극에 대한 반응을 연구한다.

3) 신경언어학(Neurolinguistics)

최근 20여 년간 언어 능력에 대한 자연과학적 연구가 급속도로 활발해졌다. 특히 뇌 과학이 발전하면서 언어 능력과 뇌의 상관성에 대한 관심이 증폭되었다. 인간이 언어적 활동을 수행할 때 뇌는 어떤 변화를 보이는지를 뇌 영상 촬영 기법을 이용하여 연구한다. 언어 장애와 뇌 기능 손상의 상관성에 대한 연구도 활발하다. 뇌의 특정 부위가 손상되면 특징적인 언어 장애가 발생하는 것을 관찰할 수 있으므로, 언어 장애의 유형과 그 원인에 대한 연구가 이루어지면서 언어 능력의 신경학적 실체가 드러나기 시작했다. 언어 능력과 뇌의 관계에 대한 모든 연구가 신경언어학에 속한다.

4) 생물언어학(Biolinguistics)

언어 능력이 어떤 유전적 기제에 의해 전수되는지에 대한 생물학적 연구도 활발하다. 인간이 언제부터 어떻게 언어 능력이 생겼는가를 진화론적으로 연구한다. 인간 언어와 동물의 소통체계를 비교하여 어떤 공통점과 차이점이 있는가를 연구한다. 인간의 뇌 기능 발달과 언어 능력 발달의 상관관계에 관해 연구한다. 특정 언어 능력과 그 장애가 뇌의 어떤 부위와 연관 있는지 연구한다. 인간의 언어 능력은 다른 인지 능력(기억, 의사 결정, 시각, 청각, 사회성 등)과 어떤 관계가 있는지를 연구한다. 이러한 연구는 모두 생물학적 방법론을 사용하므로 통칭하여 생물 언어학이라 부른다.

1992년 고프닉(M. Gopnik)은 영국의 한 가계에서 집단적으로 발생한 언어 장애 유형을 보고하여 특별한 관심을 끌었다. 이 장애 유형을 소위 '특정언어 장애(Specific Language Impairment)'라고 부르는데, 이 가계의 3세대에 속한 가족 30명 가운데 16명이 명사의 복수 형태를 만들거나 동사의 과거시제 형태를 만드는 데 결정적인 장애를 보인다. 이들은 교육과 훈련에 의해 후천적으로 치료되지 못하였고 환경이나 경험에 의해 장애가 생겼다고 볼 수 없으므로, 이 특정 장애를 일으킨 유전자 변이를 의심하게 되었다. 이후 이 장애인들이 공통적으로 유전자 FOXP2(Forkhead Box P2)에 변이가 있음을 확인하였는데, 이 유전자를 '언어 유전자'라고 부르기도 한다. 그러나 FOXP2는 허파 기능을 관장하며 자폐증과 관계 있는 유전자라는 점에서, 언어 장애와 직접적 연관성이 있다고 보기 힘들다.

5) 컴퓨터 언어학(Computational linguistics)

인간이 가진 정보 전달 수단 가운데 가장 효율적인 것이 언어다. 현대사회는 정보사회이어서, 수많은 정보 매체에서 필요한 정보를 처리하는 문제가 갈수록 중요해진다. 그런데 정보 매체로 가장 많이 사용되는 것이 언어이므로, 언어에 담긴 정보를 자동 처리하기 위해서는 언어가 정보를 담는 방식, 즉 언어의 형식과 의미를 이해하는 것이 필요하다. 이와 함께 정보의 자동 처리, 즉 정보의 추출, 선별, 저장, 운용 등을 위한 컴퓨터 과학의 방법론이 필요하다. 이런 모든 연구 분야를 컴퓨터 언어학이라고 부른다.

텍스트에 담긴 정보 처리뿐만 아니라 음성 언어에 담긴 정보 처리를 위해서는 음성 자동 인식을 위한 기술적 연구가 필요하며 음향학적 연구도 필수적이다. 또 전달하려는 정보를 텍스트로 생성해 주거나 음성으로 합성해 주는 방법에 대한 연구도 필요하다.

3장

언어와 뇌:
언어 장애와 언어 습득

3.1. 언어와 뇌

뇌 손상을 입은 실어증(aphasia) 환자 두 명이 '신데렐라 이야기'를 한다.

환자1: "One time (8초) the girl (13초) workin' workin' (20초) two two two three two (4초) two mother and two sister (6초) ok (21초) the man uh the prince prince" (총 소요 시간: 136초).

환자2: "The girl the ladies wh the girl and two little girls and they have on the hair and all that jazz uh she two the two girls shw said uh she dressing their hair dress their hair I think and dress your hair and beautiful dress ... nose and big mouth not you know but she is very pretty." (총 소요 시간: 110초)

두 사람은 언어 능력에 심각한 장애를 겪고 있는데, 두 사람의 발화에는 현저한 차이가 있다. 환자1은 단어를 결합하여 의사를 표현하는 데에 심한 장애가 있으며, 환자2는 단어를 결합하여 유창하게 말을 이어가지만 그 뜻이 통하지 않는다. 이 두 환자는 왜 이렇게 서로 다른 언어 장애를 겪게 되었을까?

신경언어학(neurolinguistics)은 뇌와 언어의 관련성을 연구한다. 즉, 언어 능력이 신경계에서 어떻게 작동하는지를 연구한다. 여기에서는 뇌의 조직과 기능, 뇌 손상과 그로 인한 언어 장애, 아동의 뇌 발달과 언어 습득의 관계를 살펴본다.

3.1.1. 뇌의 기능과 뇌 영상 촬영

인간의 뇌는 좌우 대칭형이다. 좌뇌와 우뇌는 대량의 흰색 신경섬유 다발로 연결되어 있는데, 이것을 뇌량(corpus callosum)이라고 한다. 뇌량은 2억 개 내지 2억 5천만 개의 신경세포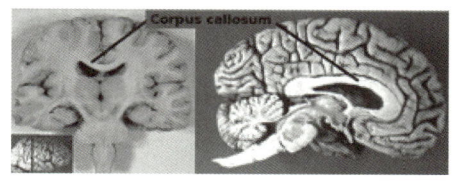
축색돌기로 이루어져 있으며, 이 신경세포들이 좌뇌와 우뇌의 정보 통로 역할을 한다.

우리가 글을 읽을 때 마음속에서는 어떤 일이 일어날까? 먼저 우리가 단어를 눈으로 보거나 읽으면서 그 시각 정보를 받아들이면 우리 뇌의 여러 부분이 일하기 시작한다. 언어기호로서 한 단어를 알아보는 것은 눈이 아니라 뇌의 후두엽(occipital lobe)에 있는 시각 센터가 하는 일이다. 그리고 단어들의 의미에 따라 문장의 의미를 해석하는 일은 뇌의 앞부분에 위치한 전두엽(Frontal lobe)과 측두엽(Temporal lobe)에서 일어난다. 만일 그 문장을 소리 내어 읽으려고 하면 왼쪽 관자놀이 안쪽 부분의 뇌가 활동하며, 상대방의 말소리를 들으며 청각 정보를 처리할 때는 귀의 뒷부분에 있는 뇌가 활동한다.

뇌의 내부 활동을 어떻게 알 수 있을까? 최근 뇌 영상 촬영 기법의 발전으로 인해 뇌 활동에 대한 연구가 활발해졌다. 19세기 말부터 뇌파 측정 기구(EEG, Electro-EncephaloGram)가 개발되어, 20세기 초에는 인간의 뇌 활동을 보여 주기 시작하였다. 최근에는 양전자 방출 단층촬영(PET, Positron Emission Tomography)과 자기 공명 영상(MRI, magnetic resonance imaging) 등을 이용해 뇌의 영상을 촬영하고 실시간으로 뇌의 활동을 보여 준다.

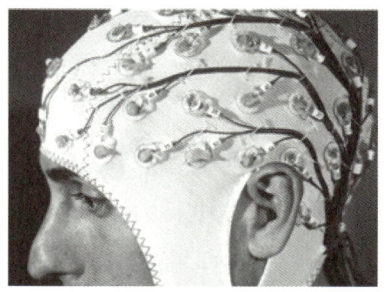

PET는 뇌의 활성화 부분을 보여 주는데, 그 원리는 다음과 같다. 뇌에서 활성화된 부위는 비활성 부위보다 더 많은 피가 몰리게 되는데, 이는 활성 부위에는 당분과 산소가 필요하기 때문이다. PET는 방사성동위원소를 이용하여 뇌의 각 부위에 공급된 당분

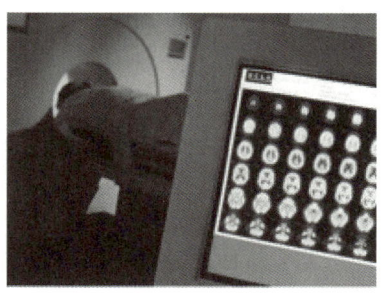

과 산소의 양을 측정한다. MRI는 생체 조직에 있는 수소 원자 양성자 핵이 인공 자기장 내에서 움직이면서 발생시키는 전자파 신호를 측정하여 생체 조직의 종류와 깊이와 밀도 등을 보여 준다. MRI는 조직의 구조만을 보여 주지만, 기능성 자기 공명 영상(fMRI)은 살아 있는 뇌의 활동을 직접 보여 줄 수 있다. MRI도 PET와 같은 원리에 의해 작동한다. 뇌의 활성 부위에 산소 공급이 증가하면서 전자파 신호가 바뀌고 MRI는 어느 신경 세포가 정보를 많이 받아들이고 처리하는지를 보여 준다. PET와 fMRI 이외에도 SPECT와 MEG라 불리는 단층 촬영 방식이 뇌 기능 연구를 위해 이용된다.

3.1.2. 언어 기능의 국부화

오래전부터 뇌의 특정 부위가 언어 능력을 관장한다는 주장이 있었다. 근래의 심리학적 연구에 따르면 우뇌와 좌뇌가 서로 다른 기능을 분담한다고 한다. 우뇌는 대체로 종합적이고 감정적 기능을 담당하며 공간적, 음악적, 예술적, 상징적, 직관적 정보를 처리한다고 한다. 또 좌뇌는 대체로 분석적이고 이성적 기능을 담당하여 언어적, 수학적, 지적, 세속적, 논리적 정보를 처리한다고 주장한다. 좌뇌와 우뇌의 기능 분담은 오른손잡이와 왼손잡이의 차이에 대한 실험에서도 확인된다. 오른손잡이의 80~90% 정도는 좌뇌가 언어 기능을 전담하지만, 왼손잡이 가운데는 60~70% 정도만이 좌뇌가 언어 기능을 전담한다고 한다.

그러나 좌뇌와 우뇌의 기능 분담은 서로 배타적이지 않고 상호 보완적이다. 언어 기능이 좌뇌에 치우쳐 있는 것은 사실이지만, 우리가 말을 할 때 우리의 좌뇌만 활성화되는 것이 아니라 좌뇌와 우뇌가 함께 활성화되어 협력한다. 좌뇌와 우뇌의 기능이 본래적으로 비대칭적이 아니라는 근거는 얼마든지 많다. 좌뇌에 손상을 입은 환자의 경우 심각한 언어 기능 장애가 발생하는데, 이런 경우 우뇌에서 그 기능을 담당하는 현상이 일어난다. 8~14세에 뇌종양 제거를 위해 좌뇌를 절제한 아동들이 처음에는 언어 기능이 거의 상실했다가, 성장하면서 서서히 우뇌가 언어 기능을 수행하게 된 예들이 보고되기도 했다.

언어 능력을 뇌의 특정 부위가 담당한다는 주장에 대해 해부학적 근거를 찾기 시작한 것은 19세기였다. 프랑스의 신경과 의사이면서 인류학자인 브로카(Pierre Paul Broca, 1824~1880)는 뇌의 특정 부위와 언어 능력의 상관성을 밝혀냈다. 브로카는 좌뇌 전두엽 특정부위에 손상을 입은 환자들을 관찰한 결과 이들이 유사한 언어 장애가 있는 것을 발견하였다. 전두엽의 이 부위를 브로카의 이름을 따서 '브로카 영역(Broca's Area)'이라고 부르고, 이 부위에 손상을 입은 환자들이 보이는 실어증을 '브로카 실어증(Broca aphasia)'이라고 부른다.

3.2. 실어증의 유형

실어증이란 선천적으로나 후천적으로 언어 능력에 장애가 생기는 것을 말한다. 인간의 언어 능력은 다른 인지 능력과 구분된다. 1848년 광산에서 일하던 게이지(Phineas Gage)라는 사람은 갱 내 사고로 1미터가 넘는 철봉이 머리를 관통하는 부상을 당하였다. 게이지는 당시 머리를 관통한 철봉을 머리에 매단 채로 살게 되었는데, 그의 언어 능력이나 지적능력에는 아무런 문제가 없었다. 그러나 그는 심각한 감정적, 성적 기능 장애를 겪다가 12년 후에 사망하였다. 어떤 사람들은 언어 능력은 뛰어나면서 다른 인지 능력에는 심각한 장애가 있는 사람들이 있다. 크리스토퍼(Christopher)는 15개 내지 20개 외국어를 쉽게 습득하여 구사한 사람이었으나, 어린아이보다도 길을 찾아 가지 못하는 공간 인지 장애를 겪었다.

   실어증 연구는 아직 초보 단계이다. 다양한 장애 증세, 장애의 정도에 따른 차이, 장애의 원인을 설명하기 위해서는 언어학과 신경 과학, 심리학 등이 협력해야 하며, 엄밀하고도 충분한 임상 실험이 필요하다. 최근 50여 년 간 수행된 실어증에 관한 연구는 언어 장애가 주로 좌뇌의 손상에서 온다는 것, 즉 좌뇌의 손상은 심각한 실어증을 유발하지만 우뇌의 손상을 그렇지 않다는 것을 보여 준다. 또 특정한 뇌 부위의 손상과 특정한 언어 기능 장애 사이에는 긴밀한 상관성이 있다는 것이다. 여기에서는 실어증의 유형을 살펴 보면서 각 유형이 뇌의 어떤 부위와 연관이 있는지 소개한다.

3.2.1. 브로카 실어증과 베르니케 실어증

좌뇌의 전두엽 특정 부위에 손상을 입으면 아주 동질적인 언어 장애를 겪게 된다는 주장이 이미 19세기 중엽에 브로카에 의해 제기되었다. 이 부위를 브로카 영역이라고 부르고, 브로카 영역의 손상에 따른 실어증을 브로카 실어증(Broca's aphasia)라고 부른다. 이후 얼마 되지 않아 독일의 신경학자 베르니케(Carl Wernicke)는 측두엽(temporal lobe) 후방에 손상을 입은 환자들에게서 발견되는 특이한 언어 장애를 보고하였다. 이 부위를 베르니케 영역(Wernicke's area)이라고 하고, 이러한 장애를 베르니케 실어증(Wernicke's aphasia)라고 부른다.

   그런데 흥미로운 것은 이 두 실어증의 양상이 전혀 다르다는 것이다. 이를 잘 보여 주는 실험이 있다. 아래의 그림을 브로카 실어증 환자와 베르니케 실어증 환자에게 보여 주고 설명하라고 하였다. 이들의 반응을 보면 이 두 실어증의 양상이 얼마나 다른지 쉽게 알 수 있다.

[브로카 실어증 환자의 반응]

"Ah … ah … girl and boy, ah oh er er dear … girl (points to the woman) cof (points to the cloth) and, er oh er dear me … er (points to the stool) er steps um window, curtains … a pot and an er (points to the water) oh dear me   … OK".

[베르니케 실어증 환자의 반응]

"Well it's a it's a place and it's a g-girl and a boy … and the-they've got obviously something which is made made made wel it's just beginning to go and be rather unpleasant (ha! ha!) um and this is in the this is the the woman and she's putting some stuff and the it's it's that's being really too big t-to do and nobody seems to have got anything there at all and er it's … I'm rather surprised that but there you are this this stuff this is coming they were both being one and another er put here and er

um um I suppose the idea is that the er two people should be fairly good but I think it's going somewhere and as I say it's down again . . . let's see what else has gone er the this is just I don't know how she di' how they did this but it must have been fairly hard when they did it and er I think there isn't v-very much there I think."

브로카 실어증 환자는 의사를 표현하는 데에 심각한 장애가 있어서 대화를 이어가기가 매우 어렵지만, 상대방의 말을 이해하는 데는 비교적 큰 어려움이 없다. 이와 달리 베르니케 실어증 환자는 상대방의 말을 이해하는 데 큰 장애가 있으며, 말을 유창하게 하지만 대부분 정상적인 의미를 전달하지 못한다. 브로카 실어증 환자는 정확하게 발음하는 것과 적절한 단어를 찾아내는 것이 힘들며, 문법적 기능어를 상실하고, 심각한 통사적 결함을 갖는다. 브로카 실어증 환자는 말하기와 함께 쓰기에도 똑같은 어려움을 겪는다. 베르니케실어증 환자는 상대방의 말을 이해하고, 문장과 단어의 의미를 해석하는 데에 어려움을 겪는다. 또 명명 실어증(naming aphasia)을 동반하기도 하여, 'chair'라는 단어 대신 'table'을 말하기도 하고, 'girl' 대신 'boy'라고 하기도 한다.

3.2.2. 난독증

난독증(dyslexia)은 글을 읽는 데 장애를 보이는 것을 말하는데, 뇌 손상으로 인해 발생하는 후천적 난독증과 글 읽기 학습에서 장애를 겪는 발달성 난독증이 있다. 아래는 난독증 환자인 G. R.의 읽기 실험을 보여 준다.

제시 자극1	반응1	제시 자극2	반응2
liberty	freedom	decide	decision
canary	parrot	conceal	concealment
abroad	overseas	portray	portrait
large	long	bathe	bath
short	small	speak	discussion
tall	long	remember	memory

위 실험을 보면 '제시 자극'과 '반응'의 대응짝이 의미적으로 유사한 관계에 있는 것일 수

도 있고, 어근은 같으나 품사가 다른 통사적 관계에 있는 것일 수도 있다.

3.2.3. 전도실어증

전도실어증(conduction aphasia)은 상대의 말을 따라 하지 못하는 특이한 증세를 보인다. 이 실어증은 좌뇌의 브로카 영역과 베르니케 영역을 연결해 주는 활 모양 신경 다발(arcuate fasciculus)의 손상에서 오는 것으로 알려져 있다. 따라서 전도실어증은 베르니케 실어증이나 브로카 실어증을 동반하기도 한다.

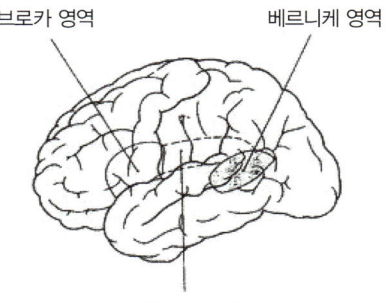

실어증은 음성 화자뿐만 아니라 수화자에게서도 동일하게 나타난다. 뇌의 같은 부위가 손상되면 수화자에게도 동일한 유형의 실어증이 일어난다. 브로카 영역이 손상되면 수화자는 수화가 느려지고 수기호의 어형변화가 불안정해진다. 베르니케 영역이 손상된 수화자는 수화가 유창하지만 이해하기 혼란스러운 수기호들의 나열에 불과한 수화를 한다. 수화자가 실어증이 생겼다고 해서 일반적인 공간 인지에 장애가 생기는 것은 아니다.

3.3. 언어 습득

3.3.1. 인간의 뇌와 동물의 뇌

언어는 인간에게만 있다. 이것은 인간의 뇌가 다른 동물의 뇌와 다르기 때문이라고 추측할 수 있는데, 인간의 뇌와 원숭이의 뇌는 어떻게 다른 것인가? 원숭이가 인간의 언어와 같은 의사소통 능력이 없는 이유가 뇌의 용량 때문이라는 주장이 있는가 하면, 그렇지 않다는 비판도 있다. 언어 능력의 발생이 뇌의 용량과 관계가 있다는 주장을 뒷받침하기 위해 아동의 뇌 발달 과정과 언어 습득 과정, 여러 종의 유인원의 뇌 구조를 비교 연구한다.

아동이 언어를 습득하는 과정에서 단어 차원을 넘어 완전한 문장 발화를 시작하려면 개략적으로 성인 뇌 용량의 80퍼센트까지 성장해야 한다. 보통 성인의 뇌 용량은 1350cc 정도인데, 그 80퍼센트라면 1000cc 정도이다. 이 용량은 호모에렉투스(Homo erectus)라는 인간 종의 뇌 용량과 대체로 일치하며, 호모에렉투스에게서 인간 언어가 시작되었다고 주장하기도 한다. 그러나 소위 호모에렉투스라는 인간종의 실재 문제는 차치하더라도, 이들이 인간의 언어와 유사한 의사소통 수단이 있었다는 주장은 추측에 불과하고 설득력 있는 근거를 찾지 못하고 있다.

3.3.2. 뇌의 발달과 결정 시기 가설

생후 8개월 된 아이는 신경 연결 시냅스(synapse)가 대략 1,000조 개 있다고 한다. 아이가 10살이 되면서 시냅스의 수는 반 정도로 줄어들고 이 숫자가 성인이 될 때까지 유지된다. 아이가 자라면서 시냅스의 수가 줄어든다고 해서 두뇌 활동이 둔화하는 것은 아니다. 시냅스 수가 감소하는 것은 아주 정상적인 뇌 발달 과정인데, 뇌에서 잘 사용되지 않는 시냅스는 약화하여 소멸하고, 활발하게 쓰이는 시냅스는 그 연결이 점점 강해진다. 숲에서 사람들이 많이 다니는 길은 점점 넓어지고 사람들이 다니지 않는 길은 점차로 사라지는 것과 같은 이치다. 또 이러한 시냅스 구성의 변화가 시사하는 것은, 유아의 뇌가 성인의 뇌보다 변화 가능성이 더 크지만 나이가 들수록 뇌의 유연성이 줄어든다는 것이다.

태아의 뇌 발달은 매우 활발하다. 태아는 출생 시에 신경 세포가 이미 천억 개 정도의 신경 세포를 갖고 있다. 출생 후 3년 동안 수많은 시냅스가 만들어지고 이 가운데 어떤 것들은 소멸하기도 하고 어떤 것들은 많이 쓰이면서 살아 뇌의 기초 구조가 구축된다. 이 기초 구조는 운동 기능, 시각 기능, 청각 기능, 언어 기능 등을 습득하고 발전시킨다. 예를 들어 생후 3개월이 지난 아이는 규칙적으로 들리는 말소리에 더 민감해지고, 말소리를 다른 소리와 구분할 수 있게 된다.

4세부터 12세까지는 아동기와 사춘기를 거치는 시기인데, 이 시기에도 새로운 경험과 학습에 의해 뇌 신경 연결망이 발달한다. 물론 이 시기의 발달 속도는 3세 이전보다 훨씬 느리다. 사춘기를 지나친 아이는 뇌 발달이 거의 중지한다고 알려져 있다. 그러나 전두엽의 앞부분 피질(prefrontal cortex)에서 중요한 변화가 일어난다는 연구 결과도 있다. 이 부분은 계획, 조직, 흥분 억제 등의 기능을 담당하는 부분으로 알려져 있다.

사춘기를 지나 12세를 넘어서면 새로운 언어를 습득하는 것이 어려워진다. 이는 외국어 습득뿐만 아니라 모어의 습득에서도 똑같이 적용된다. 이러한 현상을 설명하기 위해 레네베르크(Eric Lenneberg, 1921~1975)는 결정 시기 가설(critical period hypothesis)을 제안하였다. 결정 시기 가설은 인간이 언어를 자연스럽게 습득할 수 있는 시기는 정해져 있다는 것이다. 따라서 어떤 아이가 출생 후 언어를 전혀 습득하지 못하고서 결정 시기를 지나면 모어를 습득하려고 해도 완전하게 습득할 수 없다는 것이다. 일반적으로 이런 결정 시기를 출생 이후 사춘기까지의 시기로 본다.

레네베르크는 결정 시기 가설을 뒷받침하기 위해 다음과 같은 근거를 제시한다. 아동과 성인이 뇌 손상이나 수술에 의해 실어증(aphasia)이 생겼을 때, 이들이 언어 능력을 회복해 가는 양상은 아주 다르다. 성인의 경우, 사고 후 3~5개월 동안은 언어 능력을 회복할 수 있지만 이 시기를 넘기면 더 이상 회복이 불가능하다. 그러나 8세부터 10세까지의 아동은 언어 능력을 충분히 회복할 수 있는 시간이 있으며, 15세가 넘으면 언어 능력 가운데 많은 부분을 회복하지 못한다. 레네베르크는 결정 시기 가설을 지지하는 근거로 초기 언어 습득 과정을 주목한다. 유아기에는 좌뇌와 우뇌가 공히 언어 기능을 관장하지만 어떤 시기를 지나면서 점차 언어 기능이 좌뇌로 치우치게 되는데, 바로 이 시기를 결정 시기라고 보는 것이다.

언어 습득의 결정 시기 가설을 지지하는 실례가 있다. 지니(Genie)라고 불리는 14살 난 소녀가 1970년 미국 로스엔젤레스에서 발견되었다. 지니는 생후 18개월부터 14세가 될 때까지 철저하게 사회에서 격리된 채로 감금되어 자랐다. 가끔 구타를 당하였을 뿐 사람들과 접촉하는 일이 없었다. 발견 당시 지니는 전혀 언어를 습득하지 못한 상태였으며, 서 있는 자세도 윗몸이 조금 구부정하게 굽은 모습이었다. 지니는 여러 분야 학자들에게 매우 흥미로운 연구 대상이었다. 지니를 대상으로 연구한 주제들 가운데 가장 주요한 것은 결정 시기 가설이었다. 14살에 발견된 지니가 과연 언어를 잘 습득할 수 있었을까?

지니는 처음 1년 간 빠른 속도로 어휘와 문법을 습득했다. 특히 단어를 배우는 능력에는 크게 문제가 보이지 않았다. 그런데 문제는 문장의 구조를 습득하는 데에서 드러났다. 몇 년 간의 학습에도 불구하고 지니의 언어 습득은 2.5세 수준에 머물렀다. 예를 들면 모든 부정문의 문두에 'no'를 넣는 것, 어순이나 관사의 사용이 극히 부정확한 점 등이 발견된다. 지니는 또 고정된 표현들을 반복적으로 사용하였다. 다음은 지니의 말에서 흔히 발견되는 발화의 예들을 보인 것이다.

> Want milk.
>
> Mike paint.
>
> Big elephant, long trunk.
>
> Applesauce buy store.
>
> At school wash face.

Tell door lock.

Very said, climb mountain.

I want Curtiss play piano.

Father take piece wood. Hit. Cry.

Man motorcycle have.

Genie full stomach.

Genie bad cold live father house.

Want Curtiss play piano.

Open door key.

지니의 언어 습득에 대한 다양한 실험들은 지니의 언어 능력이 좌뇌가 아닌 우뇌에서 작동한다는 것을 보여 주었다. 이것은 결국 지니의 언어 습득이 생득적인 언어 능력을 기반으로 하지 않고, 후천적인 학습에 기반한 언어 습득 과정이라는 것을 시사한다.

지니의 경우와 대조되는 사례가 있다. 이사벨(Isabelle)은 그 어머니가 말을 하지 못했으며 다른 사람들과의 접촉도 단절된 채 성장하여 6살이 될 때까지 전혀 언어를 습득하지 못했다. 이사벨이 6살에 발견된 후 정상적인 언어 환경에서 1년을 보내는 동안, 일반 아동과 거의 동등한 언어 능력을 습득하게 되었다. 왜 이사벨은 지니와 달리 정상적인 언어 습득을 회복할 수 있었을까? 우리는 지니와 이사벨이 언어 습득에서 보이는 차이를 결정 시기 가설로 설명할 수 있다. 지니가 발견된 것은 14살 때였으므로 이미 언어 습득을 위한 결정 시기를 지나쳐 버린 후였다. 그러나 이사벨이 발견된 나이는 6살이어서 언어 습득의 결정 시기 내에 있었고 늦게나마 생득적 언어 능력을 기반으로 언어 습득 과정을 경험할 수 있었다.

3.3.3. 언어 습득 단계

인간은 태어나서 다섯 살이 되기 전에 모든 문법 규칙을 습득한다. 우리가 앞서 배운 문법의 모든 분야들(말소리 체계, 단어의 구조와 그 결합 규칙, 의미 해석 규칙 등)에 관한 지식을 구축한다. 앞서 1장에서 우리는 언어 능력이 후천적 교육이나 모방에 의해서 습득되지 않고 생득적인 언어 습득 기제를 기초로 연역적 문법 원리를 구축해 나가는 것임을 보았다. 언어 능력의 습득은 마치 우리가 보행 능력을 습득하거나 물체를 손으로 잡는 능력을 습득하거나 얼굴을 인식하는 능력을 습득하는 것과 같이 태어날 때부터 이미 그 습득 기제를 타고난다는 것이다. 따라서 아이들이 도시나 농촌이나, 한국이나 이집트나, 부잣집이나 가난한 집이나, 어디에서 태어나 자라든지 그 언어 습득의 능력과 과정은 큰 차이가 있을 수 없다.

언어 습득 과정을 보통 다섯 단계로 나눈다. 완전한 성인의 문법 지식을 갖추기 전에 네 단계를 거치는데, 이를 옹알이 단계, 한 단어 단계, 두 단어 단계, 전보체 단계라고 부른다.

대개 생후 6개월 정도 지나면 옹알이 단계에 들어선다. 이 단계에서는 단순한 울음소리나 칭얼거림을 지나 언어적 표현이라고 할 수 있는 소리를 내기 시작한다. 모어의 변별적 음성 차이를 구별하여 발음하고, 언어 보편적인 12개 정도의 자음을 사용한다. 물론 아이들은 옹알이 단계에 이르기 전부터 모어의 변별적 음소 차이를 지각하기 시작한다. 이러한 실험은 변별적인 소리 차이와 비변별적인 소리 차이를 들으며 아이들이 엄마 젖을 빠는 속도가 달라지는 것을 측정한다. 그러나 언어 습득 단계에서 공통적으로 관찰되는 것은, 아이들이 발화하는 능력은 언제나 인지하는 능력이 습득되고 나서 한참 뒤에야 습득된다는 것이다. 수화를 습득하는 아동 역시 옹알이 단계를 거치는데, 이 단계에서 청각 장애아는 언어적 수기호와 다른 손짓에 대해 달리 반응하기 시작하고 변별적인 손짓을 12개 정도 반복적으로 사용하는 것이 관찰되었다.

생후 15~20개월이 되면 한 단어로 문장의 의미를 담아서 표현하는 단계에 접어든다. 이를 한 단어 단계라고 부르는데, 이 시기에 유아는 가장 기초적인 음소들로 단순한 음절 구조를 만들어 사용하며 맥락에 따라 같은 단어가 다른 의도를 표현할 수 있다. 초기에는 'dog'와 같은 단어를 실물을 가리키는 경우에만 사용하지만, 후에는 사진이나 소리와 같은 자극에 대해 사용한다. 한 단어 단계에는 단어를 약 100개 습득하는데, 'dog'라는 단어를 'animal'의 의미로 사용하듯이, 보통 단어의 의미를 확장하여 사용한다. 이 단계에는 아이들이 사물의 색깔보다는 그 모양을 가리키는 단어에 더 주의를 기울이며, 사물의 부분을 가리키는 단어보다 그 전체를 가리키는 단어에 더 민감하다.

생후 24개월 전후가 되면 두 단어 단계에 이르는데, 두 단어의 결합에 억양을 얹어 사용한다. 예를 들면 'hi Mommy', 'byebye boat', 'more wet', 'it ball, allgone sock', 'allgone sticky', 'Katherine sock', 'dirt sock', 'sweater chair'와 같은 두 단어가 결합한 형태와 함께 동사를 변형한 'crying, danced' 같은 형태도 사용한다. 두 단어가 결합한 형태도 역시 맥락에 따라 둘 이상의 의미로 해석된다. 'Mommy sock'이라는 표현은 'Mommy gives me a sock'이라는 의미나 'it is Mommy's sock'이라는 의미로 해석된다.

두 단어 단계를 거쳐 이제 문장과 유사한 단어 결합을 만들어 내기 시작한다. 그런데 이 단계의 문장은 시제, 성, 수, 격 표지 등 여러 문법적 요소가 빠져 있으며, 조동사나 전치사, 대명사와 같은 기능어가 흔히 생략된 채로 발화된다.

Cat stand up table.
What that?
Cathy build house.
No sit there.
Block (is on) top.
Where (does the) bus go?
I('m) play(ing with) this.
I not like this movie.
What cowboy doing?

이 형식은 마치 간략한 전보를 보낼 때 쓰는 표현과 같다고 하여 전보체 발화라고 부르기도 한다. 수화를 습득하는 과정에서도 역시 이러한 기능어들이 나중에 습득되는 것을 관찰할 수 있다. 예를 들면 미국 수화에서 'wh-' 의문문은 문미에 표정에 의해 표시되는데, 이러한 표정 수화는 조동사 역할을 하는 것으로서 수화 습득의 마지막 단계에서 습득된다.

참고문헌

강범모(2005), 『언어』, 한국문화사.
김현권·남승호·목정수·권재일 공저(2010), 『언어의 이해』, 한국방송통신대학교출판부.
Fromkin, V., R. Rodman, and N. Hyams(2003), *An Introduction to Language. 7th Edition*, Thomson & Heinle.
Haspelmath, M., M. Dryer, D. Gil, and B. Comrie (eds.)(2005), *The World Atlas of Language Structure*, Oxford University Press.
Jackendoff, R.(1993), *Patterns in the Mind: Langauge and Human Nature*, Harvester Wheatsheaf. 한국어판: 이정민·김정란 옮김(2000), 『마음의 구조』, 태학사.
Lewis, M. Paul (ed.)(2009), *Ethnologue: Languages of the World, Sixteenth edition*, Dallas, Tex.: SIL International. Online version: http://www.ethnologue.com/.
Pinker, S.(1994), *Language Instinct: How creates the mind language*, Perennial classics. 2000. 『언어본능: 마음은 어떻게 언어를 만드는가』, 한국어판: 김한영 외 옮김(2004), 소소.

사회언어학

정승철
서울대학교 인문대학 국어국문학과

| 학습 목표 |
- 사회언어학의 기본 개념을 이해한다.
- 언어와 사회가 어떠한 관련을 가지는지 관찰한다.
- 사회언어학이 한국어 교육에 어떻게 활용될 수 있을지 검토한다.

차례

1. 사회언어학 개요
    1.1. 사회언어학이란 무엇인가
    1.2. 사회언어학의 흐름
    1.3. 사회언어학의 조사 방법
2. 미시 사회언어학
    2.1. 언어 변이와 사회
    2.2. 언어 분화와 사회언어학
    2.3. 언어 선택과 사회언어학
    2.4. 언어 변이와 언어 변화
3. 거시 사회언어학
    3.1. 언어 태도와 사회
    3.2. 언어 변종의 보존과 사멸

▶ 참고문헌

사회언어학 개요

1.1. 사회언어학이란 무엇인가

1.1.1. 사회언어학의 목표

언어는 사회와 밀접한 관련을 갖는다. 인간은 언어를 통해 의사소통을 하며 사회를 유지해 나간다. 그러한 까닭에 언어에는 사회의 여러 속성이 투영되어 있게 마련이다. 한 사회가 이질적인 성격의 여러 집단으로 구성되어 있는 만큼, 한 사회에서 쓰이는 언어도 한 결로만 이루어져 있는 것은 아니다.

한 사회 속에는 많은 지역적 말씨와 여러 세대의 말씨, 다양한 계층의 말씨가 함께 공존한다. 또 공식적인 자리에서 쓰는 말투와 그렇지 않은 자리에서 쓰는 말투, 낯선 사람과 대화하는 말투와 친한 사람과 대화하는 말투도 조금씩 다 다르다. 그러한 변종들 중에는 타고나는 것도 있으며, 일정한 조건 아래 수시로 선택되는 것도 있다. 어떤 경우에는 그러한 선택이 언어 변화로 귀결하기도 한다.

이처럼 언어와 사회 사이에서 드러나는 다기(多岐)한 관계에 대해 사회언어학은 과학적 분석의 틀을 제공한다. 한 사회 속에서 언어가 어떻게 분화되어 있는지, 또 그러한 변종들이 어떠한 사회적 조건에 의해 선택되고 폐기되는지, 그리고 어떠한 선택이 언어 변화를 초래하고 그러한 선택이 왜 언어 변화로 귀결하는지 등을 과학적으로 밝히는 데 사회언어학의 목표가 있다는 것이다. 물론 언어 선택에 대한 사회적 조절의 문제가 사회언어학의 또 다른 목표로 규정되는 일도 있다.

> 사회언어학 : 사회와 언어 사이의 관계를 구명하는 언어학의 하위 분야

1.1.2. 사회언어학의 영역

사회언어학은 연구의 주된 초점이 언어에 놓이는지 그렇지 않은지에 따라 크게 두 영역으로 나뉜다. 하나는 언어에 중점을 두는 '미시 사회언어학(micro-sociolinguistics)'이며, 다른 하나는 언어보다는 그 외적 조건이나 상황에 좀 더 중점을 두는 '거시 사회언어학(macro-sociolinguistics)'이다. 물론 '좀 더'라는 상대적 표현에서 드러나듯, 양자 사이의 구분이 그리 명쾌한 것만은 아니다.

1) 미시 사회언어학

사회적 조건에 따른 언어 변종을 분석하고 이 조건들이 언어 변화나 언어 변종의 선택에 끼치는 영향 관계를 연구하는 분야다. 한 언어 공동체 안에 존재하는 언어 변이(=언어 변수)를 확인하고 그러한 언어 변이가 어떠한 사회적 조건에 따라 선택되고 폐기되는지, 나아가 그러한 변이가 어떻게 언어 변화로 귀결하는지 그 과정을 밝힌다. 이를테면 개별적인 언어 변종이나 변종과 변종 사이의 관계를 구명하는 연구 분야가 바로 미시 사회언어학인 셈이다. 통상적으로 사회언어학이라 하면 미시 사회언어학을 가리킨다.

ㄱ. 언어 자료나 민족지(民族誌)에[1] 대한 분석을 통해 사회계층이나 성별, 종교, 말투 등 사회적 조건에 따른 언어 변이로 어떠한 것들이 있는지 관찰한다.
ㄴ. 해당 사회에서 경어법 등과 같이 사회적 조건과 밀접한 관련을 맺고 있는 언어적 요소를 찾아내고, 그러한 요소의 선택에 어떠한 조건들이 관여하는지, 나아가 그러한 사회에서 언어가 어떠한 기능을 담당하고 있는지를 조사·분석한다.
ㄷ. 언어 변이가 어떠한 과정을 겪어 확산되고 또 언어 변화로 귀결하는지를 검토한다.

---
1) 여러 민족의 사고방식이나 생활양식 전반, 또는 그것을 기술한 자료.

2) 거시 사회언어학

개별적인 언어 변종보다는 그 언어 공동체 전체를 분석 대상으로 삼아서 언어 전체와 변종들 사이의 관계를 연구하는 분야다. 한 공동체 안의 언어 변종들이 보이는 기능상의 상위(相違)를 관찰하고, 언어 변종의 선택이 어떠한 인식에 기반하는지, 그러한 언어 변종들의 선택과 보존을 공고히 하기 위해 어떠한 정책과 교육 방안이 마련되어야 하는지를 고찰한다. 거시 사회언어학은 이른바 응용 언어학 분야를 포괄한다.

ㄱ. 언어 정책의 수립을 위해 해당 사회의 언어 실태와 구성원들의 언어 태도를 조사·분석한다.
ㄴ. 자국어 보존과 외국어 습득에 있어 언어 정책과 언어 교육이 어떠한 영향을 끼치는지를 검토한다.

- 미시 사회언어학: 개별적인 언어 변종을 대상으로 사회적 조건에 따른 언어 변이를 분석하며 이 조건들이 언어 변이나 언어 변화에 끼치는 영향 관계를 연구하는 분야
- 거시 사회언어학: 언어 변종의 전체 체계를 대상으로 하여 전체와 변종 사이의 관계를 연구하는 분야

1.2. 사회언어학의 흐름

언어가 지리적 여건에 따라 분화하듯이 사회적 여건에 따라 분화하기도 한다는 인식은 꽤 일찍부터 있어 왔다. 예를 들어 삼국시대 때 백제에서 '왕(王)'을 지배층은 '어라하(於羅瑕)'라 부르고 백성들(=피지배층)은 '건길지(鞬吉支)'라고 불렀다는 『주서(周書)』 「이역전(異域傳)」의 기록은 백제의 언어가 당시에 언어 사용자의 사회적 조건에 따라 몇몇 변종으로 분화하여 있었고 또 당시의 사람들이 그것을 의식하고 있었다는 사실을 말해 준다. 이러한 인식은 이미 오래전부터 세계 여러 나라에 공히 있어 왔다.

하지만 이러한 인식들이 이론적으로 체계화되어 사회언어학(sociolinguistics)이라는 독자적인 영역을 구축하기 시작한 것은 1960년대에 들어 미국에서 일어난 일이다. 1960년대 중반, 언어의 분화가 사회적 요소와 관련되어 있다는 인식 아래 라보브가 미국 대도시의 언어를

계량적(또는 통계적)인 방법으로 조사·분석하면서 비로소 본격적인 사회언어학이 등장한 것이다.

1.2.1. 사회언어학의 대두

미국의 언어학자 라보브(W. Labov)는 1966년에 뉴욕을 조사 지점으로 하여 주 이용 고객이 사회계층을 각기 달리하는 세 백화점의 점원들을 대상으로 사회언어학적 연구를 수행하였다. 이는 하나의 언어 사회가 결코 동질적이지 않은 다양한 언어 변종들로 이루어져 있고 이러한 언어 변종들로의 분화를 초래하는 언어 변이가 사회적 요소와 규칙적인 관련을 맺고 있음을 밝히기 위한 것이었다.

그는 해당 점원들의 말투에 백화점을 드나드는 고객의 말투가 반영되어 있으리라는 것을 전제하고 두 번의 유도 질문을 통해 총 264명의 점원들로 하여금 'fourth floor'를[2] 발음하게 함으로써 모음 뒤 'r'음의 실현 여부를 관찰하였다(녹음을 하지는 않았다). 이때 첫 번째 응답형을 일상 말투, 두 번째 응답형을 주의를 기울인 말투로 간주하였다. 이처럼 그는 동일한 제보자에게서 나타날 수 있는 대화 상황에 따른 말투의 차이를 고려하기도 하였다.

그 결과 점원의 말에서, 이용 고객의 사회계층이 높은 백화점일수록 'r'음의 실현 비율이 높아지며 어느 백화점에서든 주의를 기울인 말투에서 'r'음의 실현 비율이 높아지는 현상을 발견하였다. 이로써 모음 뒤 'r'음의 실현이 단순한 자유 변이 현상이 아니라 사회계층이나 대화 상황 등의 사회적 요소와 관련되는 현상임을 주장하게 되었다. 하나의 언어 사회에 나타나는 언어 변이가 사회적 요소와 밀접한 관련을 갖는다는 점을 비로소 과학적으로 언급할 수 있게 된 셈이다.

1.2.2. 사회언어학의 전개

이처럼 라보브에게서 시작되었고 그에 의해 토대가 마련된 사회언어학은 미국뿐 아니라 영국을 비롯한 세계 각국에 크게 영향을 끼쳤다. 그의 사회언어학은 세계 여러 나라의 언어학자들에게 계승되면서 세 가지 방향으로 전개되는 양상을 보였다.

첫째, 사회언어학의 조사 방법을 다양화하고 정밀화하고자 하였다. 라보브의 관찰은 사회계층의 면에서만 제한적으로 유효했을 뿐, 다른 사회적 요소에 의한 분석에서는 유효한

---

2) 한글로 거칠게 전사할 때, 이에 대해서는 [폴스 플로얼], [폴스 플로어], [포스 플로얼], [포스 플로어] 네 가지 발음이 상정 가능하다.

결론을 이끌어 내지 못하였다. 더욱이 해당 백화점이 아닌 다른 곳에서의 관찰은 이와 상이한 결론이 도출될 수 있음을 보여 주었다.[3] 라보브 자신을 포함한 사회언어학자들은 이러한 결과가 '관찰자의 모순(observer's paradox)'[4]에서 기인한 것으로 판단하였다. 그리하여 관찰자의 모순을 줄이려는 방향에서 여러 가지 새로운 조사 방법이 고안·시도되었다.

둘째, 사회적 요소와 관련된 언어 변이를 발견하고 이에 대한 계량화를 통해 언어적 요소와 사회적 요소의 규칙적 관련성을 기술하려는 경향을 보였다. 라보브는 전통 방언학의 자유 변이(free variation)가 무조건적인 '자유'에 출현 근거를 두는 것이 아니라 사회적 조건에 따른 규칙의 지배를 받는 것으로 이해하였다. 그리하여 사회언어학자들은 도시 지역의 언어 조사를 통해 이러한 사회적 요소(사회계층, 성별, 말투 등)와 관련 있는 언어 변수를 찾아 그것의 변이 규칙을 만들고 이로부터 언어와 사회의 관계를 구명하고자 하였다. 또 해당 지역 문화의 전체적인 맥락 속에서 그러한 언어 변이가 지니는 사회적 의미를 기술하기도 하였다.

셋째, 언어 변이에 대한 공시적인 관찰 언어 변화의 원인과 그 과정을 밝히려 하였다. 라보브는 언어 변화를 언어의 내적 구조보다 화자의 사회적 행동과 더 밀접히 관련되어 있는 것으로 보았다. 이러한 인식 아래 많은 사회언어학자 화자가 처한 사회적 여건에 따라 언어 변이가 어떻게 선택되고 조절되는지를 살핌으로써 궁극적으로 언어 변화가 왜 일어나며 어떻게 진행되어 가는지를 설명하고자 하였다.

1.3. 사회언어학의 조사 방법

사회언어학의 자료 조사 방법은 대체로 다음 두 가지로 나뉜다. 하나는 설문이나 면담을 통해 제보자에게서 직접 자료를 구하는 방법이며 다른 하나는 일정한 언어 공동체의 구성원으로 참여하면서 관찰을 통해 제보자에게서 자료를 구하는 방법이다. 전자를 질문법(설문지법 또는 면담법)이라 부르며 후자를 참여 관찰법이라 부른다. 자료 조사에 시간과 노력이 많이 드는 후자보다 전자의 방법이 사회언어학 조사에서는 더 흔히 사용된다.

---

3) 이로부터 라보브의 관찰이 언어 현실을 정확히 반영한 것이 아니었음을 확인하였다. 해당 백화점의 점원들이 쓰리라고 예상한 사회계층의 말투를 조사자 라보브가 질문할 때 사용했고 그런 까닭에 점원들이 그에 상응하는 말투로 응해 준 데에 따른 결과라는 것이다. 한마디로, 듣고 싶은 것을 물었다는 말이다.
4) 관찰자의 모순은, 관찰 받지 않는 상태의 언어를 조사하기 위해 모순되게도 관찰하는 방법을 사용하는 것을 가리킨다.

사회언어학의 조사 방법은 전통적인 지역 방언학의 그것과는 기본적인 성격이 다르다. 양자 사이에 드러나는 중요한 차이를 간단히 요약하여 제시하면 다음과 같다.

먼저, 조사 지점을 선정할 때 언어 사회의 실상을 그대로 반영하면서 다양한 언어 변이를 찾아낼 수 있도록 언어 사용자의 대다수가 살고 사람들의 교류가 활발한 도시 지역을 택하는 것이 보통이다. 또 제보자를 선정할 때에도 소수의 토박이만을 대상으로 한 조사 지점에서 한두 명을 뽑아 조사하는 지역 방언학의 선별 추출법을 버리고, 그 지역에서 출생·성장한 모든 사람을 대상으로 일정 수의 제보자를 임의로 선택하여 조사하는 무작위 추출법(또는 모집단의 구성 비율을 어느 정도 반영해 제보자를 선택하는 할당 추출법)을 사용한다. 아울러 지역 방언학에서처럼 어형의 출현 여부, 즉 해당 지역에 어떠한 어형들이 나타나는가에 일차적 관심을 두기보다는 그것의 출현 비율, 즉 해당 언어 변수가 어떠한 비율로 출현하는가에 일차적 관심을 두고 이를 계량적(또는 통계적)으로 분석·처리하기 위해[5] 적게는 몇 십 명에서 많게는 몇 백 명에 이르기까지 다수의 제보자를 조사한다.

> 사회언어학의 조사 방법: 질문법(설문지법, 면담법), 참여 관찰법

---

[5] 사회언어학에서는 이러한 통계 분석 방법 이외에 사례 분석 방법이 이용된다. 전자는 언어 분화의 사회적 분포를 확인하는 데, 후자는 언어가 수행하는 기능을 파악하는 데 일차적 관심을 둔다.

2장

미시 사회언어학

2.1. 언어 변이와 사회

한 언어 사회 속에는 무수히 많은 언어 변이가 존재한다. 가령, 현대 한국 사회에서는 '극락'과 '천당'이란 말이 동일한 뜻을 나타내는 말로 함께 사용된다. 또 어떤 특정한 사람들은 일상어인 '일요일'에 대해 '주일'이란 말을 더 자연스럽게 쓴다. 이 언어 변이들은 대체로 종교라는 조건과 관련된다. 이처럼 언어 변이(linguistic variation)란 일정한 사회 집단의 말이나 동일한 화자의 말에서, 어떤 사물이나 개념을 가리키는 서로 다른 표현 방식이 특정한 사회적 조건에 따라 공시적으로 교체되어 쓰이는 상태를 가리킨다.

이와 같이 한 사회 속에 출현하는 언어 변이에는 특정 조건이 관계하는 것이 보통이다. 대개의 화자들은 자기 자신이 지닌 특성에 따라 상이한 말을 사용하며, 동일한 화자라도 다른 사람과의 관계나 대화 상황을 고려하여 말을 바꾸어 사용한다. 이를테면 화자, 청자, 제3자 등의 대화 참여자의 사회적 조건이나 그들 사이의 관계적 특성, 언어 사용에 영향을 주는 대화 상황의 특성에 따라 언어 변이가 이루어지는 셈이다. 이때 전자를 '대화 참여자 조건', 후자를 '상황 조건'이라 부른다.

언어 변이를 정확히 이해하기 위해서는 사회 통념형(stereotype)과 실재형 사이에 격차가 발생하기도 한다는 점에 유의해야 한다. 예를 들어 '에구머니, 몰라몰라' 하는 표현은 여성들이 주로 쓰는 것으로 알려져 있지만 실제로 여성들은 이 말을 일상어에서 거의 사용하지 않는다. 또 어떤 요구나 물음에 대해 긍정적으로 대답할 때 여자들은 '네'를, 남자들은 '예'를 사용한다고 아는 사람들도 제법 많다. 이처럼 실제로 그렇지는 않으나 일반인들의 인식에 특정인들이 사용하리라고 철석같이 믿는 표현들이 존재한다는 사실, 그러한 사회 통념형이 언어의 여러 부면에 걸쳐 의외로 널리 분포한다는 사실은 언어 변이의 성격을 파악하는 데 매우 중요하다.

> 언어 변이: 일정한 사회 집단이나 동일한 화자의 말에서 어떤 사물이나 개념을 가리키는 서로 다른 표현 방식이 사회적 조건에 따라 공시적으로 교체되어 쓰이는 상태

2.2. 언어 분화와 사회언어학

사회언어학의 가장 기본적인 관심은 해당 사회에 존재하는 언어 변수(linguistic variable)를 찾아내는 데 있다. 언어 변수란 사회적 조건에 따른 변이형이 있는 언어 항목을 가리키는데, 괄호를 써서 그것이 언어 변수임을 나타낸다. 가령 '머리(頭), 다리(脚)' 등에 대해 '머이, 다이' 등이 유아어(幼兒語)로서의 변이형이라면 'ㄹ'의 유무가 언어 변수가 되고 이를 (ㄹ)로 표기하는 것이다. 이때 언어 변수는 어떤 언어 요소의 존재 유무뿐 아니라 해당 요소의 사용 빈도도 포괄한다. 이와 같은 언어 변수는 대화 참여자 조건(사회계층, 성 등)이나 상황 조건(사회적 상황)에 따른 언어 분화의 실상을 반영한다.

> 언어 변수: 사회계층이나 성, 사회적 상황 등 사회적 조건에 따라 교체되는 변이형이 있는 언어 항목

2.2.1. 사회계층

사회계층은 한 사회 안에서 경제적·신분적으로 구별되는 인간 집단을 말한다.[6] 언어의 분화가 그 사회 구성원 사이의 접촉이 적어지는 데에서 기인한다는 점을 고려하면 사회계층의 구별이 엄격한 사회일수록 그에 따른 언어 분화가 쉬 일어나리라는 점은 충분히 예상할 수

---

[6] '사회계급'이란 말을 '사회계층'과 구별해서 사용하는 사람도 있다. 보통 이 경우에, 사회계급은 태어나면서 결정되는 것을 가리키며 사회계층은 사회생활을 하면서 형성해 나가는 것을 가리킨다.

있는 일이다. 반상(班常)의 구별이 있던 한국의 전통 사회에서 양반과 평민(상민, 서얼 등)의 언어가 다르다는 여러 보고가 이러한 사실을 뒷받침해 준다.

현대사회에서 사회계층은 일반적으로 학력, 직업, 재산이나 수입 등의 요소를 기준으로 구분한다. 이에 따른 사회계층의 분화가 분명히 상정될 수 있을 때 그에 상응하여 언어 분화의 존재도 인정될 터이지만, 현대 한국 사회는 그처럼 계층 사이의 경계가 확연한 사회가 아니다. 언어와 연관해서는 그저 특정 직업이나 해당 지역의 주요 산업에 의거한 구분 정도가 제기될 수 있을 뿐이다. 한국의 사회언어학에서 그동안 심마니, 군인, 해녀 등의 말이나 어촌 방언이 관심의 대상이 되어 온 것도 그러한 까닭에서 연유한다.

[표 1] 충주 지역 60~50대 화자의 움라우트 실현율(박경래, 2005)

학력	무학	국졸	중졸	고졸	대졸
비율	54.2%	47.6%	47.2%	30.6%	25.0%

그렇더라도 사회계층에 따른 언어의 변이를 확인하려는 시도가 전혀 없었던 것은 아니다. '잽히다(잡히다)' 등에 나타나는 움라우트의 실현율이 학력과 밀접히 관련된다는 보고([표 1] 참조)는 바로 그러한 시도 중의 하나라 할 수 있다.

위 표에 의하면 움라우트를 비롯한 몇몇 언어 현상에서 여러 사회적 요소 중 학력에 따른 분화만이 뚜렷한 경향성을 보인다. 한국의 사회언어학에서는 사회계층의 구분에 학력만이 분명한 역할을 하는 셈이다. 물론 그것이 표준어 보급의 결과이고 그러한 결과가 학교교육에 크게 의지하고 있었던 데 기인한 것임은 틀림없다.

2.2.2. 성(性)

성별에 따른 언어 분화를 언급하는 데에는 발화어와 대상어를 구별하는 일이 유용하다. 양자 사이에 드러나는 사회언어학적 특성이 다르기 때문이다. 발화어는 여성이나 남성이 구사하는 말, 대상어는 여성이나 남성을 지칭하거나 묘사하는 말을 가리킨다.[7] 단적인 예를 들면 '오빠'는 여성 발화어이자 남성 대상어이고 '누나'는 남성 발화어이자 여성 대상어이다.

발화어에 대한 연구에서는 대체로 '여성' 쪽의 말이 특수한 모습을 보이므로 여성어란 표현이 흔히 사용된다. 이른바 여성어 연구는 그러한 말들의 발생 배경을 이해하는 태도에 따

---

7) 이를 문법범주인 성(gender)과는 구별해야 한다. 문법범주인 성은 명사를 분류하는 특성인데 해당 명사가 여성인지 남성인지에 따라 그에 호응하는 대명사나 동사가 형태를 달리하게 된다.

라 크게 두 견해로 나뉜다.

하나는 여성어를 본질적·구조적 성차(性差)에서 비롯한 것으로 보는 견해다. 이에 따르면 여성들은 성격상 자신의 의사를 완곡하고 친밀하게 표현하려 들기 때문에 상대방의 동의를 구하는 의문 형식이나 부가 의문문, 부드러움으로 상징되는 여러 표현들(감탄사, 부사, 형용사 등)을 자주 쓴다. 또 남녀의 불평등한 사회 구조 때문에 여성들은 주도적이지 못한 언어 생활을 하게 되었으며 그로 인해 여성들이 표준적이면서도 공손한 표현을 사용하고 말 가로채기를 자주 당하는 성향을 보이게 되었다는 것이다.

이와 달리 여성어를 단순히 말하기 방식의 차이로 보는 견해도 존재한다. 대화 상황마다 대화 참여자들이 맡는 역할이 다른데 여성어란 그러한 역할어의 하나에 불과하다는 것이다. 이 견해에서 여자다운 말투와 남자다운 말투의 존재를 인정한다 해도 그것을 꼭 여자만 또는 남자만 사용하는 말투로 제한하여 이해하지는 않는다. 이에서 출발한 많은 실험에서 이른바 여성어의 상당수가 사회 통념형에 지나지 않는다는 사실이 밝혀졌다.

이로써 보면 발화어에 나타나는 실재적인 성차는 엄청나게 줄어 '오빠/언니, 누나/형' 등에서 보듯 성별에 따라 사용하는 어형이 따로 분리된 경우[8] 정도로 한정된다. 물론 '여교수, 앵두 같은 입술' 등의 여성 대상이나 '남자 간호사, 떡두꺼비 같은 아들' 등의 남성 대상어에서도 성차가 인정된다. 그러므로 후자의 견해를 따르면 성별에 따른 언어 분화는 대상어와 일부 발화어에서 부분적으로 확인될 수 있다고 하겠다.

2.2.3. 사회적 상황

발화가 이루어지는 상황에 따라 선택되는 언어의 변종을 말투(style)라 한다. 이러한 말투는 크게 일상 말투(casual style)와 격식 말투(formal style)로 나뉘는데, 전자는 주의를 기울이지 않는 상황에서 쓰이며 후자는 면담같이 주의를 기울여야 하는 상황에서 쓰인다. 이 이외에도 구절 읽기 말투(reading passage style)와 단어 목록 읽기 말투(word list style) 등을 말투의 유형에 포함시키기도 한다.

'메칠(며칠)' 등에 나타나는 언어 변수 (여)는 말투와 밀접한 관련을 보인다.(〈표 2〉 참조) 일상 말투에 비해 격식 말투에서 비표준형 '에' 쪽이 실현되는 비율이 20~30% 정도 낮다. 더

---

[8] 이를 전용형(專用型)이라 하여, 사용 빈도로 표시되는 선호형(選好型)과 구별하기도 한다. 한편 발화어의 차원에서 볼 때 '형, 언니'는 '오빠, 누나'와 다르다. '형, 언니'의 경우, 꼭 한 성별에서만 사용하는 말이라고 단정하기에는 어려움이 있기 때문이다. 실제 언어 현실 속에서 여성이 '형'(또는 '형님')이란 말을 쓰는 경우가 흔히 발견된다. 상당히 드물긴 해도 남성이 '언니'란 말을 쓰는 경우도 있다.

[표 2] '여)에'의 말투별 실현율(박경래 1993)

	60대	50대	40대	30대
일상 말투	81.0%	61.5%	56.8%	47.2%
격식 말투	63.6%	26.3%	25.0%	14.3%
구절 읽기 말투	0%	0%	3.1%	0%
단어 목록 읽기 말투	6.7%	0%	5.2%	0%

욱이 '에'의 실현율이 상당히 높은 60대 화자들도 구절 읽기 말투와 단어 목록 읽기 말투에서는 '여'를 '에'로 발음하는 일이 거의 없다. 이로부터 언어 화자들이 한 가지 말투만 사용하는 일은 없으며 주의를 기울이면 기울일수록 비표준형을 사용하지 않으려는 경향이 강해진다는 사실을 알 수 있다.

이와 같은 말투는 그때그때의 발화 상황과 문맥에 따라 선택하여 사용하는 언어 형식과 관련된다. 가령 우리는 친한 친구들과 이야기할 때의 말투 그대로 학급 회의 상황에서 말하지는 않는다. 또 친구에게 아쉬운 부탁을 하는 문맥에서 명령하듯 말하지도 않는다. 이러한 점에 사회언어학은 관심을 기울인다. 어떠한 상황과 문맥이 말투의 선택에 영향을 끼치는지 해당 사회에서 그러한 말투가 몇 개로 분화되어 있고 또 어떠한 차이가 있는지를 밝히는 데 사회언어학의 목표가 있기도 하다는 말이다.

2.3. 언어 선택과 사회언어학

경어법에서는 사회적 조건에 따라 언어 변종의 선택이 이루어짐을 가장 극명하게 보여 준다. 경어법의 일상적 사용에서[9] 우리는 사회적 문맥에 맞추어 적절한 변종이나 등급을 선택해 구사하는 것이다. 따라서 경어법에 관하여, 사회언어학에서는 어떠한 조건에서 어떤 경어 등급이 선택되고 어떻게 조절되는지를 검토하는 데 주된 관심이 놓인다고 할 수 있다.

이러한 경어법의 사용은 그 기능의 면에서 규범적 용법과 전략적 용법 둘로 나뉜다. 전자는 언어 예절의 관점에서 말하기 규범의 어느 정도 추상적인 용법이며, 후자는 상호작용의 관점에서 특정 목적을 이루기 위한 실제적·의도적 용법이다. 규범적 용법은 대화 참여자 조

---

9) 경어법은 어떤 인물을 얼마나 또는 어떻게 대우할지를 언어적으로 표현하는 문법적·어휘적 체계를 말한다. 이러한 개념에 따르면 호칭법도 경어법에 포함된다.

건이나 상황 조건에 따른 원칙적인 언어 선택이, 전략적 용법은 사회적 상황에 따른 의도적인 언어 선택이 그 근간을 이루므로 사회언어학의 주요 관심사가 된다. 특히 규범적 용법에서 벗어난 경어법 사용, 즉 전략적 용법은 사회언어학적 해석이 필수불가결한 영역이다.

예를 들어 "김 대리, 그 일 좀 잘 부탁해요."라고 말하는 부장의 경어 사용은 화자(=부장)와 청자(=김 대리) 사이의 상하 관계만으로는 해명되지 않는다. 사회언어학에서는 이를, 잠재적 수혜자(受惠者)로서 부탁하는 사람(이 경우에는 상급자)이 부탁 받는 사람(이 경우에는 하급자)에게 공손한 말을 사용하는 '수혜자 공손 전략'(이정복, 2001)에 따라 경어 표현을 선택한 것으로 해석한다. 이와 같이 화자의 강한 의도에 의해 사회적 행동을 언어적으로 구현하는 것이 바로 경어법의 전략적 용법이다.

이처럼 경어법을 사용하는 한국어 화자들은 어떤 경우에 경어 사용에서 규범적인 것과는 다른 용법을 연출하면서 그 결과로 청자에게 자신의 목적과 의도를 전달하게 된다. 화자가 특정한 목적을 달성하기 위해 채용하는 이러한 세부적인 경어 사용 방식이 곧 경어법의 전략적 용법이다. 그렇기에 경어법의 이 용법에 대한 연구는 언어 사용에서 드러나는 언어의 사회적 기능과 의사소통의 체계를 이해하는 데 매우 중요하다. 결과적으로 그것은 언어와 사회의 관계를 구명하는 작업으로서 의의가 크고 할 수 있다.

- 경어법: 어떤 인물을 얼마나 또는 어떻게 대우할지를 언어적으로 표현하는 문법적·어휘적 체계
- 경어법의 전략적 용법: 화자가 특정한 목적을 이루기 위해 경어 사용 방식을 해당 언어 사회의 규범과 다르게 의도적으로 조정하여 사용하는 방법

2.4. 언어 변이와 언어 변화

언어 변이는 신형의 출현에서 촉발된다. 즉 이전의 표현 방식과 새로운 표현 방식이 공존하는 상태에서 언어 변이가 나타난다는 말이다. 이러한 언어 변이에서 신형이 세력을 얻어 우위에 놓이게 되었을 때 언어 변화가 종결되었다고 한다. 따라서 언어 변이에 대한 연구는 진행 중인 언어 변화에 대한 연구나 다름 없다. 사회언어학은 이러한 언어 변이(즉 진행 중인 언어 변화)에 대한 관찰을 통해 언어 변화의 원인과 그 과정을 해명하고자 한다.

언어 변화에 대한 사회언어학적 연구에서 한국어의 음장은 흥미롭다. 음장 변이에 대한

[표 3] 연령층별 음장의 실현 양상(박경래 2005)

연령층	음장의 변별 정도	음장의 구별 정도
70대	94.4%	100.0%
60대	68.8%	89.6%
50대	19.3%	93.2%
40대	8.0%	77.3%
30대	6.9%	62.5%
20대	2.8%	58.3%

계량적 조사·분석을 통해 언어 변화의 과정을 어느 정도 짐작할 수 있기 때문이다.

위의 [표 3]에서 보듯 음장은 현대 중부 방언에서 대체로 60대 이상의 화자들에게는 변별적이지만 50대 이하에서는 그 변별적 기능을 상실하였다. 이로써 보면 현대 한국어의 음장은 연령과 관련된 언어 변이 현상임이 틀림없다.

그런데 음장의 구별 정도(제보자의 발음이 음성적으로 음장을 구별하는지 여부)를 변별 정도와 함께 살펴볼 때 음장과 관련한 언어 변화의 과정이 드러난다. 음장이 음운론적으로는 비변별적이지만 음성적으로는 존재하는 중간 단계가 상정되는 것이다. 결국 한국어에서 음장의 변화는 음성 층위와 음운 층위에서 각기 기점을 달리하면서 일어난 현상이었다고 할 만하다. 해당하는 시기의 사회 변화를 면밀히 추적해 보면 그 변화의 원인을 추정하는 일이 어느 정도 가능하기도 하다.

이처럼 사회언어학에서는 언어 변화가 어떠한 과정을 통해 확산되고 또 왜 그렇게 되는지를 탐구한다. 화자가 처한 사회적 조건에 따라 언어 변이가 어떻게 선택되고 어떻게 조절되는지를 관찰함으로써 언어 변화가 왜 일어나며 어떻게 진행하여 가는지를 설명하고자 하는 것이다. 화자의 사회적 행동에 주목하여 언어 변화의 과정을 해명하려는 시도[10] 또한 사회언어학의 중요한 성과물 중의 하나라 할 수 있다.

---

10) 언어 변화의 주도층이 해당 사회에서 두 번째로 지위가 높은 사회 집단이라는 외국의 연구 결과가 이에 해당한다. 이 연구에서는 이 집단이 사회적 위신을 안정적으로 확보하려는 욕구가 가장 강하기에 언어 변화의 첨병 역할을 하게 된다고 한다.

3장

거시 사회언어학

일반적으로 거시 사회언어학은 여러 언어가 공존하는 사회를 대상으로 한다. 그리하여 언어 태도와 언어 선택의 관계, 언어 접촉과 생멸의 과정, 언어 계획 등 사회 전반에 걸쳐 언어 변종들이 야기하는 문제들을 탐구한다. 하지만 우리나라의 경우에는 비교적 최근에 이르러서야 언어 공존의 문제가 제한적으로나마 사회문제화하기 시작했으므로[11] 거시 사회언어학은 그동안 한국 사회에서 그리 큰 주목을 받지 못해 왔다고 할 수 있다. 거시 사회언어학이란 명칭도 쓰이지 않았지만 이전 시기에는 주로 외래어 수용의 문제나 표준어 정립과 보급의 문제 정도가 그 관심의 대상이 되었을 뿐이다.

3.1. 언어 태도와 사회

인간은 의사소통의 도구로서 언어를 접하면서 그 형식과 내용만을 취하는 것이 아니라 어떤 느낌도 함께 느끼고 간직하게 된다. 이처럼 언어에 대해 갖게 되는 심리적 상태를 언어 태도(language attitude)라 한다. 가령 경상도 방언은 무뚝뚝하다거나 서울말은 애교스럽다는 반

---

11) 영어 공용화 문제, 한국에 사는 이주 외국인들의 한국어 수용 문제, 외국 현지에서 한국어를 접하는 외국인들에 대한 한국어 교육의 문제 정도가 이에 해당한다고 하겠다. 하지만 어느 경우에나 한국어가 중심이 되므로 이를 언어 공존과 관련된 문제라고 단정하여 말하기는 어렵다.

응이 바로 그러한 것들에 해당한다.

언어 태도는 언어 현상과 밀접한 관련이 있다. 해당 사회의 구성원들이 지닌 언어 태도에 의해 언어 변화의 여부나 방향이 좌우되기도 하며 심지어 언어 태도로 언어의 보존과 사멸이 결정되는 일도 있다. 가령 어떤 언어 변이에 대해 화자들이 긍정적으로 인식한다든지, 자신들이 쓰는 지역방언을 촌스러워한다든지 하는 언어 태도에서 해당 언어 변이의 진행 방향이나 해당 방언의 운명이 좌우될 수도 있는 것이다.

이러한 언어 태도는 언어 정책을 수립하고 언어 교육 방안을 마련하는 데 기초가 된다. 언어 태도에 대한 분석이 언어 상태의 변화 방향을 어느 정도 예측할 수 있게 해 주기 때문이다. 해당 사회의 언어 실태와 구성원들의 언어 태도를 면밀히 조사·분석한 뒤에야 비로소 바람직한 언어 계획의 수립이 가능해지리라는 말이다. 이전 시기에 우리나라에서 외래어 표준어에 대한 언어 태도를 강조하면서 이를 지속적으로 관찰해 본 것도 국어의 정립을 제일의 과제로 삼은 국어 정책에서 비롯한 결과였다고 할 수 있다.

> **언어 태도**: 어떤 언어나 언어 변종에 대한 언어 사용자의 심리적 상태

3.2. 언어 변종의 보존과 사멸

비교적 단일한 언어 상태가 지속되어 온 한국과 달리, 인도나 스위스 같은 국가에서는 한 나라 국민이면서도 각기 다른 언어를 배우면서 그것을 모어로 삼는 현상이 나타난다. 또 중국 연변의 조선족들은 개개인이 거의 대부분 둘 이상의 언어(이 경우에는 한국어와 중국어)를 모어로 습득한다. 이처럼 한 언어 공동체 안에 언어가 둘 이상 공존하는 현상을 다중 언어 현상(multi-lingualism)이라 하며 그러한 현상이 있는 사회를 다중 언어 사회라 부른다.

그런데 이러한 다중 언어 사회 속에 두 종류의 변종이 각각 다른 역할을 하면서 공존하는 경우가 발견된다. 이 경우에는 대개 하나가 일상적으로 쓰이는 언어라면 다른 하나는 공식적인 자리에서 특수하게 쓰이는 언어다. 한 언어 공동체 안에 격식적인 상위어와 일상적인 하위어가 공존하고 있는 셈이다. 이와 같은 현상을 양층(兩層) 언어 현상(diglossia)이라 하는데, 시간이 흘러 어느 한 쪽의 언어 변종이 소멸하거나 양쪽을 혼합한 새로운 변종이[12] 탄생함으로써 이 현상에 의해 야기된 의사소통상의 혼란이 해소되기도 한다.

한국과 같이 단일 언어 사회에서 양층 언어 현상은 방언과 표준어가 공존하는 데서 나타난다. 표준어는 학교에서 배우는 상위어이며, 태어나 자라면서 습득하는 해당 지역의 방언은 일상어가 된다. 거시 사회언어학은 궁극적으로 이러한 양층 언어 현상의 결과로 초래되는 언어의 선택과 보존에 대해 언어 정책 언어 교육이 어떠한 영향을 끼칠 수 있는지를 관심 있게 검토하고 바람직한 보존 방안을 마련하는 데 그 목표를 둔다.

참고문헌

박경래(1993), 「충주방언의 음운에 대한 사회언어학적 연구」, 서울대 박사학위논문.
박경래(2005), 「사회방언론」, 『방언학』 1, 한국방언학회.
방언연구회 편(2001), 『방언학 사전』, 태학사.
이익섭(1994), 『사회언어학』, 민음사.
이정복(2001), 『국어 경어법 사용의 전략적 특성』, 태학사.
이정복(2008), 「한국어 경어법」, 『힘과 거리의 미학』, 소통.
임영철(1994), 「일본 사회언어학의 연구동향」, 《사회언어학》 2-1.
정승철(2010), 「방언 접촉과 언어 변화」, 『최명옥 선생 정년퇴임 기념 국어학 논총』, 태학사.
최용선(2001), 「언어와 성에 관한 연구의 비평적 개관」, 《사회언어학》 9-2.
Labov, W.(1972), *Sociolinguistic Patterns*, Univrersity of Pennsylvania Press.
Trudgill, P.(1986), *Dialects in Contact*, New York: Basil Blackwell.

---

12) 다중 언어 사회에서 두 언어의 요소가 혼합된 언어 변종을 피진(pidgin)이라 한다. 이 피진이 모어로 습득되었을 때 그것을 크리올(creole)이라 부른다.

대조언어학

박진호
서울대학교 인문대학 국어국문학과

| 학습 목표 |

- 대조언어학의 목표와 기본 개념을 이해한다.
- 한국어와 다른 언어에 대한 대조 연구의 주요 성과를 이해한다.
- 대조언어학의 연구 성과를 언어 교육에 이용하는 방안을 이해한다.

▶▶▶ 차례

1. 대조언어학의 기본 개념
2. 음운의 대조
    2.1. 자음의 대조
    2.2. 모음의 대조
    2.3. 초분절 요소의 대조
3. 문법의 대조
    3.1. 지시사
    3.2. 어순과 조사
    3.3. 한정성(definiteness)
    3.4. 조사와 전치사의 분화
    3.5. 인칭(person)과 화시(deixis)
    3.6. 재귀사(reflexive)
    3.7. 복합 사건의 표현
4. 어휘의 대조
    4.1. 색채어
    4.2. 친족 명칭(kinship term)
    4.3. 소유, 존재, 서술
    4.4. 동사의 의미
    4.5. 어휘장과 변별 자질
5. 발상과 표현의 대조
    5.1. 인간 중심 대 상황 중심
    5.2. 지각(perception)의 표현
    5.3. 인간 전체 대 인간의 부분
    5.4. 무정물 주어 타동 구문
    5.5. 명사 중심 대 동사 중심
    5.6. 경어법 및 언어 행동의 차이
    5.7. 간접 화행
    5.8. 환유

▶ 참고문헌

1장

대조언어학의 기본 개념

대조언어학(contrastive linguistics)은 둘 이상의 언어를 서로 비교·대조하여 연구하는 언어학의 하위 분야이다. 대조언어학을 비교언어학(comparative linguistics)과 혼동하면 안 된다. 비교언어학은 같은 조상으로부터 갈라져 나왔을 것으로 생각되는 둘 이상의 언어들을 비교하여 그 언어들 사이의 친족 관계를 밝히고 공통의 조상 언어를 재구하는 것을 주목적으로 하는 언어학의 하위 분야이다. 대조언어학은 언어들의 계통과 역사를 밝히는 데 주목적이 있는 것이 아니라, 같은 조상으로부터 갈라져 나왔든 아니든 상관없이 둘 이상의 언어를 비교·대조하여 공통점과 차이점을 발견하고 그럼으로써 하나의 언어를 고립적으로 관찰했을 때에는 얻기 어려운 통찰을 얻어 내는 것이 주목적이다.

대조언어학은 주로 언어 교육이라는 실용적 목적을 바탕으로 하여 탄생하였다. 어떤 사람이 자신의 모어 이외의 다른 언어를 배울 때에는 모어를 배울 때에 비해 많은 어려움을 겪는다. 목표 언어의 규칙과 원리에 대한 지식이 부족하다 보니, 그 부족한 부분을 모어에 대한 지식으로 메우는 일이 의식하든 못하든 일어나게 마련이다. 이러한 현상을 전이(transfer)라고 한다. 모어와 목표 언어의 규칙이 매우 비슷해서 그러한 전이가 목표 언어를 구사하는 데에 도움이 되는 경우도 있지만, 모어와 목표 언어의 규칙이 상당히 다를 때에는 그러한 전이가 목표 언어를 제대로 구사하는 것을 방해할 수도 있다. 이렇게 전이가 부정적으로 영향을 끼치는 것을 간섭(interference)이라고 한다.

예컨대 일본어를 배우는 한국인이 한국어의 조사 '-에'와 일본어의 조사 'に(ni)'가 대체로 대응하고 한국어의 조사 '-을/를'과 일본어의 조사 'を(wo)'가 대체로 대응한다는 사실을 알게 되었다고 치자. 이 학습자가 한국어의 동사 '타-'에 대응하는 일본어의 동사 '乗る(noru)'를 배웠는데 이 동사가 어떤 격을 지배하는지 모르는 상태에서 한국어의 '차에 타다'라는 표현을 바탕으로 유추하여 '車に(kuruma-ni)乗る(noru)'라고 한다면, 이것은 전이가 긍정적으로 작용한 사례이다. 반면에 한국어의 '친구를 만나다'를 바탕으로 유추하여 '友達を(tomodachi-wo)遇う(au)'라고 한다면 이것은 전이가 부정적으로 작용한 사례, 즉 간섭의 사례가 된다. 일본어에서는 '友達に(tomodachi-ni)遇う(au)'라고 해야 옳은 것이다.

학습자는 대개 목표 언어를 완벽하게 구사하지 못하고, 목표 언어에 대한 자신의 지식·능력 중 부족한 부분을 모어에 대한 지식 등을 통해 어떻게든 메워서 구사하는 불완전한 상태에 있다. 학습자의 이러한 상태를 중간 언어(interlanguage)라고 한다.

외국어 학습 과정에서 어떠한 전이와 간섭이 어떻게, 어떠한 빈도로 일어나는지를 교사가 잘 알고 있으면 학습자를 지도하는 데에 많은 도움을 받을 수 있다. 그리고 학습자의 모어와 목표 언어의 공통점과 차이점에 대해 체계적으로 잘 알고 있을 때에, 흔히 일어나는 전이와 간섭에 대해 잘 알 수 있게 된다. 즉 학습자의 모어와 목표 언어에 대한 대조언어학적 연구가 잘 되어 있으면 있을수록 외국어 교육에 많은 도움이 될 수 있는 것이다. 언어 교육에 종사하는 사람들은 일찍부터 이러한 사실을 인식하고 있었기에 대조언어학 연구가 이로부터 싹튼 것이다.

그런데 대조언어학의 가치가 교육이라는 실용적 측면에만 있는 것은 아니다. 순수 학문적 측면에서도 대조언어학은 매우 가치가 있다. 인간이 어떤 대상에 대해 이해하고자 할 때, 그 대상만 바라보아서는 한계가 있고 그 대상과 다른 대상을 비교해서 바라보아야 비로소 그 대상의 특징을 제대로 인식할 수 있는 경우가 흔히 있다. 언어의 경우도 마찬가지이다. 어떤 학자의 주된 연구 대상이 한국어라고 해도, 한국어만 관찰해서 얻을 수 있는 통찰에는 한계가 있다. 한국어 이외의 다른 언어들도 관찰하고 한국어와 다른 언어를 비교·대조해야만 알 수 있는 사실들, 얻을 수 있는 통찰들이 있다. 대조언어학은 그것을 얻을 수 있게 해 준다는 점에서 가치가 있다.

하나의 언어 체계는 음운 체계, 문법 체계, 어휘 체계의 세 부문으로 이루어져 있다. 이 세 부문별로 한국어와 다른 언어에 대한 대조언어학적 연구가 어떠한 성과를 거두었는지 살펴보겠다. 그 다음에는 언어 표현의 기본적인 발상의 측면에서 대조언어학적 연구 성과를 살펴본다.

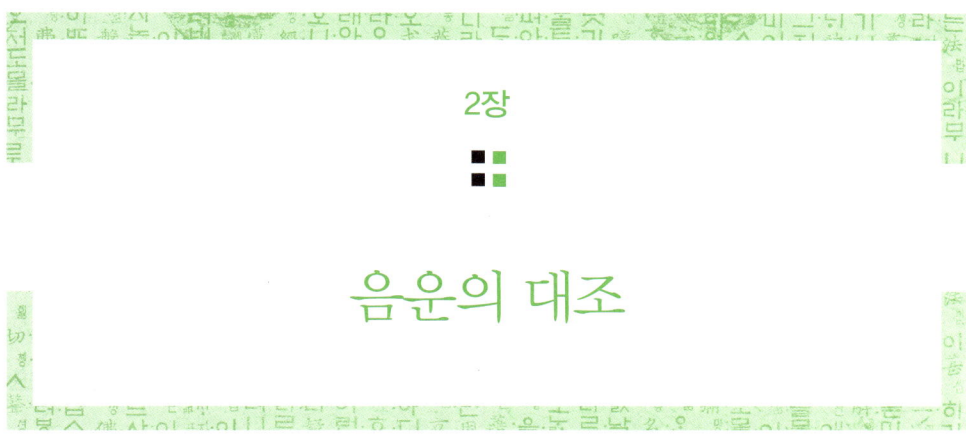

2장

음운의 대조

언어 체계의 세 하위 부문 중 음운 체계가 가장 간소하고 긴밀하게 짜여져 있기 때문에, 대조 연구에서도 음운 체계의 대조가 가장 쉽게 체계적으로 이루어질 수 있다.

2.1. 자음의 대조

2.1.1. 장애음

한국어의 자음 체계의 가장 두드러진 특징은 폐쇄음과 파찰음에 평음·격음·경음의 세 계열이 존재한다는 것이다.(치조 마찰음에는 평음 'ㅅ'과 경음 'ㅆ'의 두 항만 존재한다.) 세계의 언어들 중에는 장애음(폐쇄음·마찰음·파찰음)에 무성 대 유성의 대립이 존재하거나(예: 영어, 일본어) 유기 대 무기의 대립이 존재하는 것(예: 중국어)이 일반적이다. 이렇게 장애음에서 두 계열의 대립을 지닌 언어를 모어로 하는 학습자가 한국어 장애음의 세 계열의 대립을 배울 때 어려움을 겪는 것은 당연하다. 대개 체계 내에서 대립하는 항의 수가 적은 언어를 바탕으로 하여 대립하는 항의 수가 많은 체계를 학습하는 것이 그 역의 경우에 비해 더 어렵다. 외국인들은 대개 한국어의 경음을 가장 어려워한다.

그런데 장애음에서 대립 항의 수가 많은 한국어 화자라고 해서 대립 항의 수가 적은 외국어를 배울 때 안심할 수 있는 것은 아니다. 한국어에서는 유성 대 무성의 음소적 대립이 존재하지 않는다. 그래서 /ㄱ/의 경우 무성음으로 발음되기도 하고 유성음으로 발음되기도 하나, 모두 똑같은 음소로 인식한다. 대개 공명음과 공명음 사이에서는 유성음으로 발음되고, 그 외의 환경(특히 어두)에서는 무성음으로 발음된다. 한국인이 영어나 일본어의 /b, d, g/를 발음할 때, 특히 어두에서는 이들을 무성음으로 잘못 발음하는 일이 있다. 한국어의 /ㅂ, ㄷ, ㄱ/을 어두에서 무성음으로 발음하던 습관이 간섭을 일으킨 것이다.

2.1.2. 비음

한국어의 비음은 양순음 /ㅁ/, 치조음 /ㄴ/, 연구개음 /ㅇ/의 세 음소로 이루어진 지극히 평범한 체계를 지니고 있다. 이에 비해 일본어에는 음절말에서 비음 음소가 하나밖에 없다. 후행 요소에 따라 조음 위치가 양순, 치조, 연구개로 달라지나, 일본인들은 이 소리들을 하나의 음소로 인식한다. 따라서 일본인이 한국어를 배울 때 음절말의 세 가지 비음을 구별해서 발음하고 인식하는 데에 어려움을 겪게 된다.

한국인이 비음을 발음하는 습관 중 주목할 만한 것은 장애음적인 조음이 많이 섞여 있다는 것이다. 예컨대 /ㄴ/을 순수하게 비음 [n]으로 발음하기보다는 치조 장애음 [d]가 섞여 있는 [ᵈn]으로 발음하고, /ㅁ/을 [ᵇm]으로 발음하는 일이 많은 것이다. 그래서 한국인이 '늑대'를 발음하는 것을 들은 외국인은 첫 자음을 [n]이 아니라 [d]로 인식하는 일도 있다. 중국어에서도 당나라 때 일시적으로 이런 발음이 유행했었는데, 일본 한자음 중 한음(漢音)에 이것이 반영되어 있다. 그래서 중국 한자음, 한국 한자음, 일본 오음(吳音)에서는 [m]인 것이 일본 한음에서는 [b]인 경우가 많이 있고(武: [mu], [bu]), 전자에서는 [n]인 것이 일본 한음에서는 [d]인 것이 많이 있다(奴: [no], [do]).

2.1.3. 유음

한국어의 유음의 특징은 [r]과 [l]을 구별하지 않고 음소 /ㄹ/ 하나만 존재한다는 것이다. 영어에서 /r/과 /l/이 음소로서 대립하는 것과 대조적이다. 전세계 언어들 중 태평양 연안의 언어들 중에는 한국어처럼 유음 음소가 하나뿐인 언어들이 많이 있고, 유라시아 내륙의 언어들 중에는 영어처럼 유음 음소가 둘인 언어들이 많이 있다. 대립의 항의 수가 적은 한국어의 화자가 영어 같은 언어를 배울 때, [r]과 [l]을 혼동하지 않도록 주의해야 한다. 한국인이 영어 외래어나 고유명사를 기억할 때, 원어의 로마자 표기는 정확히 모르고 한글로 표기된 형태만 기억하는 일이 많이 있다. 그래서 한글로 'ㄹ'로 표기된 자음이 원어에서 'r'인지 'l'인지

헷갈릴 때가 간혹 있다.

2.1.4. 유음화

지금까지 모어에 어떤 음소나 음소적 대립이 존재하지 않아서 외국어 발음을 배울 때 어려움을 겪는 경우들을 살펴보았는데, 이와 달리 목표 언어에 존재하는 음소 및 음소적 대립이 모어에 고스란히 존재하는 경우에도 다른 차원에서 어려움이 발생할 수 있다. 예컨대 영어의 'only'나 'Henry'를 한국인이 [올리], [헬리]처럼 발음하는 일이 간혹 있다. 한국어에는 /ㄴ/과 /ㄹ/이 만나면 /ㄴ/이 /ㄹ/로 동화되는 음운 규칙(유음화)이 있다. 반면에 영어에는 그런 음운 규칙이 없다. 따라서 영어 'only'나 'Henry'의 [n]을 [ㄹ]로 바꿔서 발음하면 안 되는데, 한국인들은 한국어의 유음화 규칙의 간섭에 의해 [ㄹ]로 바꿔서 발음하는 것이다.

2.1.5. 음절말 자음

한국어는 음절말 자음(종성)을 발음할 때 외파시키지 않고 불파시키는 강한 경향이 있다. 입 밖으로 터뜨리지 않고 속으로 삼켜 버린다는 것이다. 프랑스어는 음절말 자음을 상당히 많이 외파시키는 편이다. 그래서 'pomme'를 [뽐므]처럼 발음한다. 영어는 프랑스어와 한국어의 중간쯤 된다. 영어에서 음절말 비음의 발음 방식은 한국어에 가깝지만, 음절말 장애음을 발음할 때는 한국어에 비하면 약간 외파를 시키는 편이다. 그래서 'tap'과 'tab', 'rip'과 'rib' 등이 구별될 수 있는 것이다.

한국어는 음절말 자음을 심하게 불파시키는 경향으로 인해, 음절말에서 발음될 수 있는 자음 음소의 가짓수가 매우 제한되어 있다. /ㄱ, ㄴ, ㄷ, ㄹ, ㅁ, ㅂ, ㅇ/의 7개뿐이다. 음절말에서 자음을 발음할 때 완전히 막아서 닫아 버리기 때문에 마찰음(ㅅ, ㅆ)이나 파찰음(ㅈ, ㅊ, ㅉ)이 발음될 수 없다. 또한 격음이나 경음은 닫았던 부분을 파열시켜서 열 때 어떤 특징이 첨가되는 소리인데, 음절말에서는 닫았던 부분을 열지 않으므로 격음과 경음도 발음될 수 없다.

2.1.6. 비음화

이러한 음절말 불파화 경향으로 인해 비음화도 발생하게 된다. 장애음이 비음 앞에 오면 이 장애음은 음절말 위치가 되어 불파화되기 때문에 자신의 정체성을 제대로 드러내기 어렵게 되고, 급기야 뒤에 오는 비음의 영향으로 비음으로 바뀌게 된다.(예: 입는 [임는], 닫는 [단는], 먹는 [멍는]) 이것이 영어 외래어에도 영향을 끼쳐서 'back-mirror'를 [뺑미러]로,

'nickname'을 [닝네임]으로 발음한다. 한국인끼리는 그렇게 발음해도 의사소통에 지장이 없지만, 영어 모어 화자에게 영어로 말할 때에는 한국어의 비음화를 영어에 전이시키지 않도록 주의해야 한다.

2.2. 모음의 대조

2.2.1. 단모음

세계 여러 언어의 단모음 체계를 보면 단순한 3모음 체계부터 10개에 육박하는 단모음을 지닌 복잡한 체계까지 다양하다. 3모음 체계는 대개 [i, a, u] 3개로 이루어진다. 이 세 모음이 구강 내의 조음 공간에서 상호간의 간격을 최대로 벌릴 수 있는 위치에 있기 때문이다.

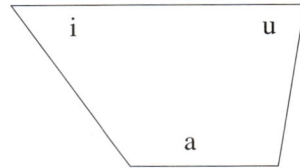

여기에 단모음이 하나 추가되어 4모음 체계가 될 때 가장 가능성이 높은 것은 한가운데에 [ə]를 추가하는 것일 것이다.

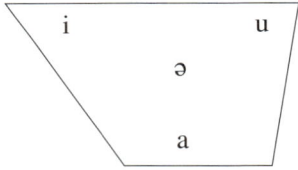

또는 위의 3모음 체계에서 [i]와 [a] 사이에 [e]를 추가하고 [u]와 [a] 사이에 [o]를 추가해서 5모음 체계를 만들 수도 있을 것이다. 일본어의 단모음 체계가 이에 가깝다.

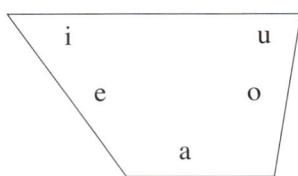

[i]와 [a] 사이에 [e]와 [ɛ] 둘을 추가하고 [u]와 [a] 사이에 [o]와 [ɔ] 둘을 추가하면 7모음 체계가 된다.

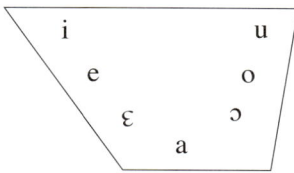

위의 5모음 체계에 [ə]를 추가한 6모음 체계도 가능하고, 위의 7모음 체계에 [ə]를 추가한 8모음 체계도 가능하다. 중위 중설의 [ə]뿐 아니라 고위 중설의 [ɨ]까지 추가하면 9모음 체계가 된다.

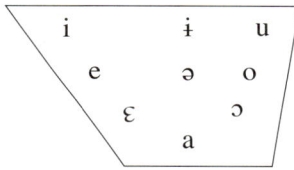

한국어는 방언에 따라 단모음 체계에 차이가 있는데, 가장 수가 많은 서울 지역 노년층의 경우 10개까지 존재한다.

	전설모음(front vowel)		후설모음(back vowel)	
	평순모음	원순모음	평순모음	원순모음
고모음(high vowel)	ㅣ [i]	ㅟ [ü]	ㅡ [ɨ]	ㅜ [u]
중모음(mid vowel)	ㅔ [e]	ㅚ [ö]	ㅓ [ə]	ㅗ [o]
저모음(low vowel)	ㅐ [ɛ]		ㅏ [a]	

그런데 대부분 지역의 대다수 화자들은 'ㅚ'와 'ㅟ'를 이중모음 [we]와 [wi]로 발음하는 일이 많다. 또 대다수 화자들의 경우 'ㅐ'와 'ㅔ'가 하나의 음소로 합류되어 발음할 때나 청취할 때 구별하지 못한다. 따라서 대다수의 현대 한국어 화자들의 단모음 체계는 7모음 체계라고 할 수 있다. 경상도 일부 화자들은 'ㅡ'와 'ㅓ'도 구별하지 못하는데, 이들은 6모음 체계를 지녔다고 할 수 있다.

한국어 단모음 체계에서 특징적인 것은 /ㅡ/와 /ㅓ/이다. 한국어의 단모음 체계에서 혀의 앞뒤 위치를 전설 대 후설의 2원적 대립으로 파악하면 이들은 후설모음에 속하지만, 음성학적으로는 중설모음이라고 할 수 있다. 그렇게 볼 경우 한국어의 7모음 체계는 다음과 같이 나타낼 수 있다.

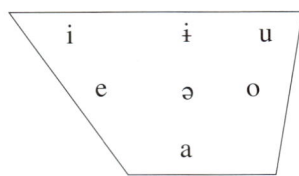

한국어를 배우는 외국인들은 한국어의 단모음 중 /ㅡ/와 /ㅓ/를 어려워한다. 이들과 유사한 음가의 단모음이 없는 언어가 많기 때문이다. /ㅡ/는 대개 중설모음 [ɨ]로 발음되지만 후설모음 [ɯ]로 발음될 수도 있다. 한국어의 [ɨ], [ɯ], [u] 모두 일본어의 모음 'う'에 해당한다. 따라서 한국어를 배우는 일본인으로서는 /ㅡ/와 /ㅜ/를 구별하는 것이 어렵고, /ㅓ/와 /ㅗ/를 구별하는 것이 어렵다.

2.2.2. 이중모음

이중모음(diphthong)은 핵모음(nucleus vowel)과 반모음(semi-vowel, glide)으로 이루어진다. 핵모음 앞에 오는 반모음은 상향 반모음(on-glide), 핵모음 뒤에 오는 반모음은 하향 반모음(off-glide)이라고 한다. 반모음이 핵모음 앞에 오는 이중모음은 상향 이중모음(rising diphthong)이라 하고, 반모음이 핵모음 뒤에 오는 이중모음은 하향 이중모음(falling diphthong)이라 한다.

세계 여러 언어에서 반모음으로 흔히 쓰이는 것은 [y](전설 평순)와 [w](후설 원순)이다.([w]의 자질 중 후설보다는 원순이 더 중요하다. 전설 원순 반모음 [ɥ]가 사용되는 언어도 있기는 하나, [w]와 [ɥ]가 음소적 대립을 보이는 경우는 드물다.) 포함하는 반모음이 무엇인가에 따라 이중모음을 y계 이중모음과 w계 이중모음으로 나눌 수 있다.

위의 두 가지 기준을 조합하면 총 4가지가 논리적으로 가능하다. 영어와 중국어에는 4가지가 다 존재하나(yes, we, by, now; 也ye, 王wang, 来lai, 好hao), 현대 한국어에는 상향 이중모음 2 계열(y계, w계)만 존재한다. 따라서 한국인이 외국어의 하향 이중모음을 발음할 때, 하향 반모음을 온전한 모음처럼 발음하여, 이중모음을 포함한 1음절을 결과적으로 2음절로 발음하는 일이 흔히 있다. 외국어를 한글로 표기할 때에도 이러한 경향이 표기에 반영

된다.(예: pay 페이)

한국어 w계 상향 이중모음의 경우, 핵모음이 후설모음이면 반모음이 후설의 [w]로 발음되나(예: 와 wa, 워 wə), 핵모음이 전설모음이면 반모음이 전설의 [ɥ]로 발음된다(예: 위 ɥi). 반면에 영어의 w계 상향 이중모음은 항상 후설의 [w]로 발음되며 원순성이 매우 강하다. 따라서 영어의 [wi]를 한국인이 발음할 때 [ɥi]로 발음하지 않도록 주의해야 한다. 예컨대 'language'를 한국인은 [læŋgɥidʒ]로 발음하기 쉬우나, 옳은 발음은 [læŋgwidʒ]인 것이다.

2.3. 초분절 요소의 대조

중세 한국어는 일본어처럼 피치 악센트(pitch-accent) 언어였다. 즉 하나의 어절(음운론적 단어) 내에서 악센트를 받는 음절은 다른 음절보다 높게 발음되었다. 현대로 오면서 경상도 등 일부 지역에는 피치 악센트 체계가 남아 있으나, 서울 등 다수 지역에서는 이 체계가 사라졌다. 중세 한국어의 상승조(rising tone)가 장음(長音)으로 최근까지 남아 있었으나, 현재 대다수 젊은 세대에서는 음장에 따른 변별마저도 소실되었다. 길이, 높이, 세기 등에 따른 초분절 요소의 대립을 거의 다 상실한 현대 젊은층의 한국인들은 그러한 초분절 요소의 대립이 있는 외국어를 배울 때 어려움을 겪게 마련이다.

일본어는 음장에 따른 대립이 매우 중요한 언어이다. 음장의 대립을 갖지 않는 대다수 한국인이 일본어를 배울 때 음장에 신경을 쓰지 않는 일이 간혹 있는데, 일본어를 말할 때 음장을 틀리면 일본인 청자가 제대로 알아들을 수 없다. 일본어에는 피치 악센트도 존재한다. 그래서 분절음은 완전히 동일한데 피치 악센트의 위치에 따라 뜻이 변별되는 단어 쌍이 존재한다. 예컨대 '柿(kaki)'(과일 '감')는 제2음절에 피치 악센트가 있고 '牡蠣(kaki)'(어패류 '굴')는 제1음절에 피치 악센트가 있다. 관동 방언과 관서 방언이 똑같은 단어에 대해 피치악센트에서 차이를 보이기도 한다.

중국어는 음절 하나하나가 높낮이에 따른 대립을 갖는 성조 언어(tone language)이다. 따라서 중국어를 배울 때에는 성조 하나하나에 신경을 써야 한다. 성조를 틀리면 중국인은 알아듣기 어려워한다. 필자가 베이징에서 택시를 타고서 행선지를 '리우리창(琉璃廠, liulichang)'이라고 했는데 성조를 틀리게 발음해서 택시 기사가 못 알아듣고 어리둥절해했다. 그래서 종이를 꺼내어 한자로 써 주니 기사가 그제서야 알아들었다.

영어는 강세 악센트(stress-accent) 언어이다. 즉 하나의 단어 내에서 악센트를 받는 음절은 다른 음절보다 세게(loudly) 발음된다. 분절음상으로는 완전히 동일해도 강세가 제1음절에 오느냐 제2음절에 오느냐에 따라 명사인지 동사인지가 결정되기도 한다(예: record). 강세를 틀리면 영어 화자가 못 알아들을 가능성이 높다. 필자의 지인이 미국에서 차를 몰고 빙엄턴(Binghamton)으로 가다가 휴게소에서 미국인에게 길을 물었다. Binghamton을 발음할 때 강세를 제2음절에 두어 발음했더니 그 미국인이 알아듣지 못해 어리둥절해했다. 차에 동승한 사람이 강세를 제1음절에 두어 발음하니 그제서야 알아들었다고 한다.

3장

문법의 대조

음운 체계에 비해 문법 체계는 매우 방대하며 음운 체계처럼 꽉 짜인 체계를 구성한다고 보기 어려운 면도 있다. 따라서 문법 체계를 구석구석 빠짐없이 살펴보기는 어렵다. 여기서는 대조언어학적 측면에서 한국어 문법의 특징적인 사항에 초점을 맞추어 살펴보겠다.

3.1. 지시사

지시사에는 현장 지시사(demonstrative)와 문맥 지시사(anaphor)가 있다. 현장 지시사는 담화 상황에 존재하여 화자와 청자가 눈으로 볼 수 있는 사물을 가리킬 때 사용되는 것으로서, 손가락 등으로 가리키는 제스처와 함께 사용되는 일이 많다. 문맥 지시사는 앞에서 말한 것을 가리킬 때 쓰인다. 세계 여러 언어에서 현장 지시사를 바탕으로 하여 문맥 지시사가 만들어지거나, 현장 지시사를 문맥 지시에도 전용하여 쓰는 일이 많이 있다.

세계 여러 언어의 현장 지시사 체계를 보면 거리 중심 체계와 인칭 중심 체계로 나뉜다. 거리 중심 체계는 화자를 기준으로 하여 지시 대상이 얼마나 멀리 떨어져 있는가에 따라 지시사가 분화되어 있다. 근칭과 원칭의 2분 체계, 근칭·중칭·원칭의 3분 체계 등이 있다. 인칭 중심 체계는 지시 대상이 화자에게 가까운 경우(화자 근칭), 청자에게 가까운 경우(청자 근칭), 화자·청자에게서 멀리 떨어져 있는 경우(원칭)로 구분한다.

영어, 중국어는 거리 중심 2분 체계이고(this, that; 这zhe, 那na), 한국어, 일본어는 인칭 중심 3분 체계이다(이, 그, 저; こko, そso, あa). 영어나 중국어의 체계가 단순하므로, 이들 언어의 화자가 한국어나 일본어 같은 체계를 배울 때에 어려움이 있을 수 있다. 학습자의 모어에서는 원칭 하나로 뭉뚱그려져 있는 것이 목표 언어에서는 청자 근칭과 원칭으로 구별되어야 하기 때문이다.

한국어에서는 현장 지시사 3계열 중 '이' 계열과 '그' 계열만 문맥 지시사로 전용되어 쓰이고, '저' 계열은 문맥 지시사로는 쓰이지 않는다. 반면에 일본어에서는 'こko, そso, あa' 3계열 모두 문맥 지시사로 전용되어 쓰인다. 이들이 문맥 지시사로 쓰일 때의 분화 조건은 지시 대상이 화자의 영역에 속하느냐(こko), 청자의 영역에 속하느냐(そso), 두 사람의 공동 영역에 속하느냐(あa)이다. 한국어의 문맥 지시사 '그'가 담당하는 역할을 일본어에서는 'そso'와 'あa'가 분담하고 있는 것이다. 따라서 한국인이 일본어를 배울 때 'そso'와 'あa'의 구별에서 어려움을 겪을 수 있다. 예컨대 두 사람이 함께 영화를 보고 나서 그 영화의 주인공에 대해 이야기할 때, 한국어에서는 '그 주인공'이라고 하지만 일본어에서는 'その(sono)主人公(shujinkō)'가 아니라 'あの(ano)主人公(shujinkō)'라고 한다. 영화를 함께 보았으므로 영화의 주인공에 대해 화자·청자 둘 다 잘 알고 있으며, 주인공이 특별히 둘 중 어느 한 사람의 영역에 속한다고 볼 이유가 없기 때문이다.

3.2. 어순과 조사

한국어와 일본어는 조사가 매우 발달하여 다양한 문법적 기능을 담당한다. 반면에 영어와 중국어는 조사 같은 요소가 빈약한 편이어서, 그 대신 어순이 중요한 문법적 기능을 담당한다.

문장 내의 요소 중 무엇이 주어이고 무엇이 목적어인가 하는 정보, 즉 논항의 문법 역할(grammatical role)에 관한 정보를 한국어·일본어에서는 조사로 표시하는 반면에, 영어·중국어에서는 어순으로 표시한다. 그래서 주어는 동사 앞에 오고 목적어는 동사 바로 뒤에 와야 한다.

영어·중국어에서는 어순이 주어와 목적어를 구분하는, 문법적으로 매우 중요한 역할을 하기 때문에 어순을 함부로 바꿀 수 없다. 즉 어순이 주어–동사–목적어(SVO)의 순서로 비교적 고정적이다. 반면에 한국어·일본어에서는 주어와 목적어 등의 문법 역할을 조사로 표시하므로 어순은 비교적 자유로운 편이다. 그래도 가장 자연스러운 기본 어순은 주어-목적어-동사/서술어(SOV)이다. 주어, 목적어 등의 요소는 어순이 자유로우나, 서술어는 문말에 와야 한다.

한국어·일본어에서 어순에 가장 크게 영향을 끼치는 것은 정보 구조(information structure)이다. 청자가 이미 알고 있는 구정보(old information, given information)에 해당하는 요소는 문장에서 앞에 오고, 청자에게 새로운 신정보(new information)는 문장에서 뒤에 오는 경향이 있다. 특히 문장 내에서 정보 가치가 가장 큰 요소, 즉 초점은 문말의 서술어 바로 앞에 오는 것이 보통이다. 예컨대 주어, 목적어, 여격어/처격어의 세 논항을 취하는 '주-', '두-' 등의 동사의 경우 아래에서 (a)와 (b) 두 가지 어순이 모두 가능한데, (a)는 목적어가 초점인 경우 적합하고 (b)는 여격어/처격어가 초점인 경우 적합하다. 예컨대 철수가 영희에게 선물을 주었는데 그 선물이 무엇인지가 관심의 대상인 맥락에서는 ❶(a)가 적합하고, 철수가 케이크를 어떤 친구에게 주었는데 그 친구가 누구인지가 관심의 대상인 맥락에서는 ❶(b)가 적합하다.

❶ a. 철수는 영희에게 케이크를 주었다.
　 b. 철수는 케이크를 영희에게 주었다.
❷ a. 철수는 테이블 위에 꽃병을 두었다.
　 b. 철수는 꽃병을 테이블 위에 두었다.

한국어에서 주어는 대개 문장에서 맨 앞에 오는데, 여기에 조사 '-이/가'가 붙을 수도 있고 '-은/는'이 붙을 수도 있다. 두 조사 중 어느 것이 붙는가는 정보 구조에 의해 결정된다. 즉 주어가 구정보일 때는 '-은/는'이 붙고 신정보일 때는 '-이/가'가 붙는다. '철수는 합격했다'와 '철수가 합격했다'의 차이를 살펴보면, 전자는 철수가 구정보로서 전제되어 있고 그에게 무슨 일이 일어났는지가 관심의 대상일 때 적합하고, 후자는 누군가 합격했다는 사실이 구정보로서 전제되어 있고 합격한 사람이 누구인지가 관심의 대상일 때 적합하다. 일본어의 조사 'はwa'와 'がga'의 대립은 한국어의 '-은/는'과 '-이/가'의 대립과 거의 비슷하다.(단, 한국어에서 '-이/가'를 쓸 자리에 일본어에서는 'はwa'를 쓰는 일이 간혹 있다. 예: 여기가 어딥니까? - ここはどこですか。)

정보 구조가 어순과 조사에 의해 함께 표시되기도 한다.

❸ a. 책상 위에(는) 꽃병이 있다.
　　b. 꽃병은 책상 위에 있다.

　책상 위에 어떤 물체가 있는데 그 물체의 정체가 관심의 대상일 때는 ❸(a)가 적합하고, 꽃병이 구정보로서 전제되어 있는데 그 위치가 관심의 대상일 때는 ❸(b)가 적합하다.
　문장 내의 특정 요소를 초점으로서 강조하고자 할 때에는 초점 요소와 나머지 부분을 분리해서 제시할 수 있다. 이럴 때 사용되는 구문을 분열문(cleft sentence)이라고 한다. '철수가 영희를 때렸다'라는 문장에 대해 영희를 초점으로서 강조하고자 할 때에는 '철수가 때린 것은 영희이다'라고 할 수 있고 철수를 초점으로서 강조하려 할 때에는 '영희를 때린 것은 철수이다'라고 할 수 있다. 영어의 분열문은 'It is [초점 요소] that [나머지 부분]'과 같은 구조로 표현된다.
　문장 내에서 어떤 요소가 초점·신정보인지는 문장 강세에 의해 표시될 수도 있다. 영어는 어순도 고정적이고 한국어의 '–이/가', '–은/는'에 해당하는 조사도 없기 때문에 정보 구조를 나타내는 방법이 제한되어 있다. 그래서 영어에서는 분열문이나 문장 강세가 주로 사용된다.

3.3. 한정성(definiteness)

　영어는 관사가 발달했다. 명사가 무엇을 지시하는지 청자도 알고 있다고 생각될 때에는 명사에 정관사/한정 관사(definite article)가 붙고, 명사가 무엇을 지시하는지 청자가 모를 것이라고 생각될 때에는 부정관사/비한정 관사(indefinite article)가 붙는다. 한국어에는 관사가 없기 때문에 한국인이 영어를 배울 때 정관사를 써야 할지 부정관사를 써야 할지 판단하는 데에 어려움을 겪게 마련이다.
　한국어는 조사가 발달해 있어서, 주어가 구정보일 때는 '–은/는'이 붙고 신정보일 때는 '–이/가'가 붙는다. 그런데 영어에는 그런 조사가 없기 때문에, 영어 화자가 한국어를 배울 때 주어에 '–은/는'을 붙여야 할지 '–이/가'를 붙여야 할지 판단하는 데에 어려움을 겪게 마련이다. 위의 두 경우 모두 모어에 없는 구별을 목표 언어에서 해야 하는 데에서 어려움이 발생한다.

그런데 구정보/신정보의 개념과 한정적/비한정적의 개념은 서로 다른 것이기는 하지만 둘 사이에 밀접한 상관관계가 존재한다. 구정보는 대개 한정적인 경향이 있고, 신정보는 대개 비한정적인 경향이 있는 것이다. 이 상관관계를 이용하면 한국인의 영어 관사 학습과 영어 화자의 한국어 '-은/는', '-이/가' 학습에 도움을 받을 수 있다. 즉 영어에서 정관사가 붙는 주어 명사를 한국어로 번역하면 조사 '-은/는'이 붙는 경향이 있고, 영어에서 부정관사가 붙는 주어 명사를 한국어로 번역하면 조사 '-이/가'가 붙는 경향이 있는 것이다. 아래의 예문에서 그러한 경향을 확인할 수 있다.

❹ a. Once upon a time, there lived an old man and a woman in a village. One day, the man went to a mountain to get wood, and the woman went to a river to wash clothes.
　b. 옛날 어느 마을에 할아버지와 할머니가 살고 있었습니다. 어느 날, 할아버지는 산에 나무하러 가고 할머니는 강에 빨래하러 갔습니다.

중국어에서 일부 자동사는 그 주어가 동사 앞에 올 수도 있고 뒤에 올 수도 있는데, 이때 주어가 동사 앞에 오는가 뒤에 오는가는 한정성이나 정보 구조에 의해 결정된다. 예컨대 '客人來了'는 손님이 구정보/한정적일 때 적합하고, '來客人了'는 손님이 신정보/비한정적일 때 적합하다.

3.4. 조사와 전치사의 분화

영어에 한국어의 조사 '-이/가', '-은/는'에 대응하는 문법 요소는 없지만, 그 밖의 한국어의 조사에 해당하는 요소가 영어에는 전치사로 존재한다. 한국어의 조사나 영어의 전치사는 명사에 붙어서 그 명사가 서술어가 나타내는 사태 속에서 어떤 역할을 하는가를 나타낸다.

그런데 명사가 사태 속에서 할 수 있는 역할은, 의미의 관점에서 구분해 보자면 매우 많은(아마도 100개 이상의) 종류가 있을 수 있다. 그런데 조사나 전치사 같은 문법 요소는 그 수가 매우 제한되어 있기 때문에, 그 많은 종류를 하나하나 구별해서 나타낼 수 없고, 부득이하게 여러 종류를 하나의 조사/전치사로 뭉뚱그려서 나타낼 수밖에 없다. 그런데 무엇과 무엇을 한데 합쳐서 나타낼 것인가의 선택은 언어에 따라 다르게 이루어진다.

　아래 표에서 [방향]과 [도구] 두 의미만 보면 영어에서는 [방향]을 'to'로 표현하고 [도구]를 'with'로 표현하여 두 의미가 분화되어 있지만, 한국어에서는 두 의미 모두 '-로'로 표현하여, 한국어의 조사의 분화 정도가 거친 것처럼 보인다. 그러나 [도구]와 [동반]이라는 두 의미에 주목하면, 거꾸로 한국어에서는 '-로'와 '-와/과'로 표현이 분화되어 있는 데 반해 영어에서는 두 의미 모두 'with'로 표현한다. 여기서 알 수 있는 것은, 체계 내의 특정 부분에만 시야를 좁게 한정하면 한 언어가 다른 언어보다 문법 요소가 더 세밀하게 분화되어 있는 듯이 보일 수도 있지만, 시야를 넓혀서 체계 전체를 보면 의미 영역을 가르는 경계선의 위치에 있어서 언어 간에 차이가 있기는 하지만 두 언어 중 어느 하나가 전반적으로 더 정교하게 분화되어 있다고 말하기는 어렵다는 것이다.

의미/기능	한국어	영어
방향	-로	to
도구		with
동반	-와/과	
명사구 접속		
동사구 접속	-고	and
절 접속		

　위의 표에서는 시야를 조사/전치사에만 한정하지 않고 영어의 접속사, 한국어의 연결어미까지도 고려하고 있다. [동반]을 나타내는 요소(with)와 절과 절을 접속할 때 쓰이는 요소(and)는 어느 언어에서나 분화되어 있다. 그런데 명사구와 명사구를 접속할 때 전자를 쓰는 언어(with-언어)도 있고 후자를 쓰는 언어(and-언어)도 있다. 전 세계 언어 중 전자와 후자가 각각 절반쯤 된다고 한다. 한국어는 전자의 예이고 영어는 후자의 예이다.

3.5. 인칭(person)과 화시(deixis)

담화 상황에 참여하여 수행하는 역할의 구분(화자, 청자)이 문법 체계 속에서 문법적 장치를 통해 체계적으로 표시되는 일이 있는데, 이것을 인칭이라고 한다. 인칭은 인칭대명사를 통해 표시되기도 하고 동사에 붙는 인칭 어미로 표현되기도 하며, 이 둘을 다 가진 언어도 있다.

또한 1인칭(화자), 2인칭(청자), 3인칭(화자·청자 이외의 존재)으로 삼분하는 인칭 체계도 있고, 1인칭과 2인칭의 두 항만으로 이루어진 인칭 체계도 있다. 각 인칭에서 단수형과 복수형이 흔히 구별되며, 3인칭은 남성형과 여성형이 구별되기도 한다.

1인칭 복수형이 다시 포괄형과 배제형으로 구별되는 언어도 있다. 한국어에서는 이 구별이 없이 모두 '우리'로 표현한다. '우리는 내일 소풍 간다. 너 부럽지?'라고 할 때의 '우리'는 청자를 제외한 배제형이고, '우리 내일 소풍 가기로 했으니, 너도 준비해라.'라고 할 때의 '우리'는 청자를 포함한 포괄형이다. 중국어의 일부 방언에서는 포괄형은 '咱们', 배제형은 '我们'으로 구별하기도 한다. '我们'을 두 경우에 모두 사용하는 방언도 있다.

영어를 비롯한 대부분의 유럽 언어는 1인칭, 2인칭, 3인칭 대명사가 모두 발달해 있다(세 인칭 체계). 반면에 한국어, 중국어, 일본어는 본래 3인칭 대명사가 없거나 있더라도 별로 사용되지 않았었는데(두 인칭 체계), 개화기를 거치면서 서양 언어의 영향으로 3인칭 대명사가 생겨났다.(한국어 '그, 그녀', 중국어 '他ta, 她ta, 它ta', 일본어 '彼kare, 彼女kanojo'). 3인칭 대명사를 새로 만들어 낼 때에는 대개 지시사 체계 내의 한 요소를 가져다 쓰는 일이 많이 있다. 한국어에서는 3인칭 대명사가 생겨나기는 했어도, 영어는 물론이고 일본어나 중국어와 비교해도 3인칭 대명사의 사용이 훨씬 덜 활발한 편이다. 이들 언어에서는 3인칭 대명사를 쓸 만한 상황에서도 한국어는 3인칭 대명사 대신 명사를 선호하는 경향이 있다. 예컨대 두 사람이 철수에 대해 계속 이야기를 하다가 그가 어디 사는지 궁금해할 경우 영어라면 'Where does he live?', 일본어라면 '彼はどこに住んでいるか'와 같이 3인칭 대명사를 쓰겠지만, 한국어 같으면 '철수 어디 살지?'라고 하지 '그가 어디 살지?'라고는 잘 하지 않는다.

한국어에는 2인칭 대명사가 분명히 존재하기는 하지만 청자에게 공손하게 말할 때에는 2인칭 대명사를 아예 사용하지 않는 경향이 있다. 평칭 2인칭 대명사 '너'에 대해 소위 존칭 2인칭 대명사라고 하는 '그대, 당신' 등이 있으나, 존칭 2인칭 대명사를 사용하는 것보다는 명사를 사용하는 것이 훨씬 더 공손한 말투이다. 청자의 직책, 역할에 따라 '선생님, 사장님, 과장님, 사모님' 등의 명사가 흔히 사용된다. 영어에서 윗사람이든 아랫사람이든 가리지 않고 2인칭 대명사 'you'를 사용하는 것과 대조적이다.

주어가 누구냐에 따라 동사에 인칭 어미가 붙는 현상이 중세 한국어에는 있었으나 현대 한국어에는 없다. 대신 특정 어미나 보조용언이 주어가 특정 인칭일 때에만 사용되는 현상은 존재한다. 예컨대 '-고 싶-'이 평서형으로 쓰일 때에는 주어가 1인칭으로 제한되고(단, 전지적 작가 시점의 소설에서는 3인칭에도 쓰일 수 있다.) 의문형으로 쓰일 때에는 주어가 2인칭으

로 제한된다. 주어가 3인칭일 때에는 '-고 싶어하-'를 써야 한다. 일본어의 'たいtai', 'たがる tagaru'는 '-고 싶-'과 '-고 싶어하-'에 거의 정확하게 대응된다.

상황에 따라 지시 대상이 달라지는 표현을 화시적 표현(deictic expression)이라고 하는데, '가다', '오다'는 화시적 동사의 대표적인 예이다. 화자 쪽으로의 이동일 때에는 '오다'를 쓰고, 그 외의 경우에는 '가다'를 쓴다. '가다', '오다'와 비슷하게 이동 동사가 화시적으로 구별되어 쓰이는 현상이 세계 대다수의 언어에 존재하는데, 그 구별의 양상이 완전히 동일하지는 않을 수 있다. 예컨대 영어에서 'come'은 화자 쪽으로의 이동뿐 아니라 청자 쪽으로의 이동을 나타낼 때에도 쓰인다. 화자 쪽으로의 이동이냐 청자 쪽으로의 이동이냐 하는 두 기준이 충돌할 때에는 후자를 오히려 더 중시한다. 그래서 전화로 상대방에게 그리로 이동하겠다고 할 때, 한국어에는 '곧 그리로 갈게'라고 하지만 영어에서는 'I will come to you'라고 한다. 한국어에서도 청자 쪽으로의 이동을 나타낼 때 '오다'를 쓰기도 하나(예: '철수가 너한테 언제 왔었니?'), '가다'-'오다'의 구별 문제에 있어서는 영어에 비해 청자보다는 화자를 화시의 중심(deictic center)으로서 더 중요시하는 편이다.

'주다'에 해당하는 개념이 수령자의 인칭에 따라 분화되어 있는 언어도 있다. 일본어에서 화자가 다른 사람에게 무엇을 줄 때에는 '上げるageru'나 'やるyaru'를 쓰고, 다른 사람이 화자에게 무엇을 줄 때에는 'くれるkureru'를 쓴다. 한국어에서는 다른 사람이 화자에게 무엇을 줄 때 일부 명령형에서 '주다' 대신 '달라, 다오'를 쓰는 현상이 있다.

3.6. 재귀사(reflexive)

하나의 문장 안에서 앞에 나온 명사구를 다시 가리킬 때 쓰이는 대명사를 재귀대명사 또는 재귀사라고 한다. 영어의 'myself, yourself, himself/herself', 한국어의 '자기' 등이 대표적인 예이다. 그런데 영어의 재귀사와 한국어의 재귀사는 여러 측면에서 차이가 있다.

영어의 재귀사는 선행사와 공논항(co-argument) 관계에 있어야 한다. 즉, 선행사와 재귀사는 같은 술어의 논항이어야 한다. 그런 관계에 있지 않으면 재귀사를 쓸 수 없고 대명사를 써야 한다.

❺ a. He praised himself/*him.
　　b. He loves his/*himself's mother.
　　c. He thinks that he/*himself is a genius.

공논항 조건을 기준으로 하여 대명사와 재귀사가 철저하게 역할 분담을 하고 있는 것이다. 한국어의 재귀사는 영어의 재귀사에 비하면 사용 범위가 더 넓다. 그래서 선행사와 공논항이 아닐 때에도 사용된다.

❻ a. 그는 자신/자기를 칭찬했다.
　　b. 그는 자기 어머니를 사랑한다.
　　c. 그는 자기가 천재라고 생각한다.

❻에서 '자기/자신' 대신 '그'를 전혀 사용할 수 없는 것은 아니나 영어 번역 투라는 느낌이 있으며 '자기/자신'을 쓰는 것에 비해 덜 자연스럽다.

영어의 재귀사는 선행사가 1인칭, 2인칭, 3인칭일 때 각각 사용되는 형태가 구비되어 있으나, 한국어의 재귀사 '자기'는 선행사가 3인칭일 때에만 사용되는 경향이 있다. 일본어의 재귀사 '自分jibun', 중국어의 재귀사 '自己ziji'도 한국어의 재귀사와 비슷한 특성을 보인다.

영어의 재귀사와 한국어의 재귀사의 이러한 차이는 재귀사의 발생 동기와 관련이 있다. 영어의 재귀사는 재귀적인 행위를 나타내는 방책으로서 생겨난 것이다. 통상적으로는 타자를 향한 행위를 나타내는 동사에 대해 주체 자신을 향한 행위를 나타내기 위한 특별한 장치가 다양하게 발달해 있다. 일부 유럽 언어에서는 동사에 접어(clitic)를 붙여서 재귀적인 행위를 나타내기도 한다. 영어처럼 목적어 자리에 재귀사를 씀으로써 재귀적인 행위를 나타내는 언어도 많이 있다. 영어의 'X-self', 한국어의 '자신' 등은 본래 강조사(intensifier)인데 재귀적인 행위를 나타내는 데에도 쓰이게 되었다.

반면에 한국어의 재귀사 '자기'는 3인칭 대명사나 지시사의 중의성을 해소하기 위한 방책으로서 생겨난 것이다. 만약 재귀사가 없는 언어에서 'He praised him'이라고 하면 그가 다른 어떤 사람을 칭찬했는지 자신을 칭찬했는지 중의성이 발생한다. 이런 중의성을 해소하기 위해 그가 자신을 칭찬했다는 의미일 때에는 재귀사를 사용하게 된 것이다. 이러한 중의성은 선행사가 1인칭이거나 2인칭일 때에는 발생하지 않는다. 따라서 한국어에서는 선행사가

1인칭이거나 2인칭일 때에는 재귀사를 사용할 필요가 없어서 사용하지 않는 것이다. 반면에 영어의 재귀사는 재귀적인 행위를 나타내기 위해 생겨난 것이고, 재귀적인 행위는 주어가 1인칭, 2인칭일 때에도 가능하므로 영어에서는 선행사가 1인칭·2인칭·3인칭일 때 모두 재귀사를 사용하게 된 것이다.

3.7. 복합 사건의 표현

어떤 사건을 표현할 때 그 사건의 방식/수단을 함께 표현하고 싶을 때가 있다. 예컨대 '나는 촛불을 껐다'라고만 할 수도 있지만 '나는 촛불을 (후) 불어서 껐다'라고 수단까지 함께 명시할 수도 있다. 촛불을 끄는 것과 같은 사건을 주 사건(main event)이라고 하고, 그 방식/수단이 되는 사건을 보조 사건(sub-event)이라고 한다. 한국어에서는 주 사건을 절의 주동사(main verb)로 표현하고, 보조 사건을 부사적 수식어로 표현한다. 반면에 영어에서는 보조 사건을 주동사로 표현하고 주 사건을 첨사(particle) 등의 부사적 수식어로 표현하는 일이 많이 있다.

❼ a. 나는 촛불을 불어서 껐다. ['불어서'=보조 사건/수식어, '껐다'=주 사건/주동사]
　　b. I blew the candle out/off. ['blew'=보조 사건/주동사, 'out/off'=주 사건/수식어]
❽ a. 총알이 피융 하고 내 옆을 지나갔다.
　　b. The bullet whistled past me.
❾ a. 연필이 테이블에서 굴러 떨어졌다.
　　b. The pencil rolled off the table.
❿ a. 병은 둥둥 떠서 동굴 안으로 들어갔다.
　　b. The bottle floated into the cave.

영어에서는 이렇게 인과관계의 순서에 따라 수단/원인을 주동사로 먼저 표현하고 그 결과로서 일어나는 일은 그 뒤에 2차 술어(주동사가 자동사일 때는 주격 보어, 주동사가 타동사일 때는 목적 보어)로 표현하는 일이 많이 있다. 동사가 기본적으로 5형식 동사가 아니더라도 목적어와 목적 보어를 추가하여 5형식으로 표현하는 일이 많이 있다.

⑪ a. He sneezed the napkin off the table.
   (그가 재채기를 해서 냅킨이 테이블에서 떨어졌다.)
   b. They danced their way into the room.
   (그들은 춤을 추면서 방 안으로 들어갔다.)
   c. He shouted himself hoarse.
   (그는 소리를 질러서 목이 쉬었다.)

어떤 목적을 가지고 하는 행위를 나타내는 동사를 과거형이나 완료형으로 사용할 경우, 영어에서는 그 목적이 달성되었음을 강하게 함축하는 일이 많으나, 중국어에서는 목적이 달성되었는지 여부에 대해 중립적인 경우가 많다.

⑫ a. He opened the door. (문이 실제로 열렸음을 강하게 함축함.)
   b. 他开了门。(문이 실제로 열렸는지 안 열렸는지 확실히 알 수 없음.)
⑬ a. He persuaded me to go home.
   (그의 설득에 의해 내가 집에 갔음을 강하게 함축함.)
   b. 我踢着了他。['踢'=주동사, '着'=결과 보어]
   (결과 보어 '着'가 없으면 나의 발이 그의 몸에 닿았는지 확실히 알 수 없음.)

그렇다 보니 중국어에서는 어떤 행위의 결과가 어떻게 되었는지를 나타내는 결과 보어(resultative complement)가 발달하게 되었다.

⑭ a. 他开开了门。[앞의 '开'=주동사, 뒤의 '开'=결과 보어]
   b. 我踢着了他。['踢'=주동사, '着'=결과 보어]
   (결과 보어 '着'가 없으면 나의 발이 그의 몸에 닿았는지 확실히 알 수 없음.)

동사가 나타내는 행위가 이루어졌을 때 그 목적이 달성되었는지를 얼마나 강하게 함축하는가 하는 측면에서 한국어는 영어와 중국어의 중간쯤 되는 듯하다. '설득하다'의 경우 중국어와 비슷하게 행동하고, '열다'의 경우 영어와 비슷하게 행동하는 듯하다. 목적이 달성되었음을 확실하게 표현하고 싶을 때에는 '-어 내-', '-어 버리-' 등의 보조용언 구성을 사용하기도 한다.

　전반적으로 복합 사건을 표현할 때 영어와 중국어는 인과관계의 순서를 도상적(iconic)으로 반영하는 경향이 있다. 수단·방식 등은 주 사건보다 앞에 표현하고, 결과·목적 등은 주 사건보다 뒤에 표현하는 경향이 있다. 한국어는 동사 서술어가 철저하게 절의 맨 끝에 오는 언어여서 그런지, 주 사건보다 앞선 수단이든 주 사건과 동시적인 방식이든 주 사건보다 뒤에 오는 결과·목적이든 모두 동사 서술어 앞의 부사어로 표현하는 경향이 있다. 일본어도 한국어처럼 동사 서술어가 철저하게 절 끝에 오는 언어이나, 한국어에서 동사 앞의 부사어로 표현하는 것을 일본어에서는 동사 뒤에 표현하는 일이 있다. 한국어의 '너무 달다'를 일본어로는 '甘(ama)すぎる(sugiru)'라고 하고, 한국어의 '다 없애다'를 '除き(nozoki)尽くす(tsukusu)'라고 한다.

　영어의 'to' 부정사 구문은 목적, 결과 등 다양한 의미를 나타낸다. 목적이든 결과이든 주 사건보다 시간적으로 뒤에 오고 문장 내의 위치도 주동사보다 뒤이므로, 인과관계의 순서가 어순에 잘 반영된다. 'to' 부정사가 목적을 나타낼 때에는 '-기 위하여'로 끝나는 부사어로 주동사 앞에 표현하면 된다. 반면에 'to' 부정사가 결과를 나타낼 때에는 주동사 뒤에 표현하는 것이 자연스럽다. 'Words are combined to form a sentence'를 '단어들은 문장을 형성하기 위해 결합한다'라고 번역하는 것은 부자연스럽고 '단어들이 결합하여 문장을 형성한다'라고 번역하는 것이 자연스럽다. 자연스러운 번역을 위해서는 'to' 부정사가 목적을 나타내는지 결과를 나타내는지 잘 판단해야 한다. 특히 주어가 무정 체언일 때에는 'to' 부정사를 결과로 해석하여 번역하는 것이 자연스러울 때가 많다.

4장

어휘의 대조

위에서 살펴본 예들 중 일부는 어휘 체계와 관련된 것도 있으나 문법 체계와 밀접하게 관련을 맺고 있어서 위에서 다루었다. 여기서는 비교적 순수히 어휘 체계와 관련된 대조 연구의 성과를 소개한다.

4.1. 색채어

인지·지각적인 관점에서 나눈 색채 범주에는 기본 색채 범주, 합집합 색채 범주, 교집합 색채 범주가 있다. 기본 색채 범주에는 Black(Bk), White(W), Red(R), Yellow(Y), Green(G), Blue(Bu)의 6개가 있다. 합집합 색채 범주는 둘 이상의 기본 색채 범주의 합집합이다. Green과 Blue의 합집합인 grue가 대표적인 예이고, 그 외에 Black/Green/Blue, White/Red/Yellow, Black/Blue, Red/Yellow, Yellow/Green/Blue, Yellow/Green 등이 발견된다. 교집합 색채 범주는 둘 이상의 기본 색채 범주가 섞인 것으로 느껴지는 범주이다. gray(= Black + White), pink(= White + Red), orange(= Yellow + Red), purple(= Blue + Red), brown(= Yellow + Black) 등을 예로 들 수 있다.

색채어들 중 고유어이자 단일어이고, 다양한 사물에 널리 적용되며 다른 색채어의 범위에 포함되지 않는 것을 기본 색채어(basic color term)라고 한다. 예컨대 '녹색', '핑크'는 외래어이기 때문에, '파랑−', '빨갛−', '꺼멓−'은 접미사 '−앟/엏−'을 포함하고 있는 복합어라서, 'blonde'는 적용 범위가 hair에 제한되어 있어서, 'pink'는 적용 범위가 'red'에 완전히 포함되기 때문에 기본 색채어가 아니다. 한국어의 기본 색채어로는 '희−', '검−', '붉−', '푸르−', '누르−'를 들 수 있다. 한국어 기본 색채어의 특징은 grue에 해당하는 '푸르−'라는 단어 하나가 blue와 green을 포괄한다는 점이다. 영어 등의 서양 언어들과 비교하면 한국어의 이러한 사실이 특이해 보이지만, 사실 한 조사에 따르면 세계 언어들 중 절반 이상이 영어보다는 한국어에 가까운 색채어 체계를 가지고 있다고 한다.

색채어 체계의 진화 과정은 아래와 같이 정리할 수 있다.

W/R/Y Bk/G/Bu	W R/Y Bk/G/Bu	W R Y Bk/G/Bu	W R Y G Bk/Bu	W R Y G Bu Bk
		W R/Y G/Bu Bk	W R Y G/Bu Bk	
I	II	III	IV	V

색채어 체계의 일부를 언어 간에 대조해 보면 색채 범주 사이의 경계가 정확히 일치하지 않는 일도 흔히 있고, 한 언어에서 둘 이상의 범주로 나뉘어 있는 것이 다른 언어에서는 하나의 범주로 합쳐져 있는 일도 흔히 있다.

한국어	영어	Welsh
푸르−	green	gwyrdd
	blue	glas
	grey	llwydd
	brown	

4.2. 친족 명칭(kinship term)

친족 관계를 나타내는 단어들도 꽉 짜인 체계를 형성하기 때문에 언어 간 대조 연구를 하기에 적합하며, 친족 체계를 잘 반영하기 때문에 언어학자들과 인류학자들의 관심을 많이 끌어 왔다.

일부 언어에서는 친족 관계를 주로 동사로 표현한다고 한다. 예컨대 'John fathers Bill'(존은 빌의 아버지이다)와 같은 식이다. 영어에는 그런 친족 관계 동사(kinship verb)가 매우 제한되어 있고 한국어에는 아예 없다시피 하나, 친족 관계를 나타내는 가장 일반적인 수단이 동사인 언어들도 있다는 것이다. 그러나 그런 언어는 소수이고, 친족 관계가 명사로 어휘화되어 표현되는 것이 훨씬 일반적이다.

한국어 고유어 친족 명칭들 중 위 항렬과 관련된 것을 살펴보면, '아비'와 '어미'를 기초로 하여 부모보다 더 위 항렬은 '할아버지'(〈한+아비), '할머니'(〈한+어미), 부모와 같은 항렬의 친족은 '아저씨'(〈앗+아비), '아주머니'(〈앗+어미)와 같이 나타낸다. 부모보다 더 위 항렬을 '조부', '증조부', '고조부'로 세분하는 것은 한자어에만 나타나고 고유어에는 나타나지 않는다. 부모와 같은 항렬의 친족을 한자어로는 '백부, 중부, 숙부, 계부', '고모, 이모, 숙모', '고모부, 이모부', '외삼촌/외숙' 등으로 세분하나, 고유어에서는 '아저씨'(경상 방언 '아재')와 '아주머니'(경상 방언 '아지매')로 통칭한다.

같은 항렬, 즉 동기(同氣, sibling)의 친족 명칭의 분화 양상은 아래와 같이 정리할 수 있다.

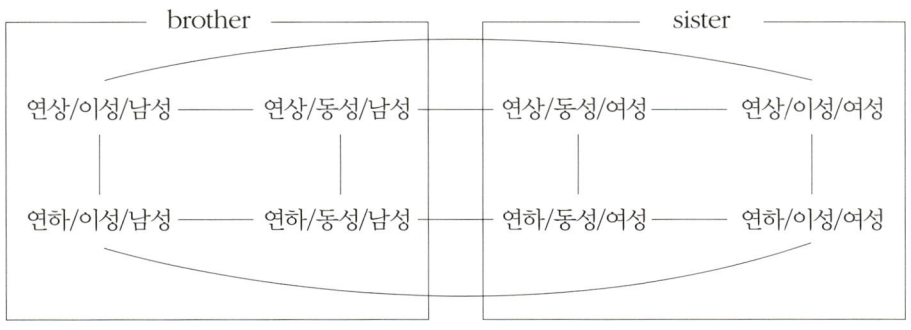

동기 의미지도: 영어

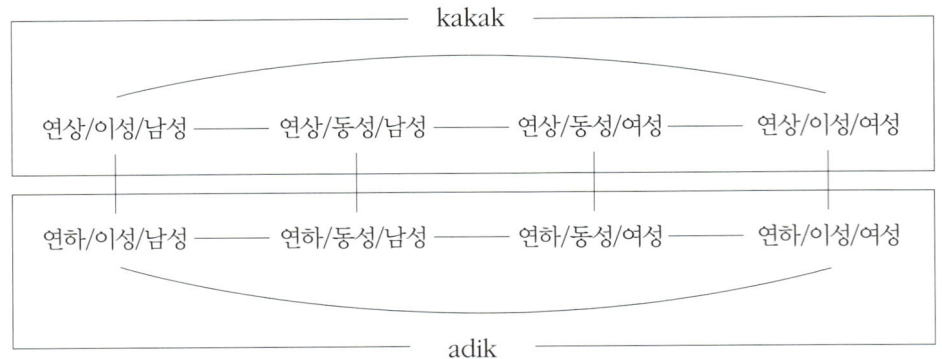

동기 의미지도: 인도네시아어

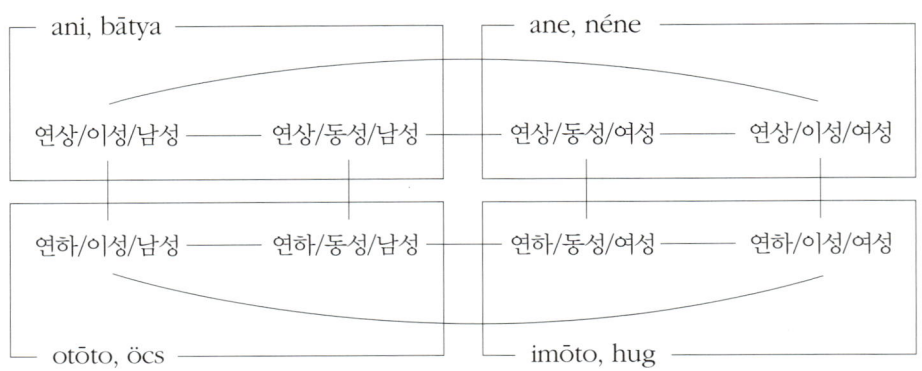

동기 의미지도: 일본어, 헝가리어

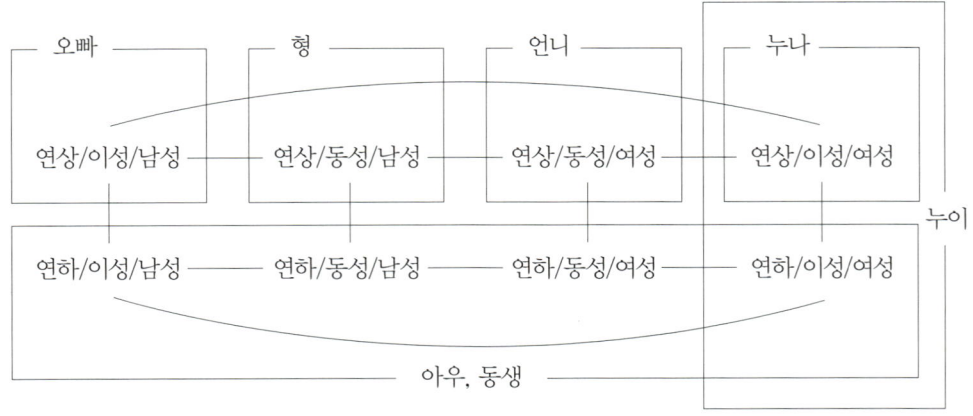

동기 의미지도: 한국어

손아래 동기에 대한 명칭은 별로 분화되어 있지 않고 '아우', '동생'으로 통칭한다. 반면에 손위 동기에 대한 명칭은 상당히 세분되어 있다. 영어에서 손위, 손아래를 구분하지 않고 성별에 따라 'brother'와 'sister'로 통칭하는 것과 비교하면, 한국어에서는 손위와 손아래의 구별을 중시한다고 할 수 있다. 그런데 헝가리어처럼 손위-손아래, 남성-여성의 기준에 따라 4개 범주로 나누는 데 그치지 않고, 손위 동기의 경우 기준점이 되는 사람이 남성인지 여성인지에 따라서도 '오빠'와 '형', '언니'와 '누나'로 더 구분한다는 것이 특징이다.

한국어에서는 친족 명칭을 친족 아닌 사람에게까지 확장해서 쓰는 것이 매우 일반적이다. 피가 섞이지 않았어도 아버지뻘 되는 사람은 '아저씨'로, 어머니뻘 되는 사람은 '아주머니'로, 조부모뻘 되는 사람은 '할아버지', '할머니'로 부르고, 나이 차이가 크지 않은 연장자는 '형', '오빠', '누나', '언니'라고 부른다. 친구의 어머니를 '어머니', '어머님'이라 부르고, 어머니의 친구를 '이모'라 부르고, 단골 식당이나 술집에서 일하는 어머니뻘 되는 여성을 '이모'라 부르기도 한다. 친족 명칭을 이렇게 확장해서 쓰는 언어는 한국어 외에도 많이 있다고 한다. 그래도 우리 주위의 친숙한 다른 언어들과 비교하면 한국어는 그런 경향이 강한 편이라고 할 수 있다.

4.3. 소유, 존재, 서술

영어의 'be'를 한국어로 번역할 때 '-이-'인 경우도 있고 '있-'인 경우도 있다. 영어에서는 '소유'를 'X have Y'라는 타동 구문으로 나타내는 데 비해, 한국어에서는 'X는 Y가 있-'이라는 형태의 구문으로 나타내는 것이 일반적이다. 'X가 Y를 가지고 있-'이라는 구문은 영어를 비롯한 서양 언어의 영향으로 최근에야 생겨난 구문일 가능성이 높다. 동사 '가지-' 자체는 '소유 상태'를 나타내는 것이 아니라 '취득 행위'를 나타낸다. 결과상의 '-고 있-'과 결합해서야 비로소 '소유 상태'를 나타낼 수 있게 된다. 요컨대 한국어에서는 '존재'와 '소유'를 모두 '있-'으로 표현한다. 이상의 사실은 다음과 같이 정리할 수 있다.

의미/기능	한국어	영어
서술	-이-	be
존재	있-	
소유		have

위 표에서 '서술(predication)'이라고 한 것도 더 세분할 필요가 있다. '~이 ~에 있다'를 처소 서술이라고 하고, '~은 ~이다'를 명사 서술이라고 한다. 영어 같은 언어에서는 형용사가 술어로 쓰일 때에도 계사가 필요한데, 이렇게 주어와 형용사 술어를 연결하는 기능을 형용사 서술이라고 한다. 이 세 가지 기능이 언어에 따라 분화되는 양상은 다양하다. 영어에서는 이 세 경우 모두 'be'를 사용하나, 이 셋 중 어느 둘을 합쳐서 한 단어로 나타내고 나머지 하나의 의미를 또 다른 단어로 나타내는 언어도 많이 있다.

의미/기능	한국어	Koromfe	Mauka	영어
처소 서술	있-	wẽ	yè	be
명사 서술	-이-	la		
형용사 서술	×		à	

위에서는 '존재'와 '처소 서술'을 마치 하나인 것처럼 다루었으나, 사실은 이 둘을 구별할 필요가 있다. '무엇(한정적)이 어디어디에 있다'라는 의미를 나타내는 용법은 '처소 서술(locational)'이라고 부르고, '어디어디에 무엇(비한정적)이 있다'를 의미하는 용법은 '존재(existential)'라고 부른다. '철수는 지금 집에 있다'는 처소 서술이고, '책상 위에는 책과 꽃병이 있다'는 존재의 용법이다. 한국어는 두 경우 모두 '있-'을 사용하나, 이 둘을 구별하는 언어도 많이 있다. 중국어에서 처소 서술에는 '在'를, 존재에는 '有'를 사용한다. 일본어에서는 처소 서술과 존재를 구별하지 않는 대신 유정물과 무정물을 구별한다. 유정물에는 'いるiru', 무정물에는 'あるaru'를 사용한다.

또 어떤 것을 제시하는 용법을 '제시(presentational)'라 하여 따로 구별할 필요도 있다. 존재와 제시에 별개의 표현을 사용하는 언어도 있다. 프랑스어에서 존재는 'il y a'로 나타내나 제시에는 주로 'voici', 'voilà'를 쓴다.

의미/기능	Malayalam	영어	프랑스어	한국어
처소 서술	aaṇə	be	être	있-
존재	uṇṭə	(there+)be	avoir (il y a)	(-이-)
제시			voici/voilà	-이-

4.4. 동사의 의미

하나의 동사 속에 주로 어떠어떠한 의미 성분(semantic component)이 들어 있는가 하는 측면에서도 언어 간에 차이가 있다. 이동 동사의 경우, 한국어에는 '들-, 나-', '오르-, 내리-' 등 이동 방향의 의미 성분을 포함한 이동 동사가 많이 있으나, 영어에는 'walk, run, creep, crawl, trot, stride, toddle, stroll' 등 이동 방식의 의미 성분을 포함한 이동 동사가 많이 있다. 한국어에도 '걷-, 달리-, 기-' 등 이동 방식의 의미 성분을 포함한 이동 동사가 있기는 하나 영어에 비하면 수가 훨씬 적다.

더 중요한 차이는, 영어의 경우 이들 이동 방식의 의미 성분을 포함한 이동 동사가 홀로 이동 사건을 나타낼 수 있으나, 한국어의 경우 이들 혼자서는 이동 사건을 나타낼 수 없고 '가-, 오-'와 결합해서 쓰여야만 이동 사건을 나타낼 수 있다는 것이다. 영어의 'He walked to the school'을 한국어로 '*그는 학교로 걸었다'라고 할 수는 없고 '그는 학교로 걸어갔다'라고 해야 하는 것이다.

앞서 3절 ❼에서 살펴본 것처럼 영어는 주 사건을 수식어로 표현하고 보조 사건을 주동사로 표현하는 일이 많다고 했는데, 'He walked to the school'도 그런 관점에서 분석할 수 있다. 즉 이동 방식이라는 보조 사건이 'walk'라는 주동사로 표현되었고, 이동이라는 주 사건과 이동 경로(path)가 'to the school'이라는 수식어로 표현되었다는 식으로 말이다. 또 다른 분석의 가능성은, 동사 'walk'가 이동 주 사건과 이동 방식의 의미 성분을 한 단어 속에 포함하고 있다고 보는 것이다. 'walk to the school'이라는 구문이 나타내는 이동 주 사건, 이동 경로, 이동 방식이라는 의미가 구문 내의 어떤 요소에 의해 표현되는가의 문제인데, 이렇게 구성 전체의 의미를 구성 요소들의 의미로 분석하는 것이 항상 확실한 결론을 얻을 수 있는 것은 아니다.

위에서 예로 든 영어 동사 'stride, toddle, stroll'의 경우 한국어로 번역하면 각각 '성큼성큼 걷다', '아장아장 걷다', '어슬렁어슬렁 걷다' 정도가 될 것이다. 영어에서는 동사 속에 들어 있는 의미 성분이 한국어에서는 의태부사로 표현되는 것이다. 의성어의 경우도 비슷한 경향을 볼 수 있다. 즉 한국어에서는 의성부사로 표현될 만한 의미 성분이 영어에서는 동사 속에 들어 있는 일이 흔히 있는 것이다. 그래서 영어에는 다양한 소리와 관련된 소리 내기 동사(sound emission verb)가 발달하였다.

⓯ a. The leaves rustled in the wind.
　　b. 바람이 불자 잎들은 바스스 소리를 냈다.
⓰ a. The wind rattled the windows.
　　b. 바람이 불자 유리창이 덜컥덜컥 흔들렸다.
⓰ a. The boys splashed across the stream.
　　b. 소년들은 철벅철벅 개울을 건너갔다.
⓲ a. The candle sputtered out.
　　b. 촛불이 바지지 하며 꺼졌다.

이렇게 두 언어에서 개념상 대응되는 단어가 서로 다른 품사로 어휘화되어 있는 일이 흔히 있다.

4.5. 어휘장과 변별 자질

몇 개의 항으로 이루어진 꽉 짜인 체계를 기술할 때, 체계를 구성하는 각 항을 서로 구별하여 주는 변별 자질(distinctive feature)을 이용하는 것이 효과적일 때가 많이 있다. 음운 체계는 그러한 변별 자질을 이용한 기술이 성공을 거둔 대표적인 사례이다. 어휘 체계에서도 그렇게 꽉 짜인 체계는 특히 어휘장(lexical field)이라 부르기도 하며, 변별 자질을 이용한 기술이 시도되기도 하였다. 그리고 그러한 기술은 어휘장의 언어 간 차이를 드러내는 데에도 효과적이다.

'old, young'과 관련된 의미를 나타내는 형용사들을 몇 개 언어에서 조사해 보면 아래 표와 같이 정리할 수 있다.

		라틴어	에스파냐	영어	한국어
+aged	인간	senex	viejo	old	늙-
	생물	vetulus			
	사물	vetus			낡-
−aged	인간	iuvenis	joven	young	젊-/어리-
	생물	novellus			
	사물	novus	nuevo	new	새

위의 각 단어를 변별 자질로 분석해 보면 아래와 같이 나타낼 수 있을 것이다.

[라틴어]

senex   [+aged, +alive, +human]
vetulus   [+aged, +alive, −human]
vetus   [+aged, −alive, −human]
iuvenis   [−aged, +alive, +human]
novellus   [−aged, +alive, −human]
novus   [−aged, −alive, −human]

[에스파냐어]

viejo   [+aged, ±alive, ±human]
joven   [−aged, +alive, ±human]
nuevo   [−aged, −alive, −human]

어떤 단어가 [+alive] 자질을 가질 때에는 [+human]과 [−human]의 구별이 의미가 있으나, [−alive]의 자질을 가질 때에는 [human] 자질에 대해서 당연히 − 값을 가질 것이다. 후자의 경우 [human]은 잉여 자질(redundant feature)이라고 한다.

위의 표에서 알 수 있듯이, 한국어는 [+aged]의 경우든 [−aged]의 경우든 생명이 있는 것과 없는 것을 구별하는 대칭적 체계를 가지고 있다. 라틴어는 생명이 있는 것과 인간과 기타 생물로 더 세분한다. 에스파냐어와 영어는 [−aged]의 경우에는 생명이 있는 것과 없는 것을 구별하나 [+aged]의 경우에는 구별을 하지 않는 비대칭적 체계를 가지고 있다.

강이나 호수 같은 것과 관련된 독일어와 영어의 단어들이 이루는 어휘장도 변별 자질로 효과적으로 분석할 수 있다. [흐름], [자연적], [큼]이라는 3개 자질로 여러 단어를 분석해 보면 아래 표와 같이 된다.

여기서 크기 자질의 경우 [+큼]과 [−큼]의 2개 값만으로 분석했는데, 사실은 자질 값을 더 세분하는 것이 좋을지도 모르겠다. 독일어에서 자연적인 흐르는 물을 나타내는 단어들을 크기의 측면에서 비교해 보면 'Strom'은 매우 크고, 'Fluss'는 좀 크고, 'Bach'는 좀 작고, 'Rinnsal'은 매우 작다. 영어의 경우 'river'는 크고, 'brook'은 작고, 'stream'은 중간쯤 된다고 할 수 있다.

중세 한국어의 'ᄀᆞᄅᆞᆷ'은 흐르는 것[江]과 고여 있는 것[湖]을 포괄하는 단어였다. 현대 한국어에서 'ᄀᆞᄅᆞᆷ'은 사라졌고 한자어인 '강'이 그 자리를 대신하게 되었는데, '강'은 흐르는 것만을 의미한다. '강'보다 좀 작은 것은 '내'(川)라고 한다. '내'보다 더 작은 것을 나타내는 단어로 '시내', '개울', '개천' 등이 있다. 일본어의 'かわkawa'는 자연적인 흐르는 물을 의미하는데, 크기와는 상관이 없다.

고여 있는 물을 나타내는 단어로 '호수', '(연)못', '늪' 등이 있다. '늪'은 깊이가 비교적 얕고 진흙이나 물풀이 잔뜩 있어서 걸쭉한 느낌을 주는 것을 말한다. '호수'와 '못'은 크기의 측면에서는 '호수'가 큰 것, '못'이 작은 것을 나타낸다. 둘 다 자연적인 것, 인공적인 것에 두루 쓰인다. '저수지'는 인공적인 고인 물을 나타내는 데에 쓰이는데, 만든 목적이 대개 물을 저장해 두었다가 농업용·산업용 등으로 쓰기 위한 것이다. 관상용으로 만든 것은 대개 '저수지'라고 하지 않고 '연못'이라고 한다.

5장

발상과 표현의 대조

여기서는 주로 한국어와 영어가 발상이나 표현에 있어서 어떤 차이가 있는지를 살펴본다. 일본어는 대체로 한국어와 비슷하다.

5.1. 인간 중심 대 상황 중심

영어는 모든 문장에 주어가 있어야 하고, 그 주어 자리에 인간을 놓는 강한 경향이 있다. 반면에 한국어에서는 인간을 전면에 드러내지 않고 상황 중심적으로 표현하는 경향이 있다.

⑲ a. This evening, they served chicken.
　b. 오늘 저녁 메뉴는 닭고기 요리였다.
⑳ a. I've lost a button.
　b. (내 옷의) 단추가 떨어졌다.
㉑ a. Finally we've come to conclusion.
　b. 마침내 결론이 났다.
㉒ a. We haven't even got running water.
　b. 여기는 수도조차 없습니다.

㉓ a. The workers at the factory have gone on strike, again.

　　b. 그 공장에서 또 파업이 시작되었다.

㉔ a. I heard shouting.

　　b. 비명소리가 났어.

㉕ a. What do you call this?

　　b. 이건 뭐라고 하죠?

㉖ a. We had a lot of snow this winter.

　　b. 올 겨울에는 눈이 많이 왔다.

㉗ a. What can I do for you?

　　b. 용건이 뭐죠?

㉘ a. We haven't got any bread yet.

　　b. 빵이 아직 안 나왔다.

㉙ a. You can't see the street for people.

　　b. 사람들로 가득 차서 길이 안 보일 정도다.

㉚ a. We had so little drinking water left ……

　　b. 게다가 마실 물도 바닥이 나서 ……

㉛ a. I can see a ship in the distance.

　　b. 멀리 배가 보인다.

㉜ a. What do you hear?

　　b. 무슨 소리가 들립니까?

　이와 관련된 것으로, 영어에서는 주체의 능동적이고 의식적인 행위로 표현하는 것을 한국어에서는 상황에 의해 어떠어떠하게 '된다'는 식으로 표현하는 일이 많다. 'What brought this on'을 한국어로 번역하면 '무엇이 이 상황을 야기했는가?'보다는 '어쩌다가 이렇게 됐지?'가 훨씬 자연스럽다. 'I think that~'를 한국어에서는 '~라고 생각합니다'라고 표현하기보다는 '~라고 생각됩니다'라고 '하다' 대신 '되다'를 사용해서 표현하는 일이 훨씬 많다. 그래서 영어는 '하다'형 언어, 한국어는 '되다'형 언어라고 하기도 한다.

5.2. 지각(perception)의 표현

위의 주제와 연관된 것으로서, 영어에서는 인간의 지각 행위에 초점을 두어 표현하는 반면에, 한국어에서는 지각된 상황 그 자체만 표현할 뿐, 인간의 지각 행위는 생략하는 일이 많다.

- ㉝ a. I opened the box, and found it empty.
  b. 상자를 열어 보니 아무것도 없었다.
- ㉞ a. But when he opened the door, he saw his wife sitting in an armchair with a television turn down low.
  b. 그러나 (그가) 문을 열자, 아내가 TV 볼륨을 낮게 해 놓고 안락의자에 앉아 있었다.
- ㉟ a. I found the quiz too difficult.
  b. (시험문제를 받아 보니) 문제가 너무 어려웠다.

5.3. 인간 전체 대 인간의 부분

영어는 인간 전체를 전면에 내세워 주어나 목적어로 표현하는 경향이 있는 반면에, 한국어는 인간 전체는 내세우지 않고 인간의 부분만 부각하여서 주어나 목적어로 표현하는 경향이 있다.

- ㊱ a. He has a big nose.
  b. 그의 코는 크다. / 그는 코가 크다.
- ㊲ a. I hear you.
  b. 네가 하는 말이 들린다.
- ㊳ a. He is a bit thin on top.
  b. 그는 정수리에 숱이 적다.
- ㊴ a. I have a pain in the head.
  a'. J'ai mal à la tête.
  b. (나는) 머리가 아프다.

㊵ a. He has broken a bone.
　　b. (그는) 뼈가 하나 부러졌다.
㊶ a. Pay no attention to him.
　　b. 그 녀석이 하는 말은 듣지 마.
㊷ a. I don't feel well.
　　b. 어쩐지 기분/느낌이 안 좋아요.

5.4. 무정물 주어 타동 구문

영어에서는 무정물을 주어/주체로 한 타동 표현을 자연스럽게 많이 사용하지만, 한국어에서는 그런 구문이 부자연스럽기 때문에 잘 쓰지 않는다. 한국어에서는 인간을 주체로 한 표현이나 상황 중심적인 표현으로 바꿔서 표현하는 것이 자연스럽다.

㊸ a. That episode drew Amaranta out of her delirium.
　　b. 이 사건으로 아마란타는 미몽에서 깨어났다.
㊹ a. The land doesn't mean anything to women.
　　b. 여자에게 토지/고향은 별/아무 의미가 없습니다.
　　b'. 여자들은 고향이 뭔지도 모른답니다.
㊺ a. The idea of the herd of elephants made the little prince laugh.
　　b. 왕자는 웃었습니다. 코끼리 부대라고 한 것이 재미있었던 것입니다.
㊻ a. The wheat fields have nothing to say to me.
　　b. 그러니까 보리밭 따위를 본다 해도 생각나는 건 없어.

5.5. 명사 중심 대 동사 중심

영어는 (특히 문어에서) 복합적인 내용을 하나의 명사구로 표현하는 일이 흔히 있다. 한국어에서 그런 표현을 그대로 직역하면 매우 어색하거나 이해하기 어려운 표현이 된다. 한국어에서는 동사구로 풀어서 표현하는 것이 더 자연스럽다.

㊼ a. The American invasion of Iraq caused various reactions from all over the world. (신문 기사)
b. 미국의 이라크 침공에 대해 세계 각국은 다양한 반응을 보였다.
b'. 미국이 이라크를 침공하자, 세계 각국에서 다양한 반응이 나왔다.

㊽ a. Your attention, please. (공항 등 공공장소에서의 안내 방송)
b. 안내 말씀 드리겠습니다.

㊾ a. Back from the beach, a quick note, for you to arrive while I'm in Maine. (전보문)
b. 해변에서 돌아왔음. 서둘러 적는다. 내가 메인 주에 있는 동안 도착하도록.

㊿ a. It was a question of life or death to me.
b. 내게는 사느냐 죽느냐의 문제였습니다.

㉛ a. This is John's new house, from whose purchase he earned enormous profit.
b. 이것은 존의 새 집인데, 이 집을 삼으로써 그는 막대한 이익을 얻었다.

㉜ a. After that, they are not able to move, and they sleep the six months that they need for digestion.
b. 그러면 움직일 수 없게 되어서 반년 간 자는데, 그 사이에 뱃속에서 소화가 되는 것입니다.

㉝ a. When I made the drawing of the baobabs, I was carried beyond myself by the inspiring force of urgent necessity.
b. 바오밥을 그릴 때, 꾸물거리고 있을 수 없다고 생각해서 열심히 그렸거든.

㉞ a. It contributed to my fascination for adulthood.
b. 그 일로 인해 나는 어른이 된다는 것에 더 도취하게 되었다.

어떤 것의 속성·성질을 묘사할 때, 한국어에서는 주로 동사 서술이나 형용사 서술을 사용하는 데 비해, 영어에서는 명사 서술을 선호하는 경향이 있다. ㉘~㉙에서 보듯이 한국어도 명사 서술을 전혀 사용하지 않는 것은 아니나, 영어에 비하면 이런 예가 매우 적은 편이다.

(55) a. He is a good swimmer.

b. 그는 수영을 잘 한다.

(56) a. He is a hard worker.

b. 그는 일을 열심히 한다.

(57) a. He is a frequent visitor to the library.

b. 그는 도서관에 자주 드나든다.

(58) a. He is a heavy smoker.

b. 그는 담배를 많이 피운다. / 그는 골초이다.

(59) a. He is a late riser.

b. 그는 아침에 늦게 일어난다. / 그는 잠꾸러기이다.

영어에서는 술어 명사를 목적어로 해서 'have', 'take' 등의 기능 동사(support verb)를 결합한 구문이 즐겨 사용된다. 한국어에서도 한자어 술어 명사 + 기능 동사 구문이 종종 쓰이나, 고유어 동사가 존재할 때에는 굳이 그런 구문을 쓰지 않는 일이 많다.

(60) a. You'll feel better if you have a little sleep.

b. 좀 자면 기분이 나아질 거다.

(61) a. Let's have/take a rest for a while.

b. 잠깐 쉬자.

(62) a. She gave me a broad smile.

b. 그녀는 나를 보고 방긋 웃었다/미소를 지었다.

(63) a. Make a sensible use of time.

b. 시간을 슬기롭게 이용해라.

(64) a. Excessive drinking will do you a lot of harm.

b. 술을 너무 많이 마시면/과음은 몸에 해롭다.

(65) a. Gentlemen have a preference for blondes.

b. 신사는 금발을 좋아한다.

(66) a. He makes all the major decisions.

b. 중요한 것은 모두 그가 결정합니다.

일본어도 영어와 비교하면 동사 중심적이지만 한국어만큼 철저하지는 않은 듯하다. 한국어에서는 동사적으로 표현되는 것이 일본어에서는 명사적으로 표현되는 일이 간혹 있다. 엘리베이터에 탈 때 엘리베이터 안의 사람에게 한국인은 '올라갑니까?', '내려갑니까?' 하고 물어보지만, 일본인은 '上ですか(ue-desu-ka, 위입니까)', '下ですか(sita-desu-ka, 아래입니까)' 하고 물어본다.

5.6. 경어법과 언어 행동의 차이

한국어는 경어법이 매우 발달한 언어이다. 그런데 다른 언어에도 한국어만큼은 아니지만 경어법과 비슷한 장치가 없지 않다. 특히 호칭(address term)에서 경어법이 잘 드러난다. 대개 이름(first name)만 부른다는 것은 상대방과 친밀하다는 뜻이고, 친밀하지 않은 사람을 부를 때에는 'Mr. Johnson', 'Professor Johnson', 'Doctor Johnson' 식으로 타이틀과 성(last name)을 사용한다. 이것은 한국어도 마찬가지이다. '철수야'와 '김 선생님'의 차이를 보면 쉽게 알 수 있다.

대화 상대방에게 어떤 경어법을 쓸 것인가, 즉 존대말을 쓸 것인가 반말을 쓸 것인가는 화자와 청자 사이의 상하 관계와 친소 관계에 따라 결정된다. 아랫사람은 윗사람에게 존대말을 쓰는 경향이 있고, 서로 친밀하지 않은 사람끼리는 존대말을 쓰는 경향이 있다. 그리고 윗사람은 친밀한 아랫사람에게 반말을 쓰는 경향이 있다.

친밀하지 않던 사람들이 친밀해짐에 따라 경어법 사용이 어떻게 변하는가를 보면, 한국과 미국에서 큰 차이를 볼 수 있다. 미국 대학에서 교수는 학생을 대개 이름(first name)으로 부른다. 학생은 처음에 교수를 'Professor Johnson' 식으로 깍듯이 부른다. 그런데 교수가 학생과 친해진 뒤 학생에게 '나를 그냥 이름(first name)으로 불러 달라'고 하면 학생도 교수를 이름(first name)으로 부르게 된다. 수직적이던 경어법 사용 양상이 친밀해짐에 따라 수평적으로 바뀐 것이다.

한국에서는 친밀하지 않은 사람끼리 서로 존대말을 쓰다가 친해짐에 따라 반말을 쓰게 되는 일이 흔히 있다. 그런데 두 사람이 완전히 대등하지 않고 나이든 지위든 어떤 면에 있어서 차이가 있을 때, 한 쪽은 반말을 쓰고 다른 쪽은 존대말을 쓰는 식으로 되는 일이 흔히 있다. 예컨대 회사 신입 사원과 1년 전에 입사한 연상의 선배가 서로 존대말을 쓰다가, 친해지면 신입 사원이 선배에게 '선배님 이제 저에게 말씀 낮추시죠' 하고 제안을 하여 선배가 그 제안을 받아들이는 식이다. 수평적이던 경어법 사용 양상이 친해짐에 따라 수직적으로 바뀐 것이다.

한국은 미국보다 상하 관계, 위계질서를 더 중시하는 듯하다. 경어법 사용 양상에도 이것이 반영된다. 아무리 친해도 나이가 한 살만 차이가 나면 연하자가 연상자에게 존대말을 쓰는 게 보통이다. 같은 동양권인 일본에서는 서너 살 차이 나도 친구 사이라면 서로 반말을 쓰는 일이 많은데, 한국은 철저하게 위계질서를 따지는 것이다.

이것은 꼭 윗사람이 아랫사람에게 강요해서만은 아닌 듯하다. 아랫사람이 오히려 윗사람 밑에 들어가는 것을 편하게 생각하는 면이 있다. 그래서 아랫사람이 윗사람에게 말을 놓으시라고 했는데도 윗사람이 아랫사람에게 계속 존대말을 쓰면 오히려 불편해하거나 서운해하기도 한다. 윗사람이 자신을 별로 친하게 생각하지 않는 표시라고 여기기도 한다.

상점에서 점원과 손님 사이에 인사를 어떤 식으로 주고받는가도 나라에 따라 차이가 있다. 예컨대 우리나라나 일본에서는 상점에 손님이 들어오면 점원이 대개 '어서 오세요' 하고 인사를 하는데, 손님은 이에 대해 가벼운 목례 정도는 할지언정 (이웃의 친한 가게가 아니라면) 인사말은 하지 않는 것이 보통이다. 반면에 서양에서는 손님도 점원에게 소리 내어 인사를 하는 것이 관례이다. 이런 관습의 차이를 모르면 작지만 문제가 발생할 수 있다. 유럽에 여행을 가서 상점을 둘러보던 한국인에게 점원이 인사를 했는데 한국인 손님이 아무 대꾸가 없어서 점원이 당황해하고 마음속으로 불쾌하게 여겼다는 이야기가 있다.

말하는 방식뿐 아니라 말할 때의 행동 방식도 사회·문화적 배경에 따라 차이가 있을 수 있다. 두 사람이 대화를 나눌 때 어느 정도의 거리를 유지하는 것이 적절한가에 관한 관습에서 동양과 서양이 차이가 있다. 동양에 비해 서양이 훨씬 더 가까운 편이다. 서양에서 한국어를 가르치는 교사에게 서양 학생이 수업 후 다가와서 질문을 하였는데, 학생은 계속 다가오고 교사는 계속 물러나는 일이 종종 있다고 한다. 학생은 서양의 관습에 따라 적정 거리를 유지하려고 다가가고, 교사는 동양의 관습에 따라 적정 거리를 두려고 물러난 것이다.

두 사람이 악수를 나눌 때의 거리도 서양이 더 가까운 편이다. 동양에서는 악수를 할 때의 거리가 비교적 멀다 보니, 아랫사람은 멀리서 허리를 상당히 많이 굽혀서 악수를 하게 된다. 동양식 절과 서양식 악수가 결합된 것이라고 볼 수도 있다. 서양은 두 사람이 가까이에서 허리를 전혀 굽히지 않고 악수를 하는 편이다.

5.7. 간접 화행

우리가 다른 사람에게 요청을 할 때에는 예컨대 '돈 좀 빌려 주세요'처럼 명령문을 사용하는 것이 가장 확실한 방법이다. 그러나 '돈 좀 빌려 주실 수 있어요?'처럼 의문문을 사용할 수도 있고 '돈 좀 빌려 주시면 좋겠습니다'처럼 평서문을 사용할 수도 있다. 요청의 화행이 성공적으로 수행되기 위한 예비 조건(상대방이 그 행위를 수행할 능력이 있음)을 묻거나, 진실성 조건(상대방이 그 행위를 수행하기를 화자가 정말 원함)을 언명함으로써 간접적으로 요청을 할 수 있는 것이다. 이런 발화 행위를 간접 화행(indirect speech act)이라고 한다.

간접 화행은 아마도 세계 모든 언어에 보편적으로 존재하는 현상일 것이다. 그렇기는 해도 간접 화행을 얼마나 자주 사용하는가 하는 것은 언어에 따라, 한 언어 내에서도 방언/지역에 따라 차이가 있을 수 있다. 일본에서 행해진 한 조사에 따르면 関東, 近畿 등 오래전부터 도시가 많이 발달한 지역에서는 간접 화행의 빈도가 높고, 東北, 九州 등 도시화가 상대적으로 뒤처진 지역에서는 간접 화행의 빈도가 낮다고 한다. 전통적인 농촌 마을에서는 공동체 내의 대부분의 사람들이 서로 잘 알고 친밀하므로 간접 화행처럼 예의를 차리는 공손성 장치에 별로 신경을 쓰지 않아도 되지만, 도시처럼 규모가 커지면 서로 친밀하지 않은 사람끼리 상호작용을 할 일이 많아지므로 간접 화행 같은 공손성 장치를 자주 쓰게 되는 것이다.

언어 간에도 간접 화행의 사용 빈도에 차이가 있을 수 있다. 일본어는 간접적, 우회적으로 말하는 경향이 매우 심한 언어이다. 'その辞書使ってもいいですか(그 사전 좀 써도 됩니까?)'나 'その辞書使わせてください(그 사전 좀 쓰게 해 주세요)'보다는 'その辞書使わせていただけませんか(그 사전 쓰도록 허락받을 수 없을까요?)', 또 그보다는 'その辞書使わせていただきたいんですけど……(그 사전 쓰도록 허락받고 싶습니다만……)'처럼 단정적인 말투를 피하고 우회적으로 완곡하게 표현하는 것이 공손하고 모범적인 일본어 표현법이라고 한다.

5.8. 환유

어떤 사물이나 행위(원관념)를 나타내기 위해서 그 사물이나 행위를 가리키는 관습적, 통상적 표현을 사용하지 않고 그 사물이나 행위와 밀접히 관련된 다른 사물이나 행위(보조관념)를 가리키는 다른 표현을 대신 사용하는 것을 환유(metonymy)라고 한다. 예컨대 '저기 저

바바리코트 누군지 아니?'처럼 '바바리코트'를 사용하여 바바리코트를 입은 사람을 가리키는 것이 전형적인 예이다.

원관념을 가리키는 더 직접적인 표현을 놔두고 굳이 보조관념을 사용해서 간접적, 우회적으로 원관념을 가리키는 방법을 사용하는 이유는 무엇일까? 원관념보다 보조관념이 인지적으로 더 현저하기 때문에 그럴 때가 많다. 용기로써 내용물을 가리키는 환유(예: 냉면을 세 그릇 먹었다. / 他就吃了三碗.(중국어) / You drink this bottle. I will drink that bottle.)가 대표적인 예인데, 이런 환유는 많은 언어에서 보편적으로 나타난다.

반면에 어떤 환유는 언어에 따라 사용 빈도나 활발함에 정도 차이가 있을 수 있다. 작가로써 작품을 나타내는 환유(예: Read/play Shakespeare. / Listen/play Beethoven.), 수도로써 그 나라 정부를 나타내는 환유(예: Moscow agreed to Washington's decision.) 등은 영어에서는 매우 활발하나, 한국어, 중국어, 일본어에서는 영어의 영향으로 그런 표현이 간혹 쓰이기는 하나 번역투의 느낌이 강하며 그리 활발하지 않은 편이다. 반면에 '밀가루를 구워서 빵을 만들다'라고 할 것을 '빵을 굽다'라고 하고 '물을 끓여서 커피를 만들다'라고 할 것을 '커피를 끓이다'라고 하는 식의 환유는 영어뿐 아니라(예: Bake bread/cake, boil tea/coffee) 한국어, 일본어, 중국어에서도 활발하다. 오히려 프랑스어는 영어에 비해 이 환유가 제한적이라고 한다. '컵에 물을 채우다'라고 할 것을 '컵을 채우다'라고 하고 '상 위의 접시들을 치우다'라고 할 것을 '상을 치우다'라고 하는 채우기-치우기 환유도 영어, 중국어, 한국어 모두 활발하다. "잊다"를 의미하는 중국어의 '忘', 일본어의 '忘れる'는 '把[사물]忘在[장소]', '[사물]を[장소]に忘れる'와 같은 형태로 쓰여 "잊고서 [사물]을 [장소]에 두고 오다"를 의미할 수 있다. 반면에 한국어는 '*우산을 버스에 잊다'와 같은 환유적 표현이 불가능하다.

영어는 본래 이동 동사가 아닌 것을 이동 구문에 사용한다든지(예: The fly buzzed into the room.), 본래 5형식 동사가 아닌 것을 5형식 구문에 사용한다든지(예: I blew the candle off.) 하는 식의 구문상의 환유가 활발한 편이다. 반면에 한국어는 동사를 이렇게 유연하게 사용하기가 어렵고 정해진 문형으로만 사용해야 하는 편이다. 구문/통사의 측면에서는 영어가 한국어에 비해 유연한 것이다. 반면에 담화/화용의 측면에서는 영어보다 한국어가 유연하다. 한국어에서는 굳이 말하지 않아도 맥락상 상대방이 쉽게 추측할 수 있는 것은 과감하게 생략하는 것이 가능하다. 영어는 그런 경우에도 문장성분의 생략이 쉽지 않다. 그래서 한국어는 맥락에 많이 의존하는 고맥락(high context) 의사소통, 영어는 맥락에 대한 의존도가 낮은 저맥락(low context) 의사소통의 경향이 있다고 말하기도 한다.

참고문헌

문용(1999), 『한국어의 발상·영어의 발상』, 서울대학교출판부.
石綿敏雄·高田誠(1990), 対照言語学, 桜楓社. 한국어판: 오미영 역(2004/2007), 『대조언어학』, 제이앤씨.
安藤貞雄(1986), 英語の論理·日本語の論理: 対照言語学的研究, 大修館書店.

외국어 습득론

이병민
서울대학교 사범대학 영어교육과

| 학습 목표 |

- 외국어 교육의 조건과 환경을 이해한다.
- 외국어 교육의 습득과정을 학습자의 측면에서 이해한다.
- 외국어 교육에서 이루어진 주요 연구 내용과 그 실천적 의미를 이해한다.

▶ ▶ ▶ 차례

1. 이중언어 사용자와 이중언어 사용의 보편화
2. 외국어로서 한국어를 배우는 동기
3. 언어 학습에 대한 견해
4. 모국어 습득과 외국어 습득
5. 외국어를 배운다는 것: 학습과 습득
6. 외국어 습득에 필요한 시간
7. 중간 언어(interlanguage)
8. 언어 표현의 창의성과 고착화의 이중성
9. 언어 능력과 문식력: 차이점과 유사점
10. 언어 학습 전략
11. 언어 학습의 몇 가지 원칙

▶ 참고문헌

1장

이중언어 사용자와 이중언어 사용의 보편화

20세기에 들어서 정보·통신·교통수단의 발달은 인간의 이동을 증대했다. 20세기는 끊임없이 인간이 추구해 온 새로운 세계에 대한 탐험이 그 절정에 이른 시기라고 볼 수 있다. 거기에는 사람들 간의 빈번한 교류가 필수적으로 뒤따르게 되었고, 그와 더불어 자신의 모국어 습득뿐만 아니라, 제2언어를 배우는 것이 때로는 당연한 것이 되었고 필수적인 사항이 되었다. 예를 들어 조선 시대에는 역관(譯官)이라는 직이 있어서 이들이 주로 외국과의 문물 교류와 소통의 매개자 역할을 수행했다. 민간의 교류나 이동이 활발하지 않았기 때문에 그들만으로 충분했다. 따라서 극소수의 사람들만이 다른 언어를 배울 필요가 있었으며, 일반 국민들은 자신의 모국어만으로 평생을 살아갔다.

그러나 오늘날에는 위에서 언급한 것처럼 외국어를 배운다는 것이 보편적인 현상이 되었으며 거의 모든 국민이 기본 공통 과정으로 적어도 한 가지 외국어를 배우게 되었다. 때로는 하나뿐만 아니라 2개 내지 3개의 외국어를 동시에 배우는 경우도 있다. 그만큼 전 세계적인 교류가 활발해지고 다변화되고 다양화되었다는 것을 의미한다.

21세기를 정보화 사회라고 한다. 정보화 사회라는 것은 단순히 책이나 종이로 된 신문을 통해서 이루어지는 정보의 교류를 의미하는 것은 아니다. 정보화 사회의 모습은 컴퓨터와 네트워크, 무선 통신망 등의 디지털이라는 매체를 통해서 이루어지는 글로벌 정보망을 의미한다. 그것을 통해서 사람들과 직접적인 의사소통을 하거나 다른 정보 매체를 통해서 정보를 찾고 정보를 구하는 것을 의미한다. 물론 그러한 소통은 어느 한 언어, 즉 자신의 모국어만으로 이루어지는 것은 아니다.

    이러한 측면에서 외국어를 배운다는 것은 21세기에는 매우 중요한 의미가 있다. 그것은 더 많은 정보에 노출되며 그 정보를 활용할 수 있다는 것을 의미하며, 더 많은 사람과 교류함으로써 더 많은 힘을 얻는 것을 의미할 수도 있다.

2장

외국어로서 한국어를 배우는 동기

최근 들어 인도나 동남아시아, 중국뿐만 아니라 전 세계적으로 한국어 교육에 대한 관심이 높다. 한국어를 배우고 한국어 시험을 보기 위해서 길게 줄을 선 사람의 모습을 신문지상에서 발견하고는 한다. 그러면 그들은 무슨 목적과 동기에서 한국어를 배우는 것일까? 왜 한국어는 그들에게 갑자기 주요한 외국어로 등장하게 되었을까? 이런 질문을 던져 보면 우리는 외국어를 배우는 것이 많은 경우 지극히 단순한 실용적 동기에서 출발하는 것을 알 수 있다. 다시 말해 외국어를 배울 때 그 실용적 동기, 즉 한국어를 배움으로써 이룰 수 있는 다른 어떤 목적을 이해할 필요가 있다. 아마도 많은 사람이 한국어를 연구하거나 한국어를 배워서 한국 고전문학을 연구하는 학자가 되거나 그 언어적 현상을 분석하기 위해서 배우지는 않을 것이다. 그렇다면 한국어나 한국문학을 대학원에서 공부하거나 연구하는 소수의 전문가를 제외한 나머지 사람들에 대한, 한국어 교육은 매우 실용적이어야 한다.

실용이라는 개념은 외국어 교육에서 매우 중요한 개념이다. 이전의 외국어 교육이 이루어지는 내용을 보면 문법이나 번역에 초점을 두었다. 이런 배경에는 19세기에 이루어진 학교 외국어 교육의 영향이 컸다. 외국어를 배우는 목적이 의사소통이 아니라 학업의 한 부분으로 고려되었기 때문에 논리적인 사고 훈련과 지적 훈련을 위한 외국어 교육이 강조되었다. 소위 문법을 중심으로 문장을 분석하고, 연습하고 외우는 외국어 교육 방법은 바로 이러한 이유에서 적용되었다. 이러한 방법은 라틴어를 배우던 방식에서 전수된 것으로, 라틴어는 이미 죽은 사어(死語)이기 때문에 그럴 수밖에 없었다. 당시에 외국어를 배우는 목적은 실용적인 목적뿐만 아니라 다른 목적이 있었다. 즉, 지적 훈련이 중요한 외국어 학습의 목적이었다. 문법을 분석하고 어려운 문장을 번역하는 훈련을 통해서 논리적 사고나 그와 관련한 지적 훈련을 할 수 있었다.

그러나 국가 간 교류가 확대되고 사람의 이동이 늘어나고 세계의 국가 간 경계가 무역이나 정보의 이동을 통해서 무너지는 상황에서 과연 외국어를 배우는 수많은 사람이 그런 지적 목적을 달성하기 위해서 외국어를 배워야 하는가 라는 회의를 하게 되었다. 그런 배경에서 외국어를 배우는 실용적인 목적, 즉 소통의 목적을 달성하기 위해서 외국어를 배우고 가르쳐야 한다는 의식이 나타나게 되었다. 즉, 외국어를 배우는 목적은 기본적으로 의사소통이며, 그러한 의사소통을 통해서 얻는 것은 새로운 정보이자 사람들과의 교류이며, 더불어 다른 다양한 실용적 동기이다.

여러 나라에서 외국어로서 한국어를 배우는 목적도 크게 다르지 않다. 따라서 일반적으로 한국어를 가르치고자 하는 사람들은 한국어를 배우는 사람들이 어떤 목적에서 새로운 언어인 한국어를 배우고자 하는지 이해할 필요가 있다. 또 그런 목적을 충족하기 위한 한국어 교육 과정과 교수 방법이 필요하다.

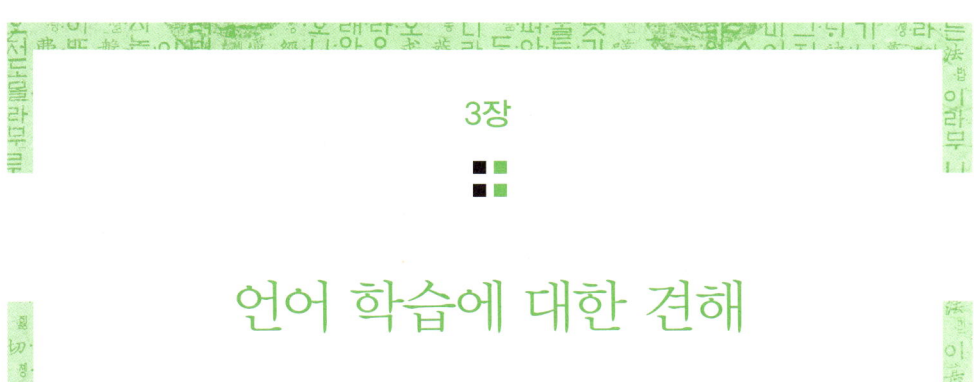

3장

언어 학습에 대한 견해

세상에 태어나서 자신의 모국어를 학습하거나 새로운 언어를 배우는 것은 어떤 과정을 통해서 어떻게 이루어지는 것일까? 이런 질문은 오랫동안 많은 사람의 관심을 끌었다. 물론 일반인들도 대충 어떻게 사람들이 언어를 배우는지 나름대로 식견이나 견해를 갖고 있다.

그러나 때로는 이런 생각이 과학적인 연구 결과를 통해서 관찰되고 밝혀진 내용과 다른 경우가 많다. 아래 설문 문항들을 이용해서 언어를 배우고 습득하는 것과 관련해서 우리가 어떤 생각을 하는지 알아볼 수 있다. 우선 12개 문항을 통해서 자신이 가진 언어 학습과 관련한 생각을 알아보자.

12개 문항에 대해서 어떤 답을 했고 무엇이 정답인지 살펴보면, 많은 경우 학자들에 의해서 밝혀진 내용과 일반인들이 답한 내용은 상당한 격차가 있다. 위의 문항에서 많은 경우에 'strongly agree(매우 동의한다)'나 'agree(동의한다)' 쪽으로 답을 했다면, 그런 생각은 학문적으로 밝혀진 그동안의 연구 결과와는 매우 상반된다. 따라서 외국어라는 새로운 언어를 가르치고자 한다면, 언어를 배우는 것이 어떤 의미가 있고, 사람들은 어떻게 새로운 언어를 배우고 어떤 과정을 거치는지 어느 정도 이해할 필요가 있다. 그런 면에서 이 글은 외국어 학습과 관련한 그동안의 연구나 원리 등을 소개하는 것으로 구성되어 있다.

1	Languages are learned mainly through imitation.
	strongly agree ⎯⎯│⎯⎯│⎯⎯│⎯⎯│⎯⎯ strongly disagree

2 Parents usually correct young children when they make grammatical errors.
   strongly agree ⎯⎯│⎯⎯│⎯⎯│⎯⎯│⎯⎯ strongly disagree

3 People with high IQs are good language learners.
   strongly agree ⎯⎯│⎯⎯│⎯⎯│⎯⎯│⎯⎯ strongly disagree

4 The most important factor in second language acquisition success is motivation.
   strongly agree ⎯⎯│⎯⎯│⎯⎯│⎯⎯│⎯⎯ strongly disagree

5 The earlier a second language is introduced in school programs, the greater the likelihood of success in learning.
   strongly agree ⎯⎯│⎯⎯│⎯⎯│⎯⎯│⎯⎯ strongly disagree

6 Most of the mistakes which second language learners make are due to interference from their first language.
   strongly agree ⎯⎯│⎯⎯│⎯⎯│⎯⎯│⎯⎯ strongly disagree

7 Teachers should present grammatical rules one at a time, and learners should practise examples of each one before going on to another.
   strongly agree ⎯⎯│⎯⎯│⎯⎯│⎯⎯│⎯⎯ strongly disagree

8 Teachers should teach simple language structures before complex ones.
   strongly agree ⎯⎯│⎯⎯│⎯⎯│⎯⎯│⎯⎯ strongly disagree

9 Learners' errors should be corrected as soon as they are made in order prevent the formation of bad habits.
   strongly agree ⎯⎯│⎯⎯│⎯⎯│⎯⎯│⎯⎯ strongly disagree

10 Teachers should use materials that expose students to only those language structures which they have already been taught.
   strongly agree ⎯⎯│⎯⎯│⎯⎯│⎯⎯│⎯⎯ strongly disagree

11 When learners are allowed to interact freely (for example in group or pair activities), they learn each others' mistakes.
   strongly agree ⎯⎯│⎯⎯│⎯⎯│⎯⎯│⎯⎯ strongly disagree

12 Students learn what they are taught.

[그림 1] 언어 습득에 대한 견해[1]

---

1) 이 표는 Lightbown과 Spada(1999)의 *How languages are learned*라는 책의 xv 쪽의 내용이다.

4장

모국어 습득과 외국어 습득

인간은 여러 가지 이유에서 자신의 모국어 이외의 말을 배운다. 가령 다른 나라로 이민을 가거나 유학을 가는 경우, 사업상의 목적 등 개인적인 이유에서 다른 나라의 말을 사용하는 사람과 접촉하기 위해서 외국어를 배우게 된다. 한편, 개인적인 선택의 문제라기보다는 사회-정치적인 이유에서 부모의 말인 자신의 모국어 이외의 말을 배우는 경우도 있다. 어느 국가에서 두 가지 언어를 공식으로 사용하거나 다른 지역의 사람들이 자신의 언어와는 다른 언어를 사용할 경우, 자신의 모국어 이외에 다른 언어를 배워야 하는 경우가 있다. 이밖에도 미래의 수요를 예상하고 학교 교육의 틀 속에서 외국어를 가르치고 배우기도 한다. 우리나라의 경우 영어를 외국어로 배우는 경우가 바로 이런 경우에 해당한다고 할 수 있다. 현실적으로 일상생활에서 많이 사용하지는 않지만, 학교 교육이라는 틀 속에서 미래의 수요나 시험이라고 하는 관문을 통과하기 위해서 그 제도 속에서 영어를 배워야 한다. 한편 순수하게 개인적인 관심이나 학문적 목적에서 다른 외국어를 배우기도 한다. 중국의 고전을 읽어 보기 위해서, 아니면 다른 나라 언어로 쓰인 소설을 읽어 보고 싶다거나 그 나라의 영화나 드라마를 보고 싶다는 극히 개인적인 관심 때문에 해당 외국어를 공부할 수도 있다. 물론 이렇게 자신의 언어가 아닌 다른 언어를 배우는 경우, 명확하게 이분법적으로 배우고자 하는 동기를 구분할 수 있는 것은 아니다. 때로는 개인적인 이유와 사회·정치적인 이유가 서로 맞물려서 자신의 언어가 아닌 다른 언어를 배울 수도 있다.

그럼에도 불구하고 외국어를 배우거나 가르칠 때 이런 조건이나 상황을 고려하는 것은 매우 중요하다. 모국어와 달리 다른 언어를 배울 때는 그것을 배우는 동기나 상황, 목적이 사람들마다 다를 수 있기 때문이다. 즉, 외국어를 배운다는 것은 생물학적으로 정해진 필연적인 과정(즉, 인간으로 살아가기 위해서 반드시 해야 하는 생물학적인 성장 과정의 일환으로 이루어지는 과정)이라기보다는, 개인적이고 사회적인 목적에서 출발한 행위일 가능성이 높기 때문이다.

자신의 모국어를 배울 때는 대개 주어진 정해진 조건 속에서 언어를 배운다는 것을 의식하지 못하면서 자신의 언어를 배우게 된다. 어떻게 보면 인간으로서 어느 한 사회에서 살아가기 위해서 생물학적이면서도 사회적 동물로서 자신의 모국어를 배운다. 따라서 이런 모국어 습득 과정을 인지적으로 의식하면서 자신의 모국어를 배우는 인간은 거의 없다. 그러나 자신의 모국어 이외에 다른 언어를 배우는 상황은 대개 의식적인 과정을 통해서 일어난다. 세상에 태어나서 동시에 두 가지 언어를 배우는 상황이 아니라면, 어느 정도 지적으로 성숙한 단계에서 배우는 또 다른 언어는 인간으로서 선택의 과정에서 결정하게 되는 것이다. 따라서 그런 선택의 과정에서 어떤 언어를 배우고, 왜 배우며, 얼마나 배울 것이고, 어떤 방법으로 배울 것인가 생각하고 의식적으로 선택하게 된다.

이런 결정과 선택의 과정에 학습자들이 부딪히는 상황, 사회 언어적 조건, 자신이 선택할 수 있는 학습 기회의 다양성 등이 외국어 학습에 주요하게 영향을 미치게 된다. 그런 점에서 새로운 언어를 가르치거나 배우고자 할 때 어떤 조건에서 어떤 동기를 가지고 왜 배우려고 하는지는 반드시 고려되어야 한다. 그런 점에서 모국어를 배우는 것과 달리 외국어 학습의 경우에 가르치기 때문에 다 배우고, 모두 똑같이 다 배울 수 있으며, 모두 잘 할 수 있다는 전제는 현실과는 맞지 않는다.

5장

외국어를 배운다는 것: 학습과 습득

자신의 모국어가 아닌 한 외국어를 배워서 자신에게 새로운 추가적인 언어로 만드는 과정은 그렇게 쉽지 않다. 그리고 외국어를 배우는 과정은 여러가지 다양한 방식으로 설명할 수 있다. 대표적으로 크라센(Krashen, 1982)이라는 학자는 외국어를 배우는 과정을 학습(learning)과 습득(acquisition)으로 구분했다. 이런 구분은 전통적으로 널리 활용되며, 일부 학자들은 이런 구분을 의식적으로 사용하기도 한다. 물론 이런 구분에 대해서 반대하는 학자들도 있다. 그러나 이런 구분은 이렇게 구분하지 않았을 때 나타나는 인식의 한계를 극복하고 외국어 학습의 새로운 면을 볼 수 있게 하는 촉진제 역할을 한다.

학습과 습득의 구분은 다음과 같이 설명할 수 있다. 학습은 의식적이며 명시적인 설명과 암기, 연습을 통한 언어 학습 과정이라고 할 수 있다. 쉽게 설명하면, 전통적으로 우리가 학교에서 영어를 가르치고 배우던 방식과 유사하다. 언어 규칙이나 문법 사항에 대한 구체적인 설명을 통해서 그 지식을 자신의 머릿속에 넣으면 그것을 바탕으로 언어를 자유롭게 사용할 수 있을 것이라는 생각이다.

크라센은 이런 방식으로 언어를 배우면 이런 지식이 실질적으로 언어를 사용하는 데 직접적으로 도움을 주지 못한다고 주장한다. 이런 지식은 충분한 시간적 여유가 있거나 읽기를 하거나 시험을 보거나 언어 현상 자체를 설명하는 데 도움을 줄 수 있을지 모르지만, 실제 그 언어를 사용하고 이해하고 의사소통하는 데 도움을 주지 못한다고 주장한다.

크라센은 한 외국어를 배워서 의사소통의 상황에서 적절하게 사용하기 위해서는 언어를 학습하는 것이 아니라 습득해야 한다고 주장한다. 습득은 무의식적인 언어 사용과 이해 그리고 상호작용의 과정을 통해서 이루어진다고 한다. 이렇게 얻은 언어 지식은 실재하지만 학습자가 의식하지 못하는 것이며, 이런 지식이 실제 언어를 사용하는 과정에서 동원되는 필요한 지식이라고 주장한다.

만약에 우리가 10여 년 동안 영어를 배웠음에도 불구하고 영어를 잘 하지 못하고 실제 상황에 부딪히면 말문이 막혀 버리는 상황을 어떻게 쉽게 설명할 수 있을까 되돌아보면 크라셴의 이런 이분법이 매우 설득력이 있다.

그러나 이런 직관적이고 설득력이 있어 보이는 주장에도 불구하고 이에 반대하는 의견도 있다. 즉, 의식적인 학습의 과정이 점차적으로 훈련을 통해서 무의식적인 과정으로 전이되고 또다시 오랫동안의 훈련과 연습을 통해서 이 지식이 자동화하고 무의식적으로 변해 간다는 생각이다. 이런 생각은 심리학에서 이루어진 학습과 관련한 연구들에서 많이 제기되고 있다.

다른 한편, 파라디스(Paradis, 2009)는 인간의 뇌와 언어의 관계를 연구하면서 인간의 언어 지식을 절차적 지식(procedural knowledge)와 선언적 지식(declarative knowledge)의 두 가지 형태로 구분한다. 그의 주장을 언어 학습이라는 측면에 적용해 보면 크라셴의 주장과 일맥상통하는 부분이 있다. 선언적 지식은 일종의 명시적인 지식으로 학습자가 명시적이고 의식적으로 알고 기억하는 지식이다. 반면, 절차적 지식은 학습자가 의식하지 못하고 무의식적이며 자동화한 형태의 지식이다. 즉, 절차적 지식은 습득의 과정을 통해서 얻을 수 있는 형태의 언어 지식이라면, 선언적 지식은 학습을 통해서 얻을 수 있는 지식이다.

그리고 이 두 가지 형태의 지식이 서로 상호작용하는 것은 아니라고 주장한다. 그의 연구 결과를 보면, 이 두 가지 형태의 지식은 서로 독립적으로 이루어져 있으며 서로 간접적인 방식으로 교류할 수 있을지 모르지만 직접적으로 선언적 지식이 절차적 지식으로 전이하지는 않는다고 주장한다.

만약 이 둘이 서로 직접적으로 소통하거나 하나의 지식 형태에서 다른 형태로 전이되지 않는다면 결국 학습을 통해서 얻은 명시적 지식이 언어를 수행하는 데 필요한 절차적인 지식으로 전이하지 않는다는 것을 의미한다.

다시 말해서 명시적으로 한국어 문법이나 규칙을 알고 그것을 외웠다고 해서 한국어를 말하는 데 필요한 모든 지식을 얻었으며 그것을 기반으로 한국어를 자연스럽게 발화할 수 있다고 할 수 없다는 뜻이다. 많은 한국인들이 영어를 10년 동안 배우고 공부했지만 영어를 잘하지 못하는 것은 그런 선언적이고 명시적인 지식이 영어를 말하는 데 도움을 주지 못한다는 반증이다. 영어나 다른 외국어를 발화할 때 여러 가지 지식이 필요한데, 이런 것들은 때로는 무의식적으로 작동하는 형태의 지식이다. 이것은 한국어를 가르치거나 영어를 가르치는 교사가 직접 의식적으로 집어넣어 줄 수 없다. 오로지 구체적인 상황과 맥락에서 그 언어를 사용함으로써 얻을 수 있는 지식이다.

이렇게 보면, 크라셴의 학습과 습득의 구분은 유용해 보이며, 외국어를 가르치는 과정에서 이런 구분을 고려할 필요가 있다. 전통적인 방식으로 문법을 설명하고 의식적으로 문장의 구조를 가르치는 형태보다는 구체적인 맥락에서 자신을 표현해 보는 연습이 중요하다는 것이다.

6장

외국어 습득에 필요한 시간

외국어를 배우는 데 얼마나 많은 시간이 걸릴까? 이 질문을 던지는 이유는 여러 가지이다. 그중 한 가지는 일반적으로 외국어를 어느 수준 이상으로 배우는 것에 대해서 어느 정도의 노력과 시간이 들어가야 하며 얼마나 잘할 수 있는가에 대한 생각이 없이, 외국어 학습에 임한다는 것이다. 즉, 언어 학습에 어느 정도의 시간과 노력이 필요한지 잘 깨닫지 못하는 경우가 많다.

언어 습득에 필요한 시간에 대해서 정확한 과학적인 계산은 불가능하고 개인마다 약간의 차이가 있다. 한 언어를 배우는데 특히 외국어의 경우에는 개인이 가진 생물학적인 언어 학습 능력뿐만 아니라, 개인이 가진 동기, 개인이 가진 언어 학습 능력, 개인이 처한 사회적 상황, 외국어 학습 경험, 개인의 성격 등 여러 가지 변수에 의해서 달라질 수 있다. 그러나 적어도 5년 정도는 그 문화권에서 살아야 한다는 것이 거의 공통된 의견이다. 한편, 어린이들이 자신의 모국어를 배울 때 흔히 모국어 습득에서 강조하는 것이 인간은 언어습득을 위한 기본적인 능력을 타고난다는 것이다. 그럼에도 불구하고 어린이가 태어나서 자신의 모국어를 습득하기까지 소요된 시간을 계산하면 만 4세에 이르기까지 약 9,000시간에서 11,680시간 정도 된다.(이병민, 2003)

이 엄청난 시간은 단순하게 듣고 말하는 능력을 습득하는 데 쓴 시간이다. 아이들이 자신의 모국어를 습득하는 과정에서 읽고 써 본 경험은 거의 없기 때문에 이 시간은 순수하게 듣고 말하는 데 들어간 시간이다. 이것을 외국어를 학습하는 경우에 적용해보면, 하루에 한 시간 연습하여 11,680시간을 채우려면 약 32년이 걸린다. 반대로 하루 8시간 연습한다면 약 4년 걸린다.

언어 습득의 문제를 다룰 때 환경을 가리키는 양육(Nuture)이냐 아니면 타고난 인간이 가진 언어 능력 본성(Nature)이냐 하는 논쟁이 있지만, 외국어 습득에서 언어 노출 환경의 중요성은 더욱 크다. 본성(Nature)은 어떤 측면에서는 언어를 배우고자 하는 학습자에게 이미 있는 부분이어서 그런 언어 능력이 무엇인가 하는 점은 학문적인 관심의 대상이 될 수는 있지만, 그 부분을 외국어를 가르치는 교사의 입장에서 어떻게 변화시킬 수는 없다. 따라서 교사는 물론이고 외국어를 학습하는 학습자가 어찌할 수 있는 것은 양육(Nuture) 부분인데 그동안 많은 경우에 이러한 부분에 대한 연구가 미흡했을 뿐만 아니라 그 역할에 대해서 크게 주목하지 않았다.

그러나 학습자의 입장에서 스스로 해당 외국어를 사용할 수 있는 조건을 만들어 나가거나 자기만의 학습 환경을 만들어가는 노력은 매우 중요하다. 즉, 외국어 학습은 학습자 스스로 가지고 태어난 생물학적인 조건뿐만 아니라, 본인이 스스로 어떤 학습 환경을 만들어가고 조성하며 참여하는가에 달려 있다. 그런 점에서 본성과 함께 양육되는 환경이나 노출의 정도 그리고 스스로의 노력과 적극적인 참여는 외국어 교육에서 특히 중요한 부분이다.

7장

중간 언어

외국어 능력 발달과 관련하여 지난 40여 년 동안 이루어진 수많은 연구 중에서 가장 중요한 의미를 가진 개념의 하나는 중간 언어(interlanguage)이다. 직접적으로 외국어 학습자들의 언어 발달을 연구한 것을 보면 학습자의 언어 발달은 이분법적으로 발달하지 않는다. 다시 말하면 디지털 방식처럼 외국어를 모르던 상태에서 외국어를 아는 상태로 전환이 명시적이고 절대적인 방식으로 이루어지지 않는다. 어린이가 자신의 모국어를 배우는 과정에서 이미 증명된 것처럼, 외국어를 배우는 경우에도 다양한 중간 단계의 언어 형태가 나타난다. 이것을 학교 외국어 교육에서는 오류(error)라고 표현하지만, 오류가 아니라 외국어를 배우는 과정에서 나타나는 중간 단계의 언어인 중간 언어라고 본다. 즉, 완벽한 외국어 체계도 아니고, 그렇다고 해서 자신의 모국어 체계도 아닌 그 중간 단계의 모습이라는 것이다.

쉽게 이해하면 콩글리쉬(Konglish)를 영어를 배우는 한국인 학습자들이 사용하는 중간 단계의 중간 언어라고 보면 된다. 한국인들이 영어를 조금씩 사용하게 되면서 나름의 언어 체계를 갖추게 되고, 그 언어는 나름의 규칙성을 띠지만 실제 영어와는 많은 차이가 있다. 그렇다고 해서 그 언어를 잘못된 언어라고 보기 보다는 외국어를 배우는 과정에서 자연스럽게 나타나는 중간 단계의 영어라고 본다. 즉, 발달 단계에서 어쩔 수 없이 나타나는 오류이며 이런 오류들이 섞여 있는 언어가 중간 언어이다. 한국어를 배울 때 부정의 표현을 다양하게 가르쳐 주지만, 배운 지 얼마 안 된 한국어 학습자들은 대부분 부정의 표현 '안'(no)을 붙여서 표현한다. 이런 형태는 또 다른 부정 표현인 '–지 않다'의 표현보다 훨씬 널리 사용된다. 비록 두 표현을 모두 동시에 배울 수 있지만 한국어를 배우는 외국인은 '안'이라는 표현을 '-지 않다'는 표현보다 훨씬 일찍 쉽게 배운다. 그리고 이 표현을 확장해서 적절하지 않은 상황에서도 사용하게 된다. 중간 언어 단계에서 이런 표현들이 나타나게 되고, 어떤 면에서 보면 학습자가 체계적으로 한국어라는 외국어를 배워가는 과정으로 이해할 수 있다.

그런데 지나치게 이런 오류를 고치려고 하거나 바꾸어 보려는 노력이 무의미한 단계가 있다. 이런 표현은 발달 단계에서 자연스럽게 나타나는 현상이며, 적절한 때가 되어야 다음 단계로 나아갈 수 있다.

이처럼 중간 언어 개념은 외국어를 배우는 과정에서 나타나는 많은 틀린 표현이 실은 발달 단계에 있고, 이런 것들을 억지로 수정하는 것이 적절하지 않을 수도 있으며, 오류를 오류로 보아서는 안 된다는 함축적인 의미를 갖는다.

8장

언어 표현의 창의성과 고착화의 이중성

언어 학습은 암기하는 과정인가? 흔히 우리가 영어를 배운 경험을 생각해 보면 '무조건 암기해야 한다'라는 말을 많이 들었다. 그러면 과연 암기하는 방법이 가장 좋은 외국어 학습 방법인가? 만약 암기를 해야 한다면 뭘 암기해야 하는가? 어떤 것은 아무리 암기해도 별 효과가 없지 않은가? 암기 이외의 다른 효과적인 언어 학습 방법은 없는가?

여기서 먼저 언어가 무엇인지 살펴볼 필요가 있다. 언어는 암기된 지식인가 아니면 다양한 차원의 언어 지식이 서로 규칙적으로 결합되어 표현되는 창조적 활동인가? "How are you?"하고 물어보면 많은 경우에 "I'm fine, thank you, and you?" 한다. 그러나 때로는 "Fine, thanks, and you?"하기도 한다. 물론 때로는 그날의 기분이나 생각에 따라서 "Pretty damn good."이라고 말할 수도 있다. 이처럼 언어를 배울 때, 표현을 암기해서 "How are you?" 하면 "Fine, thanks, and you?"하고 외우면 간단하게 듣고 말할 수는 있다. 그 한정된 상황에서 상대방이 그런 정확한 표현을 사용해주면 그렇게 조금 의사소통을 할 수 있지만, 실질적인 언어 능력이라고 보기는 어려우며 매우 기초 단계의 언어 능력이라고 할 수 밖에 없다. 왜냐하면 인간의 언어를 통한 상호 소통에서는 이런 정해진 방식과 순서에 의해서 정해진 표현을 그대로 반복하지 않기 때문이다.

인간이 언어를 사용해서 대화하고 이해하는 인지적 과정을 보면, 인간은 암기한 문장을 머릿속에 저장했다가 그때그때 상황과 필요에 따라서 그대로 끌어다가 표현하는 존재가 아니다. 따라서 실제 상황에서 필요한 의사소통 능력을 갖추기 위해서는 다른 차원의 언어 능력을 갖추어야 한다. 만약 정해진 표현을 모든 상황에 일정하게 사용한다면 아마도 인간의 언어 능력은 오늘날 컴퓨터 수준에 불과할 것이다. 몇 가지 정해진 표현을 입력해 놓고 그런 표현이 들릴 때마다 똑같은 방식으로 표현하는 아주 초보 단계의 컴퓨터처럼 말이다.

사람들이 외국어를 배우는 경우에도 이런 단계는 물론 있다. 'What's your name?'이라고 말하면 어떤 식으로 답하고, 'How old are you?'라고 물으면 어떤 식으로 답하는 식의 정해진 표현과 정해진 틀 속에서 이루어지는 상호작용의 경우가 그렇다. 마치 정해진 표현만을 이해할 수 있는 컴퓨터나 일부 어린이 영어 학습용 장난감처럼 이런 언어 학습은 가장 초보 단계에서 보여주는 행동 양식이다. 물론 그렇다고 해서 초보 단계부터 이런 식으로 가르치고 학습하는 것은 추후의 언어 학습이나 발달에 크게 도움이 되지 않는다. 아마도 이런 식의 언어 학습은 약 일주일 정도 어느 나라를 여행하는 것이 목적이라면 적절한 학습 방법이 될 수 있다.

그래서 결국 언어를 학습하는 과정에서 지나치게 표현의 정확성과 문법적 지식에 집착하는 것은 실제 인간의 외국어 습득 과정이나 발달을 이해하지 못한 행동이다. 학생들에게 창의적인 표현의 기회를 주는 것이 학습 초기 단계에서부터 중요하다. 문제의 정답과 오답에 집착하고 문법적으로 옳은가 옳지 않은가에 집착하고, 올바른 완벽한 표현을 구사해야 한다고 믿는다면 우리는 창의적인 언어 표현을 하지 못하게 된다. 겉으로는 유창해 보이지만 실제로는 새로운 상황에서 의사소통을 할 수 있는 능력을 제대로 갖추지 못한 반쪽짜리 언어 학습이며 능력이다.

9장

언어 능력과 문식력: 차이점과 유사점

세종대왕이 한글을 발명했다고 할 때 영어로 어떻게 표현할까? 영어로 번역된 것을 보면, 흔히 "King Sejong invented the Korean language."라고 번역한 경우를 많이 본다. 그런데 이 번역문을 자세히 들여다보면 세종대왕이 글자인 한글을 발명한 것이 아니라 우리말인 한국어를 발명한 것이 된다. 그렇다면 우리는 이전에 한국어가 아니라, 중국어를 사용한 것이 되는가? 아니면 일본어를 사용했다는 말인가? 이 사례는 아주 작은 오류에 불과하지만, 사람들이 혹시 말과 글을 구별하지 못하는 것은 아닌지 궁금하다. 언어를 듣고 말하는 능력과 언어를 읽고 쓰는 능력은 비슷하지만 전혀 다른 차원의 언어 능력이다. 영어를 배우는 경우에도 우리는 이런 구분을 하지 않는 경우가 많다. 영어라는 언어를 잘하기 위해서 실제 영어를 듣거나 말해보는 훈련을 하는 것이 아니라, 영어 단어를 외우고 열심히 문법을 연습하고 책을 읽는 경우를 본다. 그러면 이것은 영어라는 언어를 배우는 것인가 아니면 영어라는 글을 배우는 것인가? 글과 말은 같은 언어 능력이기는 하지만, 근본적으로 다른 차원의 언어 지식이다. 다른 차원의 언어 지식이기 때문에 배우는 과정도 다르고 가르치는 방식도 달라야 한다. 또한 그런 언어 능력이 구현되는 방식도 다르다. 즉, 말을 한다고 해서 읽고 쓰는 것이 아니며, 읽고 쓸 수 있다고 해서 말을 잘 할 수 있는 것도 아니다.

우리가 흔히 언어라고 할 때 언어는 듣고 말하는 인간의 의사소통 도구를 가리킨다. 현대 언어학에서 인간의 언어 능력을 다룰 때나 인간의 언어 능력은 타고난 것이라고 말할 때, 그 언어 능력은 듣고 말하는 능력이다. 인간이라고 한다면, 반드시 듣고 말할 수 있어야 한다.

물론 청각 장애우인 경우 듣지는 못하지만 수화를 사용해서 말을 할 수 있다. 그 경우도 물론 소리로 언어를 표현하는 것은 아니지만, 손을 통해서 표현할 수 있기 때문에 언어 능력이 있는 것으로 이해한다. 다시 말해 인간이라면 소리나 손을 이용해서 자유롭게 자신의 생각이나 감정을 표현할 수 있다. 왜냐하면 어떤 인간이든 언어를 배울 수 있고 언어라는 수단을 통해서 소통할 수 있는 능력을 타고났기 때문이다.

그러나 이런 타고난 능력에 읽고 쓰는 능력은 포함되지 않는다. 세상에는 말은 하지만 그 말을 표현할 수 있는 문자를 모르는 사람들은 얼마든지 많기 때문이다. 인류가 수천수만 년 동안 언어를 통해서 소통을 할 수 있었지만, 문자를 통해 소통한 기간은 몇 천 년에 불과하다. 얼마 전에 인도네시아의 어느 섬 찌아찌아 족에게 한글을 전해 줘서 문자 생활을 할 수 있게 했다는 뉴스는 그들에게 언어는 있었지만 문자가 없었다는 것을 보여 준다.

다시 말하면 이런 구분은 듣고 말하는 것을 배우는 것과 읽고 쓰는 것을 배우는 과정은 다르며 습득의 과정 역시 다르다는 것을 보여준다. 따라서 배우고 가르치는 활동도 달라야 한다. 우리가 학교를 다니면서 영어를 배우고 가르칠 때 무엇을 배우고 가르쳤으며 그래서 결과적으로 어떤 영어 능력을 갖게 되었는지 생각해 보면 답은 명확해진다. 우리는 대부분의 영어 학습 기회를 영어를 읽고 쓰는 데 소비했다. 영어를 언어라고 여기고 듣고 말하는 데 소비한 시간은 거의 없었다. 학교 영어 수업도 마찬가지며, 학교 밖의 영어 학습도 그랬다. 그런 결과로 비록 영어를 10여 년 배웠다고 하지만, 실질적으로 영어를 듣거나 말해 본 경험은 거의 없다. 그래서 영어라는 글은 조금 읽지만 영어라는 말은 잘 하지 못한다.

다시 정리하면 글을 읽는 능력인 문식력(文識力, literacy skills)과 듣고 말하는 능력인 언어 능력(language skills)은 구분될 필요가 있다. 그것은 한국어라는 외국어를 배우는 사람이나 가르치는 사람에게 모두 해당되는 내용이다. 물론 최근에는 총체적 언어 교육(whole language approach)이라고 해서 구분 없이 네 가지 언어 능력을 통합적으로 가르치기도 한다. 그것은 문명 사회에서 살아가는 데 이 네 가지 언어 능력이 모두 필요하기 때문이다. 그렇다고 해서 네 가지 언어 능력을 배우고 가르치는 과정이 동일하다는 뜻은 아니다. 실제 한국어를 배워서 일상에서 사용하는 경우, 말은 하지만 읽거나 쓰지 못한다면 매우 불편할 것이다. 그러나 각 언어 능력이 갖는 경중은 다를 수 있다. 읽거나 쓰는 능력은 이름 정도나 한글 알파벳 정도로 족할 수 있으며, 말하는 능력이나 듣는 능력이 더 많은 경우에 유용하게 사용될 수도 있다. 또 같은 문식력이나 언어 능력에서도 수동적인 언어 능력이 능동적인 언어 능력, 즉 말하거나 쓰는 능력보다 더 많이 사용될 가능성이 높다. 그런 면에서 각 언어 능력이 어떻게 습득되고 어떤 목적에 어느 정도 사용되는지 고려해서 한국어 교육을 설계하거나 교육과정을 만드는 것은 매우 중요하다.

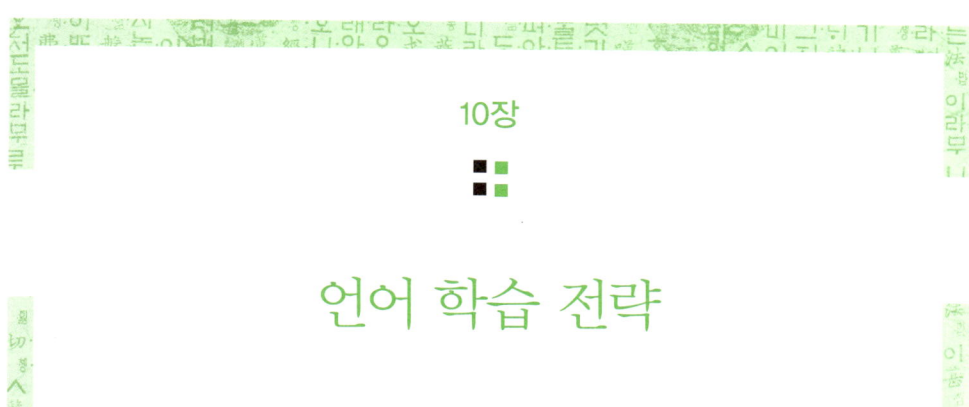

10장

언어 학습 전략

나이먼 등(Naiman et al., 1978)이 언어를 학습하는 학습자들 사이에 사용하는 전략에서 학습자들마다 차이가 있다고 지적한 이래, 언어 학습 전략에 대한 더 체계적이고 과학적인 접근이 이루어졌다. 이 장에서는 언어 학습 전략에 대한 정의를 간단히 살펴보고자 한다.

웬든과 루빈(Wenden and Rubin, 1987)은 언어 학습이라는 것을 여러 가지 학습의 한 부분으로 이해하고, 언어 학습 전략이란 특정 언어와 관련하여 정보를 얻고 저장하고 필요에 따라서 불러내고 사용하는 과정에서 학습자가 사용하는 여러 가지 장치(tools)나 조치(steps) 등을 가리키는 것으로 이해했다. 따라서 언어 학습 전략이라는 것은 언어 학습이라는 과제를 수행하기 위해서 학습자가 수행하는 활동뿐만 아니라, 그러한 학습 활동을 통제하고 제어하기 위해서 행하는 여러 가지 활동을 포함하는 것으로 이해한다. 따라서 그러한 활동은 1) 실제 학습자가 행하는 구체적인 행위, 2) 학습자가 행하는 구체적인 활동에 대한 지식, 3) 언어 학습 활동의 제 양상에 대한 지식 등을 포함한다.

오맬리와 샤못(O'Malley와 Chamot, 1990)은 웬든과 루빈의 정의와 유사하지만, 언어 학습 전략을 더 구체적으로 인지적 정보 처리라는 측면에서 접근한다. 그들의 정의에 따르면, 언어 학습 전략은 "특정한 사고나 행위들로서 그러한 활동은 개인이 새로운 정보를 이해하고 학습하고 저장하는 것을 원활하게 하기 위해서 사용하는 것이다."(235쪽)라고 설명한다. 이러한 정의는 인지심리학 중에서도 앤더슨(Anderson, 1980)의 정보 처리 과정 이론에 이론적 근거를 둔다.

이들이 제시한 학습 전략은 인지적인 측면뿐만 아니라, 상위-인지적(meta-cognitive)이고 사회/정의적(socio/affective)인 전략을 함께 포함한다. 즉, 단순하게 개인의 학습을 통해서 일어나는 인지적 활동뿐만 아니라, 그러한 활동을 촉진하고 조장할 수 있는 사회적인 관계나 정의적인 측면까지 포함한다.(O'Malley, Chamot, Stewner-Manzanares, Kupper, & Russo, 1985)

한편, 옥스퍼드(Oxford, 1989; 1990)는 학습 전략이 학습자가 주도하는 행위나 행동이며, 그러한 활동을 통해서 학습자가 학습의 효율을 높이고 스스로 통제하며 학습 활동을 더 즐길 수 있다고 비교적 이해하기 쉽게 설명한다. 그에 따르면 언어 학습 전략이란 다음과 같다.

> specific actions, behaviors, steps, or techniques that students (often intentionally) use to improve their progress in developing L2 skills. These strategies can facilitate the internalization, storage, retrieval, or use of the new language. Strategies are tools for the self-directed involvement necessary for developing communicative ability. (Oxford, 1992/1993, p. 18)

언어 학습 전략을 분류한 것을 보면 행위의 측면뿐만 아니라 인지적이고 정서적이며 사회적인 측면을 모두 포함한다.

마지막으로 코언(Cohen, 1998)은 전략을 언어 학습 전략(language learning strategies)과 언어 사용 전략(language use strategies)으로 구분하였다. 언어 학습 전략이란 언어를 학습하면서 의식적이며 명시적으로 사용하는 전략이다. 이러한 전략들은 배우고자 하는 언어에 대한 지식과 이해를 높이기 위해서 사용하는 학습 전략이다. 인지 전략, 상위 인지 전략, 정의적 전략, 사회적 전략 등이 이에 속하는 것으로 본다. 언어 사용 전략은 이미 학습된 내용이나 정보를 활용하고 익히는 것과 관련된 전략이다. 구체적으로 이미 학습된 정보를 효율적으로 다시 끄집어내는 전략, 학습한 언어 구조나 표현을 연습하는 전략, 아직은 미숙하지만 그러한 지식을 사용하여 의사소통 상황에서 적절하게 수행하는 데 필요한 전략 등을 포함한다.

이러한 여러 가지 언어 학습 전략에 대한 정의들을 종합해 보면, 서로 약간씩 다른 관점에서 출발하며, 특히 인지적인 측면에서 출발한 전략이라는 개념과 학습자의 자율적이고 의식적이며 통제적인 학습 행위의 측면에서 출발한 개념 두 가지가 주류를 이룬다. 언어 학습 전략에 대해, 옥스퍼드가 사용하고 분류한 내용과 오말리와 샤못이 사용한 정의와 내용에는 서로 상이하면서 중복되는 측면이 있다. 어떤 면에서 정신적인 활동을 주로 의미하는 것으로 이해할 수 있으나, 실제로 학습 전략이라고 사용하는 예를 보면 정신적 활동과 함께 실제 이루어지는 눈에 보이는 행위를 모두 포함한다. 즉, 인지, 상위 인지, 정의적 전략과 함께 사회적 전략을 모두 전략의 이름 아래 분류한다. 따라서 학습 전략이라는 것은 눈으로 직접 관찰이 가능한 행동과 함께 간접적이며 직접 관찰은 힘들지만 실제적으로 인지적 학습 활동에 참여하는 인지적이고 상위 인지적인 학습자의 의식적이고 무의식적인 인지적 활동을 포괄적으로 정의하는 것으로 이해할 수 있다.

그러나 최근에 도르네이와 스케한(Dorney and Skehan, 2003)은 언어 학습 전략에 대해서 새로운 대안을 제시한다. 그들의 설명에 의하면, 학습의 인지적인 측면을 강조하든 학습 과정에 일어나는 사회적 행위의 측면을 강조하든, 대부분의 경우 언어 학습 전략을 인지적 전략, 상위인지 전략, 사회적 전략, 정의적 전략으로 나누어서 설명할 수 있다. 또 이러한 학습 전략의 인지적 측면과 사회-정의적 측면의 이론적인 혼돈과 애매함을 극복하기 위해서 최근에는 자기 조정 학습(self-regulatory learning)이라는 개념으로 대체하고 있다. 즉, 자기 조정 학습에서는 학습자가 자신의 학습 과정을 효율적으로 조정하기 위해서 행하는 모든 활동을 포괄한다.

> self-regulation is clearly distinct from measures of mental ability, and the self-regulated learner can be portrayed as "calling on a library of information and applying a suite of varied skills during studying activities in which achievements are forged" (Winne, 1995, p. 173). (Dorney & Skehan, 2003 : 612)

그렇다면 그것이 인지적인 사고 행위인지 아니면 정의적·사회적 행위인지 굳이 구분할 필요성이 줄어든다.(Dorney와 Skehan, 2003) 어떤 면에서 보면, 한 학습자가 의식적으로 자신의 학습을 수행하고, 학습을 돕고, 학습의 효과를 높이고, 더 나은 바람직한 결과를 가져오기 위해서 행하는 수많은 의식적인 인지적, 사회적 활동을 하나의 개념으로 이해해서, 자기 조정 학습이라고 대체하는 것이다. 즉, 학습자가 얼마나 의식적이고 의도적으로 자신의 학습을 통제하고 조정해가느냐에 따라서 그것은 어떤 면에서 자기 조정이라는 하나의 개념 틀 속에서 이해될 수 있다.

이런 학습 전략에 대한 관심은 학습이라는 행위가 실은 교실이라는 제한된 공간에서 일어나는 교사와 학습자 사이의 관계만으로 보지 않기 때문에 주목하는 것이다. 교실이라는 공간에서 일어나는 학습은 매우 제한적이며 그런 학습을 통해서 언어 학습이나 발달을 보장하기 어렵다. 오히려 학습자들이 수업 외의 공간과 시간 속에서 무슨 활동을 하고 어떻게 자신의 학습을 통제하고 어떤 전략적인 행위를 하는가 하는 점이 더 중요하다. 이런 면에서 교사는 가르치는 것에 만족하지 않고, 학습자들의 자율적인 개별 학습이나 활동을 도와줄 수 있는 전략적인 면에 대해서도 고려할 필요가 있다.

예를 들어 듣기의 경우 학교 수업 시간에 듣기 활동이 제한적으로 이루어질 수밖에 없다면, 교과 외로 할 수 있는 활동(예를 들어 아침에 수업을 시작하기 전이나 점심 식사 시간에)을 통해서 학생들에게 듣기 자료에 노출될 수 있는 기회를 주는 것이 좋다. 특히 듣기 활동의 가장 큰 특징은 학생들 스스로 이해할 수 있는 전략을 개발하고 듣기 활동에 흥미를 갖게 하는 것이다. 그것은 또한 어떤 측면에서 교사의 설명보다는 학생들이 스무고개 게임처럼 길을 찾아갈 수 있도록 음성으로 들리는 내용을 이해할 수 있도록 도와주는 역할을 해야 한다. 이 과정에서 나름의 듣기 학습 전략이나 자신의 노하우가 개발될 수 있다.

듣기와 관련해서 학습하는 과정이나 전략을 살펴보면 많은 한계가 드러난다. 많은 경우 공부하는 사람은 한두 번 듣고서 내용을 완벽하게 이해하려고 한다. 모르는 표현이 등장하면 바로 스크립트를 꺼내 보려고 한다. 뜬구름을 잡는 것처럼 모르는 표현이 등장하는 것에 대해서 참아내지 못한다. 교사도 모든 것을 학생들에게 완벽하게 설명하려고 한다. 이런 방식이 듣기와 관련한 학습 방법이며 교사나 학생들이 사용하는 듣기 학습 전략이기도 하다. 그러면 물론 학생들은 해당 듣기 표현을 이해할 수 있을지 모르지만, 과연 제대로 된 듣기 학습 전략이나 방법을 익히는 것이 될까?

예를 들어 예전에 KBS에서 진행하는 〈골든벨을 울려라〉라는 프로에서 영어 듣기 문제를 낸 적이 있다. 많은 학생이 제시하는 영어 듣기 내용이 일어나는 상황이나 장소를 이해하지 못해서 탈락했다. 그런데 흥미롭게도 학생들의 답을 보면 듣기라고 하는 것이 어떤 과정을 거쳐서 어떻게 진행되는 것인지 알 수 있다. 듣기 지문 가운데 'fasten your seat belt'라는 표현이 등장하는데, 다른 정보는 듣지 못하고 이 부분을 알아들은 학생들은 이것 때문에 롤러코스터를 연상했다. 한편, 어떤 학생은 대화하는 두 사람 간의 분위기를 통해서 두 사람이 서로 급하게 다투는 것 같다고 추측했다. 그 결과 화장실에 가는 것이 아닌가 하고 자기 나름대로 추측하기도 했다. 그런데 실제 대화는 차 안에 있는 젊은 남녀 사이에서 벌어진 것이다. 이 두 가지 예를 통해서 알 수 있는 것은, 들으려고 할 때 추측하고 예측하는 과정이 매우 중요하며 사람들은 언어 정보뿐만 아니라 다양한 정보를 사용하여 의미를 파악한다는 것이다. 언어를 배우는 초기 과정에서 누구나 오리무중(五里霧中) 상황을 겪으며 그런 과정을 거쳐서 조금씩 말을 알아듣게 된다. 따라서 학습 전략이라고 하는 측면에서 오리무중의 상태를 즐기고 그것을 극복하려는 다양한 학습 전략을 강구하는 태도가 필요하다. 무조건 들리지 않는다고 해서 스크립트를 보는 방법은 바람직한 듣기 학습 전략이 아니다.

오리무중의 경험과 약간의 정보를 통해서 추론하고 예측하고 추측하는 활동을 통해서 상대방의 언어를 이해하는 것이다. 교사는 적극적으로 이러한 전략(예를 들면 making inference)을 사용할 수 있도록 학생들을 훈련해야 한다.

11장

언어 학습의 몇 가지 원칙

이상에서 논의된 내용들을 종합해 보면 언어 교육과 관련해서 몇 가지 중요한 시사점을 얻을 수 있다. 즉, 언어를 가르치고 학습할 때 배우는 사람이나 가르치는 사람은 무슨 원칙을 가지고 어떻게 접근해야 하는 것인가 하는 점이다. 오마지오 해들리(Omaggio Hadley, 2001: 90-91)는 외국어 학습과 관련하여 다음과 같은 다섯 가지 원칙을 제시한다. 이런 원칙들은 여러 가지 점에서 주목할 필요가 있다. 이 원칙들은 가급적이면 학습자들이 맥락과 구체적인 조건에서 외국어를 배울 수 있도록 하며 실제 소통을 가능하게 하는 언어 능력을 향상하는 것을 목표로 한다. 어떤 면에서 보면 지금까지 위에서 논의된 여러 가지 내용을 하나로 압축한 것이라고 할 수 있다. 그 개별 원칙들을 살펴보면 다음과 같다.

[원칙 1]
❶ 실제 목표어(target language, 目標語)를 사용하는 언어 환경을 만날 가능성이 매우 높은 환경을 택해야 한다.
❷ 그러한 상황에서 학습자들에게 필요한 표현들을 사용할 수 있도록 연습할 수 있는 기회를 제공해야 한다.
❸ 그러한 연습은 학습의 초기부터 실제 구체적인 상황(context) 속에서 이루어져야 한다.

1. 말하기나 쓰기와 관련한 학습이 도입된 이후 가급적이면 빨리 학습자들이 자기 자신

이 표현하고 싶은 의미를 표현할 수 있도록 장려해야 한다.
2. 학습자들끼리 능동적이고 창의적인 의사소통의 기회를 제공해야 한다.
3. 전적으로 통제되거나 서로 합의된 내용의 준비되고 짜맞춰진 언어 연습보다 창의적인 언어 연습을 적극적으로 강조해야 한다.
4. 가능하면 수업에서 언제나 실제적(實際的, authentic)인 언어를 사용해야 한다.

[원칙 2]

그 언어를 모국어로 사용하는 사람들과 직접 의사소통하는 데 필요한 여러 가지 기능(技能, function)과 과제(課題, task)를 직접 해 보는 학습 기회를 제공해야 한다.

[원칙 3]

학습 과정에서 학습자들이 언어를 정확하게 사용할 수 있도록 주의할 필요가 있다. 즉, 더 정확하고 논리적인 언어를 사용할 수 있도록 여러 가지 방법(평가하는 말이나 피드백)을 통해서 주의시키는 것이 바람직하다.

[원칙 4]

가르치는 상황에서 학생들의 인지적(認知的, cognitive)인 측면과 정의적(情意的, affective)인 측면을 고려해야 한다. 또 그들의 다양한 성격(性格), 개인적인 선호(選好), 학습 유형(類型, styles) 등도 함께 고려해야 한다.

[원칙 5]

목표어 문화에 대한 이해도 여러 가지 방안을 통해서 고려해야 한다. 학습자들은 다양한 문화적 차이에 대해서도 나름대로 안목(眼目)을 가질 필요가 있으며, 조화롭게 살아갈 수 있도록 문화적 이해의 폭을 넓히도록 신경을 써야 한다.

이 다섯 가지 원칙을 종합해 보면, 언어를 가르치고 배울 때 의사소통에 초점을 두고 창조적으로 가르치고 배워야 한다. 즉, 암기하거나 정확한 표현에 집착해서 배운 표현을 그대로 앵무새처럼 따라하는 방식은 외국어 교육에서 그다지 바람직한 방법은 아니다. 물론 그 과정에서 오류를 적정한 차원에서 고쳐 주는 노력은 필요하다. 오류를 무한정 반복하도록 하는 것은 바람직하지 않으며, 그렇다고 모든 오류를 고쳐 주는 방식도 바람직하지 않다. 언어를 가르치고 배우는 방식은 문장의 형식이나 어휘 문법 등과 같은 미시적 차원에서 접근할 것이 아니라, 학습자가 부딪힐 수 있는 구체적인 상황을 상상하고 그런 상황에서 어떻게 문제 상황이나 과제를 적절히 수행할 수 있는지에 초점을 두는 것이 필요하다. 그것이 언어를 배워서 필요한 상황에서 활용하고 의사소통의 문제나 필요한 과제를 수행할 수 있는 길을 여는 실질적인 방식이라고 할 수 있다.

한국어를 가르치는 많은 교육자들은 어떤 면에서 보면, 자신이 영어를 배웠던 현재와 과거의 경험에 입각해서 한국어 교육을 수행할 가능성이 높다. 그런 면에서 한국어를 가르치는 사람들이 가진 과거의 경험 그리고 약간의 한국어 교육과정을 통해서 이루어진 훈련과 지식은 한국어 교육을 하는 데 많은 영향을 미치게 된다. 그런 점에서 외국어 교육이라는 것이 무엇이고, 그동안 외국어 교육과 관련해서 우리가 가진 편견은 무엇이며, 새롭게 제시되는 외국어 교육의 여러 개념들과 이론들이 어떤 의미를 가지고 있고, 구체적으로 한국어라는 외국어를 어떻게 가르치고 접근하는 것이 바람직한가 하는 측면의 고민이 필요하다. 그런 과정을 통해서 한국어를 가르치고 배우는 과정을 더 잘 이해할 수 있으며, 그런 토대를 바탕으로 한국어라는 외국어를 더 잘 가르칠 수 있을 것이다.

참고문헌

이병민(2003), 「EFL 영어학습 환경에서 학습시간의 의미」, *Foreign Language Education*(외국어 교육), 10(2), 107-129.
Anderson, J. R.(1980), *Cognitive psychology and its implications*. San Francisco. Freeman.
Chamot, AU, & O'Malley, J. M.(1994), *The CALLA handbook: How to implement the Cognitive Academic Language Learning Approach*, Reading, MA: Addison-Wesley.
Cohen, A.(1998), *Strategies in Learning and Using a Second Language*, London: Longman.
Dorney, Z., & Skehan, P.(2003), *Individual differences in second language acqusition*, In C. Doughty & M. Long (Eds.), Handbook of Second language acquisition, MA: Blackwell Pub, 589-630쪽.
Krashen, Stephen(1982), *Principles and Practice in Second Language Acquisition (Language Teaching Methodology Series)*. Prentice Hall.
Lightbown, Patsy & Spada, Nina(1999), *How Languages Are Learned (Oxford Handbooks for Language Teachers)*. Oxford University Press.

Naiman, M., M. Froehlich, H. H. Stern, and A. Todesco(1978), *The Good Language Learner*. Toronto: Ontario Institute for Studies in Education.

O'Malley, M., Chamot, A.(1990), *Learning strategies in second language acquisition*, Cambridge: Cambridge University Press.

O'Malley, M., Chamot, A., Stewner-Manzanares, G., Kupper, L. & Russo, R.(1985), *Learning strategies used by beginning and intermediate ESL students*, Language Learning 35(1): 21-46.

Omaggio Hadley, Alice(2001), *Teaching Language In Context*. Heinle.

Oxford, R.(1989), *Use of language learning strategies: a synthesis of studies with implication for strategy training*, System 17(2): 235-47.

Oxford, R.(1990), *Language learning strategies: what every teacher should know*, Newbury House/Harper Collins, NY.

Oxford, R.(1992/1993), *Language learning strategies in a nutshell: Update and ESL suggestions*, TESOL Journal, 2(2), 18-22.

Paradis, Michel(2009), *Declarative and Procedural Determinants of Second Languages (Studies in Bilingualism)*. John Benjamins Publishing Company.

Wenden, Anita and Joan Rubin(editors)(1987), *Learner strategies in language learning*. Englewood Cliffs, NJ: Prentice Hall International.

4 영역

한국 문화

한국문학 개론

김종욱
서울대학교 인문대학 국어국문학과

| 학습 목표 |

- 문학 개념의 형성 과정을 통해 한국문학의 범위를 역사적으로 이해한다.
- 한국문학을 분류하는 장르 체계를 보편성과 특수성의 관점에서 이해한다.
- 구술언어와 문자언어의 관계 속에서 한국문학의 변화 과정을 체계적으로 이해한다.

차례

1. 한국문학의 개념
    1.1. 번역어로서의 '문학'
    1.2. 언어의 두 가지 측면
    1.3. 문자 표기의 문제
    1.4. 민족문학으로서의 한국문학
    1.5. 좁은 의미의 한국문학과 넓은 의미의 한국문학

2. 한국문학의 갈래
    2.1. 운율에 따른 분류체계
    2.2. 화자에 따른 분류체계
    2.3. 문학을 네 가지로 나누는 방법

3. 한국문학의 역사
    3.1. 근대문학의 기점 논의
    3.2. 언어의 측면에서 바라본 한국문학의 역사
        3.2.1. 구비전승의 시대
        3.2.2. 한문문학과 구비문학의 병존
        3.2.3. 한문문학과 한글문학의 경쟁
        3.2.4. 한글문학 전성시대

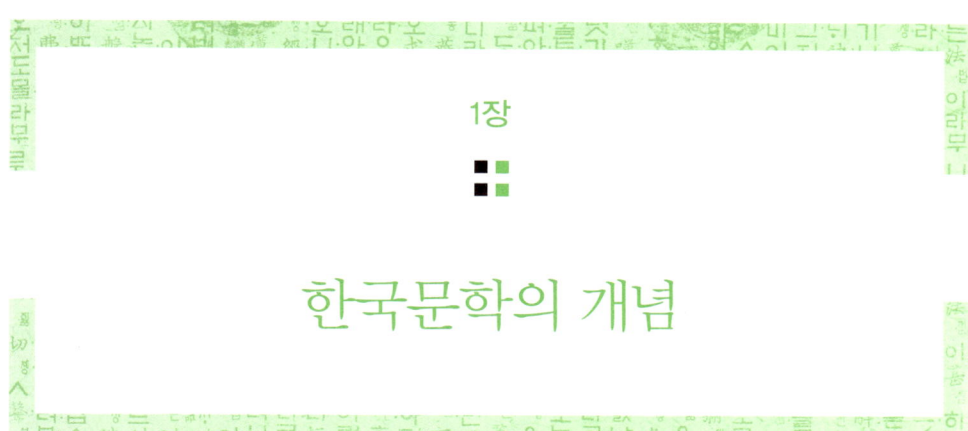

1장

한국문학의 개념

한국문학은 말 그대로 '한국의 문학'을 말하지만, 그 의미를 확정하기에는 수많은 어려움을 지니고 있다. '한국'이라는 말과, '문학'이라는 말을 사용하기 시작한 지 겨우 백 년 남짓한 용어이기 때문에 수 천 년 이상 지속되어온 한민족의 문학과 예술 활동을 모두 포괄하기 어려운 것이다. '한국문학'이라는 개념을 구성하고 있는 '한국'과 '문학', 그리고 그것의 결합체로서의 '한국문학'이라는 개념을 하나씩 짚어보기로 하자.

1.1. 번역어로서의 '문학'

지금은 '문학'이라는 말이 무엇을 가리키는지 쉽게 떠올릴 수 있지만, 백 년 전만 하더라도 매우 낯선 용어였다. 그래서 춘원 이광수는 1916년 11월 10일부터 23일까지 〈문학이라는 하오〉라는 글을 써서 문학의 개념에 대해 자세하게 설명한 바 있다. 이 글이 연재된 《매일신보》는 일본의 무단통치로 언론활동이 극도로 위축된 상황에서 발행되던 거의 유일한 언론매체였기 때문에 이 글을 읽는 독자들 역시 당대 사회에서는 손꼽힐 정도로 지적 수준이 높았다고 할 수 있다. 그럼에도 불구하고 이광수는 '문학이란 무엇인가'라는 제목으로 문학에 대한 설명을 시도한다. 그 이유는 글의 첫대목에 드러나 있다.

글의 첫머리에 있는 '신구의의의 상이'라는 항목에서 이광수는 '문학'이라는 말이 Literatur

혹은 literature의 번역어라고 말한다. 번역어라는 뜻은 우리의 지적 전통과 접맥되지 못한 채 외부에서 이입되었다는 의미이면서 동시에 생소하고 불편한 개념이라는 뜻이기도 할 것이다. 1910년 이광수가 《대한흥학보》에 〈문학의 가치〉라는 글을 발표한 적이 있다는 사실을 감안하더라도 '문학'이라는 개념은 몇 년 동안 우리 사회에 뿌리내리지 못한 채 부유하고 있었던 셈이다. 이 글이 설명투로 씌어져 있는 것도 그 때문이다. '문학'이라는 말에 대해서 일반 대중들은 말할 것도 없고 지식인들조차 생소함을 지니고 있는 상황이었기에 이광수는 서양 이론에 기대어 '문학'이라는 낯설고 생소한 개념을 최대한 친절하게 설명하고자 했던 것이다.

> 문학이란 특정한 형식 하에 사람으로의 사상과 감정을 발표한 자를 말함이니라.
> 이에 특정한 형식이라 함은 둘이 있으니, 하나는 문자로 기록함을 말함이니 구비전설은 문학이라고 일컫기 어렵고, 문자로 기록된 후에야 비로소 문학이라 할 수 있다 함이 그 하나요, 그 둘은 시·소설·극·평론 등 문학상의 제 형식이니, 기록하되 체제가 없이 만록(漫錄)한 것은 문학이라 일컫기 어렵다 함이며, 사상 감정이라 함은 그 내용을 말함이니 비록 문자로 기록한 것이라도 물리·박물·지리·역사·법률·윤리 등 과학적 지식을 기록한 것은 문학이라 말하기 어려우며, 오직 사람으로의 사상과 감정을 기록한 것이라야 문학이라 함을 말함이로다.
> (현대적인 표현으로 수정함−필자)

이광수는 여기에서 "특정한 형식 하에 사람의 사상과 감정을 발표"한 것을 문학으로 규정하면서 세부요건으로 몇 가지를 언급하고 있다. 문학은 "문자로 기록"되어야 한다는 것, 그리고 "시·소설·극·평론 등 문학상의 제 형식"을 따라야 한다는 것이다. 여기에 덧붙여 "사람으로의 사상과 감정을 기록"한 것이라야 한다는 것은 문학의 내용과 관련되어 있으니, 이광수는 문학을 규정하면서 세 가지 요건을 말한 셈이다. 따라서 문자로 기록되지 않은 것, 문학상의 제 형식을 따르지 않은 것, 사람의 사상과 감정이 아니라 과학적 지식을 담은 것은 당연히 '문학'의 영토에서 추방된다. 구비전설은 문자로 기록된 것이 아니기에 문학이 될 수 없었고, 기록된 것이라고 할지라도 인간의 "사상과 감정"을 기록하지 않고 "지식을 기록"한 까닭에 과학·학문 서적은 문학이 될 수 없었으며, "시·소설·극·평론과 같은 문학상의 제형식"을 갖추지 못한 것 역시 문학이 될 수 없었던 것이다. 이광수에게 있어서 문학적인 글쓰기란 논리적 개념을 바탕으로 한 추상적이고 학문적인 글쓰기와는 달리 언어를 통해서 사람으로의 사상과 감정을 표현하는 정서적인 글쓰기라고 할 수 있는 것이다.

그런데 번역어로서의 '문학'과 관련하여 한 가지 짚고 넘어가도록 하자. 우리는 보통 "-학"이라고 하면 학문의 하위범주를 가리킨다. 정치학, 경제학, 사회학 등과 같이 특정 대상을 논리적이고 체계적인 방법으로 분석하고 해석하는 활동인 것이다. 그래서 정치에 대한 학문이 정치학이고, 경제에 대한 학문이 경제학인 것이다. 이러한 조어법에 따른다면 문학이라는 것은 '문'에 대한 학문적인 접근을 의미해야 할 것이다. 하지만 '문학'은 학문이 아니라 예술의 하위범주이다. 문학이라는 말과 함께 문예가 사용되는 것은 이런 조어법 상의 문제 때문일 것이다.

1.2. 언어의 두 가지 측면

문학의 상위범주가 학문이 아니라 예술이라고 한다면, 문학을 다른 예술과 구분해주는 차이는 무엇일까? 예술을 하위범주로 나누고자 할 때 가장 먼저 떠오르는 것은 표현수단의 문제이다. 음악이나 미술과 달리 문학은 언어를 표현수단으로 삼는다. 그래서 흔히 문학을 언어예술이라고 규정하는 것이다. 그런데 언어는 문자언어와 음성언어로 구분된다. 따라서 언어를 표현수단으로 삼는 문학은 문자언어로 기록되는 문학과 음성언어로 전승되는 문학을 모두 포함해야만 한다. 이런 점에서 볼 때 "문자로 기록"된 것만을 문학이라고 지칭하는 이광수의 문학 개념은 매우 협소한 것이었다. 문자언어로 표기된 것만을 문학이라고 부르고 음성언어로 이루어진 예술활동을 배제해버렸기 때문이다.

이광수가 이처럼 문학을 규정할 때 문자언어를 특권화한 것은 근대의 특징적인 면모와 관련되어 있다. 흔히 근대는 인쇄술의 발전, 대량생산 체제를 통한 매체의 변화, 그리고 교육을 통한 문식 능력의 확장 등등을 통해서 민주주의적 비전을 구축한다는 점에서 구텐베르크적 세계로 불리기도 한다. 서구의 경우 근대적인 문화가 태동하면서 구비전승이 급속하게 위축되고 문자로 표기된 것들이 권위를 갖게 된다. 근대적인 인쇄문화의 발전은 언어뿐만 아니라 문화 전반에 혁명적인 변화를 초래하였던 것이다. 하지만 인간의 역사에서 문자언어로 표기된 예술 활동이 부각된 것은 근래의 일이다. 근대 이전, 더 거슬러 올라가 문자문화가 자리잡기 이전에도 인간은 음성언어를 통해서 예술활동을 전개해 왔다.

동서양에서 고전으로 손꼽히는 중국의 〈시경〉이나 그리스의 서사시 〈일리아드〉와 〈오딧

세이〉는 모두 구비전승되다가 후대에 문자로 정착된다. 한국의 문학사를 살펴보더라도 상고시대의 여러 시간들이 먼저 사람들의 입을 오르내리다가 나중에 기록된 경우들이다. 구비문학의 가치는 이처럼 과거의 사례에 국한된 것은 아니다. 교육을 통해 문자가 보급되고 문맹률이 감소했다고 하더라도 이러한 혜택을 받지 못한 많은 지구촌 사람들은 지금도 여전히 구술언어를 통해서 자신들의 생활과 사상을 예술적으로 형상화한다. 그것은 한 개인의 특별한 능력으로 창조된 개성적인 예술은 아니지만, 많은 사람들과 희로애락을 함께 하면서 끈질긴 생명력을 간직하고 있다. 구비문학은 현대에서도 여전히 기록문학의 저층에서 살아움직이고 있는 것이다. 따라서 문학이라는 말은 문자언어 곧 글을 강하게 환기시키긴 하지만, 문자문학이라는 제한된 의미가 아니라 구비문학까지 포함되는 개념으로 이해될 필요가 있다.

1.3. 문자 표기의 문제

문학을 (구술언어와 문자언어를 모두 포괄하는) 언어예술로 이해한다 하더라도 한국문학의 경우 표기수단과 관련된 문제에 봉착하게 된다. 지금 우리가 표기수단으로 삼고 있는 한글은 세종대왕에 의해 15세기에 창제되었지만, 갑오경장(1894년)까지 국가의 공식적인 표기수단으로 인정받지 못했다. 그런데 갑오경장을 통해 한문 대신 국한문체가 국가공식 표기로 자리잡으면서 한글의 위상이 크게 높아지기 시작한다. 물론 초기 국한문체는 '한주국종체'라고 해서 과거의 한문투가 거의 그대로 살아있는 상태에서 한글은 조사와 어미 같은 문법적인 역할만을 수행하는 경우가 다반사였지만, 국가 공식 표기로 진입한 뒤 빠르게 자신의 영역을 확장해 나갔던 것이다.

전근대사회에서 양반계층이 한문을 활용하여 문자생활을 영위했을 때 가장 곤란한 문제는 구어와 문어 사이의 불일치였다. 잘 알다시피 한문은 중국어의 문장구조에 기반을 두고 있기 때문에 '주어+술어+목적어'의 구조여서 한국어의 '주어+목적어+서술어'의 문장구조와 일치하지 않는다. 한문을 배우기 위해서 많은 노력이 필요한 것은 이 때문이다. 따라서 국한문체가 국가공용어가 되었다는 것은 말과 글 사이에서 존재해 왔던 문장구조의 불일치가 해소되었다는 의미라고 할 수 있다. 오랫동안 한자어를 사용해 왔기 때문에 어휘의 차원에서는 그 흔적이 남겨져 있었지만 문장의 차원에서는 근본적인 변화가 생겨난 것입니다. 이제 한문이라는 문장구조를 배우지 않더라도 한자어만 깨우친다면 얼마든지 글을 읽고 쓸 수 있게 된 것이다.

갑오경장을 통해서 국한문체가 국가공용어로서 자리잡게 되자 그동안 한국문학에서 중요한 지위를 차지하고 있던 한문문학의 위세는 크게 꺾이게 된다. 한문으로 표기된 문학과 한글로 표기된 문학의 위계가 변화하기 시작했던 것이다. 실제로 갑오경장 이후 이십여 년이 지나게 되면 한글문학은 질적인, 양적인 측면에서 눈부신 발전을 이루게 되어 한문문학 대신 문학의 중심에 자리잡게 된다.

그렇다면 한국문학의 입장에서 한문문학을 어떻게 바라보아야 할까? 고유한 문자체계를 갖추기 이전에 다른 나라의 문자를 받아들여 문학 활동을 기록하는 경우는 흔하다. 잘 알려져 있다시피 한문은 19세기까지 동아시아에서 공통문어로서의 지위를 차지하고 있었다. 서양 중세시대에 라틴어가 그러했던 것처럼 한문은 동아시아의 전근대에 있어서 가장 중요한 문화교류의 수단이었던 것이다. 이처럼 외국의 문자를 빌어 문학 활동을 기록한 경우는 인류의 역사에서 쉽게 찾아볼 수 있으며 이러한 공통문어를 통해 선진문화와 교류하는데 큰 도움을 받기도 했다.

한반도에 한문이 언제 유입되었는지는 분명하지 않지만 삼국시대부터 지배층을 중심으로 널리 보급되었고, 이에 따라 한문을 활용하여 자신들의 사상과 감정을 표현한 한문문학 역시 뿌리를 내렸다. 한글을 창제한 뒤에도 한문문학은 전통적인 지배계층이 관직에 나아가고 인격을 도야하는 주요한 수단이었다. 따라서 한문으로 표기되었다는 사실만으로 한국문학의 영토에서 추방할 경우 한국문학은 왜소함을 면하기 어렵다. 오히려 한문문학과 한글문학을 통합적으로 살펴봄으로써 한국인들의 문학 활동을 더욱 폭넓게 바라볼 수 있을 것이다. 그런 점에서 하층계급이 담당한 구비문학에 너그러운 시선을 가져야 함과 마찬가지로 상층계층이 담당한 한문문학에도 따뜻한 시선을 가져야 할 것이다.

1.4. 민족문학으로서의 한국문학

한국문학을 얘기할 때 또하나의 문제는 문학작품의 창작 주체와 관련된다. 이광수가 문학을 인간의 사상과 감정을 담아야 한다고 이야기했던 것처럼 한국문학 역시 당연히 한국인으로서의 사상과 감정을 이야기해야 한다. 이때 한국인은 누구를 가리키는가 하는 문제가 발생한다. 한국인은 현대적인 의미에서는 국적의 문제와 관련되어 있지만, 현대와 같은 국적 개념을 적용할 수 없는 시기에 어떤 기준을 적용해야 하는지 난감해진다. 뿐만 아니라 현대적인 국적 개념으로 국한했을 때에는 또다른 문제를 야기할 수도 있다. 식민지라는 아픈 역사를 경험한 우리로서는 국적 개념을 엄격히 적용했을 때 일제강점기의 삶이 문제적인 상황에 빠져버릴 수도 있다. 그리고 해방 이후 남과 북이 분단된 상황 또한 국적 개념만으로 한국인을 규정하는 것을 어렵게 한다. 국적 개념을 기계적으로 적용했을 때, 한국문학은 지극히 폐쇄적이고 왜소한 형태로 나타나는 것이다.

그래서 우리는 한국인이라고 할 때 국적 개념보다는 민족 개념을 염두에 두지 않을 수 없다. 민족으로서의 한국인은 근대 이전부터 외세에 맞서 단일민족으로서의 정체성을 유지하기 위한 활동을 펼쳐왔다 그리고 일제강점기라는 비극적인 상황 속에서 민족정체성의 회복을 위해 투쟁했고, 분단 이후에는 통일 민족의 건설을 위해 노력하고 있다. 이러한 민족 개념에 바탕을 둔 한국문학이라는 개념은 또다른 장점이 있다. 우리는 근대 이후 많은 한국인들이 한반도를 떠나 외국에 정착한 것을 기억하고 있다. 그들은 때로 다른 나라의 국적을 취득함으로써 정치적으로는 다른 나라의 국민이 되었지만, 여전히 같은 민족으로서 정신적 유대감을 공유하고 있다. 이렇듯 한국문학은 전세계적인 이주의 시대에 고국을 떠나 있는 많은 한국인들에게 민족적 정체성을 유지하는 중요한 방법이 되기도 한다. 따라서 한국문학은 국민문학이라기보다는 민족문학으로 이해될 필요가 있다.

1.5. 좁은 의미의 한국문학과 넓은 의미의 한국문학

이상에서 한국문학을 규정하는 근거로서 세 가지 요건을 살펴보았다. 한국문학은 그 형태적인 면에서 한국어로 표현된다. 이때 한국어는 한글이라는 문자를 포함하여 한국인의 언어생활에 관여했던 한문, 그리고 구술적인 형태까지 모두 포괄한다. 또한 한국문학의 주체는 민족으로서의 한국인이다. 그래서 한국문학은 민족구성원으로서의 사상과 감정, 더욱 포괄적으로 말했을 때 정체성의 유지와 형성에 기여하는 내용을 바탕으로 한다.

그런데 이 세 가지 요건을 엄격하게 적용할 때, 달리 말해 세 요건의 교집합으로 이해하는 것은 재고의 여지가 있다. 한국문학은 한국인(누가)이 한국어(어떻게)로 한국인의 사상과 감정(무엇)을 표현하는 것이기는 하지만, 이 세 가지 요건을 모두 갖추지 못한 경우도 많기 때문이다. 실제로 외국에서 오래 생활한 사람 재외 한국인들의 경우에는 외국어로 창작활동을 펼치기도 한다. 일본어로 소설을 쓴 여러 자이니치 작가들이나 영어로 소설을 써 이름을 얻은 작가들이 그 예라 할 것이다. 또 이와 반대로 한국 국적을 획득한 외국인들이 한국에서의 경험을 한국어로 쓴 경우 또한 나타나고 있다.

이처럼 글로벌화 된 현대 상황에서 세 가지 요건을 엄격하게 적용하기는 쉽지 않다. 특히 정보화와 세계화가 진행되면서 한국문학의 경계는 끊임없이 변화하는 과정에 있다. 그래서 세 가지 요건을 모두 갖춘 경우를 좁은 의미의 한국문학이라고 한다면 그 중에서 하나나 두 가지 요건만을 갖춘 경우를 넓은 의미의 한국문학으로 바라보는 것도 가능할 듯하다. 한국문학이라는 개념은 이처럼 역사적으로 고정불변하는 것이 아니라 시대와 상황 속에서 끊임없이 변화하는 개념인 것이다.

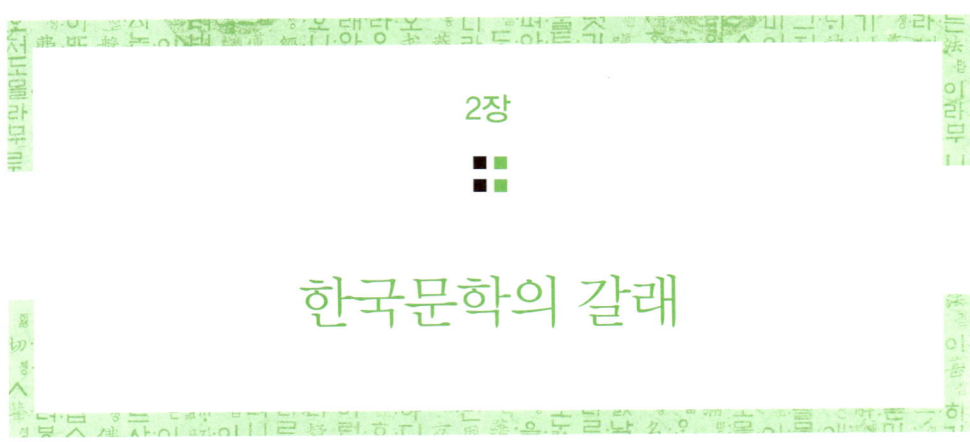

2장

한국문학의 갈래

장르(genre)란 '종류'란 뜻을 지닌 프랑스어이다. 종 또는 유형이라는 뜻을 가진 라틴어 genus 또는 generis에서 유래했다고 한다. 그것은 본래 생물학에서 생물의 종류를 나눌 때 사용되던 것이었는데, 문학이라는 다양한 현상을 질서 있게 분류하여 이해하기 위해 문학 연구에서 차용된 개념으로 흔히 '갈래'란 말과 동일시된다. 문학을 세분하는 것은 동양에서도 찾을 수 있었는데, 〈동문선〉의 경우 중국의 예에 따라 시(詩), 부(賦), 사(辭) 등 48종으로 나눈 바 있다. 물론 이러한 구분법은 어느 정도 설득력을 지니고 있기는 하지만, 한글문학까지 포괄하기에는 어려움이 많다. 그래서 다양한 문학적 현상을 일목요연하게 파악하고 분류하고 체계화시키는 것은 문학 연구에서 매우 중요한 작업이라고 할 수 있다.

문학은 기본적으로 의사소통의 형식과 크게 다를 바 없다. 일반적인 의사소통 방식과 마찬가지로 말하는 사람(화자 혹은 작자)과 듣는 사람(청자 혹은 독자), 그리고 둘 사이의 의사소통을 담당하는 말(텍스트)과 그 말이 놓인 사회적·개인적 맥락으로 구성되어 있는 것이다. 장르론은 이처럼 텍스트의 언어적인 특질이나 텍스트 내부에서의 의사소통 상황 등을 고려하여 큰갈래(이론적 갈래)를 설정한 다음, 시대와 장소에 따라 다시 작은갈래(역사적 갈래)들이 다양하게 변이되는 과정을 살펴보는 일이다. 이처럼 큰갈래와 작은갈래로 체계화하여 개별작품을 읽을 수 있다면, 세계문학이라는 보편성 속에서 개별 문학을 바라볼 수 있고, 변화하는 것 속에서 변하지 않는 것을 발견할 수 있는 열린 시야를 제공해 줄 것이다.

2.1. 운율에 따른 분류체계

문학을 나누는 가장 전통적인 방법은 텍스트에 사용된 문장을 염두에 둔 분류법이다. 흔히 운문과 산문으로 구분하는 이분법이 여기에 해당한다. 이러한 이분법은 문장들에서 운율을 발견할 수 있는가를 기준으로 삼는다. 운율이란 일정한 위치에서 일정한 음이 반복되면서 생겨나는 운과 일정한 자수나 마디가 반복되면서 나타나는 율로 엄격하게 구분할 수 있겠지만, 대체로 반복을 통해서 리듬감을 생겨나는 것을 가리킨다.

과거의 문학작품들은 대체로 운율을 지닌 문장들로 씌어져 왔다. 서정시뿐만 아니라 고전소설들도 모두 여기에 해당한다. 그런데, 사회가 복잡해지면서 문학작품을 구성하는 문장들에서 운율적인 요소들은 점차 약화되어 왔다. 시의 경우를 살펴보자. 과거에는 엄격한 운율, 곧 정형률이 시의 필수요소였지만, 점점 산문화되어 자유시 내지는 산문시로 변화해 왔던 것이다. 이야기의 경우도 마찬가지이다. 예컨대 판소리와 같은 것은 과거에 운율과 밀접하게 연관되어 있었지만 현대의 이야기인 소설을 읽을 때 운율을 발견하기란 거의 불가능하다.

이처럼 운문과 산문으로 나누는 이분법은 문장의 변화를 가장 효과적으로 설명할 수 있는 방법이다. 과거에 시나 소설을 막론하고 운율이 있는 문장으로 쓴 것은 여러 가지 측면에서 설명할 수 있다. 예컨대 우리가 무엇인가를 외울 때 일정한 리듬을 만드는 것과 유사하게 구비문학의 영향력이 컸던 전통사회에서는 암송의 편의성을 높이기 위해 운율이 필요했을 것이다. 뿐만 아니라 이러한 정형적인 성격은 전근대사회의 폐쇄적인 질서와 상동적이라고 말할 수도 있다. 엄격한 신분체계에 의해 변화를 상상하기 어려웠던 장기 지속의 사회는 문학에 있어서도 엄격한 정형률이 지배했던 것이다.

2.2. 화자에 따른 분류체계

그런데, 운문과 산문으로 나누는 이분법이 문장의 변화를 효과적으로 설명한다고 해도 동시대의 문학을 어떻게 구분할 수 있는가에 대해서 그리 효과적이지 못하다. 운문이 지배적인 시대에서 산문이 지배적인 시대로의 변화를 말해줄 뿐 동시대의 문학 체계를 설명해주지 않는 것이다. 이에 따라 문학의 체계를 분석하는데 가장 널리 사용되고 있는 것이 삼분법이다.

플라톤과 아리스토텔레스는 일찍이 모방의 양식에 따라 문학을 서정양식(抒情樣式), 서사양식(敍事樣式), 극양식(劇樣式)으로 나눈 바 있다. 그들이 문학을 세 개의 양식으로 구분한 근거는 바로 텍스트 속에서 말하는 사람(화자)와 관련되어 있다.

그렇다면, 텍스트 속에서 말하는 사람(화자)이 어떻게 드러나는가? 먼저 화자가 텍스트 속에 모습을 드러내는 경우와 그렇지 않은 경우로 구분된다. 예컨대 극양식의 경우에는 인물들의 대사나 행동을 통해서 이야기가 전달될 뿐이어서 그 이야기를 전달해주는 화자의 모습을 작품 속에서 발견할 수 없다. 이에 비해 서정양식의 경우에는 작품 속에 담겨 있는 사상과 감정을 표현하는 사람이 존재한다. 흔히 서정적 자아(시적 화자)라고 불리는 존재가 바로 그것이다. 이 존재는 대체로 시인 자신과 일치시켜 파악할 수 있는데, 외모라는 성별과 같은 것이 일치한다는 의미가 아니라 사상과 감정이 일치한다는 한정적인 의미에서 그러하다. 기본적으로 일인칭 '나'가 자신의 감정을 표현하는 방식이 서정양식에 해당하는 것이다. 이처럼 극양식에서는 화자가 없지만 서정양식에서는 화자가 존재한다.

서사양식의 경우는 조금 더 복잡하다. 서사양식은 기본적으로 화자가 이야기를 들려주는 방식을 취하고 있어서 화자가 없는 극양식보다는 화자가 있는 서정양식에 가깝다고 할 수 있다. 그런데 텍스트 속에 등장하는 화자는 서정양식에서 자신의 감정을 표현하는 쪽에 중점을 두고 있는데 반해 서사양식의 경우에는 사건을 전달하는 데 주안점을 두고 있다. 그리고 화자가 어떤 경우에는 이야기 속에 모습을 드러내기도 하고 어떤 경우에는 이야기의 바깥에서 목소리만으로 사건을 전달하기도 한다. 전자의 경우를 일인칭이라 부르고 후자를 삼인칭이라고 부를 수 있을 것이다. 그렇지만 작품 속의 세계에 모습을 드러내든 그렇지 않든 상관없이 화자가 반드시 존재한다는 사실만큼은 공통점이다. 한편 서사양식을 내용적인 측면에서 살펴보자면 이야기(스토리)로 구성되어 있다는 점에서 극양식과 유사한 면모를 발견할 수도 있다. 그런 점에서 서사양식은 서정양식과 극양식의 혼합방식이라고 말할 수도 있다.

2.3. 문학을 네 가지로 나누는 방법

문학텍스트에 등장하는 화자의 성격에 따라 세 개의 큰갈래로 구분하는 것은 매우 설득력이 높다. 그래서 삼분법은 세계문학을 포괄하는 데 있어서 가장 적당하고 유용한 것으로 인정받고 있는 것도 사실이다. 하지만 한국문학의 경우 이러한 삼분법 체계는 실제 문학 작품을 포괄하지 못하는 경우가 많이 발생하고 있다. 한국의 문학 개념이 형성된 것은 비교적 최근의 일이다. 이광수가 "시·소설·극·평론 등 문학상의 제 형식"을 언급한 것이 불과 백 년 전의 일이다. 따라서 이전의 문학 활동 중에서 이러한 장르체계에 포섭되지 않는 경우가 적지 않다.

한국문학의 여러 장르 중에서 이러한 삼분법 체계에 포섭되지 않는 대표적인 경우가 가사였다. 예컨대 여행기의 형태를 띤 조선 후기의 가사는 일련의 사건을 연속적으로 제시한다는 점에서 서사적인 특성을 지니지만, 동시에 갈등이 존재하지 않고 화자의 주관적인 감상을 위주로 한다는 점에서 서정적인 특성을 지니고 있기도 하다. 이와 함께 가전체와 몽유록으로 일컬어지는 일군의 작품들 또한 서사양식으로 한정짓기에 어려움이 있다. 또한 경기체가의 경우 사실의 나열에 가까울 뿐 주관적인 감정 표현을 발견하기 어려운 측면도 있다.

이렇듯 한국 고전문학에서 발견되는 특수한 작은갈래를 체계화하기 위해 몇몇 학자들은 서정양식, 서사양식, 극양식 등 삼분법 체계에 교술양식을 추가하였다. 여기에서 '교'는 알려서 주장한다는 뜻이며 '술'은 어떤 사실이 체험을 서술한다는 의미이다. 즉 일정한 사실을 기술해서 전달 또는 주장하는 것이다. 기존의 삼분법 체계의 외곽에 있던 가전체, 몽유록, 경기체가, 가사뿐만 아니라, 제문, 일기, 기행문 등의 형태로 존재한 여러 산문들을 하나의 갈래로 묶어 설명할 수 있는 근거를 제시한 것이다.

이러한 사분법 체계를 주창한 대표적인 학자는 조동일이다. 그는 자아와 세계의 관계 양상에 주목하여 갈래 구분의 근거로 삼았다. 그에 따르면 문학은 자아와 세계라는 구별되고 대립하는 요소를 포함하고 있는데, 자아는 세계를 대상화하고 세계에 의해 제약되기도 한다. 그런데 자아는 작품내적 자아만으로 존재하지 않고 세계 역시 작품내적 세계만으로 존재하지 않는다. 작품내적 자아와 함께 작품외적 자아가 존재하고, 작품내적 세계와 함께 작품외적 세계가 존재하고 있는 것이다. 여기에서 작품외적 자아란 작품을 창작하거나 향유하는 주체를 말하고, 작품외적 세계란 그런 주체들이 살아가는 세계를 말하는데, 작품이란 이러한 작품외적 자아와 작품외적 세계의 대립을 통해서 형성된 것이라고 할 수 있다. 문학 작품이란 작품외적 자아와 세계의 관계를 재조직하여 작품내적 자아와 세계의 관계를 보여주는 것이다.

이러한 인식론에 바탕하여 조동일은 자아와 세계의 관계에 따라 서정양식, 서사양식, 극양식, 교술양식이라는 사분법 체계를 구상한다. 교술양식은 작품외적 세계가 작품내적 자아 및 세계에 개입하고 있으며, 자아와 세계의 대립이 세계 쪽으로 귀착된 자아의 세계화이다. 서정양식은 작품외적 세계의 개입이 없는 세계의 자아화라고 할 수 있다. 교술양식이 자아보다 세계가 우위에 있는 것과 달리 서정양식은 세계보다 자아가 더 우위에 있다. 이에 비해 서사양식은 작품외적 자아가 작품내적 자아 및 세계에 개입하며 자아와 세계가 어느 한 쪽으로 귀착되지 않고 갈등하고 대립한다. 극양식은 작품외적 자아의 개입이 없는 상태에서 자아와 세계의 대결이다. 그래서 작품외적 자아가 개입하는 서사는 확장적인 데 비해 작품외적 자아의 개입이 없는 희곡은 집약적이라고 할 수 있다. 인물, 작중시간, 작중 장소의 설정에 제약이 따르고 현재형을 요구하는 것은 이 때문이다.

- 서정양식 : 작품외적의 자아의 개입이 없는 세계의 자아화
- 서사양식 : 작품외적 자아의 개입에 의한 자아와 세계의 대결
- 극양식 : 작품외적 자아의 개입이 없는 자아와 세계의 대결
- 교술양식 : 작품외적 세계의 개입에 의한 자아의 세계화

이러한 4개의 큰갈래를 바탕으로 한국문학사에 등장하는 다양한 작은갈래들이 재배치된다. 서정민요·고대가요·향가·고려속요·시조·잡가·신체시·현대시 등은 서정양식에 포함된다. 그리고 서사민요·서사무가·판소리·신화·전설·민담·소설 등은 서사양식에, 가면극·인형극·창극·신파극·현대극 등은 극양식에, 교술민요·경기체가·악장·가사·창가·가전체·몽유록·수필·서간·일기·기행·비평 등은 교술양식에 소속된다. 이처럼 교술양식을 설정함으로써 한국문학, 특히 전통적인 문학에서 서구적인 장르 규범으로 설명되기 어려웠던 여러 작은갈래들을 분류할 수 있는 토대가 생겨났다. 그동안 한국문학사에서 그 성격을 두고 오랫동안 논란이 되었던 수많은 작품들을 교술양식 속에 포괄하여 설명할 수 있게 된 것이다.

이렇듯 4개의 큰갈래 아래 여러 개의 작은갈래로 구분함으로써 우리는 문학에 두루 통용되는 보편성과 함께 시대에 따라 다른 모습으로 구체화되는 특수성을 포괄적으로 이해할 수 있게 된다. 각 시대에는 각각의 서정, 서정, 극, 교술양식을 대표하는 작은갈래가 존재했고, 이러한 작은갈래가 시간의 흐름 속에서 다른 작은갈래로 변화되는 양상이 체계적으로 이해되었던 것이다. 이처럼 문학을 큰갈래와 작은갈래로 구분하는 것은 구분 자체에 의미가 있는 것은 아니다. 오히려 이론적인 정합성만을 고집하기보다는 여러 종류의 작품들의 특성

을 있는 그대로 존중하는 개방적인 태도를 갖출 필요가 있다. 더욱이 여러 가지 문학적 실험을 통해서 기존의 갈래 구분에 포섭되지 않는 작품들이 양산되고 있는 현대의 문학적 상황을 감안하면, 이러한 태도는 더욱 필요하다고 생각된다.

3장

한국문학의 역사

역사를 살필 때 가장 어려운 문제 중의 하나는 자신이 살고 있는 시대를 어떻게 규정하는가의 문제이다. 우리가 흔히 사용하는 현대라는 말은 어원적으로 살펴보았을 때 특별한 시기를 가리키지 않는다. 그것은 '동시대'를 가리키는 것이어서 어떤 사람이 어떤 시점에 쓰는가에 따라 그 의미가 달라진다. 1930년대를 사는 사람에겐 1930년대가 현대였고, 2010년대를 사는 사람에겐 2010년대가 바로 현대가 되는 것이다. 그래서 현대라는 용어는 항상 상대적일 수밖에 없다.

우리는 흔히 근대와 현대를 구분해서 쓰기도 하고 혼용하는 것도 이 점과 관련되어 있다. 현대라는 개념을 동시대라는 말과 같은 뜻으로 사용하게 되었을 때, 좁게 본다면 아주 짧은 역사적 시기를 가리키겠지만 보다 거시적인 안목에서는 근대를 가리킬 수도 있다. 즉 우리가 근대라는 동질적인 시대를 살고 있다고 생각한다면 근대와 현대는 동의어로 사용될 수 있거니와, 근대 안에서 세부적으로 나뉜 특정한 시기에서만 연속성을 느낀다고 한다면 훨씬 축소된 의미로 현대를 사용할 수 있는 것이다. 예컨대 어떤 사람이 1945년 해방 이후를 현대라고 명명하는 것과, 1987년 이후 제6공화국 성립 이후를 현대라고 명명하는 것은 이러한 차이를 보여주는 것이다.

시대구분이라고 하는 문제 중에서 특별히 근대의 기점을 문제 삼는 것은 우리가 살고 있는 시대를 대체로 근대라고 생각하기 때문이다. 정치적으로는 민주주의, 경제적으로는 자본주의, 사회적으로는 개인주의, 문화적으로는 인간주의 등등과 같이 근대성의 본질을 규정하려는 논의가 진행되면서, 그 기원을 찾는 것이 곧 근대의 기점을 밝히는 작업이었던 것이다. 이처럼 근대의 본질을 따지는 것과 근대의 기점을 밝히는 것은 동전의 양면처럼 불가분의 관계에 놓여 있었던 것이다. 포스트모던이라는 용어도 이와 관련되어 있다. 근대라는 시대가 종말을 고하고 새로운 시대가 시작되었지만, 아직 그 실체가 무엇인지 명확하게 드러나지 않았기 때문에 붙여진 이름이 포스트모던(후근대)이다. 그런 관점에 선다면 이미 역사적인 시기로서의 근대는 종말을 맞이했고 새로운 시대가 시작된 셈이다. 하지만 근대의 본질적 특징이 무엇인가 하는 논의가 다양한 만큼 근대의 기점이나 종말에 대한 통일된 견해를 찾기 어려운 것이 현실이다.

3.1. 근대문학의 기점 논의

한국에서 근대 혹은 근대문학이 언제 시작되었는가에 대해서는 오랫동안 논쟁이 펼쳐져 왔다. 가장 전통적인 견해는 19세기 말에 나타난 역사적 변화에 주목했던 초기 문학사가들에게 발견할 수 있다. 1864년에 있었던 개항을 주목한 이들도 있었고, 이후에 갑오경장 혹은 갑오농민전쟁을 강조한 이들도 있었지만, 그들은 대체로 서구의 동양 진출에 따른 전통적인 질서의 위기가 근대의 기점에 해당한다고 주장한다. 과거의 중화주의적 세계인식이 급속하게 붕괴되면서 사회전반에 혁명적인 변화가 시작되었던 것이다. 이러한 변화는 20세기 초에 일본제국주의의 식민지로 편입되는 결과로 나타나긴 했지만, 세계사적으로는 근대자본주의 세계 체제 속으로 편입이라는 의미를 지니고 있었기 때문에 근대적인 성격을 띨 수밖에 없다는 것이다.

하지만 이러한 연구 성과들은 서구문화 내지 서구문학의 영향력을 강조함으로써 자생적이고 주체적인 근대 이행을 부정한다는 비판을 받기도 했다. 특히 1960년 4월혁명을 거치면서 민족주체성이 강조되자 이러한 19세기 기점론은 일제강점기 때 식민지배를 정당화하기 위해 내세웠던 식민사관, 곧 한국문화의 주변성론이라든가 정체성론과 닮았다는 비판을 받게 되었다. 그래서 한국 근대문학의 기점을 18세기로 소급하려는 노력이 새롭게 나타난다. 김현과 김윤식의 〈한국문학사〉에서 잘 나타난 이러한 연구 태도는 조선후기에 나타났던 다양한 변화들, 예컨대 사설시조, 판소리, 탈춤과 같은 민중문화의 부상과 실학을 통해 구체화된 지배층의 자기혁신 과정에서 자생적인 근대화의 맹아를 발견하려는 시도라고 할 수 있다.

근대문학의 기점과 관련된 논의는 현재까지도 여전히 진행 중이다. 역사라는 것은 특정한 사건을 중심으로 이전 시기와 이후 시기가 완전히 단절되는 것은 아니다. 오히려 한 사건은 단시간에 그 영향력을 모두 행사하는 것이 아니라 오랫동안 지속적인 영향력을 행사하기도 한다. 그래서 특정 사건을 기점으로 이전과 이후가 완전히 구별될 수 있다는 것은 역사적 현실을 단순화한 것에 불과하다. 오히려 역사를 특정 시점에서 단면으로 살펴본다면 지배적인 것이 존재하기는 하지만, 그 이면에 몰락해가는 것과 새롭게 부상하는 것, 달리 말해 과거의 유산과 미래의 가능성이 함께 존재할 것이다. 따라서 역사를 이해하고자 할 때, 그 기원을 설정하는데 몰두하기보다는 지배적인 것과 몰락해가는 것, 그리고 새롭게 부상하는 것 사이의 역동적인 관계를 살피는 것이 훨씬 유용한 것이라고 할 것이다. 18세기에 들어서면서 전통적인 질서가 위기에 처하게 되면서 지배적인 것들에 대항하는 새로운 문학의 가능성이 배태되었고, 그것이 바탕이 되어 개항과 갑오경장 이후 지배적인 것으로 자리잡게 되었던 것이다.

3.2. 언어의 측면에서 바라본 한국문학의 역사

18세기와 19세기를 거치면서 태동한 문학의 근대적 요소가 점차 지배적인 형태로 자리잡기 시작했다면 근대 이전의 문학은 어떤 모습으로 변화해 왔을까? 한국문학사에서 전근대시기를 구분하는 가장 편리한 방법은 왕조를 염두에 두는 것이다. 물론 삼국 시대와 통일신라 시대, 그리고 고려 시대와 조선 시대처럼 왕조가 변화했다 하더라도 문학의 변화가 반드시 초래되는 것은 아니다. 신라 시대를 대표하는 향가는 고려 시대 중엽까지도 널리 향유되었고, 고려시대에 형식적으로 완성된 시조는 조선시대에 전성기를 맞이했던 것이다. 그리고 구비문학의 경우 왕조의 변화가 끼친 영향은 미미한 경우가 대부분일 것이다. 그렇지만, 장기적인 관점에서 왕조의 변화는 문학담당층의 변화를 가져오고, 그에 따라 새로운 지배문화가 형성되면서 주변적인 문화에 점차 영향력을 확대하는 계기가 되기 때문에, 국문학의 시대를 구분하는데 있어서 여전히 유용하다고 할 수 있다.

3.2.1. 구비전승의 시대

근대 이전의 사회에서 가장 특징적인 것은 문학담당층에 따라 구비문학과 기록문학이 확연히 분리된다는 점이다. 일반 민중들의 경우 자신들의 문학적 욕구를 문자를 통해서 표현할 수 있는 능력을 갖추지 못했기 때문에 다양한 형태의 구비문학을 발전시켜왔다. 이러한 구비문학적 요구는 근대에 접어든 다음에도 여전히 남아있지만, 과거와 달리 문자해독 능력이 일반화되면서 그 영향력이 훨씬 감소한 것만은 분명한 사실이다.

   한국문학이 처음 모습을 드러내던 시기에 문학적 활동을 어떤 양상으로 펼쳤는가에 대해서는 구체적으로 말하기 어렵다. 대부분의 문학활동은 구비문학의 형태로 발생하고 전승되었기 때문에 후대의 역사서인 삼국사기, 삼국유사라든가, 혹은 몇몇 중국 문헌을 통해 극히 부분적인 면모만이 드러날 따름이다. 여기에 따르면 한민족이 부족국가 형태로 존재하던 무렵 부여와 고구려와 예에서는 여러 제천의식이 있었는데, 이 의식에서 백성들은 노래를 부르고 춤추기를 즐겨했다고 기록하고 있다. 이를 통해서 시는 아직 독자성을 갖추지 못한 채 노래, 춤과 결합된 종합예술의 형태로 존재했음을 알 수 있다. 그런데, 이러한 부족국가들이 새롭게 고대국가로 탄생하는 과정은 〈동명왕신화〉, 〈김수로왕신화〉, 〈박혁거세신화〉 등과 같은 건국신화들에 담겨 오랫동안 전승되기도 한다. 현전하는 고조선의 〈공무도하가〉라든가 고구려의 〈황조가〉 등도 마찬가지로 구비전승되다가 후세에 이르러 비로소 문자로 기록된다.

3.2.2. 한문문학과 구비문학의 병존

한국문학의 기원과 저층을 이루는 구비문학의 바탕 위에서 다양한 기록문학이 발전해 왔다. 그런데 기록문학의 발전 과정에서 변곡점을 이루는 것이 한문의 유입이었다. 한글이 만들어지기 이전 우리의 문자생활은 동아시아의 공통문어였던 한문을 통해 이루어졌고, 기록문학 역시 대부분 한문문학의 형태로 나타난다. 당시 한국어로 표기할 수 있는 문자가 없었기에 한자라는 표기체계를 도입하는 것은 어쩔 수 없는 일이었다. 만약 한자가 들어오지 않았다면 한국문학은 오랫동안 구비문학의 형태로 전승되다가 소멸되었을지도 모르지만, 다행스럽게도 한자를 차용함으로써 기록으로 남겨질 수 있었던 것이다.

   그런데 한자는 단순히 표기를 위한 수단으로서의 의미를 지닌 것은 아니었다. 한자의 도입과 함께 중국의 사상과 문물이 적극적으로 수용되었고 한문문학 역시 크게 융성한다. 당시 사회에서 정치적, 사회적, 문화적으로 지배적인 지위를 차지하고 있던 이들이 한문을 통해서 자신들의 문화적 역량을 강화하면서 한문문학은 지배적인 문학으로 자리잡았던 것이다. 이 과정에서 한문문학과 구분되는 독특한 표기체계가 나타나기도 한다. 한문문학이 우리말의 문장구조와 일치하지 않기 때문에 우리말의 어순에 따라 한자를 차용하여 표기하는 표기방식이 시도되었던 것이다. 소위 향찰 문학이 그것이다. 기록문학으로서의 한문문학과 향찰문학, 그리고 구비문학이 병존하는 시기였던 셈이다.

① 삼국시대와 신라의 통일

고구려, 백제, 신라와 같은 고대국가가 출현하면서 불교와 유교를 수입하여 국가 통치 이념을 활용하였는데, 이 과정에서 한문이 본격적으로 수입되기 시작한다. 이 때문에 구비문학과 기록문학의 분화가 본격화되었고, 기록문학 역시 한문문학과 향찰문학으로 세분화된다. 당나라에서 유학한 최치원(崔致遠)은 과거에 급제한 뒤 황소의 난 때에 〈토황소격문(討黃巢檄文)〉을 짓는 등 그 문명을 떨쳐 한문문학의 비조로 추앙받게 된다.

이 시기에 서정갈래에서 가장 주목해야 할 것은 바로 향가라고 할 수 있다. 잘 알려져 있다시피 향가는 한자의 소리와 뜻을 빌려 우리말로 기록한 향찰 표기 방식을 채택하고 있다는 점에서 차용문학의 일종이라고 할 수 있다. 신라시대에 널리 불려졌을 뿐만 아니라 고려시대까지도 창작되고 향유되었던 것으로 보인다. 고려 광종 때에 균여가 지은 〈보현십원가〉 11수가 그 좋은 예이다. 향가는 형식면에서 4구체·8구체·10구체의 세 가지로 나눌 수 있다. 4구체 작품은 〈서동요〉, 〈풍요〉, 〈헌화가〉, 〈도솔가〉 등이 있는데 내용이나 형식 측면에서 민요와 유사하다. 이를 통해 향가가 민요에서 발생했다고 추정하기도 한다. 향가의 완성태는 10구체 형태로 사뇌가라고 불리기도 한다.

서사갈래의 차원에서도 이 시기는 매우 중요하다. 고려 시대에 기록된 삼국사기, 삼국유사 등의 역사서에는 김유신(金庾信), 견훤(甄萱), 궁예(弓裔)와 같은 역사적 인물을 주인공으로 삼은 설화들이 실려 있고, 그밖에도 바보 온달, 호동 왕자, 조신 등과 같은 다양한 인물들의 이야기 또한 발견할 수 있다. 물론 이러한 이야기가 모두 이 시기에 만들어졌다고 단언하기 어렵겠지만, 그 중 상당 부분은 이 시기에 만들어졌을 가능성이 매우 높다. 그런데 이 시기에 만들어지고 전승된 이야기들은 이후 판소리계 소설 등에서 활용되면서 한국 서사문학의 토대가 되었다.

② 고려시대

고려 시대에는 중앙집권제가 강화되면서 과거제도를 통한 인재 관리 제도가 시행되었다. 여기에서는 중국의 경서와 사기를 중심으로 시문에 이르기까지 다양한 한문 글쓰기를 시험했기 때문에 한문문학은 귀족층들에게 필수적인 교양이 되었다. 그 결과 정지상과 같이 훌륭한 한시를 창작한 이들이 등장하였고, 이규보나 이제현과 같이 나라 바깥에까지 문명을 떨친 이름난 문장가들이 속출하였다.

이와 같은 한문문학의 번성 속에서 경기체가라는 독특한 양식도 출현하였다. 이 양식은 고려의 신흥사대부들이 한문만으로 표현하기 어려운 실생활의 감정을 그려내기 위해서 창안한 독특한 양식이라고 할 수 있다. 이와 함께 한문 교술양식에 해당하는 가전체도 주목할 만하다. 이 유형의 작품들은 대체로 어떤 사물을 의인화하여 그 생애를 기록하는 전의 양식을 따르고 있다.

고려 시대의 대표적 서정갈래는 고려가요이다. 이전 시대에서 전승되었던 향가문학이 점차 소멸하면서 그 자리를 차지한 새로운 형식의 구비문학이다. 고려가요는 몇 가지 형식적 특성을 공유하고 있다. 각각의 작품들이 여러 연으로 구성되고, 각 연마다 여음구(餘音句)가 붙는 체재로 이루어져 있으며, 대체로 3음보의 율격을 바탕으로 하고 있다. 이처럼 민중들에 의해 민요로 전승되던 고려가요는 조선 시대에 들면서 궁중악의 형태로 전유되면서 한글로 기록되게 된다.

3.2.3. 한문문학과 한글문학의 경쟁

15세기 세종대왕에 의해 한글이 창제되어 독자적인 한국어 표기체계를 만들어 낸 것은 한국문학에 있어서 혁명적인 사건이었다. 기존에 한문으로 기록된 문학과 구비문학이 병존하던 상황은 한글 창제와 더불어 큰 변화를 겪게 된다. 먼저 한자어를 이용하여 한국어를 기록한 향찰문학이 그 역사적 역할을 다하고 소멸하였으며, 한글문학이 그 역할을 대신 떠맡게 된다. 하지만 향찰문학이 지배적인 것으로서의 한문문학을 보조하는 역할을 담당했던 것과 달리 한글문학은 한문문학과의 경쟁을 통해서 새롭게 성장해 갔고, 조선후기에는 자신의 언어적 가능성을 확장하면서 독립적인 위상을 차지하게 된다.

① 조선 전기

조선 시대에 접어들면서 사대부들이 핵심적인 문학담당층으로 부상하면서 한문문학이 더욱 융성하였다. 특히 훈구파와 사림파의 대립 속에서 한문문학은 더욱 발전하여 사상과 관념을 표현하는 수단으로 활용되었다. 경전에 대한 해석과 철학적 사변을 담은 글들이 지속적으로 집필되었고, 수준 높은 문집은 전국적으로 필사되고 인쇄되었다. 또한 김시습의 〈금오신화〉와 같은 한문소설들이 나타난 것도 주목할 만하다.

그런데 한문문학의 융성에도 불구하고 한글 창제와 더불어 한글문학이 발전하기 시작했다. 조선 시대를 대표하는 서정양식은 시조이다. 시조는 고려시대에 처음 나타났지만, 조선 시대에는 새로운 지배계층으로 자리잡은 신흥사대부의 세계관과 결합하면서 크게 융성한다. 3장 6구로 이루어진 4음보 율격의 시조는 형식적으로는 매우 단순한 구성을 취하고 있지만, 균형과 절제가 적절하게 조화를 이루고 있어서 양반부터 평민에 이르기까지 두루 창작되고 널리 불러지게 된다.

시조와 더불어 이 시기에 발전한 것이 가사문학이다. 가사는 대체로 개인적인 정서를 표현하는 것이 아니라 교훈성과 서사성을 담는 경우가 많아 교술양식에 포함된다. 시조와 마찬가지로 3~4음절의 시구가 4음보로 반복되는 운문으로 이루어져 있다는 점도 특기할 만하다. 자연에 묻혀 사는 안빈낙도를 읊거나 남녀간의 애정에 빗대어 군신 간의 충의를 읊은 작품들이 이 시기 가사의 주요한 주제를 이루고 있다.

② 조선 후기

임진왜란이나 병자호란과 같은 외세의 침략과 함께 내부적으로는 신분제의 붕괴와 같은 상황이 나타나면서 조선 사회는 심각한 위기에 봉착하게 된다. 이에 따라 전통적인 사대부 계층 내에서도 새로운 혁신을 도모하는 세력들이 나타난게 된다. 그들은 실사구시의 정신으로 현실의 모순을 타개할 방법을 모색하는 한편, 서민들의 삶의 애환을 담은 위항문학을 발전시켜 나갔다. 정약용의 수많은 애민시들이 한시로 씌어졌다면, 박지원의 한문소설은 시정의 이야기를 직접 언어화함으로써 변화하는 사회상을 담고자 시도한다. 하지만 이 과정에서 전통적인 문체로부터 일탈함으로써 '문체반정'의 빌미를 제공하기도 한다.

조선후기의 가장 큰 특징은 민중들이 새로운 문학담당층으로 성장한다는 사실이다. 그들은 사대부들의 전유물이었던 시조를 변용하여 자유분방한 사설시조로 자신들의 삶과 세계에 대한 태도를 담아내는 데 성공했다. 그리고 서사양식의 영역에서도 다양한 국문소설을 생산하고 소비하였다. 판소리 사설을 바탕으로 한 판소리계 소설들은 풍자와 해학 등의 방식을 활용하여 조선후기의 사회 모순을 적극적으로 비판하고 있다. 뿐만 아니라 허균의 〈홍길동전〉으로 시작된 국문소설은 조선 후기에 접어들면서 영웅소설, 가정소설, 가문소설 등의 형태로 크게 확장되었다. 이러한 변화는 교술양식인 가사의 내용 또한 변화시킨다. 안빈낙도와 충신연주지사로 채워지던 조선 전기의 가사와 달리 전란, 유배, 여행 등 새로운 제재를 발굴하고자 했던 것이다.

3.2.4. 한글문학 전성시대

19세기 후반은 매우 주목할 만한 시기이다. 갑오경장을 통해서 국한문체가 국가 공용어로 자리잡으면서 한문문학과 향찰문학, 한문문학과 한글문학이라는 이중적인 체계가 청산되고 한국어와 그 표기수단으로서의 한글이라는 단일어 체계로서의 한글문학이 성립된 것이다. 그뿐 아니라 신분제에 의해 지배층과 피지배층이 구별되는 구습이 철폐됨으로써 말과 글이 일치할 수 있는 가능성이 생겨난 것이라고 할 수 있다. 그래서 한국 근대문학의 경우 언문일치를 향한 노력들은 언어적인 혁신일 뿐만 아니라 사회적이고 정치적인 의미를 지닐 수밖에 없다. 특히나 누구나 쉽게 배울 수 있는 한글의 우수한 문자체계는 더 이상 과거와 같이 문자가 권력의 세습을 위한 방편이 되는 것을 거부하고, 많은 사람들이 능동적으로 문학 활동을 펼치는데 도움을 준다.

그렇지만, 정치적으로 식민지의 상황에 처하면서 언문일치는 커다란 위기에 빠지게 된다. 즉 과거에 한문문학이 차지했던 것과 유사하게 일본어와 일본문학이 한국어와 한국문학의 바깥에서 문화적인 권력을 행사하게 되는 것이다. 그런 점에서 일제강점기는 정치적으로도 커다란 불행이었지만, 문화적으로 본다면 과거의 한문문학과 유사한 또다른 이중어의 상황이라고 말할 수 있다. 과거에 한문문학에 맞서 한글문학을 지켜나가야 했던 것과 같은 비상한 노력이 요구되었던 것이다. 국가 공식어로서의 일본어와 지방어로 격하된 조선어 사이의 위계질서는 곧바로 제국과 식민 사이의 관계를 보여주고 있는 것이다. 그런 점에서 일제강점기의 마지막에 있었던 조선어말살정책에 맞서 한국어와 한글을 지켜나가고자 했던 여러 선각자들의 노고를 기억할 필요가 있다.

마지막으로 일본으로부터 해방이 되면서 더 이상 이중어 상황에 놓이지 않게 되었다고 해서 언문일치가 완벽하게 이루어졌다고 하기는 어렵다는 점을 지적해 두고자 한다. 여전히 문자생활을 능숙하게 사용할 수 있는 지식인들과 그렇지 못한 대중 사이의 격차가 존재하고 있는 것도 사실이다. 그래서 언문일치의 또다른 의미로서의 말(구술언어)와 글(문자언어)의 완벽한 일치는 여전히 미완성의 과제로 남겨져 있다. 일상적인 언어가 곧바로 글이 되는 것은 결코 쉽지 않은 일이었다. 이처럼 한국의 문학사는 이중어 체제에서 벗어나 단일어체제로 변화해가는 모습, 달리 말해 말과 글 사이의 괴리를 극복함으로써 누구나 자신의 말로서 자신의 삶을 문학적으로 표현하는 것이 가능하게 되는 상태를 향해 나아가는 과정이라고 할 수 있다. 그 과정은 아직 끝나지 않았다.

한국 현대문학의 이해

손유경
서울대학교 인문대학 국어국문학과

| 학습 목표 |

- 한국 현대사의 전개 과정을 개괄적으로 이해한다.
- 한국 현대문학사의 주요 작가와 작품, 매체 등에 관한 전반적 지식을 습득한다.
- 문학과 역사의 관련 양상을 살펴본다.
- 한국 현대문학 교육을 위한 이론적 기초를 정립한다.

차례

1. 현대문학의 이해
   1.1. 현대 한국의 역사와 문학
      1.1.1. 현대 한국의 역사적 사건 – 식민지 시기
      1.1.2. 현대 한국의 역사적 사건 – 해방 이후
   1.2. 문학과 역사의 관계
2. 식민지 시기 문학의 전개
   2.1. 나혜석과 그의 시대
   2.2. 동인지의 안과 밖
   2.3. 카프(KAPF)의 문예 운동
   2.4. 구인회와 식민지 조선의 문예 부흥
   2.5. 일제 말기 문인들의 고뇌
3. 해방 이후 문학의 전개
   3.1. 해방기 진보의 개념과 감각
   3.2. 전후의 풍경
   3.3. 4·19 세대의 약진
   3.4. 산업화 시대 도시와 농촌
   3.5. 1980년대 문학과 민족, 민중, 시민

1장

현대문학의 이해

1.1. 현대 한국의 역사와 문학

한국 현대문학의 전개 과정을 이해하기 위해서는 우선 현대 한국의 주요 역사적 사건을 살펴볼 필요가 있다. 모든 문학 작품은 역사의 충실한 기록이자 그 자체가 새로운 현실의 구성으로서 의의를 갖는다. 여기서는 한국 현대문학의 범위를 20세기 초부터 20세기 말까지 한국에서 발표된 작품들로 한정하였다. 이를 다시 식민지 시기 문학과 해방 이후 문학으로 나누어 고찰하고, 마지막으로 이를 바탕으로 문학과 역사가 맺는 관계에 대해 생각해 보기로 한다.

1.1.1. 현대 한국의 역사적 사건 – 식민지 시기

가. 1910년대
- 1910년: 한일합병 조약/ 대한제국, 조선으로 개칭/ 조선총독부 설치
- 1919년: 3·1 운동/ 상해 대한민국 임시정부 수립

나. 1920년대
- 1924년 경성제국대학교 개교/ 암태도 소작쟁의

- 1925년 조선프롤레타리아예술동맹(KAPF) 결성/ 제1차 조선공산당 사건
- 1926년 6·10 만세운동
- 1927년 민족단일당 신간회 창립
- 1928년 조선일보 신춘문예 시작/ 제3차 조선공산당 사건/ 한글날 제정
- 1929년 광주학생운동

다. 1930년대

- 1931년 조선프롤레타리아예술동맹 제1차 검거 사건/ 만주사변
- 1933년 조선어학회 한글맞춤법통일안 발표/ 경성고무회사 여공 파업
- 1934년 조선프롤레타리아예술동맹 제2차 검거 사건/ 흥남제련소 직공 파업
- 1935년 각 학교에서 신사참배 강요/ 최초의 발성영화 〈춘향전〉 개봉
- 1936년 《동아일보》 일장기 말소 사건, 무기한 정간
- 1937년 중일전쟁/ 황국신민서사 제정과 시행

라. 1940년대

- 1940년 창씨개명 실시/《조선일보》,《동아일보》 폐간
- 1942년 조선인 징병제 시행/ 조선어학회 사건
- 1943년 학병제 실시
- 1945년 일본 천황 히로히토 항복 방송

우리의 1910년대는 일본에 의한 강제 합병으로 시작되었다. 일본은 대한제국을 조선으로 개칭하고 곧바로 조선총독부를 설치한다. 1919년의 3·1 운동은 식민지 조선의 지식인과 민중이 한마음이 되어 일제의 탄압에 맞선 역사적 사건으로 기록되고 있다. 3·1 운동의 역사적·사회적·문화적 의의는 실로 대단히 크다.

1920년대 조선 사회에는 민족주의 사상과 사회주의 사상이 고르게 퍼지면서 각종 민족운동과 계급운동이 본격적으로 출현했다. 이러한 흐름 속에서 민족 단일당 '신간회'가 창립되었으나 그 활동이 오래 지속되지는 못하였다. 다양한 이념이 각축을 벌이는 과정에서 교육·문화계도 활력을 얻었다. 경성제국대학 개교, 조선일보 신춘문예 도입, 한글날 제정 등이 특기할 만한 사건들이다.

1930년대는 일제의 탄압과 검열 강화라는 객관적 정세의 악화와, 지식과 예술의 부흥 및 민중의식의 성장이라는 이면의 움직임이 가시화한 시기였다. 1931년 만주사변과 1937년 중일전쟁을 일으킨 일본이 점차 노골적인 군국주의의 길로 나아가면서, 식민지 조선 사회에 대한 정치적 탄압은 점차 심해졌다. 신사 참배 강요, 민간 신문 강제 정간, 황국신민서사 제정 등의 사건으로 요약되는 이러한 암울한 현실 속에서, 조선 지식인과 민중은 정치·문화적으로 수준 높은 실천을 보여주었다. 일제의 정치적 억압이 거꾸로 식민지 조선 문화 융성의 자산(資産)이 되었던 셈이다.

1930년대 후반부터 1945년 일제가 패망할 때까지의 시기는 대체로 문화의 암흑기로 불린다. 양대 민간신문인 《조선일보》와 《동아일보》가 연이어 폐간되었다는 사실이 이를 잘 말해준다. 이 시기에는 종이 공급 부족과 식량난 등으로 인해 조선 지식인과 민중의 일상은 피폐해질 대로 피폐해졌다.

1.1.2. 현대 한국의 역사적 사건 - 해방 이후

가. 1940년대

- 1945년 조선공산당 재건/ 모스크바 삼상회의, 한국 신탁통치안 발표
- 1946년 북한 토지개혁 실시
- 1947년 김구, 남한단독정부수립 반대 성명
- 1948년 남북한 단독정부 수립/ 제주 4·3 사건

나. 1950년대

- 1950년 한국전쟁 발발
- 1953년 판문점에서 휴전협정 조인
- 1956년 제3대 대통령에 이승만 당선
- 1958년 함석헌, 필화사건으로 구속
- 1959년 《경향신문》 폐간

다. 1960년대

- 1960년 4·19 혁명

- 1961년 5·16 군사 쿠데타
- 1963년 박정희 대통령 당선
- 1965년 한일협정/ 베트남전 파병안 국회 통과
- 1966년 『창작과비평』 창간
- 1967년 동백림 사건
- 1968년 주민등록제도 실시/ 국민교육헌장 선포
- 1969년 삼선 개헌/ 가정의례준칙 공포

라. 1970년대

- 1970년 전태일 분신자살/ 『문학과지성』 창간
- 1972년 7·4 남북공동성명/ 10월 유신
- 1973년 국사 교과서 국정화
- 1974년 동아일보 기자, 자유언론실천 선언
- 1975년 인혁당 사건/ 베트남 전쟁 종전
- 1978년 동일방직 사건
- 1979년 부마항쟁/ 박정희 대통령 사망

마. 1980년대

- 1980년 5·18 광주 민주화 운동
- 1982년 프로야구 출범
- 1983년 학원 자율화 조치
- 1985년 구로동맹 파업
- 1987년 박종철 고문치사 사건/ 6·10 항쟁
- 1988년 서울올림픽 개최
- 1989년 황석영, 문익환, 임수경 방북/ 전교조 결성

바. 1990년대

- 1991년 남북한 동시 유엔 가입
- 1992년 한중 국교 정상화

- 1994년 성수대교 붕괴/ 김일성 사망
- 1995년 삼풍백화점 붕괴
- 1997년 IMF 사태

'도둑처럼' 찾아온 해방은 우리에게 기쁨과 혼란을 동시에 안겨주었다. 일제강점기 내내 억눌려 있던 조선인들의 정치·문화적 욕망이 한꺼번에 폭발하면서 해방기에는 다양한 조직과 단체들이 우후죽순으로 생겨났다. 좌우익의 이념 대립이 본격화하는 가운데 모스크바 삼상회의에서 한국 신탁통치안이 발표되자 '찬탁' 세력과 '반탁' 세력 간 갈등까지 이에 더해져 해방기 한국 사회는 크게 동요했다. 남한단독정부수립이 영구 분단으로 귀결될지 모른다는 우려의 목소리가 높아졌음에도 불구하고 결국 1948년 남한과 북한에서는 각각 단독정부가 수립된다.

한국의 1950년대는 남북한 모두에게 심각한 손실을 입힌 한국전쟁으로 시작되었다. 1953년 판문점에서 휴전협정이 이루어진 후 남한과 북한은 본격적으로 체제 경쟁에 돌입했다. 남한에서는 제3대 대통령에 이승만이 당선되어 반공독재 정권이 수립된다.

1960년의 4·19 혁명은 이후 한국 사회의 변화에 중요한 분수령이 되었다. 그러나 자유를 향한 시민들의 외침이 사회 전 분야로 고르게 퍼져나갈 즈음 발생한 5·16 군사 쿠데타는 역사의 시계를 거꾸로 돌려 한국 사회는 박정희 군부독재 정권하에 놓이게 된다. 1965년의 한일협정이나 베트남전 파병, 1967년의 동백림 사건 등에서 알 수 있듯이 박정희 정권기의 한국 지식인과 민중은 고속경제발전의 이면에 드리운 정치적 탄압으로 많은 시련을 겪게 된다.

1972년의 7·4 남북공동성명으로 남한 사회는 통일에 대한 희망으로 한껏 고취되었으나 곧바로 10월 유신이 선포됨으로써 그러한 기대는 곧 좌절된다. 반공주의와 성장주의를 모토로 한 박정희 정권기의 각종 개발계획은 노동자와 농민, 도시빈민, 그리고 반체제 지식인들의 저항을 차츰 불러일으키게 된다.

5·18 광주 민주화 운동이라는 비극적 사건으로 열린 한국의 1980년대는 노동자·학생들의 대대적 반정부 투쟁과 유례없는 경제 호황으로 점철된 시기였다. 경제의 양적 성장은 삶의 질에 대한 대중의 욕구와 상대적 박탈감을 자극했고, 서울올림픽 개최로 '세계화'라는 용어가 전 사회적 이슈가 되기도 했다. 1987년 박종철 고문치사 사건에서 드러난 군부독재정권의 인권 유린에 대한 전 사회적 분노가 6·10 항쟁의 도화선이 되어 1980년대 말 한국의

'민주화 운동'은 그 절정을 맞게 된다.

　현실 사회주의 국가의 몰락과 한중 국교 정상화, 김일성 사망 등의 연이은 사건들은 한국 사회의 오랜 금기를 차례로 깨뜨리는 힘으로 작용해 1990년대 한국은 이른바 '이념'이 아닌 '문화'가 풍미하는 시대로 접어들었다고 평가된다. 고속경제성장의 부작용이 낳은 비극적 사건들이 잇달아 터지면서 '성장'이라는 가치 자체를 상대화하고 그것에 도전하는 사회 분위기가 형성된다.

1.2. 문학과 역사의 관계

가. 시대를 반영하는 문학
- 현실 재현(representation)
- 리얼리즘 문학론
  (예) 이범선의 「오발탄」(1959)에 드러난 전후 남한 사회의 현실

나. 역사를 기록하는 문학
- 역사적 사실과 문학적 진실
  (예) 이병주의 「관부연락선」(1968~1970)에 나타난 구한말과 식민지 시기 조선의 역사

다. 대항 기억으로서의 문학
- 공식 기억 vs 대항 기억
- 증언으로서의 문학
  (예) 현기영의 「순이삼촌」(1978)에 드러난 제주 4·3 사건의 참상

라. 현실을 재구성하는 문학
- 거울(반영) vs 건축(생성)
- 모더니즘 문학론
  (예) 이상의 「오감도」(1934)에 나타난 기법 실험

한국 현대문학은 위에서 살펴본 현대사의 주요 사건들을 재현하거나 지나간 과거의 사실을 기록함으로써 '역사적 사실'과 구별되는 '문학적 진실'을 추구해왔다. 이 과정에서 국가가 제도화한 공식 기억(official memory)과 구별되는 대항 기억(counter memory)을 산출하기도 했다. 문학은 이처럼 현실을 반영하기도 하지만 새로운 현실을 창출하기도 한다. '무엇을' 말하느냐가 아니라 '어떻게' 말하느냐를 중요한 문학적 과제로 삼은 시인과 작가들은 문학 기법상의 다양한 실험을 통해 인습과 통념에 도전한다.

2장

식민지 시기 문학의 전개

2.1. 나혜석과 그의 시대

가. 이광수의 「무정」(1917)
- 계몽주의
- 가르치고 배우자!
- '교사' 이형식, '학생' 김선형, '기생' 박영채
- 사제관계와 삼각관계
- 결말의 내용과 그 의미
  - 삼랑진 수해 현장과 자선 음악회
  - 연설하는 이형식
  - 민족의 갱생

나. 나혜석의 「경희」(1918)
- 여성주의 문학의 기원
- 화가이자 문인으로서의 나혜석
- '신여성' – 찬탄과 비난의 대상
- '여학생'에 대한 편견

- 조혼 제도의 문제점
- 개성에 눈뜬 여성

  1910년대는 이광수와 최남선의 2인 문단 시대로 일컬어져 왔다. 이광수와 최남선은 1910년대의 주요 문인인 동시에 조선 민족의 갱생을 위하여 신문명을 가르치고 배워야 한다고 주장한 대표적인 계몽주의 사상가이기도 했다. 이 시기에는 여성주의 문학의 단초가 되는 인물들도 여럿 등장했는데, 화가이자 문인이었던 나혜석의 작품을 통해 이를 확인할 수 있다.

  이광수의 장편소설 「무정」에 등장하는 주인공 이형식의 직업은 교사이다. 그는 대다수 주변 인물들과 '사제관계'를 형성하여 그들에게 새로운 가르침을 주는 존재로 그려진다. 동시에 그는 신여성 김선형과 기생 박영채 사이에서 갈등하는 '삼각관계'의 주인공이기도 하다. 삼랑진 수해 현장에서 주요 등장인물들이 자선 음악회를 여는 장면에 이 작품의 계몽성이 집약돼 있다.

  나혜석의 단편소설 「경희」는 여성주의 문학의 기원으로 볼 수 있는 작품이다. 여기서 나혜석은 다양한 인물들의 입을 빌려 근대적 여성 교육의 필요성을 강조하면서 당대 독자들이 거부감 없이 '여학생'이라는 '신여성'의 존재를 받아들일 수 있게끔 서사를 구성한다. 즉 주인공 경희를 관찰하는 주변 인물들은 점차로 여학생에 대한 오해와 편견에서 벗어나는 것으로 묘사된다. 그러나 이 주변 인물들의 인식 변화보다 더 중요한 것은 경희 자신의 깨달음이다. 소설 끝부분에 가서 경희는 결혼을 할까 말까 망설이다가 자기 자신이 '인류'에 속한다는 것을 깨달으면서 새로운 존재로 상승한다. 이처럼 「경희」는 여성 교육의 필요성을 역설하는 전형적인 계몽주의 소설이자 개성에 눈뜬 여성의 내면을 조명한 여성주의 소설이라 할 수 있다.

2.2. 동인지의 안과 밖

가. 1920년대의 대표적 동인지
- 『창조』
- 『폐허』

- 『백조』

나. 『창조』와 김동인
- 예술지상주의
- 인형조종술: 작가 = 신, 등장인물 = 피조물

다. 『폐허』와 염상섭
- 개성의 자각
- 「만세전」(1922): 주인공 이인화의 방황, 여로형 구조

라. 김동인과 염상섭의 비평관
- 김동인의 '변사론': 작가 우위의 관점
- 염상섭의 '판사론': 비평의 권위 확립

 1920년대 문학은 『창조』(1919~1921), 『폐허』(1920~1921), 『백조』(1922~1923)의 3대 동인지가 이끌었다. 동인지란 사상이나 취미가 비슷한 이들이 모여 편집하고 발행하는 잡지를 뜻하는데, 『창조』에서는 김동인이 『폐허』에서는 염상섭이 중심 역할을 했다.
 김동인과 염상섭은 한국 근대소설의 기틀을 잡은 중요한 작가들이다. 예술지상주의자 김동인은 근대 단편소설의 양식을 확립하였다. 하나의 세계를 창조한다는 점에서 작가는 신과 같은 존재라고 주장한 '인형조종술'로도 유명하다. 『폐허』를 이끌었던 염상섭은 개성의 자각을 중요한 시대적 과제로 삼았던 인물이다. 대표작 「만세전」의 주인공 이인화는 식민지 시기 방황하는 지식인 청년의 한 전형으로 손꼽히고 있다.
 두 작가는 근대 비평(가)의 위상 문제를 놓고 논쟁을 벌이기도 했다. 김동인이 비평의 기능을 무성 영화 관객을 위한 '변사'의 역할에 빗대어 설명했다면, 염상섭은 조사와 판단을 중시하는 '판사'의 역할에 빗대어 설명했다. 비평이라는 장르와 비평가의 존재에 대한 본격적 논의를 전개했다는 점에서 두 작가는 근대 비평의 확립에도 지대한 기여를 했다고 할 수 있다.

2.3. 카프(KAPF)의 문예 운동

가. 조선프롤레타리아예술동맹(1925~1935)
- 사회주의 문학 운동 조직
- '운동'으로서의 문학
- 민족주의 문학론자들과 대립

나. 카프의 시
- 임화의 「우리 오빠와 화로」(1929)
- '단편서사시': 쉬운 이야기체 + 현실 변혁의 전망
- '혁명적 로맨티시즘'

다. 카프의 소설과 비평
- 리얼리즘 문학론
- '지도 비평'
- 이기영의 「고향」(1933~1934): 노동자의 농민의 각성 + 지식인의 역할

라. 카프의 연극
- 활발한 연극 운동
- 대중화 문제
- 신건설사 사건(제2차 검거 사건)

각종 이념과 사조의 각축장이었던 1920~30년대 식민지 조선에서, 사회주의 사상의 정치적·문화적 영향력은 대단히 컸다. 1925년에 결성되어 1935년에 해산된 조선프롤레타리아예술동맹(KAPF)도 당대를 풍미했던 사회주의 운동과 깊이 관련된 조직이다. 카프 맹원들은 식민지 조선의 '계급 모순'을 해결하기 위한 투쟁과 실천을 예술가의 소임으로 여겼다. '운동'으로서의 문학에 대한 신념을 이들은 공유했다. 그러다 보니 '민족 모순'의 해결을 우선 과제로 주장한 민족주의자들과 불화할 수밖에 없었다.

카프의 대표적 시인 임화는 단편서사시 양식을 개척하여 현실 변혁의 전망을 담은 쉬운

이야기체 시를 써냈다. 「우리 오빠와 화로」를 그 예로 들 수 있다. 카프의 소설과 비평은 리얼리즘 문학론에 기대어 전개되었다. 현실의 정확한 반영과 준엄한 고발, 전망 제시 등이 리얼리즘 소설이 갖춰야 할 미덕이었으며, 마르크스주의 문예 비평을 창작의 지침으로 삼는 소위 '지도 비평'의 양상이 두드러졌다. 노동자와 농민의 각성을 이끄는 젊은 지식인 김희준이 주인공으로 등장하는 이기영의 「고향」이 식민지 시기 리얼리즘 소설의 수작으로 손꼽히고 있다.

　카프 연극부의 활동도 주목할 만했다. 대중의 문자해독 수준이 높지 않았던 시대적 상황은 연극 운동의 중요성을 한층 높였는데, 실제로 카프 해산을 초래한 제2차 검거 사건은 카프 산하 연극운동단체였던 〈신건설사〉가 연루된 사건이었다.

2.4. 구인회와 식민지 조선의 문예 부흥

가. 구인회(九人會)
- 느슨한 문인 단체
- 모더니즘 문학 운동
- 미적 근대성의 실현
- '무엇을' 쓸 것인가 → '어떻게' 쓸 것인가

나. 구인회의 시인들
- 이상의 「오감도」(1934), 정지용의 「유리창」(1930), 김기림의 「바다와 나비」(1939)
- 음악성 vs 회화성
- 현실 재현 vs 현실 재구성
- 문명 비판

다. 구인회의 소설가들
- 박태원의 「소설가 구보씨의 일일」(1934), 이태준의 「장마」(1936)
- 도시를 '산책'하는 주인공

1930년대 상황은 카프 검거 사건과 만주사변 등을 계기로 급속히 악화되다가 1940년 8월 《조선일보》와 《동아일보》가 나란히 폐간되면서 일제의 정치적 탄압은 절정을 향하게 되었다. 그러나 이 시기 문학과 예술은 오히려 번성했고 훨씬 다채로워졌다. 특히 카프가 퇴조하는 시기인 1933년에 결성된 구인회(九人會)의 멤버들은 여러 발표 매체를 장악하면서 다양한 정치적·미학적 혁신의 기운을 불러일으켰다. 이들은 리얼리즘 문학론을 관통하는 '무엇을' 쓸 것인가의 문제가 아니라 '어떻게' 쓸 것인가의 문제에 집중하면서 기존의 문학 제도와 현실의 관습적 제약들을 넘어서고자 했다는 점에서 모더니즘 문학예술의 조류를 형성했다고 할 수 있다.

　정지용, 김기림, 이상, 박태원, 이태준 등이 남긴 뛰어난 예술적 성과는 문학 텍스트가 현실을 단순히 반영하는 것이 아니라 새로운 현실을 구성하는 원동력이 되기도 한다는 사실을 보여준다. 이들은 근대 문명에 대한 비판 의식을 공유하고 있었는데, 특히 박태원과 이태준 등의 소설에 등장하는 '도시 산책자'라는 인물 유형은 지금까지도 수많은 독자들의 관심과 사랑을 받고 있다. 화려한 도시 문명에 매혹되면서도 그로부터 거리를 두려는 예술가적 자의식이 산책자 인물을 통해 형상화된다.

2.5. 일제 말기 문인들의 고뇌

가. 일제 말기에 대한 접근법
- 암흑기?
- 친일문학
- 식민지의 '회색 지대'

나. 일제 말기의 시
- 백석의 「흰 바람벽이 있어」(1941)
- 만주라는 공간
- 여행의 의미
- 토속성과 현대성

다. 일제 말기의 소설과 영화
- 최정희의 「천맥」(1941)
- 영화 「집 없는 천사」(최인규 감독, 1941)
- '군국의 어머니' 담론
- '고아'의 형상화

라. 일제 말기에 관한 새로운 이해
- 암흑기 → 암중모색기
- 잡지 『문장』(1939~1941): 이병기, 정지용, 이태준 + 식민지 시기와 해방기의 '가교'

모국어와 지면 상실로 특징지어지는 일제 말기는 지금껏 '암흑기'로 이해되는 것이 보통이었다. 그러나 이 시기 문화예술계의 흐름을 자세히 살펴보면 암흑기가 아니라 '암중모색기'라는 표현이 좀 더 적절해 보인다. 친일행위로 범주화하기 어려운 다양한 문화·예술적 실천이 저항과 타협의 선을 넘나들며 지속적으로 이루어지고 있었기 때문이다.

시야를 넓히면 만주라는 장소도 눈에 들어온다. 예컨대 시인 백석이 남긴 여행시편들 중에는 만주를 배경으로 하는 작품이 여럿 있다. 토속성과 현대성의 조화라는 백석 시 특유의 미덕은 일제 말기를 단순히 암흑기로 보기 어렵게 만드는 단적인 예이다.

작가 최정희가 남긴 자취도 눈에 띈다. 당시에는 후방에서 아이를 낳아 기르는 여성의 역할을 강조한 '군국의 어머니' 담론이 유행했는데, 최정희는 이에 호응하는 듯하면서도 교묘하게 여기서 일탈하는 다양한 서사를 창출했다. 흥미로운 것은 최정희의 대표작 「천맥」과 동일한 '고아원 모티프'를 취한 최인규 감독의 영화 「집 없는 천사」가 저항과 타협 사이에서 아슬아슬하게 줄타기할 수밖에 없었던 문화예술인들의 고뇌를 여실히 드러내고 있다는 점이다.

3장

해방 이후 문학의 전개

3.1. 해방기 진보의 개념과 감각

가. 좌우의 이념 대립
- 문인들의 대거 월북: 임화, 김남천, 이태준, 박태원 등
- 북한의 토지 개혁과 문인들의 월남: 황순원, 이범선, 최인훈 등

나. 문인 간 대립
- 조선문학가동맹: 좌익 문인 단체
- 전조선문필가협회: 우익 문인 단체

다. 이태준의 「해방전후」(1946)
- 주인공 '현'의 해방 전후 행적
- '도둑처럼' 찾아온 해방
- 문인들의 이합집산
- 지식인의 반성과 자기합리화

라. 지하련의 「도정」(1946)
- 임화의 부인 지하련
- 일제 말기와 해방기를 잇는 가교
- 지식인 남성들의 자기기만 문제
- '당'이라는 괴물

해방기에 관한 일반적 이해는 이때를 좌우 이념 대립이 극심했던 시기로 보는 것이다. 급작스레 해방을 맞이한 문인들은 이합집산을 거듭하며 각기 서로 다른 노선에서 문인 단체를 결성했다. 문인들의 월남과 월북도 이때 대거 이루어졌다.

1946년에 발표된 이태준의 「해방전후」와 지하련의 「도정」은 '도둑처럼' 찾아온 해방이 당시 문인들을 얼마나 큰 혼란에 빠뜨렸는지, 그리고 그런 상황을 수습하는 과정에서 지식인은 과연 자기반성을 제대로 할 수 있었는지 등의 문제를 심도 있게 다루고 있다. 특히 「도정」은 지식인 남성들의 자기기만 문제를 뼈아프게 건드리면서 일제 말기 문학과 해방기 문학을 잇는 충실한 가교 역할을 수행하는 텍스트이다.

3.2. 전후의 풍경

가. 전후 문단의 재편성
- 기성 작가와 시인: 김동리, 황순원, 최정희, 서정주, 신석정, 유치환, 박목월 등
- 신진 작가와 시인: 손창섭, 장용학, 선우휘, 김경린, 박인환, 김수영 등

나. 손창섭의 「잉여인간」(1958)
- 손창섭 특유의 병리적·폐쇄적 세계관
- 전후 남한 사회의 부조리 포착
- 타락한 여성상
- '잉여'의 의미

다. 김수영의 「시여, 침을 뱉어라」(1968)
- 시처럼 쓴 시론
- 내용과 형식의 도식적 이분법 극복
- '자유'라는 화두

라. 문학 장의 분화
- 참여시 vs 순수시
- 리얼리즘 vs 모더니즘
- 『창작과비평』 vs 『문학과지성』

한국전쟁 이후 전개된 전후 문학에서 주목되는 신진 작가들로는 손창섭, 장용학, 선우휘 등을, 신진 시인들로는 김경린, 박인환, 김수영 등을 들 수 있다. 전후 남한 사회의 부조리를 포착한 손창섭의 「잉여인간」에는 작가 특유의 병리적·폐쇄적 세계관이 다소 약화된 반면 긍정적 인물을 창조하려는 의지가 읽혀서 주목된다.

전후 시인들 중에는 김수영의 존재가 독보적이다. 그는 문학 장의 분화 과정에서 빚어진 각종 이분법적 구도, 이를테면 참여시와 순수시의 대립, 리얼리즘과 모더니즘의 대립 등을 벗어나려 했을 뿐 아니라, 내용과 형식의 이분법에도 구속되지 않는 시 창작을 위해 온힘을 쏟았다. 그의 문학적 실천을 가로지르는 화두는 '자유'였는데, 이는 4·19 혁명이 김수영에게 남긴 진정한 유산이었다고 할 수 있다.

3.3. 4·19 세대의 약진

가. 한글세대의 등장
- 1940년을 전후한 시기에 태어나 일제 패망 이후 공교육을 받고 자란 일군의 작가들
- 김승옥, 이청준, 최인호 등
- '감수성의 혁명'(비평가 유종호)

나. 4·19 혁명의 문학사적 의의
- 자유에 관한 문학적 사유
- 민족적 긍지
- 4·19 세대 문인들의 등장

다. 최인훈의 「광장」(1961)
- 주인공 이명준의 고뇌
- 이명준의 삶의 궤적: 만주 → 남한 → 북한 → 만주 → 북한 (중립국)
- 남북한 사회 동시 비판

라. 김승옥의 「누이를 이해하기 위하여」(1963)
- 김승옥 소설과 '감수성의 혁명'
- 도시와 농촌의 괴리
- '촌놈 콤플렉스'

우리 문학사에서 '4·19 세대'라 불리는 일군의 문인들은 대체로 1940년대에 태어나 해방 이후 한글로 공교육을 받은 이들이다. 그런 점에서 이들은 전후 세대의 한글 콤플렉스에서 벗어나 진정한 한글세대로서의 자부심을 갖고 창작에 임했다.

그러나 이들의 가까운 선배로서, 4·19 정신을 문학 창작의 원동력으로 삼았던 작가로 최인훈을 꼽지 않을 수 없다. 「광장」의 주인공 이명준이 겪는 시련과 방황은 그가 남북한 사회를 동시에 비판하다가 결국 제3국을 택할 수밖에 없는 현실과 맞물려 한국 현대사의 아픈 기억을 환기한다.

한글세대 중 가장 집중적으로 비평계의 스포트라이트를 받은 작가는 김승옥이었다. 비평가 유종호가 '감수성의 혁명'을 일으킨 작가로 평가했던 김승옥은 도시로 상경한 젊은이들의 사랑과 좌절을 빼어난 문체로 형상화했다. 비교적 난해한 텍스트로 일컬어지는 「누이를 이해하기 위하여」에도 도시로 간 청춘들의 우울과 고뇌가 잘 드러나 있다.

3.4. 산업화 시대 도시와 농촌

가. 1970년대 한국 사회의 변동
- 반공주의와 성장주의
- 산업화, 도시화
- 농촌 새마을 운동
- 도시 빈민과 중산층의 등장

나. 황석영의 「객지」(1971)
- 간척 공사 현장
- 노동자들의 열악한 노동 조건
- 결말의 전태일 분신 모티프
- 1970년대 민중문학론

다. 최인호의 「별들의 고향」(1972~1973)
- 청년문화의 아이콘
- 영화 〈별들의 고향〉(이장호 감독, 1974) 신드롬
- 도시적 감수성
- '호스티스' 영화의 계보

라. 계간지 시대
- 『창작과비평』과 민족주의·민중주의 문학론
- 『문학과지성』과 자유주의 문학론
- 비평가 백낙청과 김현의 영향력

1970년대 한국 사회는 반공주의와 성장주의를 두 축으로 하여 전 사회가 빠르게 근대화·도시화·산업화하면서 전례 없는 변화를 맞이하였다. 이 과정에서 양산된 도시 빈민과 노동자의 존재가 민중문학의 주요 인물군으로 조명받게 되는데, 간척 공사 현장을 배경으로 한 황석영의 「객지」가 그 대표적 사례에 속한다. 전태일 분신을 상기하는 「객지」의 결말

부분이 알려주듯이, 황석영은 그야말로 1970년대 민중문학의 기수로 큰 주목을 받았다.

다른 한편에서는 화려한 도시 문화를 배경으로 청년들의 감수성을 세련된 필치로 담아낸 작가 최인호가 1970년대 문학의 또 다른 흐름을 형성하고 있었다. 특히 그의 장편소설 「별들의 고향」을 원작으로 하는 이장호 감독의 영화 〈별들의 고향〉이 일으킨 신드롬은 특기할 만하다.

1970년대에 발간된 주요 계간지로는 백낙청이 주도한 『창작과비평』과 김현 중심의 『문학과지성』이 있었다. 두 잡지는 필진의 성향이나 이념에서 적지 않은 차이를 보였으나, 저널리즘과 아카데미즘의 행복한 교류를 가능케 한 중요한 매체였다는 점에서는 한결같았다.

3.5. 1980년대 문학과 민족, 민중, 시민

가. 1980년대 한국 사회의 변동
- 5·18 광주 민주화 운동
- 군부독재체제와 검열
- 중산층 신화
- 분단문학, 민족문학, 민중문학, 노동문학 등의 융성

나. 박노해의 「노동의 새벽」(1984)
- 노동자 시인의 탄생
- 지식인의 책상에서 노동 현장으로
- 노동문학의 대표

다. 최윤, 「저기 소리 없이 한 점 꽃잎이 지고」(1988)
- 광주 민주화 운동의 문학적 형상화
- 기억과 침묵
- 증언으로서의 문학
- 영화 〈꽃잎〉(장선우 감독, 1996) 신드롬

라. 기타

- 여성문학의 확대와 심화

  (예) 박완서의 「엄마의 말뚝」 연작

- 문학운동과 학술운동의 만남: 문학 장과 학술 장의 활발한 교섭

    1980년대 한국 문학은 1980년 5월의 광주민주화운동과 1988년의 88서울올림픽이 상징하는 '비극'과 '축제'의 이미지로 동시에 기억될 수 있다. 축제의 이면에서 소외된 존재들에 대한 문인들의 관심과 애정 또한 남달랐던 시기이다.

    우선 광주의 비극을 다룬 최윤의 소설 「저기 소리 없이 한 점 꽃잎이 지고」는 망각과 기억, 침묵과 증언의 문제를 심도 있게 다룬 수작이다. 노동자 시인으로 널리 알려졌던 박노해는 각종 대중시가 풍미하던 1980년대를 명실상부한 '시의 시대'로 만든 장본인이다. 이 시기에는 분단문학, 민족문학, 민중문학, 노동문학 등의 융성과 더불어 여성문학도 본격적으로 전개되었다. 문학운동과 학술운동이 교섭하면서 활발한 창작을 매개했다는 점도 기억할 필요가 있다.

한국 고전문학의 이해

이종묵
서울대학교 인문대학 국어국문학과

| 학습 목표 |

- 한국 고전문학의 범주를 알아본다.
- 말과 글의 관점에서 한국 고전문학의 양상을 살핀다.
- 담당층의 관점에서 한국 고전문학의 양상을 이해한다.
- 전통시대 문학의 효용에 대한 인식을 알아본다.
- 한국 고전문학의 보편적 가치를 이해한다.

▶ ▶ ▶ 차례

1. 한국 고전문학의 범주
2. 말과 글의 관점에서 본 한국 고전문학
3. 문학담당층의 측면에서 본 한국 고전문학
4. 전통시대 문학의 효용에 대한 인식
5. 한국 고전문학의 보편적 가치

▶ 참고문헌

1장

한국 고전문학의 범주

 근대문학의 기점을 언제로 보는가를 두고 '근대'의 개념 해석에 따라 다양한 학설이 제기되었고 이에 따라 한국 고전문학의 시간적인 범주가 논의되었다. 대개 국어국문학과의 편제로는 20세기 초 이인직(李人稙) 등의 신소설과 최남선(崔南善) 등의 신체시가 등장한 시기부터의 문학을 현대문학이라 하고 그 이전 시기의 문학을 고전문학이라 부른다. 고대 신화의 시대에서부터 20세기 전후한 시기 말과 글로 형상화된 문학을 한국 고전문학이라 부른다. 다만 1910년대 신작구소설(新作舊小說)의 경우는 고전고설의 양식을 따르고 있다는 점에서 고전문학의 일부로 다루고 있으며, 1896년 갑오개혁으로 한글이 공식적인 문자로 채택된 이후에도 한문으로 제작된 시와 산문이 상당 기간 제작되었는데 이 역시 한문 문학의 연속성 측면에서 고전문학의 범주에서 다루는 것이 일반적이다.

 그런데 현대문학은 그 범주가 그다지 복잡하지 않음에 비하여 고전문학은 여러 가지 고려해야 할 사항이 있다. 한국 고전문학의 범주를 정할 때, 작가와 독자, 표기 수단, 시간과 공간 등 다양한 요소를 고려할 수 있지만 가장 일차적인 것은 작가가 한국인이어야 한다는 사실이다. 물론 근대 민족국가 성립 이전, 작가의 국적이나 국가의 영토를 정확하게 따질 수는 없다. 그럼에도 고조선에서부터 대한민국에 이르기까지 한반도와 인근 지역 출신의 작가가 제작한 작품은 한국 고전문학이라 할 수 있다. 지금의 영토와 다르지만 고조선이나 고구려, 발해 출신 작가의 작품도 한국 고전문학의 범주에 포괄하는 것이 일반적이다.

 작가가 한국인이라면 독자는 한국 고전문학 범주를 정할 때 그다지 중요한 기준이 되지 않을 수 있다. 고대의 가요인 「공무도하가(公無渡河歌)」는 고구려와 발해를 중국사의 일부로 다루듯 이 작품은 중국문학사에서는 중국문학으로 다루어지고 있다. 이 작품이 '조선진졸(朝鮮津卒)'의 작품으로 되어 있는데, '조선진'의 위치는 중국이고 중국에서 유통된 것은 사실이지만, '조선진졸'이 한국인이기 때문에 한국 고전문학으로 다룬다. 또 우리 한시사의 첫머리를 장식하는 고구려 승려 정법사(定法師)가 중국에서 쓴 한시, 신라 승려로 중국으로 간 혜초(慧超)가 인도 일대를 유람한 작품 『왕오천축국전(往五天竺國傳)』, 최치원(崔致遠) 등이 중국에서 벼슬생활을 하면서 쓴 작품 등은 중국 문헌에 실려 있거나 그 배경이 외국이지만 작가가 한국인이므로 한국 고전문학이다. 문학 작품 내부의 공간은 전혀 문제가 되지 않는다. 위에서 든 작품 외에 조선 후기 유행했던 대부분의 한글소설은 무대가 중국이지만 그럼에도 한국문학임을 부인하는 사람은 아무도 없다.

다만 작가가 외국인이더라도 번역 등을 통해 한국인에 의해 널리 향유된 작품은 한국 고전문학의 범주로 넣을 수 있다. 예를 들어 두보(杜甫)의 한시는 중국문학이지만 조선에서 이를 번역하여 널리 읽힌 『두시언해(杜詩諺解)』는 한국문학으로 볼 수 있으며, 조선후기 중국소설을 번역 혹은 번안한 소설 역시 한국적인 요소가 틈입해 있으므로 한국 고전문학으로 다룰 수 있다.

한국 고전문학의 범주를 논할 때 표기수단을 기준으로 삼아야 한다는 논의가 한때 있었다. 훈민정음 창제 이전의 향가(鄕歌)처럼 한자의 음(音)과 훈(訓)을 이용한 차자표기(借字表記)로 된 문학은 당당한 한국문학으로 인정되었지만, 순수한 한문으로 된 글은 한국문학의 범주에 들지 못하였다. 한문으로 된 고전소설은 편의에 의해 한국문학의 일부가 될 수 있었다. 그러나 서양문학사에서 로마의 영토 바깥에서 라틴어로 제작된 문학이라 하여 자국문학이 아니라 배제하지 않은 것처럼, 한문이 서양의 라틴어에 비견되는 중세의 보편어요 공동의 문어(文語)였다는 점에서, 오늘날에는 한문으로 된 한국인의 작품은 모두 한국 고전문학에 포함하고 있다.

이와 함께 문학의 개념이 지금과 동일하지 않았다는 점도 유의할 필요가 있다. 동아시아에서 문학의 개념 자체가 오늘날에 비하여 더욱 포괄적이었다. 동아시아에서 문학은 오늘날의 순문학을 넘어 지식과 교양, 혹은 학문 자체를 지칭하였다. 공자(孔子)는 『논어(論語)』에서 제자들의 장기를 들면서 덕행(德行), 언어(言語), 정사(政事), 문학(文學)으로 분류하였는데 이때 문학은 오늘날의 개념과 달리 박학(博學) 혹은 고거(考據)와 같은 학술적 성격이 강하다. 『논어』에서 "민첩하면서도 배우기를 좋아하고 아래 사람에게 묻는 것을 부끄러워하지 않으므로 이를 일러 문(文)이라고 한다."라 하였을 때의 문(文)은 곧 학문을 이른다. 또 조선초기의 학자 정도전(鄭道傳)이 이숭인(李崇仁)의 문집 서문에서 "일월성신(日月星辰)은 하늘의 문(文)이요, 산천초목(山川草木)은 땅의 문이요, 시서예악(詩書禮樂)은 사람의 문이다."라고 선언하였을 때는 천문과 지리가 아닌 인간세상의 문화 혹은 문명 전체가 문이 된다. 문의 개념이 시와 역사, 예학과 음악 등 인문학 전반을 포괄하였음을 알 수 있다.

학문과 구분되는 개념으로서의 문학은 동아시아에서 문장(文章), 혹은 사장(詞章)이라는 용어를 사용하였다. 또 문필(文筆)이라고도 하였는데 이때 문(文)은 주로 정(情)이나 미감(美感)을 중시하는 것으로 순문학(純文學)에 가깝고, 필(筆)은 지(知)와 응용(應用)을 중시하여 잡문학(雜文學)의 성격이 강하다. 우리나라에서 문학에 대한 이러한 인식은 갑오개혁으로 공식적인 문자의 지위를 한글에 넘겨주기까지 지속되었다.

근대 이전 문학의 개념이 이렇게 포괄적이었기 때문에 오늘날의 문학 개념으로 고전문학의 범주를 재단하기는 쉽지 않다. 오늘날에는 시, 소설, 희곡이라야 문학의 대접을 받고 있다. 그러나 전근대 시기 문학의 중심은 시(詩)와 문(文)이었는데 특히 문은 대부분 실용적인 목적으로 제작되었다. 집이나 사물을 두고 쓴 기문(記文), 산천을 유람한 기행문, 죽음을 애도하는 제문(祭文), 죽은 이의 생애를 기술하는 묘지명(墓誌銘), 타인과 주고받은 편지, 공적이나 사적인 일상을 기록한 일기, 다양한 주제에 대해 논리적인 주장을 펼친 글, 공적 혹은 사적으로 적은 역사기록물, 정치적이거나 사회적인 문제에 대한 주장의 글 등이 그러한 예다. 오늘날의 좁은 개념으로는 이들이 문학으로 대접받기 어렵다. 오늘날 문학의 개념을 좁힌다면 이러한 글은 한국문학사 바깥으로 내쳐질 수밖에 없다. 실용적인 글이거나 사실을 기록한 글이라 하여 내칠 것이 아니다. 지금의 기준으로 문학이 아니라 할 수 있지만 당시 사람들에게는 분명히 '문필' 활동의 일부였다. 실용에서 출발하고 사실을 기록하였지만 문학적 형상화가 잘 되어 있는 작품도 많다는 점에서, 한국 고전문학의 범주를 좀 더 포괄적으로 보는 시각이 필요하다.

이제 범주와 관련한 이러한 기본적인 전제를 바탕으로, 한국 고전문학에서 가장 핵심적인 다음과 같은 세 가지 문제를 다룰 예정이다. 첫째는 말과 글이라는 관점에서 한국 고전문학이 어떻게 존재하였는가를 살핀다. 둘째, 한국 고전문학의 문학담당층이 갖는 성격을 한글문학과 한문문학으로 연계해서 살핀다. 셋째, 한국 고전문학이 당대에 어떻게 인식되었는가를 주로 문학의 가치와 효용의 측면에서 살펴볼 것이다. 이어 한국 고전문학의 보편성과 특수성에 대한 언급으로 글을 마칠 것이다.

2장

말과 글의 관점에서 본 한국 고전문학

문학이 언어로 이루어진 예술이라면 한국문학은 한국어로 이루어진 예술이라야 한다. 이때 한국어는 말과 글을 포함하는 개념이다. 따라서 한국 고전문학은 크게 말로 된 문학과 글로 된 문학으로 나눌 수 있다. 전자를 구비문학, 후자를 기록문학이라 한다. 또 기록문학은 한글로 표기된 것과 한문으로 표기된 것으로 나눌 수 있으며 한글이 발명되기 전 한자를 빌려 우리말을 표기한 것도 있다.

말로 전승되는 문학을 구비문학이라 한다. 신화(神話), 전설(傳說), 민담(民譚) 등의 이야기, 민요(民謠)와 무가(巫歌) 등의 노래, 탈춤과 꼭두각시놀음, 판소리 등의 연희(演戱)가 말로 유통되고 전승되었다. 신화는 천지만물, 국가와 민족 등의 기원과 관련한 신에 대한 이야기로, 그 구성원 내부에서 신성성이 있는 것으로 인식되는 특징이 있다. 환인(桓因)의 아들 환웅(桓雄)이 웅녀(熊女)와 혼인하여 단군(檀君)을 낳고 단군이 고조선을 건국하였다는 이야기가 우리나라의 대표적인 신화로 알려져 있다. 또 천제의 아들 해모수(解慕漱)가 유화부인(柳花婦人)과 만나 주몽(朱蒙, 東明王)을 낳았고 주몽이 고구려를, 주몽의 아들 온조(溫祚)가 백제를 건국하였다는 이야기 역시 대표적인 건국신화라 하겠다. 이들은 모두 삼대(三代)에 걸친 영웅담으로 우리문학사에서 서사문학의 원형을 담고 있다는 점에서 의미가 크다.

전설은 역사와 관련이 있어 그것이 사실이라 믿는 집단 내부에 유통되며 이야기를 담보하는 증거물이 남아있다. 남편을 기다리다 돌이 되었다는 망부석(望夫石) 이야기는 바위가 있어야 하며, 인색한 부자가 횡포를 부리다 화를 입어 집이 못에 잠겼다는 장자(長者) 못 이야기는 못이 있어야 전설이 될 수 있다. 전설 중에는 신화적인 성격을 띠는 것도 있다. 처녀가 자는 방에 뱀 혹은 지렁이가 찾아와 아이를 낳았는데 이 아이가 국가나 씨족을 세운다는 야래자(夜來者) 이야기는 신화적인 속성을 지닌 전설이라 할 만하다. 이때의 증거물은 국가나 씨족 자체가 된다.

민담은 전설과 합쳐 설화라고도 한다. 전설이 구체적으로 제한된 시간과 장소를 바탕으로 하고 증거물이 있으므로 지역성을 갖는 데 비해 민담은 증거물이 없는 일상적인 인간의 이야기로, 광범위하게 지역에서 유사하게 전승되는 특징이 있다. 신데렐라 이야기와 유사한 콩쥐팥쥐 이야기가 대표적인 예라 하겠다. 구렁덩덩신선비, 나무꾼과 선녀 등도 대표적인 민담의 예다.

신화와 전설, 민담이 이야기라면 민요는 노래로 민중에 의해 향유되고 전승되어 온 것이다. 원시시대 이래 노동이나 의식과 관련하여 발생한 것으로, 후에는 단순한 놀이를 위한 것으로 발전하였다. 이에 따라 민요는 노동요, 의식요, 유희요 등으로 구분된다. 나무꾼이 나무를 하면서 부르는 어사용, 여성이 베틀에 앉아 베를 짜면서 부르는 베틀노래 등은 노동요의 예이고, 상여를 메고 나갈 때 부르는 상여소리, 매장에서 땅을 다질 때 부르는 달구소리 등은 의식요의 예다. 또 강강술래, 윷노래 등은 유희요의 예라 하겠다.

구비문학 중에는 무당이라는 특수한 집단에 의해 전승되어 온 무가가 있다. 무가는 굿이라는 의례에서 불리는 노래다. 신을 청하는 노래, 신을 즐겁게 하는 노래, 인간의 소원을 비는 노래 등 다양하다. 무가에는 본풀이라 하는 신의 유래를 설명하는 구비서사시가 있다. 「바리공주」, 「제석본풀이」, 「천지왕본풀이」 등이 문학성이 높은 것으로 평가되고 있다. 특히 「바리공주」는 「바리데기」라고도 하는데, 버려진 일곱 번째 딸이 고난을 겪은 후 부친을 구하고 저승을 관장하는 신이 된다는 내용으로 되어 있어 신화적인 성격을 띠고 있으며 우리 서사문학의 원형을 이루었다는 점에서 높은 관심을 받고 있다.

탈춤은 가면극의 일종으로 등장하는 인물이 탈을 쓰고 춤을 추면서 대화를 나누는 극(劇) 양식인데 「본산대놀이」, 「하회탈춤」, 「봉산탈춤」, 「동래야유」 등 다양한 지역에서 다양한 양식으로 전승되고 있다. 주지, 백정, 할미, 파계승, 양반, 사자, 선비 등 다양한 탈을 쓴 인물이 등장하여 춤과 함께 대사를 한다. 또 꼭두각시놀음은 인형극으로, 먹중, 홍동지와 박첨지, 평안감사 등이 등장한다. 매우 강한 사회비판적 메시지를 담고 있으며, 탈춤과 함께 우리나라의 대표적인 극 장르로 알려져 있다.

판소리는 소리꾼과 고수의 북 반주에 맞추어 창이라고 하는 노래와 아니리라고 하는 말을 섞어가면서 공연을 하는 것이다. 「춘향가」, 「심청가」, 「흥부가」, 「수궁가」, 「적벽가」, 「변강쇠타령」, 「장끼타령」, 「배비장타령」, 「옹고집타령」, 「강릉매화타령」 등이 알려져 있다. 18세기 무렵부터 판소리 광대의 공연이 이루어지기 시작하여 19세기까지 매우 성행하였다.

구비문학은 입에서 입으로 전승되지만 문헌으로 정착되어 기록문학으로 바뀌는 예도 있다. 「춘향전」, 「심청전」, 「흥부전」, 「별주부전」, 「변강쇠전」 등과 같이 판소리 중 상당수가 국문소설로 정착되어 방각본이라는 대중출판으로까지 간행된 바 있다. 신화 역시 이른 시기부터 문헌에 정착되었는데 「단군신화」는 『삼국유사』에 자세하게 정착되었고, 「주몽신화」는 이규보(李奎報)의 시 「동명왕편(東明王篇)」에서 기록문학으로 전환하였다. 다양한 이야기 역시 사대부들의 관심을 끌면서 한문 혹은 한글로 정착되었다. 이를 야담 혹은 문헌설화(文獻說話)라고도 하는데 이른 시기부터 『삼국사기』, 『삼국유사』 등의 역사서와 『동국여지승람(東國輿地勝覽)』, 『대동운부군옥(大東韻府群玉)』 등의 문헌에 채록되었다. 특히 조선 후기에는 『어우야담(於于野談)』을 위시하여, 『청구야담(靑邱野談)』, 『계서야담(溪西野談)』, 『동야휘집(東野彙輯)』 등 전문적인 야담집이 등장하여 한문으로 정착되었고 일부는 한글로 다시 번역되기까지 하였다.

입에서 입으로 전승되는 구비문학은 대부분 작가를 알 수 없다. 어느 특정한 개인이 창작의 의도를 가지고 만든 것이 아니기 때문이다. 이 점이 구비문학의 가장 큰 특징 중 하나다. 민요를 위시한 고전문학사에 등장하는 노래도 작가가 알려져 있지 않은 것이 많으며, 작가가 알려져 있더라도 노래라는 특성 때문에 말로 전승되었다. 다만 이런 우리말 노래는 이른 시기 문헌에 정착되면서 기록문학적인 성격을 띠게 되었다. 이런 노래 중 가장 이른 시기의 것으로 「공무도하가」, 「황조가(黃鳥歌)」, 「구지가(龜旨歌)」 등을 들 수 있다. 「공무도하가」와 함께 고구려 유리왕이 불렀다는 「황조가」, 가야 수로왕(首露王)의 신화와 함께 등장하는 「구지가」는 원래 우리말 노래였지만 후대 한시의 형식으로 번역되어 문헌에 정착되었다.

대표적인 신라의 노래인 향가는 작자가 알려 있기는 하지만 노래라는 점에서 구비적인 속성이 강하다. 향가는 신라시대의 노래로 삼국시대부터 고려 중엽까지 향유되었다. 서동(薯童)의 「서동요(薯童謠)」, 처용(處容)의 「처용가(處容歌)」, 월명(月明)의 「도솔가(兜率歌)」와 「제망매가(祭亡妹歌)」, 충담(忠談)의 「안민가(安民歌)」와 「찬기파랑가(讚耆婆郎歌)」 등이 널리 알려져 있는데 모두 우리말로 불리던 노래다. 다만 이 시기 우리말을 표기할 수단이 없어 향찰(鄕札)이라고 하는 차자표기를 이용하여 『삼국유사』에 정착되었다. 고려시대 향가인 균여(均如)의 「보현시원가(普賢十願歌)」 역시 우리말 노래가 향찰로 표기되어 전한다. 지금 전하지 않는 향가집 『삼대목(三代目)』 역시 향찰로 노래가 기록되었을 것이다.

고려시대의 노래는 「가시리」, 「청산별곡」, 「만전춘별사」, 「서경별곡」, 「사모곡」 등의 고려속요(속악가사라고도 한다)가 가장 대표적인데 우리말로 향유되다가 후대에 문헌에 정착된 것이다. 이들 작품은 후대 궁중으로 흘러들어갔지만 원래는 사랑을 주제로 하여 과장의 수사법을 즐겨 사용한다는 점에서 당시 일반 백성들의 대중가요라 할 만하다. 고려 중엽에 등장한 「한림별곡」으로 대표되는 경기체가(景幾體歌)도 상층 지식의 작품으로, 한자어를 많이 사용하고 있지만 역시 우리말로 가창되던 노래다. 이들은 향찰로 표기되지 못하고 입에서 입으로 전승되다가 조선시대 한글이 창제된 이후 『악학궤범(樂學軌範)』, 『악장가사(樂章歌詞)』, 『시용향악보(時用鄕樂譜)』 등의 책에 한글로 표기되어 전한다. 이와 함께 일부의 고려속요는 한시 형식으로도 번역되어 정착되었다. 이제현(李齊賢), 민사평(閔思平) 등이 소악부(小樂府)라는 양식의 칠언절구(七言絕句)로 고려속요를 번역한 바 있다.

고려 말 지식인의 짧은 노래로 등장한 시조 역시 이른 시기의 것은 작자를 알 수 없거나 작가가 가탁된 것으로 보이는데, 이들 작품 역시 입에서 입으로 전승되다가 조선 후기 『청구영언(靑丘永言)』, 『해동가요(海東歌謠)』, 『가곡원류(歌曲源流)』, 『남훈태평가(南薰太平歌)』 등의 시조집에 한글로 정착되었다. 고려속요가 한시로 번역된 것처럼 정몽주(鄭夢周)의 작품으로 전하는 「단심가(丹心歌)」 등도 한시로 번역되어 문집 등에 정착되었으며, 특히 조선 후기에는 시조를 한시로 번역하는 사례가 더욱 많아졌다. 이 역시 소악부의 이름으로 불린다. 신위(申緯) 등이 40수의 시조를 한시로 번역하였으며, 홍양호(洪良浩), 이유원(李裕元) 등 비슷한 시기의 문인들 역시 한시로 시조를 번역하여 문학사의 중요한 현상이 되었다. 우리말로 전승되던 노래를 한시로 번역한 것은 조선시대 한글이 지식층의 공식적인 문자가 아니기에 우리말 노래에 관심을 가진 지식인들이 우리말 노래를 후대에 오래 전하기 위한 것으로 파악되고 있다.

조선후기 크게 발달한 한글소설 역시 그 유통방식의 측면에서 구비문학적 성격과 기록문학적인 성격을 공유하고 있다. 조선후기 직업적으로 소설을 낭독하던 전기수(傳奇叟)의 존재에서 이 점을 확인할 수 있다. 조수삼(趙秀三)의 『추재집(秋齋集)』에 전기수에 대한 기록이 전한다. 이에 따르면 동문 밖에 살던 전기수는 한글로 된 「숙향전」, 「소대성전」, 「심청전」, 「설인귀전」 등과 같은 소설을 낭송하는 것을 직업으로 삼았는데, 청계천의 여러 다리와 배오개, 교동, 대사동, 종루 등 낭송의 장소를 날짜에 따라 정해놓고 있었다고 한다. 또 책을 읽는 솜씨가 뛰어나서 주위에 많은 사람들이 모이면 매우 긴요하여 꼭 들어야 할 대목에 이르러 읽기를 그치면 사람들은 그 다음 대목을 듣고 싶어서 다투어 돈을 던져 주었다고 한다. 물론 짧고 통속적인 소설은 이처럼 낭송이라는 방식으로도 유통되었지만, 장편대하소설은 낭송에 적합하지 않았다. 세책방(貰册房)이라는 필사된 소설을 대여하는 책방이 있었던 점에서 짐작할 수 있듯이 이러한 장편대하소설은 귀로 듣는 것이 아니라 입이나 눈으로 읽는 방식으로 향유되었다는 점에서 기록문학이라 하겠다. 또 한글이 아닌 한문으로 제작된 소설 역시 기록문학으로 전승되고 또 향유되었다.

짧은 한시도 구전으로 전해진 예가 상당히 많았다. 『이재난고(頤齋亂藁)』 등을 보면 당시 한양에서 유행하던 한시가 입에서 입으로 전해지기도 했음을 확인할 수 있다. 특히 여성이나 서민의 한시는 작가에 의하여 기록되지 못하고 구전되다가 후대의 문헌에 정착되기도 하였다. 또 한시나 한문이 일부 양반층의 여성이나 아동들에게 가장 중요한 교양으로 여겨졌기에 한시나 한문을 한글로 향유하면서 자연스럽게 구전의 방식이 동원되기도 하였다. 더욱이 고전소설에도 상당수의 한시문이 삽입되어 있는데 이 역시 구전의 전통을 따른 것이다. 예를 들어 「춘향전」의 클라이맥스 대목에 암행어사가 된 남자주인공인 이도령이 "금준미주는 천인혈이요, 옥반가효는 만성고라. 촉루락시만누락이요, 가성고처원성고라."라 쓴 한시가 한 수 적혀 있다. 그리고 이어지는 대목에서 "이 글 뜻은 '금동이의 아름다운 술은 일만 백성의 피요, 옥소반의 아름다운 안주는 일만 백성의 기름이라. 촛불 눈물 떨어질 때 백성 눈물 떨어지고, 노래 소리 높은 곳에 원망소리 높았더라.' 이렇듯이 지었으되…"라 적고 있다. 한자로 옮기면 "金樽美酒千人血, 玉盤佳肴萬姓膏. 燭淚落時民淚落, 歌聲高處怨聲高."로 될 것인데 이를 한자로 적지 않았다. 특히 한글로 정착된 한시는 구전되다보니 한자의 음이 잘못 적힌 예도 많다. 판소리계 소설 중에 한자성어나 한시 등의 표기에 오류가 많은 것이 바로 이러한 구비문학적 속성에서 기인한다.

3장

문학담당층의 측면에서 본 한국 고전문학

　문학담당층은 작가와 독자를 포괄하여 문학을 창작하고 향유하는 계층을 이르는 말이다. 한국 고전문학은 담당층에 따라 글과 말, 한글과 한문 등 매체가 상당 정도 결정되었다. 한글과 한문의 문제와 관련하여 그 담당층은 크게 남성 지식인, 여성이나 아동 및 서민으로 대별되는데, 전자는 주로 한문을 사용하였고 후자는 주로 한글을 사용하였다.

　문학사 혹은 언어생활사에서 한글을 표기수단으로 사용하게 된 것은 1446년 훈민정음이 반포된 이후의 일이요, 훈민정음의 창제 이후 언해(諺解)라는 번역을 통하여 상층 지식인이나 아동들도 중국의 시와 산문을 자습으로 익힐 수 있게 되었지만, 이와 거의 무관하게 남성 지식인은 한문을 공식적인 문자로 사용하였다. 최소한 갑오경장으로 국문글쓰기의 시대가 오기 전까지 대부분의 '문필' 활동은 한문이라는 표기수단을 사용하였던 것이다. 고대 국가가 성립되면서 중국에서 한자와 한문이 수입되었고, 마땅한 표기수단이 없던 시절이라 한자를 차용하여 부분적으로 우리말을 표기하였지만 대부분의 지식인은 한문을 익혀 한문으로 글을 지었다. 예전 뛰어난 문인의 경우 예닐곱 살이면 한문으로 된 전적을 읽고 또 시나 산문을 지을 수 있었다. 양반이 아닌 중간층이라도 지식인 행세를 하려면 반드시 한문으로 시나 산문을 지을 줄 알아야 했다. 한문은 동아시아 공동의 문어(文語)였다. 동아시아에서 공동의 문어로 표기한 문학은 동아시아 공동문어문학이다. 산스크리트어로 표기된 문학은 남아시아의 공동문어문학이고 라틴어로 표기된 문학은 유럽의 공동문어문학이다. 공동의 문자와 종교를 바탕으로 한 문명권의 시대에는 그것이 일반적인 양상이었다.

물론 한문은 한국인에게 외국어임에 틀림이 없고 또 한문으로만 온전히 표기할 수 없는 글도 있었다. 또 일상의 문자 생활에서 고려시대에는 석독구결(釋讀口訣)이라 하여 한문에 일정한 기호를 붙여 우리말 어순대로 읽을 수 있게 하였으며, 음독구결(音讀口訣)이라 하여 한문에 토를 붙여 한문의 구조를 파악할 수 있게 하기도 하였다. 조선시대 행정 업무에 필요한 문서는 중국 한문이 아닌 이두(吏讀)를 붙인 우리말 방식의 글이 공용의 방식이었다.

　　그러나 문학으로 범위를 좁히면 거의 한문만이 문학의 언어 매체였다. 문학을 포함한 대부분의 글은 한문으로 제작되었다. 남성 지식인에게 문학은 한문으로 된 것만 인정되었다. 우리말 노래도 한문으로 번역되어야 후세에 전해질 수 있다고 여겼다. 물론 임영(林泳)의 사례처럼 한글소설을 읽고 싶어 스스로 반나절 만에 혼자 한글을 깨쳤으니 한글을 익히는 것이 어렵지 않았다. 그럼에도 박지원(朴趾源)처럼 한글을 모르는 남성 지식인이 있었던 현상은 바로 이러한 문화적인 배경에 기인한 것이다.

　　남성 지식인 사회에서 기록문학적 성격이 강한 한시나 한문이 중심을 이루었지만, 시가 아닌 노래의 영역에서는 우리말 시가 작품이 당연히 요구되었다. 이황(李滉)이 「도산십이곡발(陶山十二曲跋)」에서 "지금의 시는 예전의 시와 달라 읊조릴 수는 있지만 노래할 수는 없다. 노래를 하려고 하면 반드시 우리말로 토를 달아야 하니, 우리말의 음절이 그렇게 하지 않을 수 없기 때문이다."라고 하였다. 시가 아닌 노래는 우리말로 향유해야 한다는 사실을 분명히 밝힌 것이다. 한시와 다른 우리말 노래의 가치를 인식하고 우리말 노래를 짓고 한글로 표기하게 된 근거가 이렇게 하여 등장했다. 이황의 「도산십이곡」, 이이(李珥)의 「고산구곡가(高山九曲歌)」, 정철(鄭澈)의 「훈민가(訓民歌)」와 「장진주사(將進酒辭)」, 윤선도(尹善道)의 「어부사시사(漁父四時詞)」와 「오우가(五友歌)」 등이 그래서 나온 것이다. 또 시조에 비해 가창(歌唱)보다 음영(吟詠)의 방식을 택하는 가사인 정극인(丁克仁)의 「상춘곡(賞春曲)」, 송순(宋純)의 「면앙정가(俛仰亭歌)」, 정철의 「관동별곡(關東別曲)」, 「사미인곡(思美人曲)」, 「속미인곡(續美人曲)」 등도 남성 지식인에 의하여 한글로 제작된 소중한 문학작품이라 하겠다.

　　이처럼 향가나 경기체가 등을 이어 고려 말 조선 초에 시조나 가사 등이 등장한 것은 필연적인 현상이었다. 이들은 상층 지식인에 의해 고안된 새로운 노래 양식이었다. 이색(李穡), 정몽주, 길재(吉再), 정도전(鄭道傳), 정극인 등 상층 지식인들이 우리말 노래로 시조나 가사를 문학사에 등장시켰다. 또 악장(樂章)으로 일컬어지는 국가의 의례에 쓰이는 음악의 노랫말 역시 상층 남성 지식인에 의하여 만들어졌다.

　　한편 사대부가의 여성들은 그들의 문자생활에서 한글이 공식적인 수단으로 인정되었다.

사대부가의 여성들도 기본적으로 한문에 대한 지식이 요구되었다. 여성들의 행장이나 제문을 보면 사서삼경(四書三經) 등 기본적인 경서를 익히 알았기에 자식들을 직접 교육한 사례가 많다. 또 한시문의 제작에도 능한 인물들이 제법 배출되었다. 16세기 문인 유희춘(柳希春)의 아내 송덕봉(宋德峰)이 남편과 주고받은 여러 시문이 전한다. 또 허난설헌(許蘭雪軒)이나 임윤지당(任允摯堂), 강정일당(姜靜一堂)처럼 뛰어난 여성 지식인은 시나 산문을 한문으로 창작하고 문집까지 낸 바 있다. 특히 강정일당의 경우 남편을 위하여 한시문을 대신 지어줄 정도로 능력이 있었다. 또 신분은 천민이지만 남성 지식층과 문학과 예술로 만나게 되는 일부의 기생들은 시조뿐만 아니라 한시에도 능하였으니, 황진이(黃眞伊), 매창(梅窓) 등이 대표적인 작가라 할 수 있다. 서녀 출신인 이옥봉(李玉峯)의 이름 역시 문학사에 이름이 높다. 또 조선 후기에는 운초(雲楚), 금원(錦園) 등의 기녀 출신의 여성 시인이 한시로 이름을 날렸다.

그러나 기본적으로 여성의 공식적인 문자는 한문이 아닌 한글이었다. 사대부가의 여성들 역시 한문을 모르는 바가 아니지만, 그럼에도 한글로 변환된 문헌을 읽도록 요구되었던 것이다. 편지의 경우에도 발신자나 수신자 중 한 사람이라도 여성이면 한문이 아닌 한글로 주고받는 것이 관례였다. 일부 여성의 문집이 전하기는 하지만 대부분의 여성들은 한문을 알아도 한글로 글을 써야 하는 것이 당시의 관습이었다. 심지어 김호연재(金浩然齋)의 문집처럼 한시가 원문과 함께 번역문이 한글로만 표기된 사례까지 나타났다. 한문을 알아도 한글로 글을 쓰는 것이 여성의 공식적인 문자생활로 정착한 것이다. 한문에 능통하여 시문까지 지을 수 있었던 여성도 시집간 이후 주위에서 한문에 능한 줄 아는 이가 없었다는 것을 여성의 미덕으로 칭송하기에 이르렀다.

이에 따라 여성을 위하여 실용적인 서적과 함께 일부의 문학 서적이 한글로 번역되어 유통되었다. 중국과 우리나라의 방대한 역사서 역시 번역을 통해 여성들의 지식을 확충하였다. 중국 견문의 기록인 연행록(燕行錄)이 한글로 번역되어 여성들에게 널리 읽혔다. 3대 연행록으로 평가되는 김창업(金昌業)의 『노가재연행록(老稼齋燕行錄)』, 홍대용(洪大容)의 『을병연행록(乙丙燕行錄)』, 그리고 박지원(朴趾源)의 『열하일기(熱河日記)』의 일부가 한글로 제작되거나 번역되어 여성들에게 향유되었던 것도 이러한 현상을 반영한 것이다.

또 이러한 한글로 표기된 문헌이 성황을 이루면서, 일정한 지식을 갖춘 여성들은 남성들의 전유물이었던 한시뿐만 아니라 시조, 가사, 수필 등의 제작에도 적극 가담하였다. 특히 작가를 알 수 없는 『계축일기(癸丑日記)』, 혜경궁(惠慶宮) 홍씨의 『한중록(閑中錄)』 등 뛰어난 궁중 수필문학이 등장하였고, 의유당(意幽堂) 남씨(南氏)의 「관북유람일기(關北遊覽日記)」와 금원의 「호동서락기(湖東西洛記)」는 한글로 된 가장 뛰어난 수필로 평가되고 있다.

조선 후기 크게 성행하는 소설 역시 남성과 여성은 한문과 한글이라는 표기수단을 달리하는 문학을 향유한 특징이 있다. 우리나라 소설은 크게 한문소설과 한글소설로 나누어진다. 한문소설은 남성 식자층을 위한 것이었다. 본격적인 소설이 창작되기 시작한 조선 전기, 김시습(金時習)의 「금오신화(金鰲新話)」, 임제(林悌)의 「원생몽유록(元生夢遊錄)」과 「화사(花史)」, 「서옥기(鼠獄記)」 등이 나타났고, 17세기 권필(權韠)의 「주생전(周生傳)」, 조위한(趙緯韓)의 「최척전(崔陟傳)」, 작가가 알려져 있지 않은 「운영전(雲英傳)」 등이 등장하였는데 남녀의 사랑이나 전쟁의 참상과 함께 이산(離散)의 비극 등 다양한 내용을 다루었지만, 작가와 독자가 남성 식자층이었다. 허균(許筠), 박지원, 이옥(李鈺), 김려(金鑢) 등에 의해 활발히 제작된 역사서의 전(傳)에서 유래한 단편소설이나 야담에서 발전한 단편소설 역시 남녀의 애정, 신이한 체험, 사회 비판 등 그 내용은 다채롭지만, 작가와 독자가 여성에게는 거의 개방되지 않았다. 19세기의 장편소설 남영로(南永魯)의 「옥루몽(玉樓夢)」, 김소행(金紹行)의 「삼한의열녀전(三韓義烈女傳)」(삼한습유(三韓拾遺)라고도 한다), 서유영(徐有英)의 「육미당기(六美堂記)」에서도 이 점이 바뀌지 않는다.

다만 17세기 무렵 등장한 김만중(金萬重)의 「구운몽(九雲夢)」과 「사씨남정기(謝氏南征記)」, 조성기(趙聖期)의 작품으로 알려져 있는 「창선감의록(彰善感義錄)」 등은 한글본과 한문본이 모두 존재한다. 대체로 한문본은 남성 식자층을, 한글본은 여성 식자층을 대상으로 한 것으로 추정된다. 한문소설이 한글소설과 병행하게 되는 현상은 이 무렵부터 한글에 익숙한 여성들에게도 널리 유통되기 시작했음을 보여주는 것이라 할 만하다. 18세기 이래 소설이 크게 성행하면서 180책의 「완월회맹연(玩月會盟宴)」, 100책의 「명주보월빙(明紬寶月聘)」 등 궁중이나 상층 여성들에 의해 향유된 대하소설의 성행이 이러한 현상의 연장선상에 있는 것이다. 한글문학과 한문문학은 대체로 남성의 문학, 여성의 문학으로 연결되는 특징이 있다.

창제 초기의 훈민정음은 일련의 불경언해(佛經諺解)에서 보듯이 궁중을 중심으로 한 최상층 문자였지만, 조선후기 한글로 표기된 문학은 상층과 하층의 여성뿐만 아니라 한글을 아는 평민 혹은 천민을 위한 것으로 확대되었다. 상업적인 출판을 목적으로 인쇄된 방각본 소설인 「홍길동전」, 「유충렬전」, 「소대성전」, 「조웅전」 등은 평민 계층을 독자로 한 것으로 추정된다. 아울러 조선 후기에는 「화전가(花煎歌)」, 「덴동어미화전가」, 「노처녀가」, 「계녀사(戒女詞)」 등 평민 여성의 생활과 관련한 가사 작품이 등장하였으며, 「갑민가(甲民歌)」, 「거창가(居昌歌)」 등 몰락한 양반층이나 평민층의 의식을 담은 가사 작품도 활발하게 제작되었다. 조선후기 유행한 잡가(雜歌)는 가사와 관련이 깊은데 직업적인 노래꾼에 의해 창작되고 또 서민에게 애호되었다는 점에서 전형적인 서민문학이라 할 만하다.

한글문학의 성행은 서민문학의 발흥과 긴밀히 연결되어 있다. 조선후기 크게 유행한 사설시조 역시 그러하다. 사설시조는 시정의 향락적인 생활을 주로 다룬다는 점에서 몰락한 양반, 중인(中人), 평민, 기생 등 다양한 계층에서 향유한 것으로 알려져 있다. 다만 대제학(大提學)까지 지낸 이정보(李鼎輔)가 창작한 사설시조가 이런 향락적인 내용을 담고 있다는 점에서 사설시조는 단순한 서민들만의 문학이라고 간주하기는 어렵지만, 여성화자의 입을 빌고 있다는 점에서 조선후기 활발한 시정 공간에서의 유흥 장면을 재현한 것으로 보는 것이 설득력이 있다. 상층 지식인의 문학에 서민적인 생활과 유흥이 중요한 요소로 작용하게 된 것이다. 김홍도나 신윤복의 풍속화가 사대부가에 유행한 것처럼, 고상한 한시의 영역에서도 민요라든가 도시의 서민이나 향촌 농민의 삶을 다루게 되는 것이 조선 후기의 유행이기도 하다.

서민으로 보기는 어렵지만 이러한 서민문학의 흥기와 관련하여 주목할 만한 문학담당층은 중인(中人)이다. 중인은 양반과 평민 사이의 신분으로, 하급 관리나 역관(譯官), 의관(醫官), 사자관(寫字官), 화원(畫員) 등 일정한 학문적 지식과 교양을 구비하고 있어 중요한 문학담당층으로 성장할 잠재력을 가지고 있었기에, 조선 후기 문학사에 중심적인 위치로까지 성장하였다. 신재효(申在孝)의 예에서 보듯 중인은 판소리의 발전에도 큰 기여를 한 바 있다. 판소리 여섯마당의 사설을 개작하고 여성 광대를 길러내었으며 남창(男唱)과 동창(童唱) 등 소리의 다양화에도 크게 기여한 것으로 알려져 있다. 김수장(金壽長), 김천택(金天澤) 등이 중심이 된 경정산가단(敬亭山歌壇), 노가재가단(老歌齋歌壇), 박효관(朴孝寬), 안민영(安玟英) 등이 중심이 된 승평계(昇平契) 등 가단이 출현하여 시조사를 빛내기도 하였다. 도시의 유흥적인 분위기를 담고 있는 사설시조나 잡가가 조선 후기 크게 유행하는 데 있어서도 별감(別監) 등 중인의 역할이 매우 컸던 것으로 추정된다.

특히 중인은 사대부의 전유물이었던 한시의 영역에도 큰 역할을 하였다. 홍세태(洪世泰)는 앞선 시기 위항인(委巷人)의 한시를 정리하여 『해동유주(海東遺珠)』를 편찬하였고, 또 천수경(千壽慶), 장혼(張混) 등은 송석원시사(松石園詩社)를 결성하여 사대부들의 부러움을 살 정도로 활발한 창작활동을 한 바 있으며, 이들과 그 후배 위항인의 시문을 모은 『소대풍요(昭代風謠)』와 그 속편이 여러 차례 편찬된 바 있다. 또 『호산외사(壺山外史)』, 『이향견문록(里鄕見聞錄)』등 이 시대 위항인의 문학과 예술 활동을 담은 문헌이 편찬되어 19세기가 가히 문화적으로 중인의 시대가 될 수 있게 하였다. 조수삼(趙秀三), 이상적(李尙迪), 변종운(卞鍾運) 등은 역관으로 중국을 오가면서 한중문학 교류의 가교 역할을 한 것도 문학사의 큰 성과로 평가되고 있다.

중인과 함께 서얼(庶孼)의 성취도 주목된다. 서얼은 양반의 혈손이지만 모계가 양민 혹은 천민이었기 때문에 신분적 제약을 받은 계층인데 이덕무(李德懋), 박제가(朴齊家), 유득공(柳得恭), 성대중(成大中) 등은 문학과 학문으로 중국과 일본에까지 명성을 날렸다. 이들은 역관 출신의 문인들과 함께 중국과 일본을 오가면서 한중, 혹은 한일 문학 및 문화 교류에 큰 역할을 하였다. 이덕무의 『이목구심서(耳目口心書)』, 박제가의 『북학의(北學議)』, 유득공의 『발해고(渤海考)』와 『이십일도회고시(二十一都懷古詩)』, 그리고 이들이 이서구(李書九)와 함께 중국에서 간행한 『한객건연집(韓客巾衍集)』 등은 학술사 혹은 문학사에서 큰 기림을 받고 있다.

고전문학사에서는 중인과 서얼의 문학을 위항문학이라고 부른다. '위항(委巷)'은 뒷골목을 이르는 말인데 서얼과 중인을 중심으로 하여, 평민, 천민까지를 포괄하여 위항문학이라는 용어로 우리문학사의 한 장을 장식하고 있다. 중인이나 서얼은 문자와 관련한 업무를 보았으니 문학에 재능을 발휘할 수 있었지만, 올바른 교육을 받지 못했던 평민과 천민 중에도 어깨너머로 한문을 배워 뛰어난 한시를 제작하게 된 인물들이 배출되었다. 특히 조선 전기의 어무적(魚無跡)과 조선 후기의 정초부(鄭樵夫) 등은 그 신분이 미천하였지만 뛰어난 시인으로 명성을 날렸다.

물론 대부분의 평민이나 천민은 한문은 물론 한글조차 깨치지 못하였으니, 이들은 기록문학이 아닌 구비문학의 담당층으로 자리하였다. 이들이 일상의 공간에서 놀이를 하거나 생계를 위해 활동을 하면서 그들의 연희가 일정한 기간 축적되어 하나의 문학 양식으로 완성된 예도 있다. 앞서 본 대로 탈춤과 꼭두각시놀음 등이 그러한 예라 하겠다. 매우 비판적인 의식을 담지한 작품으로 가장 민중적인 양식의 문학이라 할 만하다. 또 판소리 역시 광대라는 배우 집단의 오랜 연행 과정에서 형성된 것으로, 일부 양반 계층까지 관객으로 있었기 때문에 상층의 잡다한 한문 교양과 하층의 구체적 현실이 변주되어 있다고 하겠다. 이러한 공연 문화에 광대와 사당패 등 전문 연예집단이 등장한 것도 주목할 만하다.

이렇게 남성을 중심으로 하여 한문을 바탕으로 하는 문학이 주도적인 역할을 하였지만 조선 후기에는 중인과 서얼을 위시하여 평민과 천민 출신의 시인들이 등장하여 문학담당층이 크게 확산되었다. 이와 함께 차츰 한글문학이 확대하면서 여성이 중요한 작가와 독자로 성장하였고, 시조 및 사설시조, 가사 등의 노래와 판소리, 탈춤, 꼭두각시놀음 등의 영역에는 평민 및 천민들이 주도적인 지위를 차지하는 데까지 발전하였다.

4장

전통시대 문학의 효용에 대한 인식

동아시아 한문 문화권에서 문학은 그 사회적 책무가 늘 강조되었다. 조선의 학자들도 언필칭 문학이 재도지기(載道之器) 혹은 관도지기(貫道之器)라고 하였다. 조선의 문인이라면 누구나 문학이 '도'를 싣는 그릇, 혹은 문학이 '도'를 관통하는 그릇이라 하여, 문학이 도학의 부용(附庸)이라 하였다. 전근대에서 '도'는 성리학적 진리가 차지하였고 근대에는 계몽 혹은 계급, 노동 등이 그 자리를 차지한 것이다. 그만큼 우리 문학의 역사에서 순수문학은 그다지 흔한 것이 아니었다. 이 때문에 문학에 대한 인식은 효용에 대한 것이 중심을 이룬다. 문학의 효용은 국가와 사회와 관련되는 공적인 영역과 개인과 관련되는 사적인 영역의 것으로 나눌 수 있다.

동아시아에서 문학은 시로 출발하였는데, 그 기능은 다분히 정치적인 데 있었다. 공자는 "시 삼백 편을 외우고서도 정사(政事)를 맡아서 통달하지 못하거나 사방에 사신으로 가 능히 홀로 응대하지 못하면 비록 시를 많이 읽었으나 무엇에 쓰리요?"라고 하였다. 시의 가장 중요한 기능을 정치와 외교와 같은 국가의 경영에 둔 것이다. 고려시대나 조선시대에 문학을 숭상한 뜻도 바로 여기에 있다. 고려 때부터 과거제도를 도입하여 문학을 중심으로 하여 인재를 선발하였고, 조선시대에는 여기에 더하여 사가독서제(賜暇讀書制)를 만들어 엘리트의 문학 교육에 힘을 쏟았으며 또 관료를 대상으로 한 월과(月課) 등을 통하여 지속적으로 문학적 교양을 쌓게 하였다.

『시경』의 정신을 설명할 때 풍화(風化)와 풍자(諷刺)의 두 영역을 나눌 수 있다. 고대로부터 문학은 국가와 제왕의 덕을 널리 펼치는 것을 목적으로 한다는 인식은 풍화의 측면을 강조한 것이다. 이때『시경』의 아(雅)와 송(頌)이 바로 그러한 전범이다. 문학의 기능은 국가 문물의 성대함과 군왕의 성덕을 문학으로 빛내는 데 있고, 이러한 문학은 관각문학(館閣文學), 혹은 보불문장(黼黻文章)이라 하였다. 새 왕조의 위업과 한양의 새 풍물을 읊조린 악장(樂章)이 가장 대표적인 양식이라 하겠다.

국가 경영과 관련한 문학의 기능은 사대부의 정점에 서 있는 임금의 문예활동에서도 찾을 수 있다. 임금이 글을 지어 신하에게 내리는 일은 그들의 충성을 이끌어내기 위한 한 방편이었다. 특히 정변을 통하여 왕위에 올랐거나 왕권을 강화하고자 한 임금들은 뜻을 함께하여 권력을 잡은 신하들을 결집시키는 데 한시를 적절하게 이용하였다. 태종이나 세조는 자신과 정치적인 운명을 함께한 공신들과 시를 함께 제작함으로써 공신을 예우하는 문자 정치를 자주 폈다. 특히 세조는 왕위에 오르기 전에 활 갑에 새긴 시를 훗날 왕위에 오른 후 연회석상에서 신하에게 보이면서 "내가 즐겨서 이러한 잔치를 하고자 하는 것은 아니다. 경들은 모두 나의 공신으로 나를 오래 좇았다. 이제 군신의 예절에 막혀 상하의 정이 통하지 않을까 우려한다."라 하였다.

당쟁이 가열되는 조선 후기 임금들은 모두 시를 통하여 군신의 화합과 소통을 도모하였다. 효종과 숙종, 영조, 정조 등 역대의 임금은 궁중의 고급 술잔에 술을 부어 하사하고 이를 두고 시를 지어 올리게 하였다. 특히 정조는 성균관에 나아가 시험을 보이고『시경』「녹명」에 나오는 "나에게 좋은 손님이 있네."라는 구절을 은배(銀杯)에 써서 하사하고 어제를 내렸는데 이에 249명의 성균관 유생과 33명의 신하들이 지어 올림으로써 친위 세력을 결집하였다. 또 측근들과는 연구(聯句)를 자주 지었는데, 연구라는 공동의 시작을 통하여 규장각의 각신들과 어울려 함께 시를 지음으로써 임금과 신하의 화합과 소통을 도모하였던 것이다.

공자가 말한 대로 문학은 정사를 위한 것이며 동시에 외교를 위한 것이기도 하다. 사대(事大)와 교린(交隣)의 외교에서 중국 사신이나 일본 사신들과 문학적 대결을 통하여 조선 문명을 과시하는 것이 문학의 중요한 목적이었다. 특히 중국 사신과 조선 문인의 수창은 그야말로 문명의 대결이었으니, 이 때문에 중국의 문인도 우위를 점하기 위하여 사전에 상당한 노력을 기울였다. 조선에 보낼 사신은 한림학사(翰林學士) 중에 엄선하였고 조선 문인과의 수창에 필요한 한시를 미리 구상해서 오기도 하였다. 당연히 조선에서도 문학이 가장 뛰어난 문인을 골라 중국 사신을 접대하게 하였다. 문학으로 사대외교의 현장을 누빈 16세기의 문인 정사룡(鄭士龍)은 고려가 문명국으로서 송이나 원으로부터 예우를 받았지만 조선 개국 이후 인재의 부족으로 인하여 중국 사신으로부터 수모를 받았고, 이 때문에 태종이 중시(重試)를 정비하고 세종이 집현전을 창설하고 사가독서제를 제정하였다고 하였다. 또 조선초기의 대가 서거정(徐居正)은 『동인시화(東人詩話)』에서, 고려 중엽 이후 송과 금, 원 등의 강대국과의 사대외교에서 우리 문학이 뛰어났기 때문에 외교적인 우환을 막을 수 있었다고 한 바 있다.

전통시대 문학은 국가의 운영과 이렇게 관련이 깊었거니와, 사회를 반영하기도 하고 현실을 풍자하기도 하는 문학의 본래적인 기능 역시 중시되었다. 동아시아 문학의 전범인 『시경』에는 "치세(治世)의 음(音)은 평안하고 즐거우니 그 정치가 조화롭고, 난세(亂世)의 음은 원망하고 노여우니 그 정치가 어그러지며, 망국(亡國)의 음은 슬프면서 시름겨우니 그 백성이 괴롭다."라고 하였다. 중국 고대에 악부(樂府)라는 관청을 두어 노래를 채집하여 정치의 득실을 살폈다. 문학은 정치의 반영이라는 점을 분명하게 인식하였던 것이다.

고려나 조선의 문인들은 매일 시를 지어 희로애락(喜怒哀樂)을 드러내었지만, 공식적으로 문학은 개인적인 정감을 표현하는 데 그쳐서는 안 된다고 생각하였다. 이에 따라 문학은 정치의 득실을 증언하고 민간의 풍속을 기록하는 것이라 여겼고, 고려 후기부터 이른바 신흥사대부들의 문학 작품에서 당대 현실을 반영한 작품이 나타나게 되었다. 조선 초기의 문인 이석형(李石亨)의 「호야가(呼耶歌)」나 천민 출신의 시인 어무적의 「유민탄(流民歎)」이 이러한 계열을 대표하는 작품이라 할 만하다. 특히 조선 후기의 학자 정약용(丁若鏞) 역시 『시경』의 풍(風)의 개념을 풍자(諷刺)와 풍화(風化)를 합친 개념으로 보고, 시는 "옛일을 진술하여 지금 일을 풍자한다."는 정신을 강조하면서 「애절양(哀絶陽)」에서 볼 수 있는 바와 같은 참혹한 당대 현실을 반영한 작품을 남길 수 있었다.

사대부들의 문학이 정치 현실과 사회 문제를 직접 담았다는 점에서 풍자를 실천한 것이라면, 조선시대 하층민을 대상으로 한 노래나 소설은 백성의 교화라는 명분을 들어 문학사의 중심으로 들어왔다. 정철의 「훈민가」에서 보듯이 강원도관찰사로서 백성들의 교화를 목적으로 직접 노래를 지어 부르게 하였다. 박인로(朴仁老)의 「오륜가(五倫歌)」 등이 이러한 전통의 연장선상에 있다.

조선시대 민간의 남녀가 즐겨 읽던 소설은 사대부 층에 의하여 집중적인 공격을 받았다. 이덕무(李德懋)가 『사소절(士小節)』에서 말한 것처럼 소설은 간사한 것을 만들고 음란한 것을 가르치므로 절대 보지 못하게 하여야 한다고 주장한 것은 소설의 사회적 영향력을 간파한 것이기도 하다. 그러나 김춘택(金春澤)은 "소설 가운데 허황하고 경박하지 않으면서 백성의 도리를 돈독하게 하고 세상을 교화하는 데 보탬이 되는 것은 「사씨남정기」뿐이다."라 하여 「사씨남정기」를 교화론(敎化論)의 관점에서 긍정하였다. 또 「창선감의록」은 선(善)을 표창하여 의(義)로 감화한다는 뜻이거니와, 주인공의 끊임없는 노력에 의하여 덕이 부족한 부친과 형을 감화시킨다는 내용으로 인하여 조선시대 가장 긍정적인 평가를 받았다. 일부의 소설은 백성 교화의 수단으로 인식되었던 것이다.

  이에 비하여 한문소설은 권선징악을 바탕으로 하는 도덕적 교화보다는 현실의 반영과 풍자라는 점에서 문학의 사회적 책무를 담당하였다. 특히 박지원의 「호질(虎叱)」이나 「양반전(兩班傳)」, 「허생전(許生傳)」 등에서 보여준 날카로운 풍자와 해학은 우리 문학사의 수준을 크게 높였다고 할 수 있다. 조위한의 「최척전」과 같은 작품은 임진왜란과 병자호란이라는 국제전쟁의 소용돌이 속에서 가족의 이산과 재합을 기본 구조로 하면서 조선과 일본, 베트남, 중국 강남과 만주 등 동아시아를 무대로 격동기 백성의 삶을 다채롭게 다루었다는 점에서 반영론이 갖는 문학의 기능을 크게 넓혔다. 판소리에서 기원한 판소리계 소설 역시 당대 현실의 반영과 풍자라는 측면에서 주목할 만하다. 특히 「흥부전」, 「춘향전」, 「장끼전」 등에서 볼 수 있듯이 빈부 문제, 계급 문제, 남녀 문제 등 당대의 복잡한 사회현실을 직재하게 반영하면서, 한문문학에서 볼 수 없는 새로운 경지를 개척하였다.

  이와 함께 동아시아의 시가에서 개인적 심성은 수양과 관련이 깊은 것으로 인식되었다. 시는 '음영성정(吟詠性情)' 곧 성정을 노래하는 것을 목적으로 한다고 보았다. 이때 성정은 사상과 감정을 이르는 말이지만 특히 '성정지정(性情之正)'이라 하여 사상과 감정 중에서 도덕적으로 옳은 것을 지칭한다. 그래서 조선시대 선비의 문학은 마음을 수양하기 위한 한 방편이었다. 이황은 「도산십이곡」의 효용을 말하면서 "마음의 더러움을 씻고, 무젖어 감화하고 흥기하게 하니 노래하는 자와 듣는 자가 서로 유익함이 있을 것이다."라 하였고, 이이는 "사람이 소리를 내어 사람에게 좋게 여겨지고, 사람에게 좋게 여겨져서 문자로 정착되고, 문자로 정착되어 바른 도리에 합당한 것을 선명(善鳴)이라 한다."고 하였거니와, 「정언묘선서(精言妙選序)」에서 "시는 성정을 음영하여 맑고 조화로운 기운을 펼쳐 그것으로 흉중의 더러운 찌꺼기를 씻는다."고 하였다. 『시경』의 핵심을 사무사(思無邪)라 하여 곧 노래나 시가 마음의 사악함을 없게 만든다는 공자의 말 역시 교화론과 함께 수양론으로서의 시의 기능을 중시한 것이다. 아리스토텔레스가 『시학』에서 비극이 관객들로 하여금 공포와 연민의 감정을 불러일으키고 궁극적으로 고양된 정서를 정화하는 카타르시스(katharsis)의 기능을 갖는다고 하여 마음의 순화를 주장한 논리와 비슷한 측면이 있지만, 동아시아에서 문학은 좀 더 도덕적 수

양론에 가까움을 알 수 있다.

　성리학자들은 좋은 시가 심성의 수양에 의해 저절로 나오는 것으로 여겼으므로, 좋은 시를 쓰기 위해서는 심성을 수양하여야 했다. 이때 자연은 심성의 수양을 위한 가장 훌륭한 공간이다. 마음을 맑게 하기 위한 수단으로서 시가 기능할 때 음풍농월(吟風弄月)이라는 개념도 긍정적인 의미로 쓰였다. 음풍농월은 흔히 바람과 달과 같은 자연 경물을 노래한다는 뜻으로, 문학의 사회적 책무를 무시한 공허함을 비판하는 말이지만, 오히려 『논어』에서 증점(曾點)이 기수(沂水)에서 목욕하고 무우(舞雩)에서 바람을 쐬겠다고 한 말에 공자가 전적으로 공감하면서, 맑은 산수를 바라보면서 시를 짓고 노래를 부르는 것이 마음의 수양에 도움이 된다는 인식이 널리 퍼졌고, 주돈이(周敦頤)나 정자(程子)와 같은 성리학자들이 이러한 주장을 적극 옹호하였다.

　이때 '천연(天然)스러운' 혹은 '자연(自然)스러운' 문학을 가장 뛰어난 것으로 판단하였다. 자연스럽게 지어지는 시나 산문을 매우 높게 평가하며 자연스럽게 지어진 문학을 이상적인 경지로 친다. 시나 산문은 애써 공졸(工拙)을 따질 것이 아니라 성정을 자연스럽게 읊조린다는 '음영성정'의 논리가 이렇게 연결된다. 한국문학의 미적 특질을 '자연의 미'라고 한 일련의 주장이 이러한 데서 근거를 두고 있다. 조선시대 사대부들의 한시뿐만 아니라 우리 말 노래 역시 심성의 수양과 연결하여 대자연 속에서 한적한 삶을 형상화하였다. 정철의 「관동별곡」, 이이의 「고산구곡가」, 윤선도의 「어부사시사」 등 이른바 강호가도(江湖歌道)로 풀이되는 일련의 작품들이 대개 그러하다. 정치 현실에서 물러나 대자연 속에서 심성을 수양하는 것이 선비의 삶이요 그러한 삶을 드러내는 것이 바로 문학의 일이었다. 이를 일러 강호가도라 한다.

　상층 지식인의 문학은 자연을 기반으로 한 성정의 음영을 통하여 우아함을 지향하였지만 민중의 문학은 그러하지 않았다. 전통시대 우리말 노래는 사대부 시조의 경우 주로 선비들의 우아한 삶을 배경으로 하여 때로는 맑은 마음을 때로는 답답한 마음을 풀기 위한 수단이었지만, 조선 후기 사설시조나 잡가는 연락(宴樂)의 공간에서 유흥의 방편이었다. 여성 화자의 입을 빌려 남녀의 애정을 질펀하게 노래한 사설시조와 잡가는 그 목적이 쾌락에 있는 것이다. 사설시조는 중간 계층 출신의 가객(歌客)이 새로운 문학담당층으로 등장하여 빠른 템포의 음악에 해학적이거나 성적인 노랫말을 넣어 오락성을 갖춘 공연물이 되었다. 또 잡가는 조선 후기 서민계층에 속한 직업적인 소리패에 의하여 유흥 공간에서 향유된 노래다. 하층신분의 직업적 소리꾼이 조선 후기 유흥의 공간에 맞게 나타나 민요나 시조, 가사, 판소리 등 기존의 노랫말을 변용한 것이다. 이 전통은 이황이 음란하다고 비판한 경기체가나 고려속요의 유흥적 전통을 계승한 것이라고도 할 수 있다. 소설에서도 영웅의 전쟁담과 애정의 갈등을 다룬 통속소설이 방각본으로 크게 유행한 것 역시 문학의 오락적 성격이 강화된 것이라 하겠다.

5장

한국 고전문학의 보편적 가치

동아시아에서 한자와 한문은 공동의 문언으로 보편어(cosmopolitan language)로서의 지위를 누렸고 이에 따라 한문으로 제작되는 한시와 산문은 동문(同文) 의식에 따라 동아시아에서 별다른 번역 없이 두루 소통될 수 있는 장르였다. 지식인이라면 누구나 지방어(vernacular language)가 아닌, 보편어였던 한문으로 글을 짓고자 하였다. 조선은 자신의 문자인 한글이 없어 남의 문자인 한자를 빌려 문학 작품을 창작한 것은 아니었다. 동아시아 보편어로 제작된 한시나 한문산문은 보편적 가치를 지니고 있어 문명의 지표로 인식되었기 때문에 굳이 어려운 한문으로 썼던 것이다. 조선 중기 이래 중간계층에서 보여준 한시나 한문산문의 제작 능력이 사대부 계층과 비교해도 그다지 못하지 않았다거나, 일부 여성이나 평민, 천민조차 타고난 재능과 각고의 노력으로 한문을 배웠고, 그조차 여의치 않은 사람들은 한글로 한문을 향유하려까지 한 것 역시 문명의 대열에 들어서고자 한 시도였다. 곧 상층 지식인이든 그렇지 않든 누구나 야만이 아닌 문명의 대열에 들기 위해서 한시나 한문산문을 짓고 향유해야 한다고 생각하였던 것이다.

동아시아에서 한시나 한문산문은 동문의식을 바탕으로 한 보편적 가치를 가졌기에 한문문학에 대한 능력이 곧 문명의 지표로 인식되었다. 조선시대 명과의 사대외교에서 끊임없이 고민하였던 것은 조선이 문명국으로서의 지위를 잃지 않기 위한 것이었고 이를 위하여 문학에 능한 인재를 꾸준히 양성하였다. 이에 따라 명에서 온 사신과 조선 문인이 서로 만나 한시를 제작하는 것은 단순한 유흥이 아니라 문명의 고하를 두고 벌인 대결이라 할 만하다.

조선이 한문문학에 능하지 못하면 야만의 국가라 생각하고 조선이 한문문학에 능하면 문명의 교화 덕분이라 여겼을 것이다.

이를 조선의 내부에서 보면 중간계층이나 여성들이 끊임없이 한문문학을 배우고 향유하여 문명의 대열에 들어서려 하였고 이때에는 오늘날의 교양이라는 개념이 문명과 유사어가 된다. 교양을 갖춘 사람이 되기 위하여 일부의 여성들은 한글로까지 한문문학을 향유하고자 하였다. 조선 후기 여성이나 하층민이 애독하였을 것으로 추정되는 한글소설에서조차 수많은 한시나 한문산문이 삽입되어 있고 판소리나 탈춤, 사설시조 등 우리 문학의 전반에 한시가 자주 인용되는 것도 바로 이러한 한문문학의 보편적 가치인 문명 혹은 교양이 확대된 양상이라 할 만하다. 또 중간계층이 뛰어난 한문으로 된 문학에 재능을 발휘하면 상층의 지식인들은 왕화(王化)의 결과라 인식한 것 역시 문명의 관점에서 뛰어난 문학 작품을 제작할 능력을 갖춘 조선 문단이 중화문명의 교화 덕이라 여겼던 것과 유사한 논리일 것이다.

다른 한편 한자와 한문이라는 보편어를 사용하였기에 한국문학은 동아시아 지식인과의 소통이 가능하였다. 세계제국 원(元)의 간섭기에 활동한 이제현(李齊賢)이 심양(瀋陽)에서 당대 최고의 학자들과 어울려 교유하고 문학 작품을 창작하였거니와, 특히 조선 후기에는 중국과 일본을 오간 학자들이 적극적으로 해외의 학자들과 교류하였고 교류의 중심에 한문학 작품이 자리하였다. 한문으로 표기된 문학은 동아시아에서 문명의 고하를 겨루는 대결의 수단이 되었고 다른 한편으로 소통의 수단이 되었다. 홍대용(洪大容)은 중국에 가서 엄성(嚴誠) 등과 필담(筆談)이나 한시로 천애지기(天涯知己)의 우정을 맺었고 이후 김정희(金正喜), 신위(申緯) 등도 당대 중국의 큰 학자들과 문학을 바탕으로 한 소통을 이룬 바 있다. 이와 함께 외교 사절로 일본에 간 통신사(通信使)들은 일본 경제의 번성함에 놀랐지만 다른 한편 동아시아 공동어문학에 근거하여 조선 문화의 우수성을 자부하기도 하였다. 한글로 된 한국문학의 특수성과 함께 한문으로 된 한국문학의 보편성이 이러한 의미에서 중요하다.

그러나 이제는 한문을 기저로 하는 공동어문학의 시대가 끝났다. 한문이 아닌 한글로 된 한국 고전문학은 그 특수성으로 인하여 전통시대 해외에 전파되는 일이 거의 없었다. 조선시대 김시습의 「금오신화」가 이른 시기 일본으로 전해졌고 최부(崔溥)의 동아시아 표류체험을 기록한 「표해록(漂海錄)」이 일본에 전해져 널리 읽힌 것은 한문으로 되었기 때문에 가능하였다. 이들 작품에 일본에서는 그들이 읽기 쉽도록 훈점(訓點)과 주석을 달았다.

이러한 현상은 일종의 번역이라 하겠거니와, 더욱이 한글로 된 고전문학작품은 외국어로 번역되지 않으면 해외에서 향유될 수 없다. 우리 문학이 외국어로 번역된 예는 19세기 초반부터 시작되었다. 「숙향전」 등의 고전소설이 한국어를 배우는 교재로 일본에서 읽혔거니와, 「사씨남정기」나, 「구운몽」, 「광한루기(廣寒樓記)」, 「홍길동전」, 「숙향전」, 「춘향전」, 「심청전」, 「추풍감별곡(秋風感別曲)」, 「남훈태평가(南薰太平歌)」, 「운영전」 등은 1920년대 일본인에 의하여 일본어로 번역되어 출판되었다. 영어권의 한국문학 번역은 19세기 말부터 시작되었다. 알렌(Horace Newton Allen, 安連)은 『Korean Tale』에서 『백학선전』 등 소설과 함께 한국의 설화를 영어로 번역하였고, 기초적인 서지 작업은 모리스 쿠랑(Moris Courant)의 『한국서지』로 나온 바 있다. 또 홍종우가 소설가 로니(J.H. Rosny)와 함께 『춘향전』을 프랑스어로 번역한 것은 이른 시기 한국문학의 전파와 관련하여 빠뜨릴 수 없는 업적이다. 이제 이러한 전통을 이어 한국 고전문학이 외국어로 적극 번역되어 해외에 전파되어야 할 것이고, 이를 통해 한국 고전문학의 보편적 가치를 확보하여야 할 것이다.

참고문헌

장덕순 외, 『한국문학사의 쟁점』, 집문당, 1996.
조동일, 『한국문학통사』, 지식산업사, 2005.
조규익 외, 『한국문학개론』, 새문사, 2015.

한국 전통 문화

고정희
서울대학교 사범대학 국어교육과

| 학습 목표 |

- 한국 전통 문화의 개념 및 영역을 이해한다.
- 한국 전통 문화의 내용과 특징을 이해한다.
- 전통 문화를 계승하고 교육하는 방안을 모색한다.

▶ ▶ ▶ 차례

1. 머리말
    1.1. 한국어 교육과 한국 전통 문화
    1.2. 한국 전통 문화의 개념
    1.3. 한국 전통 문화의 영역

2. 한국 전통 문화의 내용
    2.1. 전통적 세계관
    2.2. 생활 문화
    2.3. 문화재적 전승 문화

3. 전통 문화 교육 방안
    3.1. 전통 문화의 보편성과 특수성
    3.2. 전통 문화 계승과 교육 방안

4. 맺음말

▶ 참고문헌

1장

머리말

1.1. 한국어 교육과 한국 전통 문화

이 강의는 한국어 교사로 하여금 '한국의 전통 문화'에 대한 기본적인 소양을 갖추도록 하는 데 목적이 있다. '한국어'나 '한국문학'에 비해 '한국 전통 문화'는 그 실체가 모호하고 범위도 정해진 바가 없다. 따라서 다양한 한국의 문화 가운데 무엇을 '전통'으로 가르칠 것인지는 전통 문화를 교육하는 목적에 따라 다르다.

외국인을 위한 한국어 교육에서 '한국의 전통 문화'를 교육하는 목적은 다음과 같다. 첫째, 외국인이 한국인의 전통적 세계관이나 생활 관습을 이해함으로써 한국어를 한국 문화의 맥락에 맞게 구사하도록 하기 위함이다. 어떤 사람이 자신이 속한 공동체의 문화에 대해서 가지고 있는 지식을 일컬어 '문화 문식성(cultural literacy)'이라고 하는데, 이 문화 문식성의 내용은 대부분 전통과 문화유산으로 이루어져 있다.[1] 이를테면 현대 사회에서 미국인이 반드시 알아야 할, 또는 알고 있다고 가정되는 지식이 주로 미국의 전통과 문화유산과 관련된 내용이라는 것이다.[2] 마찬가지로 한국인이라면 당연히 알고 있다고 간주되는 문화적 내용들도 한국의 전통과 문화유산으로부터 나오는 경우가 많은데, 특히 한국인들이 자연스럽

---

1) John F. Ennis, "cultural literacy", ed. by Alan C. Purves with Linda Papa, *Encyclopedia of English Studies and Language Arts*, Volume 1, The National Council of Teachers of English, 1994, 339쪽.
2) E.D. Hirsch, *Cultural Literacy*, New York: Vintage Books, 1987.

게 생각하고 행동하는 세계관과 생활 관습이 그러하다. 이처럼 한국인들이 한국 문화 속에서 자연스럽게 습득해 온 문화 문식성을 외국인들이 하루아침에 배우기는 어렵다고 생각할 수 있다. 그러나 한국 문화 속에 축적된 상징(accumulated symbol)을 중심으로 효율적인 전통 문화 교육이 이루어진다면, 외국인들도 한국 문화에 대한 높은 수준의 문화 문식성을 갖출 수 있다. 문화 문식성은 그 문화 속에서 오랜 세월 공유되고 축적되어 온 상징을 얼마나 이해할 수 있는가에 달려 있기 때문이다.[3]

둘째, 외국인이 한국 전통 문화의 특수성을 배우고 자기 나라의 문화와 비교함으로써 문화적 다양성에 대한 유연한 태도를 갖추도록 하기 위함이다. 문화 문식성이란 전통적인 것을 무조건 답습하는 것이 아니라 전통적인 것의 장·단점을 이해할 수 있는 능력이기도 하다. 한국인들은 아무렇지도 않게 생각하고 행동하는 전통적인 문화의 내용이 외국인의 눈으로 보기에는 이상하거나 불합리하게 느껴지는 경우가 종종 있다는 점에서, 외국인들은 한국의 문화 문식성에 대한 예민한 감각을 이미 구비하고 있다. 외국인들은 한국 전통 문화를 배움으로써 현대 한국 문화에 대한 자신의 감각이 한국인들과 다른 이유를 이해할 수 있게 된다. 거꾸로 한국인들은 외국인들의 눈을 통해 우리가 당연시해 온 전통 문화의 유산 가운데 무엇을 미래 사회로 가져가고, 무엇을 새로운 시대에 맞게 고쳐나가야 할 것인지를 반성할 수 있다. 이러한 점에서, 한국 전통 문화와 관련된 내용을 교육하는 것은 외국인 학습자와 한국인 교사 모두에게 적지 않은 의의가 있다.

이러한 두 가지 목적을 염두에 두고 한국 전통 문화의 개념과 영역을 설정해 보기로 한다.

1.2. 한국 전통 문화의 개념

표준국어대사전은 '전통(傳統)'을 '어떤 집단이나 공동체에서, 지난 시대에 이미 이루어져 계통을 이루며 전하여 내려오는 사상·관습·행동 따위의 양식'이라고 정의하고 있다. 이러한 정의에 따르면 한국 전통 문화는 첫째, 한국인 공동체에서 '지난 시대'에 이루어진 사상·관

---

[3] E.D. 허쉬는 미국인을 위한 23개의 문화 문식성 범주를 제시하는데, 이는 크게 세계적인 지식과 미국이라는 국가에 대한 지식으로 구분된다. 미국 사회의 일원으로 생활하기 위해 필요한 지식을 미국적 지식이라 일컫고, '종교/법', '언어', '사회'의 세 범주에 따라 의사소통에 필요한 지식을 어휘목록으로 제시하였다. 그는 이 어휘목록을 통해 특정한 분야나 영역에서 공유되고 축적되어 온 상징들을 전달할 수 있다고 보았다(E.D. Hirsch, "Appendix: What Literate Americans Know", 위의 책, 146~215쪽).

습·행동을 의미한다. 전통 문화는 '지난 시대'에 이루어진 문화라는 점에서 근대 이후 전 세계적으로 확산된 자본주의 또는 상업주의 문화와는 다른 문화적 '고유성'을 갖는다. 둘째, 한국 전통 문화는 '오늘날까지' 계통을 이루며 전해 내려오는 사상·관습·행동을 의미한다. 따라서 지난 시대에 이루어진 '고유한' 것만으로는 전통이 되기 어려우며, 현대에도 유사한 계통이 확인될 때 비로소 '전통'이라 부를 수 있다.

'전통'이 무엇이며, 그것이 어떤 성격을 갖는지 고민하고 탐구했던 학자들도 전통이란 과거의 것을 그대로 반복하는 것이 아니라는 결론을 이끌어 내었다. 일찍이 김대행 교수는 전통이라는 것이 '과거가 그 현재에 물려준 그대로의 것'이라기보다는 '과거가 어떤 것을 물려준 결과로 그 현재에 야기된 것'임을 강조하였다.[4] 과거의 어떤 것이 '우리 것'이기 때문에 소중하다기보다는 그것을 물려받은 결과로 우리가 현재의 사상·관습·행동을 가지게 되었다는 사실이 더 중요하다는 것이다. 외국인들이 현대 한국인들과 고급 수준의 의사소통을 하기 위해서 한국의 전통 문화를 배워야 하는 이유가 바로 여기에 있다.

역사적으로 '전통'이란 단어는 근대 이전의 문헌에서도 그 용례가 발견되지만 널리 회자된 용어는 아니었다. 한국 고전번역원에서 제공하는 한국 고전종합 데이터베이스를 이용하여 '전통(傳統)'이란 단어를 검색해 보면 『동문선』을 비롯하여 129건의 용례를 볼 수 있다. 그런데 근대 이후의 용어로 간주되는 '정서(情緖)'라는 단어도 217건 이상 검색되고 있기 때문에 129건은 매우 적은 용례라고 볼 수 있다.[5] '전통'이란 말이 문제되기 시작한 것은 서구 물질문명의 충격이 가해진 개화기 때부터였으며, 일제강점기를 거치면서 전통에 대한 문제의식이 더욱 심화되었다. 일례로 김억·주요한의 민요시론과 최남선의 시조 부흥 운동이 동시에 일어난 1920년대 전통 담론을 들 수 있다. 이 시기는 조선 민족의 정체성을 수립하기 위해서 전통과 국토, 조선의 역사에 대한 자각이 그 어느 때보다도 강조된 시기였다. 현대에 들어서는 민족 주체성을 추구하는 정치·사회적 요구와 식민사관을 극복하려는 학계의 노력이 맞물리면서 1970년대 들어 학문적 수준을 갖춘 전통 계승론이 등장하였다.

이처럼 '전통'은 언제 어디서든지 자각되는 것이 아니라 항상 그것의 '단절'에 대한 위기감을 느낄 때, 그리고 '단절'을 극복해야 할 필요가 있을 때 비로소 부각되는 개념이다. 이렇게 본다면 '전통'은 '후대인의 계승 의지'라는 또 다른 필요충분조건이 필요하다고 하겠다. 이에 따라 '한국 전통 문화'의 개념은 '이전 시대에 이루어진 고유한 문화 가운데 현대 한국인들이

---

4) 김대행, 「현대시 전통을 논의하는 길」, 『노래와 시의 세계』, 역락, 1999.
5) 한국 고전종합DB, 한국고전번역원(http://www.minchu.or.kr).

적극적으로 발견하여 계승하고자 하는 문화'라고 정의할 수 있다.

1.3. 한국 전통 문화의 영역

한국 전통 문화의 개념을 이상과 같이 이해한다 하더라도 외국인이 알아야 할 한국 전통 문화의 영역은 어디까지인지, 또 구체적으로 무엇을 한국 전통 문화의 내용으로 제공할 것인지 합의하는 일은 결코 쉽지 않다.

쉽게 생각하면 '근대에, 서구에서 이입된 문화'는 모두 전통 문화에서 배제된다고 볼 수도 있다. 그러나 과거 우리의 문화가 이미 외래문화의 유입과 토착화의 과정 속에서 형성되어 왔듯이, 근대 이후 이입된 문화들도 조만간 우리의 전통 문화가 될 가능성이 농후하다. 이처럼 '근대' 또는 '서구문화'가 '전통 문화'의 경계선이 될 수 없다면 '전통 문화'의 외연이 무한히 확장될 가능성이 있다.

현재 여러 기관에서 나온 한국어 교재들을 보면 '한국 전통 문화'의 영역을 설정하는 세 가지 입장이 발견된다. 첫 번째는 '한국 문화' 속에 '전통 문화'가 포함된 경우이다. 여기에는 '한글'을 비롯하여 의·식·주와 관련된 모든 생활 문화는 물론 음악·미술·문학과 같은 예술 문화가 모두 다루어진다.[6] 이 경우 한국의 전통 문화로 여겨질 수 있는 것을 모두 망라한다는 것이 장점이다. 그러나 전통 문화의 필요충분조건인 '고유성'이나 '후대인의 계승 의지'라는 조건은 괄호에 넣는다는 문제가 있다.

두 번째는 '전통 문화'를 '한국 민속 문화'로 한정하는 입장이다. 예컨대 '한국어·한국사·한국의 자연과 사회·한국미술·한국음악'은 '한국 문화'에 넣고, '한국 친족의 특성·관혼상제·민간신앙·세시풍속'만 '전통 문화'로 분류하는 것이다.[7] 더욱 좁게는 '한국의 전통 문화'란 한국이라는 지역성과 하층의 문화라는 계층성에 국한된다고 보는 입장도 있다.[8] 이러한 견해들은 전통 문화의 필요충분조건의 하나인 '고유성'은 만족시키고 있으나, 여기서 거론한 세시풍속이나 민간신앙의 현대적 계승성이 매우 약하다는 문제가 있다.

---

6) 임경순, 『한국어문화교육을 위한 한국 문화의 이해』(한국외국어대학교출판부, 2009)를 비롯해 대다수의 한국어 교재가 '한국 문화'와 '전통 문화'를 구분하지 않는다.
7) 이상억, 『한국어와 한국문학』(소통, 2008); 유광수·김연호, 『한국 전통 문화의 이해』(MJ미디어, 2003) 등에서 취한 입장이다.
8) 인권환, 「전통 문화 연구 50년」, 이화여대 한국문화연구원 편, 『전통 문화 연구 50년』, 혜안, 2007.

세 번째로는 한국 전통 문화의 범주를 이론적으로 설명하기보다는 전통 문화로 여겨지는 것들을 최대한 귀납해서 교육 내용으로 삼는 입장이 있다. 대표적으로 국립국어원에서 편찬한 『우리 문화 길라잡이』라는 책을 들 수 있다. 여기서는 '한국인이 꼭 알아야 할 전통 문화'를 '음식·복식·주생활·한국인의 일생과 세시풍속·민속신앙·멋·상징과 특산물'이라는 주제별로 233항목으로 나열한다.[9] 이러한 항목 구분은 전통 문화의 실체를 구체적으로 보여주며 학습자들의 흥미를 유발하는 장점이 있다. 그러나 분절적 항목들을 통해 전통적인 세계관이나 생활 관습을 익히기는 어려우므로 한국 전통 문화를 교육하는 목적을 성취하는 데는 한계가 있다.

'전통 문화'의 외연과 영역에 대한 합의는 아직 이루어지지 않았다. 고정된 실체가 없는 전통 문화의 성격상 앞으로도 완전한 합의가 도출되기는 힘들 것이다. 따라서 '전통'의 필요충분조건을 만족시키며 '전통'을 교육하는 목적을 가장 잘 구현할 수 있는 전통 문화의 영역을 설정할 필요가 있다. 우선 고급 수준의 한국어 의사소통 능력을 갖추고자 하는 외국인에게 가장 필요한 것은 현재 한국인의 사상·관습·행동에 영향을 끼치는 '전통적인 세계관'과 '생활 문화'를 이해하는 것이다. 그리고 '문화재'는 전통의 필요충분조건 가운데 '전승'의 조건을 이미 충족할 뿐 아니라 교육 현장에서의 활용도가 높다는 이점이 있다. 그러므로 본 강의에서는 '전통적 세계관·생활 문화·문화재적 전승 문화'의 세 영역을 한국 전통 문화의 영역으로 설정한다.[10]

---

9) 국립국어원, 『우리문화 길라잡이』, 학고재, 2002.
10) 이 세 가지 범주 구분은 양윤정 외, 『전통 문화의 창조적 계승·발전을 위한 교육프로그램 개발 방안 연구』, 경제·인문사회연구회 미래사회협동연구총서 09-02-01 연구보고 RRC 2009-11-1; 최영성 외, 『전통 문화교육의 이론적 기초』, 한국교육과정평가원, 경제·인문사회연구회 미래사회협동 연구총서 09-02-02 연구보고 RRC 2009-11-2, 한국교육과정평가원, 2009에서 제안한 내용을 따른 것이기도 하다.

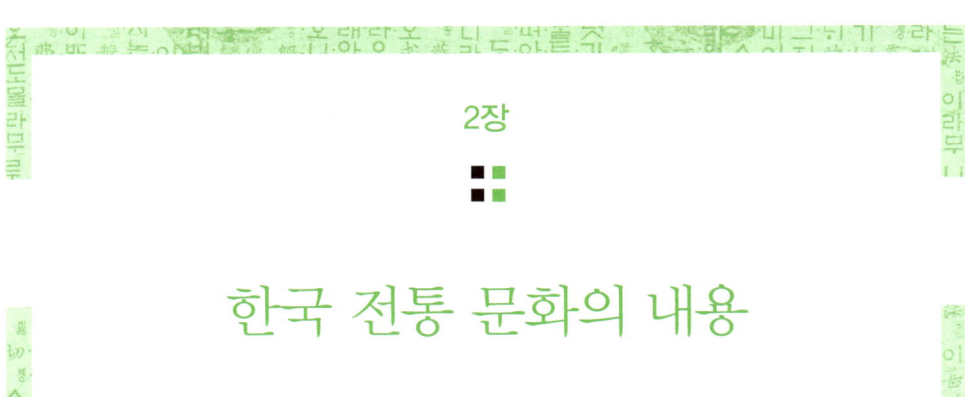

한국 전통 문화의 내용

2.1. 전통적 세계관

앞에서 '전통적 세계관', '생활 문화', '문화재적 전승 문화'는 현대 한국인의 생활과 의식을 제대로 파악하는 데 가장 도움이 되는 범주들이라고 가정하였다. 이 가운데 '전통적 세계관'은 가장 다루기가 어려운 전통 문화의 내용이라고 할 수 있다. 외국인들은 한국인들의 '생활 문화'를 직·간접적으로 관찰할 수도 있고, 박물관 같은 곳에 가서 다양한 '문화재적 전승 문화'를 접할 수도 있다. 그러나 '전통적 세계관'은 가시적인 형태로 드러나지 않고 한국인들의 무의식 속에서 작동하며, 심지어는 한국인들 스스로도 자각하지 못하는 경우도 적지 않다. 그러므로 전통적 세계관을 교육하기 위해서는 한국인 공동체가 지니고 있는 삶의 방식을 구체화한 어떤 고정된 실체가 필요하다.

문학 작품은 어떤 공동체가 지니고 있는 삶의 방식을 구체적으로 형상화하는 고정된 실체로 존재한다. 이러한 문학 작품은 전통적인 세계관을 추출하는 데 중요한 참고자료다. 따라서 문학 작품에 드러난 전통적인 세계관을 중심으로 교육 내용을 구상하는 것이 보다 바람직한 전통 문화 교육 방안이 될 것이다.

2.1.1. 자연과 인간의 상호 의존성

전통 문학에서 지속적으로 관찰되는 공통적인 삶의 방식 가운데 하나는 인간 삶의 문제를 자연과의 관계에서 해석하고자 하는 태도이다. 이는 하층의 민요에서나 조선 시대 상층 사대부의 시조에서나 공통적으로 나타난다. 먼저 민요의 경우를 든다.

정월이라 십오일에/ 새해로다 새해로다/ 찬란한 오색 옷을/ 갖추갖추 갈아입고/
떼를 지어 노니는/ 정월이라 새해로다/ 산 위에 높이 올라/ 망월하는 소년들아/
우리 님은 어디 가고/ 상원인 줄 모르신고/ 그달 그믐 겨우 보내
이월이라 한식날에/ 원근산에 봄이 드니/ 불탄 풀이 속잎 나고/ 집집마다 찬밥이니/
개자추(介子推)의 넋이로다/ 적막한 이 봄날에/ 말 달리는 소년들아/ 우리 임은 어디 가고/
청명인 줄 모르신고/ 그달 그믐 다 지나고
삼월이라 삼짇날에/ 연자는 날아들어/ 옛 집을 찾아오고/ 호접도 분분하여/ 옛 빛을 자랑하네/
봄바람 야윗길로/ 노니는 소년들아/ 우리 임은 어디 가고/ 답청절인 줄 모르신고/ 그달 그믐 겨우 보내

〈청상요(靑孀謠)〉

위의 작품은 월령체 민요인 〈청상요〉의 한 부분이다. 화자인 청상과부는 다달이 경물이 변화하며 사람들도 세시풍속에 따라 기뻐하고 즐거워하는데 오직 자신만이 그러한 흐름에서 소외된 것을 한탄한다. 위의 작품 속에 언급된 '정월 보름', '한식일', '답청일' 등은 농경사회에서 자연의 절기를 따라 행하던 세시풍속이다. 만일 한국어 교육에서 세시풍속을 교육하고자 한다면 이것이 과거 농경사회 속에서 행해지던 풍속임에도 불구하고 오늘날 우리들의 생활관습과도 연결되어 있다는 점을 강조해야 할 것이다. 전통 시대의 문학 작품에는 세시풍속을 즐기는 사람들보다는 여러 가지 이유로 거기에서 소외된 사람들의 슬픔을 자주 포착해 왔다. 이것은 세시풍속을 계기로 인간이 공동체 속에서의 자신의 위치를 자각하게 되는 것을 의미하는데, 현대 사회에서는 명절이 그와 같은 역할을 하기도 한다.

근본적으로 세시풍속은 절기에 따라 변화하는 자연의 모습을 자연스럽게 받아들이고 즐거워하는 인간의 반응에서 유래하였다. 자연의 절기를 지킬 수 있다는 것은 인간사에서도 무탈하다는 증거였다. 반대로 인간사에서 문제 상황이 생길 때는 자연의 질서와 어긋나는 정서를 느끼게 된다.

정월(正月)ㅅ 나릿 므른 아으

어져 녹져 호논듸

누릿 가온듸 나곤

몸하 호올로 녈셔

아으 동동(動動) 다리　　　　　　　　　　　　　　　　　　　　　　　　　　　〈동동(動動)〉

(현대어 역)

정월(正月)의 냇물은 아으

얼려 녹으려 하는데

누리 가운데 나곤

몸이여 호올로 지낼셔

아으 동동(動動) 다리

위의 작품은 고려가요 〈동동(動動)〉의 일부로, 역시 월령체로 되어 있다. 음력 정월이 되면 겨우내 얼어붙은 냇물도 얼었다 녹았다 하면서 변화의 기미를 보인다. 시적 화자도 온 세상 가운데 태어나 생명을 유지하는 것은 다른 만물들과 다를 바 없다. 하지만 임을 여의고 있으니 봄기운이 이끄는 놀라운 생명력의 발흥에 동참하지 못하는 단 하나의 존재가 되고 만다.

이처럼 자연의 조화로움에 어긋나지 않기 위해서는 인간관계의 질서를 평탄하게 유지해 나간다는 전제가 필요하다. 그렇지 못할 때는 자연도 인간에게 달리 해석될 수밖에 없다. 임을 여읜 상황에서 부른 송강 정철의 〈사미인곡〉에서는 사시(四時)의 변화가 못마땅하고 불편하기만 하다. 예를 들면 이른 봄 피어난 매화(梅花)를 두고 '가뜩 냉담(冷淡)한데 암향(暗香)은 무슨 일인고'라고 냉소하거나, 여름이 와도 '가뜩 시름한데 날은 어찌 길던고'하는 원망만 나올 뿐이다.

그런가 하면 또 다른 최상층 지식인의 작품에서는 자연과 인간의 차이를 철리(哲理)의 추구와 자기 성찰의 계기로 삼고 있다.

청산(青山)은 엇뎨호야 만고(萬古)애 프르르며

유수(流水)는 엇뎨호야 주야(晝夜)에 긋디 아니는고

우리도 그티디 마라 만고상청(萬古常青) 호리라　　　　　　　　　　　　　　　　〈도산십이곡〉

(현대어 역)

청산(靑山)은 어찌하여 만고(萬古)에 푸르르며

유수(流水)는 어찌하여 주야(晝夜)에 그치지 아니하는고

우리도 그치지 말아 만고상청(萬古常靑) 하리라

위 작품은 조선 전기의 성리학자인 퇴계 이황의 작품 〈도산십이곡〉의 한 수이다. 이 작품의 사상적 기반이 된 '주리론(主理論)적 세계관'을 전통적인 세계관이라고 말하기는 곤란하지만, 그 속에 담긴 자연에 대한 태도는 앞서 살핀 민요나 고려가요와 일맥상통한다. 위의 시조는 부단히 학문에 힘쓰는 자세를 다짐한 노래이다. 그 다짐의 내용은 청산(靑山)이 만고에 푸르듯이 학문에 뜻을 둔 처음 마음을 변치 말자는 것이며, 유수(流水)가 밤낮으로 그치지 않는 것처럼 아무리 놀거나 쉬고 싶어도 그치지 말고 학문에 매진하자는 것이다. 상·하층 문학을 막론하고 인간의 유한성을 깨닫게 해 주는 자연에 대한 경이감을 표현하면서, 인간의 일도 자연과 같기를 고대하는 마음을 담았다는 점에서는 다를 바 없다. 서구에도 전원문학이 있지만 대부분 인간이 자연의 천진무구함을 일방적으로 동경하는 내용으로 되어 있다. 자연에 의해 인간의 삶이 해석되고, 인간사의 문제에 의해 자연이 해석되는 상호의존성에 대한 강조는 우리 전통 문학에 나타난 특징적인 세계관이다.

현대 한국인들이 과연 얼마나 자연과 인간의 상호의존성을 자각하며 살고 있는지에 대해서는 회의가 있을 수 있다. 그러나 한국인들이 유독 윤동주의 〈서시〉를 애송하는 이유를 살펴보면 한국인들이 은연중 자연과 인간의 상호의존성을 강조한 전통적인 세계관의 영향을 받고 있다는 사실을 알 수 있다.

죽는 날까지 하늘을 우러러

한 점 부끄럼이 없기를,

잎새에 이는 바람에도

나는 괴로워했다.

별을 노래하는 마음으로

모든 죽어가는 것을 사랑해야지

그리고 나한테 주어진 길을

걸어가야겠다.

> 오늘밤에도 별이 바람에 스치운다. 〈서시〉

    2008년 KBS 1TV가 한국 현대시 탄생 100주년을 맞아 실시한 설문 조사의 결과를 보면 김소월의 〈진달래꽃〉이 가장 애송하는 시로 꼽히고, 윤동주의 〈서시〉가 그 뒤를 이었다. 〈서시〉는 특히 '어떻게 살 것인가' 하는 문제로 첨예하게 고민을 하는 젊은이들의 사랑을 받는다고 한다. 이 작품은 구도자적 자세를 가지고 부끄러움 없는 윤리적인 삶을 살겠다는 결의를 노래한 작품이다.[11] 밤하늘의 '별'은 흔히 윤동주의 '천체미학'으로도 불리는 하늘·바람·별 등의 자연현상 중에서도 시인이 가장 많이 아꼈던 존재라고 한다. 별이 이상적인 조화의 구현체이면서 변함없는 삶의 지표라고 여겨졌기 때문이다.[12]

    이처럼 윤동주의 시 〈서시〉에서 '하늘'과 '잎새'와 '별'과 같은 자연물들은 끊임없이 시인을 반성하게 하는 힘을 가지고 있다는 점에서 〈도산십이곡〉의 '청산(靑山)' '유수(流水)'와 다르지 않다. 아무리 올곧은 인간이라도 자연물만큼 변함없고 순정하기는 어렵다. 따라서 사람이 올곧게 살고자 한다면 자연에 비추어 자신을 끊임없이 반성할 수밖에 없다. 한국인들이 〈서시〉를 유난히 사랑하는 이유는 오랫동안 자연에 비추어 삶의 자세를 가다듬어 왔던 전통적인 세계관이 무의식 속에서 작용했기 때문이라고 볼 수 있다.

2.1.2. 비극적 현실과 웃음의 공존

한국 고전문학에 나타난 특징적 세계관으로 주목받아 온 것 중에는 '행복한 세계관'이라는 것이 있다. 우리 문학에는 비극이 거의 없다는 점과, 골계미가 두드러진다는 점을 일컬어 '행복한 세계관'이라고 명명한 것이다.[13]

    여기서 한국 전통 문화가 비극적 삶에 대한 표현을 결여하고 낙관적인 세계관 일변도로 나아간 것이 아니라는 사실에 주목할 필요가 있다. 오히려 비극적 상황은 상황대로, 웃음은 웃음대로 모두 표현하고자 하는 것이 전통 시대 문학의 특징에 가깝다. 따라서 한국 고전문학에 나타난 또 하나의 특징적 세계관을 '행복한 세계관'이라고 일컫기보다는 '비극적 현실과 웃음의 공존'으로 보는 것이 좀 더 정확할 것이다. 고전문학 연구자들은 이러한 세계관

---

11) 유종호, 「청순성의 시, 윤동주의 시」, 『시란 무엇인가』, 민음사, 1995, 293~294쪽.
12) 권오만, 『윤동주 시 깊이 읽기』, 소명출판, 2009, 54쪽.
13) 김병국, 「한국 고전문학과 행복한 세계관」, 『현상과 인식』, 7권 1호, 1983에서 '비극문학 결여론'을 종합적으로 논의한 바 있다.

적 특징을 '비애의 정서를 웃음으로 차단하는 웃는 즐거움'이나, '비장을 골계로 감싸는 미적 특징'으로 설명하기도 하였다.[14]

웃음을 방어기제로 삼아 비극적 현실을 극복하려는 노력은 다른 나라의 희비극 작품에서도 왕왕 볼 수 있다. 그런데도 연구자들은 우리 문학에 나타나는 '비극적 현실'과 '웃음'의 공존 사태가 결코 범상한 수준이 아니라는 데에 거듭 주목한다.

> 환상(還上)에 볼기 셜흔 맞고 댱니(長利) 갑셰 동솟츨 쑥 써여 닌다
> ᄉ랑ᄒ던 여기쳡(女妓妾)은 월리 차사(月利 差使)ㅣ가 등 미러 간다
> 아희야 죽(粥) 탕관에 개 보아라 호흥(豪興) 계워 ᄒ노라 〈청구영언 육당본〉

> (현대어 역)
> 환상(還上)에 볼기 서른 맞고 장리(長利) 값에 동솥을 뚝 떼어 낸다
> 사랑하던 여기첩(女妓妾)은 월리 차사(月利 差使)가 등 밀어 간다
> 아이야 죽(粥) 탕관에 개 보아라 호흥(豪興) 겨워 하노라

위의 작품은 온갖 빚에 몰려 볼기를 맞고 작은 솥과 여기첩(女妓妾)마저 빼앗긴 화자가 궁여지책으로 탕관에다 죽을 끓이는데 그 옆에 있던 개가 아주 대단한 흥(興)을 보이더라는 내용이다. 작중 화자의 목소리는 모든 것을 다 잃은 사람치고는 지나치게 담담하다. 뿐만 아니라 여러 날 자기와 함께 굶주린 개가 버둥대는 모습을 희극적으로 표현하는 여유마저 보여준다. 이처럼 현실의 암담함과 함께 제시되는 사설시조의 웃음을 가리켜 김흥규 교수는 '출구전략'이라 부르기도 하였다. 명쾌한 답이 없는 난제를 괄호 속에 넣어서 마무리하는 '출구전략'처럼, 웃음에도 불구하고 난제는 난제대로 남는다는 점에 주목한 것이다.[15]

비슷한 맥락에서 김대행 교수는 '웃음으로 눈물 닦기'라는 한국 언어문화의 한 특질에 주목한 바 있다. 일례로 판소리 〈적벽가〉는 현재 벌어지고 있는 상황에 대한 관객의 몰입을 철저히 차단하고 있다. 여기서 전투의 치열함은 치열함대로 맛보되 그것을 웃음으로 치환시켜 바라보도록 장치하고 있다는 것이 주목된다. 김대행 교수는 이러한 '웃음으로 눈물 닦기'가

---
14) 김대행, 「즐거운 웃음과 웃는 즐거움」, 『시가시학연구』, 이대출판부, 1991; 서종문, 「〈변강쇠가〉 연구」, 『판소리의 이해』, 창작과비평사, 1978.
15) 김흥규, "누추한 삶과 욕망의 온도: 사설시조의 세계", 「석학과 함께 하는 인문강좌」, 서울역사박물관, 2010.8.28-2010.9.25.

현대 한국인의 언어문화의 기저가 되고 있다고 본다. 그에 따르면 '웃음으로 눈물 닦기'는 '웃을 일이 없는 인생사에서 웃기 위한 의도적 노력'을 기울이는 가운데 나온 것으로서, 한국 언어문화의 한 특질이라고 할 수 있다.[16] 오늘날 유명한 재담꾼이 된 임진택 씨의 일화는 그러한 주장을 뒷받침하는 사례라고 볼 수 있다.

> 서울 문리과 대학이 동숭동 대학로에 있던 시절, 날이면 날마다 데모가 벌어지고 경찰과의 대치가 계속되는 극도의 긴장 속에서 그는 '재담꾼'으로서의 입지(立地)를 굳힐 수 있었다고 합니다.
> 한번은 주모자를 검거하기 위해 경찰이 들이닥쳤다고 합니다. 리더를 보호하기 위한 학생들의 경계와, 기회를 엿보는 경찰의 노림 사이, 그 숨 막히는 긴장 속에서 뜬금없이 이 긴장을 깨는 소리가 울려 퍼졌다고 합니다. "경찰들은 즉각 물러가라!" 침묵을 깨는 우렁찬 소리가 메아리 없이 사라지고 난 이후 더 크고 무거운 침묵이 쓰나미처럼 덮치려는 찰나, 그는 아주 이완된 어조로 "…아니면, 조금 있다가 물러나는 것으로 간주하겠다."하고 선언을 해 버렸다고 합니다. 순간 예기치 못한 폭소(爆笑)가 터지면서 긴장된 분위기가 깨지고 활기(活氣)가 가득히 충전되었다고 합니다.[17]

숨 막히는 긴장과 갈등 속에서도 웃음을 유발하는 능력이 필요한 것은 어느 시대나 마찬가지이다. 덧붙이고 싶은 것은 전통 시대, 특히 서민문학에서는 '비극적 현실'과 '웃음'의 거리가 위의 재담꾼의 일화와는 비교할 수 없을 만큼 동떨어져 있다는 점이다. 조선 후기 서민가사인 〈덴동어미화전가〉에서 불에 타 죽은 자기 남편의 시신을 두고 '포수놈의 불고기하듯 아주 함박 꾸었고나'라고 한 것이 단적인 예이다. 현실의 비참함은 비참함대로 사실적으로 드러내면서 동시에 그 상황에 도무지 어울리지 않을 법한 희극적 표현이 공존하는 것은 우리 전통 문학의 특징적 면모이다.

참고로 서구에서는 전통적으로 비극을 인간 이해나 세계 파악을 위한 지배적인 장르로 인정해 왔고 희극을 상대적으로 폄하해 왔으며, 비극과 희극을 혼합하는 것도 금지해 왔다. 비록 16세기부터 희비극 장르가 출현하기는 하였으나, 인간조건의 갈등, 모순, 불균형, 부적

---

16) 김대행, 『웃음으로 눈물 닦기: 한국언어문화의 한 특질』, 서울대학교출판부, 2005.
17) 김석회, "누추한 삶과 욕망의 온도: 사설시조의 세계에 대한 토론문", 『석학과 함께 하는 인문강좌』, 서울역사박물관, 2010.9.25.

합, 불일치를 표현하기 위해서는 비극과 희극 중에서 어느 하나를 선택하는 것으로는 불충분하다는 사실을 인식하게 된 것은 현대 희비극 이론에 와서야 볼 수 있는 현상이라고 한다.[18] 즉 서구의 경우 20세기에 와서야 비극성과 희극성의 경계가 완전히 사라졌다고 볼 수 있다는 것이다.[19]

그에 비해 한국 고전문학에서는 극단적인 비극과 웃음이 분리되지 않는 모습이 지속적으로 나타나고 있다. 이것은 인간 삶을 바라보고 해석하는 한국인들의 특징적인 세계관에서 유래한 것이라고 볼 수밖에 없다. 즉 비극의 극단은 희극과 맞닿아 있다는 통찰이 한국인의 전통적 세계관의 바탕을 이루고 있는 것이다. 이러한 세계관은 한국 언어문화의 기저를 이루는 것으로서, 현대 한국인들이 향유하는 문학과 예술, 대중문화에서도 쉽게 엿볼 수 있다.

2.2. 생활 문화

전통 시대의 의·식·주와 관련된 생활 문화 가운데 온돌이나 한식과 같이 현대 한국인의 생활까지 깊이 뿌리 내린 것들이 있다. 이것들은 단지 생활의 방편으로 그치지 않고 그것과 결부되어 있는 전통적인 정서를 전달하는 역할도 한다.

閣氏네 더위들 스시오 일른 더위 느즌 더위 여러 히포 묵은 더위
　五六月 伏더위에 情의 님 만나이셔 달 밝은 平床우희 츤츤 감계 누엇다가 무음 일 ᄒ엿던지 五腸이 煩熱ᄒ고 구슬 ᄯᆞᆷ 흘니면서 혈쩍이넌 그 더위와 冬至ᄯᆞᆯ 긴긴 밤의 고은님 다리고 다스ᄒᆞᆫ 아름묵과 둣가온 니불 속의 두 몸이 ᄒᆞᆫ몸 되야 그리져리 ᄒᆞ니 手足이 답답ᄒᆞ며 목궁이 타올 적의 웃묵의 찬 숙융을 벌쩍벌쩍 켜난 다위을 閣氏네 사려거든 소견ᄃᆡ로 스오시오
　당ᄉᆞ야 네 더위 여럿 中의 님 만나는 두 더위야 뉘 아니 조아ᄒᆞ리 남의게 ᄑᆞ지 말고 닉게 부ᄃᆡ ᄑᆞ로시쇼
〈청구영언 육당본〉

(현대어 역)

---

[18] 이영희, 「Georg Kaiser의 희비극 연구」, 이화여대 박사학위논문, 1989.
[19] 김정용, 「그로테스크(das Groteske)와 희극적인 것(das Komische)-호르바트의 민중극을 중심으로-」, 《독일문학》 Vol.60 No.1, 한국독어독문학회, 1996.

각씨(閣氏)네 더위들 사시오 이른 더위 늦은 더위 여러 해포 묵은 더위

오뉴월(五六月) 복(伏)더위에 정(情)의 님 만나 있어 달 밝은 평상(平床) 위에 츤츤 감겨 누웠다가 무슨 일 하였던지 오장(五腸)이 번열(煩熱)하고 구슬 땀 흘리면서 헐떡이는 그 더위와 동짓(冬至)달 긴긴 밤에 고운 님 데리고 따뜻한 아랫목과 두터운 이불 속에 두 몸이 한 몸 되어 그리저리 하니 수족(手足)이 답답하며 목구멍이 타 올 적에 윗목의 찬 숭늉을 벌떡벌떡 켜는 더위를 각씨(閣氏)네 사려거든 소견대로 사오시오

장사야 네 더위 여럿 중에 님 만나는 두 더위야 뉘 아니 좋아하리 남에게 팔지 말고 내게 부디 팔으시소
〈청구영언 육당본〉

위의 작품은 '온돌' 문화와 '더위팔기'라는 세시풍속을 배경으로 하고 있다. 전통 시대의 한국인은 정월 대보름날 아침에 만나는 상대방의 이름을 불러 더위를 팔면, 그 해 더위를 잘 견딜 수 있다고 믿었다. 위의 작품은 장사꾼이 '각씨네'를 부르면서 그들에게 갖가지 더위를 사라고 권하자, 각씨네들이 '님 만나는 두 더위'는 남에게 팔지 말고 부디 내게 팔아 달라고 대답하는 내용이다. 이 중에서 '동짓(冬至)달 긴긴 밤에 고운 님 데리고 따뜻한 아랫목과 두터운 이불 속'에서 느끼는 더위가 주목된다. 여기서 '아랫목'이나 '두터운 이불'에 담긴 한국적인 정서를 이해하지 못하면 위의 작품을 외설적인 내용으로만 간주하기 쉽다. 이 작품의 근본적인 욕망은 '정(情)의 님 만나'고 '고운 님 데리고' 누리는 관계 지향적 행복이다. 한국 문화를 소개하는 책의 한 구절은 '아랫목'과 '이불'이 그러한 행복의 매개물이 된 사정을 잘 보여 준다.

보통 온돌방은 아궁이 쪽의 방바닥이 굴뚝 쪽보다 따뜻하기 마련이다. 그래서 추운 겨울이면 온 가족이 아랫목에 모여 앉아 화롯불을 쬐며 정담을 나눈다. 아랫목에 펴 놓은 이불 속에는 항상 따끈따끈한 밥 한 그릇이 아버지를 기다리고 있다.[20]

불과 몇 십 년 전만 해도 한국 가정에서는 위와 같은 풍경을 흔히 볼 수 있었다. 그래서인지 온돌을 개량해서 방바닥 전체를 골고루 난방하고 있는 요즘에도 '아랫목' 하면 어쩐지 따뜻하고 정겨운 마음이 든다. '정겨운 아랫목 연탄 나누기 행사'처럼 소외된 이웃과 함께 하는

---

20) 권영민 외, 『외국인을 위한 한국 문화 읽기』, 아름다운한국어학교, 2009, 17~18쪽.

행사에 유독 '아랫목'이라는 단어가 쓰이는 이유가 여기에 있다. 한국인의 생활 문화 가운데 정서적 함의가 높은 것을 하나 더 꼽는다면 '음식(된장찌개)'을 들지 않을 수 없다.

> 어릴 적 우리 놀던 엄마아빠 놀이
> 지금은 강아지 두 마리 키우는 엄마아빠 노릇
> 모두 익숙해 오래전 그때 그토록 꿈에 그리곤 했네
> 나는 매일매일 아침에 제일 첫 웃음을 너에게 줄래
> breakfast로 콘 프로스트도 못 챙겨 먹던 네게
> 구운 토스트-와 커피 티 달걀과 요거트
> 현관에서 잘 다녀와 쪽 하면 가벼운 출근길
> 곧바로 기다리네 퇴근 꼭 바로 집으로 돌아오는 내 꼴
> 그새 찌개 냄새가 폴폴
>
> 〈나의 옛날이야기〉

인용문은 사랑하는 사람에게 음식을 정성껏 차려주고 싶은 마음을 노래한 대중가요이다. 바쁜 아침은 어쩔 수 없이 서구화된 식단으로 준비하지만, 저녁에는 '찌개 냄새가 폴폴' 나는 집으로 돌아오는 자신의 모습을 상상하면서 행복감을 느낀다. 한국인은 '된장찌개'를 올려놓은 저녁 식탁을 행복한 가정의 상징처럼 생각하는 경향이 있다. '된장'은 콩을 삶아 메주를 만들고 발효하는 과정을 거쳐야 하므로 한식 중에서도 가장 오랜 시간과 정성이 드는 음식에 속한다. 누가 나에게 이런 상차림을 해 준다는 것은 그만큼 자신을 소중히 여긴다는 것을 의미한다. 비교적 오랜 조리 시간과 복잡한 조리 과정을 요구하는 음식이 많은 까닭에, 한식은 한국인에게 있어서 건강식이라는 의미를 넘어서 '정성(精誠)'이라는 정서적 의미까지 지닌다. 다음은 음식에 결부된 이러한 정서적 의미가 어디에서 유래했는지를 짐작케 하는 자료이다.

> 음식에 관한 일은 오직 부인이 맡는다. 시부모를 봉양하고 제사를 받들고 손님을 접대하는 데 이 음식이 아니면 공경(恭敬)과 환락(歡樂)을 다할 수 없는 것이다. 그런데 만일 음식의 생숙(生熟)이 제대로 되지 않거나 간이 맞지 않거나 냉난(冷暖)이 고르지 않거나 먼지가 끼어서 먹을 수 없게 되면, 어떻게 신명을 흠향하게 하고 사람을 봉양할 수 있는가? 음식을 풍성하고 사치스럽게 차리라는 것이 아니라, 비록 박나물·콩나물이라도 정결하게 하는 것이 좋다는 말이다.[21]

조선 후기의 문인 이덕무(1741~1793)는 선비들이 지켜야 할 소소한 예절을 적은 책 『사소절(士小節)』에서 부인의 할 일 가운데 특히 음식을 마련하는 일에 각별히 정성을 기울일 것을 당부하고 있다. 특히 음식이란 '신명을 흠향'하고 '사람을 봉양'하는 것임을 분명히 일러주고 있다. 오늘날의 한국인들도 제사 때 음식을 통해 신명을 흠향하는 일을 한다. 뿐만 아니라 자녀를 위해 또는 병든 가족을 위해 음식을 차리는 어머니들은 신명을 흠향하는 것에 버금가는 정성으로 날마다 밥상을 차리고 있다. 다음 민요는 딸이 병든 모친을 위해 정성을 다해 밥상을 차리는 모습을 그리고 있다.

병이났네 병이났네/ 우리엄매 병이났네/
죽순노물 원하길래/ 삼대밭에 들어가서/
왕당탕탕 꺾어다가/ 아래물에 씻처갖고/
우물에게 헤여갖고/ 바글바글 끓는물에/
애양살짝 디쳐다가/ 은장두라 드는칼로/
오송송송 썰어갖고/ 삼년묵은 참기름에/
육년묵은 간장에다/ 오물쪼물 주물러서/
새별같은 사기접시/ 오복소복 담아갖고 〈연모요(戀母謠)〉

위 작품은 병든 어머니를 위해 부지런히 자신의 몸을 움직여서 구해 올 수 있는 모든 재료를 구해 갖은 양념을 해서 음식을 차리는 모습을 묘사하고 있다. 이러한 묘사는 민요 가운데 〈첩요(妾謠)〉에서도 자주 드러나는데 그 내용이 매우 흥미롭다. 본부인이 첩을 해코지하려는 마음으로 첩의 집에 올라갔다가, 첩이 위와 같이 갖은 애를 쓰면서 자기에게 밥상을 차려 주는 모습을 보고는 복수를 단념하고 내려온다는 내용이기 때문이다. 이렇게 한국 고전문학에서 음식은 사랑하는 사람을 봉양하는 것은 물론이고 때로는 원수의 마음도 녹이는 힘을 가지고 있는 것으로 그려지고 있다.

음식은 이처럼 신명을 흠향하는 정성이나 그에 버금가는 정성으로 만들어지는 것이며, 이러한 정성을 표현하는 방법은 질(質)이 아니라 양(量)일 수밖에 없다는 생각은 한국 고전문학에서 하나의 계통을 이룬다고 볼 만큼 빈번히 나타난다. 예컨대 앞서 본 〈동동〉에서도 임

---
21) 이덕무, 『사소절(士小節)』 제6부의(婦儀)1 복식(服食), 『국역 청장관전서 Ⅵ』, 민족문화추진회 편, 민족문화추진회, 1980, 127쪽.

은 이미 떠났지만 세시 때마다 제철의 약과 술을 준비하는 일을 그치지 않으며, 7월 백종(百種)에는 음식을 진설해 두고 님과 함께 지내고자 염원하는 내용이 나온다. 사설시조에서는 병든 서방님의 입맛을 되살리기 위해서 자신의 머리카락을 시장에 내다 팔아서 '배·감·유자·석류'를 사오는 여성도 있으며, 젊은 사당을 아내로 얻고 너무 좋아서 '송기(松杞)떡·갈송(松)편·더덕편포(片脯)·천초자반(芊椒佐飯)·시금치·삽주·고사리·곤달비·물쑥·거여목·꽃다지·씀바귀·잔다귀·고들빼기'를 바리바리 싸가지고 장인 장모를 만나러 가는 중도 나온다. 시대를 더 내려와서는 조상에 대한 감사를 표하기 위해 제상 위에 '떡·보탕·신혜·산적·나물·지짐·반봉 ·과일들을 공손하니 받드는(〈목구(木具)〉)' 시인 백석을 발견할 수 있다.[22] 이들은 모두 정성이라는 질(質)을 양(量)으로 대신 표현하고 있다.

오늘날 자녀들이 객지에 나갔다 돌아오면 어머니들은 자녀들이 무엇을 더 좋아할지 몰라 고기반찬만 서너 가지 이상 차리는 모습을 흔히 볼 수 있다. 이와 같이 현대 한국인들이 영위하는 생활 문화 속에는 전통 시대부터 축적된 정서를 상징하는 것들이 있는데, '음식'이 가장 대표적인 예라고 하겠다.

2.3. 문화재적 전승 문화

문화재는 그 자체로 이전 시대에서 전승되어 온 물리적 실체이기 때문에 전통 문화 교육의 학습 자료로 활용도가 높다. 흔히 문화재라 하면 도자기나 그림 같은 예술품만을 떠올리기 쉬운데, 사실 이전 시대의 한국인의 삶과 문화의 터전이 오늘날에도 남아 있다면 모두 문화재로 볼 수 있다. 앞서 본 〈도산십이곡〉에서의 '청산(靑山)'은 퇴계 이황이 도산서원에 거처하면서 날마다 거닐었던 서원 뒤편의 도산(陶山)을 가리키며, '유수(流水)'는 서원 앞을 흐르는 낙동강을 가리킨다. 도산서원은 물론 도산과 낙동강도 옛날부터 오늘날까지 전해 내려오고 있다는 점에서는 일종의 문화재이다. 여기서 '문화재' 대신 '문화재적 전승 문화'라는 용어를 사용하는 이유는 문화재가 보유해서 전승하고 있는 가치나 사고방식·정서 등도 전통 문화의 내용에 포함되어야 한다고 보기 때문이다. 만일 도산서원을 견학한다면 서원의 경치가 둘러보고 올 것이 아니라 그곳에 거처하며 전통적 세계관을 자기 성찰의 원리로 끌어 올린

---

[22] 이에 대한 자세한 내용은 고정희, 「고전문학의 시공간적 거리감과 문학사적 교육」, 『고전문학과 교육』 제14집(한국고전문학교육학회, 2007)을 참조 바람.

퇴계 이황의 정신도 함께 배우는 것이 바람직하다.

한국인이 가장 좋아하는 시 가운데 하나로 뽑힌 김소월의 〈진달래꽃〉을 통해 어떤 것이 '문화재적 전승 문화'가 될 수 있는지 생각해 보자.

나 보기가 역겨워
가실 때에는
말없이 고이 보내 드리오리다.

영변(寧邊)에 약산(藥山)
진달래꽃
아름 따다 가실 길에 뿌리오리다.

가시는 걸음 걸음
놓인 그 꽃을
사뿐히 즈려 밟고 가시옵소서.

나 보기가 역겨워
가실 때에는
죽어도 아니 눈물 흘리오리다.   〈진달래꽃〉

김소월의 〈진달래꽃〉은 전통 시의 대표로 꼽히는 작품이지만 이 시가 어째서 전통 시인가에 대해서는 여러 가지 논란이 있다. 초창기에는 김소월의 시를 민요적인 율격의 계승이라는 측면에서 설명하기도 하였으나, 이는 실증적 논의에 의해서 부인되었다.[23] 최근에는 김소월이 시 창작의 과정에서 민요를 염두에 두었다는 점과, 반복성과 규칙성이라는 민요적 형식을 실현하고자 한 점에서 그의 시를 전통적 서정시로 볼 수 있다는 견해가 있다.[24]

....
23) 민요에 쓰인 글자수를 보면 김소월 시에서 보이는 7·5는 거의 없고 8·6(5) 등의 변형이나 4·4조가 오히려 많기 때문문 김소월의 시를 전통적인 율격의 계승이라는 관점에서 설명하기 어렵다는 논의가 있었다.(김대행, 「민요조고」, 『한국시가구조연구』, 삼영사, 1976.)
24) 윤여탁, 「김소월의 시 쓰기 방식」, 『현대시의 내포와 외연』, 태학사, 2009, 12쪽.

김소월이 민요를 염두에 두었다는 증거는 "영변에 약산/ 진달래꽃"이라는 시구에서도 드러난다. 평안북도 지방의 대표적인 민요로 〈영변가〉가 있는데 노랫말이 다음과 같다.

> 영변의 약산 동대들아/
> 에헤이 네 부디/
> 평안히 잘 있거라/
> 나도 명년 춘양 가절이라/
> 또다시 만나 보잔다
>
> 〈영변가(寧邊歌)〉

노랫말 중에 나오는 '약산 동대'는 평안북도 영변군 약산에 위치한 대의 이름이다. 『신증동국여지승람』(1530년)에 의하면 '약산'은 산세(山勢)가 매우 험하여 천연의 성(城)을 이룬 곳이며 절승지라는 기록이 있다. 19세기의 시조집에는 "약산 동대(藥山 東臺) 이지러진 바위틈에 왜(倭)철쭉 같은 나의 님을/내 눈에 덜 밉거든 남인들 아니 지나쳐 보랴"라는 노랫말을 지닌 시조가 나온다. '왜철쭉'은 '영산홍'의 다른 이름이다. 이 시조는 님의 아름다움이 이지러진 바위틈에 핀 영산홍과 같이 남들 눈에 띄어서 걱정이라는 내용을 담고 있다. 〈영변가〉에 나오는 춘양(春陽), 가절(佳節)이라는 표현과 『신증동국여지승람』과 이 시조로 미루어 보건대, '약산의 동대'는 산세가 험하고 위태로운 바위들이 즐비한 곳인데 봄이면 험한 바위틈 사이에 철쭉꽃이 무척 아름답게 피어나는 곳이었음을 알 수 있다.[25]

위태롭고 험한 바위 가에 핀 철쭉의 매력은 이미 신라 향가 〈헌화가〉의 모티브가 된 바 있고, '님'을 아름다운 '진달래꽃'에 비유하는 발상은 고려가요 〈동동〉의 '만춘(晩春) 달외꽃이여'에도 보인다. 예나 지금이나 한국의 산천에 지천으로 피는 진달래꽃은 한국인에게 시각적 경이감을 불러일으킨다. 진달래꽃은 잿빛의 겨울을 지내고 피어나는 봄꽃들 중에서도 제일 화사한 꽃이기 때문이다. 한번도 '약산'에 가본 적이 없으면서도, 늘 이 꽃을 보아 온 한국인이라면 누구나 '영변의 약산 진달래꽃'이 아름다울 것이라고 짐작할 수 있다. 바로 이렇게 '조국의 산하에 지천으로 피고 지는 진달래'라는 표상을 선택함으로써, 김소월은 조선이라는 말을 쓰지 않고도 겨레의 감정에 호소할 수 있었다는 평가를 받기도 한다.[26]

---

25) 김소월의 시 〈진달래꽃〉과 민요 〈영변가〉의 관련에 대한 자세한 내용은 고정희, 「〈영변가〉와 〈진달래꽃〉의 상호텍스트적 양상과 의미」, 『한국시가연구』 제30집, 한국시가학회, 2011을 참조 바람.
26) 유종호, 「우리의 터주시인, 김소월의 시」, 앞의 책, 281쪽.

다행히 2011년 들어 김소월의 시집『진달래꽃』은 우리나라 근대 시기에 출판된 문학 작품으로는 최초로 문화재로 등록되었다. 문학 작품이 문화재로 등록된 것은 물리적인 것만이 아닌 정신적이고 예술적인 가치가 높은 것들도 보존하고자 하는 의지를 반영한다는 점에서 환영할 일이다. 그런데 김소월의 시 〈진달래꽃〉에는 '진달래꽃'이라는 꽃에 대한 우리 민족의 오랜 감수성과 정서가 축적되어 있다는 점도 간과해서는 안 된다. '진달래꽃'을 노래한 민요들을 보면 한결같이 이 꽃이 험한 바위틈에 피어난 점에 주목하고 있다.

꽃아꽃아 진달래꽃아/ 육지평지 어따두고/
석산바위밑에 네 피었냐/ 필 데가 달러 내피었네
꽃잎새가 좋다마는/가지높아 못깎겠네   〈꽃노래〉(扶安地方)

진달래꽃은 어느 곳에서나 잘 자라는 식생 때문에 바위틈에서도 피어난 것뿐이지만, 민중들은 여리게만 보이는 이 꽃이 육지평지를 다 놔두고 그 험한 곳에 피어난 것을 예사롭지 않게 보았다. 민중들은 위와 같은 민요를 부르면서 척박한 바위틈에 뿌리를 내리는 진달래꽃의 모습 속에서 자신들의 고단한 삶과 그것을 극복하는 강인함을 발견해 왔다. 왜 거기에 피었느냐는 물음에 '필 데가 달러 내피었네'라는 진달래꽃의 대답은, 자신의 운명과 환경을 담담히 받아들이는 의연함을 내비친다. 동시에 바로 그렇게 험한 곳에 피어났기 때문에 '가지 높아 못 꺾'는 꽃이 되기도 한다. 그렇게 꺾기 어려운 꽃이기에 '아름 따다 가실 길에 뿌리오리다'라는 시구가 큰 감동을 주는 것이다.

김소월의 시 〈진달래꽃〉 속에는 이처럼 한국의 산천에 피어난 '진달래꽃'에 대한 우리 민족의 오랜 정서적 반응이 축적되어 있다. 이렇게 볼 때 '진달래꽃'이라는 자연물도 일정한 사고방식과 정서를 축적해서 전달하고 있다는 점에서 '문화재적 전승 문화'라고 일컬을 만하다. 이처럼 과거부터 있었고 오늘날에도 있으며 미래에도 영존할 '자연(물)'은 언제든지 '문화재적 전승 문화'가 될 수 있다. 그러기 위해서는 후대인들이 자연(물)의 가치를 발견하고 그 속에 담긴 전통적 정서를 이해해야 한다는 조건이 충족되어야 한다.

3장

전통 문화 교육 방안

3.1. 전통 문화의 보편성과 특수성

앞서 언급한 '전통 문화'가 되는 필요충분조건들을 상기해 보자.

(가) 이전 시대에 이루어진 한국의 고유 문화여야 한다.
(나) 현대에도 계통을 이루며 전승되는 문화여야 한다.
(다) 후대인들의 적극적인 계승 의지로 선택된 것이어야 한다.

(가)는 전통 문화의 특수성을, (나)는 보편성을 가리키는데 이 양자를 동시에 만족시켜서 '전통 문화'가 되는 길이 쉽지는 않다. 특수성에 매몰되어 현대 문화로 계승되지 못한 예로 '시조의 율격'을 들 수 있다. 시조의 4음 4보격의 율격 양식은 우리 민족이 오랜 세월 우리말의 율동적 아름다움으로 가꾸고 공감해 온 경험적 미의식의 결정체이다.[27] 그러나 특정 율격은 그 시대 문화와 세계관의 외형이기 때문에 시대를 초월한 보편성을 갖기 어렵다. 그러므로 시조에서 '율격'과 같은 고정된 형식 외에 다른 것을 계승할 수 없는지 모색해야 한다.

그 가운데 하나가 시조가 지닌 '대상(Object)−관계(Relation)−의미(Meaning)'의 사고 구

---

27) 김학성, 「시조의 전통미학과 현대시조 비평의 실제」, 『한국고전시가의 전통과 계승』, 성균관대학교출판부, 2008, 360~361쪽.

조이다. 이것은 한국인이 지닌 사고의 특성으로서 시조의 3장 형식에서 압축적으로 드러난다.[28] 〈도산십이곡〉에서 윤동주의 〈서시〉에 이르기까지 우리는 이미 자연과의 관계를 통해서 인간사를 해석하는 전통적인 세계관을 전승하고 있으므로, 시조의 3장 형식 또한 현대적 정서에 맞게 재탄생될 가능성이 높다. 전통 문화의 계승을 위해서는 전통 문화의 특수성을 현대 사회 문화에 맞게 변용하려는 노력이 필요하다.

3.2. 전통 문화 계승과 교육 방안

전통 문화 계승에서 가장 중요한 관건은 '후대인의 계승 의지'이다. 이것은 '우리 것이 소중한 것이다.'라는 이데올로기의 주입을 통해 유발할 수 있는 것이 아니며, 현대인들 스스로 전통 문화에 매력을 느끼는 계기가 있을 때 유발된다. 한국인에게는 전통 문화 계승 의지를 촉발하고 외국인 학습자에게는 한국 전통 문화의 매력을 알릴 수 있는 교육 방안을 생각해 보자.

첫째, 문화재를 활용하여 전통적인 세계관을 교육하는 방안이 있다. 일례로 2010년 6월 15일부터 2010년 11월 28일까지 국립중앙박물관에서 열린 〈백자항아리-조선의 인(仁)과 예(禮)를 담다〉라는 전시를 들 수 있다. 이 전시는 '조선 왕실의 백자 항아리'라는 문화재를 보여주는 데 그치지 않고 성리학을 국가이념으로 삼은 조선 왕실의 문화와 사고방식이 항아리에 어떻게 반영되어 있는지를 소개하였다. 문화재 견학이나 체험이 이와 같이 전통적 세계관에 대한 이해로 이어질 수 있는 교육 내용의 개발이 필요하다.

둘째, 현대인의 생활 문화를 통해 전통적인 세계관 및 정서를 교육하는 방안이 있다. 예를 들어 오늘날 추석이나 설과 같은 명절이면 왜 온 나라가 교통체증으로 몸살을 앓을 정도로 귀성객이 몰리는지, 그날 가족과 함께 하지 못하는 사람들은 어떤 기분이 드는지 외국인 학습자가 잘 이해하지 못할 수 있다. 그럴 때 세시풍속에서 소외된 슬픔을 노래한 고전문학 작품을 소개하고, 한국인들은 공동체 속에서 자신의 위치와, 다른 사람과의 관계에 민감하다는 사실을 설명하는 것이 도움이 된다. 외국인 학습자는 추수감사절과 같은 자기 나라의 명절을 떠올리면서 가족의 사랑을 중요시하는 보편적인 정서에 공감할 수 있을 것이

---

28) 김대행, 「손가락과 달의 문학교육론」, 『문학교육 틀짜기』, 역락, 2000, 126~127쪽.

다. 한편으로는 한국인들이 다른 사람의 시선을 항상 의식하면서 남과의 관계에서 자신의 정체성을 확인하려는 태도를 지닌 것에 대해서 비판적인 시각을 가질 수도 있다. 이러한 비판을 외국인의 편견으로만 간주하지 않고 우리 문화에 대한 반성적 문제 제기로 받아들인다면 한국인과 외국인의 깊이 있는 의사소통이 가능할 것이다.

또 다른 예로 몇 년 전 외국의 유명한 요리사들이 한국을 방문하여 한정식을 품평한 사례를 들 수 있다. 외국의 요리사들은 한정식에서 끝없이 나오는 음식들이 마치 '꽉 막힌 한국의 도로'와 같은 느낌을 준다고 꼬집은 적이 있었다. 그러한 지적이 일리가 있긴 하지만, 한국 전통 문화의 고유한 특징을 잘 모르는 지적이기도 하다. 앞서 음식을 통해 정성을 표현한 작품들을 주의 깊게 보면 모두 비슷한 종류의 음식을 무한정 많이 나열하고 있다는 공통점이 있다. 산나물이면 산나물, 들나물이면 들나물 한 가지만 장만해도 될 터인데 부지런히 내달리면서 산에 들에 있는 것은 몽땅 다 캐다가 최대한 많이 장만하고 나서야 비로소 자신의 마음을 제대로 표현했다고 느끼는 것이다. 이처럼 '정성(精誠)'이라는 질(質)을 양(量)으로 표현하는 한국인의 마음을 이해할 수 있을 때, 외국인들은 한국인과 깊은 수준에서의 의사소통이 가능해질 것이다.

한국어 교사는 한국의 생활 문화에 대한 외국인들의 공감과 비판에 주의를 기울이면서 전통 문화의 교육 내용을 개발하는 데 관심을 기울여야 할 것이다. 어떤 것을 전통 문화로 보아야 하는지에 대한 합의된 이론은 아직까지 나와 있지 않으며, 어떤 사람들이 전통 문화라고 주장하는 내용에 대해 다른 사람들은 공감하지 않는 경우도 많이 있다. 다시 말해서 전통 문화 교육 내용을 연역적으로 제시하는 것이 아직은 어려운 실정이다. 이러한 상황을 타개하기 위해서는 한국어 교사들의 도움이 절실하다. 즉 한국어 교육 현장에서 한국 문화에 대한 외국인들의 반응을 유심히 관찰하면서 외국인들에게 필요한 한국 전통 문화의 내용이 무엇인지를 알아 나갈 필요가 있다.

4장

맺음말

한국 전통 문화를 교육하는 목적은 여러 가지 있을 수 있겠으나 본 강의에서는 두 가지에 초점을 두었다. 하나는 외국인이 한국어를 문화적 맥락에 맞게 구사하기 위해서이며, 다른 하나는 한국 전통 문화의 특수성을 배우고 문화적 다양성에 대처하는 유연한 태도를 갖추기 위함이었다. 본 강의는 이러한 목적을 구현하기 위해서 적합한 전통 문화의 개념 및 영역, 필요충분조건 등을 제시하였다. 이에 따라 '전통적 세계관', '생활 문화', '문화재적 전승 문화'의 내용을 살피고, 이들을 서로 결합한 전통 문화 교육 방안을 제시하였다.

전통 문화 교육에는 아직 몇 가지 근본적인 문제들이 남아 있다. 첫째, 전통 문화 교육 내용을 체계화할 수 있는 이론 체계가 필요하다. 둘째, 전통 문화 교수·학습 및 평가자료 개발이 필요하다. 셋째, 다문화 교육의 관점에서 전통 문화 교육의 시각과 방법을 갖추는 것이 필요하다.[29] 이러한 난제를 해결하고 체계화된 전통 문화 교육 내용을 갖추기 전까지는 한국어 교사 스스로가 전통 문화를 적극적으로 발견하고 해석하는 역할을 감당할 수밖에 없다. 이 강의는 한국어 교사가 전통 문화에 대한 '적극적인 계승자'가 되기 위해서 갖추어야 할 기본적인 시각을 점검하는 데 역점을 두었다.

---

29) 이러한 과제는 이미 양윤정 외, 『전통 문화의 창조적 계승·발전을 위한 교육프로그램 개발 방안 연구』, 경제·인문사회연구회 미래사회협동연구총서 09-02-01 연구보고 RRC 2009-11-1, 한국교육과정평가원, 2009에서 제기한 과제이다.

참고문헌

고정희(2007), 「고전문학의 시공간적 거리감과 문학사적 교육」, 《고전문학과 교육》 제14집, 한국고전문학교육학회.
고정희(2011), 「〈영변가〉와 〈진달래꽃〉의 상호텍스트적 양상과 의미」, 《한국시가연구》 제30집, 한국시가학회.
국립국어원(2002), 『우리문화 길라잡이』, 학고재.
권오만(2009), 『윤동주 시 깊이 읽기』, 소명출판.
권영민 외(2009), 『외국인을 위한 한국 문화 읽기』, 아름다운한국어학교.
김대행(1976), 「민요조고」, 『한국시가구조연구』, 삼영사.
김대행(1991), 「즐거운 웃음과 웃는 즐거움」, 『시가시학연구』, 이화여자대학교출판부.
김대행(2000), 「손가락과 달의 문학교육론」, 『문학교육틀짜기』, 역락.
김대행(2005), 『웃음으로 눈물 닦기 : 한국언어문화의 한 특질』, 서울대학교출판부.
김병국(1983), 「한국 고전문학과 행복한 세계관」, 《현상과 인식》 7권 1호.
김정용(1996), 「그로테스크(das Groteske)와 희극적인 것(das Komische)-호르바트의 민중극을 중심으로-」, 《독일문학》 Vol.60 No.1, 한국독어독문학회.
김학성(2008), 「시조의 전통미학과 현대시조 비평의 실제」, 『한국고전시가의 전통과 계승』, 성균관대학교출판부.
김헌선(1998), 『한국 전통 문화 이해의 길잡이』, 지식산업사.
김흥규(2010), "누추한 삶과 욕망의 온도 : 사설시조의 세계", 〈석학과 함께 하는 인문강좌〉, 서울역사박물관.
서종문(1978), 〈변강쇠가〉 연구」, 『판소리의 이해』, 창작과비평사.
양윤정 외(2009), 「전통 문화의 창조적 계승·발전을 위한 교육프로그램 개발 방안 연구」, 경제·인문사회연구회 미래사회협동연구총서 09-02-01 연구보고 RRC 2009-11-1, 한국교육과정평가원.
유광수·김연호(2003), 『한국 전통 문화의 이해』, Mj미디어.
유종호(1995), 『시란 무엇인가』, 민음사.
윤여탁(2009), 「김소월의 시 쓰기 방식」, 『현대시의 내포와 외연』, 태학사.
이덕무(1980), 「사소절(士小節)」, 『국역 청장관전서 Ⅵ』, 민족문화추진회 편, 민족문화추진회.
이상억(2008), 『한국어와 한국문학』, 소통.
이영희(1989), 「Georg Kaiser의 희비극 연구」, 이화여대 박사학위논문.
이화여대 한국 문화연구원 편(2007), 『전통 문화 연구 50년』, 혜안.
임경순(2009), 『한국어문화교육을 위한 한국 문화의 이해』, 한국외국어대학교출판부.
임동권 편(1992), 『한국민요집』 1~7권, 집문당.
최영성 외(2009), 「전통 문화교육의 이론적 기초」, 경제·인문사회연구회 미래사회협동 연구총서 09-02-02 연구보고 RRC 2009-11-2, 한국교육과정평가원.
한국고전종합DB, 한국고전번역원(http://www.minchu.or.kr).
Ennis, J.F.(1994), "cultural literacy", ed. by Alan C. Purves with Linda Papa, *Encyclopedia of English Studies and Language Arts*, Volume 1, The National Council of Teachers of English.
Hirsch, E.D.(1987), *Cultural Literacy*, New York: Vintage Books.

한국 대중문화와 텔레비전 드라마

양승국
서울대학교 인문대학 국어국문학과

| 학습 목표 |

- 한국 대중문화의 현황을 이해한다.
- 한국 대중문화의 한류 현황을 소개한다.
- 한국어 교육의 일환으로 한국 텔레비전 드라마를 이해한다.

▶▶▶ 차례

1. 한국 대중문화의 현황
　1.1. 대중문화의 개념
　1.2. 한국 대중문화
2. 한국 대중문화와 한류
　2.1. 세계로 뻗어가는 한국 대중문화
　2.2. 한류의 요인과 과제
3. 한국 대중문화의 중심, 텔레비전 드라마
　3.1. 한류의 중심
　3.2. 텔레비전 드라마의 변화
　3.3. 역사 드라마의 진화
　3.4. 한국 텔레비전 드라마의 특성

1장

한국 대중문화의 현황

1.1. 대중문화의 개념

대중문화의 개념은 '대중의 문화(mass culture)'로서의 대중문화와 '인기 있는 문화(popular culture)'로서의 대중문화, 이렇게 두 가지로 나누어진다. 먼저 문화의 대중화와 대중의 문화라는 양면성을 동시에 고려한 사회적 제약 하에서 성립하는 대중문화(mass culture)의 성격은 다음과 같다. ① 대중문화는 대중들이 모든 문화 내용을 창조하고 향유할 수 있는 제도적 보장이 이루어질 때 비로소 성립이 가능하다. ② 문화의 대중화는 대중들이 그 문화 내용을 보고, 읽고, 쓰고, 느끼고, 이해하고, 감상하고, 평가할 수 있을 때 가능하다. ③ 대중문화를 향유하고 창조하기 위해서는 문화적 내용물을 전달하는 미디어 접촉의 기회가 주어져야 한다.

결국 대중의 성립이 대중문화의 요건인 셈이다. 이렇듯 대중과 관련한 미디어의 강조에 의한 대중문화(mass culture)는 일반적인 연예 오락물, 화려한 흥행물, 음악 등 대중 매체의 전형적인 내용물로서 인간의 통속적인 행위와 그로 인한 일체의 산물을 의미하며, 민주주의, 대중적 교육, 상품 시장의 토대에 근거한다. 대중문화로서의 이러한 mass culture라는 용어는 현대 사회의 매스 미디어 문화에 대한 비판적인 개념으로 사용되었지만, 1970년대 이후 구미에서는 이 용어 대신 popular culture라는 용어를 사용하고 있다.

인기 있는 문화(popular culture)로서의 대중문화란 사회의 모든 영역에서 보편적으로 받아들여지는 것으로서의 문화를 의미한다. 이 개념으로서의 대중문화는 취향 문화(taste culture)와 관련된다. 취향 문화는 미적 감각의 가치들과 이러한 가치들을 표현하는 문화 규범들로 이루어진다. 그것은 선택으로부터 비롯되는 문화(culture which result from choice)라고 정의되며, 하나의 부분 문화(partial culture)이자 대리 문화(vicarious culture)의 특징을 지닌다. 즉 취향 문화는 대부분의 사람들에게 있어서 삶의 총체적 방식이라고 할 수 없으며, 사람들이 실제로 생활하는 방식으로부터 추상화할 수 있는 체험 문화(lived culture)가 아닌 문화인 것이다. 이러한 관점에서 대중문화(popular culture)는 고급 문화를 제외한 취향 문화를 의미한다.

이러한 대중문화 개념은 널리 받아들여져 오늘날 mass culture 대신 popular culture로서 대중문화를 설명하는 것이 일반적이다. 매스 컬처가 매스 미디어를 매개로 한 대량 생산과 대량 소비의 문화로서 현대 자본주의 문화라고 한다면, 포퓰러 컬처는 대중에게 '인기 있는 문화'를 의미하는 것이어서 더 폭 넓게 쓰일 수 있는 개념인 것이다. 이러한 포퓰러 컬처의 개념에 의하자면 대중문화는 기원전 5세기의 그리스 문화에도 적용될 수 있으며 1930년대 한국 사회에도 적용될 수 있다.

1.2. 한국 대중문화

한국에서도 그동안 고급 문화만을 문화로 규정해 온 것에서 벗어나 포스트모더니즘 사조의 유입과 함께 1980년대 이후부터는 포퓰러 컬처로서의 대중문화도 문화의 한 주류로 자리 잡기 시작하였다. 한국에서도 정치적 민주화의 영향과 매스 미디어의 성장, 국제적 교류의 활성화 등에 힘입어 대중문화에 대한 수요와 관심이 높아지고 많은 사람이 대중문화를 자연스럽게 즐기면서 자신을 적극적으로 표현하고 있다.

오늘날 한국의 대중문화도 기본적으로 시청각적 감각과 대중매체에 의해 즐기는 취향 문화의 양식이다. 전통적으로 시와 소설 읽기, 라디오 청취와 텔레비전 시청, 영화와 음악 감상 등이 대표적인 한국의 현대 대중문화 양식이었다. 여기에 1980년대 컬러 텔레비전 방송의 시작으로 시각 매체의 우위가 강조되면서 자연히 볼거리에 대한 관심이 높아지고 이는 1990년대 이후 드라마와 영화의 발전으로 이어졌다.

대중가요 역시 1980년대까지의 통기타의 포크송 아니면 미국의 팝뮤직을 즐기는 취미에서 벗어나 적극적으로 국내 가수들의 음악을 찾아 듣고, 이른바 아이돌의 등장으로 종합적인 퍼포먼스의 형식으로 음악을 즐기기 시작했다. 이는 경제 수준의 향상으로 문화적 욕구가 증가하면서 나타나는 자연스런 현상이라고 할 수 있다. 이 결과로 2000년 이후부터는 한국의 창작 대중문화 상품에 대한 수요가 외국 문화 상품에 대한 수요보다 앞지르기 시작하였다. 다음은 국내외 영화 관객 수의 변화를 보여주는 그래프이다.

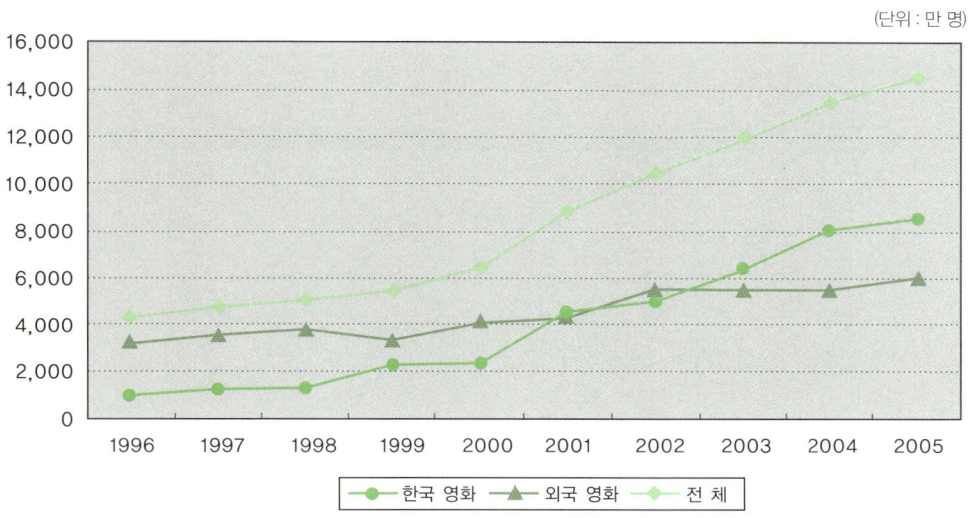

이를 보면 2000년 이후부터 한국 영화의 관객 수가 증가하기 시작하여 2001년도부터는 외국 영화의 관객 수를 앞지르고 있는 것을 확인할 수 있다. 이는 1980년대 이후 급격히 발전한 대중예술의 영향에 따라 1990년대부터 한국인들이 외국에서 수입한 문화 상품보다 한국에서 생산한 대중문화 상품을 더욱 선호하게 된 결과이다. 이제 한국의 대중문화는 한국에서 생산되는 대중문화를 의미하게 되었다.

2장

한국 대중문화와 한류

2.1. 세계로 뻗어가는 한국 대중문화

1990년대 후반 이후 한국의 텔레비전 드라마와 대중가요가 중국에 수출되어 인기를 얻으면서 중국에서 한국 대중문화의 열풍이 일기 시작하였는데, 2000년 2월 중국에서 이러한 한국 문화에 대한 열풍을 한류(韓流, Korean Wave)라고 이름 붙였다. 이러한 한류 열풍은 일본과 동남아시아 전역으로 확대되면서 한국 텔레비전 드라마, 대중가요, 영화뿐 아니라 한국 제품과 한국어에 대한 선호 현상으로까지 나타났다. 오늘날은 중동 아시아와 남미, 유럽에 이르기까지 한류 현상이 세계 전반으로 확대되고 있다.

한류 열풍에 따라 한국의 전체 문화 콘텐츠 수출은 지난 2001~2006년 사이 다섯 배가 넘게 증가하였다. 오른쪽 그래프는 이러한 변화를 잘 보여 준다.

위의 표에서 보듯, 2001년도부터 방송 콘텐츠의 수출액이 수입액보다 증가하고 있음을 알 수 있는데, 앞에서 영화 관객의 변화에서 확인하였듯이 이는 2000년대 이후 급격히 증가한 한국의 대중문화 선호 현상에 따른 것임을 짐작할 수 있다. 위의 표에 따르면, 2005년 영화와 텔레비전 드라마, 음반 수출로 벌어들인 외화가 1억 달러를 넘어선 이래 계속 증가하고 있음을 알 수 있다. 최근 인터넷 매체의 발달로 인하여 한국 문화 상품의 전파는 더욱 빨라져 한류 팬의 확대를 가속시킨다. 이러한 대중문화 상품 중에서 가장 인기가 있는 것이 텔레비전 드라마로서 외국인들이 한국 텔레비전 드라마를 시청한 후에 한국의 드라마 촬영지를 방문하고 한국어 공부에 열을 올리는 파생적인 효과도 더욱 두드러지고 있다.

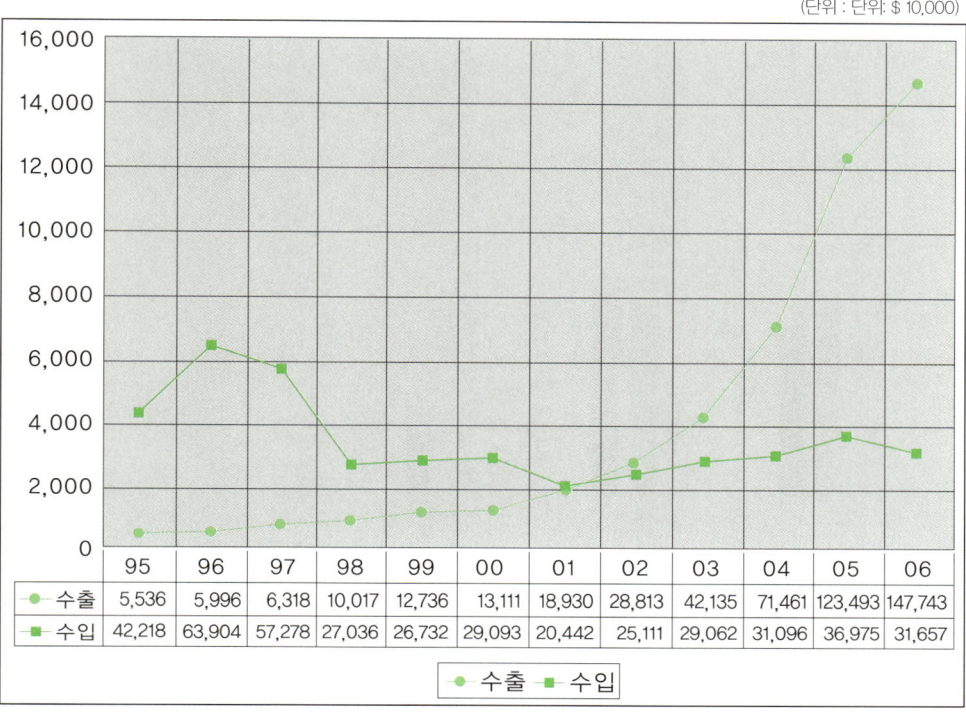

[연도별 방송 콘텐츠] 수출입 현황

2.2. 한류의 요인과 과제

한류가 인기를 모으는 가장 중요한 원인은 이들 상품의 질적 우수성 덕분이라고 할 것이다. 1990년대 이후 양적, 질적으로 성장한 한국의 대중문화는 특히 텔레비전 드라마와 영화 분야에서 매우 우수한 수준을 보여 준다. 한국의 영화는 국내에서는 1,000만 관객을 돌파한 작품들이 만들어지고 외국의 저명한 영화제에서 잇단 수상을 하는 명성을 떨치고 있다.

특히 2000년대 이후 제작된 한국 텔레비전 드라마는 뛰어난 화면 구성, 다양한 소재, 치밀한 구성 등으로 특히 아시아권 국가에서 대단한 인기를 누리고 있다. 대중음악 분야에서도 많은 가수가 해외에 진출하여 인기를 얻고 있으며 최근에는 그 인기가 유럽과 미국에까지 확대되고 있다. 한국의 문화 상품이 특히 아시아권에서 인기를 모으는 것은 아시아권이 지닌 공통의 문화 전통에 기인한다고 볼 수 있다. 이러한 점은 가족의 문제를 주요 내용으로 다루는 한국 텔레비전 드라마가 특히 유교 문화권이 지배적인 동아시아를 중심으로 더욱 인기를 얻는 점을 보아서도 알 수 있다.

한국 드라마 이용 의향(2008)

위의 표는 한국의 드라마에 대한 아시아 국가들의 관심 정도를 잘 보여 준다. 대표적인 아시아 4개국 모두 한국 드라마에 대한 적극적인 관심을 표현하고 있음을 알 수 있으며 실제로 이들 나라에서의 한국 드라마에 대한 인기도는 여전히 높다. 하지만 비슷비슷한 주제, 많은 배우의 겹치기 출연 등 텔레비전 드라마의 문제는 자칫 식상함을 줄 수 있으며, 지나친 한류에 대한 강조는 역으로 한국 문화에 대한 반감을 초래할 수도 있다. 이러한 문제점을 극복하려면 각 나라의 전통과 문화 실정에 맞는 작품을 선별하여 소개하고 수출하는 안목이 필요할 것이며, 무엇보다도 세계인들이 보편적으로 공감할 수 있는 콘텐츠를 꾸준히 계발하는 노력이 필요할 것이다.

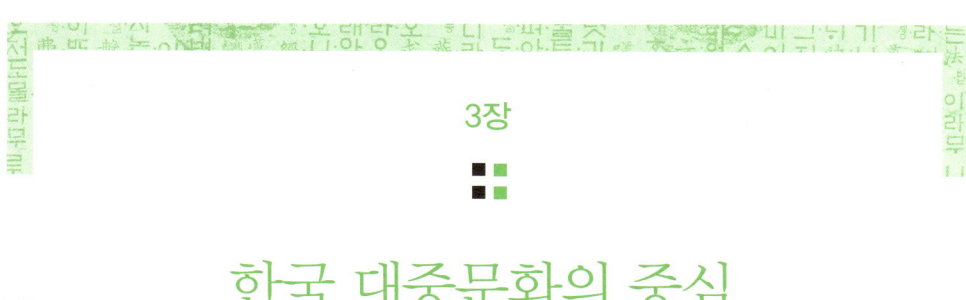

3장
한국 대중문화의 중심, 텔레비전 드라마

3.1. 한류의 중심

2000년대 이후 한국 대중문화와 한류의 중심은 텔레비전 드라마라고 할 수 있다. 한류 드라마의 시발은 1991년 방영되고 1997년 중국에 소개된 〈사랑이 뭐길래〉였다. 이 작품은 중국에서 1억 5천 명 이상의 시청자를 끌어 모았고, 이후 한국 드라마가 중국에 수출되는 기폭제가 되었다. 이후 2002년의 〈겨울연가〉와 2003년의 〈대장금〉이 각각 일본과 중국에서 폭발적인 인기를 모으면서 한류는 주요한 아시아의 트렌드로 자리 잡게 되었다. 특히 〈대장금〉

순위	시청률	작품명
1위	59.6%	MBC 〈사랑이 뭐길래〉
2위	49.1%	MBC 〈아들과 나〉
3위	48.3%	MBC 〈허준〉
4위	47.1%	KBS 〈첫사랑〉
5위	46.3%	SBS 〈모래시계〉
6위	46.3%	MBC 〈대장금〉
7위	45.0%	MBC 〈보고 또 보고〉
8위	44.3%	MBC 〈여명의 눈동자〉
9위	42.5%	MBC 〈그대 그리고 나〉
10위	42.2%	MBC 〈진실〉

〈표 1〉 역대 한국 드라마 시청률 상위 10위 작품

은 아시아 전역에서 꾸준히 인기를 모으면서 한국의 전통 문화와 음식 문화가 확산하는 계기를 만들어 준 대표적인 한류 드라마라고 할 수 있다. 이들 작품 외에도 많은 작품들이 수출되어 경제적 부가 가치를 창출할 뿐 아니라 외국인들의 한국 문화에 대한 관심도를 한층 높여주고 있다.

3.2. 텔레비전 드라마의 변화

2000년대 이후 한국 텔레비전 드라마는 정사(正史) 중심의 역사 드라마와 가정 드라마에서 트렌디 드라마와 퓨전 역사극으로 경향이 바뀌어 가고, 소재와 기법이 한층 발전하고 다양해지고 있다. 2003년 방영된 〈다모〉는 최초로 화면 비율 16:9의 고화질 텔레비전으로 방영되어 영화와 같은 화면 효과를 제공해 주었으며, 그 주제 면에서도 창작 사극의 가능성을 열어 대단한 주목을 받았다. 이러한 사극 열기는 이후에도 계속되어 많은 작품이 창작되면서 높은 시청률을 획득하였다.

오늘날 한국 텔레비전 드라마는 현대 한국 사회의 풍경을 여실히 보여 준다. 현대 한국 사회의 다양한 사회 문화적 코드를 반영하는 한국 텔레비전 드라마는 서울의 강남 문화를 재현하면서 신데렐라 이야기를 지속적으로 변주하기도 하고, 재벌과 권력층에 대한 비판, 스릴러와 의학 드라마의 장르 등을 통하여 한국 사회의 현실을 묘사하면서 한국인들의 꿈과 사랑, 욕망을 여실히 드러낸다.

기법적인 면에서도 진화하여 과거와 현재가 서로 개입하기도 하고 현실과 판타지가 뒤섞이기도 한다. 또는 영혼이 서로 뒤바뀌기도 하고 유령과 대화를 나누기도 하는 등 그 전까지는 보지 못했던 낯선 주제를 적극 도입한다. 이러한 작품들을 통해 시청자들은 새삼 자신의 욕망과 정체성에 대해서 반성해 보게 되고, 자신의 잊고 지냈던 추억의 순간들을 떠올리며, 현실로부터의 위안을 찾는다.

3.3. 역사 드라마의 진화

2000년대 이후는 바야흐로 역사극의 전성기라고 할 수 있다. 물론 이전에도 역사극이 다

수 제작되었지만 2000년대 이후는 전대와는 완전히 다른 특성을 보여 준다. 2000년대 이후의 역사극은 기존의 정사에서 주목하지 않던 사건들을 제재로 삼거나 야담 등에서만 언급된 소외된 인물을 주인공으로 설정한다. 그렇지만 특정한 인물과 역사적 사건을 정면에 놓고 이야기를 만들어가는 것이 아니라 허구적 설정을 확장하면서 다층적인 이야기의 구조를 추구한다. 장면 구성에 있어서는 영화적인 스펙터클을 확대하면서 다양한 소재를 역사 속에서 찾고 있다.

순위	시청률	작품명
1위	41.6%	MBC 〈대장금〉, 2003
2위	41.0%	MBC 〈주몽〉, 2006
3위	37.3%	KBS 〈태조왕건〉, 2000
4위	35.4%	MBC 〈선덕여왕〉, 2009
5위	32.7%	SBS 〈여인천하〉, 2001
6위	31.7%	KBS 〈추노〉, 2010

〈표 2〉 역대 시청률 상위의 역사 드라마

이러한 점은 1970~80년대 역사적 이념을 전달하고자 하는 거대 역사의 사건을 정면으로 취급하던 역사소설로부터 1990년대 이후 정사(正史)에서 소외되었던 사람들의 삶과 생활상을 소재로 삼은 대중적인 역사소설들이 활발히 창작된 경향과 밀접한 관련을 맺는다. 역사 이야기를 들려주는 것이 아니라 이야기를 들려주는 데에 역사가 차용되는 것이 오늘날의 역사소설이다. 이러한 역사소설들이 각색되어 텔레비전 드라마로 방영되면서 2000년대 이후 한국 텔레비전 드라마의 주류 장르로 역사 드라마가 활발히 창작된다.

한국의 텔레비전 역사극은 1970년대 국난 극복의 이데올로기를 주입시키기 위한 위대한 인물들의 일대기를 극화한 역사극에서 1980년대 정사(正史)를 바탕으로 한 '조선왕조 500년' 식의 대중적인 역사극을 거쳐 1990년대 이후의 퓨전 역사극으로까지 확대되었다. 현실과 판타지가 결합하고, 과거가 현재와 접속하고, 불분명한 시공간의 역사적 배경이 차용되는 이러한 퓨전 역사극은 오늘날 한국 텔레비전 역사극의 한 주류를 형성한다. 이제 한국인들은 배운 역사를 드라마에서 확인하는 것이 아니라, 드라마의 재미를 통해 역사에 관심을 갖게 된 것이다.

3.4. 한국 텔레비전 드라마의 특성

순위	프로그램명	채널	시청률
1	최고다 이순신	KBS 2	25.2%
2	지성이면 감천	KBS 1	18.9%
3	구가의 서	MBC	18.6%
4	KBS 뉴스 9	KBS 1	17.5%
5	너의 목소리가 들려	SBS	16.3%
6	금 나와라 뚝딱!	MBC	15.9%
7	개그콘서트	KBS 2	15.9%
8	소캔들: 매우 충격적이고 부도덕한 사건	MBC	15.4%
9	정글의 법칙 in 히말라야	SBS	14.5%
10	일밤	MBC	14.2%

위의 표는 2013년 어느 날의 텔레비전 시청률을 보여 준다. 이 중 1~3위의 시청률 프로그램은 모두 텔레비전 드라마이며, 10위 안에 드는 프로그램 중 텔레비전 드라마가 6편을 차지한다. 이처럼 한국의 텔레비전 드라마는 텔레비전 프로그램 중 단연 최고의 인기를 차지한다. 한국의 텔레비전 드라마는 아침 드라마, 월화 드라마, 수목 드라마, 주말 드라마와 특집 드라마 등 다양한 시간대에 꾸준히 방영된다. 형식에서도 다른 나라와 같은 짧은 에피소드의 드라마가 아니라, 짧으면 14~16회, 보통 20~30여 회, 심지어 100회가 넘는 드라마까지도 방영된다. 말 그대로 한국 텔레비전 드라마는 '연속극'이다. 이러한 구성은, 에피소드 중심으로 한 시즌이 끝나면, 다른 에피소드의 새로운 시즌이 시작되는 외국 드라마와는 다른 한국만의 텔레비전 드라마의 형식이다. 하지만 인기의 부침에 따라 에피소드가 몇 회씩 줄기도 하고 늘어나기도 하는 한국의 텔레비전 드라마는 지나치게 시청률만으로 평가되는 문제를 지닌다.

한국 텔레비전 드라마는 일반적인 주제로 가족의 문제를 다룬다. 가정 내에서 주로 시청되는 텔레비전 드라마인 만큼 주된 주제는 가정 내의 사랑과 신뢰의 회복이 중심이 된다. 과거에는 부부, 고부 갈등이 중심이었다면, 요즈음에는 가족 내의 모든 구성원이 고루 문제적 인물로 등장한다. 이러한 가족의 문제는 거의 모두 혈연의 문제, 출생의 비밀과 같은 모티프와 연결된다. 그럼에도 불구하고 이 드라마들이 인기를 얻는 것은 이야기를 풀어 나가는 전개 방식의 치밀함과 영화적이고 다채로운 화면 구성에 기인한다고 할 수 있다.

또한 2000년대 이후의 트렌디 드라마들은 젊은이들의 사랑과 고민을 주된 갈등의 축으로 삼는다. 이들의 성격이 자연스러우면서도 개성적인 대사를 통해 표현되어 많은 시청자들이 이들의 삶과 갈등에 공감한다. 특히 진취적이면서도 정체성이 분명한 여성들이 작품의 주인공으로 등장하여 그들만의 사랑과 욕망을 솔직하게 드러내는 작품들이 많은 인기를 얻고 있다.

그러나 한국 텔레비전 드라마는 20회 이상의 긴 시청 시간을 통해 사건이 전개되면서도 실상 작품 속에서 벌어지는 이야기는 매우 더디게 진행되는 경우가 많다. 잦은 클로즈업을 통한 등장인물의 심리와 성격 묘사는 텔레비전 드라마의 대표적인 특성이다. 이와 함께 반복되는 플래시백의 회상 장면과 OST를 통한 시청자의 감상 자극은 한국 텔레비전 드라마의 특히 주목되는 특성으로 평가되지만, 한편으로는 사건 전개를 더디게 하면서 시청률만을 의식하는 장치로 비판받기도 한다.

한국인들은 이러한 텔레비전 드라마를 통하여 세상 밖과 소통하고 집안에서 안식을 찾는다. 텔레비전 드라마는 일반적으로 일상성과 현실성을 그 대표적인 특성으로 지닌다. 한국 텔레비전 드라마는 한국인의 일상성과 현실성을 드러낸다. 시청자들은 이러한 드라마 속의 현실에 공감하면서 자신을 되돌아보고 미래를 기대한다. 한국 텔레비전 드라마는 곧 한국인의 꿈과 현실을 보여 주는, 살아 움직이는 교과서라고 할 수 있다.

한국어 교육의 이론과 실제 1

1판 1쇄 펴냄 | 2012년 1월 3일
1판 3쇄 펴냄 | 2013년 9월 6일
개정판 1쇄 펴냄 | 2014년 2월 17일
개정판 5쇄 펴냄 | 2016년 10월 14일
3판 1쇄 펴냄 | 2017년 1월 20일
3판 5쇄 펴냄 | 2024년 3월 20일

편자 | 서울대학교 한국어문학연구소·국어교육연구소·언어교육원 공편
펴낸이 | 김정호
펴낸곳 | 아카넷

출판등록 2000년 1월 24일(제406-2000-000012호)
10881 경기도 파주시 회동길 445-3
대표전화 031-955-9511(편집)·031-955-9514(주문) | 팩시밀리 031-955-9519
www.acanet.co.kr / www.phildam.net

ⓒ 서울대학교 평생교육원·언어교육원, 2017

Printed in Paju, Korea.

ISBN 978-89-5733-539-0 94710
ISBN 978-89-5733-538-3 (세트)

이 도서의 국립중앙도서관 출판시도서목록(CIP)은
서지정보유통지원시스템 홈페이지(http://seoji.nl.go.kr)와
국가자료공동목록시스템(http://www.nl.go.kr/kolisnet)에서 이용하실 수 있습니다.
(CIP제어번호: CIP2017000838)